Ekkehart Rotter
unter Mitarbeit von Christin Löchel

Apulien

*Fahrten zu byzantinischen Grottenkirchen,
normannischen Kathedralen, staufischen Kastellen
und Barockbauten in Lecce*

Kunst-Reiseführer

Die wichtigsten Orte auf einen Blick

Alberobello ★★ (G 4)	271		Martina Franca ★ (H 4)	273
Altamura ★ (F 4)	240		Massafra ★ (G 3)	257
Bari ★★ (F 5)	211		Matera ★★ (F 3)	245
Barletta ★★ (D 5)	146		Molfetta ★ (E 5)	169
Bitonto ★★ (F 5)	177		Monte Sant'Angelo ★★ (C 7)	120
Brindisi ★ (G 4)	287			
Canne ★ (D 5)	144		Mottola ★ (G 3)	258
Canosa di Puglia ★ (D 5)	202		Ostuni ★ (H 4)	281
Castel del Monte ★★ (E 5)	189		Otranto ★★ (L 2)	339
Egnazia ★ (H 4)	279		Ruvo di Puglia ★ (E 5)	184
Foggia ★ (B 6)	82		San Leonardo di Siponto ★ (C 6)	113
Galatina ★ (K 2)	333		Santa Maria di Siponto ★ (C 6)	116
Gallipoli ★ (K 2)	352			
Gioia del Colle ★ (G 4)	261		Tarent ★ (H 3)	304
Lecce ★★ (K 3)	311		Trani ★★ (E 5)	155
Lucera ★★ (B 6)	88		Tremiti-Inseln ★ (B 8)	138
Manduria ★ (J 3)	302		Troia ★★ (B 5)	97
Manfredonia ★ (C 6)	118		Vaste ★ (L 2)	347

★
Umweg lohnt

★★
keinesfalls versäumen

Inhalt

Natur – Kultur – Geschichte

Erste Erfahrungen 8

Geschichte und Kultur 26
Magna Graecia ist Süditalien 27
Imperium Romanum 30
Die christliche Zeitenwende 33
Byzantiner, Goten, Langobarden und Sarazenen 35
Das Scheitern der Ottonen 37
Das Reich der Normannen 38
Friedrich II. und die letzten Staufer 46
Im Königreich Neapel 53
Unter Bourbonen zur Einheit Italiens 59
Die neue Zeit 62
Aus Küche und Keller 64
Daten zur Geschichte 68
Galerie bedeutender Persönlichkeiten 71

Reiserouten durch Apulien

Capitanata 80

Tavoliere und Apennin 81
   Anreise von Norden 81 · Foggia 82 · Lucera 88 · Castel Fiorentino 96 · Troia 97 · Von Troia nach Bovino 104 · Bovino 105 · Über Deliceto nach Herdonia 107 · Reisen & Genießen 110

Zum Monte Gargano 112
   San Leonardo di Siponto 113 · Santa Maria di Siponto 116 · Manfredonia 118 · Monte Sant'Angelo 120 · Abtei Santa Maria di Pulsano 133 · In den Osten und Norden der Halbinsel 134 · Reisen & Genießen 136

Tremiti-Inseln	138
San Nicola 139 · Reisen & Genießen 141	
Nördliche Terra di Bari: Die Küste	142
Über Cannae zur Küste	143
Cerignola 143 · Canne di Battaglia (Cannae) 144 · Barletta 146 · Trani 155 · Bisceglie 166 · Molfetta 169 · Giovinazzo 173 · Reisen & Genießen 174	
Nördliche Terra di Bari: Das Hinterland	176
Von Bitonto nach Canosa di Puglia	177
Bitonto 177 · Terlizzi 182 · Ruvo di Puglia 184 · Corato 189 · Castel del Monte 189 · Andria 198 · Canosa di Puglia 202 · Reisen & Genießen 209	
Bari	210
Die Hauptstadt Apuliens	211
Geschichte 211 · In der Altstadt 215 · Die Neustadt 232 · Reisen & Genießen 234	
Im Süden der Terra di Bari	236
In den Murge	237
Nach Altamura und Gravina 237 · Abstecher nach Matera 245 · Über Massafra und Gioia del Colle nach Bari 256 · Reisen & Genießen 264	
Ins Land der Trulli	266
Chiesa Ognissant di Cuti 266 · Rutigliano 267 · Conversano 268 · Castellana Grotte und Putignano 270 · Alberobello 271 · Locorotondo 272 · Martina Franca 273 · Reisen & Genießen 275	
Von Bari nach Brindisi	276
Polignano a Mare 276 · Monopoli 277 · Egnazia 279 · Ostuni 281 · Weiter im Landesinnern 284 · Reisen & Genießen 285	

Terra d'Otranto 286

In den Südosten Apuliens 287

Brindisi 287
Geschichte 288 · Rundgang 292 · Reisen & Genießen 297

Nördlicher Salent 298
Mesagne 298 · Oria 299 · Francavilla Fontana 301 · Manduria 302 · Tarent 304 · Reisen & Genießen 310

Lecce 311
Geschichte 311 · Rundgang 313 · Abteikirche Santa Maria di Cerrate 326 · Reisen & Genießen 328

Südlicher Salent 329
Copertino 329 · Nardò 329 · Galatone 331 · Galatina 333 · Soleto 336 · Nach einem Abstecher nach Süden über Carpignano zurück nach Lecce 337 · Zwischen Lecce und Otranto 338 · Otranto 339 · Im Hinterland von Otranto 346 · Auf dem Weg zur Südspitze 349 · Patù 350 · Presicce, Acquarica und Ugento 351 · Casarano 351 · Gallipoli 352 · Reisen & Genießen 356

Glossar kunst- und kulturgeschichtlicher Begriffe 358

Reiseinformationen von A bis Z 362
Anreise, Auskunft 363 · Baden, Bar, Diplomatische Vertretungen, Eintrittsgeld 364 · Einreise und Zoll, Elektrizität, Feiertage, Feste und Veranstaltungen 365 · Fotografieren, Führungen, Klima und Reisezeit 367 · Kriminalität, Notrufe, Öffnungszeiten 368 · Quittungen, Rauchverbot, Reisedokumente, Reisen mit Handicap, Telefonieren, Trinkgelder 369 · Unterkunft, Verkehrsmittel 370 · Vorsorge für den Krankheitsfall, Zeitungen 371

Literaturverzeichnis 372

Verzeichnis der Karten und Grundrisse, Abbildungsnachweis 374

Register 375

Impressum 384

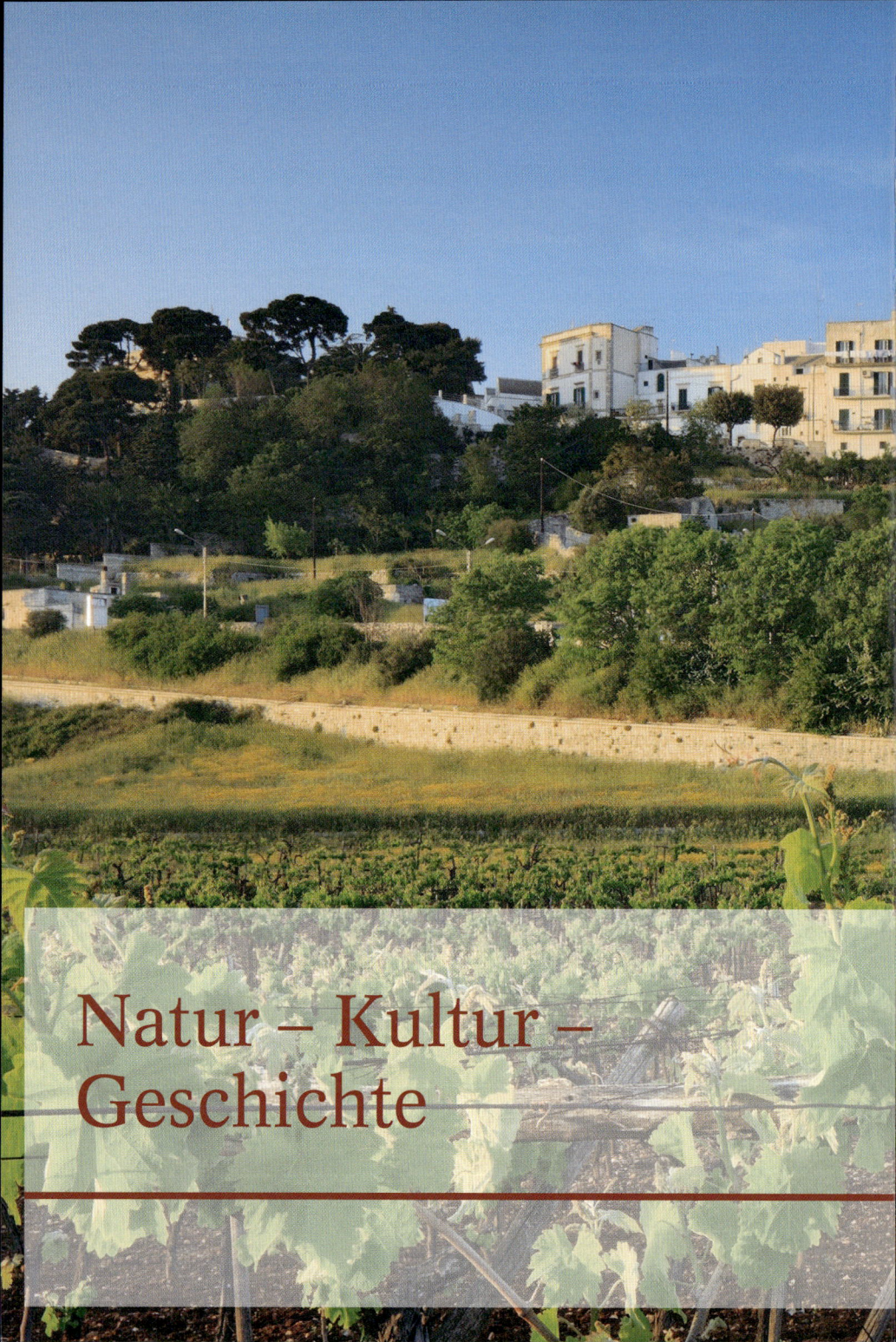

Natur – Kultur – Geschichte

Natur – Kultur – Geschichte

Erste Erfahrungen

Alles Fremde

Duftumschleierte Gestade

Ferdinand Gregorovius beschrieb die Aussicht vom Castel del Monte über die apulische Ebene 1875 als »unvergleichliches Panorama von Meer und Land«: »Der ganze Küstensaum, von dem großartig hingelagerten Vorgebirge des Monte Gargano und von Sipontum oder Manfredonia bis zu den duftumschleierten Gestaden von Bari, Monopoli und Brindisi, liegt vor dem Beschauer dar. Am Meeresufer sieht er eine lange Reihe von […] berühmten Städten, die Hafenorte Apuliens oder die Landstädte des Innern von Lucera bis nach Canosa und Ruvo.«

◁ *Locorotondo*

Mit weichen, fließenden Formen, ein bisschen behäbig und träge vielleicht, so schmiegt *La Puglia* sich an das schroffe Land des Apennin, und bittet, nach allen Seiten weit geöffnet, den Fremden zu Gast. Sie war jung, zu unerfahren, als sie meinte, von der Natur keinen Schutz erbitten zu müssen, und erlebte, wie jahrtausendelang Menschen über sie herfielen und sich an ihr gütlich taten. Erst jetzt, in die Jahre gekommen, reifer geworden und endlich befreit von unaufrichtigen und enttäuschenden Zudringlichkeiten, findet sie Ruhe zur Besinnung und entwickelt Selbstbewusstsein. Betörend liegt *La Puglia* nun da, hingebreitet dem Betrachter, der, von der Höhe des Castel del Monte herab, das Auge nicht abzuwenden vermag. Ob das Sonnenlicht gleißt, ob Wolkenschatten lautlos verhuschen, novembergraue Schleier sich geheimnisvoll bauschen oder frühlingsbunte Blütensprenkel Heiterkeit entzünden – es dauert, bis er die Gefühle in den Griff bekommt, auch ohne Metaphorik die Schönheit erträgt und all das Fremde, das er sieht, mit abgesenkter Pulsfrequenz genießen kann. »Der Horizont rings umher ist wundervoll«, hielt Ferdinand Gregorovius 1874 bei der Aussicht von Lucera fest. Dasselbe gilt für diesen Platz.

Apulien ist einladend. Seine Ebenen zogen Eroberer zu Hauf an und ziehen Reisende geradezu ins Land. An den flachen Küsten legten regelmäßig wie Gezeiten Händler mit Tuchen und Gewürzen an und gierige Piraten. Besser beleumdet, ohne groß anderes zu tun, traten viele Völker an, die der Region ihre unterschiedlich geschnittenen Stempel aufdrückten, übereinander, sodass deren Summe einen neuen Abdruck ergab. Italienische Archäologen mochten lange nicht akzeptieren, dass die für griechisch gehaltenen Vasen Produkte apulischer Daunier und Messapier waren. Französischen Gelehrten fiel es schwer, die Dome der Normannen nicht mit dem Etikett ›Import aus Frankreich‹ zu versehen. Die deutschen Forscher brauchten eine Weile, bis sie nicht für jedes apulische Stauferkastell das Vorbild im Elsass oder in Schwaben suchten. Nein, es entstand – natürlich auf der Grundlage der fremden Kulturen – Neues, Apulisches.

Apulien zahlte einen hohen Preis, und der blutgetränkte Boden atmet noch schwer unter dem Flüstern der Ölbaumblätter, deren metallisch weiße Unterseiten der Wind zu oberst kehrt. In ihm hat sich der Todesschrei des römischen Heers verfangen, das bei *Cannae* vor Hannibal zerbarst, Friedrichs Klage über Biancas Tod und das Pfeifen des Schwerts, unter das der türkische Henker in Otranto 800 Christen nahm. Selbst freundlichen Ereignissen wohnten oft traurige Momente inne, weshalb der Apulier jedem Glück scheu und mit der bangen Gewissheit begegnet, dass es sich ins Böse verkehrt. Die ›Pyrrhus-Siege‹ konnten nur in Apulien geschehen. Rudolfo Valentino, in Apulien geboren, in Amerika als Star vergöttert, *musste* fast früh sterben.

Alles Fremde

Blick auf Giovinazzo

Die Liebe des Fremden zu Apulien gelingt nicht als Abenteuer, nicht mehr, nicht als kurzweiliges Vergnügen, und beginnt höchst selten auf den ersten Blick. Es bedarf des Kennenlernens, eines altmodischen Bemühens, um hinter der abgegriffenen Schale den empfindsamen Kern der Region zu entdecken und ihre Geheimnisse aufzuspüren, die sie nicht auf die Schnelle preisgibt. Um so stärker zieht dann ihr Zauber in den Bann. Die Probe lässt sich überall machen, an einem beliebigen Ort, in Ruvo vielleicht. An der Piazza um die Kathedrale und in den angrenzenden Gassen und Sträßchen scheint man sich an der Wende vom 19. zum 20. Jahrhundert zu bewegen, eingefangen von jener südländischen Stadtkultur, diesem in sich ruhenden, selbstgenügsamen Mikrokosmos, der mit den alten, ausgedienten Häusern überall abzusterben droht. In Ruvo hat er sich erhalten, unaufgeregt und frei von fremder Hast. Im Gleichlauf mit dem Stundenzeiger streichen Tag für Tag gemäß der jeweiligen Jahreszeit die Sonnenstrahlen über Fensterläden aus Holz und Türklopfer aus Messing, über rotbraune Dachziegel und schmiedeeiserne Balkone und mahnen, indem sie die seit Ewigkeiten bekannten Mauerfugen ausleuchten und stets dieselben Winkel ins Schwarz ihrer Schlagschatten werfen, die Zeiten für *siesta* und *serata* an. Das Auge muss im Sonnentempo umherschweifen, das Herz im Gleichtakt mit dem himmlischen Chronometer schlagen, um die brüchige Melancholie dieser Orte aufsaugen, ihrem Werden nachlauschen, ihrem Sein sich öffnen zu können und das in eine tiefgründige Volksseele gebettete facettenreiche Mosaik aus trotzigem Verharren und enttäuschter Hoffnung, stoischer Ergebenheit und jähem, rasch verebbendem Aufbegehren der bleibenden Erinnerung anheim zu geben. Wem es gelingt, der ist angekommen in Apulien, dem Land der Geschichten von Steinen und Wind, Wasser und Licht.

Müßiggang und Wollust

Die Südostkante Italiens stand lange nicht auf dem Programm für Bildungsreisen. Nach Apulien mochte niemand aufbrechen, mit Ausnahme des jungen – laut Goethe »edlen männlichen« – Johann Hermann von Riedesel, der den Rückweg von Sizilien nach Neapel im Sommer 1767 mit einem Umweg über Apulien verband. Gesungen hat ihm die Entdeckerfreude an der Wiege niemand, die 1740 in dem unterfränkischen Dorf Höllrich stand. Entscheidend war die Bekanntschaft mit dem berühmten *antiquario* Johann Joachim Winkelmann, die er 1762 in Rom machte und die trotz des beträchtlichen Altersunterschieds zur echten Freundschaft geriet. Winkelmann jedenfalls schätzte Riedesels Aufzeichnungen seiner Süditalienreise, die heute noch grundgescheit unterhalten und – absolut frei von *political correctness* – amüsieren. Tarent, bemerkte Riedesel, »bestehet jetzt aus 16 000 Einwohnern, deren ein Theil mittelmäßige und arme Provinzedelleute, die übrigen alle Fischer sind, welche von Tag zu Tag ihr Brodt mit Fischen in dem grossen Hafen, jetzo Mare piccolo genannt, verdienen: Alle übrige Handwerke werden von Fremden, als Neapolitanern und andern, und der Ackerbau von Calabresern verrichtet.« Und Riedesel fragte sich, »ob dieses ein anticker Müßiggang, oder jetzige Faulheit sey«. Riedesel ging erstaunlich unvoreingenommen und freundlich auf die Leute zu, kritisierte ehrlich, wo es ihm angebracht schien, und lobte allen Vorurteilen zum Trotz, die ihm nicht fremd geblieben sein konnten, überschwänglich: »Die Aufmerksamkeit und Dienstfertigkeit dieser Leute für ihre Reisende ist unbeschreiblich; und ich würde kein Bedenken tragen, ein Kind ihnen allein anzuvertrauen, und vor dasselbe sorgen zu lassen.«

Dieses Bild deckt sich nicht mit den damaligen negativen Meinungen über Apulien, auch nicht mit den Horrorgeschichten, die Nord-

---

Sie verbergen die »Weiber«

Vom Klima in Apulien wusste J. H. von Riedesel, dass »die zarte Luft dieser Gegend Müssiggang und Wollust einflößt«, über die Einwohner Tarents, dass sie »ungemein dem Vergnügen ergeben« und »die Weibspersonen sehr schön« sind. »Die Eifersucht herrschet stark unter den Männern, und sie verbergen sogleich die Weiber, wenn ein Fremder bey ihnen einkehrt.«

italiener heutzutage über Süditalien verbreiten. Sie sind grenzenlos erstaunt, wenn sie hören, dass sich jemand in dieses oder jenes *centro storico* gewagt, den selbstmörderischen Gang ohne Stich- und Schusswunden überlebt und danach auch noch das Auto nicht nur wohlbehalten, sondern überhaupt vorgefunden hat – wo doch *jeder* weiß, dass *jedes* gestohlene Auto sofort über die Adria nach Albanien oder in den Nahen Osten verschifft wird.

Bezeichnenderweise war es ein Schreibtischtäter, der behauptete, 1817 eine Reise durch den untersten Teil des ›Stiefels‹ unternommen zu haben, und dabei doch hemmungslos flunkerte, der bereits die ganze Palette an Klischees und Vorurteilen über die Menschen in Süditalien ausgebreitet hat, die zäh fortleben: Stendhal. Henry Beyle, Franzose in Diensten Napoleons, der sich mit dem Pseudonym ›von Stendhal‹ schmückte und durch seinen Roman »Die Kartause von Parma« eine gewisse Berühmtheit erlangte, stellte in seiner »Reise in Italien« fest, dass der Süditaliener dunkelhäutig und bisweilen unbeschreiblich hässlich daherkomme, das martialische Äußere der begriffsstutzigen Bauern zum Totlachen sei, selbst Hunger nicht als Grund gelte, sich in körperlicher Arbeit zu versuchen, dem Staat oder einer Monarchendynastie keinerlei Loyalität geschuldet und Justiz und Regierung für Plagen gehalten würden, ein ausgeprägter Hang zu geheimen und/oder kriminellen ›Gesellschaften‹ bestehe, dass echte Briganten hervorragend organisiert und gut beritten seien, entsetzliche Greuel gegen Reiche verübten und Notleidende mit Brot versorgten, und dass ein aufregendes Nebeneinander von christlicher Religion und uraltem Aberglauben existiere.

Und doch hatte Stendhal – wie dies bei Vorurteilen häufig der Fall ist – in allen Punkten auch ein bisschen Recht. Allein die einseitig negative Ausrichtung seiner Ansichten ergibt eine verzerrte und in der Summe unzutreffende Einschätzung. Einige Momente meint man jedoch in der Gegenwart bestätigt zu sehen, etwa den wenig ausgeprägten ›gesamtitalienischen‹ Sinn, der infolge eines über Jahrhunderte gewachsenen, historisch berechtigten Misstrauens gegen jede Form von Obrigkeit und Zentralregierung gehemmt ist. Auch das Bemühen um weitgehend arbeitsfreie Anstellungen im öffentlichen Dienst gilt als Übel, obwohl die Klagen vieler Kommunalpolitiker unredlich sind, da sie sich auf diesem Weg gern einer Wählerklientel versichern. In den von Stendhal angeführten ›Gesellschaften‹ wird man Vorläufer der jetzigen ›ehrenwerten Gesellschaft‹, sprich der apulischen Form der Mafia, der *Sacra corona unita*, erkennen dürfen. Und schließlich ist die von Aberglauben, Verwünschungszauber und Angst vor dem ›bösen Blick‹ durchsetzte Frömmigkeit in ländlichen Gebieten auf Schritt und Tritt noch zu beobachten. Das Verhältnis zur Religion ist sehr direkt, dinglich, der Bezug zum heilbringenden Gegenstand immer körperlich. Deshalb muss jedes Kreuz, jede Heiligenstatue angefasst werden. Selbst wer außen an einer Kirche vorübergeht (oder mit dem Auto vorbeifährt), bekreuzigt sich, sobald er die gerade Linie zum Altar quert. In Manfredonia tobt ein ›Kulturkampf‹, weil

Natur – Kultur – Geschichte

*Fischer im Hafen
von Trani*

zur wichtigsten Prozession im Jahr aus Sicherheitsgründen nur noch die *Nachbildung* einer Madonnen-Ikone durch die Straßen geführt wird, von welcher nach Meinung der Gläubigen überhaupt kein Segen ausgehen kann. 1656 empfahl der Erzbischof von Manfredonia, zum Schutz gegen die Pest Steinchen aus der Michaelsgrotte (von Monte Sant'Angelo) bei sich zu tragen. Zu Norman Douglas' Zeiten, also zu Beginn des 20. Jh., wurden sie zum Heilmittel gegen die grassierende Cholera umfunktioniert. Heute beschränken sich gestandene Manager mit einem Heiligenbildchen in der Tasche als Mittel gegen Kursverluste. Wer einer bettelnden Alten das Almosen verweigert, muss damit rechnen, dass sie sein Blut bis zu den Enkeln verflucht. Dem enthusiastischen Pilgerwesen, das sich heute am extremsten in San Giovanni Rotondo offenbart, konnte der intellektuelle Douglas nur kritisch begegnen. Die »Armen im Geiste«, die er in der »muffigen, übelriechenden« Michaelsgrotte in Monte Sant'Angelo beobachtete, repräsentierten in seinen Augen »eine heruntergekommene Form des Christentums«.

Mit dieser Feststellung ging er weit über die sanften Bedenken hinaus, die Ferdinand Gregorovius (1821–1891), der beste wie berühmteste deutschsprachige Italienkenner des 19. Jh., zu diesem Phänomen vorbrachte. Nachdem er seine mehrbändige »Geschichte der Stadt Rom im Mittelalter« beendet hatte, fand er Muße, von der Ewigen Stadt aus 1874/75 eine Reise nach Apulien zu unternehmen. Der Bericht, den er darüber verfasste, bietet eine unnachahmliche Mixtur aus detaillierten historischen Nachrichten und zum Teil sehr persönlichen Betrachtungen, die jede Apulienfahrt noch heute bereichern.

Immer neue Teile ...

Apulien ist ein Landstrich am Rand Europas geblieben, auch wenn man es nicht mehr nötig hat, »mit dem Pferd, dem Maulesel, der zweirädrigen ›Sedia‹ mit halbem Verdeck für zwei Personen [...] auf unsicheren Straßen durch verseuchte Gebiete zu reisen und in schmutzigen und dürftigen Herbergen zu übernachten. Schiff, Eisenbahn, Flugzeug und der Kraftwagen haben Gebiete erschlossen, die früher noch verborgen waren. Immer neue Teile des herrlichen Landes, wie Apulien [...], früher von wenigen besucht, treten in den Gesichtskreis durch die Schönheit der Natur und die kostbaren Bauten aus griechischer, byzantinischer und normannischer Zeit.« So lobte Arthur Schulz in der Einleitung zu »Johann Hermann von Riedesels Reise durch Sizilien und Großgriechenland« die verbesserten Reisemöglichkeiten im 20. Jh.

Zumindest auf die Bahn griff Norman Douglas um 1910 bei seinen »Reisen in Süditalien« gelegentlich zurück – und blieb mit ihr auch liegen, als er nach Tarent unterwegs war. In der Regel aber durchwanderte er zu Fuß unerschrocken die einsamsten Gegenden, in die sich Norditaliener heutzutage nicht mit dem Auto wagen. Seine Reisebeschreibungen sind Klassiker geworden, und es ist erfrischend, sich von ihnen begleiten zu lassen und festzustellen, dass sich so viel nicht geändert hat. Man meint, denselben Gestalten zu begegnen, wie etwa dem Kastellan in Lucera, »vollgepfropft mit unzuverlässigen Informationen, die er mit der unterdrückten und gewissensbeschwerten Stimme eines Mannes weitergibt, der Staatsgeheimnisse verkauft«. Man schmunzelt über Douglas' Sehnsucht nach einem gehaltvollen englischen *breakfast* angesichts des »üblichen unausstehlichen sogenannten Frühstück, das hinreicht, auch den besonnensten Menschen auf Gedanken an Mord und Selbstmord zu lenken«. Aber Italiener starten oft nur mit einem *espresso* und einem *cornetto* in den Tag. Und angesichts der heutigen Frühstücksbuffets in den Hotels kann man Douglas in diesem Punkt nicht mehr zustimmen, auch nicht seiner Behauptung, dass Parks und Friedhöfe die »einzigen Stellen« seien, »wo der lärmbetäubte und lichtverstörte Fremde etwas grüne Labsal finden mag«. Inzwischen sind auch in Apulien etliche Altstadtzentren Fußgängerzonen; aber man fragt sich, worüber Douglas sich damals aufgeregt haben könnte, als es noch keine Mopeds gab.

Er empfand Venosa (in der Basilikata) »zweimal so schmutzig wie Lucera« – was für beide Städte in keiner Weise mehr zutrifft! Es war für ihn »eine geruhsame Schmutzigkeit, nicht vulgär und chaotisch, vielmehr Zeugnis einer von alters geübten Lässigkeit, einer feudalen Verachtung pedantischer Reinlichkeit«. Steht man heute in einem der ganz wenigen und deshalb um so mehr auffallenden ›vermüllten‹ Orte, fallen die Erklärungen für dieses Ungemach, die hinter vorgehaltener Hand gegeben werden, weniger gemütlich und schon gar nicht folkloristisch aus. Es wird eher auf eine Verquickung zwischen Stadtverwaltung und Mafia getippt, wobei erstere die Müllentsorgung bezahlt

Ein Engländer in Italien
Norman Douglas, der feinsinnige Betrachter Süditaliens, war Aristokrat und Weltbürger. 1868 als Sohn des Douglas of Tilquhilly geboren, verbrachte er die Jugend im Vorarlberg auf Gütern des Barons von Pölnitz, seines Großvaters mütterlicherseits. Zunächst in England unterrichtet, besuchte er vom 14. bis 20. Lebensjahr das Gymnasium in Karlsruhe. Danach zog es ihn durch halb Europa und in den britischen diplomatischen Dienst. Als er den Vater beerbte, gab er den Posten auf, kaufte eine Villa bei Neapel und reiste. Im Alter von 39 Jahren hatte er sein Vermögen durchgebracht. Er begann, über seine Reisen zu schreiben – erfolglos. Erst ein Roman brachte ihm Geld und Ansehen, und plötzlich begeisterten seine Reiseerzählungen, sodass er in Florenz, ab 1946 unbeschwert auf Capri leben konnte, wo er 1952 verstarb.

Natur – Kultur – Geschichte

Zeitenstillstand

Spröder und nicht so pointiert ist der Bericht von H. V. Morton über die Autofahrt, die er in den späten 1960er-Jahren unternahm und die den deutschen Lesern als Wanderungen verkauft wurde. Die Lektüre vermittelt das Gefühl, als ob seitdem alles beim Alten geblieben sei. Sie dokumentiert einen Zeitenstillstand, der die Besucher an vielen Orten noch in diesen Tagen stutzen lässt oder ergreift.

und letztere das Geld ohne Gegenleistung entgegennimmt. Wenn dem so ist, hätte sich auch in diesem Punkt nicht viel geändert. Denn schon derselbe Douglas schrieb von der »Wüste der Tagespolitik, der allgemeinen Schurkerei und Korruption in den Stadtverwaltungen«.

Notstände und Erklärungen

Weshalb sich viele Apulier in Egomanen verwandeln, sobald sie hinter dem Steuerrad Platz genommen haben, bleibt eines der größten Geheimnisse des Landstrichs. Dass rote Ampeln an weithin einsehbaren Kreuzungen kaum respektiert werden, wenn eine gefahrlose Überquerung möglich ist, fällt dabei kaum ins Gewicht. Dass Kurven geschnitten werden, geht meist deshalb gut ab, weil der innen Fahrende hart am Rand bleibt. Dass sich kein Apulier per Handzeichen bedankt, wenn man ihm unter Verzicht auf eigenes Vorfahrtsrecht das Einbiegen von der Neben- in die Hauptstraße gestattet, wird häufig als Erziehungsdefizit gedeutet. Aber das trifft nicht den Kern. Denn der Apulier hält jeden, der freiwillig auf die Vorfahrt verzichtet, schlichtweg für blöd oder für einen Schwächling, mit dem er keine freundlichen Gesten austauscht. Derselbe Fahrer entpuppt sich als Liebenswürdigkeit in Person, wenn er hinter der Ladentheke seines Geschäfts steht und einen Käse nach dem anderen zum Probieren reicht. Doch im Grunde ist auch dieses Fahren nur ein Spiel, bei dem man nur so tut als ob. Und in der Tat passiert kaum etwas, weil der Apulier seine *macchina* liebt und bei allem Gehabe sehr defensiv und immer mit einem Auge auf den ›ungeschätzten‹ Verkehrsteilnehmer fährt.

Auf dem flachen Land sorgt bereits die geringe Verkehrsdichte für sehr viel weniger Unfälle als vergleichsweise in Deutschland. Sie ist geradezu erholsam und gestattet auf durchweg guten Straßen ein zügiges Vorwärtskommen. Es sei denn, man wird mit dem Phänomen des extremen Langsamfahrers konfrontiert, der zudem die Straßenmitte bevorzugt und ein Überholen nicht gestattet. Neuerdings verursacht der exzessive Gebrauch des Handys, italienisch *cellulare* oder *telefonino* geheißen, viele Schleichfahrten. Die meisten gehen aber traditionell auf die intensive Diskussion mit dem Freund respektive auf den Streit mit Gattin oder Freundin auf dem Beifahrersitz zurück, der alle Aufmerksamkeit erfordert. In diesem Fall hilft nur, durch beherztes Hupen auf sich aufmerksam zu machen – was dem Huper keiner übel nimmt, auch der angehupte Schleicher nicht. Die wegwerfende Geste, die er vollführt, muss er wegen der Freundin etc. ›bringen‹.

Geradezu spielerisch fördert eine apulische Landpartie das Wissen über die Geografie und die Schreibweise von Ortsnamen. Denn überall trifft man auf neckische Reste von Richtungswegweisern, die den Großteil ihrer Buchstaben eingebüßt haben. Sofort beginnt das Raten. Ein auf dem Schild übrig gebliebenes *...CC...* ist natürlich ein

Kinderspiel, klar: Lecce. In diesem Fall gilt nur der zweite Teil der Aufgabe als Probe, nämlich die Bestimmung, an welchem Ende des rostigen Teils sich in heilem Zustand die Wegweiser*spitze* befand (was ja zur Weiterfahrt nicht unerheblich ist). Links oder rechts? Auch ein …*ARD*… lässt sich bequem zu Nardò ergänzen. Von einer besonderen Raffinesse sind zweiteilige bzw. zweizeilige Schilder, wenn etwa oben noch die Buchstaben …*INA*… und unten …*LIE*… zu erkennen sind. In diesem Fall muss man sich schon ein bisschen auskennen, bzw. sollte man, weil das mit dem Hotel am selben Abend sonst nichts mehr wird. Denn ob man angesichts dieses beschädigten Hinweises zwischen Gravina und Maglie oder zwischen Martina Franca und Ceglie steht, macht den feinen apulischen Unterschied.

Neben diesen Dingen gibt es Begebenheiten, die man nicht erklären kann. In Barletta beispielsweise, wenn an Wochenend- oder Festtagabenden die Altstadt für den Verkehr gesperrt wird, verwehrt ein aufgestelltes Gitter die Zufahrt, allerdings nur quasi. Denn es reicht nur über die Hälfte der Straße. Deshalb wittert jeder, der in die Altstadt einfahren wollte, zumindest die Möglichkeit, auch hineinzukommen bzw. wenigstens mit einem der drei Polizisten ausführlich darüber zu diskutieren. Und händeringend, leise klagend oder barsch fordernd, die Unmenschlichkeit der Zeit anprangernd oder an den Humanismus der Ordnungshüter appellierend führt er die im Sterben liegende Oma, den auf Arznei wartenden Onkel oder die heiratswillige Braut an. Über der schwierigen und deshalb langwierigen Abwägung solcher wichtigen Argumente durch den Polizisten reißt in der mittlerweile endlosen Autoschlange dahinter den Fahrern, die selbst wesentlich existenziellere Gründe für *ihre* Einfahrt in die Altstadt vorzubringen haben, der Geduldsfaden, und sie verschaffen ihrem Unmut durch ein Hupkonzert Luft. Dies wiederum beeinträchtigt die Konzentrationsfähigkeit des *poliziotto* und die freundliche Haltung des um Einfahrt nachsuchenden Fahrers, sodass nun beide zusammen versuchen, dem direkt nachfolgenden Huper seine Herzlosigkeit und Unverschämtheit klar zu machen. Umgekehrt erhält der Bittsteller, als er endlich vom Polizisten abschlägig beschieden und energisch aufgefordert wird, das Weite zu suchen, natürlich von keinem der Huper hinter ihm Unterstützung, da jeder von diesen sich selbst noch eine kleine Chance ausrechnet, den Polizisten erweichen zu können. Die Schlange wächst, das Hupen schwillt weiter an …

Wer meint, dass ein über die *ganze* Straßenbreite reichendes Gatter diese unerquickliche Situation erst gar nicht entstehen ließe, muss aus West-, Mittel- oder Nordeuropa stammen oder, schlimmer noch, aus Mailand oder Turin, und versteht rein gar nichts. Oder hat nicht lange genug gewartet. Denn wenn er ausharrt, kann er beobachten, dass Fahrer mit Nobelkarossen und mit Frisuren, die offenkundig zweimal pro Woche den pflegenden Händen eines *barbiere* überantwortet werden, sogar ohne jeden Hinweis auf verwandtschaftliche Verpflichtungen von den freundlich salutierenden Posten durchgewunken werden. So ist das. Apulien ist ein Land der Ausnahmen, des

Freudvolles Fahren
Zu permanenten Bremstests zwingen die vielen nur einseitig beschrifteten Hinweisschilder, die unerklärlicherweise nie aus der Richtung zu lesen sind, aus der man kommt, bzw. sich erst lesen lassen, nachdem man an ihnen vorbeigefahren ist. Geschicklichkeitsprüfungen halten Altstadtdurchfahrten in Oria und Gravina bereit – um nur zwei von zweiundfünfzig vergleichbaren Parcours in Apulien zu nennen.

Rechts des Stärkeren und der gnädig gewährten Privilegien. Nichts steht festgeschrieben, Regeln und Gesetze müssen von denen, die sie aufstellen oder sie wenigstens beachtet wissen wollen, permanent neu begründet werden – bevor ihre Missachtung gestattet wird. Geschwindigkeitsbeschränkungen wie etwa auf der Staatsstraße zwischen Bari und Altamura werden schlicht nicht zur Kenntnis genommen.

Urlaubsreisende, gerade dem heimischen Schreibtisch entkommen und auf Freiheit und Abenteuer eingestellt, geraten darüber schnell in Verzückung und beginnen, diese ›typisch südländische‹ Leichtigkeit zu verklären und – ach Gott – an sich selbst zu vermissen.

Szenenwechsel: In Bitonto. Ein deutscher Tourist bemüht sich, ein Foto von der Fassade der Kathedrale zu schießen, und zwar ohne die Fußball spielenden Jungen davor. Er weiß nicht, dass das Spielen an diesem Platz eigentlich verboten ist. Den Kindern hat man es zwar irgendwann einmal gesagt, aber da sich noch nie jemand daran gestört hat, geriet das Verbot in Vergessenheit. Der von einem tiefen Glauben an das Gute im Menschen beseelte Deutsche setzt, nachdem er den handlichen ›Sprachführer für Alltagssituationen‹ zugeklappt hat, schon zur Bitte um eine kleine Spielunterbrechung an, als ein schneidiger Polizist die Szene betritt und die Kinder mit großer Geste verscheucht. Diese sind irritiert, der Tourist ist verstört, denn *das* hat er nicht gewollt, und betroffen, weil ihn die Kinder jetzt anpöbeln. Der Polizist in seiner schönen Uniform salutiert stolz und entfernt sich. Der Deutsche aber schreitet zur Wiedergutmachung, signalisiert den Kindern mit allem, was ihm zur Verfügung steht, sein Unbehagen über den Vorfall und steht schon kurz davor, sie zu bitten, mit dem lustigen Spiel fortzufahren. Das ist jedoch nicht nötig. Die Jungen haben selbst schon wieder damit angefangen.

Während der nächsten zwei Stunden durchwandert der Tourist die Altstadt. Alle fünfzehn Minuten schaut er bei der Kathedrale in der Hoffnung vorbei, dass die Jungen verschwunden sind. Als es so weit ist, ist auch die Sonne hinter den Dächern abgesunken. Er macht schnell ein Schattenbild und hetzt zum Auto zurück. Denn ihm ist eingefallen, dass bei der Ankunft zur Mittagszeit alle Läden geschlossen waren und er deshalb keinen Parkschein erstehen konnte. Und dass der Parkplatz direkt gegenüber der Polizeistation liegt. Der Deutsche ärgert sich über die zu erwartende Strafgebühr.

Als er mit schlechtem Gewissen die Polizeistation passiert und die Straße zu den Parkplätzen am Mittelstreifengrün der Piazza Marconi überquert, sieht er tatsächlich an der Stelle, wo er seinen Wagen abgestellt hat, zwischen den Autodächern eine blau-weiße Uniformmütze aufleuchten. Der Deutsche fällt vom Laufschritt in ein Schlendern. Er vergewissert sich, dass der Polizist exakt am ohne Parkschein abgestellten Auto Posten bezogen hat. Es hilft alles nichts. Reumütig gesellt er sich hinzu, entschuldigt sich *(chiesa ... fotografare ...)*, zieht die Börse und will nur noch zahlen. Der Polizist salutiert, wie es sich gehört, und versichert, dass dem Wagen absolut nichts geschehen sei, er habe die ganze Zeit ein Auge darauf gehabt. Das gehöre zu seiner

Notstände und Erklärungen

Ruvo, Palazzo am Largo Cathedrale

Pflicht. Beschämt versenkt der Deutsche den Geldbeutel in die Gesäßtasche. Keine Rede von Parkgebuhr oder Strafzettel. Der Polizist denkt nicht einmal an so etwas. Und der Tourist ist über so viel Menschlichkeit zutiefst beglückt.

Man muss wohl tatsächlich aus dem Norden stammen, etwa aus Mailand wie der Autor Andrea De Carlo, der in seinem Kult-Roman »*Di noi tre*« (deutsch: Wir drei, Zürich 1999) dieses Verhalten als Phänomen ausmacht und als »Scheintoleranz, die den systematischen Machtmissbrauch kaschiert«, geißelt. In der Tat kann Demokratie nicht funktionieren, wenn Regeln ins Beliebige gestellt sind und die

Anwendung von Gesetzen verhandelbar ist. Diese Willkür, die in fast allen Lebensbereichen herrscht, stellt gegenwärtig den bemerkenswertesten Aspekt dar, der Apulien von Europa trennt.

Willkür wird neuerdings auch in einigen apulischen Kirchen ausgeübt. Wie Zerberusse fallen in den Kathedralen von Trani und Bari Küster und Kustoden über jeden her, der eine Videokamera zückt, und gestatten erst, nachdem sie sich vom ›Privatgebrauch‹ der Aufnahmen überzeugt haben, das Filmen. Dagegen bleiben sie gegenüber jedem, der wegen der schlechten Lichtverhältnisse mit einem Stativ fotografieren will, hartnäckig bei ihrem *no*. Macht dieses Verbot schon für sich keinen Sinn, da weder durch diese oder jene Aufnahmeart irgendetwas beschädigt oder irgendjemand gestört wird, so wird es zum Ärgernis, wenn man erfährt, dass es ausschließlich um materielle Interessen geht, d. h. die Kirche mit einem örtlichen Fotografen verbandelt ist, der sich auf diese Weise – sprich Bezahlung an die Kirche – ein Monopol sichert. Dass die Kirche das üble Spiel mitspielt, hat gewiss Tradition. Dass dieselben Kirchen aber in erster Linie von Staatsgeldern unterhalten, zum Jubiläumsjahr 2000 vor allem aus Mitteln der Europäischen Union großzügigst restauriert wurden und demnach von jedem Europäer, der ein Foto machen möchte, über seine Steuerzahlung mitfinanziert wurden, das macht das Verbot zum Skandal – würde es jedenfalls, wenn nicht auch der Dominikanerpriester in San Nicola in Bari oder der Franziskanerprior an Santa Caterina di Alessandria in Galatina am Ende doch mit sich reden ließen. Mit sachlichen Argumenten ist ihnen zwar nicht beizukommen, aber dass Kirchen mit ihren Kunstwerken im Grunde allen Christen gehören und dass Gott größeres Gefallen daran haben muss, dass man von der Kirche ein gutes Foto (und kein verwackeltes) zur heimischen Erbauung mitnimmt, das erweicht die strengen Hüter der Gotteshäuser.

Einige Daten und Fakten

Nach der Gründung des Nationalstaats Italien 1861 wurden in Anlehnung an die französischen Départements die Regionen *(regioni,* Einzahl *regione)* eingerichtet. Dabei handelt es sich nicht immer um so historisch gewachsene Gebilde wie Apulien, und nur bedingt sind sie mit Schweizer Kantonen oder deutschen Bundesländern vergleichbar. Entsprechendes gilt für einen Vergleich deutscher Regierungsbezirke mit den Provinzen *(provincia,* Mehrzahl *province),* in welche die Regionen untergliedert sind.

Apulien (ital. *Puglia*) nimmt den Südosten Italiens ein. Es erstreckt sich flach entlang des Adriatischen Meers, steigt über dem Hinterland mit den Karsthügeln der Murge zu den Ausläufern des Apennin mäßig an und fällt süd- und westwärts zum Ionischen Meer ab. Mit einer Fläche von 19 347 km² gehört Apulien zu den großen der insgesamt zwanzig Regionen Italiens. Begrenzt wird Apulien von den Regionen Molise im Norden sowie Kampanien und Basilikata im Westen.

Die seit über tausend Jahren bedeutendste Stadt, die mit über 326 000 Einwohnern größte und wirtschaftlich mächtigste ist **Bari**. Geschäftstüchtig und kulturell aufgeschlossen wurde es zu Recht zur Hauptstadt der gleichnamigen Provinz wie der gesamten Region Apulien bestimmt. Weitere apulische Provinzhauptstädte sind, von Norden nach Süden, das behäbigere **Foggia** mit 156 300 Einwohnern, der an der Peripherie von Großindustrie- und Hafenanlagen gekennzeichnete Marinestützpunkt **Tarent** (Taranto) mit 201 000 Einwohnern, seit 1927 auch das quirlige, aufstrebende **Brindisi** mit 95 500 sowie die Barock- und Universitätsstadt **Lecce** mit 101 000 Einwohnern. Im Jahr 2004 wurde der Raum **Barletta**, **Andria** und **Trani** als sechste Provinz der Region eingerichtet, wozu die Provinzen Bari und Foggia Gebiete abtreten mussten.

Menschen in Maßen
Apulien hat die Zahl von 4 Millionen Einwohnern überschritten und erwartet, nachdem die große Abwanderungswelle gestoppt ist, einen weiteren Bevölkerungsanstieg. Überwiegend eben, daher auch verkehrstechnisch gut ausgebaut und siedlungsgünstig weist Apulien durchschnittlich 209 Menschen auf einem Quadratkilometer aus. Zum Vergleich: In Bayern sind es 175 und in Hessen 281 Einwohner pro km².

Weites Land an zwei Meeren

Sie können süchtig machen, diese endlosen apulischen Ebenen, die über Sand- und feine Kiesstrände oder flache, zerklüftete Felsbänke in die Weite des Meeres wechseln. Die bis zum Horizont reichenden Olivenhaine, zu den bewaldeten Abhängen des Apennin verlaufenden, anmutigen Hügelketten suggerieren eine Endlosigkeit, in der Vergangenheit und Gegenwart sich verlieren und Zukunft lautlos sich verbreitet. In den Städten dagegen, deren übliche Ansammlung hässlicher Gewerbegebiete in den Außenbezirken nie von einem Besuch des *centro storico* abhalten sollte, kann es – nach Süden zunehmend – lauter werden und der Einsatz der Hupe gelegentlich orientalisches Format annehmen. Das kann zu einer Erhitzung von nördlichen Verkehrsteilnehmern führen, die die objektiv messbaren **Temperaturen** beträchtlich übersteigt. Die heißeste Stadt ist Foggia. Der für sie im August angegebene Mittelwert von 26 °C beinhaltet natürlich, dass das Thermometer im Sommer oft weit mehr als 30 °C anzeigt. Aber die Luft bleibt angenehm trocken, die Wärme wirkt wohltuend und wird oft durch eine leichte Brise oder auch starken Wind gemildert. Umgekehrt kann es schon im September geschehen, dass in Lecce, das im August mit einem Mittelwert von 25,5 °C aufwartet, der Platz auf der Piazza nur mit Pullover und Jacke zu verteidigen ist. Im Winter dagegen schneit es am Monte Gargano und an den Abhängen des Apennin schnell einmal.

Apulien vermag mit einer Küste von 800 km Länge zu protzen, wo bei der größere Teil am **Adriatischen Meer** *(Mare adriatico)* liegt. Die Stadt Andria nimmt – allerdings im Widerstreit mit Atri in den Abruzzen – für sich in Anspruch, den Namen für die Adria hergegeben zu haben. Die alten Römer freilich, die übrigens vor der Adria wegen ihrer Stürme Respekt hatten, leiteten die Bezeichnung *mare Adriaticum* bzw. *Adrianum mare*, wie es bei Cicero heißt, oder auch schon kurz *Adria*, wie Seneca und Tacitus schrieben, von der Stadt Atria (heute Adria) in der Pomündung ab, die als griechische Grün-

Tavoliere

dung gilt. Und in der Tat waren die Griechen im 5. Jh. v. Chr. die ersten, die das Meer *Adrías* nannten.

Nach Süden und Südwesten öffnet sich das Land zum **Ionischen Meer** *(Mare ionio)*, das an die griechischen Ioner denken lässt, die ab dem 8. Jh. v. Chr. die Küste besiedelten. Es erstreckt sich – auf Apulien bezogen – ab Otranto bis westlich von Tarent am gleichnamigen Golf. Dieser und der Golf von Manfredonia im Norden bilden die einzigen großen Buchten, während die Adriaküste weitgehend schnurgerade verläuft. Bei den griechischen Schriftstellern des 5. Jh. hieß das Ionische Meer *Iónios póntos* oder einfach *Iónios*, seltener *Ionía thálassa*. Sie führten den Namen auf die Wanderungen der Göttin Io (und andere Sagen) zurück, die Römer übernahmen ihn als *mare Ionium*.

Die Region wird von fünf **Landschaften** geprägt, im Norden zunächst vom **Tavoliere,** einer fast baumlosen, etwa 3000 km² messenden Ebene mit der Stadt Foggia im Zentrum. Bis vor etwa 200 Jahren trieben an die zehntausend Hirten jährlich von November bis Mai etwa eine Million Schafe und Rinder aus den Abruzzen und dem Molise hierher zur Winterweide in den Tavoliere. Die seit Jahrtausenden bestehenden Herdenwege, die *tratturi*, veröden, seit die Weidewirtschaft per Gesetz eingestellt wurde. Bauern aus dem kargen, wasserarmen Zentral- und Südapulien fanden hier neue Arbeit. Sie legten die Felder an, die dem dünn besiedelten Tavoliere nun sein grünes Schachbrettmuster geben.

Man sieht es wunderschön auf einem Hubschrauberflug von Foggia zu den winzigen, romantischen **Tremiti-Inseln** *(Isole Tremiti)*, die sich mit weißen Kalksteinfelsen aus dem betörenden Blau der Adria erheben.

Ca. 23 km von der Lagune von Lesina und damit vom Festland entfernt, gehören die Inselchen geologisch zum **Gargano-Gebirge** *(Monte Gargano)*. Es besetzt den ›Sporn‹ des italienischen ›Stiefels‹, der korrekt Gargano-Kap *(Promontorio del Gargano)* heißt. Der höchste Gipfel, der Monte Calvo, reckt sich auf 1055 m empor. Ausgedehnte Wälder und überhaupt eine weitgehend intakte Natur im früher nur schwer zugänglichen Inneren haben 1991 für die Einrichtung des ›Gargano-Nationalparks‹ *(Parco Nazionale del Gargano)* gesorgt. Dazu kommen so malerische Städtchen wie Vieste samt seinem berühmten Strand, oder das kunsthistorisch bedeutsame, hochgelegene Pilgerziel Monte Sant'Angelo und immer wieder die befreienden Ausblicke auf dieses aber auch *so* blaue Meer, die dem Monte Gargano jährlich neue Freunde gewinnen.

Parallel zur apulischen Küste erstreckt sich vom Tavoliere bis hinab in die Salent-Halbinsel das breite Band des **Le Murge** genannten, weithin von Olivenbaum- und Weinkulturen und verödeten Weiden geprägten, sanften Berg- und Hügellands, das selten auf 500 m und nur einmal auf 686 m ansteigt. Der Mehrzahlbegriff ›die Murge‹ (gesprochen ›murdsche‹; der Singular *murgia*, gesprochen ›murdscha‹, bedeutet ›Karsthügel‹) dürfte von ›Murex‹, dem immer noch in riesigen Kratern abgebauten Kalkstein, herrühren. Hier gibt sich Apulien mitunter recht bukolisch.

Im **Salent** *(Salento)*, der auch als ›Stiefelabsatz‹ bekannten Halbinsel, halten sich Ebenen mit Ölbaumplantagen, nicht mehr bestelltes, ungenutztes Hügelland, Zonen mit flachen Badestränden und von Wellen zerrissene Felsküsten in etwa die Waage. Im Inneren steigt er nirgends über 200 m an. Am Capo d'Otranto befindet man sich am östlichsten Punkt Italiens. Von hier beträgt die Entfernung zur dalmatinischen Küste keine 80 km mehr. Vom Salent schwingt die Küstenebene ab Tarent im Bogen nach Südwesten und leitet, mehr oder weniger breit, in die Region Basilikata über.

Westlich des Tavoliere und der Murge erhebt sich der **Apennin.** Im Norden baut er sich am mächtigsten auf. Die höchste Erhebung auf apulischer Seite ist der Monte Cornacchia mit 1151 m.

Ein bedrohliches Naturphänomen stellen **Erdbeben** dar. Sie suchen Apulien zwar nicht im selben Maß wie die gebirgigen süditalienischen Regionen Basilikata und Kalabrien heim, haben aber auch hier schon Städte zerstört und regelmäßig Kirchen und Kastelle schwer beschädigt. Viele Erdbeben aus früheren Epochen sind überhaupt nur dadurch bekannt, dass sie Kirchenneubauten oder umfängliche Renovierungen zur Folge hatten. Das Leid, das die Menschen dabei durchlitten, wurde in der Regel mit keiner Zeile notiert, die jahrtausendelange psychogene Auswirkung auf die oft fatalistische Mentalität überhaupt noch nicht veranschlagt. Im 4./5. Jh. wurde so etwa der Minerva-Tempel bei Canosa und nochmals – nun in einen christlichen Kuppelbau verwandelt – im 8./9. Jh. dem Erdboden gleich gemacht. 991 stürzte die Basilika von Siponto unter einem Erdstoß zusammen, 1198 gab es Zerstörungen in Monte

Sant'Angelo. 1223 wurde Siponto ausgelöscht, was die Gründung Manfredonias nach sich zog, und 1267 beraubte ein Erdbeben die Kathedrale San Sabino in Bari eines Turms. Für 1316 und 1361 wird von Altamura bzw. Canosa di Puglia Ähnliches berichtet. Infolge des Erdbebens von 1443 wurde das Kloster auf dem Monte Sacro (Monte Gargano) aufgegeben. Ganz Nord- und Mittelapulien wurde von dem schweren Beben des Jahres 1456 in Mitleidenschaft gezogen; Civitate, die Vorgängerin von San Paolo di Civitate, verschwand vom Erdboden, das berühmte Kastell war danach eine Ruine, die Normannenburg von Rocchetta Sant'Antonio ein Schutthaufen, und in der Basilika San Nicola in Bari mussten die heute noch existierenden Schwibbögen eingezogen werden. Im 16. und 17. Jh. waren in Lecce, Molfetta, Canosa, Apricena, Manfredonia und Barletta beträchtliche Schäden zu beheben, während Vieste fast völlig neu aufgebaut werden musste. Ein weiteres flächendeckendes Beben trug sich im Jahr 1731 zu; Cerignola und Foggia wurden beinahe ihrer ganzen alten Substanz beraubt. Auch Brindisi und Barletta kamen nicht ungeschoren davon. Gioia del Colle meldet ein Beben zum Jahr 1773, in dem der nördliche Trakt des Kastells einbrach. Von den Erdbebenfolgen Mitte des 19. Jh. haben sich Canosa und Brindisi bis heute nicht völlig erholt, und 1930 entging Bovino nur knapp seiner totalen Vernichtung.

Apulien ist seit der Antike für seine **Landwirtschaft** berühmt. Seit Jahrhunderten dominiert der Anbau von Weizen und Wein, in der Terra di Bari mit dem etwa 20 km breiten Küstenstreifen herrschen endlose Ölbaumhaine vor. Die Region ist Italiens bedeutendster Olivenölexporteur. Hinzu kommen Mandelbäume, Obstbaumkulturen, vermehrt Frühgemüse und Tafeltrauben, Tomaten und Peperoncini. Dagegen spielt die Viehweide, auch ungeachtet der nicht mehr von den Abruzzen herabziehenden Herden, kaum noch eine Rolle. Vor allem im Salent sieht man zusätzlich Tabakfelder und größere Fluren mit Frühkartoffeln – und immer mehr Brachland, das aufgegeben wurde, weil sich der Anbau nicht mehr lohnt. Für Mitteleuropäer am auffälligsten sind allerdings die vielen übermannsgroßen Kakteen, zumal wenn sie im Spätsommer ihre gelb-orangen oder dunkelroten Früchte tragen, die öffnen und essen kann, wer die nadelfeinen Stacheln nicht fürchtet.

Eine wilde Fauna, ein der Erwähnung wertes **Tierleben** – soweit es für ›Normalreisende‹ zu beobachten wäre – existiert nicht mehr. Das Land ist ausgeräumt. Wer großes Glück hat, kann am Rand des Apennin einmal einen Adler beobachten. Dagegen sind Falken keine Seltenheit, und dass sie gerade auch Castel del Monte nicht aussparen, wird als sehr passend empfunden. Auch Lerchen kann man überall beobachten, und Fledermäuse zeigen sich in Mengen, wo immer man auf dem Land unter dem Sternenzelt beim Wein sitzt. Am Monte Gargano sollen Dachse, Füchse und sogar kleine Landschildkröten überlebt haben. Zu beachten sind Vipern der Sorte *Vipera aspis*, die der Kreuzotter vergleichbar sind. Normalerweise aber wird man al-

Kakteenfrüchte in der Gravina bei Mottola

lenfalls Schaf- und Ziegenherden zu Gesicht bekommen, oder die prächtigen weißen Rinder, die am Rand des Apennin auf Hochweiden getrieben werden – und natürlich überall Eidechsen.

Aus kulturgeschichtlichem Grund sei die sogenannte Apulische Tarantel (ital. *tarantola;* lat. *Lycosa tarentula*) erwähnt, eine in ganz Süditalien heimische, ähnlich aber auch in Mitteleuropa verbreitete Spinne. Sie ist etwa 4 cm lang, hellbraun und trägt auf dem Rücken rötlich-weiß eingefasste schwarze Querstreifen. Ihr Biss, der allenfalls eine leichte Entzündung hervorruft, ließ, wie es früher hieß, die Betroffenen – fast ausschließlich Frauen – in einen ekstatischen Tanz fallen, die Tarantella, zu der Kastagnetten, Tamburin und Dudelsack die Begleitung abgaben. Nach anderer Meinung wurde die Tarantella bewusst bis zur Raserei als Heiltanz praktiziert, bei dem das Gift ausgeschwitzt werden sollte. Douglas erwähnte keine einzige Tarantella. Das ist für einen, der seine Nase in alles gesteckt hat, merkwürdig. Dafür beschrieb Morton anschaulich eine archaische Tarantella, die er 1959 erlebte, ein ekstatisches Ritual, das von *tarantolati,* also den vermeintlich von der Tarantel gebissenen, ekstatischen Tänzern aufgeführt wurde.

Fare un Brindisi

Als Johann Hermann von Riedesel, der erste Deutsche auf Süditalientour, 1768 in die apulische Hafenstadt Brindisi kam, bewegte ihn die Frage, weshalb er »in der toscanischen Sprache« – er meinte: im Hoch-

Reizzustände

»Brehms Tierleben« brachte für die Herleitung der Tarantella als Tanz von der gleichnamigen Spinne kein Verständnis auf. In der Ausgabe von 1929 hieß es »Solche und ähnliche Torheiten wurden bis ins 19. Jahrhundert nicht nur von der Volksmenge, sondern auch von Gelehrten für wahr gehalten« und gab dem »von unwissenden Priestern übel beratenen Volk« die Schuld an seinen »krankhaften Reizzuständen«.

italienischen – jedesmal den Ausruf *brindisi!* vernommen hatte, sobald ein Toast ausgebracht wurde. Nun, in die Stadt Brindisi und somit, wie er meinte, in den Ort gekommen, der doch irgendetwas mit diesem *brindisi* zu tun haben müsste, erwartete er eine Erklärung. Für Don Ortensio Leo, den der Deutsche darum anging, kein Problem: Seit Römertagen werde auf eine glückliche Rückkehr nach Brindisi, den bedeutendsten Adriahafen, angestoßen, weshalb man bis heute bei einem Trinkspruch auf jemands Gesundheit *brindisi!* rufe. – Eine nette Geschichte. Tatsächlich aber steckt dahinter schlicht das Verbum *brindarsi* = »sich zuprosten«, das im Imperativ der 3. Person Singular bzw. der Höflichkeitsform ein *brindisi!* ergibt und nun sogar als Substantiv *brindisi* = »Toast« existiert. Nicht einmal auf diese Weise hat also das Apulische auf das Hochitalienisch Einfluss genommen.

Umgekehrt sieht es anders aus. Hochitalienisch wird durch das Fernsehen in alle Winkel getragen, sodass Sprachforscher – wie aber überall auf der Welt – die Verformung der Dialekte bis zum Absterben befürchten. Doch in Süditalien dürfte das noch eine gute Weile dauern, und so lange stoßen selbst Ausländer, die sehr gut italienisch parlieren, im Gespräch mit einem Fischer in der Altstadt von Tarent oder einem Bauern im Salent häufig an ihre Grenzen.

Die Dialekte Apuliens haben viele Väter. Zunächst einmal unterschieden sich die Sprachen der Messapier, Peuketier und Daunier vom später als Siegersprache aufgezwungenen bzw. angenommenen Latein der Römer erheblich. Außerdem war bereits eine erhebliche Beeinflussung durch das Griechisch der Kolonisten ab dem 8. Jh. v. Chr. erfolgt. In der Gestalt der Byzantiner wurde dann Griechisch im Frühmittelalter nochmals übermächtig, getragen vom orthodoxen Ritus und verbreitet durch die von Basilianern angelegten Klöster. Sogar die Sarazenen, die ab der Mitte des 9. Jh. den Süden durcheinander brachten und sich auch kurzzeitig etablierten, hinterließen sprachlich Spuren, wesentlich weniger ausgeprägt als die Juden mit Hebräisch, das schon seit Römertagen vermutlich in jeder süditalienischen Stadt zu hören war.

Relativ wenig färbte vom Französisch der Normannen und dem Deutsch der Schwaben ab, obwohl sie den Süden so lange beherrschten. Um so stärker wirkte das Französisch der Anjou auf das Süditalienische, und wenn man in Apulien gelegentlich nicht das typisch italienische ›gerollte R‹, sondern das im Gaumen gebildete sog. ›Zäpfchen-R‹ vernimmt, dann mag dieses auf jene Zeit zurückgehen. Im Dialekt von Faeto (südwestlich von Troia) haben sich sprachliche Spuren jener Provençalen erhalten, die unter den ersten Anjou hier angesiedelt wurden. Dasselbe gilt für die Dörfer, die ab dem 16. Jh. von albanischen Kolonisten angelegt wurden.

Auffällig ist die Sprachgrenze, die quer durch Apulien verläuft. Die nördlichen Dialekte bilden zusammen mit denen des Molise und der Abruzzen eine Gruppe. Auffallend ist in ihr etwa die Assimilation der Buchstabenfolge *ld* zu *ll*, weshalb sich in Cerignola ein *caldo* wie

Griechisch

Die Bemühungen, an einigen Orten im Salent das Griechische am Leben zu erhalten, wirken etwas aufgesetzt und reichen, was die Auswirkung auf den Alltag angeht, über die Aufstellung zweisprachiger Ortsnamenschilder meist nicht mehr hinaus.

Fare un Brindisi

Griechische Sprachinsel im Salent

calle anhört. In den südlichen Murge dagegen klingt dasselbe Wort wie *cávete*, im Gebiet von Lecce mit seinen starken iberischen Einflüssen wie *cáudu*. Gerade im Salent bekommt die Sprache wegen der Vorliebe für *u* (statt des hochitalienischen *o*) einen eigentümlich dunklen Klang. Statt *sole* sagt man *suli* oder *sule*, aus *solo* wird *sulu*, *colore* wird zu *culure*, *lontano* zu *luntanu* und *voto* zu *utu*. Etwas gewöhnungsbedürftig ist auch die Ersetzung der Lautkombination *str* durch *sc(i)* (= sch); denn *finestra* wird im Salent vielerorts zu *finescia* (gesprochen: finèscha), *nostro, nostra* zu *nesciu, noscia* (gesprochen: neschu, noscha), *io mostro* (= ich zeige) zu *mmosciu*. Der Artikel *il* wird zu *lu* oder *u*, und zwar nicht nur im Salent. In Gravina sagt man statt *il castello* (= das Kastell) *u castijdd*.

Die italienische Ausspracheregel geht von der Betonung eines Wortes auf der vorletzten Silbe aus. Dieser folgen auch apulische Ortsnamen wie Lucera, Bovino, Galatina, Presicce und andere. Doch weit mehr als im Landesdurchschnitt weicht in Süditalien die Aussprache der Ortsnamen von dieser Regel ab. Deshalb sind im anhängenden Register alle Orte, die unregelmäßig ausgesprochen werden, mit einem Akzent auf der betonten Silbe versehen, z. B. Nardò, Bríndisi, Gallípoli.

Geschichte und Kultur

Verwebungen
Apulien hatte bis ins 19. Jh. nur Fremde zu Herren und erlebte sich selbst als Schauplatz ständiger ethnischer und kultureller Verwebungen. Eine Reise nach Apulien geht deshalb immer auch an die Nahtstelle von Orient und Okzident. Davon zeugen die Sehenswürdigkeiten, die trotz zahlloser Zerstörungen erhalten und vielerorts in situ zu bestaunen oder in Museen zu bewundern sind.

Kaiser Friedrich II., der normannisch-sizilische Schwabenspross, hatte in Salerno, südlich von Neapel, eine einzigartige medizinische Fakultät eingerichtet. Als die Anjou an die Macht über Süditalien gelangten, schwand der Ruf der Einrichtung rasch, 1818 wurde sie geschlossen. Dieser Vorgang kennzeichnet für viele Süditaliener den Unterschied zwischen der deutsch-staufischen und der kirchlich geprägten Herrschaft. In der Kathedrale von Bari bekommt der *sacerdote* leuchtende Augen, wenn er auf Friedrich II. und »die letzte große Zeit der Region« zu sprechen kommt. Andere Zeiten kommen deutlich schlechter weg.

Die Geschichte Apuliens ist die eines besetzten Landstrichs, eine einzige Abfolge von Okkupationen, ein verwirrendes Zusammenspiel von Völkern und Kulturen, ein chaotisches Knäuel politischer Machtfelder und sich ständig verschiebender Beziehungsgeflechte.

Lange Zeit wurden sämtliche Ascheurnen und Bronzepfeilspitzen, die der unteritalienische Boden freigab, summarisch als ›prähellenisch‹ abgelegt, als ob erst mit dem Auftauchen der Griechen im 8. Jh. v. Chr. in Süditalien historisch und kulturell das Licht angeknipst worden wäre. Verfeinerte Grabungsmethoden und Neuinterpretationen klassischer Texte erlauben inzwischen eine klarere Sicht auf die früheste Vergangenheit und die Pelasger und Japyger, die ab dem 2. Jt. v. Chr. von der adriatischen Gegenküste herüberkamen und Apulien besiedelten. Letztere behaupteten sich, und wieder einmal ist es der Grieche Herodot, der die Japyger bzw. deren Land *Japygia* erstmals beim Namen nennt. Vor Ort selbst hieß es *Iapudia*, wurde im 4. Jh. v. Chr. unter samnitischem Einfluss zu *Apudia* und verwandelte sich schließlich infolge einer allgemeinen Lautverschiebung in *Apulia*. Erst die Italiener haben es zu *Puglia* verkürzt.

Den südlichsten Stamm der Japyger stellten die **Messapier** dar. Sie siedelten im ›Stiefelabsatz‹ der Apenninhalbinsel, im Salent, und sollen ursprünglich aus der Gegend von Epirus im heutigen Albanien zugewandert sein. Sie bauten Städte wie die Griechen mit Gehsteigen und rechtwinklig angelegten Straßenzügen, große Befestigungsringe wie in Manduria oder eine Akropolis wie in Oria, handelten mit geometrisch gemusterter Keramik, bisweilen mit Vasen, die durch eigentümliche Henkel auffallen, und, vor allem von Otranto aus, mit Bernstein. Nördlich von ihnen bewohnten den Küstenstreifen der Adria bis hinauf zum Fluss Ofanto samt Hinterland die **Peuketier**. Ihre älteste Erwähnung ist Strabon (VI, 283) zu verdanken. Archäologisch sind sie frühestens für das 8. Jh. v. Chr. nachweisbar. Zu einem ihrer Zentren zählte Monte Sannace nördlich von Gioia del Colle, andere Orte waren Rutigliano, Noicattaro, Bari, Ruvo, Altamura und Gravina. Den nördlichsten Teil Apuliens zwischen den Flüssen Ofanto im Süden und Fortore im Norden, Monte Gargano und Tremiti-Inseln inbegriffen, besiedelten die **Daunier**. Kennzeichen ih-

Manduria, Megalithmauer

rer in der Regel üppig und bunt bemalten Keramik sind die eigenwilligen hörnerförmigen Henkel an Schalen und Vasen. Kurios wirken auch die von ihnen aufgestellten Stelen, monolithische Pfeilersäulen mit Menschendarstellungen, die als Grab- oder Votivsteine dienten. Die schönsten kann man im archäologischen Museum in Manfredonia in Augenschein nehmen. Daunische Krieger zu Pferd sind auf einem in das Museo Civico in Foggia verbrachten Stück einer Grabmalwand des 6. Jh. v. Chr. abgebildet. Diesen drei Stämmen – Messapiern, Peuketiern, Dauniern – ist gemeinsam, dass sie zu den Illyrern gehörten. Gleichzeitige Einflüsse aus dem östlichen Mittelmeer, insbesondere aus Kreta, sorgten in Apulien für eine illyrisch-kretische Mischkultur.

Magna Graecia ist Süditalien

Die antiken Griechen waren nicht nur in Griechenland selbst, sondern ebenso in Süditalien zu Gange. Deshalb stammte der lateinische Dichter Livius Andronicus nicht nur – wie sein zweiter Name nahe legt – aus einer griechischen Familie, sondern sicherlich aus Tarent. Der berühmte Arzt Herakleides praktizierte im 1. Jh. v. Chr. in derselben apulischen Stadt, die zusammen mit anderen Städten zu ›Großgriechenland‹ gehörte, zur *Megale Hellas*, wie der Grieche sagte, bzw. zur *Magna Graecia*, wie die Römer übersetzten. Diese Städte entstanden als Kolonien griechischer Siedler, die Süditalien als ihren ›Wilden Westen‹ entdeckt hatten. Das geschah ab 750 v. Chr. Wie im Osten die Ägäis zwischen Griechenland und Kleinasien, so wurde zwischen Griechenland und Süditalien das Ionische Meer zur kulturverbindenden Binnensee. Die Kehrseite bildeten Kriege unter den Tochterstädten auf süditalienischem Boden um die Ausweitung der Einflussgebiete. Eine Gründung der Spartaner war Tarent, mit großer Wahrscheinlichkeit auch Otranto und Gallipoli. Sie fanden ihre stärksten Widersacher naturgemäß in den im Salent ansässigen Messapiern. Im Jahr 500 v. Chr. glaubten sie diese endlich besiegt zu haben. Aber drei Jahrzehnte später bekamen die Nachfahren der Spartaner von den Einheimischen eine empfindliche Niederlage beigebracht. Erst im Bündnis mit den Dauniern und Peuketiern, den nördlichen Nachbarn der Messapier, gelang deren Unterwerfung, und Tarent entwickelte sich zur mächtigsten und reichsten Stadt der gesamten *Magna Graecia*.

Um die Mitte des 4. Jh. v. Chr. veränderte sich die politische Situation Mittel- und Unteritaliens, als das aufstrebende Rom und die apulischen Daunier, Peuketier und Messapier ein Schutzbündnis gegen einen Bund mittel- und süditalienischer Stämme schlossen. Nach dem gemeinsamen Sieg, den in erster Linie die Römer zu Wege brachten (1. Samniterkrieg 343–41), glaubten die Messapier, sich nun auch der Griechen entledigen zu können. Die griechischen Städte indes, allen voran Tarent, hatten vorgebaut und erfolgreich die alte Mutterstadt Sparta um Hilfe gebeten. Sie kam in Gestalt des Königs Archidamos III. mit einem Heer über die Adria. Er fand aber gleich im Kampf ge-

gen die Messapier um deren Stadt Manduria 338 den Tod. An seine Stelle trat Alexander I. von Epiros. Als jedoch ruchbar wurde, dass er eigene Großreichspläne verfolgte und sich um eine Partnerschaft mit Rom bemühte, wurde er 334 ermordet.

Am Ende des 2. Samniterkriegs (327–304), in dem die Daunier 326 den Römern ein Treueversprechen abgaben und die apulischen Stämme 321 ein Hilfegesuch an Rom richteten, begannen auch die Messapier den Braten zu riechen, zumal Lucera die erste römische Kolonie auf apulischem Boden geworden war. Sie sahen den Widerstand Tarents, das Kleonymos, den zweiten Sohn des Königs Kleomenes II. von Sparta, als neuen Schutzherrn engagierte, mit anderen Augen. Als die Samniter sich 298 v. Chr. nochmals erhoben, taten auch Apulier nun gegen Rom mit. Ihre Mannschaft von 2000 Mann wurde aber 297 vernichtet, und die Römer trugen 295 über die mittelitalienischen Stämme den entscheidenden Sieg davon. Dies nährte die Furcht vor der römischen Expansion weiter, und die ehemaligen Gegner im Süden und Südosten der Apenninhalbinsel fanden sich zum letzten antirömischen Bollwerk zusammen. Der stärkste Partner gesellte sich wiederum von auswärts dazu: Pyrrhos I., König von Epirus. Er ging 280 v. Chr. mit seinem Heer in Tarent an Land. Obwohl die Römer mit 20 000 Mann etwa 10 000 Soldaten und im Gegensatz zu Pyrrhos keine Kriegselefanten aufbieten konnten, stellten sie sich sofort der Schlacht und unterlagen. Auch in einer zweiten Schlacht, die im Frühjahr 279 bei Ascoli Satriano stattfand und noch die Zerstörung von *Herdonia* (Ruinen bei Ordona) zur Folge hatte, blieb Pyrrhos Sieger, erlitt aber derartige Verluste, dass seine zweifelhaften Triumphe als ›Pyrrhus-Siege‹ in die Geschichte eingingen. Als er 275 v. Chr. bei Benevent tatsächlich verlor, wurde die Lage für Tarent ausweglos, und es musste drei Jahre später aufgeben. Nach erbittertem, teilweise selbstmörderischem Widerstand streckten in den 260er-Jahren als letzte die Messapier die Waffen. Etwa zur selben Zeit erreichte die von dem Censor Claudius Appius 312 v. Chr. in Angriff genommene und nach ihm benannte Via Appia den Norden Apuliens. An ihr wurden Lucera, Arpi und Canosa Garnisonsstädte. Rom war nicht mehr aufzuhalten.

Aber unter der verwaltungstechnischen und militärischen Romanisierung lebte die hellenistische Kultur fort. Die Hafen- und Handelsstädte sorgten nicht nur für einen beständigen Waren-, sondern auch Kulturaustausch mit dem Osten. Den Gebildeten blieb Griechenland geistige Heimat und der Gebrauch der griechischen Sprache eine Selbstverständlichkeit. Bezeichnenderweise erstellte um 240 v. Chr. Livius Andronicus, ein aus der Gegend von Tarent stammender griechischer Freigelassener, den Römern die älteste lateinische Fassung von Homers »Odyssee«. Ennius, 239 v. Chr. in *Rudiae* (bei Lecce) geboren, griechisch gebildet und bereits zu Lebzeiten verehrt, machte mit seinen »Annales« die Römer mit dem Hexameter bekannt und gilt als ›Vater der lateinischen Sprache‹, ähnlich wie Dante für das Italienische. Ein Neffe des Ennius, der 223 v. Chr. in Brindisi geborene M. Pacuvius, erlangte in Rom als Dramatiker und als Maler Ansehen, bevor ihn eine chronische Krankheit nach Apulien zurückkehren und in Tarent sterben ließ. Trotz des ›Einstiegs‹ in die Kultur waren das 4. und 3. Jh. v. Chr. extrem kriegerisch. Deshalb sind als bleibende Kulturgüter nicht nur die apulischen Vasen in den Museen, sondern die zum Schutz der damaligen Siedlungen angelegten Mauern – etwa in Egnazia und Manduria – und griechisch-makedonische Grabkammern wie in Canosa zu bewundern.

Das Imperium Romanum

Die Friedenszeit, die für Apulien unter römischer Besatzung hätte anbrechen können, währte nur bis zum Jahr 217 v. Chr. Hannibal war von Norden her in die Apenninhalbinsel eingefallen, hatte den Römern zwei demoralisierende Niederlagen beigebracht und stand nun statt vor Rom in Nordapulien. Er verwüstete die Umgebung der Städte Arpi (Ausgrabungsgelände unweit Arpinova, nordöstlich von Foggia), Lucera und Bovino, ohne die Städte selbst einnehmen zu können. Das römische Heer hielt sich aufgrund der schlechten Erfahrungen in respektabler Entfernung und riskierte keine offene Schlacht. Konsul Fabius, der Oberbefehlshaber, erntete dafür heftige Kritik, um so mehr als es seinem *magister equitum* M. Minucius gelang, Hannibal im Winterlager an der apulischen Grenze einige Schäden zuzufügen. Euphorisch rüstete Rom auf, und jedem der beiden Konsuln wurde ein Heer mit acht Legionen bewilligt, doppelt so viele wie sonst üblich. Mit dieser Streitmacht nahm Rom die Schlacht unterhalb der Stadt *Cannae* (Canne) an und erlebte am 2. August 216 v. Chr. ein unbeschreibliches Desaster, das allein auf römischer Seite über 40 000 Soldaten mit dem Leben bezahlten. Dass Hannibal danach nicht umgehend nach Rom vorstieß und die vermeintlich wehrlose Stadt einnahm, trug ihm den Vorwurf seines Feldherrn Marhabal ein: »Zu siegen verstehst du, den Sieg zu nutzen, nicht.« Immerhin bewirkte der Sieg, dass weite Teile Süditaliens, darunter auch etliche apulische Städte, von Rom abfielen. Römische Garnisonsstädte wie Lucera aber blieben für Hannibal uneinnehmbar. ›Belagerung‹ gehörte nicht zu seinem operativen Repertoire. Insofern fehlte es ihm an Häfen, die er für den aus Karthago benötigten Nachschub gebraucht hätte. 214 v. Chr. zog er auch unverrichteter Dinge vor den Mauern Tarents ab. Und die kleineren Städte, die sich ihm ergaben, verlor er sogleich wieder an die Römer, sobald er selbst weitermarschiert war. Dass er, wenn er wiederkam und die wehrlose Siedlung sich ihm erneut auslieferte, die in seinen Augen treulose Bevölkerung mit dem Tod oder durch Abhacken der Hände bestrafte, schuf ihm keine neuen Freunde.

Apulien drohte in diesen Jahren auszubluten, unter der Bevölkerung hob Hannibal nicht anders als die Römer ständig Nachwuchs für die Truppen aus. Nur durch Verrat gelang es ihm schließlich, die

Hannibal im Winterlager
Hannibal hetzte seine Soldaten fortwährend quer durch Süditalien und errang noch zahlreiche – letztlich allerdings unbedeutende – Siege. In den kriegsfreien Wintermonaten schlug er sein Lager regelmäßig in den apulischen Ebenen auf, wo er zumindest Futter für seine Pferde fand.

Lucera, Amphitheater

Stadt Tarent einzunehmen, bezeichnenderweise aber nicht das gut befestigte, von römischen Soldaten gehaltene *castrum*, weshalb er den Naturhafen, das heutige *Mar Piccolo,* nicht nutzen konnte. Darum liebäugelte er mit dem Hafen von Brindisi, aber vor einem Angriff auf die Stadt, in der ebenfalls römische Truppen lagen, scheute er im letzten Augenblick ebenfalls zurück. Er hetzte statt dessen erneut durch Süditalien, immer auf der Jagd nach der entscheidenden Feldschlacht. 211 v. Chr. tauchte er vor den Mauern Roms auf, was den Entsetzensschrei *Hannibal ante portas* ausgelöst haben soll, ohne etwas zu bewirken, und scheiterte erneut an der römischen Besatzung von Tarent.

Das Jahr 210 v. Chr., Hannibals neuntes Kriegsjahr in Italien, begann für ihn denkbar schlecht: Die Römer eroberten das nordapulische Salapia und schlachteten dabei 500 seiner numidischen Reiter ab, die er als Besatzung zurückgelassen hatte. Hannibal begab sich in Eilmärschen nach Nordapulien und stieß auf das römische Heer, als es sich anschickte, Herdonia zu erstürmen. Ein letztes Mal bewies er, wer der Meister der großen, offenen Feldschlacht war. 10000 Römer fielen. Ungeachtet einer weiteren unentschiedenen Schlacht, einem erneuten Winterquartier bei Canosa und einem neuerlichen Sieg im Frühjahr, nahm der Druck auf ihn zu. Immer längere Wege musste er zurücklegen, um die Brände zu löschen, die die Römer überall geschickt zu legen verstanden. Die Entfernungen, die Hannibal seinen Männern permanent zumutete, sind kaum vorstellbar. 400 km hier-

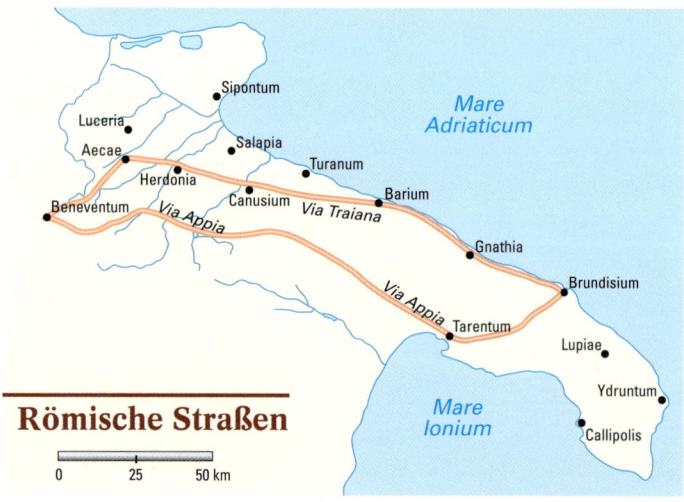

Römische Straßen

hin, 350 km dahin – auf solchen Distanzen war sein Heer ständig unterwegs. Trotzdem kam er zu spät, um die Rückgewinnung Mandurias und Tarents durch die Römer und deren Strafaktion an der Bevölkerung zu verhindern. Hannibals Stern sank. Sein Aktionsradius wurde deutlich enger. Im Jahr 207 stand er ein letztes Mal bei Canosa in Apulien, ansonsten versuchte er verzweifelt, sich in Kalabrien und der Basilikata zu halten. Karthagische Hilfskontingente gelangten nicht mehr zu ihm, und schließlich wurde er auch von der Heimat aufgegeben. Hinzu kamen immer verlustreichere Niederlagen und der Angriff Scipios auf Karthago, sodass er im Jahr 203 v. Chr. entmutigt nach Nordafrika zurückkehrte.

Danach erlebten die Städte in Apulien einen äußerlich von römischen Architekturleistungen geprägten Aufstieg. Die starke militärische Präsenz der Römer sorgte für einen wirtschaftlichen Aufschwung, und mit den Veteranen, die mit dem ihnen zustehenden Stückchen Land um 200 v. Chr. aus dem Militärdienst entlassen wurden, dürften samt Familienangehörigen an die 200 000 Siedler nach Apulien gekommen sein. Doch die lateinisch-römische Überfremdung erzeugte bei der noch griechisch geprägten Bevölkerung auch Unmut. Ein solcher verschaffte sich Luft in dem Sklavenaufstand von 185 v. Chr. Ausgangspunkt scheinen im Jahr zuvor die Feiern der Bacchanalien gewesen zu sein, eines Kults, der die ›persönliche Befreiung‹ verhieß und den Römern ein Dorn im Auge war. Die religiös motivierte, schließlich aber soziale Erhebung erfasste vor allem die Städte der Murge. Sie wurde blutig niedergeschlagen. Und zigtausend weitere Fremde zogen zu, als die Römer nach 180 v. Chr. gefangene Ligurer samt Familien in den Süden deportierten. Im selben Atemzug sind die Entwicklung der Infrastruktur, der Verwaltung und Rechtsprechung zu nennen, die zumindest entlang den neu gebauten Straßen evident

Schlecht unterwegs
Die Reise auf der Via Appia bedeutete nicht immer die helle Freude. In einem Brief an Scaeva klagte Horaz: »Wer nach Brindisi ... als Begleiter mitfährt, darf nicht über holprige Wege, empfindliche Kälte und Nässe und aufgebrochene Koffer und gestohlenes Reisegeld klagen.«

wurde. Die Via Appia, eine der bedeutendsten Verkehrsadern, verlief von Rom über Venosa und Tarent bis Brindisi.

Im Bundesgenossenkrieg (91–88 v. Chr.) schlossen sich nur für Monate die nordapulischen Städte der mittelitalienischen Aufstandserhebung gegen Rom an. Ihre Niederwerfung bewirkte die endgültige Romanisierung des Landes, brachte den Bewohnern aber auch das römische Bürgerrecht. 49 v. Chr. schleppten Pompeius und Caesar den Bürgerkrieg nach Brindisi. Fünfzig Tage lang waren die Blicke auf Apulien gerichtet, nachdem Anfang Januar Caesar den Rubikon bei Rimini überschritten und mit seinen Truppen entlang der Adria nach Süden gezogen war, wo er Pompeius wusste. Aber diesem gelang es zu fliehen, obwohl Caesar versucht hatte, den Hafen von Brindisi zu verschließen. Ähnlich geriet auch in Zukunft Apulien nur wegen seiner Küstenstädte in den Blickpunkt, entweder weil sie wie nochmals zwischen Octavian, dem späteren Kaiser Augustus, und Marcus Antonius umfochten waren, oder weil ihre Häfen – wie in Brindisi und Tarent – als erste die nach Italien heimkehrenden Triumphatoren Caesar und Octavian begrüßten bzw. Kriegsflotten wie die Traians von hier in See stechen sahen. Oder weil Vergil in Brindisi verstarb.

Die Relikte aus der Römerzeit, die Apulien vorweisen kann, entsprechen dem Geist jener Militärs und Organisatoren. Dazu gehören die sichtbar gemachten Teilstücke der Via Appia nebst der Säule am Ende der Straße in Brindisi sowie der Via Traiana in Herdonia und Egnazia, den beiden bedeutendsten archäologischen Zonen, ferner die Römerbrücken unterhalb von Ascoli Satriano und vor Canosa, die Amphitheater in Lucera und Lecce, das Fußbodenmosaik im Städtischen Museum von Lucera und natürlich die erlesenen Exponate, die im Archäologischen Nationalmuseum in Tarent in den Vitrinen glänzen. Tempel wurden in der Regel christlich überbaut; ihre Grundmauern bilden die Fundamente unzähliger Kirchen. Für die Spätantike steht als bedeutendster ›Zeitzeuge‹ der bronzene »Koloss von Barletta«.

Aus der Wirtschaftskrise des 3. Jh. ging Apulien mit seinen Weide- und Ackerbauflächen gestärkt hervor und wurde im 4. und 5. Jh. hinter Sizilien und Nordafrika der größte Getreideproduzent. Die Schafzucht stellte die Grundlage für eine reiche Wollproduktion dar und ließ in Canosa und Tarent bedeutende Textilindustrien entstehen. Der Handel wurde zum Teil bereits von Juden abgewickelt.

Goldene Zeiten

Wahrscheinlich im Jahr 9 n. Chr. teilte Augustus Italien in elf Regionen ein. Apulien (samt dem östlichen Teil der Basilikata) wurde unter der Bezeichnung ›Apulia et Calabria‹ die neue Regio II. Das ›goldene Zeitalter‹ aber war für Süditalien das 2. Jh. n. Chr. Es ging mit ihm ein Aufblühen der Städte einher, wie die Errichtung sämtlicher apulischer Amphitheater (Lucera, Siponto, Lecce) in nachchristlicher Zeit bezeugt. Die Via Traiana erreichte, von Benevent herkommend, über Troia, Herdonia, Canosa, Ruvo, Bitonto und Bari den Flottenstützpunkt Brindisi. Eine dritte Straße verband im Norden Larino und Siponto mit Bari.

Die christliche Zeitenwende

Viele Ort in Apulien nehmen für sich in Anspruch, vom Apostel Petrus aufgesucht worden zu sein. Zumal in Städten mit sehr alten Petruskirchen – wie etwa der noch existierenden in Otranto – schossen die Legenden ins Kraut. Beweisen lässt sich keine. Die ältesten Bischöfe sind für Apulien seit dem 4. Jh. bekannt: Im Jahr 314 besuchte

Casarano, Mosaiken

Erzengel Michael
Der Michaels-Kult, der Ende des 5. Jh. nach Apulien gelangte, wurde zu einem gesamteuropäischen Phänomen. Wie die byzantinischen Kaiser unterstellten sich fränkische und ottonische Kaiser dem Schutz des Erzengels. Karl der Große erhob ihn zum Schirmherrn des Reichs, und in seinem Zeichen besiegte Otto der Große die Ungarn auf dem Lechfeld – aber bis dahin war es ein weiter Weg und ein noch weiterer zum ›deutschen Michel‹. Nicht weniger war er den Langobarden und Normannen heilig.

Bischof Pardus (oder Paudus) aus Salapia (südlich von Manfredonia, nicht mehr bestehend) das Konzil in Arles. 343 wurde in den Akten des Konzils von Sofia in Bulgarien ein Bischof Stercorius aus Canosa erwähnt. Gleichzeitig tauchten prämonastische Lebensformen auf und bald die ersten *monachi*, Eremiten, die in der Wildnis lebten.

In der Weise, wie die Zahl der Christen zunahm, benötigten sie für ihre Gottesdienste größere Räumlichkeiten. Architektonisch griffen sie auf die klassische Basilika in der einfachsten Form zurück, d. h. mit einem Raum und einer Apsis; an der Seite wurde meist ein Baptisterium angefügt. In Apulien sind zudem byzantinische Zentralbauten mit Kuppel von Anfang an vertreten. Zur ältesten Verehrung der Apostel Petrus und Paulus sowie Johannes' des Täufers trat unter östlichem Einfluss verstärkt ein Marienkult zu Tage, der einer göttlichen Verehrung gleichkam. Typisch apulische Ergänzungen bildeten ab Ende des 5. Jh. ferner die Kulte der *santi medici*, also der ›heiligen Ärzte‹ Cosmas und Damianus, des hl. Veit und des Erzengels Michael, der vom Monte Gargano Besitz ergriff, Scharen von Pilgern in ›seine‹ Höhle in Monte Sant'Angelo lockte, die wiederum seinen Kult in ganz Europa verbreiteten. Seine Erscheinung markiert den Abschluss der Christianisierung, als byzantinischer ›Kulturexport‹ aber auch den Zwiespalt, der sich in Apulien und somit an der Bruchstelle zwischen lateinischem und griechischem Christentum auftun sollte. Die meisten Bischofssitze waren in die Diözesenorganisation der römische Kirche integriert, andere auf Byzanz und die griechische Kirche ausgerichtet.

Der Einzug des Christentums in die Region bedeutete kulturell keinen Bruch mit der römischen Tradition. Die Ausgestaltung der Basiliken, die zuerst an jedem Bischofssitz entstanden, griff – wie etwa bei der großflächigen Mosaizierung, die beeindruckend in Casarano erhalten blieb – eine spätantike, vor allem im oströmisch-byzantinischen Gebiet fortgeführte Raumästhetik auf. Sie dürfte am großartigsten in der Basilika di San Leucio vor Canosa entfaltet gewesen sein.

Byzantiner, Goten, Langobarden und Sarazenen

Das Ende des Weströmischen Reichs 476 brachte zwar germanische Stämme ins Land, aber schlimmer wirkte sich der Niedergang aller ziviler Kultur und der früheren Handelsmöglichkeiten aus, die endgültig in dem verheerenden Krieg zwischen Byzantinern und Goten (535–553) zusammenbrachen. Apulien erlebte die Endphase des Krieges mit, als der Gotenkönig Totila nach Süden ausgriff und den Byzantinern außer Otranto alles abnahm. Den letzten entscheidenden Sieg verbuchten allerdings die Byzantiner bei Tarent für sich.

Die nun mögliche Ruhe wurde durch den Einfall der Langobarden in die Apenninhalbinsel zunichte gemacht. Ihre südlichsten Potentaten bildeten in Benevent und Capua eigene Herzogtümer aus. 590 brachten sie den Norden Apuliens in ihre Gewalt und erhoben die Michaelsgedenkstätte zu ihrem Nationalheiligtum. Im 7. Jh. gelang ihnen sogar die Einnahme von Brindisi, Tarent und Bari. Langobardische Amtsgrafen, Gastalden genannt, kontrollierten das Land und trieben Tribute ein. Lediglich die Salenthalbinsel verblieb in byzantinischer Hand. Der Rückeroberungsversuch, den Kaiser Konstans II. 663 unternahm, geriet eher zum Beutezug und scheiterte kläglich. Erst im 8. Jh. wurde Süditalien wieder von Byzanz beherrscht und erneut gräzisiert, worauf zahlreiche apulische Bischöfe die Loslösung von Rom betrieben. Als es zu Beginn des 9. Jh. noch Scharen von Mönchen, die von der Bilderverehrung nicht lassen mochten und deshalb vor den Ikonoklasten, den ›Bilderstürmern‹ in Byzanz, die Flucht ergriffen, und andere, die Ende des Jahrhunderts vor den Sarazenen in Sizilien Reißaus nahmen, nach Süditalien zog, erfolgte nicht nur ein weiterer Anstoß zur Ikonenmalerei, sondern auch die Durchsetzung griechischer Kultur und Sprache.

Gleichzeitig lebten die Handelsbeziehungen nach Osten wieder auf, und die wirtschaftliche Lage verbesserte sich deutlich, bis mit den Sarazenen – d. h. Muslimen unterschiedlicher Volkszugehörigkeit – ein Unruhefaktor auftrat, der alles zunichte machte. Sie erschienen im 9. Jh. als gefährlichste Kraft auf der politischen Bühne Süditaliens, die von den Byzantinern aufgrund unzureichender militärischer Mittel nicht kontrolliert und bald freigegeben sowie von den karolingischen Kaisern gemieden wurde. Abgesehen von den permanenten Überfällen auf die Küstenorte und den ständigen Plünderungszügen, die die Sarazenen quer durch das Land unternahmen, gelang es ihnen, Brindisi und Tarent einzunehmen sowie Bari auszurauben. Sie entvölkerten ganze Landstriche und verkauften ihre Opfer auf den Sklavenmärkten rund ums Mittermeer. Im Jahr 846 suchten sie sogar Rom

35

samt Peterskirche übel heim – ein ungeheuerlicher Vorgang für das christliche Lateineuropa! Im Jahr darauf besetzten sie Bari und errichteten ein Emirat. Byzanz, das bereits Sizilien an die neuen Machthaber verloren hatte und nach wie vor den Anspruch auf die Beherrschung Süditaliens aufrecht erhielt, war geschockt.

Die Schändung des Altars in St. Peter zu Rom musste den Kaiser der westlichen Christenheit auf den Plan rufen. Aber Lothar I. ging die Sache zögerlich an, und das Unternehmen gegen die Sarazenen von Bari, das sein Sohn Ludwig 852 anführte, verlief im Sand. Um so mehr erstaunt die Reise, die der fränkische Mönch Bernhard seinem eigenen Bericht nach in diesen Jahren unbeschadet über Bari nach Tarent unternahm, um von hier, mit von den Sarazenen ausgestellten Schutzbriefen versehen, nach Palästina weiterzufahren. Erst in den Jahren 866/67 bewies Ludwig II., inzwischen selbst Kaiser, mehr Entschlossenheit. Er vermochte die Landverbindung zwischen den Sarazenenhochburgen Bari und Tarent zu unterbrechen, indem er Matera und Oria eroberte, und nahm, da er über keine Flotte verfügte, Verbindung mit Byzanz auf. Die Heirat einer Ludwig-Tochter mit dem Sohn des Ostkaisers Basileios sollte den Pakt besiegeln. Doch zur Hochzeit kam es so wenig wie zum gemeinsamen militärischen Unternehmen, da man nicht in der Lage war, sich auf einen Zeitpunkt zu einigen. Im Februar 871 gelang Ludwig jedoch die Eroberung Baris aus eigener Kraft. Da gleichzeitig die Sarazenen von Sizilien her die Westküste Süditaliens überschwemmten und Ludwig dort zu retten versuchte, was zu retten war, nutzten die Byzantiner die Gunst der Stunde für sich und besetzten binnen weniger Jahre Otranto, Bari und Tarent. Um die Jahrhundertwende kontrollierten sie nicht nur Apulien, sondern wieder ganz Süditalien. Die Sarazenengefahr schien gebannt. Das Land erholte sich von den Wunden des jahrzehntelangen Kriegs und erlebte eine kleine wirtschaftliche Blüte.

Im Jahr 921 gaben die Langobarden aus dem Fürstentum Capua-Benevent mit einer Erhebung gegen die Byzantiner den Startschuss zu neuem, anhaltendem Unfrieden in Apulien. 922 fielen obendrein die Ungarn ein, 925 eine marodierende Bande aus Nordafrika ins Hinterland von Tarent. 926 plünderte ein ›Slavenkönig‹ namens Michael die Stadt Siponto. Und immer wieder gab es Krieg zwischen Langobarden und Byzantinern, Heereszüge und Verwüstungen. Um 940 befanden sich die Byzantiner in Apulien wieder in der Defensive. Der konzertierten Aktion Hugos, des Königs von Italien aus westfränkischem Haus (926–947), Waimars II., des Langobardenfürsten von Salerno, und Landulfs II. von Capua-Benevent konnten sie nur mit Mühe begegnen. Einem weiteren Beutezug der Ungarn durch Apulien und dem Sarazenen-Einfall im Gebiet des Gargano 950 hatten sie nichts mehr entgegenzusetzen. Der byzantinische Statthalter, der mit dem Titel eines *Strategos* bzw. neuerdings eines *Katepan* in Bari saß, war völlig überfordert. 967 arrangierten sich die Byzantiner mit den Muslimen und waren zu einer jährlichen Tributzahlung an die ›Heiden‹ für ihre süditalienischen Besitzungen bereit.

Das Scheitern der Ottonen

Nördlich der Alpen hatte die Dynastie der Ottonen die Karolinger abgelöst und, seit Otto I. im Februar 962 in Rom zum Kaiser gekrönt worden war, ihre Rolle als Beschützer der westlichen Christenheit übernommen. Sich Süditaliens anzunehmen, war ihm so wenig wie dem byzantinischen Kaiser aufgrund vordringlicherer Aufgaben gegeben. Dies änderte sich im Frühjahr 968. Wiederum von Rom kommend, drang Otto I. nach Apulien ein und stürzte mit seinem Heer aus Sachsen, Schwaben, Bayern und Italienern direkt auf Bari zu. Aber er scheiterte wie danach vor der byzantinischen Festung Bovino, sodass selbst der Gewinn einer Feldschlacht bei Ascoli Satriano keine Anbindung Süditaliens an das westliche Kaiserreich, geschweige denn das Ende der Sarazeneneinfälle bewirkte, unter denen ab Mitte der 970er-Jahre Südapulien wieder zu leiden hatte. Auch Byzanz, von inneren Wirren geschüttelt, musste dem tatenlos zusehen; seine auf sich selbst gestellten Statthalter konnten kaum Gegenwehr organisieren.

Im November 980 begab sich Otto II. mit großem Gefolge über die Alpen nach Rom, wo ihn Schreckensmeldungen über die Sarazenen ereilten. Im September 981 forderte er deshalb aus Deutschland weitere 2100 Panzerreiter an. Unterdessen zog er mit dem vorhandenen Heer bis nach Lucera und versuchte, die antibyzantinische Stimmung zu schüren, sodass der Katepan Romanos, der mit den Sarazenen einen *modus vivendi* gefunden hatte und den Auftritt des Westkaisers als ›Einmischung in innere Angelegenheiten‹ erachtete, den Hl. Sabas in diplomatischer Mission zu Kaiser Otto II. schickte, der sich zwischenzeitlich wieder nach Rom begeben hatte. Die Rechtsposition des Ottonen und sein Anspruch auf Süditalien interessierten den Byzantiner sicherlich nicht. Von März bis Mai 982 lagerte Otto II., noch keine 27 Jahre alt, mit seinen Truppen und dem inzwischen aus Deutschland eingetroffenen Kontingent vor der Stadt Tarent, um letzte Kräfte zu sammeln. Sein Abzug von der Stadt Ende Mai und weiter nach Kalabrien und dort gegen die Sarazenen des Emirs von Sizilien bedeutete für die meisten im Heer den Gang in den Tod. Die eigentlichen Kriegsgewinner aber waren die Byzantiner, denen Apulien wieder gehörte. Otto III., der Sohn Ottos II., ließ es dabei bewenden – und bei einer frommen Wanderung zum Heiligtum des Erzengels Michael in Monte Sant'Angelo.

Fernab der Kriegsschauplätze wurde besonders der Süden Apuliens das Ziel von Basilianermönchen, Eremiten, die zunächst vor den Sarazenen aus Sizilien und dann von der ständig bedrohten Küste in das Hinterland zurückgewichen waren. Sie standen in der Tradition des Hl. Basileios (Basilius; San Basilio), eines Kirchenlehrers des 4. Jh., der sich als Bischof von Caesarea in Kappadokien (Türkei) um den byzantinischen Ritus verdient gemacht hatte. Er hat keinen Orden begründet, aber nach seiner Asketenlehre suchten die griechisch-orthodoxen Mönche ihr Leben auszurichten. So gab es nebenein-

Kaiser Otto II. vor Tarent

Obwohl nicht sicher zu beweisen ist, dass Kaiser Otto II. Tarent 982 einnahm, ließ sich der anerkannte Historiker Karl Uhlirz 1902 zu folgender Schilderung hinreißen: »Nunmehr hielt zum ersten Male ein deutscher Herrscher vor den Mauern der größten Stadt Unteritaliens Hof, Scharen seiner Kriegsleute durchzogen ihre Straßen; Bayern, Schwaben, Franken, Lothringer, Wenden und Lombarden erfüllten sie mit dem Geklirre ihrer Waffen, dem Lärm ihrer rauhen Rede, deutsche Prälaten besuchten die mit byzantinischer Kunst geschmückten Kirchen, die in der Nähe befindlichen Höhlenklöster. Fremdartig genug erschien Allen das buntbewegte Leben der griechischen Handelsstadt und mit lebhafter Gebärde staunten die Bewohner den mächtigen Kaiser, seine Fürsten und Krieger an.«

aus: *Jahrbücher des Deutschen Reiches unter Otto II. und Otto III.*, S. 175f.

Natur – Kultur – Geschichte

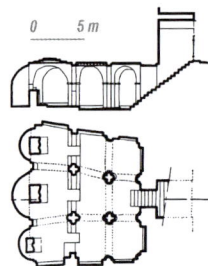

Giurdignano, Cripta di San Salvatore, Grundriss

der benediktinische, dem lateinischen Ritus und römischer Observanz folgende Klosterniederlassungen, aber eben auch Basilianermönche, die die Messe nach griechischer Liturgie feierten. Die Spuren an Kunst- bzw. Baudenkmälern aus den ersten mittelalterlichen Jahrhunderten sind aufgrund der andauernden Kriege und Zerstörungen gering. Sicher aber gehören z. B. Teile der Grottenkirche San Salvatore in Giurdignano dem 8. Jh. an. Daneben gelten als Indiz für die Verbindung mit dem Osten die Kirchen mit drei Kuppeln in Längsachse, die vor allem in der Terra di Bari errichtet wurden.

Das Reich der Normannen

Als Wikinger oder *Nortmanni*, »Männer des Nordwinds«, hatten sie im 9. Jh. Westeuropa in Atem gehalten. Auf den größeren Flüssen drangen sie überall weit ins Landesinnere vor. Es war dieselbe Zeit, als die Sarazenen Süditalien unsicher machten. Zu Beginn des 10. Jh. hatten es die Normannen in Nordfrankreich zu einem eigenen Herzogtum gebracht, der Normandie. Sie ließen sich taufen und sprachen bald französisch. Nach der Jahrtausendwende tauchten die ersten in Süditalien auf, entweder auf der Rückkehr von einer Jerusalemwallfahrt oder wegen einer Pilgerfahrt zum Michaelsheiligtum am Monte Gargano. Sie ließen sich als Söldner anwerben und kämpften für die Langobardenfürsten so erfolgreich gegen die Sarazenen wie gegen die Byzantiner, dass weitere Normannen in ihrer Heimat angeworben wurden. Die Verdienst- bzw. Karrierechancen müssen vor allem den Zweit- und Drittgeborenen zu Hause als großartig erschienen sein, denn immer mehr folgten in den kommenden Jahrzehnten unaufgefordert nach.

1009 war es in Apulien zu einer Revolte gegen die Byzantiner gekommen. Unter ihrem Anführer Meles (Melis, Melo, Melus) – wohl einem gebürtigen Sarazenen namens Ismail – gelang es den Aufständischen, Bari zu besetzen, die Hauptstadt des byzantinischen Katepanats *Italia*. Doch Katepan Mesardonides gelang die Räumung der Stadt. Meles setzte sich ab und eroberte mit einer Truppe aus Apuliern, Langobarden und Normannen Nordapulien. Als er sich dem neuen Katepan Boioannes bei Canne geschlagen geben musste, reiste er Anfang 1020, begleitet von einer Gruppe Normannen, zu Kaiser Heinrich II. nach Bamberg. Auch Papst Benedikt VIII. fand sich ein, vorgeblich um den Dom zu weihen, doch eigentlich um ebenfalls Heinrich, den er 1014 in Rom zum Kaiser geweiht hatte, zu einem Kriegszug nach Süditalien zu bewegen. Der Kaiser ließ sich gewinnen und verlieh Meles den Titel eines *Dux Apuliae*, eines Herzogs von Apulien.

Katepan
Den griechischen Titel ›Katepan‹ führten die byzantinischen Statthalter im 10./11. Jh. (s. auch S. 81).

Meles, der den im Bamberger Diözesanmuseum zu bewundernden ›Sternenmantel‹ als Geschenk für den Kaiser in Auftrag gegeben hatte, verstarb zwar in Bamberg, doch Ende 1021 ging ein großes Heer über die Alpen. Boioannes zog sich vor der deutschen Übermacht zurück

Das Reich der Normannen

Bitonto, Kathedrale, Höhepunkt romanischer Architektur und Skulptur

und vermied jede Schlacht. Aber Heinrichs Truppen vermochten nicht einmal die Stadt Troia zu nehmen, und über das Michaelsheiligtum auf dem Monte Gargano kehrte der Kaiser nach Deutschland zurück. So war weder für den Papst, noch für den Kaiser etwas gewonnen. Andererseits glaubten die Byzantiner von dieser Seite nichts mehr befürchten zu müssen und konzentrierten alle Mittel darauf, den Sarazenen die Insel Sizilien wieder zu entwinden. Dieses Machtvakuum erwies sich für die Normannen als Chance. Binnen zwanzig Jahren

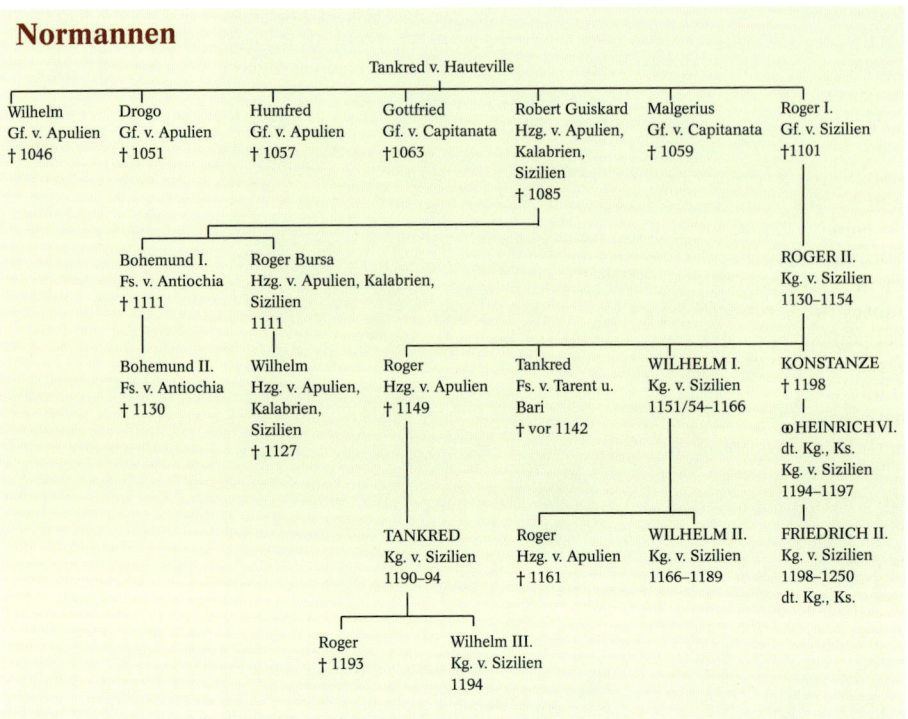

Stammtafel der Normannen

wurden sie, die Söldner, zu Eroberern. Nur noch formal unterstellten sie sich den Langobardenherzögen bzw. direkt dem Kaiser, der in Gestalt Konrads II. 1038 der Stadt Troia einen Besuch abstattete.

Unter den Normannen machten die Söhne eines gewissen Tankred von Hauteville (bei Coutances in der Normandie) das Rennen unter sich aus. Zuerst schuf sich Wilhelm ›Eisenarm‹, der älteste der insgesamt zwölf Brüder, einen Namen. Nachdem er sich an der Seite der Byzantiner im Krieg gegen die Sarazenen auf Sizilien Meriten erworben hatte, beteiligte er sich an dem Beutezug, den Normannen 1040 auf eigene Faust nach Apulien unternahmen. Er endete damit, dass sie die überraschten Byzantiner auf die Salenthalbinsel zurückdrängten und Wilhelm zu ihrem Grafen von Apulien wählten. Drogo, der nächste der Hauteville-Söhne, folgte seinem 1046 gestorbenen Bruder Wilhelm nach. Seinen größten ›außenpolitischen‹ Erfolg erlebte er, als ihm Kaiser Heinrich III. 1047 die Grafschaft Apulien als Reichslehen (ohne langobardische Zwischeninstanz) übertrug und ihn als Herrn von Apulien – nach anderer Auffassung sogar als Herzog von Kalabrien und Apulien – anerkannte. Er nahm den Byzantinern Ort für Ort weg, wurde aber 1051 von einem byzantinischen Meuchelmörder getötet. Bruder Humfred ließ keinen Zweifel an der

Das Reich der Normannen

Fortsetzung der Brüderherrschaft zu und schlug einen Aufstand, der nach dem Tod Drogos aufflammte, blutig nieder. Halbbruder Robert Guiskard durfte unterdessen die Normannenmacht in Kalabrien weiter ausbauen.

Auf dem Stuhl Petri zu Rom saß auf Anweisung Kaiser Heinrichs der vormalige Bischof Brun von Toul aus dem elsässischen Grafengeschlecht von Egisheim. Als Papst nannte er sich Leo IX. und unterhielt zu den Normannen zunächst gute Beziehungen, bis er sich in ein Bündnis des Ostkaisers mit dem Westkaiser zur Vertreibung der Normannen einließ. Weihnachten 1052 warb er in Worms beim Kaiser für einen Kriegszug nach Süditalien. Aber schließlich musste er selbst Truppen sammeln und zog mit einem Heer aus süddeutschen Adligen, Abenteurern und Mördern nach Apulien. Vor der geplanten Vereinigung mit dem byzantinischen Heer traf er unverhofft bei dem Städtchen Civitate auf die Streitmacht der Normannen, bezog eine vernichtende Niederlage und geriet in Gefangenschaft, in der er 1054 starb. Danach warf Humfred alle Kräfte gegen die Byzantiner, und mit Hilfe seiner beiden Neffen Gottfried von Conversano und Robert von Montescaglioso eroberte er fast die gesamte Terra d'Otranto, sodass am Ende dieser Offensive in Apulien nur Brindisi, Tarent und Oria byzantinisch blieben.

Nach dem Tod Humfreds im Februar 1057 konnte ihm gegen einige innernormannische Widerstände Halbbruder Robert Guiskard nachfolgen. Papst Nikolaus II. bewies Sinn für Realpolitik und belehnte, indem er sich auf die gefälschte Konstantinische Schenkung stützte und die Oberherrschaft über Italien anmaßte, Robert mit ganz Süditalien. Er verletzte damit kaiserliches Recht, aber von dem neunjährigen Heinrich IV. musste er nichts befürchten. Und Robert Guiskard, dem es um die tatsächliche Machtausübung ging, konnte das alles nur recht sein. Es gelang ihm, die normannische Dominanz westlich der Linie Tarent–Bari zu konsolidieren und wohl auch die Städte Brindisi, Tarent und Oria zu nehmen. Mit Hilfe seines jüngsten Bruders Roger schlug er eine Erhebung normannischer Grafen in Apulien nieder und vertrieb die letzten Byzantiner aus dem Salent. Dafür durfte Roger Kalabrien und später Sizilien erobern.

Auch Papst Gregor VII. erkannte 1073 Robert Guiskard als *Dux Apuliae* an – und belegte ihn mit dem Kirchenbann, als dieser sich weigerte, ihm den Lehnseid für Apulien zu leisten. Papst Gregor VII., der den Anspruch erhob, über allen Königen und dem Kaiser zu stehen, galt selbst in Kreisen, die ihm nahe standen, als äußerst streitbar: »Was aber die Zeitgenossen am meisten befremdete, war die Unbedenklichkeit, mit der er sich für kirchliche Zwecke weltlicher Waffen bediente. Der Grundsatz, dass die Kirche kein Blut vergieße, schien für ihn nicht zu bestehen, ungescheut hat er Truppen geworben und Schlachten schlagen lassen ... Darin ist er seiner ganz persönlichen Neigung gefolgt. Von früher Jugend an hegte er für die Kriegskunst lebhafte Teilnahme, später sah man ihn hoch zu Roß wie einen Feldherrn in glänzendem Schmuck inmitten seiner Truppen.«

Normannen in der Kritik

Hermann von Reichenau überliefert, wie Papst Leo IX. »das Volk der Normannen« beim Kaiser anschwärzte: »[...] weil es kriegerischer erschien als die italischen Völker, wurde es zuerst gern aufgenommen und half den Eingeborenen [...] gegen die [...] Griechen und Sarazenen. Als [...] mehr von ihnen [...] herbeieilten und ihre Kräfte wuchsen, bedrängten sie die Eingeborenen selbst mit Krieg, rissen eine unrechtmäßige Herrschaft an sich, nahmen den rechtlichen Erben Burgen, Güter, Höfe, Häuser, ja [...] sogar die Frauen mit Gewalt weg, plünderten das Gut der Kirche, verwirrten [...] alles göttliche und menschliche Recht, [...] und gehorchten schließlich dem apostolischen Bischof und dem Kaiser nur dem Wort nach. Ihre [...] Schandtaten [...] auszurotten [...], nimmt der Herr Papst sich zum Ziel und scheidet in großer Liebe vom Kaiser, um nach Rom zurückzukehren.«

(J. Haller, Das Papsttum, Bd. 2, S. 267) Seine Aktivitäten außerhalb Apuliens verleiteten 1079 einige normannische Große, wieder einmal den Aufstand zu proben, und es kostete Robert erhebliche Anstrengungen, die Städte Bari, Trani, Tarent und Castellaneta wieder unter seine Gewalt zu bringen.

Die Nachfolge als Herzog von Apulien (und Kalabrien) kam nach dem Tod Roberts 1085 seinem Sohn Roger Bursa zu, obwohl der eigentlich starke Mann sein Onkel Roger (I.) war. An ihn musste Roger Bursa schließlich die ererbten Rechte an Kalabrien und Sizilien abtreten. Auch Herzog von Apulien war er allenfalls dem Titel nach. Er blieb im Wesentlichen auf das kleine Fürstentum Salerno beschränkt, zumal sein (von der Nachfolge ausgeschlossener) älterer und ungleich tatkräftigerer Halbbruder Bohemund I., der später eine führende Rolle beim Kreuzzug spielte, den größten Teil Apuliens in einem Handstreich an sich gerissen hatte. Die Grafen von Conversano und von Monte Sant'Angelo sowie die Herren von Montescaglioso, die schon Robert Guiskard ein Dorn im Auge waren, agierten quasi selbständig. Hätte nicht Roger I. das Heft in die Hand genommen, wäre das Einheitswerk Robert Guiskards in diesem Augenblick schon gescheitert. Denn das politische Zentrum verschob sich unweigerlich nach Westen, d. h. nach Sizilien und in Rogers Residenzstadt Palermo. Apulien geriet an die Peripherie, wurde aber in alle Wandlungen wie etwa die Abkehr der Kirche von Byzanz völlig einbezogen. Zu Bischöfen wurden – unter der Kontrolle Rogers und nicht des Papstes – ›Lateiner‹ bestellt, und indem die Normannen nicht nur den Bau von Burgen, sondern auch von Abteien und Kathedralen förderten, verloren sie vollends ihren früheren barbarischen Ruf.

Roger I. gab sich bis zum Tod 1101 mit dem Titel eines Grafen von Sizilien zufrieden. Es blieb seinem Sohn Roger II. vorbehalten, sich zum ersten König des Normannenreichs krönen zu lassen, nachdem dieser zunächst einmal von dem Umstand profitierte, dass – ein Jahr bevor er 1112 die Volljährigkeit erlangte – sowohl Roger Bursa, der rechtmäßige Herzog von Apulien, als auch Bohemund I., der einen großen Teil Apuliens kontrollierte, verstarben und deren Witwen sich als Regentinnen ihrer unmündigen Söhne nicht durchzusetzen vermochten. Auch Wilhelm, der von Papst Paschalis mit dem Herzogtum Apulien belehnte Sohn des Roger Bursa, war zu schwach, um die separatistischen Tendenzen des eigenmächtigen apulischen Adels zu unterbinden und das Reich aus der Krise zu führen. Endlich fand Roger II. eine Möglichkeit zum Eingreifen in Apulien, als ihm 1124 das Erbe seiner verstorbenen Schwester, der Witwe des Herrn von Montescaglioso, zufiel und Wilhelm 1127 kinderlos starb. Und er griff entschlossen zu.

Papst Honorius II. fühlte sich übergangen und belegte ihn mit dem Kirchenbann. Er eilte nach Apulien, nahm die Huldigung der Stadt Troia entgegen und brachte eine Allianz apulischer Großer gegen Roger II. zuwege. Die Zeichen standen auf Krieg, Roger II. reagierte als Erster. Mit einem Heer aus 2000 Rittern, 3000 Kämpfern zu Fuß und

Normannen im Aufwind
Nachdem die Normannen zunächst als unwürdige Emporkömmlinge angesehen wurden, galt die Ehe mit einer Tochter Rogers I. schließlich als höchst begehrenswerte Partie. Schwiegersöhne des »wohl berühmtesten Mannes unserer Zeit«, wie Ekkehart von Aura in seiner Chronik Roger pries, waren die Grafen Heinrich von Monte Sant' Angelo und Rainulf von Alife, die angesehensten Herren Süditaliens, aber auch Graf Raimund von Toulouse, der bald den ersten Kreuzzug anführen sollte, König Koloman von Ungarn sowie Konrad, Sohn Kaiser Heinrichs IV.

Das Reich der Normannen

Königreich Sizilien

1500 sarazenischen Bogenschützen fiel er im Frühjahr 1128 in Apulien ein und bemächtigte sich nach schweren Kämpfen der Städte Tarent, Oria, Mesagne, Brindisi und Otranto. Er zwang ein päpstliches Heer nach vierzigtägiger Umzingelung zur Aufgabe und Papst Honorius dazu, ihn mit dem Herzogtum von Apulien, Kalabrien und Sizilien zu belehnen. Dermaßen legitimiert nahm er den Krieg gegen die immer noch abtrünnigen Städte erneut auf, und ab 1130 konnte er sich als unumschränkter Herrscher über ganz Unteritalien einschließlich Siziliens feiern lassen. Die Kurie in Rom spaltete sich angesichts der Überlegenheit Rogers in zwei Partcien. Die Wahl zweier Päpste war die Folge. Innocenz II., der Mann Norditaliens und Frankreichs, erlangte bis 1130 die Anerkennung des deutschen Königs Lothar III. Anaklet II., den vor allem mittel- und süditalienische Kardinäle gewählt hatten, konnte sich nur auf die Normannen stützen und musste Roger dafür die Königswürde zuerkennen.

Trotzdem kam Apulien nicht zur Ruhe. Wieder erhoben die altbekannten Widersacher ihre Häupter: Graf Gottfried von Andria, Grimoald von Bari, die Grafen Tankred und Alexander von Conversano sowie die Stadt Troia. Möglicherweise hatten sie auf die Hilfe Kaiser Lothars III. gesetzt. Aber sie blieb aus, und große Teile Apuliens bekamen 1132 Rogers Strafgericht zu spüren. Noch härter ging er allerdings vor, nachdem tatsächlich der 70-jährige Kaiser Lothar III. mit einem Heer von Deutschland nach Süditalien gezogen war, nach monatelanger Belagerung die Stadt Bari eingenommen und die Sarazenen, die von Roger zur Bewachung des Kastells zurückgelassen worden waren, aufgeknüpft hatte, gemeinsam mit dem Papst der Raimund von Alife, Rogers Hauptfeind, mit dem Herzogtum Apulien belehnt hatte und endlich mit seinem Heer wieder abgezogen war. Roger kannte keine Gnade mehr und konnte auch durch Bernhard von Clairvaux, der auf Bitten von Papst und Kaiser beim Normannen zu vermitteln suchte, von seiner Strafaktion gegen die treulosen Städte – insbesondere Troia und Bari – nicht abgebracht werden. Doch zunächst fiel ihm der Papst selbst in die Hände, und diesem blieb gar nichts anderes übrig, als Roger II. wieder mit Sizilien und seinen Sohn Roger mit Apulien zu belehnen. Danach herrschte Friede, und Roger vermochte sich auswärtigen Unternehmungen zu widmen, bis er im Alter von 58 Jahren Ende Februar 1154 verstarb.

Zum Zeitpunkt seines Todes war von seinen legitimen Söhnen nur noch Wilhelm I. am Leben, den er 1149 zum Herzog von Apulien und 1151 zum Mitkönig erhoben hatte. Dieser hielt sich achtbar. Er besiegte die byzantinische Flotte, schlug eine Adelsrevolte nach Art des Vaters nieder, indem er Bari von Grund auf zerstörte, und zwang Papst Hadrian IV., ihn als König anzuerkennen. Kaiser Friedrich I. Barbarossa – so nannten die Italiener den Staufer wegen seines rötlichen Barts – stand zwar seit er seinen Anspruch auf Süditalien bekundet hatte, bedrohlich am Horizont, aber realiter bedeutete er keine Gefahr für das Normannenreich. Ganz im Gegenteil wurde König Wilhelm II. sogar in den zwischen Papst und Kaiser geschlossenen ›Frieden von Venedig‹ miteinbezogen. Die Normannen gaben dafür gewissermaßen als Pfand Konstanze, die ›nachgeborene‹ Tochter Rogers II., und Ende Januar 1186 konnte der Sohn Kaiser Friedrichs I., Heinrich VI., die elf Jahre ältere Konstanze heiraten.

Im Gegensatz zu Papst Lucius III. missfiel seinem Nachfolger Urban III. die Verbindung der Normannenprinzessin mit dem Stauferkönig so sehr, dass er sich gegen eine Kaiserkrönung Heinrichs VI. sperrte. Auch bei den Normannen kam keine Freude auf, zumal als Wilhelm II. 1189 kinderlos starb und Heinrich VI. sofort seine Ansprüche auf das Erbe seiner Gemahlin anmeldete: das Normannenreich. In Palermo wurde hektisch nach einem neuen König gesucht. Die Wahl fiel schließlich auf Graf Tankred von Lecce, einen unehelichen Enkel Rogers II. Er rechtfertigte seine Krönung 1190 auf der Stelle, indem er ein deutsches Heer, das unter Heinrich von Kalden bis nach Apulien vorgedrungen war, erfolgreich abwehrte. Heinrich VI. selbst war wegen des Todes seines Vaters in Deutschland gebunden. Als er 1191 persönlich gegen die Normannen losschlug, endete

Normannen in Ehren

Roger II. stand bei vielen Zeitgenossen in hohem Ansehen, wurde von Petrus Venerabilis, dem berühmten Abt von Cluny, bewundert und zählte arabische Gelehrte wie Idrisi, der bei ihm in Palermo lebte, zu seinen engsten Freunden. Und es war wohl als Kompliment zu verstehen, wenn Johannes von Salisbury über Roger schrieb, dass ihm an seinem Hof, wo vermutlich Französisch gesprochen wurde, alle willkommen gewesen seien, nur die Deutschen habe er wegen ihrer Ungebildetheit nicht ertragen können.

Das Reich der Normannen

der Vorstoß gegen Neapel im Fiasko, und Konstanze, die dabei in Gefangenschaft geriet, kam erst frei, nachdem sich der Papst mit Tankred im apulischen Gravina getroffen hatte. Da Tankred zuvor schon Johanna, die Witwe Wilhelms II., an ihren Bruder, den englischen König Richard Löwenherz, herausgeben musste, suchte er ein Bündnis mit den Byzantinern und besiegelte es durch die Verheiratung seines Sohnes Roger mit der Kaisertochter Irene in Brindisi. Er rang die stauferfreundlichen Grafen nieder, startete an der Nordgrenze seines Reichs eine Offensive gegen den Kirchenstaat und wurde erst durch Berthold von Künsberg, einen der bekanntesten Haudegen der in Mittelitalien etablierten Kaisermacht, gestoppt. Auf Apulien bezogen hatte Tankred indes die Lage in den Griff bekommen. Es gab zwar nach wie vor keine Verständigung mit Roger von Andria, der wohl in eigenem Interesse eine Anlehnung an die Staufer suchte, und Bischof Walter von Troia hatte sich zu Kaiser Heinrich ins Elsass geflüchtet. Aber die mächtigen Grafen von Lesina und Conversano ließen keine Zweifel aufkommen, dass Apulien zum normannischen Reich stand.

Dass die Geschichte trotzdem in Heinrichs Sinn weiterging, verdankte er neben seiner Tatkraft einigen glücklichen Fügungen. Zunächst fiel ihm Richard Löwenherz in die Hände, für dessen Freilassung er ein Lösegeld erhielt, das ihm eine gigantische Rüstung, Soldatenanwerbung und Anmietung einer Flotte in Genua und Pisa gestattete. Und dann starben hintereinander der normannische Thronfolger Roger (Dezember 1193) und König Tankred selbst (Februar 1194). Von dessen Sohn Wilhelm III., einem zum Mitkönig gekrönten Kind, und dessen Mutter war nichts mehr zu befürchten. Beide ergaben sich sofort, als Heinrich im Sommer 1194 anrückte und sich von den apulischen Städten huldigen ließ. Gerade 30 Jahre alt, zog er im November in Palermo ein und wurde am 25. Dezember zum König des Normannenreichs gekrönt. Am Tag darauf brachte Konstanze seinen Sohn Friedrich zur Welt.

Tankred, mit dem das Normannenreich untergehen sollte, ist als einziger Normannenkönig inschriftlich als Kirchengründer festgehalten. Er veranlasste den Bau von SS. Niccolò e Cataldo in Lecce. Von seinen Vorgängern ist nur zu erahnen, wie groß ihre Beiträge zur Blütezeit der Romanik in Apulien waren. Auf der Grundlage der Basilikaform entstanden die gewaltigen Kathedralen in Bari, Trani oder Bitonto mit betonten Querhäusern, Zwerggalerien außen und Emporen über den Seitenschiffen innen. Die Außenwände sind durch Blendbögen, die häufig durch Figurkonsolen abgestützt werden, figurierte Friese und Gesimse sowie Lisenen aufgelockert und erhalten durch die besonders aufwendig gearbeiteten Hauptportale wie in Trani, Fensterrosen wie in Troia, prächtige monumentale Mono- oder Biforien sowie oft eigens hervorgehobene Apsisfenster eine besondere Zier. Unter diesen bilden die ›Löwenportale‹ und ›Elefantenfenster‹ eine eigene Gattung und sind wie die in Troia, Canosa, Bari und Monte Sant'Angelo erhaltenen Bronzetüren nicht hoch genug zu würdigen. Bei der Innenausstattung feierte die Skulptur an Kapitel-

Bari, San Nicola,
Aufriss

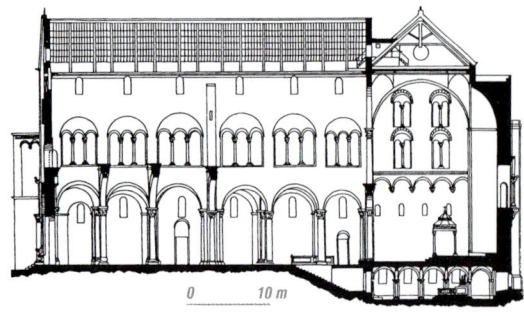

len, Bischofsthronen wie in Canosa und Kanzeln mit Adlerpulten wahre Triumphe. Hohe Ziborien heben den Platz des Altars hervor. Transennen, feinst durchbrochene Marmor- bzw. Kalksteinscheiben, stellen die kunstvollste Art der Fensterfüllung dar. Riesige Mosaiken wie in Otranto bedeckten in den meisten großen Kirchen die Fußböden. Vielfach sind Befruchtungen aus dem islamischen Kulturkreis nicht zu übersehen. Neben dieser repräsentativen Architektur und Kunst sind indes die Ausmalungen der vielen Grottenkirchen, die in dieser Zeit in großem Maßstab einsetzten, nicht zu vergessen. Die Leistungen des normannischen Wehrbaus sind wegen der meist schon staufischen Überbauungen und Erweiterungen nicht mehr in jedem Fall abzuschätzen. An vielen Orten war zunächst nur ein einzelner Turm über meist quadratischem Grundriss der Anfang zu einer später vergrößerten Burganlage.

Friedrich II. und die letzten Staufer

Bis Friedrich II. 1221 das erste Mal in Apulien erschien, hatte er eine bewegte Zeit hinter sich, in der seine Zukunft mehrmals auf des Messers Schneide stand. Nach dem frühen Tod des Vaters 1197, der den normannischen Adel liquidiert hatte, schien die eben hergestellte *unio regni ad imperium* schon wieder fraglich, zumal nicht nur der Papst alles dagegen unternahm. Seine Mutter Konstanze, die für ihn die Regentschaft führte und sich für seine Königskrönung 1198 einsetzte, zeigte ebenfalls kein Interesse an der Verbindung des Königreichs mit dem Kaiserreich und verwies alle deutschen Amtsträger des Landes. Diese Haltung traf sich mit der antistaufischen Fürstenopposition in Deutschland, die mit Papst Innocenz III. Hand in Hand arbeitete und gegen Philipp, den Bruder Heinrichs VI., der sich im März 1198 zum deutschen König wählen ließ, Otto IV., den Sohn Heinrichs des Löwen, als Gegenkönig installierte. Als im November 1198 auch noch Friedrichs Mutter starb, schien seine Rolle ebenso ausgespielt zu sein wie die der Staufer überhaupt, nachdem Philipp 1208 ermordet und Otto IV. 1209 vom Papst zum Kaiser gekrönt wurde. Da Otto IV. aber

Friedrich II. und die letzten Staufer

plötzlich in Italien imperiale Ziele verfolgte, die den päpstlichen Interessen völlig zuwiderliefen, traf ihn 1210 die Exkommunikation, und in Deutschland erinnerte man sich Friedrichs wieder, der auf Veranlassung des Vaters 1196 in Frankfurt zum deutschen König gewählt worden war. Dem Papst erschien er als willkommene Marionette, die er gegen Otto ins Feld führen konnte. Er stimmte dem Plan der deutschen Fürsten zu, Friedrich die Reichsregierung anzutragen. Zu Beginn des Jahres 1212 nahm dieser die (neuerliche) Königswahl an und wurde 1220 von Papst Honorius sogar mit der Kaiserwürde bedacht. Er musste allerdings zusichern, das Königreich Sizilien immer als Lehen der Kirche anzusehen und es nie mit dem Kaiserreich vereinigen zu wollen.

Formal war alles stabil geregelt. Friedrich herrschte als Kaiser über zwei Königreiche, das deutsche, in dem er als König seinen unmündigen Sohn Heinrich zurückgelassen hatte, und das sizilische, dem er in Personalunion selbst als König vorstand. Im Frühjahr 1221 machte er sich erstmals auf, die östlichste Provinz seines Königreichs kennen zu lernen: Apulien. Er traf Bestimmung für die Reichsverwaltung und zum Ausbau Foggias als Residenzstadt des Königreichs, von den zahlreichen ›Sommerfrischen‹ und Jagdschlössern, die er überall anlegen ließ, ganz zu schweigen. Die Sarazenenunruhen, die ihn mehrmals

Staufer

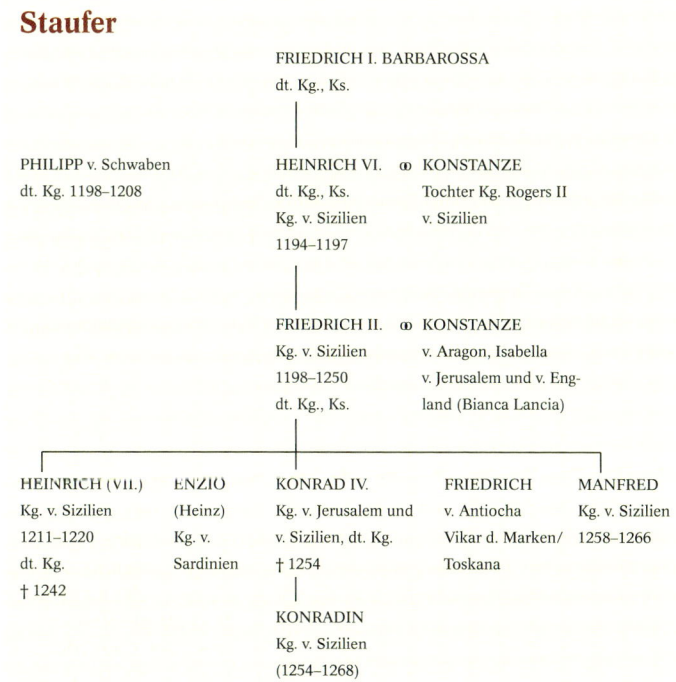

Stammtafel der Staufer

Natur – Kultur – Geschichte

Neue Heimat Apulien

Zwei Monate währte die Rundreise, die Friedrich II. 1221 in alle wichtigen Städte Apuliens führte und ihm eine Landschaft nahe brachte, die ihm zur neuen Heimat werden sollte. Sein bestimmtes, aber ebenso zuvorkommendes Auftreten trug ihm die Sympathie des Adels ein. Er revanchierte sich durch Privilegien für Kirchen und Städte, den Deutschorden und die Juden.

nach Sizilien wegriefen, löste er dadurch, dass er die ›Heiden‹ zu sich bringen, d.h. nach Apulien deportieren und in Lucera ansiedeln ließ. Mit dieser Maßnahme bereitete er zwar dem Papst keine Freude, sich selbst aber schnell eine ergebene Gefolgschaft und gefürchtete Elitetruppe.

Friedrich mochte Apulien kaum mehr verlassen. Die ›Jagdgründe‹, die er hier überall vorfand, zogen ihn in ihren Bann. Auf den Hügeln rings um den Tavoliere entstand auf Sichtweite eine Kette von Burgen und Jagdschlössern, wo er, sobald ihn die Regierungsgeschäfte frei gaben, die Falken aufsteigen ließ, und die Residenzstadt Foggia nahm nach seinem Geschmack Gestalt an. Außerdem trug ihm die Ehe mit der dreizehn oder vierzehn Jahre alten Isabella von Brienne, die er 1225 in Brindisi zum Altar führte, den zusätzlichen Titel eines Königs von Jerusalem ein – und gehörigen Ärger mit Johann von Brienne, dem Brautvater, der den Titel bis zur Volljährigkeit seiner Tochter selbst zu führen gedachte. Und der vielleicht erzürnt darüber war, dass Friedrich die Hochzeitsnacht ›ersatzweise‹ mit der etwas älteren Cousine der Braut zugebracht hatte (wie zumindest aus der Umgebung des Papstes verlautbart wurde). Immerhin zog sich der Kaiser nach der Hochzeit mit seiner Gemahlin nach Foggia zurück und beging das Weihnachtsfest in Troia.

Sizilien lockte Friedrich nicht mehr. Auch nach dem unerfreulichen Aufenthalt in Norditalien, wo die lombardischen Städte ihm das Leben schwer machten, kehrte er im September 1226 nach Foggia zurück, um sich endlich den Vorbereitungen für einen Kreuzzug zu widmen, den er dem Papst wiederholt zugesagt hatte. Am letzten Einsatz ließ er es allerdings fehlen. Er kümmerte sich lieber um den Ausbau des Kastells von Oria und zog sich im Dezember zur Winterjagd wieder nach Apricena zurück. Selbst Sizilien beehrte er im neuen Jahr, als es plötzlich Ernst wurde und er in Troia die ersten aus Deutschland eingetroffenen Kreuzzugsteilnehmer begrüßen musste. Gemeinsam begab man sich über Barletta, Bari und Monopoli nach Brindisi, dem Sammelplatz des Heers. Der Zuzug an Kreuzfahrern riss nicht ab. Von der alsbald ausbrechenden Seuche blieb auch der Kaiser nicht verschont, weshalb er auf seine Teilnahme am Unternehmen verzichten musste. Unweigerlich traf ihn der Kirchenbann.

Friedrich erholte sich in Apulien, Ostern 1228 feierte er in Barletta. In Troia ereilte ihn die frohe Kunde, dass Isabella in Andria den Sohn Konrad zur Welt gebracht hatte, sowie die traurige Nachricht, dass die junge Mutter zehn Tage nach der Geburt im Kindbett verstorben war. Ende Juni stach er – ein exkommunizierter Kaiser auf Kreuzzug – mit einem beträchtlichen Kontingent von Bari in See und erzielte ohne jedes Blutvergießen den größtmöglichen Erfolg, einen größeren, als ihn irgendein früherer oder späterer Kreuzzug erbrachte. Dennoch schürte der Papst die Stimmung gegen ihn, plante ein Attentat und einen Kreuzzug *gegen* den Staufer und entsandte ein Heer nach Apulien. Deshalb fand Friedrich seine Wahlheimat völlig verändert vor, als er im Juni des Jahres 1229 bei Brindisi wieder an Land ging. Bari,

Friedrich II. und die letzten Staufer

Lucera, Kastell

Troia, Casalnuovo, San Severo, Civitate, ja selbst Foggia verschlossen vor dem Herrscher die Tore.

Dem Papst war der Kaiser, der in der äußeren Erscheinung wie ein orientalischer Potentat auftrat, schon lange ein Dorn im Auge. Friedrich liebte ohne Zweifel prunkvolle Auftritte. Löwen, Kamele und Elefanten bildeten wie dunkelhäutige Diener und arabische Krieger die exotischen Attribute seiner Kaisermacht. Seine kirchlichen Kritiker erhielten durch Gerüchte über einen Harem, den er sich zugelegt haben sollte, und christusfeindliche Äußerungen immer neue Nahrung. Doch selbst sein ›naturwissenschaftlicher‹ Geist, der sich in seinem berühmten Buch »Über die Kunst mit Vögeln zu jagen« *(De arte venandi cum avibus)* und in der Gründung der ersten staatlichen Universität in Neapel 1224 niederschlug, machte ihn den Klerikern verdächtig. Von dort bezog Friedrich bald die Juristen, die er zum Aufbau und zur Verwaltung seines modernen Staates brauchte. In der Tat begann eine wirtschaftliche Glanzzeit, das Königreich ›boomte‹. Schafzucht und Wollproduktion, Färbereien, Obst- und Getreideanbau, Salinen zur Salzgewinnung, Weinbau, Eisenverarbeitung, Schiffsbau mit den Hölzern aus der Sila (in Kalabrien), die Erzeugung von Pech und die Produktion von Seide verschafften dem Land eine nicht dagewesene Blüte.

Dieses Werk wollte Friedrich sich nicht zerstören lassen. Er signalisierte dem Papst, dessen Heer vor einer Schlacht kniff, zwar immer noch Verhandlungsbereitschaft, befahl aber den Sarazenen in Lucera, eine Streitmacht von 15 000 Mann aufzustellen und zu rüsten. Mit ihrer Hilfe unterwarf er die unbotmäßigen Städte der Capitanata. Friedrich raste vor Zorn. Er ließ ihre Mauern niederreißen, Kirchen zerstören und sich Geiseln stellen. Endlich hob Papst Gregor IX. den Kirchenbann auf.

Aber das Verhältnis zwischen Papst und Kaiser blieb irreparabel gestört. Friedrich zog aus den Vorkommnissen die Lehre, dass eine umfängliche militärische Sicherung des Landes Not tat. Aufträge zum Ausbau der Kastelle von Bari und Trani und zur Fertigstellung des Kastells von Oria waren die Folge. Die Vorzüge einer uneinnehmbaren Festung wie der von Lucera, deren Arbeiten vor dem Ende standen, wusste er bereits zu schätzen. Er verbrachte dort fast den ganzen April des Jahres 1231. Im Mai verlegte er seinen Hofstaat nach Foggia, in der zweiten Monatshälfte in das kühlere Melfi (Basilikata), wo er die berühmten »Konstitutionen von Melfi«, ein für seine Zeit einzigartiges Gesetzeswerk, verkünden ließ. Es enthielt alle seine Vorstellungen von einem gerechten, stark zentralisierten Königreich, in dem auch der oberste Herrscher dem Gesetz unterstehen sollte.

Spätestens um diese Zeit lernte Friedrich Bianca Lancia kennen, die Liebe seines Lebens. Eine offizielle Hochzeit verbot ihre Herkunft aus niederem Adel. Sie wurde die Mutter seines Lieblingssohns Manfred. Heinrich dagegen, sein Erstgeborener, der in Deutschland als König herrschte, erzürnte ihn durch die Politik, die er gegen die Fürsten betrieb. Fast vorwurfsvoll wurde Friedrich von diesen gebeten, auch im *Regnum teutonicum* wieder nach dem Rechten zu sehen. Von Barletta aus dankte er ihnen im Januar 1235 für ihre Treue und forderte sie zum Widerstand gegen Heinrich auf. In einem Brief an die Bürger von Worms kündigte er sein Kommen an und reiste zu Ostern, begleitet von seinem siebenjährigen Sohn Konrad, nach Deutschland ab.

Fast auf den Tag fünf Jahre hielten ihn Kriegszüge und Belagerungen, durch Boten und Briefe mit dem Papst geführte Auseinandersetzungen, die Absetzung und Inhaftierung seines Sohnes Heinrich, die Hochzeit mit Isabella, der englischen Königstochter, die Wahl seines unmündigen Sohnes Konrad in Wien zum neuen deutschen König und schließlich der schlecht endende Kampf gegen die lombardischen Städte von Apulien fern. Ein zweites Mal exkommuniziert, betrat er Ende März 1240 wieder Apricena, Foggia und Lucera, wo er dann abwechselnd – unterbrochen von kurzen Aufenthalten auf seinen Jagdschlössern im Tavoliere – residierte. Aber die Tage waren durchweg mit Regierungstätigkeit ausgefüllt. Der in Auftrag gegebene Bau von Castel del Monte, dieses einzigartigen, rätselhaften Gebäudes, beschäftigte ihn sicherlich sehr, und die Hetzkampanie des Papstes wurde schärfer.

In Italien standen also die Zeichen auf Sturm. Nur der Tod des Papstes hielt Friedrich vom Angriff auf Rom zurück, nachdem er schon weite Teile des Kirchenstaats mit Krieg überzogen hatte. Ab Oktober 1241 war er wieder zu Hause in Lucera, Foggia und Apricena, Mitte

Friedrich II. und die letzten Staufer

Januar 1242 in Troia und Ende Februar in Gravina. Aber im Wesentlichen verlebte er das Frühjahr in seiner Residenz in Foggia, beständig heimgesucht von traurigen Ereignissen. Am 1. Dezember 1241 war seine dritte Gemahlin Isabella verstorben, gerade siebenundzwanzig Jahre alt. Im Februar 1242 beging sein inhaftierter Sohn Heinrich Selbstmord. Und die Zeiten blieben von wenig erfolgreichen Kriegszügen gegen den Kirchenstaat erfüllt – weshalb Papst Innocenz IV. den Kaiser schließlich für abgesetzt erklärte – und gegen die Städte der Lombardei. Selbst als er seinem Sohn Konrad in Deutschland zu Hilfe kommen wollte, der sich gegen eine Opposition der Kirchenfürsten kaum mehr zu halten vermochte – nachdem mit Hilfe der Bestechungsgelder des Papstes Heinrich Raspe zum Gegenkönig gewählt worden war und der Mainzer Erzbischof zum Kreuzzug gegen Friedrich aufgerufen hatte – erwiesen sich die norditalienischen Städte als unüberwindliches Bollwerk, und der Kaiser musste nach Apulien zurückkehren.

Nur hier konnte er sich in den letzten Lebensjahren einigermaßen sicher fühlen. Papst Innocenz IV., einer der widerwärtigsten Petrus-Nachfolger, hatte sich zwar selbst nach Frankreich in Sicherheit gebracht, aber ein Mordkomplott gegen den Kaiser in Auftrag gegeben, das erst im letzten Augenblick aufgedeckt werden konnte. Als dieses Oberhaupt der Christenheit, das Friedrichs Kontakte zu ›Heiden‹ öffentlich geißelte, den Sultan von Ägypten bat, gegen den Kaiser die Waffen zu erheben, war keiner der christlichen Würdenträger, sondern der Sultan konsterniert. Für die Niederlage eines Kreuzfahrerheers und die Gefangennahme des französischen Königs, die im Oktober 1249 nach Foggia gemeldet wurde, gab der Papst dem Staufer, der nicht mitgezogen war, die Schuld. Aber Friedrich ließ sich nicht mehr provozieren. Er bewegte sich nur noch zwischen dem Tavoliere und der westlich angrenzenden Bergregion, je nach Jahreszeit und Temperatur, so wie er es in früheren, beschaulicheren Jahren regelmäßig getan hatte. Anfang Dezember erlitt er während eines Jagdausflugs vermutlich einen Ruhranfall und wurde nach Castel Fiorentino gebracht, wo er am 13. Dezember 1250 starb. Mit seinem Tod neigte sich auch die einzigartige Blütezeit Apuliens dem Ende entgegen.

Friedrichs Sohn Konrad IV., der sich in Deutschland zweier Gegenkönige zu erwehren hatte und von Bischöfen offen bekriegt wurde, versuchte die Meldung über den Tod des Vaters zunächst zu verheimlichen: Die Nachricht musste seine Position weiter schwächen. In der Tat entging er nur durch Zufall einem Mordanschlag, und er rechnete sich allein noch im vom Vater geerbten Sizilischen Königreich eine Zukunft aus. Dort hatte allerdings Stiefbruder Manfred ebenfalls schon alle Hände voll zu tun, Aufstände niederzuwerfen. Am 8. Januar 1252 traf Konrad in Apulien ein und wurde von Manfred in Siponto (Manfredonia) empfangen. Kurz darauf hielt er in Foggia einen Hoftag ab, und beide zusammen zwangen darauf in ganz Süditalien die Städte, die sich von den Staufern los gesagt hatten, in die Knie. Allein die Wintermonate 1252/53 und 1253/54 unterbrachen die

Papst contra Kaiser
Friedrich wurde vorgeworfen, er würde nicht an die Jungfrauengeburt Jesu glauben. Ferner sollte er geäußert haben, dass die Welt sich von den drei Betrügern Moses, Mohammed und Jesus Christus habe täuschen lassen. Diese Anschuldigungen reichten, um mit dem Kirchenbann belegt und von dem fast hundertjährigen Gregor IX. zum ›Antichrist‹ stilisiert zu werden. Realpolitisch stand dahinter der Versuch des Papstes, im Verein mit dem Lombardenbund den Kaiser in die Knie zu zwingen. Friedrich durchschaute das taktische Spiel und antwortete mit derselben Schärfe, sodass viele Zeitgenossen sich fragten, wer von beiden der echte Antichrist war.

Kämpfe und gestatteten den Rückzug in das befriedete Apulien. Doch als Konrad darauf erneut von Foggia ausrückte, erkrankte er und starb – vielleicht vergiftet – am 21. Mai 1254, gerade 26 Jahre alt.

Zuvor hatte er Berthold von Hohenburg für seinen erst 1252 im bayerischen Wolfstein geborenen Sohn Konradin zum Reichsverweser in Deutschland bestimmt und Manfred damit einen Bärendienst erwiesen. Denn Berthold und sein Bruder, Markgraf Otto, traten unter dem Vorwand, die Rechte Konradins auch im Königreich Sizilien zu vertreten, in Koalition mit dem Papst bzw. als Anführer eines päpstlichen Heers gegen Manfred an. Ein zäher Krieg, dessen Last in erster Linie Apulien trug, war die Folge. Manfred bestand ihn nur dank der Sarazenen von Lucera. Mit ihrer Hilfe überwältigte er im Dezember 1254 bei Foggia das päpstliche Heer. Die Stadt wurde, abgesehen von der Burg, in welcher sich Päpstliche halten konnten, genommen, während die beiden Hohenburger mit ihren Mannschaften nach Canosa flüchteten. Da der mit weiteren päpstlichen Truppen bei Troia stehende päpstliche Legat ebenfalls die Flucht vorzog, unterwarfen sich schließlich die Städte Troia und Barletta sowie die Burg von Foggia ohne Blutvergießen. Abgesehen von Canosa, wo Otto von Hohenburg sich zu halten vermochte, von Brindisi und Oria gelang es Manfred bis Mitte 1255, ganz Apulien (und große Teile der Basilikata und Kalabriens) wieder unter seine Gewalt zu bringen. Die Schlacht mit einem neuen päpstlichen Heer, das gegen Nordapulien vorstieß, unterblieb, weil der Marschall des Herzogs von Bayern Manfred die Vollmacht zur Regentschaft des Königreichs Sizilien im Namen des drei Jahre alten Konradin überbrachte. Diese Legitimation konnte der päpstliche Legat, der das gegnerische Heer anführte, nicht beiseite wischen, und man einigte sich auf einen Waffenstillstand.

Manfred entließ den größten Teil seines Heeres und zog sich in die Terra di Bari zurück. Aber schon einen Monat später rückte das päpstliche Heer wieder in die Capitanata ein und besetzte im Verein mit Berthold von Hohenburg Foggia. Manfred eilte auf Umwegen nach Lucera, versetzte seine (Sarazenen-)Truppen in Kampfbereitschaft und hungerte die Besatzer aus. Er gewährte ihnen freien Abzug, nachdem der päpstliche Legat zugesichert hatte, dass Manfred im Königreich Sizilien nicht mehr behelligt werde. Im Gegenzug erklärte der Staufer den Verzicht auf Kampanien. Um in Apulien die Ruhe wieder herzustellen, musste er nur noch Bertholds von Hohenburg habhaft werden, der zwischenzeitlich außer Andria fast die ganze Terra di Bari erobert hatte. Er stellte ihn zwischen Siponto und Foggia und nahm ihn gefangen. Von einer Hinrichtung sah er indes ab und begnadigte ihn wie seinen Bruder Otto zu »ewiger Gefangenschaft«.

Das neue Jahr 1257 ließ sich für Manfred mit der Einnahme der Städte Brindisi, Oria und Otranto gut an, und begünstigt durch das Gerücht vom Tod Konradins, das er selbst gestreut haben mag, wurde er 1258 in Palermo zum König des Königreichs Sizilien gekrönt. Er kehrte umgehend nach Apulien zurück, hielt in Barletta und 1259 in Foggia Hoftage ab und durfte sich dem Gefühl ergeben, das Königreich für die Staufer erhalten zu haben.

Papst Urban IV., ein »Schuhmachersohn aus Troyes« (Lehmann-Brockhaus), bot das Königreich – gegen eine entsprechende Zahlung – Karl I. von Anjou als Lehen an, dem jüngsten Spross König Ludwigs VIII. von Frankreich. Aber erst als nach dem Tod Urbans mit Clemens IV. wieder ein Franzose auf den Stuhl Petri gelangte, wurde der Handel abgeschlossen. Karl wurde 1265 vom Papst mit dem Königreich Sizilien belehnt, im Februar 1266 trafen der Anjou und der Staufer in der Schlacht von Benevent aufeinander. Manfreds Heer wurde geschlagen, er selbst fand den Tod und wurde auf dem Schlachtfeld verscharrt. Seine Witwe Helena und seine Kinder gerieten in Gefangenschaft. Damit war die Stauferherrschaft in Italien erledigt. Dass völlig unerwartet im September 1267 der fünfzehnjährige Herzog Konradin von Schwaben, der Sohn Konrads IV. und Enkel Friedrichs II., an der Spitze eines bayerisch-schwäbischen Heers über den Brenner nach Italien zog und nach der 1268 bei Tagliacozzo gegen Karl verlorenen Schlacht zusammen mit seinem jugendlichen Freund, dem Herzog Friedrich von Österreich, am 29. Oktober 1268 in Neapel enthauptet wurde, verleiht dem Ende der Dynastie nur einen tragischen Nachgeschmack.

Im Königreich Neapel

Gemessen an der Friedensepoche Friedrichs II. erlebte Apulien unter der Anjou-Herrschaft einen bedrückenden Niedergang. Erst nach zehnmonatigem Widerstand ergab sich Lucera. Fast alle Muslime wurden von dem ›Kreuzzugsheer‹, das der Abt von Montecassino an-

Natur – Kultur – Geschichte

Karl I. von Anjou
J. F. Böhmer schrieb 1882 im Anschluss an die Behandlung der »Schlacht von Benevent«, in der Manfred gefallen war: »Land und Volk verfielen nun unter dem Joch des Karl von Anjou und seiner Franzosen namenloser Misshandlung.«

führte, getötet, die Überlebenden flohen nach Kalabrien. Die Kommunen aber, die mit den Anjou gemeinsame Sache machten, zogen durchaus Vorteile aus der neuen Partnerschaft.

Auch Rudolf von Habsburg schickte sich in die veränderte realpolitische Situation. Er verzichtete 1274 für das Kaiserreich offiziell auf die Oberherrschaft über Süditalien und erkannte die *de facto* längst bestehende Oberlehnsherrschaft des Apostolischen Stuhls über dieses Territorium bzw. das Eigentumsrecht der Römischen Kirche am Königreich Sizilien an. Erst mit diesem Verzicht auf das *ius imperii ad regnum*, d.h. auf das Recht des Kaiserreichs am Königreich Sizilien, wurde die mehr als 200 Jahre anhaltende Streitfrage zwischen Papst und Kaiser beendet. Innenpolitisch berührte dies alles Apulien sehr wenig. Mit dem Verschwinden der Staufer geriet die Region fast in Vergessenheit. Die Entscheidungen über den Fortgang der Geschichte Süditaliens fielen in Sizilien und Neapel. Als Karl I. 1285 in Foggia starb, hatte er die Insel Sizilien jedenfalls schon wieder verloren, und zwar an König Peter III. von Aragon, der seit 1262 mit Konstanze, einer Tochter Manfreds, verheiratet war. Das Königreich Sizilien zerfiel für 150 Jahre in zwei Königreiche: Die Insel Sizilien mit der Hauptstadt Palermo beherrschten die Aragonesen, das Festland mit der Hauptstadt Neapel die Anjou.

Apulien gehörte zu letzterem. Fernab von der Königsgewalt rissen wenige, meist französische Adelsfamilien alle Macht an sich, bekämpften sich zum Leidwesen der Bevölkerung in permanenten Kleinkriegen, und beuteten in einem Maß das Volk aus, dass es immer wieder zu Revolten kam. Der Feudalismus zeigte sich von seiner übelsten Seite. Dekadenz und Anarchie, angereichert um eine unsägliche Vulgarisierung der Gewalt, erwuchsen demselben Boden, aus dem die einen ihre Reichtümer zogen, auf dem andere vor Hunger oder an der Pest starben oder bei den Erdbeben dieser Jahre ihr Leben ließen. Zudem wurden die Küstenstädte ab Ende des 13. Jh. verstärkt von Piraten heimgesucht. Sie unterschieden sich nicht von den französischen Raubrittern, die im Gefolge der Anjou den Weg in den Süden gefunden hatten. Die öffentliche Ordnung war in kompletter Auflösung begriffen, Moral und Zucht des Klerus sanken unter jedes Niveau ab, Klöster trugen untereinander bewaffnete Kämpfe aus, und viele Mönche ließen sich nur mit bestem Willen noch von bewaffneten Banditen unterscheiden. Wer konnte, verließ das verwüstete Land. Vom Thron in Neapel kamen viele Erlasse, unerheblich, wer gerade unter den vielen Anwärtern die Königswürde erstritten hatte, und Anweisungen, die niemand beachtete.

Unter den jeweiligen Herrschern, die mehr mit sich beschäftigt und aufgrund verwirrender dynastischer Beziehungen sowie daraus resultierender Erbansprüche überall engagiert waren, nur nicht im Königreich Neapel, verfiel das Land desaströs. Johanna I. von Anjou, eine Urenkelin Karls II., die 1343 als Siebzehnjährige den Thron bestieg, hatte im Jahr zuvor den nur gut ein Jahr älteren Andreas von Ungarn, Bruder des ungarischen Königs Ludwig I. und Urenkel Karls II., ge-

Stammtafel der Anjou

Anjou

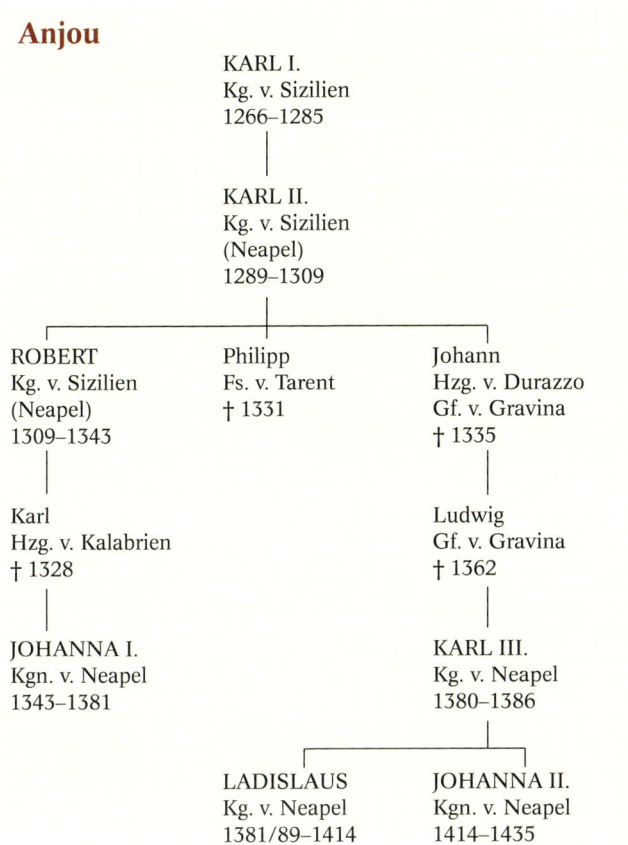

heiratet. Aber als König neben sich akzeptierte sie ihn nicht, weshalb sie der Mitwisserschaft an seiner als Jagdunfall getarnten Ermordung (1345) beschuldigt wurde und sich deshalb drei Jahre später für ein paar Monate in ihre Grafschaft Provence absetzte. Vielleicht war aber auch Liebe im Spiel gewesen, immerhin hatte sie 1347 Ludwig von Tarent geheiratet. Dies nun ließ König Ludwig von Ungarn, den Bruder des Gemeuchelten, nicht ruhen. Er verlangte vergeblich ihre Bestrafung durch den Papst und unternahm, um seinen Bruder zu rächen, 1348 einen Heereszug ins Königreich Neapel. Mehr als weitere Verwüstungen bewirkte er nicht. Friede wurde erst nach einem zweiten Feldzug, den Ludwig von Ungarn von April bis September 1350 nach Süditalien unternahm, geschlossen, und Johanna konnte sich zusammen mit Ludwig von Tarent endlich krönen lassen. Später folgten Ehen mit Jakob III. von Mallorca (1362) und Otto von Braunschweig (1375), 1380 wurde sie exkommuniziert, nachdem sie auf den

Natur – Kultur – Geschichte

Lucera, Dom, Detail

falschen Papst gesetzt hatte. Karl III. von Anjou-Durazzo, der als Kind an ihrem Hof aufgewachsen war, aber inzwischen am Hof des Königs von Ungarn Karriere gemacht und von Papst Urban VI. das Königreich Neapel übertragen bekommen hatte, besiegte Johanna und ließ sie im Kerker ermorden.

Dann überließ er die Regentschaft in Neapel seiner Gattin Margherita von Durazzo und verfolgte seine Ansprüche an Ungarn weiter. Barletta war die letzte italienische Stadt, die ihn sah, aber wohl nicht in Kummer zerfloss, als er zu Schiff das Land wieder verließ. Im selben Jahr 1385 krönte man ihn zum König von Ungarn, im folgenden tötete man ihn bei einem Attentat.

Unter den Nachfolgern geriet das Königreich endgültig zum Zankapfel zwischen den Herzögen von Anjou und der ungarischen Linie Anjou-Durazzo. Als Kontrahenten traten mit ihren Söldnerheeren und dauernden Kämpfen um die Hauptstadt Neapel auf: Ludwig II. und sein Sohn Ludwig III. von Anjou und Ladislaus von Anjou-Durazzo. Dazwischen immer wieder: Erhebungen der Barone, die unterschiedlich Partei ergriffen, und Kleinkriege der apulischen Städte untereinander, die sich in den Wirren eine gewisse Selbständigkeit zugelegt hatten. Lediglich Ladislaus verhalf der Region kurzfristig durch die Wiederherstellung der Ordnung 1400 zu einer Pause vom ständigen Bürgerkrieg. Als er 1414 starb, war die Reihe an seiner Schwester Johanna II., »die die Herrschaft der Anjou durch Liebschaften und Launen völlig zerrüttete« (Lehmann-Brockhaus). Sie adoptierte 1420 König Alfons V. von Aragon und enterbte ihn auch wieder, doch nach etlichen Kämpfen konnte Alfons sich 1442 durchsetzen und die Macht als Alfons I. auch über Neapel gewinnen. Damit waren die beiden Königreiche, die Insel Sizilien und das süditalienische Festland, in der Hand der Aragonesen wieder vereint. Stille Nutznießerin aller Que-

Im Königreich Neapel

relen war in Apulien die Handelsmacht Venedig geworden. Bereits Karl II. von Anjou, der wegen seiner Kämpfe mit den Aragonesen in ständiger Geldnot war, hatte den Venezianern weitgehende Handelsrechte eingeräumt. Und ab der Regentschaft Johannas I. beherrschten sie praktisch alle apulischen Küstenstädte. Dies änderte sich erst, als die nach Selbstverwaltung strebenden Kommunen sich erhoben und andererseits die Adelshäuser Caldora und Balzo Orsini die Königsferne nutzten, um ihre Macht zu vergrößern und Apulien noch schlimmer auszubeuten. Der mächtigste Adlige, Giovanni Antonio del Balzo, Fürst von Tarent und Altamura, brachte sich mit Hilfe der Venezianer in den Besitz bald der halben Region. Erst in der Allianz mit den Sforza von Mailand und dem albanischen Fürsten Georg Kastriota Skanderbeg vermochte König Ferdinand den Fürsten von Tarent zu schlagen. Doch es dauerte nicht lange, bis dieser einen Großteil seines Besitzes wiedererlangte, und die Sforza wurden von Ferdinand 1464 mit dem Herzogtum Bari belohnt.

Nach einer kurzen Übergangsherrschaft von Alfons II. (1494–95) gelangte mit Friedrich I. (1496–1501) der letzte König von Neapel aus dieser Linie des Hauses Aragon an die Herrschaft. Aber das eigentliche Sagen hatte Ferdinand II. der Katholische, König von Aragon und Kastilien, der bereits 1495 etliche apulische Städte, die gegen die Aragonesen rebelliert hatten, an Venedig verpfändete. Er auch schloss 1500 den für Apulien verhängnisvollen Vertrag mit König Ludwig XII. von Frankreich, der über die nördlich an Apulien grenzende Region Molise herrschte, bezüglich eines neuartigen Viehzolls in der Capitanata ab. Beide Könige versprachen sich davon immense Einnahmen. Sitz des ›Hauptzollamts‹ wurde zunächst Lucera, dann Foggia. Als

Landbesitz
Ende des 15. Jh., das zudem die fürchterlichsten Türkenüberfälle erlebte, besaß ein Dutzend Familien alles Land in Süditalien. Vom Fürsten von Tarent, der allein 300 Lehnsgüter in Händen hielt, hieß es, dass er auf einer Reise nach Neapel jede Nacht auf eigenem Grund und Boden verbringen konnte.

Aragón

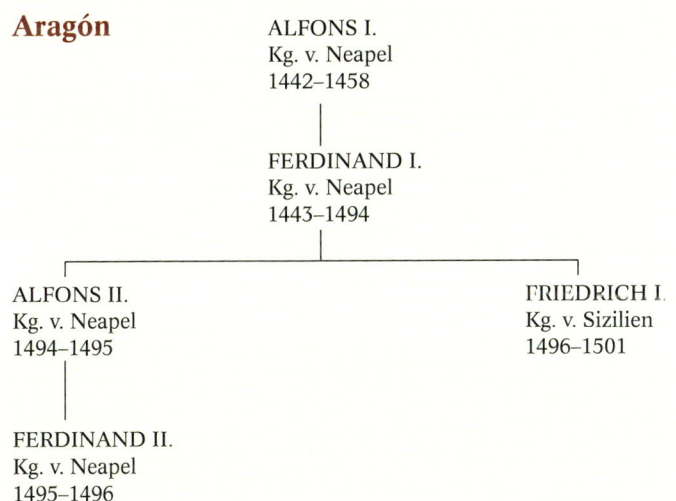

Stammtafel der Aragonesen

Irdisches Jammertal

Gerade die einfachen Leute im Hinterland, die oft wie die Tiere vegetierten, erlebten nichts als Ohnmacht und Unglück und suchten nach einem Halt außerhalb des irdischen Jammertals. Eine abstruse Mischung aus christlicher Religion und schwärzestem Aberglauben, von den Geistlichen hemmungslos vorgezaubert, breitete sich aus, eine Prozessionsbewegung ergriff den ganzen Süden, Priesterschaft und Mönchtum überboten sich gegenseitig in der eigenen moralischen Verwahrlosung und in der Volksverdummung. Intellektuell am selben Tiefpunkt wie der Kirchenstaat, kam hier die materielle Not auf dem Land noch stärker zum Tragen. In Zentralapulien, in der Basilikata und in Innerkalabrien war das Landleben rückständig wie sonst nirgends in Europa.

die Franzosen Ansprüche auf apulisches Gebiet erhoben, brach zwischen Frankreich und Spanien Krieg aus, der die kurzzeitige Besetzung von Teilen Apuliens durch Franzosen zur Folge hatte.

Spanien ließ das Königreich Neapel durch Vizekönige regieren. Der erste, Gonzalo von Cordova, hatte den Franzosen u. a. bei Cerignola eine böse Niederlage beigebracht, die ›Befreiungsaktionen‹ in Apulien aber vor allem zum eigenen Vorteil genutzt und war zu einem der mächtigsten Feudalherren aufgestiegen. Aber er verlor alles ebenso schnell wieder, als sich die Liga von Cambrai und Venedig bekriegten, so wie Apulien auch die Folgen der weiteren Kriege zwischen Frankreich und Österreich-Spanien zu tragen hatte, nachdem Karl V. von Habsburg an die Macht gelangt war und französische Truppen unter Lautrec in Apulien einfielen. Dieser Besatzung machte erst der Friede von 1529 ein Ende, der auch die Venezianer zur Herausgabe der Küstenstädte an die Spanier zwang.

Das ärgste Übel für Apulien stellten aber nach wie vor die türkischen Überfälle dar. Die Spanier versuchten eine direkte Hilfe durch die Errichtung einer Kette von Wach- bzw. Frühwarntürmen entlang der gesamten Küste zu schaffen. Mehr oder weniger gut erhalten, kündet eine große Zahl von ihnen heute noch – vor allem im Salent – von den damals unternommenen Anstrengungen. Gleichzeitig wurden die bestehenden Kastelle von Brindisi, Otranto, Tarent und Gallipoli verstärkt und etliche Häfen geschlossen, was die betreffenden Städte natürlich vom Handel und Fischfang weitgehend ausschloss und auf diese Weise ruinierte. Aber schon die allgemeine Unsicherheit zur See brachte den für Apulien so wichtigen Orienthandel zum Erliegen, und ganze Abschnitte entlang der Adria entvölkerten sich. Dem gegenüber benötigten die spanischen Vizekönige für die immensen militärischen Ausgaben und die Prunkbauten in Neapel immer mehr Geld. Die Steuern, die sie dem Land abpressten, stiegen ins Unerträgliche. Dies aber bewirkte bei den Landbesitzern nicht nur Investitionsverzicht, sondern das Verlangen nach immer höheren Erträgen, was wiederum zur totalen Verarmung der Bauern und letztlich zur Vernichtung einer ehedem blühenden Landwirtschaft führte. Nachdem der Tavoliere schon zur Viehweide geworden war, förderte die Flucht von der Küste die Ausbreitung von Sümpfen und in deren Folge der Malaria. Die Straßen waren aufgrund einer fehlenden Ordnungsmacht in höchstem Maße unsicher, Überfälle an der Tagesordnung.

Als in Neapel 1647 eine Revolte ausbrach, schlossen sich viele verzweifelte Apulier der Erhebung an und erlebten dieselbe grausame Niederschlagung durch den Grafen Gian Girolamo Acquaviva von Conversano. Naturkatastrophen wie die Pest von 1656, die vor allem die Terra di Bari heimsuchte, oder die Hungersnot von 1672 verschlimmerten das Elend der Bevölkerung. Am Ende der fast zweihundertjährigen Epoche der spanischen Vizekönige drohten in Apulien auch der Mittelstand und der untere Adel zu verarmen. Die Administration zeigte kein Interesse, die Lage von Grund auf zu ändern, auch keinen Willen dazu, da dieser einen radikalen politischen Wandel erfordert

Unter den Bourbonen zur Einheit Italiens

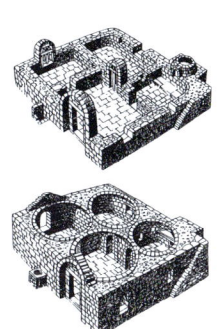

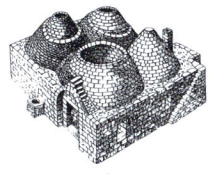

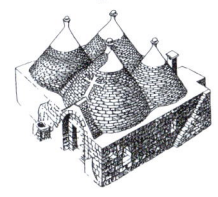

hätte, sondern versuchte das schlimmste Elend durch den Bau von Spitälern und karitativen Einrichtungen abzumildern. Bizarr wirkt dazu im Gegensatz das Aufblühen des Barock, die Prunkentfaltung, die – wie etwa in Lecce – vermittels dieser Kunstform die Alltagsnot konterkarierte. Auf dem Land kamen zwei architektonische Sonderformen hinzu. Zum einen wurde der Grundbesitz des Adels von sogenannten Herrenhöfen aus verwaltet, den Masserien *(masseria,* Mehrzahl *masserie),* die aus einem vornehmen Haupthaus des Verwalters und Wirtschaftsgebäuden bestanden. Sie waren wie Forts häufig mit Mauern umgeben. Heute sind die meisten Masserien aufgegeben oder werden in Feriendomizile umgewandelt. Der Lecceser Barock wie die Masseria zeigen deutliche Anlehnungen an spanische Bauformen. Den einfachsten Menschen waren dagegen die mörtellos aufgeschichteten, mit einem Spitzkegel schließenden Trulli *(trullo,* Mehrzahl *trulli)* vorbehalten, die im Gebiet von Alberobello konzentriert vorkommen.

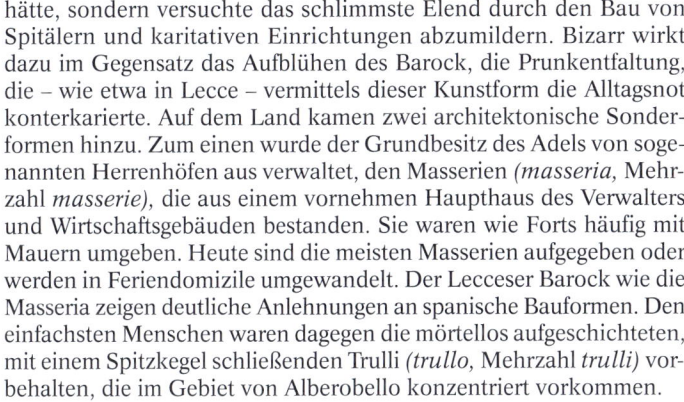

Trullo-Bauweise

Unter den Bourbonen zur Einheit Italiens

Im Spanischen Erbfolgekrieg besetzten die Österreicher 1707 ganz Apulien. 1714 wurde die Okkupation im Frieden von Rastatt bestätigt. Die neuen Herren mühten sich um eine bessere Verwaltung. Trotzdem verfehlten sie eine spürbare Anhebung des Lebensstandards. Eine solche zeichnete sich erst ab, nachdem als Folge des Polnischen Erbfolgekriegs Karl von Bourbon, der Sohn Philipps V., 1734 als neuer König in Neapel einzog. Die Österreicher wurden bei Bitonto geschlagen und aus Apulien vertrieben, und Karl nahm sich tatsächlich der Nöte seiner Untertanen an. Unter seinen Räten tat sich besonders Bernardo Tanucci hervor, der zwischen 1743 und 1777 große Anstrengungen unternahm, um die Autorität des Staates im guten Sinn wiederherzustellen, die Missbräuche der Feudalität abzuschaffen und die Privilegien der Geistlichkeit zu beschneiden. Das Land atmete auf und erlebte eine kurze Blüte. Die Besteuerung wurde herabgesetzt, die Städte erhielten von Adligen unrechtmäßig an sich gerissene Ländereien zurück, Häfen und Straßen wurden erneuert und der Tavoliere in Nordapulien wieder besiedelt. Obwohl die Hälfte aller Kommunen im Besitz des Adels blieb, begann das Bürgertum, sich am politischen Leben zu beteiligen, so weit dies zulässig war. In Minervino Murge gab es 1794 sogar eine erste demokratische Erhebung. In Neapel bildeten sich von der französischen Revolution inspirierte politische Zirkel, und König Ferdinand IV., dem Sohn des auf den spanischen Thron gerufenen Karl, glitten die Zügel aus der Hand. Ende Dezember 1798 setzte er sich vor einem anrückenden französischen Revolutionsheer samt seinem Hof nach Palermo ab und betrieb von dort die Reaktion. Wenige Tage nachdem die Republik ausgerufen war, ließ er Kardinal Fabrizio Ruffo freie Hand, Alles, und zwar blutig zu verfolgen, was auch nur im Verdacht stand, Monarchie und Kirche zu kritisieren. Süditalien wurde zum Tummelplatz von Truppen verschiedenster europäischer Monarchien, zum Nebenkriegsschauplatz der napoleonischen Kriege. Selbst Mannschaften des russischen Zaren gingen in Manfredonia, Barletta, Bari und Brindisi in Land. Diese sowie englische und türkische Kontingente führte Kardinal Ruffo schließlich nach Neapel und ermöglichte König Ferdinand die Rückkehr.

Doch sie währte nur wenige Jahre, denn 1805 entsandte Napoleon ein Heer von 40 000 Mann nach Italien, und Ferdinand floh erneut nach Sizilien, das von der englischen Flotte gesichert wurde. 1806 bestieg Joseph Bonaparte den Thron von Neapel. Sein Gesetz zur Aufhebung des Feudalismus traf den hohen Adel und die Kirche mit ihren ausgedehnten Landbesitzungen schwer. Der Viehzoll im Tavoliere wurde abgeschafft, das Land aufgeteilt. Joachim Murat, der Nachfolger auf dem Thron und Schwager Napoleons, gewährte weitere Reformen und förderte – wie in Bari und Brindisi – den Bau von Neustädten außerhalb der beengenden mittelalterlichen Mauern, und Tarent erlebte als Stützpunkt der französischen Flotte im Kampf gegen England und Russland einen spürbaren Aufschwung. So sehr aber intellektuelle Kreise die Franzosen begrüßten und schon von einer gesamtitalienischen Republik träumten, so sehr sperrten sich der Feudaladel, der sich seiner Güter beraubt sah, und die Kirche, die ebenfalls unter Konfiszierungen und unter den Ausschreitungen französischer Soldaten zu leiden hatte. Und die fromme, ländliche Unterschicht ließ sich, angestachelt durch die Priesterschaft, zum Widerstand gegen die Republik funktionalisieren. In diese Allianz reihte sich schließlich Gaetano Meomartino, genannt Vardarelli, aus der Provinz Foggia ein, der erste nennenswerte Vertreter der berüchtigten *briganti*.

Als zum Abschluss der napoleonischen Ära der Wiener Kongress Europa neu ordnete, fiel den Bourbonen erneut das Königreich Neapel zu. Ferdinand IV. von Bourbon, nun als König beider Sizilien Ferdinand I., griff auf eine längst überwunden geglaubte Repressalienpolitik zurück. Der Tavoliere wurde 1817 wieder Großgrundbesitz und Viehweide. Die nächsten Revolten ließen nicht lange auf sich warten. Besonders tat sich dabei in Apulien die ›Karbonari-Bewegung‹ *(Carboneria)* hervor.

Das wieder ließ den Adel nicht ruhen. Er baute ein Netz von Geheimgesellschaften auf, die gegen die stärker werdenden nationalen und demokratischen Bewegungen agierten, und unterstützte auch die Briganten, die sich aus den untersten Schichten der Landbevölkerung rekrutierten. Sie traten weiterhin entschieden für die Bourbonen ein, aus Enttäuschung über die Oberschicht, die alle französischen Reformideen missachtet, das Land weiter monopolisiert und die Bauern in unveränderter Abhängigkeit gehalten hatte. Auf der anderen Seite war der gegen die Bourbonen gerichtete bürgerliche Unmut auch unter Franz I. (1825–30) und Ferdinand II. nicht mehr zu stoppen und entlud sich in etlichen apulischen Städten als offener Aufruhr. Dem ersten Parlament, das sich 1848 in Neapel konstituierte, gehörten zahlreiche Abgeordnete aus Apulien an. Die meisten sahen sich im Kerker wieder, nachdem ein letztes Mal die Bourbonen-Reaktion 1851–52 ihr Haupt erhoben hatte. Als dann Franz II. (ab 1859) das Parlament bewilligte und sich damit den Thron erhalten zu können meinte, war es zu spät. Selbst in Apulien wurden bereits Rekrutierungsstellen für die Freischar eröffnet, mit der der Abenteurer Giuseppe Garibaldi in den Freiheitskampf für ein geeintes Italien zog.

In der Volksabstimmung vom Oktober 1860 war das Votum in Apulien eindeutig. Es entfielen mehr als 275 000 Stimmen auf den italienischen Nationalstaat, gegenüber 2000 Stimmen für eine Beibehaltung des Königreichs Neapel – wobei der größte Teil der Abstimmenden nicht schreiben konnte. Neunzig Prozent der Bevölkerung Apuliens waren zu diesem Zeitpunkt Analphabeten. Im Februar 1861 musste Franz II. kapitulieren. Der Rest waren falsche Versprechungen, die der letzte Bourbone zusammen mit dem Papst ausgab, Aufwiegelungen der Bevölkerung, Revolten, bei denen die berühmt-berüchtigten Briganten ihre letzten Auftritte hatten, enttäuschte Hoffnungen und Tod. Am abenteuerlichsten liest sich das Leben des Don Ciro Annichiarico, eines Briganten aus Grottaglie in der Provinz Tarent. Sein Wandel vom Priester, der wegen Mordes verurteilt wurde, zum Räuberhauptmann korrespondiert mit seinem wirren Gebräu an Vorstellungen von Brüderlichkeit, Menschenliebe, Gerechtigkeit, Wiedergeburt und einer vom Salent ausgehenden Revolution zur Einheit Europas. Daneben tat sich in Apulien Pasquale Domenico Romano aus Gioia del Colle als Brigantenführer hervor. Bei einem Angriff auf seine Heimatstadt und San Vito im Juli 1861 sollen 150 seiner Gefolgsleute den Tod gefunden haben. Er selbst entkam, aber zweieinhalb Jahre später wurde er mit seiner Bande in einem Wäldchen bei Gioia del Colle von einem Kavallerietrupp überrascht. 22 Briganten wurden erschossen, ihn selbst hieb ein Soldat mit dem Säbel zusammen. Sein nackter Leichnam wurde drei Tage lang in der Stadt auf der Piazza zur Schau gestellt.

Räuberromantik

Die Briganten werden von einer links-romantischen Geschichtsschreibung zu ›Robin Hoods‹ verklärt – weil sie angeblich den Reichen nahmen, um den Armen zu geben – oder in den Rang von Volksrevolutionären erhoben. Doch sie traten fast immer, auch in späteren Jahrzehnten, für die Sache der Bourbonen ein, ließen sich zum Teil für ihre Raubzüge von Adligen bezahlen und wurden sogleich fallen gelassen, als man ihrer nicht mehr bedurfte, als Räuberbanden verfolgt, zu Scharen getrieben und zusammengeschossen.

Natur – Kultur – Geschichte

Die neue Zeit

Die Loslösung von Neapel verlief schnell und ziemlich emotionslos. Schwieriger war es, eine eigene Identität zu entwickeln, ganz zu schweigen von einem apulischen Gemeinsinn, an dem es heute noch mangelt. Dabei gab es angesichts der fünf Millionen Menschen, die Apulien zwischen 1876 und 1930 den Rücken kehrten, weil sie keine Arbeit und nichts zu essen hatten, drängende und nur gemeinsam zu meisternde Probleme. Ob es der Aquäduktbau war, der den Tavoliere bewässern und die Küstenstädte mit Wasser versorgen sollte, oder der Bau der Eisenbahn bzw. ihre Streckenführung – stets erhoben sich sezessionistische Stimmen vermeintlich benachteiligter Städte. Doch die Vernunft behielt letztlich die Oberhand. Ständige Wasserknappheit hing wie ein Damoklesschwert über der Region. 1906 war es soweit, alle Gutachten eingeholt und die Finanzierung durch Rom gesichert: Die Arbeiten am Acquedotto Pugliese konnten beginnen und ließen am Ende ein Werk entstehen, das sich ganz in die Tradition der antiken römischen Baumeister stellt. 1914 floss das erste Wasser durch die Röhren, doch vollendet wurde dieser längste Äquadukt Europas erst 1939. In Bari, in der Via Salvatore Cognetti 36, feiert das Museo dell'Acquedotto Pugliese tagtäglich den Triumph dieser Leistung.

Der Faschismus wurde mit deutlich weniger Enthusiasmus als anderswo in Italien akzeptiert – man glaubte schon lange keinen Regierungsversprechen mehr. Zuerst bemerkten die Bauern, dass sich auch unter den Faschisten an ihrer Situation wieder einmal nichts änderte. Andererseits ließen sich viele von ihnen als Kolonisten nach Afrika (Libyen, Äthiopien) locken. In Bari wurde 1925 eine Universität gegründet, und 1930 fand hier erstmals die noch heute für den ganzen Mittelmeerraum bedeutende, alle zwei Jahre stattfindende »Levante-Messe«, die Feria del Levante, statt.

Triggiano, Britischer Militärfriedhof

62

Die neue Zeit

In diesem Zug durfte auch Apulien am Fortschritt teilhaben. Gefördert von den Faschisten, fanden zahlreiche Menschen Arbeit auf Großbaustellen wie dem neuen Hafen von Bari, aber auch in den Fabriken, die sich in den Küstenstädten ansiedelten. Dazu wurde der Lokalstolz gehoben und die Möglichkeit geschaffen, Stellen in der Verwaltung des Landes zu finden, als man 1923 Tarent und 1927 Brindisi zu Provinzhauptstädten erhob. Doch der Glanz, der sich hier abzuzeichnen schien, erlosch nach wenigen Jahren.

Der Zweite Weltkrieg (1940–45) unterbrach nicht nur den wirtschaftlichen Aufschwung, sondern brachte auch die schrecklichen Zerstörungen im Sommer 1943 mit sich, als die Alliierten den Luftwaffenstützpunkt Foggia und die Flottenbasis Tarent bombardierten. Mitte September gingen hier britische Verbände an Land und stießen durch Apulien Richtung Bari vor, das von den Deutschen kampflos geräumt wurde. Nur in Barletta kam es zu einigen Ausschreitungen und Erschießungen. Von September 1943 bis Februar 1944 war Brindisi, das König Vittorio Emanuele III. aufgenommen hatte, Sitz der aus Rom geflüchteten italienischen Regierung.

Die Mangeljahre nach dem Krieg trieben die Menschen in Apulien immer wieder zur Empörung und in die Emigration. Deshalb wurde 1950 in Rom die ›Cassa del Mezzogiorno‹ beschlossen, ein Fond, um dem Süden endlich auf die Beine zu helfen. Die Gelder, die seitdem auch nach Apulien flossen, dienen den Norditalienern als Grundlage für ihre Kritik an dem ›Fass ohne Boden‹, das sich ihrer Meinung nach im Süden auftut. Und letzten Endes kamen nur relativ kleine Beträge tatsächlich der Bevölkerung zugute, weil der Moloch Korruption und mafiöse Kriminalität – in Apulien die *Sacra corona unità* – das meiste Geld verschlang. Dass man die Menschen aber verletzt mit dem üblen Vorurteil der ›Arbeitsscheu‹, belegen die hohen Zahlen von Arbeitswilligen, die in Scharen in die Industriezentren Norditaliens, in die Schweiz, nach Deutschland und Amerika auswanderten. Immerhin konnte im ersten Jahrzehnt nach Gründung der Republik 1946 der Analphabetismus beseitigt und die Arbeitslosigkeit durch Industrieansiedlungen um Tarent, Brindisi und Bari eingedämmt werden. Damit einher ging der Wandel von einer Region der Bauern und Fischer zu einer von immer mehr Industriearbeitern und Angestellten im Dienstleistungsgewerbe. Ein übergroßer Prozentsatz landete aber schlimmer als zuvor in der Arbeitslosigkeit, und es kam in der Folge zur größten Binnenwanderung Italiens. 27 000 Menschen aus Apulien zog es allein 1962 in die Lombardei und 17 000 ins Piemont. Bis 1974 sank die Zahl der Abwandernden auf weniger als die Hälfte.

Und als wollte sich die Natur auch noch der letzten Zauderer in den Dörfern entledigen und sich wieder allein in den Besitz des Landes bringen, brechen immer wieder Erdbeben los. Im Herbst 2002 war es wieder so weit, und erneut kehrten verschreckte, um die Dächer über ihren Köpfen gebrachte Bewohner den Monti della Daunia den Rücken. Apulien ist und bleibt eine Region, die ihren Bewohnern einen hohen Tribut abverlangt, aber andererseits so viel zu geben hat.

Apulien im Trend
Ende der 1990er-Jahre entdeckten die Norditaliener Apulien als Urlaubsregion, und für viele Gutbetuchte wurde es schick, eine Villa am Monte Gargano zu beziehen oder eine Masseria in den einsamen Murge zum Feriendomizil umzubauen. Nicht zuletzt dieser Trend förderte die positive Wahrnehmung Apuliens in Italien selbst sowie das Verständnis, dass auch dieser Landstrich Teil der italienischen Heimat ist und unter kulturgeschichtlichen Aspekten zur Wiege Europas gehört.

Aus Küche und Keller

Die Düfte und Farben der Wochenmärkte locken Besucher an. Rote Peperoncini sind in Ketten aufgefädelt, Tomaten und Gemüse, Oliven und Nüsse aufgetürmt, wilder Rucola und Fenchel verströmen ihren Duft, frisches Olivenöl, Kisten mit Fischen, Tintenfischen, Krustentieren und Muscheln warten auf Abnehmer. Sie stellen seit alters her die Grundlage der einfachen unverfälschten apulischen Küche, die auch heute noch in einigen Rezepten wie etwa dem Nudelgericht mit Kichererbsen *(ceceria e tria)* arabischen, oder der *tiella*, einem aus Kartoffeln mit Lamm oder Ziegenfleisch, mit Fisch oder auch nur aus Pilzen geschichteten Eintopf, spanischen Einfluss erkennen lässt. Mit den Landschaften und Jahreszeiten wechseln auch die Gerichte auf den Speisekarten.

Antipasti

Auf dem Tisch im Ristorante, das man kaum vor 20.30 Uhr besucht, warten auf den Gast schon leckere apulische Brotsorten und die typischen *taralli*, kleine Kringel aus Salzgebäck, die mit Käse, Peperoncini, Tomaten oder Sesam gewürzt sind.

Abseits der Küste finden sich auf dem Vorspeisenteller *(antipasti misti)* roher Schinken, pikante Salami, Ricotta oder Burrata, ein auf der Zunge zergehender weicher Frischkäse mit sahnigem Kern. Gemüseliebhaber können sich an säuerlich eingelegten Artischocken *(carciofi)*, Auberginen *(melanzane)* oder Zucchini erfreuen. Wer nicht gerne scharf isst, sollte Vorsicht walten lassen, denn was aussieht wie grüne Bohnen, kann eingelegtes, sehr scharfes Peperonigemüse sein. Eine apulische Spezialität sind die ungewöhnlichen säuerlich eingelegten *lampascioni*, etwas bittere Blumenzwiebeln. In Küstennähe bestimmen dann Muscheln, eingelegter roher Tintenfisch, marinierte Sardellen, Meeresschnecken und Meeresfrüchte das Vorspeisenbuffet.

Primi

Beim ersten Gang, dem *primo*, stehen charakteristische Tellergerichte wie *fave e cicorie*, Saubohnen mit Chicoree, Fischsuppen, Reisgerichte *(risotti)*, die an der Küste auch mit Meeresfrüchten *(ai frutti di mare)* oder mit Seeigeln *(ai ricci)* zubereitet werden, und die variationsreichen Nudeln zur Wahl.

Typische apulische handgemachte **Nudeln** sind die berühmten *orecchiette*, kleine Öhrchen-Nudeln, oder die größeren *strascenate* und *cavatelli*, die wie kleine Röhren aussehen. In der Provinz Foggia werden aus Mehl oder Hartweizengries *troccoli*, schmale Bandnudeln

Aus Küche und Keller

Orecchiette sind die Stars unter den handgemachten apulischen Nudeln

mit einem Nudeleisen in Form gebracht. Sie werden mit Tomaten und Kräutern oder Gemüse, etwa *cime di rapa*, brokkoliähnlichen Rübenspitzen, mit Fleisch- oder Fischragout zubereitet und mit geriebenem Hartkäse oder dem festen Ricotta serviert. In der Murge sollte man einmal Nudeln mit Linsen *(lenticcie)* probieren. Lecker sind auch die in Olivenöl mit Peperoncini, Sardellen und Knoblauch angerichteten Spaghetti und die schärfere *pasta all'arabiata oder alla zappatora*. In der verfeinerten apulischen Küche sind zarte *tortelle con carciofi*, mit Artischocken gefüllte Teigtaschen, eine Delikatesse. Liebhaber von Meeresfrüchten werden mit einer Vielfalt von Zubereitungsmöglichkeiten verwöhnt: Pasta mit schwarzer Tintenfischsauce *(al nero di sepia)*, mit frischen Sardellen *(alici fresche)*, Spaghetti mit Kaulbarschsauce *(al ragù di cernia)* oder mit Muscheln in Safransoße *(con cozze allo zafferano)*.

Statt Pasta kann man als *primo* auch eine **Fischsuppe** kosten. Ihre Zubereitung kennt so viele Rezepte wie Köche und reicht von der klassischen Suppe mit siebenerlei Fischen bis hin zu einer klaren Brühe mit einer gehaltvollen Einlage aus Tomaten, Nudeln, Crevetten, verschiedenen Muscheln und Fischen, deren Geschmack mit Kräutern abgerundet wird – etwa unter dem Namen Ciambotto in Molfetta. Für die im Geschmack leicht süßliche *zuppa di pesce di Gallipoli* hingegen werden Drachenkopf, Barsch, Kalmare, Krebse und Muscheln sowie Tomaten, Zwiebeln und Essig verwendet.

Secondi

Die **Fleischgerichte** des zweiten Ganges *(secondo)* bestehen aus Huhn *(pollo)*, Lamm *(agnello)*, Ziege *(capra, capretta)*, Pferd *(cavallo* und *puledro)* und Wild, weniger aus Rindfleisch. Neben der Zubereitung auf dem Grill, *alla brace*, sind die verschiedenen Rouladen vom Kalb *(vitello)*, Rind *(manzo)* oder Pferd, *involtini* oder *braciole al sugo*, zart und fein im Geschmack. Sehr ursprünglich dagegen sind die aus Lamminnereien hergestellten Rouladen, die je nach Gegend eine andere Dialektbezeichnung tragen, etwa *torcinelli* in Foggia, *gnumeriedd* im Gebiet von Locorotondo oder *cazzemare* in der Murge, während man im Salent von *marru* oder *mbjacate* spricht. Für Touristen sind diese Namen kaum zu deuten, aber Kellner oder Padrone helfen ihren Gästen gerne mit Erklärungen. In langer Tradition stehen die bäuerlichen **Eintopfgerichte**. In der Gegend um Foggia etwa ist die *pedeja*, ein mit Zwiebeln, Knoblauch und Kräutern gefüllter Lammbauch, eine regionale Spezialität. Im Salent wartet die alte Küche mit einem im Ofen gegarten, zarten Milchlamm, *annuliddu a lu furnu*, auf. Der früher von Schäfern in einem bauchigen namensgebenden Topf zubereitete *caldariello* ist ein gedünstetes zerlegtes Milchlamm mit Knoblauch, Zwiebeln, Kräutern und wildem Fenchel gewürzt und wird in der Murge auf traditionelle Art gekocht. Rinderfilet, *medaiglioni di filetto (di manzo)*, delikat mit Balsamessig, Rosmarin oder anderen Kräutern zubereitet und auf Rucola angerichtet, findet man fast in jedem gehobenen Ristorante.

Ob *branzino* (Seebarsch), *sarago* (Brasse), *spigola* (Wolfsbarsch), *cernia* (Kaulbarsch), *pesce spada* (Schwertfisch) oder *orata* (Goldbrasse) – das Angebot der **Fischküche** richtet sich in Apulien immer nach dem frischen Fang des Tages. Fische werden gegrillt *(arrosto, alla brace, grigliata)*, mit Kräutern paniert und gebacken oder fein gewürzt und mit einer Schicht Brotkrumen bedeckt im Ofen gegart. Besonderer Beliebtheit erfreut sich der Tintenfisch *(sepia)*, der mariniert roh gegessen wird, aber auch gekocht, etwa die mit Brot, Käse und Knoblauch gefüllten Tintenfische in der Gegend von Manfredonia, gebacken, wie der Oktopus mit Kartoffeln *(polpo e patate)*, oder gegrillt, so zum Beispiel die kleinen Tintenfische *(moscardini)* oder die Felskrake *(polpo di scoglio arrosto)*.

Unter den **Beilagen** sind die milden gedünsteten roten Zwiebeln *(cipolle rosso)* aus der Gegend um Acquaviva delle Fonti eine Besonderheit der apulischen Küche. Reichlich ungewöhnlich für den Gaumen sind die im Herbst oft gereichten frittierten süßen Oliven.

Dolci

Ein *dolce* rundet das Essen ab. Neben den gängigen italienischen **Desserts** wartet Apulien mit frischen regionalen Produkten auf. Maulbeeren versüßen im Frühjahr das Eis, in den Sommermonaten kann man die zarte schaumige Mousse der frischen Kaktusfeigen *(mousse di fichi d'India)*, die in intensivem Gelbrot an den großen Kakteen leuchten, probieren. Der September beschert der Region eine Feigenfülle. Die Früchte finden sich auf den Obsttellern, die eine Alternative zum kalorienreichen *dolce* sind, allerdings sind die *fichi maritati*, süße gefüllte Feigen, eine besondere Delikatesse. Im späten Herbst werden die Quitten des Tavoliere überbacken oder in Wein gebraten dargereicht. Berühmt sind in Apulien die *dolcetti di pasta di mandorla*, die verschiedenen Marzipandesserts, für die die hiesige Mandelernte die Grundlage liefert.

Naschkatzen zieht es zu Weihnachten nach Foggia und in die umliegenden Orte, wenn sich die Tische unter den üppigen *dolci* biegen. Dazu gehören dann unbedingt die zarten Blätterteigstückchen (im Wesentlichen aus Mehl und Weißwein), die man in einen schweren **Dessertwein,** den *vino cotto‹*, oder in Honig taucht. Zu Ostern sind die *squarcelle* unvermeidlich: Biskuitkringel, die mit Lasuren aus Eiweiß und Zucker oder weißer Schokolade überzogen sind.

Pizza, Focaccia und Wein

Süditalien ist auch die Heimat der **Pizza.** In den Bars kann man sich mit Stücken vom Blech als kleinem Imbiss stärken. Eine gute Pizzeria findet man in jedem Ort und die Schilder ›Pizzeria – Ristorante‹ sind kaum zu übersehen. Diese Verbindung bietet dem Gast die Wahl, denn hier kann man unbeschwert nur eine der herrlichen hauchdünnen Pizzen, unter denen die *pizza fresca*, die erst nach dem Backen etwa mit frischen geschmackvollen Tomaten, Mozzarella und Schinken belegt wird, bestellen oder zuvor ein *antipasto* und später vielleicht noch ein *dolce* oder etwas Käse probieren.

Für den kleinen Hunger bietet sich der Besuch einer *tavola calda* an, wo es warme und kalte Leckereien aus dem Antipasti-Repertoire, eine **Focaccia,** ein rundes mit Tomaten und/oder Kräutern belegtes gebackenes Brot, das einer Pizza ähnelt, oder mit Tomaten gefüllte frittierte Teigtaschen *(panzarotti)* zu kosten gilt.

Apulien, dessen **Weine** schon von den Römern geschätzt wurden, stellt heute fast 20 % der italienischen Weinproduktion. Das D.O.C.-Siegel tragen 24 apulische Weine. Von den trockenen, einfachen Weißweinen sind der Locorotondo aus der Valle d'Itria oder der im Glas strohgelb leuchtende Catapanus aus San Severo gute Begleiter von Fischgerichten. Die Roséweine sind wegen ihres fruchtigen Aromas sehr beliebt, doch den ersten Platz nehmen noch immer die kräftigen Rotweine ein. Der rubinrote Alezio, der Cacc'e Mmitte di Lucera oder der würzige Salice Salentino trinken sich gut zu Lamm- und Wildgerichten. Eine Besonderheit ist der Primitivo di Manduria, ein sehr fruchtiger Rotwein, der als *rosso cardinale* fast schwarz im Glas schimmert. Stauferfreunde und -freundinnen sollten sich ein Glas des in Corato abgefüllten Castel del Monte gönnen.

Daten zur Geschichte

2. Jt. v. Chr.	Japyger und Pelasger besiedeln vom Balkan her Apulien.
8. Jh. v. Chr.	Griechische Städte gründen Kolonien in Süditalien.
472 v. Chr.	Bündnis der griechischen Kolonien Tarent und Reggio (di Calabria) gegen die einheimischen Messapier, Peuketier und Lukaner.
298 v. Chr.	Erhebung der apulischen Stämme gegen den sich auf der Apennin-Halbinsel ausbreitende Herrschaftsbereich Roms.
297 v. Chr.	Vernichtende Niederlage der Apulier gegen die Römer.
280/279 v. Chr.	Pyrrhus I., König von Epirus, von Tarent gegen Rom zu Hilfe gerufen, siegt unter immensen eigenen Verlusten (»Pyrrhus-Sieg«).
nach 260 v. Chr	Die Messapier geben als letzter apulischer Volksstamm ihren Widerstand gegen Rom auf.
216 v. Chr.	Hannibal aus dem nordafrikanischen Karthago (beim heutigen Tunis) besiegt das römische Heer bei der apulischen Stadt Cannae.
91–88 v. Chr.	Bundesgenossenkrieg, in dem sich die Apulier den mittelitalischen Stämmen anschließen, die sich dem Zugriff Roms erwehren.
4. Jh. n. Chr.	Erste namentliche Erwähnung von Bischöfen in Apulien.
535–553	Krieg zwischen Byzantinern und Goten um Italien.
590	Die 568 nach Italien eingefallenen Langobarden besetzen den Norden Apuliens, während der Süden in byzantinischer Hand verbleibt.
8. Jh.	Apulien wird von Byzanz zurückerobert und neuerlich gräzisiert.
847	Sarazenen gründen das Emirat von Bari, das sich bis 871 hält.
871	Rückeroberung Baris durch Ludwig II. und Vertreibung der Sarazenen. Apulien fällt danach wieder unter byzantinische Herrschaft.
ab 921	Langobarden versuchen die Byzantiner von Italien zu verdrängen.
950	Sarazenenangriff auf Nordapulien; die Byzantiner verpflichten sich zu Tributzahlungen.
968	Otto I., der Große, bekriegt die Byzantiner, vermag aber Süditalien nicht an das Westkaiserreich anzubinden.
nach 970	Vermehrte Sarazeneneinfälle nach Apulien.
982	Kaiser Otto II. sammelt die deutschen und italienischen Truppen bei Tarent zum Krieg gegen die Sarazenen.
1009	Erhebung gegen die byzantinische Herrschaft.
1000/1015	Ankunft der ersten normannischen Söldner (für den Kampf der Langobarden gegen die Sarazenen) in Apulien.

Daten zur Geschichte

Erfolgloser Heereszug Kaiser Heinrichs II. nach Apulien.	1021
Papst Honorius II. belehnt den Normannen Roger II. mit Apulien, Kalabrien und Sizilien.	1128
Der Deutsche Lothar III. nimmt Bari ein, ohne Apulien wieder unter die Oberherrschaft des Kaiserreichs bringen zu können.	1137
König Heinrich VI., Sohn Kaiser Friedrichs I. Barbarossa, heiratet Konstanze, die Tochter Rogers II. und spätere Erbin des Normannenreichs.	1186
Kaiser Heinrich VI. eignet sich gewaltsam das Normannenreich an; am 26. Dezember wird sein Sohn Friedrich II. geboren.	1194
Friedrich II. von Hohenstaufen, Sohn Kaiser Heinrichs VI., wird zum König des Königreichs Sizilien gekrönt.	1198
Kaiserkrönung Friedrichs II. durch Papst Honorius II.	1220
Geburt Konrads IV., Friedrichs Sohn, in Andria und Aufbruch des Kaisers zum Kreuzzug.	1228
Vermutlicher Baubeginn von Castel del Monte.	1240
Tod Friedrichs II. am 13. Dezember in Fiorentino.	1250
Ankunft König Konrad IV. in Apulien, um zusammen mit seinem Halbbruder Manfred Süditalien für die Staufer zu retten.	1252
Tod Konrads IV.	1254
Erfolgreicher Krieg Manfreds gegen die päpstlichen Truppen, die Apulien und ganz Süditalien überfallen haben.	1254–1257
Niederlage Manfreds gegen den vom französischen Papst aufgebotenen Karl I. von Anjou; Tod Manfreds auf dem Schlachtfeld.	1266
Niederlage Konradins, des letzten Staufers, gegen Karl I. von Anjou.	1268
Das Königreich Sizilien verliert sein gesamtes Territorium auf dem süditalienischen Festland und wird unter aragonesischer Herrschaft auf die Insel beschränkt, während Italien südlich des Kirchenstaates unter Einschluss Apuliens nun das eigene Königreich Neapel bildet.	1282
Tod Karls I. von Anjou in Foggia.	1285
Johanna I. von Anjou kommt 17-jährig auf den Thron in Neapel, worauf Apulien unter Misswirtschaft und Kriegszügen zu leiden hat. Nach mehreren Ehen heiratet sie 1357 Otto von Braunschweig.	1343
Alfons V. von Aragon, der Herrscher des Königreiches Sizilien, besetzt als Alfons I. auch den Thron von Neapel und vereinigt die beiden Königreiche wieder zu einem.	1442
Die Sforza von Mailand bekommen von König Ferdinand I. von Aragon und Kastilien das Herzogtum Bari verpfändet.	1464

1480	Die Türken massakrieren die Einwohnerschaft von Otranto.
1503	Ende der Aragonesenherrschaft.
1529	Venedig muss die apulischen Städte an die Spanier übergeben.
1656	Ausbruch der Pest.
1707	Infolge des Spanischen Erbfolgekriegs wird ganz Apulien von Österreich besetzt.
1714	Durch den Frieden von Rastatt wird Apulien habsburgisch.
1734	Beginn der Bourbonenherrschaft
1860	Apulien votiert für den vereinigten Nationalstaat und wird Teil des italienischen Königreichs.
1861	Abdankung des letzten Bourbonen Franz II.
1861–1863	Briganten-Unruhen, die mit aller Härte unterdrückt werden.
1914	Einweihung des Acquedotto Pugliese, der weite Teile Apuliens mit Wasser aus dem Fluss Sele (Kampanien) versorgt. Mit seinem Bau wurde 1906 begonnen, die endgültige Fertigstellung des längsten Aquädukts Europas erfolgt 1939.
1923	Tarent (Taranto) wird zur Hauptstadt einer eigenen Provinz innerhalb der Region Apulien erhoben.
1925	Gründung der Universität Bari.
1940	In der Nacht auf den 12. November ereignet sich die *Notte di Taranto*, ein italienisches ›Pearl Harbour‹, bei dem die im Hafen von Taranto liegende italienische Flotte durch Lufteinheiten der britischen Royal Navy in einem verheerenden Bombenhagel schwer getroffen wird und auch die Stadt beträchtlichen Schaden nimmt.
1943	Im September gehen britische Truppenverbände in Apulien an Land und zwingen die Deutschen zum Abzug.
1943/44	König Vittorio Emanuele III. residiert mit der Regierung in Brindisi.
1946	Ausrufung der Republik.
1950	Einrichtung der ›Cassa del Mezzogiorno‹ zur Landesentwicklung.
2004	Das Gebiet von Barletta, Bari und Andria wird zu einer eigenen Provinz innerhalb der Region Apulien erhoben.
2011	Modernste naturwissenschaftliche Untersuchungsmethoden haben eine Neubewertung der Knochenfunde aus der prähistorischen Grotta del Cavallo (an der Küste bei Torre Uluzzo, ca. 8 km westlich von Nardò) erbracht. Demnach handelte es sich bei diesen Menschen, die vor 43 000 bis 45 000 Jahren lebten, nicht um Neandertaler, wie bisher vermutet, sondern um die ältesten bekannten Vertreter des Homo sapiens in Europa.

Galerie bedeutender Persönlichkeiten

Benedikt XIII. (1649–1730)

Der Spross der herzoglichen Familie Orsini wurde als Petrus Franziskus in Gravina geboren. Benedikt trat zwar gegen den Willen des Vaters in den Dominikanerorden ein, erhielt aber, nachdem er schon Bischof von Manfredonia war, aufgrund der Beziehungen zwischen dem Haus Orsini und Papst Clemens X. 1686 die Kardinalwürde für das Erzbistum Benevent. 1724 zum Papst gewählt, machte er es sich zur Aufgabe, die Prunksucht der Kardinäle zu beschränken und sie zu einem frommen Lebenswandel anzuhalten. Er verstarb in Rom.

Bianca Lancia

Sie stammte aus niederem piemontesischem Adel. Ihr Onkel und ihr Bruder wurden von Friedrich II. mit wichtigen Ämtern betraut. Ob er auf diesem Weg Bianca, offensichtlich seine große Liebe, kennenlernte, oder umgekehrt wegen seiner Beziehung mit Bianca ihre Verwandten in diese Positionen brachte, ist so ungewiss, wie Geburts- und Sterbejahr Biancas und die Annahme, dass Friedrich sie geheiratet habe. Unzweifelhaft hat er die Mutter seines Lieblingssohns Manfred, den sie 1232 gebar, großzügigst mit Ländereien ausgestattet.

Bohemund I. (1050/58–1111)

Als ältester Sohn Robert Guiskards war er der einzige aus dessen Verbindung mit der Normannin Alberada. Diese Ehe wurde um 1058 geschieden, und sein Vater heiratete die Langobardin Sichelgaita. Nach dem Tod des Vaters 1085 wurde Roger Bursa, Sichelgaitas Sohn, als Herzog von Apulien anerkannt, gefördert vom Papst und von seinem mächtigen Onkel Roger I., dem Bruder Robert Guiskards, der gerade Kalabrien und Sizilien eroberte. Bohemund wollte sich mit Canosa als Erbe nicht abfinden. In zwei Aufständen 1085–86 und 1087–89 riss er den größten Teil des Herzogtums Apulien und die Basilikata an sich. Eine weitere Chance bot ihm der 1. Kreuzzug. Nach der Eroberung Antiochias blieb er dort und legte sich den Titel eines Fürsten von Antiochia zu. Doch 1100 geriet er in Gefangenschaft und kam erst gegen ein enormes Lösegeld frei. 1104 nach Italien zurückgekehrt, sammelte er ein neues Heer für einen Krieg gegen Byzanz, das ihm Antiochia streitig machte. Er unternahm eine Pilgerfahrt nach Frankreich zu den Reliquien des Hl. Leonhard, die er wohl auch zur Truppenanwerbung nutzte, erhielt Constance, die Tochter König Philipps I. von Frankreich, zur Frau, und segelte 1107 mit seinem Heer von Brindisi ab. Aber er konnte sich nicht mehr durchsetzen und musste akzeptieren, Antiochia nur noch als byzantinischer Vasall zu besitzen. Als er erneut in Apulien weilte, um weitere Krieger zu rekrutieren, starb er am 7. März 1111 und wurde in Canosa bestattet.

Bonifaz IX. (1350–1404)

Pietro Tomacelli wurde als Sohn armer Leute in Casarano geboren. Er war als einfacher Priester nach Rom gekommen und dort zum Kardinaldiakon erhoben worden. Sein Pontifikat (ab 1389) litt unter der Existenz des Gegenpapsttums in Avignon. Ihm selbst fehlte es an Bildung und persönlicher Autorität, um den Missstand beseitigen zu können. Lediglich zur Aufrechterhaltung der Ordnung im Kirchenstaat bewies er Strenge, Verwandte dagegen scheint er begünstigt zu haben. Da er sich unter den Römern nie sicher fühlen konnte, verlegte er seine Residenz 1392 nach Perugia (Umbrien). Er kam aber dem römischen Wunsch nach, die Jubeljahrfeiern 1400 in der ›Ewigen Stadt‹ abzuhalten. Von Krankheit gezeichnet starb er 1404.

Giuseppe De Nittis (1846–84)

In Barletta geboren, kehrt er bereits mit 21 Jahren seiner Heimatstadt den Rücken, ging nach Florenz und noch im selben Jahr nach Paris, wo er schnell durch seine Stadtansichten Aufmerksamkeit erregte. Den Durchbruch als Impressionist schaffte er mit dem Gemälde »Straße von Brindisi nach Barletta« 1873. Seine Meisterschaft in Landschaftsbildern, Stillleben und Porträts ist neben die Edouard Manets, seinen Freund aus Pariser Tagen, zu stellen.

Diomedes

Als mythologischer Held war er am griechischen Feldzug gegen Troja beteiligt, kämpfte gegen Aeneas und griff zusammen mit Odysseus das trojanische Lager an. Nach dem Fall Trojas kehrte er nach Hause zurück und entdeckte, dass seine Frau ihm untreu geworden war. Später begab er sich nach Süditalien, stand dem König der Daunier gegen die Messapier bei, heiratete dessen Tochter und gründete – wie es die Sage weiter will – zahlreiche Städte in Nordapulien.

Ennius (239–169 v. Chr.)

Der bereits zu Lebzeiten hoch angesehene, als genial gepriesene Dichter kam 239 v. Chr. im heute zerstörten Rudiae vor den Toren der Stadt Lecce zur Welt. Er wuchs noch ganz in der hellenistischen Geisteswelt auf, lehrte die Römer durch die »Annales«, sein erst durch Vergils »Aeneis« abgelöstes Geschichtsepos, den Hexameter und wurde damit zum ›Vater der lateinischen Sprache‹. Als er sie verfasste war er 57 Jahre alt und hatte bereits zahlreiche von Euripides inspirierte Tragödien sowie Komödien verfasst. Anscheinend leistete er aber auch im Kriegsdienst gute Arbeit, und so wurde Ennius von Cato 204 in Rom in die bessere Gesellschaft eingeführt. 189 v. Chr. war er erneut an einem Feldzug beteiligt, 184 erhielt er das römische Bürgerrecht und starb, für die damalige Zeit hochbetagt, 169 v. Chr.

Friedrich II. (1194–1250)

Geboren wurde er am 26. Dezember 1194 der Legende nach vor Zeugen auf dem Marktplatz von Iesi (Region Marken), damit an seiner Geburt kein Zweifel gehegt werden sollte. Denn er war das erste Kind seiner Mutter Konstanze, die bereits über vierzig Jahre alt war. Sein Vater, Kaiser Heinrich VI., der Sohn Kaiser Friedrichs I. Barbarossa, war etwa zehn Jahre jünger. Er starb 1197, nachdem er die Wahl Friedrichs zum deutschen König durchgesetzt hatte. Seine Wahlheimat war Apulien, weshalb Walther von der Vogelweide ihn das *kint von Pülle* (Kind Apuliens) nannte.

Seine ersten Lebensjahre verbrachte Friedrich aus Sicherheitsgründen in der Obhut des Konrad von Urslingen, des staufischen Herzogs von Spoleto, in Foligno (Umbrien). Nachdem seine Mutter ihn zu sich nach Palermo geholt hatte, wurde er zum König des Königreichs Sizilien gekrönt. Der Papst hatte dem nur zugestimmt, weil er in ihm keine Gefahr hinsichtlich der kirchlichen Ansprüche am Königreich hatte. Als später Friedrich eigene Wege ging – die ihn nur zweimal nach Deutschland, wenn auch zu jahrelangen Aufenthalten, führten – trug ihm dies die permanente Konfrontation mit dem Papsttum ein. Andererseits scheint er immer der päpstlichen Forderung, das Königreich Sizilien vom Kaiserreich getrennt zu halten, entsprochen zu haben. 1220 verlieh ihm Papst Honorius III. die Kaiserwürde. Doch sein ›naturwissenschaftlicher‹ und der Religion gegenüber kritischer Geist machten ihn dem Kirchenoberhaupt suspekt. Er versuchte sich auch als Dichter, ohne damit den Ruhm zu erlangen, den ihm sein »Falkenbuch« (*De arte venandi cum avibus* – ›Von der Kunst mit Vögeln zu jagen‹) eintrug. Für Apulien trat er als ›Bauherr‹ zahlreicher Jagdschlösser, Kastelle und des seiner Funktion nach umstrittenen Castel del Monte hervor. Er war dreimal verheiratet. Aus der Ehe mit der wesentlich älteren Konstanze von Aragon ging Heinrich VII. hervor, der als deutscher König scheiterte und von Friedrich selbst abgesetzt und in Haft genommen wurde. Seine zweite Gemahlin Isabella von Brienne und Jerusalem gebar ihm Konrad IV., der nach Heinrich VII. deutscher König wurde, und verstarb kurz darauf im Wochenbett. Mit der dritten Ehefrau Isabella von England zeugte er zwei Kinder. Seinen Lieblingssohn Manfred jedoch hatte er von Bianca Lancia, seiner langjährigen Gefährtin. Friedrich starb am 13. Dezember 1250 in Castel Fiorentino.

Ausschnitt aus dem Dedikationsbild zur Handschrift von Friedrichs II. Werk »De arte venandi cum avibus« (Von der Kunst, mit Vögeln zu jagen)

Corrado Giaquinto (1703–65)

Zunächst lernt der in Molfetta zur Welt gekommene Maler bei Solimena in Neapel, ging aber schon 1723 nach Rom, wo er sich in der dekorativen Malerei einen Namen machte. Er arbeitete aber auch an anderen Orten Italiens, bis er nach Madrid ging, wo er Hofmaler Ferdinands VI. und Direktor der Königlichen Akademie für Malerei wurde. 1762 kehrte er nach Neapel zurück, wo er 1765 verstarb.

Carlo Maria Giulini (1914–2005)

Aus Barletta in Apulien gebürtig, wuchs er in Bozen auf und studierte in Rom. Nach kurzem Engagement als Bratschist, übernahm er 1944 als Dirigent das Rundfunkorchester der RAI. Als Operndirigent debütierte er 1948 in Bergamo und wirkte an der Mailänder Scala (1953–56), leitete das Chicago Symphony Orchestra (1969–78), die Wiener Symphoniker (1973–76) und das Los Angeles Philharmonic Orchestra (1978–84).

Hannibal (246–183 v. Chr.)

Die Rivalität zwischen Rom und Karthago um die Dominanz im westlichen Mittelmeer führte zum 1. Punischen Krieg (264–41 v. Chr.), der mit der Besetzung Siziliens durch römische Soldaten und der Vernichtung der karthagischen Flotte endete. Aber Spanien verblieb im Machtbereich der Karthager, und 221 erhielt der 25-jährige Hannibal den Oberbefehl über die Iberische Halbinsel. Als er nach Norden ausgriff und damit die vertraglich vereinbarte römische Einflusszone bedrohte, erklärte Rom 218 den Krieg, der als 2. Punischer Krieg und vor allem durch Hannibals sensationelle Alpenüberquerung (von Westen her entlang der französischen Mittelmeerküste) bekannt wurde. Die Römer waren auf diesen Einfall von Norden her nicht vorbereitet und erlitten noch 218 an der Trebia und 217 am Trasimenischen See (Umbrien) demoralisierende Niederlagen. Rom richtete sich auf einen Vorstoß Hannibals gegen die Stadt ein, aber dieser zog weiter nach Apulien, wo er sich am meisten aufhielt. Hier feierte er auch den größten Triumph, indem er das römische Heer in der Schlacht bei Cannae (216) vollkommen aufrieb. 202 unterlag er in Nordafrika dem von P. Cornelius Scipio angeführten römischen Heer. Wenig später musste er aus der Heimat fliehen und versuchte, in Syrien nochmals einen militärischen Schlag gegen Rom zu organisieren. Als ihm die Auslieferung an die Römer drohte, beging er im Jahr 183 Selbstmord.

Karl I. von Anjou (1226–85)

Als jüngstes Kind König Ludwigs VIII. von Frankreich und der Blanca von Kastilien war er zunächst für den geistlichen Stand vorgesehen. Doch durch den Tod seines Bruders fielen ihm Anjou und Marne als Erbe zu. Als der Papst sich der Staufer entledigen wollte, wurde Karl um Hilfe angegangen. Nach langen Verhandlungen belehnte ihn Papst Clemens IV. mit dem Königreich Sizilien und krönte ihn zum König. 1266 schlug er in der Schlacht von Benevent Manfred, der dabei den Tod fand. 1268 blieb Karl auch in der Schlacht von Tagliacozzo Sieger über Konradin, den er in Neapel enthaupten ließ. Letzte Staufer-anhänger ließ er gnadenlos verfolgen. Karl, der Apulien vor allem durch den Festungsausbau bereicherte und bereits 1282 die Insel Sizilien wieder verloren hatte, starb in Foggia am 7. Januar 1285.

Livius Andronicus

Das Geburtsjahr des ersten als Persönlichkeit greifbaren Autors in der römischen Literaturgeschichte ist so wenig überliefert wie der Zeitpunkt seines Todes. Seine Tätigkeit als Lehrer, Schauspieler und Dichter mit einer ausgeprägten Vorliebe für Tragödien, für Archaismen und eine pathetische Sprache lässt sich aber für die Zeit von etwa 240 bis 200 v. Chr. nachweisen. Bleibenden Ruhm erlangte er mit der ersten lateinischen Übersetzung von Homers »Odyssee« (*Odusia*). Sie gehörte von da an zur Schullektüre römischer Kinder. Die latinisierte Form des Namens Andronikos weist den Dichter als gebürtigen Griechen aus, während der Zusatz Livius der Name des Römers sein dürfte, der ihn aus der Sklaverei frei ließ. Dass Tarent als sein Herkunftsort gilt, ist nicht mehr als eine These. Doch dass sein gesamter Bildungshintergrund griechisch geprägt war, steht außer Zweifel. In Rom hoch angesehen, wurde er 207 v. Chr. vom Senat geehrt.

Manfred (1232–66)

Der ›Lieblingssohn‹ Kaiser Friedrichs II. und der Bianca Lancia erhielt er eine glänzende Ausbildung und wurde schon in jungen Jahren an Regentschaftsaufgaben herangeführt. Nach dem Tod des Vaters erhielt er das Fürstentum Tarent und weitere Grafschaften, die ihn zum mächtigsten Mann in Apulien machten. Für seinen Stiefbruder, den deutschen König Konrad IV., führte er zunächst die Regentschaft im Königreich Sizilien. Nachdem Konrad 1254 gestorben war und Manfred vielleicht selbst das Gerücht gestreut hatte, dass auch dessen Sohn Konrad, genannt Konradin, verstorben sei, erlangte er 1258 die Krone des Königreichs Sizilien. Er versuchte, das Reich für die Staufer zu retten, wurde aber in der Schlacht von Benevent von Karl I. von Anjou am 26. 2. 1266 geschlagen und getötet. Sein Name lebt in der von ihm gegründeten Stadt Manfredonia fort.

Pietro Mennea (geb. 1952)

Der ›Pfeil des Südens‹ kam 1952 in Barletta zur Welt und wurde als Spezialist über die 200-Meter-Distanz der berühmteste Leichtathlet Italiens. Bei den Olympischen Spielen in München 1972 errang er die Bronzemedaille. Bei den Europameisterschaften 1974 in Rom lief er als Sieger durch das Ziel und errang auch bei den teilweise boykottierten Spielen in Moskau 1980 die Goldmedaille. Seine 1979 gelaufene Weltrekordzeit von 19,72 Sekunden hatte 17 Jahre Bestand.

Aldo Moro (1916–78)

Der in Maglie bei Lecce geborene Moro studierte Jura und lehrte Strafrecht an der Universität in Bari, die heute nach ihm benannt ist. Er engagierte sich in der Partei Democrazia Cristiana, wurde in Rom erstmals 1955 Minister und bekleidete von 1963 bis 1968 und von 1974 bis 1976 das Amt des Ministerpräsidenten. Am 9. Mai 1978 wurde er von den Roten Brigaden verschleppt und ermordet.

M. Pacuvius (223 – um 130 v. Chr.)

Er erblickte in Brindisi das Licht der Welt, folgte seinem Onkel Ennius nach Rom und lernte von diesem, Dramen zu schreiben. Pacuvius schätzte die Stoffe nachklassischer Autoren zur Bearbeitung. Zeitgenossen galt er als ›Meister des hohen Stils‹. Seine Stücke blieben bis ins 1. Jh. nach Chr. Bildungslektüre. Daneben war er auch als Maler geschätzt. Krankheitsbedingt kehrte er in seine Heimat zurück und starb um 130 v. Chr. in Tarent.

Padre Pio (1887–1968)

Er wurde als Francesco Forgione in Pietralcina (bei Benevent) geboren. Seine Eltern waren aus Amerika zurückgekehrte Emigranten. 1910 erhielt er die Priesterweihe und begab sich 1916 seines schlechten Gesundheitszustands wegen in die gute Luft am Monte Gargano, wo er nach seinem Beitritt zum Kapuzinerorden in San Giovanni Rotondo lebte und wirkte. Seit dem 20. September 1928 gilt er als stigmatisiert. Zeugen und Fotografien belegen die ›Wundmale des Herrn‹, die er an den Händen trug. Spendengelder ermöglichten ihm den Bau eines der größten und modernsten Krankenhäuser Süditaliens. Unzählig sind die Wunderheilungen, die Gläubige auf ihn zurückführen. Er verstarb in der Nacht auf den 23. September 1968. Seine Seligsprechung Anfang Mai 1999 zog über 500 000 Verehrer nach Rom.

Giovanni Paisiello (1740–1816)

Heute so gut wie vergessen, zählte der in Tarent geborene Paisiello zu den bedeutendsten Musikern seiner Zeit. Zunächst fiel er wegen seiner bezaubernden Tenorstimme auf und wurde deshalb nach Neapel zur Ausbildung geschickt. Berühmtheit erlangte er aber durch seine Kompositionen komischer Opern, die ihm Einladungen nach Russland an den Hof Katharinas und nach Paris zu Napoleon eintrugen. In ganz Europa bewundert, starb er 1816 in Neapel.

Pyrrhos I. († 273 v. Chr.)

Nur kurz in Apulien präsent, schlug er doch hier die nach ihm benannten ›Pyrrhus-Siege‹, die aufgrund der immensen eigenen Verluste eher Niederlagen gleichkamen. 306–302 v. Chr. König von Epirus und, indem er 287–284 auch König von Makedonien war, kurzzeitig mächstigster Mann Griechenlands, wurde er 281 von der Stadt Tarent gegen Rom zu Hilfe gerufen. Letzten Endes behielten die Römer 276 die Oberhand. Er musste nach Griechenland zurückkehren und fiel 273.

Galerie bedeutender Persönlichkeiten

Robert Guiskard († 1085)

Er kam als erster Sohn seines Vaters Tankred von Hauteville und dessen zweiter Gemahlin zur Welt. 1046/47 folgte er aus der Normandie seinen älteren Stiefbrüdern nach Süditalien, wo sich diese bereits einen Namen als Grafen von Apulien gemacht hatten. Er erwarb sich große Verdienste bei der Eroberung Kalabriens und den Beinamen ›Guiskard‹, der Verschlagene. 1053 gehörte er zu den Anführern der normannischen Truppen, die trotz Unterzahl bei Civitate ein päpstliches Heer, das zum Großteil aus Deutschen bestand, vernichtend schlugen. Als sein Stiefbruder Humfred 1059 starb, ging die Grafschaft Apulien an ihn über. Vom Heer zum Herzog ausgerufen, bestätigte ihn Papst Nikolaus II. in dieser Würde. Bis 1071 gelang ihm die endgültige Vertreibung der Byzantiner aus Apulien. 1084 rettete er Papst Gregor VII. in Rom vor Kaiser Heinrich IV. Als er 1085 zur Eroberung von Byzanz ansetzte, verstarb er auf dem Feldzug.

Tankred von Lecce († 1194)

Trotz der Beteiligung an einer Verschwörung gegen König Wilhelm I. gelangte er als illegitimer Enkel Rogers II. und Graf von Lecce nach dem Tod König Wilhelms II., der ohne Erben verstorben war, 1190 auf den Thron des Königreichs Sizilien. Seine Wahl widersprach einem 1185 von den normannischen Großen getroffenen Beschluss, dass Konstanze, die Tochter Rogers II., die Thronfolge antreten sollte. Da Konstanze inzwischen mit Kaiser Heinrich VI. verheiratet war, forderte dieser ihr Erbe ein. Der Kriegszug, den dieser zur Eroberung des Königreichs unternahm, wurde ein leichter Erfolg, nachdem Tankred 1194 verstarb und nur einen minderjährigen Sohn zurückließ.

Rudolfo Valentino mit Wilma Banky in dem Film »Sohn des Scheichs« (1926)

Valentino, Rudolfo (1895–1926)

Er erblickte in dem apulischen Städtchen Castellaneta am 6. Mai 1895 als Rodolfo Guglielmi das Licht der Welt. In der Neuen Welt, in die er 1913 auswanderte, machte er Karriere als Stummfilmstar. Seine bedeutendsten Rollen hatte er in den Filmen »Der Scheich« und »Die Kameliendame«, beide von 1921. Er stieg zum Idol und ersten Sexsymbol des Medienzeitalters auf und starb als vergötterter Herzensbrecher bereits am 23. 8. 1926 in New York.

Giuseppe Zimbalo (gen. Zingarello, 1617/20–1710)

In Lecce geboren, wurde der Architekt zum bedeutendsten Vertreter des Lecceser Barock, indem er romanische, lombardische und spanische Stilelemente miteinander verband. Charakteristisch sind für ihn das reichhaltige Dekor sowie die noch renaissancehafte Klarheit seiner architektonischen Strukturen. Er starb 1710 in seiner Geburtsstadt Lecce.

Tremiti-Inseln: Blick von San Domino auf San Nicola ▷

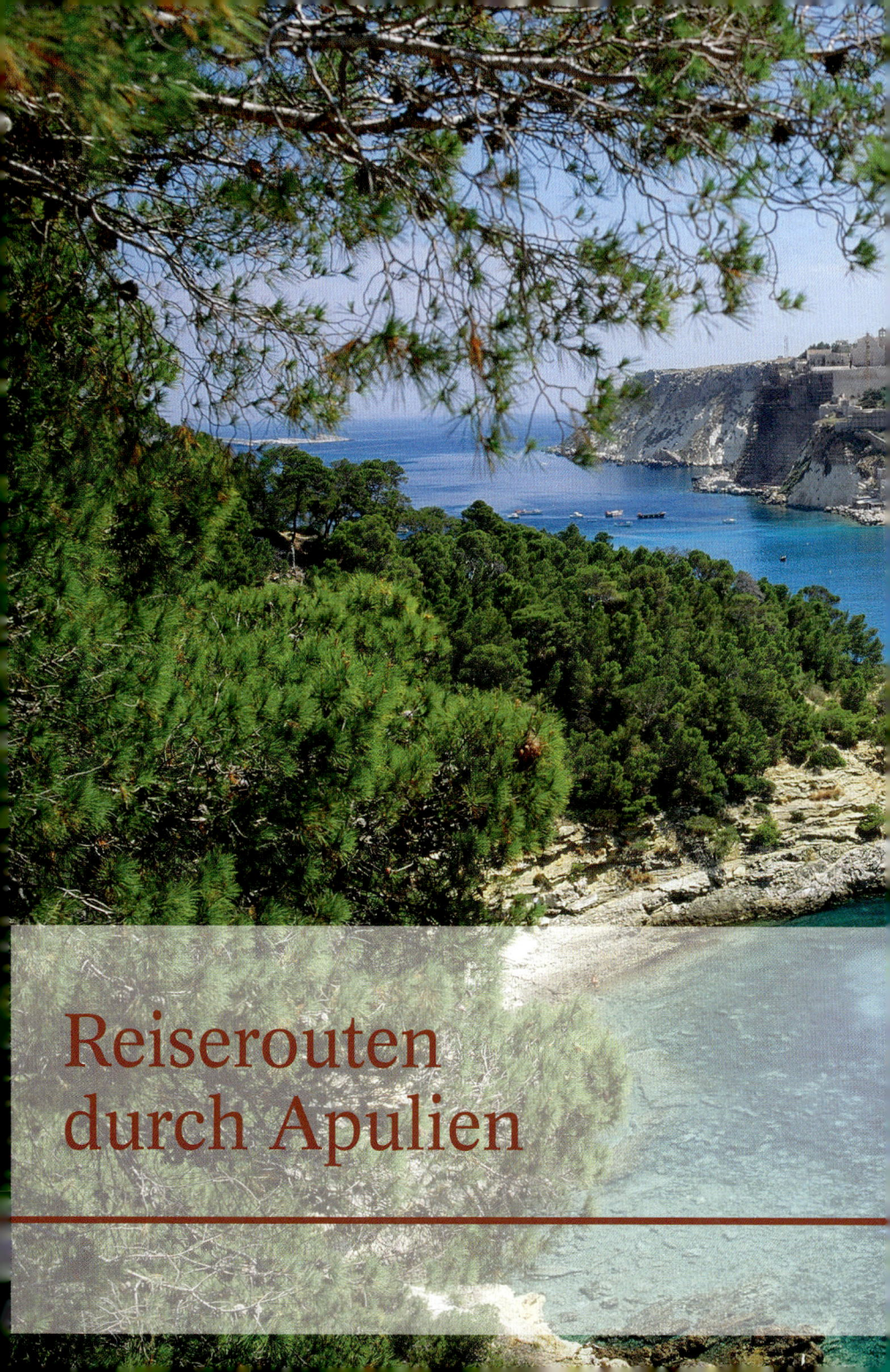

Reiserouten durch Apulien

Capitanata

Tavoliere und Apennin

Den nördlichen Teil Apuliens nimmt die Provinz Foggia ein. Sie vereint drei völlig verschiedene Landschaften. Rings um die Stadt dehnt sich der Tavoliere aus, eine weite, fast kreisrunde Ebene. Westlich davon erheben sich die Ausläufer des Apennin, auf denen die Provinzgrenze verläuft. Der Monte Gargano hingegen, der östlich auf dem ›Stiefelsporn‹ aufragt, bildet eine Welt für sich. Bis in die Neuzeit war für Nordapulien die Bezeichnung *Capitanata* geläufig, abgeleitet von dem griechischen Titel *Katepan*, den die byzantinischen Statthalter im 10./11. Jh. führten. Friedrich II. erkor den Landstrich zur Wahlheimat. Nirgends hielt er sich häufiger und lieber auf als in Apuliens Norden. Der Tavoliere, in dem er seine Jagdleidenschaft auslebte, wurde erst später nach den Viehsteuerlisten, den *Tabulae censuariae*, so benannt.

Anreise von Norden

Von Norden geht es auf der A 14 oder der S 16 flott nach Apulien. In Höhe der Autobahntankstelle sieht man weit draußen die Tremiti-Inseln. Ein wenig abseits der Hauptverkehrsadern liegen die Orte mit Erinnerungswert, jene Lesezeichen im Geschichtsbuch der Provinz. **Lesina** etwa am gleichnamigen See, der durch einen schmalen Landstreifen vom Meer getrennt ist und staatlichen Naturschutz genießt, wussten bereits die Langobarden zu schätzen. Unter den Normannen war es Sitz einer bedeutenden Grafschaft. Kaiser Friedrich II. liebte es wegen der Möglichkeiten zur Beizjagd. Aber was die Türken im 16. Jh. an historischen Bauten nicht zerstörten, erledigten Erdbeben. Ebenfalls östlich der Autobahn schaut **Apricena** von einem letzten Ausläufer des Monte Gargano hinab auf die Ebene. Auch hier machte das Erdbeben von 1627 nicht Halt. Am Palazzo Baronale erlaubt nur ein zylindrischer Turm ein Gedenken an das vom Staufer geliebte Jagdschloss, wo er – wie erstmals zum Jahreswechsel 1222/23 – vor allem an Wintertagen gern einkehrte.

Westlich der S 16 trotzen 4 km nördlich von **San Paolo di Civitate** die kärglichen Ruinen der Chiesa di Civitate Sonne und Wind, die Reste einer Kathedrale, die zusammen mit der Stadt Civitate im 15. Jh. vom Erdbeben ausgelöscht wurde. Im 10. Jh. war sie wegen der Sarazeneneinfälle von den Byzantinern befestigt worden. 1053 musste Papst Leo IX. von den Mauern der Stadt herab mit ansehen, wie die normannische Streitmacht, die u. a. von Robert Guiskard angeführt wurde, trotz zahlenmäßiger Unterlegenheit sein Heer aufrieb und den Großteil seiner Soldaten, darunter viele Deutsche, tötete. Leo hieß vorher Brun, entstammte dem elsässischen Grafengeschlecht von Egisheim, war dann Bischof und nun auf Geheiß Kaiser Heinrichs III. Papst. Er hatte die Truppen auf eigene Faust rekrutiert, nachdem Hein-

---

Karte Capitanata:
Tavoliere und Apennin
S. 87,
Capitanata: Monte
Gargano S. 112,
Tremiti-Inseln S. 138,
Citypläne Foggia S. 83,
Lucera S. 89,
Monte Sant'Angelo
S. 121

Capitanata
Besonders sehenswert:
Foggia ★
Lucera ★★
Troia ★★
San Leonardo
di Siponto ★
Santa Maria
di Siponto ★
Manfredonia ★
Monte Sant'Angelo ★★
Tremiti-Inseln ★

◁ *Lucera, Kastell*

Capitanata

San Severo, Kirche S. Severino, rechtes Seitenportal mit Rose

rich seine Bitte um einen Kriegszug nach Italien abgeschlagen hatte. Dieser Sieg der Normannen legte die Grundlage für ihre baldige Herrschaft über ganz Süditalien. Geschichtsfreunden sei die Zufahrt verraten: Vom Ortsende von San Paolo di Civitate (auf der S 16ter Richtung Serracapriola) nach 2 km rechts in geteerten Weg, nach 1 km rechts und ca. 600 m geradeaus bis zum Rest eines römischen Grabmals, der letzten Spur der römischen Stadt *Teanum apulum;* dahinter links auf Feldweg noch ca. 500 m zur Turmruine der ehemaligen Kathedrale von Civitate.

In **Serracapriola** erinnert ein quadratischer Turm mit an den Seitenmitten ausgebildeten Spitzkanten im renaissancezeitlich umgestalteten und mit zylindrischen Bastionen bewehrten **Kastell** an die Normannen des 11. Jh.

San Severo

Im selben Jahrhundert entstand in San Severo der Vorgängerbau der für das dörfliche Landstädtchen etwas groß geratenen **Kathedrale Santa Maria Assunta** samt der riesigen Einfassung der ausgebrochenen Fensterrose. Im Inneren der barockisierten Kirche hält gleich links ein romanischer Taufstein die Erinnerung an bedeutendere Zeiten wach. Die Via Soccorso führt an der Piazza della Repubblica vorbei zur netten Piazza Municipio. Hier wurde das ehemalige Zölestinerkloster mit einer witzigen Barock-Rokkoko-Fassade von 1734 zum **Palazzo di Città** umgewandelt.

Links davon, auf der Via Fraccacreta, sind es nur wenige Schritte zur **Kirche San Severino,** der man die Entstehung im 12. Jh. nicht ansieht. Zudem verrät die Inschrift am Architrav des Hauptportals das Datum des letzten Umbaus 1724. Doch das Portal an der rechten Flanke belehrt mit einer romanischen Archivolte, die in Höhe des Architravs von Löwenköpfen gehalten wird, eines Besseren. Auch der Bogen über der kleinen Fensterrose ruht auf von Löwen getragenen Säulen. Das Relief über der Rose zeigt in der Mitte den Hl. Severin. Diese Elemente werden durch den unteren Teil des Campanile ergänzt, der aus der Epoche Kaiser Friedrichs II. stammt.

Foggia

Geschichte

Foggia ★

Die moderne Stadt mit hübschen Geschäften (besonders auf dem Corso Vittorio Emanuele) wirkt kleiner, als die offiziell angegebenen 156 000 Einwohner suggerieren, und trat erst spät in die Geschichte ein. Gegründet wurde sie um das Jahr 1000 von den Überlebenden des Ortes Arpi (7,5 km nordöstlich von Foggia), den die Sarazenen zerstört hatten. Ältester Siedlungskern war eine alte Zisterne, die als Getreidespeicher, lateinisch *fovea*, diente. Bis spätestens 1089 war daraus ›Foggia‹ geworden. Da gehörte es längst den Normannen. Robert Guiskard ließ es 1050 befestigen, König Wilhelm II. 1179 erweitern. Mit der Ankunft des jungen Stauferkaisers Friedrich II. schlug Foggias große Stunde: Die Stadt sollte Hauptstadt seines Kaiserreichs werden, klar geschieden von Palermo, der Hauptstadt des süditalienischen Königreichs, und ab 1222/23 ließ er Foggia zur Residenz ausbauen. Dazu gehörten ein prächtiger Palast, eine Bildungsstätte, an der kein geringerer als Michael Scotus unterrichtete, und eine würdige Basilika.

Es verging fast kein Jahr, in dem Friedrich, wenn er denn in Italien war, nicht wenigstens einmal in Foggia weilte. 1225 zog er sich mit seiner eben angetrauten zweiten Gemahlin, der dreizehnjährigen Isabella von Brienne und Jerusalem, hierhin zurück. 1226 traf er hier die Vorbereitungen zum Kreuzzug und fand sich, da er wegen einer Erkrankung nicht teilnehmen konnte, zum Weihnachtsfest wieder ein. Es verletzte ihn tief, als er die Stadt, aufgehetzt vom Papst, nach seinem erfolgreichen Kreuzzug 1229 verschlossen vorfand. Er musste sie mit Gewalt nehmen und ließ ihre Mauern schleifen. 1241 verstarb im Palast seine dritte Gemahlin Isabella von England im Wochenbett. Anfang Dezember 1250 verließ er die Stadt, in der nur sein Herz bestattet werden sollte, ein letztes Mal.

Nach seinem Tod versuchte Konrad IV. das staufische Erbe in Italien zu retten und hielt nach seiner Ankunft zusammen mit seinem Stiefbruder Manfred 1252 in Foggia einen Hoftag ab. Als er bereits

APT
Via Emilio
Perrone 17
71100 Foggia
Tel. 08 81 72 31 41
Fax 08 81 72 55 36

Foggia
1 Villa Comunale
2 Denkmal für Umberto Giordano
3 Kathedrale Santa Maria Icona Vetere
4 Palazzo Celentano-Rossano
5 Palazzo Arpi

Capitanata

Heiße Stadt
»Fuggi da Foggia!«, sagen viele Italiener, »meide Foggia!«, sobald von der Provinzhauptstadt die Rede ist. Die Warnung dürfte im 18./19. Jh. aufgekommen sein, als Foggia für die Hirten, die ihre riesigen Herden von den Abruzzen in den Tavoliere zur Winterweide trieben, die einzige Abwechslung bot. Zu Viehmarktzeiten glich es einem Cowboynest in Texas, umgeben von dieser Ebene, wo die Hirten zuhauf an der Malaria starben. »Fuggi da Foggia!« gilt heute nur noch in manchen Sommern, wenn die Luft kocht und Foggia zur heißesten Stadt Süditaliens werden kann.

zwei Jahre später selbst starb, wurde die Stadt zum Objekt kriegerischer Auseinandersetzungen zwischen Manfred und dem päpstlichen Heer, das von Kontingenten Bertholds von Hohenburg unterstützt wurde. Ab 1259 konnte Manfred als inzwischen neuer König des Königreichs Sizilien den Ort wieder sicher halten. Nur das Ende der Stauferherrschaft vermochte er nicht zu verhindern, und es mutet wie eine seltsame Fügung der Geschichte an, dass Karl I. von Anjou, der den Staufern den Garaus gemacht und in der Kathedrale von Foggia seine Tochter Beatrix 1273 mit Philipp, dem Sohn des Kaisers von Konstantinopel, verheiratet hatte, 1285 hier auch verstarb. Unter den französischen und spanischen Herren auf dem Thron von Neapel blieb Foggia vom allgemeinen Niedergang nicht verschont. Im Zuge des französisch-spanischen Kriegs um Süditalien wurde es 1528 von den Franzosen eingenommen. Das Erdbeben von 1731 vernichtete die Stadt und ihre historischen Bauten fast vollständig. 1806 wurde sie von Joseph Bonaparte zur Provinzhauptstadt erhoben, 1855 Bischofssitz. Gegen Ende des Zweiten Weltkriegs bezahlte sie im Jahre 1943für ihre Bedeutung als Luftwaffenstützpunkt mit verheerenden Zerstörungen. Nach der Eroberung durch die Engländer starteten hier die Bomber, die Würzburg und Dresden in Schutt und Asche legten.

Ein günstiger Ausgangspunkt für einen Stadtrundgang ist die Piazza Cavour mit dem 1820 entworfenen öffentlichen Park, der **Villa Comunale (1)**, daneben, wo Büsten verdienter Stadtbürger aufgestellt sind. Gesondert geehrt wird der bedeutendste Sohn der Stadt, der Opernkomponist Umberto Giordano (1867–1948), mit einem 1961 auf dem kurzen dreieckigen Grün an der Via Lanza errichteten **Denkmal (2)**.

Kathedrale Santa Maria Icona Vetere (3)

Von der Kathedrale Santa Maria Icona Vetere haben sich trotz Erdbeben, Barockisierung und Bombardierung interessante Teile aus der vom Geist Friedrichs II. geprägten Epoche erhalten. Das älteste Gotteshaus an dieser Stelle, ein Zentralbau, wird dem Normannen Robert Guiskard zugeschrieben, während einer seiner letzten Nachfahren, König Wilhelm II., 1172 das Langhaus anbauen ließ. Zur Zeit Friedrichs wurde 1223 das Querhaus neu gestaltet. Damit war die dreischiffige Basilika, für die der Dom von Troia deutlich Pate stand, mit dreifachem Apsidenabschluss (statt des heute polygonalen) und dem über der Krypta erhöhten Presbyterium komplett.

Die **Hauptfassade** der bereits vor dem Erdbeben von 1731 barockisierten Kirche ist keine reine Augenweide. Ihr Wert liegt in den romanischen Architekturdetails der unteren Zone, die in der Vertikalen fünf hohe, schmale Felder aufweist, wobei das mittlere (mit dem Portal) doppelt so breit ist wie die übrigen. Sie sind durch schlanke Pilaster voneinander abgetrennt und von gestuften Bögen überfangen. In den äußeren Bögen sitzen kleine Rundfenster, in den inneren je-

Foggia, Kathedrale, Nordportal

weils ein (nach innen vermauertes) Biforium. Der höhere Bogen des Portalfeldes endet unmittelbar unterhalb des mit Tier- und Pflanzen-, Fabelwesen- und Menschenskulpturen verzierten, an der Südwestecke original erhaltenen **Konsolengesimses,** das wahrscheinlich Friedrichs Baumeister Bartholomäus von Foggia schuf. Der um 1225 entstandene Skulpturenschmuck an der mit Pilastern und leicht spitzbogigen Blendarkaden gegliederten **Nordwand** überlebte, weil das dortige Portal bis 1953 vermauert war. Die Blendarkade über dem Portalfeld, die nach Art eines Sägefrieses bearbeitet ist und wie ein Strahlenkranz wirkt, umfasst eine Reliefplatte »Segnender Christus zwischen zwei Engeln«. Darunter sieht man »Samson mit dem Löwen« (links) und einen ›Bischof‹ (rechts), während die über dreimal so breite, stark zerstörte Platte dazwischen nur noch ein Pferd und den sich im Wind bauschenden Umhang eines Reiters erkennen lässt: Der Hl. Georg als Drachentöter? Kaiser Konstantin? Kaiser Friedrich II.? Es wird nicht mehr zu entscheiden sein. Im Portaltympanon ist ein Relief »Madonna mit Kind zwischen zwei Engeln« angebracht, das – die anderen Platten dazugenommen – erahnen lässt, wie die Kathedrale einst geschmückt war. Zur bequemeren Besichtigung der durch ein Gitter versperrten Nordwand wendet man sich in der Kirche vorne nach links, um in einen modernen Anbau zu gelangen, in dem das Pfarramt zusammen mit der städtischen Polizei untergebracht ist. Dort wird einem freundlich aufgetan – von einem Küster, der schon auch mal mit Pistole am Gürtel den Altar für die Messe herrichtet.

Das **Innere** betritt man durch den Kampanile an der Südseite. Es ist seit den Umbauten Ende des 17. Jh. einschiffig, der Fußboden angehoben, der Raum vollständig barockisiert. Bis 1731, dem Jahr des Erdbebens, befand sich an der Innenwand über dem Hauptportal der Sarkophag mit der silbernen Kapsel, die das Herz Friedrichs II. barg.

Seinen Platz nimmt nun das riesige Tafelbild einer »Brotvermehrung« des Neapolitaners Francesco De Mura (1696–1782) ein. Rechts vom Presbyterium öffnet sich die 1672 geschaffene **Cappella dell'Icona Vetere**, die ›Kapelle der alten Ikone‹. Das 1073 angeblich in einem Teich gefundene byzantinische Gnadenbild, die »Ikone mit den sieben Schleiern«, wird hinter dem üblichen Metallsichtschutz aufbewahrt. Trotz der Polizei im Haus wurden goldene Schmuckteile der Verkleidung gestohlen.

In die **Krypta** und damit 3 m unter Straßenniveau gelangt man von außen durch den Zugang rechts vom Kampanile. Ihre Weite erklärt sich durch die Ausmaße des ehemaligen Zentral- bzw. Vorgängerbaus der Kathedrale. Neben den Seitenmauern stützen vier Säulen und sechs Pfeiler die schweren Gewölbe, auf denen das Gewicht des darüber liegenden Presbyteriums ruht. Die Kapitelle gelten als vorzügliche Werke des Bartholomäus von Foggia aus den letzten 1220er-Jahren und als Beispiele für einen neuen staufischen Dekorationsstil.

Palazzo Celentano-Rossano (4)

Wieder am Tageslicht geht es nach links zur Piazza del Lago und erneut nach links durch die Via Bruno zum Corso Vittorio Emanuele, den man ebenfall nach links einschlägt. Rechts bleibt der Blick am imposanten Palazzo Celentano-Rossano (Haus-Nr. 160) aus dem 18. Jh. hängen; das Schild ›Tribunale della Dogana‹ an dem Palazzo, der an der linken Seite des Corso folgt, erinnert daran, dass Foggia im 15. Jh. wegen des vielen zu versteuernden Viehs im Tavoliere zum Zollhauptsitz erhoben worden war. An der Piazza Federico II zweigt sofort rechts die Via Pescheria ab, die im Mittelalter als Fischmarkt diente und nun vor das auffallend gelb getünchte Haus führt, in dem der Komponist Umberto Giordano 1867 das Licht der Welt erblickte.

Palazzo Arpi (5)

An der Piazza Nigri zeigt sich schon der betrübliche Rest des **Kaiserpalasts** Friedrichs II. in Gestalt des Schmuckbogens vom ehemaligen Palastportal, der an der Wand des Palazzo Arpi angebracht ist. Die zwischen den Adlerskulpturen befestigte Marmortafel, die zu Friedrichs Zeiten über dem Portal hing, trägt eine zeittypisch stark abgekürzte Inschrift (Ergänzungen in eckiger Klammer): *A[nno] ab i[n]carnatio[n]e MCCXXIII m[ensis] iunii XI i[n]d[ictionis] r[egnante] d[omino] n[ostr]o / Frederico inp[er]atore R[omanorum] se[m]p[er] aug[usto] a[nno] III et rege Sic[i]l[i]e a[nno] XXVI / hoc opus felicit[er] inceptum est p[re]phato d[omi]no p[re]cipie[n]te* – »Im Jahr 1223 seit der Fleischwerdung, im Monat Juni, in der 11. Indiktion, während der Regierung des Römischen Kaisers Friedrich, im 3. Jahr seiner Kaiserherrschaft, im 26. Jahr seiner Herrschaft als König von Sizilien wurde dieses Werk im Auftrag des genannten Herrn glücklich begonnen.« Die kleinere Inschrift auf dem

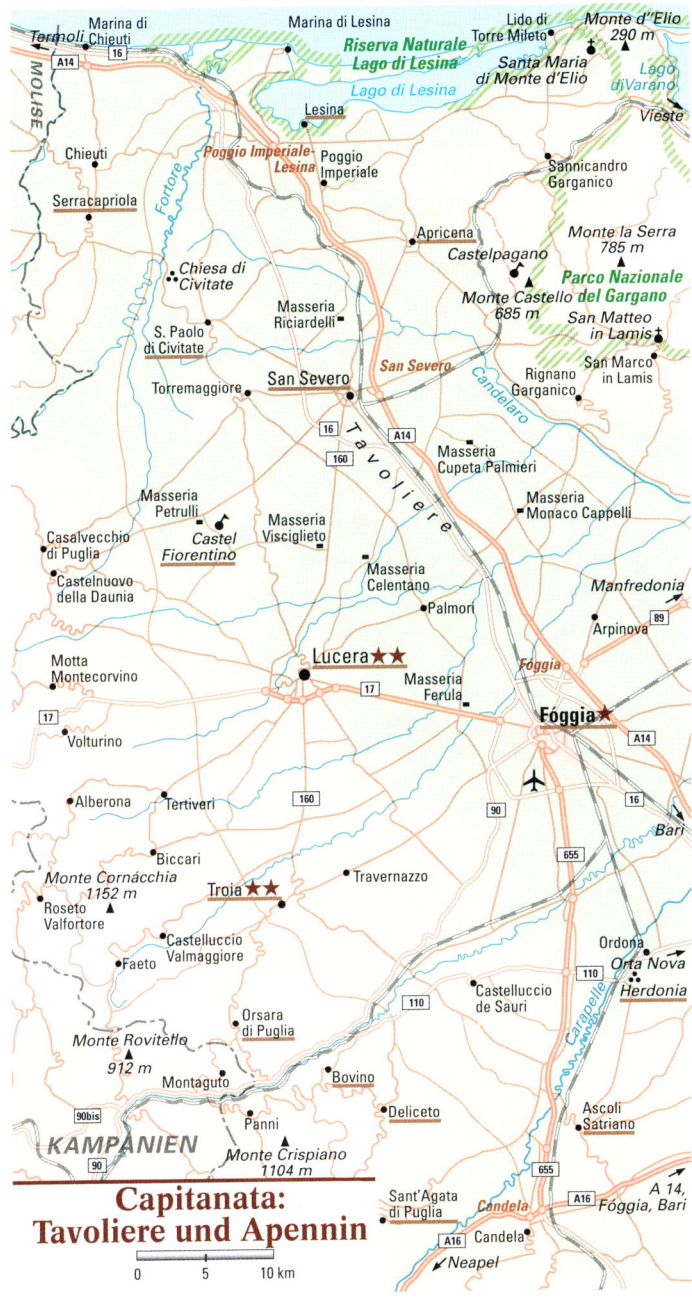

oberen und unteren Rand der Tafel klärt zusätzlich über den Baumeister auf: *Sic Cesar fieri iussit opus istum p[ro]to Bartholomeus sic construxit illud / hoc fieri iussit Fredericus Cesar ut urbs sit Fogia regalis sedes inclita imperialis* – »So befahl der Kaiser die Ausführung und setzte Bartholomäus sie um; Kaiser Friedrich befahl das Werk, damit die Stadt Foggia, der königliche Sitz, als kaiserliche(r) gerühmt wird«. Heute beherbergt der Palazzo Arpi das **Museo Civico**, vorrangig eine archäologische Sammlung mit Stücken aus der daunischen Frühgeschichte und vom Grabungsplatz des römischen *Herdonia*. In der volkskundlichen Abteilung gibt es Schmuck und alte Trachten zu bestaunen. Die ebenfalls hier untergebrachte Pinakothek wartet u. a. mit einer hübsch geschnitzten Holztür von 1483 auf.

Lucera

Lucera ★★
Besonders sehenswert:
Kastell
Amphitheater

Comune di Lucera
Corso Garibaldi 35
71036 Lucera
Tel. 08 81 54 86 26
www.comune.
lucera.fg.it

Die Fahrt zu den Bergen nach Westen bleibt unvergessen. Denn auf den Ausläufern des Apennin liegen über dem Tavoliere erhaben postiert die Städte mit den klangvollen Namen Lucera und Troia: In Stein gehauene, in Bronze gegossene, allen Niedergängen trotzende Erinnerungen, Zeugen unauslöschlicher Geschichte, Faszinosa mittelalterlicher Architektur und Kunst. Daneben bezeugt Bovino mit seinem Kastell die Größe Friedrichs II. und beklagen die Mauerreste von Castel Fiorentino seinen Tod.

Jeder kennt ein Foto von Luceras Kastell, wie es weithin sichtbar Mauern und Türme über den Bergrücken spannt. Aber das Bild will sich bei der Anfahrt von Foggia nicht einstellen. Denn das Kastell liegt auf der abgewandten Seite, hinter der Stadt (umgekehrt präsentiert es sich äußerst fotogen nach Norden und Westen). Stattdessen wird man nach links zur gesichtslosen Piazza del Popolo mit der spitzbogigen **Porta di Troia (1)** aus dem 14. Jh. (und dem Hotel La Balconata 2) abbiegen oder aber nach rechts der guten Ausschilderung folgen und mit dem Amphitheater beginnen. Es liegt am Rand der jetzigen Bebauungsgrenze, von einem Zaun geschützt, dessen Tor am Ende des Viale Augusto sich (fast) immer zu den Öffnungszeiten auftut. Wartezeiten gestatten ein wenig historische Betrachtung.

Geschichte

Einfach hatte es Lucera nicht in seiner bewegten Geschichte. Die bedeutende Siedlung, die die Daunier an der Stelle des späteren Kastells angelegt hatten, brachten die Römer im Zuge ihrer Okkupation Süditaliens an sich und richteten sie 314 v. Chr. als ihre erste Kolonie auf apulischem Boden ein. Als Garnisonsstadt kontrollierte *Luceria* ab der Mitte des 3. Jh. v. Chr. die Via Appia und trotzte erfolgreich Hannibal, der 217 v. Chr. vor den Mauern auftauchte. Unter Augustus erlebte Lucera einen enormen Aufschwung, ausgangs des Altertums wurde es von Konstantin d. Gr. zur Hauptstadt Apuliens ausersehen und firmierte eine Zeitlang als *Constantiniana*. Die Langobarden machten Lucera zum Zentrum einer Amtsgrafschaft, der ein Gastalde vorstand. Die Byzantiner, die in ihrem Kampf um Süditalien bis ins 11. Jh. nicht locker ließen, zerstörten 663 die Stadt. Kaiser Ludwig II. bestimmte sie zum Sammelpunkt seines Heeres, das im Frühjahr 866 gegen die Muslime in Bari antreten sollte. Und in der letzten Novemberwoche 981 sondierte Kaiser Otto II. in Lucera die Lage für seinen Feldzug im folgenden Jahr gegen die Sarazenen. Nach seiner Niederlage fiel die Stadt wieder an die Byzantiner, 1070 an die Normannen. Der Glanz des staufisch-italienischen Hofs zog in Gestalt Kaiser Friedrichs II. ein, der das großartige Kastell errichten ließ. Er brachte aber auch die Sarazenen herbei, als Rebellen zwischen 1224 und 1246 von der Insel Sizilien deportiert und dann zu getreuen staufischen Gefolgsleuten mutiert, nachdem der Kaiser ihnen erlaubt hatte, auf ihre Weise zu leben und sogar Moscheen zu bauen. Die Schätzungen über ihre Anzahl in Lucera schwanken zwischen 16 und 60 000. Weiteren Zuzug erhielt die Sarazenenkolonie durch Gefangene von der Insel Dscherba (vor Tunesien), gegen die Friedrich eine Strafexpedition entsandt hatte, weil von dort immer noch den Sarazenen auf Sizilien Unterstützung gewährt worden war. Damals wurde die Stadt als *Luceria Saracenorum* bekannt. Diese ›Förderung der Heiden‹ trug Friedrich beim Papst ein schlechtes Image ein, sorgte aber für die romantisch aufgebauschten Berichte über seine sarazenische Leibgarde. Ausgelöscht wurde Lucera in seiner Rolle als muslimisches Zentrum

Die Sarazenen der Staufer

Staufer griffen bei ihren Kriegszügen in Italien auch auf das Sarazenenkontingent von Lucera zurück. Friedrich bot 1230/31 an die 15 000 Mann gegen Papst Gregor IX. auf, und es waren Sarazenen, die Manfred im Jahr 1254 halfen, das von den Markgrafen Otto und Berthold von Hohenburg angeführte Heer Papst Innocenz' IV. zu besiegen. Sie leisteten Karl I. von Anjou erbitterten Widerstand, erhoben sich 1267 gegen den Franzosen, um Konradin, dem letzten Staufer, beizustehen. Sie büßten dies 1269 nach sechsmonatiger Belagerung mit der Zerstörung ›ihrer‹ Stadt, mit Tod und Vertreibung.

Lucera

1 Porta di Troia
2 Römisches Amphitheater
3 Kastell
4 San Francesco
5 Museo Civico Giuseppe Fiorelli (Städtisches Museum)
6 Dom Santa Maria Assunta

Capitanata

Römisches Amphitheater
Viale Augusto
Di–So 9–14,
15.15–18.45 Uhr,
Nov.–März nur vormittags

Kastell
Di–So 9–14,
15.15–18.45 Uhr,
Nov.–März nur vormittags

auf Befehl Karls II. von Anjou im August 1300 und bekam zum Zeichen der Rechristianisierung den Namen ›*Città di Santa Maria*‹ verpasst. Aber er setzte sich nicht durch, Lucera blieb mit seinem angestammten Namen bis 1806 Hauptstadt der Capitanata und des Molise.

Römisches Amphitheater (2)

Das römische Amphitheater entstand in der Friedensepoche Kaiser Augustus' (44 v. Chr.–14 n. Chr.). Es ist weitgehend in den Boden eingegraben, hat die Form einer stark gelängten Ellipse, ist 131,2 m lang und 99,2 m breit. Im Mittelalter diente es als Steinbruch. Trotzdem imponiert die gepflegte Anlage, auch wenn sich das antike Eingangstor – wie das in der Hauptachse gegenüberliegende Ostportal – als nicht in allen Details geglückte Rekonstruktion erweist: Die beiden Säulen mit den ionischen Kapitellen, der Architrav mit der Inschrift, die an den ›Bauherrn‹ erinnert, das dreieckige Tympanon, in dem noch ein Rundschild und ein Speer zu erkennen sind, wirken recht willkürlich zusammengeführt. Bei der links vor dem Tor aufgestellten Bronzefigur eines tanzenden Fauns handelt es sich um die römische Kopie einer griechischen Arbeit des 4. Jh. v. Chr. Beim ehemaligen Südeingang haben sich Spuren der Wohnbebauung aus dem 2.–1. Jh. erhalten, die dem Bau des Amphitheaters weichen musste.

Kastell (3)

Vom Viale Augusto folgt man mit dem Auto am bequemsten der Via Napoleone Battaglia und Via Porta San Severo, um an der Piazza Matteotti zum bedeutendsten Monument hinauszufahren, dem Kastell, das wegen der Erweiterung unter den Anjou auch *Fortezza Angioina* heißt. Man kann direkt beim Eingang parken. Ein Rundweg um die gesamte Anlage gestattet nicht nur hübsche Ausblicke zum Tavoliere,

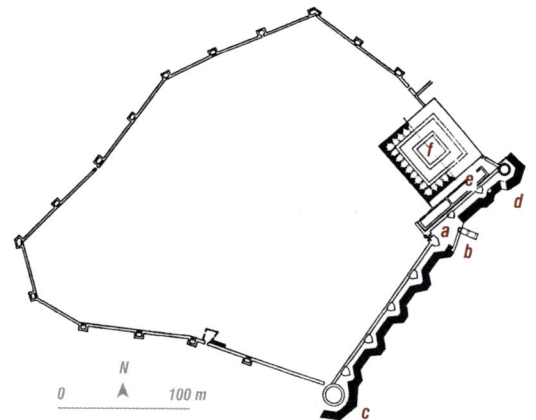

Luvera, Kastell, Grundriss
a Eingang
b ehem. Zugbrücke
c Torre della Leonessa
d Torre del Leone
e Schildmauer
f Turmkastell

Lucera, Kastell

sondern die Betrachtung der gesamten **Festungsmauer.** Sie zeigt sich im Wesentlichen in der Gestalt von 1270 und somit als Befestigung, die Karl I. von Anjou nach der Eroberung Luceras zum Teil auf staufischen Mauern, zum Teil neu hochziehen ließ. Der Mauerring, der ein unregelmäßiges Fünfeck beschreibt, ist beachtliche 900 m lang und mit 25 überwiegend quadratischen Türmen, an den Enden des Halsgrabens zusätzlich mit zwei Rundtürmen von unterschiedlichem Durchmesser, bewehrt. In der Schildmauer über dem besonders zu sichernden Halsgraben befand sich der alte Eingang, ein raffiniert versetztes, frontal nicht zu bestürmendes Tor. Außerdem hatten die Angreifer die Mauer rechts, den Schild aber am linken Arm, weil sie mit der rechten das Schwert führten, und waren deshalb vor dem Beschuss durch die Verteidiger nicht geschützt. Zusätzlich war das Tor mit einer Zugbrücke gesichert: letztes Teilstück einer Brücke, die das Kastell auf geradem Weg mit der Stadt verband. Die Schildmauer samt den beiden Rundtürmen, also der mächtigeren *Torre della leonessa* (= Turm der Löwin) und der schmächtigeren *Torre del leone* (= Turm des Löwen) dürfte bereits Teil der staufischen Pfalzburg gewesen sein.

Von der Burg, die die Normannen errichtet hatten, standen nur Trümmer, als Friedrich II. 1233 daranging, ein besonderes Palast- bzw. **Turmkastell** in die Gesamtanlage zu integrieren und so dem Ganzen den Charakter einer Zwingburg zu geben. Vielleicht sollten damit die Sarazenen besser kontrolliert werden, die anfangs ja keineswegs Friedrichs Freunde waren und nun direkt daneben in ›ihrer‹ Stadt Lucera

Capitanata

*Lucera, Turmkastell,
Aufriss*

lebten. Das Turmkastell, in dem zeitweise der staufische Staatsschatz aufbewahrt wurde, zeigt sich nach dem Betreten des leeren, weiten Inneren der Festung gleich rechts. Nur der unterste Teil mit der angeböschten (vermutlich angevinischen) Ummauerung ist erhalten. Ohne sie gelangte man zu der Ansicht des rechteckigen Kubus', wie er zu Friedrichs Zeiten hochgebaut wurde. Jede der vier Seiten misst beachtliche 34,7 m in der Länge, die Außenwände wurden in einer Stärke von 2,7 m, die Innenwände, identisch mit den Mauern des quadratischen Innenhofs, in einer Stärke von 2,2 m errichtet. Diese Maße erlauben es, eine Anlage von drei Geschossen anzunehmen, und zwar das Erd- und erste Obergeschoss mit einer Höhe von jeweils 11 m, das Dachgeschoss mit 8 m, sodass der 30 m hohe Innenhof, in den nur durch eine Öffnung in der Dachterrasse Licht einfiel, auf einer Grundfläche von lediglich 15 x 15 m wie ein dunkler Schacht gewirkt haben muss. In jedem Geschoss gab es zwölf gleich große und in den Ecken vier etwas kleinere Räume, die alle von Kreuzgratgewölben überfangen waren. Die Verbindung der Geschosse untereinander dürfte wie im Castel del Monte durch Wendeltreppen gewährleistet gewesen sein. Ein wenig aufgelockert waren die steilen Innenhofwände durch Gesimse und kleine Rund- und Rautenfenster, wie den Skizzen zu entnehmen ist, die Jean L. Desprez 1778 von der Ruine anfertigte. Die Mitte des Hofes nahm ein runder Brunnen ein. Dieses Turmkastell, das als *palatium* für die Annehmlichkeiten Friedrichs genauso wie für Staatsaufgaben funktionieren musste, dürfte um 1240 fertiggestellt gewesen sein. Der Zugang in die Ruine befindet sich außen links neben dem heutigen Festungseingang. Gegen ein kleines Trinkgeld öffnet der Kustode gern die Tür.

Ein Jahr nach dem Tod Isabellas von England, seiner dritten Ehefrau, die er – zwanzig Jahre älter als sie – 1235 in Worms geheiratet hatte und die im Alter von 27 Jahren bei der Geburt einer Tochter verstorben war, feierte Friedrich II. hier 1242 seinen 48. Geburtstag. Er war mit seinem gesamten Hof und vermutlich mit Bianca Lancia, der Dame seines Herzens, angereist – ungeachtet des von Eunuchen überwachten Harems, den der Kaiser in Lucera unterhalten haben soll.

Lucera

Verwaltungschef des Kastells war Johannes der Maure (Giovanni il Moro), der noch junge Sohn eines Kindermädchens Friedrichs (und vielleicht sein eigener). Dieser sorgte zusammen mit dem Hofkoch für ein rauschendes Fest: Sieben Tage lang wurden Turniere abgehalten, Tänze aufgeführt, wurde musiziert und gesungen. Die Tische waren mit Seidentüchern, Kristallpokalen, goldenen und silbern Schalen gedeckt. Als Vorspeisen gab es rohe Gemüseplatten und Obst, Gemüse- und Getreidesuppen. Dann wurde die berühmte ›weiße Mahlzeit‹ aufgetragen: in Milch gekochtes, mit Mandeln gefülltes Huhn. Als Braten konnte man sich Hammel, Wildschwein, Kapaun, Reh oder Fasan schmecken lassen, zusammen mit kräftigen Soßen, die mit Pfeffer, Gewürznelke, Ingwer und Muskatnuss angereichert waren oder – wie

Lucera, Turmkastell

die berühmte ›Sarazenensoße‹ von Lucera – aus Rosinen, Mandeln und Essig bestand. Der Wein, ein kräftiger Roter, stammte aus Troia. Die ›kaiserlichen Pfannkuchen‹ wurden aus Mehl, Käse, Eiklar, Pinienkernen und Rosinen zubereitet. Die Gespräche kreisten um Politik, Falkenjagd, eventuell um Frauen und die Empfehlungen, die Theodor von Antiochia, Arzt, Philosoph und Astrologe, an Friedrich adressiert hatte: Beischlaf mindestens einmal wöchentlich, vorzugsweise nüchtern, keinesfalls jedoch nach dem Verzehr von Teigwaren und nicht direkt vor dem Einschlafen. Möglicherweise erinnerte sich Friedrich im Kreis seiner Freunde auch an die Ratschläge seines 1235 verstorbenen Hofgelehrten Michael Scotus: Die ideale Frau sollte von heißer Natur sein, sehr jung, aber nicht unter dreizehn, kleinbrüstig sowie bereits an Scham und Achselhöhlen behaart, von gesunder Gesichtsfarbe, selbstbewusst und freundlich und sollte wenigstens schon einmal Verkehr gehabt haben ... Wenn am Ende des Festes die Fackeln gelöscht wurden, erscholl vom Minarett der Moschee in der Stadt der erste Gebetsruf in die Nacht und pries Allah und seinen einzigen Propheten.

Am letzten oder vorletzten Februartag des Jahres 1266 hallten die Mauern von der Klage Helenas wider. Sie hatte soeben erfahren, dass Manfred, ihr Gatte, auf dem Schlachtfeld bei Benevent gegen Karl I. von Anjou gefallen war. 1269 nahm Karl I. das Kastell nach sechsmonatiger Belagerung und verbissener Gegenwehr der Sarazenen ein. Die Geliebte des 1254 verstorbenen Königs Konrad IV., die im Kastell verblieben war, ließ er zusammen mit ihrem sechzehn Jahre alten Sohn Konradin aufhängen.

Auf der unbebauten Fläche des Innenraums der Festung sind die Grundmauern einer großen Zisterne, einer Franziskanerkirche und von Mannschaftsgebäuden aus der Anjou-Zeit ergraben. Karl I. hatte hier Mannschaften aus der Provence angesiedelt. Im Jahr 1456 machte ein Erdbeben die Anlage zur Ruine. 1790 versuchte man das Turmkastell wegzusprengen, um Steine für Neubauten in der Stadt zu gewinnen, was aber zum Glück nicht vollständig gelang.

San Francesco (4)

In Lucera selbst liegt am Rand der **Altstadt** die einfache Saalkirche San Francesco aus dem 13. Jh., die einst den Deutschordensrittern gehörte. Sie hat ein großes, von einem Baldachin überfangenes, gestuftes Portal in romanisch-gotischer Mischform sowie eine beachtliche Fensterrose vorzuweisen.

Museo Civico Giuseppe Fiorelli (5)

Museo Civico Giuseppe Fiorelli
Via De Nicastri 74 (im Palazzo De Nicastri)
Di–So 9–13 (April–Sept. Di–Sa auch 16–19 Uhr, Okt.–März Di–Sa auch 15.30–18.30) Uhr; Mo und Fei geschl.

Im Zentrum der Altstadt führt die Via De Nicastri an der rechten Flanke des Doms vorbei nicht nur zum Ristorante ›Alhambra‹, sondern auch zum Palazzo De Nicastro. Es wäre ein Fehler, aufgrund seines Äußeren negativ auf das in ihm untergebrachte Städtische

Lucera, Dom,
Altartisch, ehemals
im Castel Fiorentino

Museum rückzuschließen. Es beinhaltet immerhin eine Proserpina-Büste aus dem 3./2. Jh. v. Chr. (Saal 2), einen erlesenes römisches Fußboden-Mosaik aus dem 1. Jh. zusammen mit einer großen Venusstatue (Saal 7), Münzen aus daunischer, griechischer und römischer Zeit, aber auch von der mittelalterlichen Münzstätte in Lucera, ferner islamische Keramik, eine kostbare hölzerne Madonna des 13. Jh., einen Marmorkopf, der – eine absolut irrige Annahme – Friedrich II. darstellen soll, dafür aus seiner Zeit ein herrliches Tierkapitell und einen Portallöwen (Saal 12) sowie schließlich einen Salon des 18. Jh. (Saal 15).

Dom Santa Maria Assunta (6)

Der Dom lagert sich breit an der länglichen Piazza gegenüber dem bischöflichen Palast. Er wurde an der Stelle der abgebrochenen Moschee unter Karl II. von Anjou 1300–1317 errichtet, vermutlich von dem auch am Kastell tätigen Hofbaumeister Pierre d'Agincourt. Das Gotteshaus zählt zu den ganz wenigen französisch-gotischen Kirchen aus dem frühen 14. Jh., die sich in Süditalien erhalten haben. Der einfachen Fassade ist rechts ein Turm mit noch romanischen Mono- und Biforien und einer achteckigen Laterne des 16. Jh. aufgesetzt. Das mit feinem Skulpturenschmuck besetzte Haupt- und die beiden Seitenportale deuten die Dreischiffigkeit des über dem Grundriss eines Kreuzes errichteten Baus an. Die Weite, die er im **Inneren** durch das breite Mittelschiff vermittelt, wird durch die Höhe seiner Spitzbogenarkaden zusätzlich betont. Französische ›Architekturimporte‹ sind die **Pfeiler,** an denen jeweils sechs vor- und nachgestellte Halbsäulen, die aus antiken Gebäuden stammen, als Auflager der Arkadenbögen dienen. Von beträchtlicher Tiefe ist ferner das Querhaus, das nur wenig über die Flucht der äußeren Langhausmauern hinausragt. Der Chor wird von niedrig angesetzten, hohen Lanzettfenstern erhellt und läuft

Capitanata

Wo Friedrich II. starb
Castel Fiorentino ist ein bewegender Ort: Im Frühjahr, wenn die Wiese um die Ruine blüht und Fiorentino einen besonderen Klang bekommt, im Herbst, wenn die Felder in der fast baumlosen Hügellandschaft abgeerntet und frisch gepflügt sind und sich eine schwermütige Tristesse über das dann kahle, wüste Land breitet, oder am Todestag Friedrichs II. im Dezember, wenn es eiskalt werden kann ...

in eine polygonale Haupt- und zwei kleinere Nebenapsiden aus, allesamt eingewölbt und ausgemalt. In der rechten Apsis hat sich (links) ein Kenotaph mit der Statue eines angevinischen Ritters aus dem 14. Jh. erhalten, ferner ein wohl im Rheinland um 1340 geschaffener **Holzkruzifix** und über dem Altar ein Pietà-Fresko des 15. Jh. Die linke Apsis hat im 15. Jh. Fabrizio Santafede mit Fresken ausgeschmückt. Am Altar des linken Querhausarms erinnert die »Madonna della Vittoria«, eine Holzskulptur aus der 2. Hälfte des 14. Jh., an den Sieg der Anjou über die Staufer. Im ersten Joch steht an der Wand des linken Seitenschiffs ein mittelalterliches steinernes Taufbecken, dessen Renaissanceaufsatz die Form eines romanischen Altarziboriums hat. Ein ähnlicher stilistischer Rückgriff hat die Kanzel von 1560 zwischen dem 5. und 6. Pfeiler auf der rechten Seite beeinflusst.

Echt romanisch ist der **Hauptaltar** vor der mittleren Apsis. An ihm nehmen Stauferfreunde nicht nur von Lucera, sondern auch von Friedrich II. Abschied, besteht er doch aus einer von sechs Säulchen mit unterschiedlichen Kapitellen getragenen Steinplatte, die dem Kaiser im Castel Fiorentino, dem Ort seines Todes, als Tisch diente.

Castel Fiorentino

Die Strecke von Lucera zum etwa 20 km entfernten Castel Fiorentino ist – zunächst Richtung San Severo, dann Richtung Castelnuovo – ausgeschildert, und doch empfiehlt sich etwas Aufmerksamkeit, um nicht an den Mauerresten, die unscheinbar auf dem Hügel rechts der Straße liegen, vorbeizufahren. Auf einem vorsichtig zu befahrenen Feldweg gelangt man bis zum Untergeschossrest der **Torre Fiorentina**. Dieser Turm, der innen noch die Konstruktion eines Kreuzgratgewölbes verrät, war allerdings nicht Teil des Kastells, in dem Friedrich starb, sondern bildete den östlichen Abschluss des Örtchens Fiorentino, das um 1000 sogar Bischofssitz war. Doch an der westlichen Spitze des Plateaus befinden sich die freigelegten Grundmauern der ehemals zweigeschossigen kaiserlichen **Domus,** eines kleinen, aber feinen herrschaftlichen Anwesens, von wo Friedrich eine prächtige

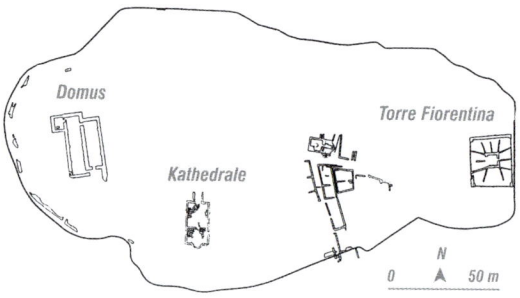

Castel Fiorentino, Lageplan

Aussicht über das weite, weiche Hügelland und die Ebene, die sich nordwärts bis San Severo erstreckt, genoß.

Hier verschied der große Stauferkaiser aus schwäbisch-normannischem Geblüt nach einem bewegten Leben, dreizehn Tage vor seinem 56. Geburtstag, bekleidet mit einer weißen Zisterzienserkutte und versehen mit den Sterbesakramenten, im Beisein seines 18-jährigen Sohns Manfred. Ferner waren zugegen Berard, Erzbischof von Palermo und treuer Freund seit Jahrzehnten, Leibarzt Johann von Procida, Großjustiziar Richard von Montenero, Marschall Petrus Ruffo von Kalabrien, der Manfred später genau so verraten sollte wie der gleichfalls anwesende Markgraf Berthold von Hohenburg, der An-führer der deutschen Truppen. Bereits seit Oktober war Friedrich gesundheitlich nicht auf der Höhe gewesen. Trotzdem hatte er Ende November nördlich von Lucera einen Jagdausflug unternommen. Als er einen Ruhranfall erlitt, brachten ihn seine Begleiter nach Fiorentino. Am 1. Dezember schien es mit ihm zu Ende zu gehen, und er ließ sein Testament verfassen: Konrad IV., König im *regnum Theutonicum*, sollte dem Vater im Königreich Sizilien und im Kaiserreich nachfolgen. Der 18-jährige Manfred erhielt das Fürstentum Tarent mit den Grafschaften Montescaglioso, Tricarico und Gravina sowie die Grafschaft Monte Sant'Angelo am Monte Gargano, Heinrich sollte die Königreiche Arelat und Jerusalem übernehmen, und Enkel Friedrich, Sohn des unglücklichen Erstgeborenen Heinrich, bekam die Herzogtümer Österreich und Steier. Es war alles bestens geregelt, als Friedrich am 13. Dezember des Jahres 1250 die Augen für immer schloss.

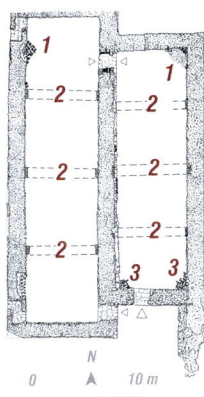

Castel Fiorentino, Domus, Grundriss

1 Kamin
2 Doppelbogen
3 Fußbodenreste

Troia

Geschichte

Das Städtchen mit dem Charme eines größeren Dorfs liegt auf einer Höhe von 439 m in prächtiger Lage über dem Tavoliere. Den Griechen war der Ort als *Aikai* bekannt, die Römer machten *Aecae* (bzw. *Aeca, Ece*) daraus. Im Jahr 217 v. Chr. trat er ins Licht der Geschichte. Hannibal war gerade in Nordapulien eingefallen und dachte, den Römern ein weiteres Mal seine Überlegenheit in offener Feldschlacht vorführen zu können. Aber Fabius Maximus, der Chef des in der Nähe von Troia lagernden Heers, lehnte das Kampfangebot ab. Nach der Schlacht von *Cannae* trat die Stadt an die Seite Hannibals, wurde allerdings zwei Jahre später von Fabius wieder besetzt. In der römischen Kaiserzeit hieß sie *Colonia Augusta Apula*, war als Station an der Via Traiana bekannt – und bezog wohl daher ihren Namen Troia.

Der Niedergang der Alten Welt bedeutete auch den der Stadt. Ostkaiser Konstans II. gab ihr 662 den Rest, und die verbliebene Bevölkerung ließ sich eine Meile entfernt am heutigen Platz nieder. 1019 wurde dieser vom byzantinischen Katepan Boioannes zur Sicherung

Troia ★★
Besonders sehenswert:
Kathedrale

IAT
Piazza Giovanni XXIII
71029 Troia
Tel. 08 81 97 00 20

Capitanata

Troia im Schlummer

Egal wo man parkt: Zum Corso Regina Margherita, der im oberen Bereich (fast) autofreien zentralen Achse, sind es allenfalls drei, vier Gehminuten. Und in fünfzehn Minuten ist das ganze Städtchen auf dem 439 m hohen Bergrücken bequem zu durchqueren, das wie zu Norman Douglas' Zeiten um 1910 wirkt, als sei es »eingelullt in byzantinischen Schlummer«. Am Spätnachmittag beginnt das große Stühlerücken. Dann scheinen alle Männer, die gerade nichts Wichtigeres zu tun haben, auf der Straße zu sitzen und sich über die Fremden aus Nah und Fern zu wundern, die dem Dom ihre Aufwartung machen.

der Einfallstraße nach Apulien befestigt. Er rechnete wohl schon mit einem Angriff Kaiser Heinrichs II. Denn im Jahr zuvor hatte er den aufständischen Meles aus Bari besiegt, der, als er bei Heinrich in Bamberg wegen militärischer Unterstützung vorsprach, von diesem als Herzog von Apulien anerkannt worden war. Meles war zwar in Bamberg gestorben, aber Ende 1021 ging das deutsche Heer über die Alpen und stieß in drei Kontingenten nach Süditalien vor, das Boioannes nahezu vollständig für Byzanz zurückerobert hatte. Im April 1022 belagerte Kaiser Heinrich Troia. Bis Juni hielt sich die byzantinische Besatzung, dann ergab sie sich gegen freien Abzug. Heinrich gewährte ihn gern. Denn in seinem Heer war eine Seuche ausgebrochen, und er beendete den Feldzug. Die Kirche von Troia wechselte vom byzantinisch-griechischen Ritus zum lateinischen und beging bis in die 1960er-Jahre jeweils am 15. Juli den Tag des Hl. Heinrich, wobei sie des Kaisers und der Erhebung zum Bischofssitz durch Papst Benedikt VIII. gedachte. Einen friedlichen Besuch stattete Kaiser Konrad II. 1038 der Stadt ab, um – in selbstbetrügerischer Verkennung der Realität – den Anspruch des Reichs auf die Oberherrschaft über ganz Italien (mit Ausnahme des Kirchenstaats) zu demonstrieren.

Als die Normannen ihr Reich aufgerichtet hatten, rückte die Stadt, die 1059 eingenommen worden war, dank der tatkräftigen Politik ihrer Bischöfe zu einem der Hauptorte Apuliens auf. Vier Konzile (1093, 1115, 1120, 1127) wurden hier abgehalten. Doch die enge Anlehnung an die Päpste brachte die Stadt auch in Opposition zu den Normannen. 1128 bezahlte sie dafür mit einer wochenlangen Belagerung durch Roger II. Anführer in der Stadt war Bischof Wilhelm II. Nach der winterlichen Kampfpause musste sie sich ergeben. Der Bischof leistete den Treueschwur, und Anaklet II., (Gegen-) Papst von Rogers Gnaden, sicherte diesem die gewünschte Anerkennung als König zu. Doch an der Rebellion 1131 war Troia wieder beteiligt. Roger empfand es als Hohn, dass der Bischof ihn in feierlicher Prozession einholen wollte, nachdem er mit seinem Heer vor der Stadt erschienen war. Er ließ etliche Bürger festnehmen, einige aufhängen und zahlreiche Häuser zerstören. Den Widerstandsgeist aber brach er nicht. 1137 fiel der 70-jährige Kaiser Lothar III. auf der Küstenstraße in Apulien ein. Ein zweites Kontingent unter Herzog Heinrich dem Stolzen und Papst Innocenz stieß über Troia dazu. Als aus Rogers Sicht der Spuk vorüber war, schlug er zu. Er verlor zwar im nördlichen Tavoliere eine Schlacht gegen Rainulf von Alife, seinen stärksten Widersacher, aber dieser starb drei Tage danach in Troia und wurde im Dom bestattet. Roger bemächtigte sich erneut der Stadt, ließ den Leichnam Rainulfs aus dem Grab nehmen, durch die Stadt schleifen und in einem Tümpel versenken.

Eine Schlüsselszene für das Ende der Normannenherrschaft trug sich auf dem 1185 in Troia abgehaltenen Hoftag zu: Normannenkönig Wilhelm II. verpflichtete seinen Adel, im Fall seines Todes ohne Nachkommen seine Halbschwester Konstanze als Erbin des süditalienischen Königreichs einzusetzen. Als er 1189 tatsächlich kinder-

Troia, Kathedrale, Rose

los starb, verfolgte Kaiser Heinrich VI. die Ansprüche seiner Gemahlin Konstanze und brachte das Königreich Sizilien an sich und an die Staufer. Mit diesen hatte die Stadt Troia zunächst keine Probleme. Bischof Walter stieg unter Heinrich zum Kanzler von Sizilien und Apulien auf und lenkte nach dessen Tod 1198 als Vorsitzender des Regentschaftsrats für den noch unmündigen Friedrich, der Troia erstmals 1221 beehrte, die Geschicke im Königreich. Im Sommer 1227 traf Friedrich in Troia mit zahlreichen Großen aus Deutschland letzte Absprachen für den Kreuzzug. Bei seiner Rückkehr aus dem Heiligen Land hatte sich Troia wie andere Städte auch von Papst Gregor IX. gegen den Staufer aufhetzen lassen und seine Tore verschlossen. Friedrich ließ die Mauern niederreißen und sich von der Stadt Geiseln stellen. Später im Privatbesitz von Johanna I. von Anjou und gräfliches Lehen, wurde Troia von Karl V. wieder mit Stadtrechten ausgestattet, erlebte unter den spanischen Vizekönigen von Neapel eine Blütezeit und um die Mitte des 17. Jh. einen schlimmen Verfall, der fast seinen Untergang bedeutet hätte, nachdem bereits das Erdbeben von 1731 schreckliche Schäden angerichtet hatte. Schädlich wirkten sich auch die Gelüste Karls II. von Bourbon, des Königs von Neapel, aus, der für den Bau seiner Residenz in Caserta (Kampanien) in ganz Apulien nach verwertbaren Bauteilen suchen ließ. Der Dom in Troia büßte deshalb einige antike Säulen aus der Wandverkleidung der Apsis ein.

Dom Santa Maria Assunta

Da der Dom am Corso liegt, ist er nicht zu verfehlen. Und doch ist man einigermaßen erstaunt, ihn plötzlich an der kleinen Piazza aufragen zu sehen. Unweigerlich fällt der Blick auf die gigantische, zugleich feine **Fensterrose,** ein Radfenster mit elf schlanken Säulchen

Capitanata

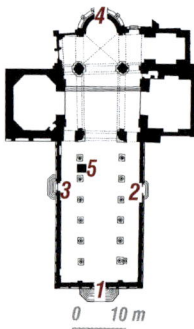

Troia, Kathedrale, Grundriss

1 Hauptportal
2 Rechtes Seitenportal
3 Linkes Seitenportal
4 Apsis
5 Kanzel

Hl. Eleutherius

Eleutherius von Aeca (auch: von Illyricum, von Rom), Stadtpatron von Troia, soll unter Kaiser Hadrian zusammen mit seiner Mutter nach Rom entführt, dort zum Tod verurteilt und in Troia, das in der Antike Aeca hieß, im Jahr 140 enthauptet worden sein. Von hier verbreitete sich sein Kult in ganz Süditalien.

als Speichen. Diese stemmen sich nach außen gegen eine orientalisch anmutende Girlande aus ineinander verschlungenen Spitz- und Rundbögen. Die Felder zwischen den Speichen sind – eine absolute Rarität! – mit Transennen gefüllt, die jede nach einem anderen Muster durchbrochen ist. Die Fensterrose wurden zwischen 1160 und 1180 angefertigt und gilt zu Recht als die schönste Apuliens. Eingefasst ist sie zwar schmucklos, jedoch von zwei Bögen überfangen. Der innere, der die obere Hälfte des Fensters wie eine Augenbraue überwölbt, ist dicht mit Figuren bestückt; mit einem Fernglas sieht man ein Äffchen, das um Almosen bettelt, einen Jungen, der seine Notdurft verrichtet, oder auch einen Gaukler, der auf den Händen läuft. Der das Dach fast berührende, größere Blendbogen darüber läuft zu jeder Seite in Höhe der Fenstermitte auf eine Kämpferplatte aus, auf der ein Löwe hockt, und wird von jeweils einem Säulenpaar gestützt, das wiederum von Löwen getragen wird, die auf dem die Fassade horizontal teilenden Gesims liegen. Im oberen Bereich ist der Blendbogen außen noch mit jeweils einem ›halben‹ Stier besetzt, die Giebelspitze nimmt ein Löwe ein, dem ein Mensch aufsitzt. Weitere Skulpturen zeigen sich an den äußeren Giebelfeldern. Dieser obere Fassadenteil wurde im Zug der Erneuerung zu Beginn des 13. Jh. fertiggestellt.

Der untere Fassadenteil – stark durch das reich geschmückte, weit vorkragende **Gesims** abgesetzt – ist hundert Jahre älter und stammt aus der ersten Bauphase unter Bischof Wilhelm II. zwischen 1107 und 1120. Eine Reihe enger Blendbögen – drei zu jeder Seite des breiteren und höheren Portalbogens – wird von schlanken, an den Wandecken breiteren Pilastern gehalten. Die engeren Bogenfelder sind mit Rund- bzw. (verfüllten) Rautenfenstern besetzt. Das **Hauptportal (1)** wird von einer hohen, fein skulptierten Archivolte überfangen. Der meisterlich gearbeitete **Architrav** zeigt in der Mitte den thronenden Christus, flankiert von Maria (rechts) und dem Hl. Petrus, auswärts jeweils zwei Medaillons mit Evangelistensymbolen und ganz außen die Hll. Eleutherius und Second*inus, die beiden Stadtpatrone. Die Inschrift am unteren Rand lautet: Istius ecclesiae per portam materialis introitus nobis tribuatur spiritualis* – »Durch das Tor dieser materiellen Kirche möge uns der Eingang zur spirituellen gewährt werden«. Der Architrav liegt zwei Pilasterkapitellen auf. Das rechte zeigt Jesus mit einem Weinstock, was an das Wort »Ich bin der Weinstock, ihr seid die Reben« erinnert, das linke einen Teufel mit wilden Tieren zwischen Rankenwerk.

Von außerordentlicher Bedeutung ist die 1119 von Oderisius von Benevent geschaffene **Bronzetür** mit ihren insgesamt 28 Tafeln. Völlig original erhalten sind die Löwenmasken und Drachentürklopfer, Meisterstücke süditalienischer Bronzearbeiten, während in der untersten Reihe zwei, in der Reihe darüber sowie in der dritten und vierten Reihe von oben alle Bild- bzw. Inschrifttafeln im 16./17. Jh. erneuert werden mussten. Auf den vier unveränderten **Bildtafeln der obersten Reihe** erkennt man noch den Künstler Oderisius, Christus als Richter, einen Grafen Bernhard und Bischof Wilhelm, der für den ab 1107 erstellten unteren Fassadenteil verantwortlich zeichnete. In der **untersten Reihe** ist auf der ersten Tafel (von links) 1119 als Entstehungsjahr der Tür festgehalten: *An[n]o ab incarnatio[n]e / d[omi]ni n[ost]ri Ie[s]v Xr[ist]i mil[e]simo / centesimo nonodecimo / indictione dvodecima;* die zweite datiert dasselbe mittels des ersten Pontifikatsjahrs des Papstes Calixtus II. (1119–1124) sowie des neunten Herrschaftsjahrs des apulischen Herzogs Wilhelm, des Sohnes von Herzog Roger Bursa: *Anno pontificat[us] d[omi]ni / Kalisti P[a]p[e] secvndi p[ri]mo / ann[o] dvcat[us] W[ilelmi] Rocerii / clo[rio]si dvcis filii nono;* die dritte Tafel bezeugt, dass Bischof Wilhelm II. im zwölften Jahr seines Episkopats die Tür errichten ließ: *Willelmvs secvnd[us] / hvi[us] Troiane sedis ep[i]s[copus] / erat svi an[n]o XII has / portas fieri fecit.* Die vierte, sehr verwitterte Tafel ist unleserlich.

Troia, Kathedrale, Bronzetür, Detail

Aber es ist auch an der Zeit, sich der **Bronzetür an der rechten Flanke (2)** des Doms zuzuwenden, die Oderisius 1127 schuf. Die vier obersten Tafeln erzählen in Text und Bild, wie Bischof Wilhelm die Stadt Troia dem Apostelfürsten schenkte. In der ersten Tafel heißt es: *Princeps patronv[m] / Petre Troia[m] svscipe / donv[m], qva[m] leta/bvndvs Gvilelm[us] / dono secvndvs* – »Fürst der Stellvertreter, Petrus, empfange als Geschenk Troia, das ich, Wilhelm II., mit Freuden schenke«. Auf der Tafel daneben steht der Bischof bei der durch Mauer und Kirche angedeuteten Stadt Troia, der *Troiana civitas*. Die ›Gesichtslosigkeit‹, mit der er dargestellt ist, ähnelt frappierend frühen Propheten- und Kalifenzeichnungen, dass man annehmen könnte, Muslime hätten daran mitgewirkt. Die beiden Tafeln weiter rechts sind Petrus sowie Paulus – beide ebenso ohne Gesicht – vorbehalten. Dann folgen auf den acht Tafeln darunter Vorgänger Wilhelms auf dem Bischofsthron von Troia, während auf den acht untersten Tafeln, abgesetzt von einer Reihe Löwentürklopfern, Bischof Wilhelm sich als Befreier des Vaterlandes und als Stifter auch dieser Tür »aus eigenem Vermögen« preisen ließ. Ferner erinnert er nun nach dem Tod des Herzogs Wilhelm 1127 daran, dass die Bevölkerung von Troia zur Rettung ihrer Freiheit die Burg eingerissen und die Stadt mit Mauer und Graben umgeben hatte. Zwischen den Zeilen lässt sich die Hoffnung auf ein baldiges Ende der Normannenherrschaft herauslesen. Der inhaltliche Widerspruch zum Text des Hauptportals, der Wilhelms Vater noch rühmt, ist nicht zu übersehen und lässt ahnen, dass eher der Wunsch der Vater des Gedankens war. Denn Roger II., mit dem es Troia und vor allem Bischof Wilhelm zu tun bekamen, war aus einem anderen Holz geschnitzt. Hat er die anti-normannische Inschrift nicht gesehen? Musste er sich nicht vorstellen, dass Papst Honorius während des in Troia 1127 abgehaltenen Konzils seine helle Freude an ihr hatte und auch Rainulf sich an ihr delektierte? Es bleibt unerklärlich, wie die Inschrift den Zorn des Normannen überdauern konnte – und ein wenig ratlos ergibt man sich der Betrachtung dieser **rechten Seitenfassade** mit ihrer hübschen Reihe von Blendarkaden und Pilastern und den von den Bögen überwölbten, auf die Spitze ge-

Troia, Apsis der Kathedrale

stellten Viereckfenstern. Die Harmonie, die der klaren vertikalen Gliederung der Hauptfassade innewohnt, wurde hier perfekt fortgeführt.

Trotzdem wirkt die **linke Seitenfassade** sorgfältiger gearbeitet. Die Kapitelle der Pilaster sind weiterentwickelt, die Zwickel der Blendbögen haben Basreliefs mit Arabesken bzw. einem Davidstern, in die Blendbögen sind sechseckige (verfüllte) Fenster oder auch hohe, rundbogig überfangene Monoforien eingepasst. Der Stauferadler zwischen mittlerem Fenster- und Blendbogen wurde vielleicht zur Zeit Bischof Walters II. angebracht, der Kaiser Heinrich VI. als Kanzler diente. Das **Portal (3)** an dieser linken Fassade geht indes auf die ältere Bauphase Ende des 11. Jh. zurück. In weißem Marmor gefertigt, besticht die Einfassung durch seine Kapitele, den feinen Rankenwerkarchitrav und die in das Bogenfeld platzierte Lünette, die als Basrelief den »Thronenden Christus zwischen zwei Engeln« darstellt. An der nach links vorspringenden Wand des Querhauses ist eine Inschrift vermauert, die an Wilhelm II. als Erbauer der Kirche erinnert.

Die halbkreisförmige **Apsis (4),** die in Apulien wegen ihrer äußeren Gliederung ihresgleichen sucht, entstammt ebenfalls dem Ende des 11. Jh. Fünf extrem tiefe Blendbögen werden von zwei Reihen aufeinander gesteller Säulen mit aufwendig gearbeiteten Kapitellen und, was die obere Reihe anbelangt, ebensolchen Basen getragen. Die obersten Kapitele sind mit Halbkörperskulpturen von Tieren geschmückt, die anderen Kapitele und Basen mit Blattornament; nur das linke lässt auch Menschengestalten erkennen. Trotzdem wirkt der Aufbau der Apsisgliederung insgesamt grob und unbeholfen. Ganz offensichtlich wurden die Säulen und Kapitelle nicht für diesen Bau geschaffen, vielmehr handelt es sich bei ihnen um Artefakte aus einem älteren Gebäude. Es dürften die Säulen und Kapitelle sein, die Robert Guiskard als Kriegsbeute aus Bari fortschleppen und 1073 der Stadt Troia schenken ließ.

Blattornament weist auch der Sturz des **Apsisfensters** auf, der von zwei Säulchen getragen wird, die auf Löwenrücken ruhen. Diese haben mit auf den Basen der Säulen Platz genommen, die den mittleren Blendbogen stützen. Der rechte Löwe hält eine Schlange in den Pranken, der linke einen Mauren (bzw. Sarazenen), was man als Ausdruck der Verachtung für Friedrich II. und seine Sarazenenstadt Lucera gedeutet hat. Die Fensterrose über der Apsis wurde im letzten Drittel des 12. Jh. eingefügt, ein schlichtes Radfenster mit vierzehn schlanken Säulchen, das allerdings erst 1956 mit Bruchstücken, die man bei den Renovierungsarbeiten fand, wiederhergestellt wurde.

Im düsteren **Inneren** beeinträchtigen die Kirchenbänke die romanische Raumwirkung. Das Mittelschiff ist flach gedeckt, die Seitenschiffe sind durch jeweils sechs hohe Säulen abgeteilt; nur der ersten Säule rechts ist eine zweite danebengestellt. Ihre Kapitele sind von raffinierter Mannigfaltigkeit, florale Motive wechseln mit anthropomorphen. Sie bezeugen vollendet den Kunstsinn um 1200. Die Seitenschiffe sind kreuzgratgewölbt, die Joche durch Gurtbögen unterteilt. Die massigen Pfeiler im Vierungsbereich, wo die tonnengewölbten Querhausarme abgehen, lassen vermuten, dass es sich bei dem ersten Kirchenbau an dieser Stelle um einen Zentralbau handelte. In der beträchtlichen Höhe über der Vierung selbst spannt sich ein Tonnen-, über der Apsis ein Kreuzgratgewölbe.

Die **Kanzel (5)** schiebt sich vom sechsten Joch des linken Seitenschiffs ins Mittelschiff. Ihr Kasten wird von vier Säulen mit korinthischen Akanthuskapitellen getragen. Er zählt zu den Hauptwerken romanischer Kunst in Apulien, wenngleich er aus verschiedenen Teilen zusammengesetzt zu sein scheint. Rahmungen und Ecklisenen folgen – ob als Blätterreihe oder Rankenwerk ausgeführt – noch ganz

Capitanata

Troia, Kapitellkopf im Diözesanmuseum

antikem Gepräge. Dem ansonsten leeren Feld auf der Vorderseite ist ein Säulchen angefügt. Auf ihm breitet ein Adler, der einen Hasen geschlagen hat, seine Schwingen aus. Auf diesen trägt er als Lesepult das ›Buch der Wahrheit‹. An der linken Seite ist als bewegtes Basrelief das bekannte altorientalische Motiv des Bestienkampfs wiedergegeben: Ein Löwe, der im Rücken von einem Hund angefallen wird, zerfleischt ein Schaf. Unter dieser Bildplatte beginnt die Umschrift mit der Datierung der Kanzel: *Anno d[omi]nice incarnationis M C DC VIIII* – »Im Jahr 1169 der Fleischwerdung des Herrn ...« Weiter heißt es, dass »das Werk im vierten Jahr der Herrschaft unseres Herrn Wilhelm, von Gottes Gnade König von Sizilien und Italien und Sohn des früheren prächtigen Königs Wilhelm, geschaffen wurde«.

Die Kanzel wurde erst 1860 in der Kathedrale aufgestellt. Vorher befand sie sich in der frühromanischen Kirche San Basilio.

Weitere Sehenswürdigkeiten

Man erreicht die kleine Kirche **San Basilio,** wenn man sich – die Kathedrale im Rücken – auf dem Corso Regina Margherita nach links wendet und vor der Kirche San Francesco nach links abbiegt. Natürlich sind auch hier der Turm auf dem linken Querarm und die Giebelschwünge spätere Zutaten. Bereits 1087 erstmals in einer Urkunde des Klosters Montecassino erwähnt, dürfte sie jedoch, wie der Name andeutet, auf eine Basilianer-Niederlassung zurückgehen und kurz nach der Neugründung der Stadt durch die Byzantiner 1019 entstanden sein. Robuste Säulen teilen sie in drei Schiffe, die Vierung ist überkuppelt. Die Apsis ist außen mit Blendbögen, vier Halbsäulen, Randlisenen und einem Biforium versehen.

Museo Diocesano
Via Ospedale
Troia
Tel. 08 81 72 62 45
nur n. V. oder bei einem hiesigen Geistlichen nachfragen

Ein Blick auf dem Corso weiter stadtauswärts zeigt die moderne Backsteinkirche **Sant'Anna**. Sie wurde an der Stelle der 1964 abgerissenen Kastellruine errichtet.

Im **Diözesanmuseum** *(Museo Diocesano)* im ehemaligen Benediktinerkloster gegenüber der Kathedrale (Via Ospedale, 1. Tür rechts; klingeln!) wird ein außergewöhnlich gut gearbeitetes **Kapitell** mit vier Menschenköpfen gezeigt, das um 1240 entstand und der örtlichen Überlieferung gemäß ein Geschenk Friedrichs II. war. Ein Pendant steht im Metropolitan Museum in New York.

Von Troia nach Bovino

Die Strecke von Troia nach Bovino über **Orsara di Puglia** ist nicht die schnellste, aber wegen des Bergwalds, den sie durchquert, die reizvollste. Außerdem erlaubt sie einen Abstecher zur Kirche **Sant'Angelo**, die im unteren Teil des Dorfs neben dem großen Palazzo Baronale über einem hohen Felsabsturz liegt. Einst die Kirche eines Klosters, das über eine dem Erzengel geweihte Grotte wachte, soll sie bereits zu Beginn des 9. Jh. entstanden sein. Die Mönche verfüg-

Bovino, Kastell

ten im 13. Jh. über weit verstreuten Besitz; ein Gut lag erstaunlicherweise bei Zamora in Spanien, womit zusammenhängen mag, dass Papst Gregor IX. das Kloster dem spanischen Ritterorden von Calatrava überließ, der sich den Zisterziensern zuzählte und hier sein italienisches Mutterhaus einrichtete. Trotz späterer Veränderungen der Kirche bleibt die Architektur bemerkenswert. Der einschiffige Raum ist durch zwei starke Gurtbögen gedrittelt, die von Pilastern an den Seitenwänden gestützt werden. Die beiden unterschiedlich hohen Kuppeln, die so auch im Salent und in der Terra di Bari begegnen, lassen auf eine Entstehung in der ersten Hälfte des 12. Jh. schließen. Das Tonnengewölbe zwischen den Kuppeln findet sich ähnlich in der Kirche San Leonardo di Siponto.

Bovino

Geschichte

Hübsch am Abhang des 1105 m aufragenden Monte Crispiano in 647 m Höhe gelegen, machte dem von Sommerfrischlern geschätzten Städtchen Bovino das verheerende Erdbeben von 1930 fast den Garaus und seiner bewegten Geschichte beinahe ein Ende, die, schriftlich überliefert, mit Hannibal einsetzt, der hier 217 v. Chr. mit seinem Heer lagerte. Im 1. Jh. n. Chr. erwähnte Plinius *Vibinum* als römische Kolonie. Im frühen Mittelalter wurde es zum Zankapfel zwischen Langobarden und Byzantinern. Letztere waren auch Otto I. ein Dorn im kaiserlichen Auge. Da er Süditalien zu seinem Reich zählte, mochte er die Vertreter des oströmischen Kaisers hier nicht dulden, und sein Feldzug führte ihn am 1. Mai 969 vor die byzantinische Festung von Bovino, ohne sie nehmen zu können. Kurz darauf versuchte sich Fürst Pandulf I. »Eisenkopf« von Benevent-Capua mit Truppen, die ihm zum Teil von Otto überlassen waren. Aber bei einem Ausfall der Byzantiner wurde er gefangen genommen und nach Konstantinopel deportiert. Im August 970 mühte sich Otto erneut mit Bovino ab und zog plündernd durch Apulien. Erst vor den Normannen mussten die Byzantiner endgültig kapitulieren, und Drogo, der zweite jener berühmten Hauteville-Brüder und der erste, der von Kaiser Heinrich III. nach dessen Romaufenthalt 1147 mit der Grafschaft Apulien belehnt wurde, nahm 1148 Bovino ein.

Kastell

Das oberhalb der Stadt gelegene **Kastell** (Palazzo Ducale) wurde über römischen Mauern von Drogo errichtet, von Friedrich II. ausgebaut und im Inneren, wo jetzt ein Collegio feminile untergebracht ist, bis in die Neuzeit verändert. Vom ersten Bau hat sich der runde Normannenturm und einiges Mauerwerk erhalten. In seinem Schutz nächtigten der Friedrich-Sohn Manfred, Torquato Tasso, Kaiserin Maria Theresia von Österreich und Papst Benedikt XIII.

Santa Maria Assunta

Vom Kastell die Straße abwärts gewährt ein Tor Einlass ins Städtchen und geradewegs zum Dom Santa Maria Assunta. Ende des 10. Jh. begründet, wurde er in der 2. Hälfte des 11. Jh. – vermutlich nach der Zerstörung der Stadt durch Drogo – grundlegend erneuert. Ende des 12. Jh. war ein Neubau erforderlich, der 1231 geweiht wurde. Knapp hundert Jahre später wurde auch dieser ersetzt und erhielt die heutige Fassade, die insoweit Restaurierung ist, als der Dom nach dem Erdbeben von 1930 zu großen Teilen (unter Verwendung alter Stücke) neu aufgebaut werden musste. Entsprechend beeinträchtigt wirkt die Fassade des gedrungenen, aber klassisches romanisches Baumaß aufweisenden Gebäudes, das sich hinter der breiten, vierstufig vorgesetzten Freitreppe erhebt. Die hoch angesetzten, schräg abfallenden Seitendächer sowie die drei Portale künden von der dreischiffigen Anlage. Die äußeren Schmuckränder der zugespitzten Archivolten am rechten Seiten- und am Hauptportal verraten gotischen Einfluss. Fast die gesamte Fläche zwischen Portalarchivolte und Giebel nimmt ein gewaltiges (ausgebrochenes) Rundfenster ein, dessen einstige Pracht die ornamentale Einfassung erahnen lässt. Der äußere Bogen beschreibt lediglich einen Halbkreis und läuft nach unten zu beiden Seiten in Kapitelle und Säulen aus, die auf Löwenrücken stehen. Direkt unter dem Giebel tritt mit dem Vorderleib eine Stierskulptur aus dem

Mauerwerk. Im **Inneren** trennen jeweils vier antike Basaltsäulen mit unterschiedlichen Kapitellen aus dem 10. Jh. das fünf Joch lange Mittelschiff von den Seitenschiffen. An den Wänden sieht man drei Transennen vermauert, die einst als Fenster dienten. Das leicht erhöhte Querschiff geht über die Flucht der Seitenschiffaußenwände nicht hinaus; über der Vierung erhebt sich eine Kuppel. An den Bogenseiten vor dem Presbyterium sind zwei Blöcke zu sehen, deren rohe Bearbeitung noch vor dem 10. Jh. erfolgt sein dürfte; sie gehörten vermutlich zum Portal eines Vorgängerbaus. An der Stelle des jetzt rechteckigen, tonnengewölbten Chorraums, den ein Gestühl aus dem 17. Jh. einnimmt, befand sich im Hochmittelalter wohl eine runde Apsis.

Bei der Kapelle, die man vom rechten Seitenschiff nach vorne betritt, handelt es sich um den ehemals eigenständigen Sakralbau **San Marco** von 1197, eine einschiffige, tonnengewölbten Saalkirche mit einem überkuppelten Chorquadrat in derselben Breite. Geht man sie – entlang der rechten Domfassade – von außen an, zeigt sie im Tympanon über dem schlichten Portal ein Basrelief, das den Hl. Markus zwischen zwei Diakonen darstellt.

Über Deliceto nach Herdonia

Zur Panoramafahrt auf kurvigem Sträßchen entlang des Monte Salecchia gerät der Abstecher zum anmutig gelegenen **Deliceto**. Früher schätzte man eine solche Lage als ›strategisch‹, und deshalb errichteten die Normannen 1073 die Burg, die Friedrich II. zur Festung (Fortezza) ausbauen ließ und auch Karl I. von Anjou sowie spätere Adelsgeschlechter zu nutzen wussten. Sie erhebt sich über dem Grundriss eines unregelmäßigen Vierecks am Rand des Dorfs und hart am Abhang. Der quadratische Turm ist normannisches Relikt, während die beiden zylindrischen Türme Zutaten des 15. Jh. sind.

Weiter in den schon raueren Bergen und in traumhafter Lage, die eine Aussicht über den ganzen Tavoliere bis zum Golf von Manfredonia gewährt, präsentiert sich die pyramidenartig am Hang aufgetürmte Ortschaft **Sant'Agata di Puglia.** Die Burg, ebenfalls von den Normannen begründet, hat durch die Zeiten sehr gelitten, und ist bis auf die Grundmauern abgegangen. Das unscheinbare, im 17. und 18. Jh. genutzte Herrenhaus, das sich an seiner Stelle erhebt, bietet dafür keinen Ersatz. Ähnliches gilt für **Rocchetta Sant'Antonio,** das seine 1083 errichtete Normannenburg bei dem Erdbeben von 1456 einbüßte. Das heutige kleine Kastell entstand zu Beginn des 16. Jh. als Wohnsitz der Fürstenfamilie D'Aquino.

Ascoli Satriano

Dem Ort muss man sich von Nordosten her nähern, auf der ›gelben Straße‹, unter der Schnellstraße hindurch, dann über den Carapelle, ein im Sommer verdurstetes Flüsschen, danach über die Bahnschienen

Capitanata

*Ascoli Satriano,
Römerbrücke*

und schließlich steil hinauf zum Ort. Diese Zufahrt bietet die Gewähr, sich an der **Römerbrücke** über den Carapelle würdig des historischen Augenblicks zu erinnern, dass hier im Frühjahr 279 v. Chr. Pyrrhos I., von Tarent um Hilfe gegen die nach dem Süden Italiens ausgreifenden Römer ersucht, mit immensem Heer und Kriegselefanten einen seiner nach ihm benannten ›Pyrrhus-Siege‹ erfocht. Noch Ende desselben Jahrhunderts wurde *Ausculum* römische Kolonie und als Folge des Bundesgenossenkriegs 89 v. Chr. *municipium*. Die vollständig erhaltene römische Brücke, auf welcher man weniger das Wasser, als vielmehr einen Schilfwald überquert, wurde im 1. Jh. n. Chr. erbaut.

Daneben verblassen die verstreuten römischen Spuren, die es in der Umgebung von Ascoli und im Ort selbst noch gibt, sodass die Auffahrt nicht unbedingt lohnt – wenn da nicht wieder dieser Fernblick über die nordapulische Ebene wäre, allemal beeindruckender als die römischen Meilensteine von der Via Traiana, die man hier oben verstreut aufgestellt hat (z. B. vor der Porta Sant'Antonio Abate, einem Barocktor aus dem 17. Jh.), oder der seit seiner Erbauung als Burg im 13. Jh. so oft umgebaute **Palazzo Ducale,** dass er seine massige Form nicht eben anziehend präsentiert, oder der **Dom,** der die romanische Gestalt seiner Entstehung im 12. Jh. in der Gesamtanlage noch verrät, aber durch die renaissancezeitliche Fassadengestaltung und die Barockisierung im Inneren nicht eben gewonnen hat.

Herdonia

Man kann also getrost nach *Herdonia* (auch: *Herdonea*) weiterfahren, dem Ausgrabungsgelände jener antiken, auf der letzten Anhöhe vor der Ebene gelegenen Stadt, die zumindest namentlich in dem Dorf Ordona dicht daneben weiterlebt. Ein wenig Aufmerksamkeit tut Not, um den Platz nicht zu verfehlen: In Höhe des Ortes, der links der Straße liegt, biegt man unmittelbar nach einer Linkskurve rechts in einen Weg ab, überquert eine Wegkreuzung und hat nach insgesamt 400 m einen Bauernhof zur Rechten. Hier lässt man den Wagen stehen, geht durch den Bauernhof, was erlaubt ist, vorbei an den friedlich in der Sonne dösenden Hunden und Katzen, und gelangt hinter dem letzten Haus zum Ausgrabungsgelände. Im Sommer sind meist Archäologiestudentinnen und -studenten von der Universität Bari, gelegentlich auch aus Belgien zugange, wenn, wie oft, Professor Mertens selbst anwesend ist: *Herdonia* ist ›seine Stadt‹, nachdem sich hier Pyrrhos ebenfalls 279 v. Chr. mit den Römern schlug, nachdem sie sich laut Livius als Folge der Schlacht bei *Cannae* 216 v. Chr. Hannibal ergeben musste und nachdem dieser vor ihren Mauern 210 v. Chr. letztmals seine Überlegenheit als ›Schlachtenlenker‹ bewies, indem cr die Römer, die im Begriff waren, die Stadt zu nehmen, nach einem Gewaltmarsch zum Kampf stellte und ihren Befehlshaber Fulvius zusammen mit etwa 10 000 Soldaten tötete. Mertens entdeckte die Stadt nach langer Suche 1965, indem er der Via Traiana folgte, die ab dem 2. Jh. n. Chr. Benevent mit den Adriahäfen verband.

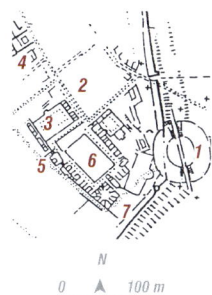

Herdonia, Lageplan
1 *Amphitheater*
2 *Via Traiana*
3 *Basilica*
4 *Thermen*
5 *Italischer Tempel*
6 *Forum*
7 *Macellum*

Der alte Straßenzug ist im Ausgrabungsgelände aufgedeckt. Auch der Verlauf der antiken **Stadtmauer** lässt sich über weite Strecken im Gelände verfolgen; eines der Tore war von zwei Türmen flankiert. Das bis in die Aragonesenzeit genutzte Kastell ist völlig vom Erdboden verschwunden. Obwohl die Stadt schon 663 durch Kaiser Konstantin II. einmal zerstört worden war, wanderten die letzten Familien erst im 15. Jh. ab und gründeten Ordona. Danach verfiel der antike Ort vollends und geriet in Vergessenheit, bis Professor Mertens den Staub der Jahrhunderte über ihm abzutragen begann.

Herdonia, Basilica

Reisen & Genießen

Hotels und Restaurants

... in Bovino Scalo
Im Cervaro-Tal unterhalb des alten Bovino liegt das alteingesessene Albergo und Ristorante La Pergola, wo man sich drinnen und draußen ein köstliches Safranrisotto, schwarze Cannelloni (mit Tintenfisch und Broccoli) oder ein traditionelles Fleischgericht gönnt und auch ein Zimmer findet.

La Pergola
SS 161
Tel. 08 81 96 15 03
Mi und 15.–30. Sept. geschl.
Menü 25–35 €

... in Castelnuovo della Daunia
In einer Gegend mit wenigen Einkehrmöglichkeiten hat das ländliche Il Cenacolo schon manch Hungrigen mit einfachen, aber guten Speisen aus seiner Not befreit.

Trattoria Il Cenacolo
Piazza Guglielmi 3
Tel. 08 81 55 95 87
Mo geschl.
Menü 25–30 €

... in Foggia
5 Fußminuten vom Bahnhof entfernt, hat sich dieses Traditionshaus einen bezaubernden Charme bewahrt, die großzügigen Zimmer sind mit allem modernen Komfort ausgestattet. Das Restaurant verschreibt sich einer verfeinerten apulischen Küche: Die *tortelle con carciofi* (mit Artischocken und Käse gefüllten Teigtaschen) sind ein Genuss. Die *insalata montana* wird an den vornehm eingedeckten Tischen traditionell gereicht, d. h. Staudensellerie oder Chicoree werden unzerkleinert in einer mit Wasser gefüllten Schüssel gereicht und in Schälchen mit Salz und Öl gestippt.

Hotel Mercure Cicolella****
Viale XXIV Maggio 60
Tel. 08 81 56 61 11
www.hotelcicolella.it
DZ 115–225 €
Restaurant So geschl.

Ein sehr behagliches Stadthotel mit bewachtem Parkplatz ist das
White House****
Via Sabotino 24
Tel. 08 81 72 16 44
www.hotelwhitehouse.it
DZ 105–120 €

Das Ristorante südöstlich des alten Zentrums (eigener Parkplatz) gibt sich familiär und bietet traditionelle apulische Küche, die sich nach den Jahreszeiten und dem tagesfrischen Angebot des Marktes richtet. Die Pasta entsteht hier wirklich noch im Haus. Nach dem Essen kann sich heutzutage auch ein Herr ein Gläschen des hausgemachten Likörs Rosolio einschenken lassen, der früher eher den Damen zugedacht war.

Da Pompeo
Vico al Piano 14
Tel. 08 81 72 46 40
So geschl.
Menü 25–30 €

Für diese Trattoria im historischen Zentrum gelten dieselben Attribute. Bei den *dolci* zeigt sich die besondere Meisterschaft der aus einer Konditorei stammenden ›Tante‹ Marinella, die dem Lokal ihren Namen gab.

Trattoria Zia Marinella
Via Saverio Altamura 23
Tel. 08 81 31 11 51
So geschl.
Menü 25–30 €

Reisen & Genießen in der Provinz Foggia

... in Lucera
Sehr stilvoll gerät der Aufenthalt im Le Foglie di Acanto, einem Bed & Breakfast in einem Palazzo des 19. Jh. beim Dom.
Le Foglie di Acanto
Via Lorenzo Frattarolo 3
Tel. 08 81 54 66 91
www.lefogliediacanto.it
DZ ab 100 €

Das La Balconata ist ein einfaches, sauberes Hotel (eigene Tiefgarage) gegenüber dem alten Eingang zur Altstadt. Das Ristorante versorgt mit üppig proportionierten ländlichen Gerichten und eigenem Wein.
La Balconata***
Viale Ferrovia 15/17
Tel. 08 81 54 67 25
DZ 65–85 €

Nur wenige Schritte sind es vom Dom ins Ristorante Alhambra mit seinem rustikalen Charme, das unter Liebhabern von Meeresfrüchten eine gesuchte Adresse ist.
Alhambra
Via De Nicastri
Tel. 08 81 54 70 66
So und im Aug. geschl.
Menü ab 18 €

Das beliebte Ristorante Al Federiciano befindet sich im Rücken eines alten Wohnturmes. Auf der Terrasse im 1. Stock mundet an heißen Tagen eine *pizza fresca*, die erst nach dem Backen belegt wird.
Al Federiciano
Vico Caropresa 9
Tel. 08 81 54 94 90
Menü ab 15 €

... in Orsara di Puglia
Am westlichen Ortsrand lockt in den Daunischen Berge auf bald 700 m Höhe in gepflegtem Grün ein Feinschmeckerparadies (fünf edle Zimmer). Die erlesene Küche verwendet Zutaten der natürlichen Umgebung. Berühmt sind die mit Käse überbackenen oder gefüllten Gemüse, die gebratenen Pilze, Nudeln mit Wildschweinsoße oder Lammkoteletts im Kräutermantel. Nach dem Essen lädt das weite Anwesen zum Spaziergang in himmlischer Ruhe ein.
Peppe Zullo
Via Piano Paradiso 11
Tel. 08 81 96 47 63
www.peppezullo.it
Di geschl.
Menü ab 40 €

... in San Severo
Diese Trattoria im Zentrum des Städtchens zeigt sich innen mit Gewölben und Backsteinmauern unprätentiös ländlich, unternimmt aber zum Wohl der Gäste alles, seinem Motto ›*Quando si mangia bene si vive meglio*‹ (Wenn man gut isst, lebt man besser) gerecht zu werden. Unter den Vorspeisen bieten die kleinen und reichlichen *mozzarelle* köstliche Verführungen, bevor man vielleicht zu der in Ravioli versteckten Büffelmozzarella *(bufala)* oder einem der herzhaften Fleischgerichte übergeht.
La Fossa del Grano
Via Alessandro Minuziano 63
Tel. 08 82 24 11 22
www.lafossadelgrano.it
So abends und Mo geschl.
Menü ab 32 €

... in Troia
Wenn man den Ort auf der zentralen Achse Via Regina Margherita durchlaufen und die Kathedrale besichtigt hat, steigt leicht das Verlangen auf, den optischen und geistigen Genüssen einen leiblichen hinzuzufügen. Das nach den Fürsten von Troia benannte Ristorante nur Schritte hinter der Via eignet sich hierfür vorzüglich:
D'Avalos
Piazza della Vittoria 9
Tel. 08 81 97 00 67
Menü ab 28 €

Zum Monte Gargano

Frühmorgens von Foggia durch den Tavoliere, gegen die aufgehende Sonne auf den violett-grau hingelagerten Koloss zu, den schroff aus der Ebene emporragenden Monte Gargano, unwirklich im ungewissen Frühlicht: Götterburg, Mythenort, Grottenheiligtum des Erzengels Michael, Ziel der Frommen seit Jahrtausenden. Doch nicht immer nahm man die Straße von Foggia und Manfredonia her. Von Norden kommend bot sich der bequemere Weg von Apricena oder San Severo nach Monte Sant'Angelo an, dem Heiligtum des Erzengels Michael und bis vor kurzem am meisten besuchten Wallfahrtsziel auf dem Gargano. Das hat sich durch Padre Pio geändert, und die Karawane der klimatisierten Busse, die hier an jedem Wochenende einzieht, stoppt oft nicht einmal mehr an der Abtei **San Matteo in Lamis,** die hinter San Marco in Lamis (an der S 272) wie eine Burg am Hang klebt und auf eine Gründung der Langobarden im 6. Jh. zurückreicht.

San Leonardo di Siponto

San Leonardo di Siponto, linkes Kapitell am Portal

Heute fahren die Busse vorbei und entladen täglich nach Tausenden zählende Pilger in **San Giovanni Rotondo**. Hier lebte bis zu seinem Tod 1968 der stigmatisierte, wundertätige Padre Pio, dessen Bild hinter unzähligen italienischen Windschutzscheiben klebt. Die *Casa Sollievo della Sofferenza*, ein bedeutendes Krankenhaus, ist sein Werk. Er liegt in der modernen Basilika Santa Maria delle Grazie begraben. Bäuerinnen wie Bankdirektoren erzählen gleichermaßen enthusiastisch von den Heilungen, die sie durch Padre Pio erfuhren, und lassen jeden kritischen Einwand als kindische Imitation des ungläubigen Thomas erscheinen. Die 6 Mio. Menschen, die jährlich den Ort ansteuern, veranlassten den im Jahr 2000 fertiggestellten Bau einer gigantischen Kirche, die angeblich 4000 Gläubigen Platz bietet.

San Leonardo di Siponto

Wählt man die Anreise von Foggia, dann sieht man noch weit unterhalb des Monte Gargano, der in einigem Abstand zur Linken der Straße wie eine Barriere folgt, auf der letzten Bodenschwelle des Tavolierrands – wenn man nach rechts voraus erstmals das Adriablau des Golfs von Manfredonia erblickt – einsam rechts an der S 89 die Kirche des Hl. Leonhard stehen, des Schutzheiligen der Sklaven und Gefangenen: San Leonardo di Siponto. Jahrhundertelang legten hier, *iuxta stratam peregrinorum*, alle Gargano-Wallfahrer einen Halt ein. Von Benediktinern begründet, wurde das Kloster, das auch als ›San Leonardo a Lama Volara‹ bekannt ist, samt Pilgerhospiz erstmals 1113 erwähnt und 1167 vom Normannen Wilhelm II. »zur Rettung seiner Seele sowie der seines Vaters Wilhelm und König Rogers« großzügig mit Privilegien versehen. Da waren aus den Benediktinern schon Au-

San Leonardo di Siponto ★

Capitanata

San Leonardo di Siponto

gustinerchorherren geworden. Ihre bedeutendsten Äbte waren der im selben Jahr 1167 verstorbene Richard sowie der 1184–1224 dem Kloster vorstehende Petrus. Diesen beiden ist im Wesentlichen der jetzige Bau zu verdanken, und Petrus war es anscheinend auch, der die Übertragung des Klosters an die Deutschordensritter, die bereits Kaiser Heinrich VI. verfügt und sein Sohn Friedrich II. bestätig hatte, zu verhindern wusste. Denn erst nach der Zerstörung des Klosters durch die Sarazenen von Lucera brachten die in Barletta ansässigen Deutschordensritter 1261 den im Verfall begriffenen Besitz an sich und richteten eine Ballei ein. Der sittliche Verfall der Mönchsgemeinschaft war, wie an anderen Klöstern in dieser Zeit, zuvor bereits eingetreten.

Fassade

Ihre auf Wirkung bedachte Seite bietet die Kirche an der linken Flanke, also zur Straße hin. Aber zunächst fallen die beiden Tamboure auf, die sich – der linke flacher, der rechte höher und mit Blendbögen verziert – achteckig aus dem Dach erheben und die beiden noch erhaltenen Kuppeln andeuten. Eine ehedem vorhandene mittlere Kuppel ist verloren gegangen. Ein paar Schritte nach links, und man sieht die ebenfalls teilweise mit Blendbögen und Lisenen gegliederten drei Apsiden an der Ostwand des niedrigen Gebäudes. Die größere Mittelapsis ist zusätzlich durch ein Monoforium mit Rankenwerkeinfassung und bizarre Maskenkonsolen am Dachgesims hervorgehoben.

San Leonardo di Siponto

Die Nordwand bzw. ›Schauseite‹ ist typisch durch Lisenen, Blendbögen und Konsolenfries konturiert. An ihr sticht das monumentale **Portal** hervor. Wie kaum ein zweites lässt es die ehrfurchtheischende Vitalität romanischer Gestaltungskunst und das ihr innewohnende Prinzip von ergreifend schlichter Bildsprache, Ausgewogenheit und Symmetrie empfinden. Die Portalfassung dürfte noch in den 1180er-Jahren entstanden sein und gehört zum Schönsten, was sich an apulisch-romanischer, deutlich abruzzesisch beeinflusster Skulptur – man denke nur an San Clemente a Casauria – erhalten hat. Auch die bewegte freiplastische Steinrose direkt oberhalb der Archivolte legt den Bezug zu abruzzesischen Arbeiten nahe. Die Türpfosten ziert feines Rankenwerk, das sich um Tiere, Menschen und Zentauren schlingt. Den äußeren, erhabeneren Rahmen schmücken paarweise gegeneinander gestellte, aufgerollte Blätter. In das gestufte Gewände ist zu beiden Seiten eine schlanke Säule mit meisterhaftem Kapitell eingestellt. Das rechte zeigt die Hl. Dreikönige, die ihre Gaben darbringen, das linke den auf dem Esel reitenden Balaam und den Engel, der ihm mit dem Schwert in der Rechten entgegentritt. Aber wer kann es Pilgern, die hier auf ihrer Wanderschaft zum Heiligtum des Erzengels Michael in Monte Sant'Angelo vorüberkamen, oder auch modernen Betrachtern verdenken, in dem Eselreiter einen Wallfahrer zu sehen? Architrav und Archivolte führen die Ornamentik der Pfosten fort, wobei die letztere noch von einem Rautenband gesäumt ist. Das Tympanonrelief präsentiert Christus in einer von zwei Engeln gehaltenen Mandorla. Großzügig überfangen ist das Portal von einem sich nach unten als Bogen öffnenden, wohl um 1200 geschaffenen Blendgiebel, den zwei freistehende Säulen abfangen. Diese stehen auf verwitterten Löwen, während den Blattkapitellen Greifen aufsitzen, die den Kopf den beiden Bildplatten zudrehen, die zwischen Blendgiebel und Portal in die Mauer eingelassen sind. Die auf der linken dargestellte Person ist nicht mehr zu identifizieren, doch bei dem Männlein auf der rechten mit Kapuze, Buch und Kette muss es sich um den Hl. Leonhard, den Patron der Kirche, handeln. Beachtung verdienen an derselben Wand links und rechts vom Portal die **Monoforien** mit ihren unterschiedlichen Einfassungen bzw. der Transenne, die sich im ersten links neben dem Portal erhalten hat.

Die eigentliche **Hauptfassade,** die zum ehemaligen Klosterhof mit dem in der Substanz noch erhaltenen Pilgerhospiz zeigt, fällt demgegenüber krass ab. Vom alten Portal blieb nur die äußere Archivolte mit Akanthusblattschmuck. Hübsch ist aber der ebenfalls mit einer Transenne gefüllte kleine Okulus, bemerkenswert das Rautenfenster.

Innenraum

Nach dem Betreten des Inneren trifft man zunächst auf zwei Pfeiler, der rechte mit vorgestellten Halbsäulen, und ist überrascht, nur zwei Schiffe vorzufinden. Doch das rechte Seitenschiff ist abgemauert und öffnet sich nur im vordersten der drei Joche. Das Mittelschiff weist

---

Räuberhöhle statt Gotteshaus

Um 1250 heißt es von San Leonardo, dass es nicht mehr ein Haus Gottes, eine ›Domus Dei‹, sondern eine Räuberhöhle, eine ›spelunca latronum‹, sei. Nach dem Deutschen Orden, unter dem San Leonardo bis ins 16. Jh. in Blüte stand, zogen Franziskaner ein und hielten bis Anfang des 19. Jh. das Hospiz aufrecht, das im Gebäude rechts neben der Kirche untergebracht war.

zwei Kuppeln auf, das linke Seitenschiff ist mit einer Vierteltonne gedeckt, ebenso wie der vorderste Teil des rechten, der bis in die rechte Apsis hinein mehrfach durch Wappen mit schwarzem Kreuz auf weißem Grund bezeugt, dass die Deutschordensritter einmal die ›Herren im Haus‹ waren. Die Franziskusstatue auf dem Altar vor der mittelschiffbreiten Hauptapsis verweist dagegen auf die letzten Besitzer des Klosters. Der früher ebenfalls hier befindliche monumentale Holzkruzifixus aus dem 13. Jh. wurde in die Kathedrale von Manfredonia verbracht.

Santa Maria di Siponto

Santa Maria di Siponto ★

Von San Leonardo zum nächsten Halt an der Kirche Santa Maria di Siponto sind es, weiter auf der Straße Richtung Manfredonia, keine fünf Minuten. Man sieht die Stadt auch gleich, mehr noch den weiten Küstenbogen des Golfs, der in strahlendstem Blau aufleuchtet und alle Umweltsünden, die man ihm und seinem Wasser bis vor einigen Jahren zufügte, vergeben zu haben scheint. Wieder direkt rechts an der Straße und alleinstehend hat die Kirche als letztes steinernes Zeugnis der untergegangen antiken Hafenstadt *Sipontum*, der Vorläuferin von Manfredonia, alle Zeitenstürme überdauert bzw. bis Ende des 13. Jh. Erneuerer gefunden.

So steht sie als hochromanisches Kleinod da, inspiriert von byzantinischen Vorbildern: ein Zentralbau auf quadratischem Grundriss, dessen Kuppel sich nach außen hinter dem unscheinbaren Dachaufsatz mit der Laterne verbirgt. Leichtigkeit verleiht dem gedrungenen kubischen Baukörper die Gestaltung der Außenwände mit angefügten Säulen, deren Kapitelle gestufte Blendbögen tragen, und den Rautenfenstern, die über der Sockelzone vermauert wiederkehren. Dieser Wandschmuck ist so auch in Foggia, Troia und Monte Sant'Angelo zu sehen. Erstaunlicherweise hat Gregorovius 1874 davon nichts bemerkt. Er sah eine Fassade »ohne jede Gliederung«. Das **Löwenportal** – der Straße zugekehrt und somit nach Nordwesten weisend – wirkt ein wenig ramponiert, als wäre es seit dem 13. Jh., in dem es angebracht wurde, nicht mehr restauriert worden. Aber noch tragen die Löwenrücken die antiken Säulen und die vierfach gestufte, mit Bänderungen verzierte Archivolte.

Santa Maria di Siponto, Aufriss

Innenraum

Das recht nüchterne Innere dominieren die vier Pfeiler, welche die Kuppel stützen. Der Wandschmuck wirkt nicht original und ›riecht‹ nach der Restaurierung von 1975. Den Altar bildet ein byzantinischer Sarkophag des 3./4. Jh. Bei der Ikone »Madonna von Siponto« in der Apsis handelt es sich um eine Nachbildung; das Original aus dem 12. Jh. wird aus Sicherheitsgründen in der Kathedrale von Manfredonia aufbewahrt, was seit Jahren etliche Traditionalisten erzürnt.

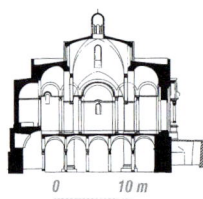

Santa Maria di Siponto

Santa Maria
di Siponto, Krypta

An der linken Wand sind Mosaikfragmente zu sehen, die aus der wesentlich größeren, im 6. Jh. (vermutlich über einem Diana-Tempel) errichteten frühchristlichen Basilika geborgen wurden. Deren Fundamente sind links neben der Kirche freigelegt, gleich nach dem außenliegenden steilen Abgang zur **Krypta**. Schon Gregorovius stieg hier beeindruckt abwärts und zählte 21 Stufen. Die Krypta wird auch als Unterkirche oder Vorgängerbau bezeichnet, doch so richtig treffen beide Begriffe nicht zu. Denn ursprünglich war das, was sich heute als Ober- und Unterkirche bzw. Krypta darstellt, *ein* hoch aufragender Zentralkuppelbau, der vielleicht als Baptisterium diente und in mehreren Bauphasen nach dem Erdbeben, das die Basilika 991 zerstörte, ab 1025 entstand. Papst Paschalis II. konnte ihn 1117 weihen. Nach einem weiteren Erdbeben 1223, das Siponto vernichtete, war das Gebäude in seiner ursprünglichen Konzeption nicht zu erhalten. Ende des 13. Jh. öffnete man den jetzigen Eingang und drehte die Achse von Nordost-Südwest auf Nordwest-Südost. Dies enthob die (erste) Apsis im Südwesten ihrer Funktion und machte den Anbau der (zweiten) Apsis im Südosten erforderlich. Außerdem wurde der Bau durch den Einzug einer Decke in eine Ober- und Unterkirche bzw. Krypta geteilt. Insofern ist auch der kleine ›Wald‹ aus zwölf schlanken Säulen, der zusammen mit den in jeder Richtung über fünf Joche schwingenden Bogenarkaden dem Unterbau das stimmungsvolle Gepräge gibt, Zutat des 13. Jh. Geradezu gigantisch nehmen sich in den Ecken des dunklen Gevierts die wuchtigen gemauerten Säulen aus, die einst die Kuppel trugen und nun die in der Oberkirche direkt über ihnen stehenden Pfeiler abstützen. Die kolorierte Holzskulptur »Maria mit Jesuskind«, eine Arbeit des 12./13. Jh., die hier früher in der Apsis aufgestellt war, befindet sich jetzt ebenfalls in der Kathedrale von Manfredonia.

Bischofssitz seit 465

Die architektonische Leistung von Santa Maria di Siponto war enorm, einer Stadt von der früheren Bedeutung Sipontos angemessen, und allemal würdiger als der Badeort gleichen Namens, der heute als Vorort Manfredonias die in der Antike noch vom Meer bedeckten Strände südlich der Stadt besetzt. Die aufwendige Anlage berechtigt zu der Annahme, hier den Sitz des im Jahr 465 bezeugten ersten Bischofs Felix oder des Bischofs Lorenzo Maiorano zu vermuten, dem die ›Erscheinung‹ des Erzengels Michael auf dem Gargano zugeschrieben wird.

Manfredonia

Manfredonia ★
Besonders sehenswert:
Kastell mit Archäologischem Museum

APT
*Piazza del Popolo 11
71043 Manfredonia
Tel. 08 84 58 19 98*

Im Altertum verlief die Küste weiter landeinwärts. Vom alten Hafen, der *Sipontum* berühmt machte, zeugen – Schritte von Santa Maria di Siponto entfernt – nur wenige Trümmer. Schon die Daunier hatten ihn und die Stadt angelegt. Ab dem 7. Jh. v. Chr. erblühte Siponto als griechisches Zentrum, und der legendäre Diomedes gilt auch hier als Gründer. Hannibal und die Römer machten sich jahrelang den Hafen streitig, 213 v. Chr. mit dem besseren Ende für letztere, und nach 194 v. Chr. wurde *Sipontum* römische Kolonie. In dem Machtkampf, den Marcus Antonius und Octavian, der spätere Sieger und Kaiser Augustus, austrugen, geriet die Seestadt erneut zwischen die Fronten, um in der folgenden augusteischen Friedensepoche eine Blütezeit zu erleben. In dieser entstand das Amphitheater, das Archäologen unweit von Santa Maria di Siponto an der Straße nachweisen konnten. Noch im 5./6. Jh. war Siponto der wichtigste Getreideausfuhrhafen Apuliens. Auch im weiteren Mittelalter büßte die Stadt, die im 7. Jh. von Slaven heimgesucht, dann von Langobarden im Wechsel mit den Byzantinern und 1039 von den Normannen genommen wurde, zunächst wenig von ihrem Glanz ein. Erst das erwähnte Erdbeben von 1223 machte den Ort unbewohnbar, und Manfred, der Sohn Friedrichs II., ließ daneben ein neue Stadt anlegen, das nach ihm benannte Manfredonia. Als Gründungsdatum wird 1256 angegeben. Aber: König Heinrich VII., der bei seinem Vater Friedrich II. in Ungnade gefallen war und als Gefangener von Venedig zu Schiff nach Apulien

Manfredonia, Kastell

transportiert wurde, ging in Siponto an Land. Und am 8. Januar 1252 legte Konrad IV., dem nach Friedrichs Tod die Reichsherrschaft zugefallen war, mit dem Schiff in Siponto an, wo er von Manfred in Empfang genommen wurde. Beide Ereignisse trugen sich *nach* dem Erdbeben zu, das 1223 Siponto vernichtete, und vor der ›offiziellen‹ Gründung von Manfredonia im Jahr 1256. Das kann nur bedeuten, dass der Hafen von Siponto weiter nutzbar war, oder aber Manfredonia zunächst den Namen Siponto fortführte. Indem Karl I. von Anjou sie in *Sipontum Novellum* umzubenennen versuchte, wollte er aber wohl schon die Erinnerung an den Staufer auslöschen.

Castello Svevo mit Museo Nazionale
tgl. 8.30–13.30 und 15.30–19.30 Uhr, letzter Mo im Monat geschl.

Kastell

Erfolgreicher waren die Anjou bei der Fertigstellung der von Manfred in Verbindung mit der Stadtbefestigung begonnenen Festung *(Castello Svevo Angioino)*, jenem gewaltigen, von Dattelpalmen gesäumten Bollwerk direkt am städtischen Badestrand, wo es sich immer gut parken lässt. Von hier sieht man hinter der Mauer den eckigen Turm aufragen, der noch aus der Gründungszeit stammt. Die Rundbastionen, Wälle und breiten Rampen im Inneren, die der Auffahrt von Kanonen dienten, wurden erst unter den Aragonesen im 15./16. Jh. angelegt. Sie bilden eine neue Ummantelung der quadratischen ersten Burg, die dadurch mit ihren Mauern und Türmen erhalten blieb. Trotzdem konnten die Türken 1620 die Stadt erstürmen und niederbrennen. Der Eingang des Kastells befindet sich auf der der Stadt zugewandten, höher gelegenen Seite an einer gepflegten Grünanlage. Die Eckbastion, die man vor dem Eingang nach links sieht, kam im 16. Jh. hinzu.

Im Innern des Kastells veranschaulicht das **Archäologische Nationalmuseum** *(Museo Archeologico Nazionale del Gargano)* mit einer Sammlung sehr geschmackvoll präsentierter Exponate die Siedlungskultur am Golf von Manfredonia seit der Jungsteinzeit. Außerdem enthält es die vollständigste Kollektion daunischer Stelen aus dem 7. und 6. Jh. v. Chr., die wohl als Grabsteine dienten. Die auf den Stelen stilisiert abgebildeten Männer (mit Brustharnisch, Schwert und Beil sowie auf der Rückseite mit Schild) oder Frauen (mit Handschuhen und Schmuck) dürften an die jeweils Bestatteten erinnern. Außerdem zeigen etliche Stelen Szenen aus dem Alltagsleben – für Frühgeschichtsforscher ›Bildbände‹ aus versunkenen Zeiten.

Ortsrundgang zur Kathedrale San Lorenzo

Der Weg vom Kastell auf der Uferpromenade und dann am Largo Diomede nach rechts ansteigend führt vor die Kirche **San Domenico**, einst Teil eines Dominikanerklosters, mit schlichtem Spitzbogenportal und zwei ansehnlichen Steinlöwen vom des 13. Jh. davor. Vom Rundfenster darüber ist nur die gestufte Einfassung erhalten.

Vom Kirchenportal weg folgt man der Straße aufwärts, überquert den Corso Manfredi – eine der zentralen Achsen der schachbrettartig angelegten Stadt, auf der sonntags die Bevölkerung zur *Passeggiata* antritt – und gelangt auf die **Piazza Giovanni XXIII,** einen weiten, nüchternen Platz, auf dem man sich ein paar Bäume wünscht.

Auch die **Kathedrale San Lorenzo,** die unter Bischof Orsini, dem späteren Papst Benedikt XIII., 1680 (nach der Zerstörung des gotischen Baus durch die Türken 1620) vollendet wurde, stimmt nicht erhebender. Immerhin verrät der ›versteinerte‹, aber freundlich lächelnd sein Volk segnende Papst Johannes XXIII. an der Südflanke der Kathedrale, woher der Platz seinen Namen hat. So ist es kein Versäumnis, sich den Preziosen im Inneren zuzuwenden. Der monumentale, 2,44 m hohe **Holzkruzifixus** aus dem 13. Jh. und somit einer der ältesten Apuliens, ist nach dem Haupteingang gleich links hinter Panzerglas zu bewundern. Er befand sich früher in der Kirche San Leonardo di Siponto. Seine ausdrucksvolle Stilisierung, die im Gesicht und an der Muskulatur des Gekreuzigten zu Tage tritt, sowie die Tatsache, dass San Leonardo den Deutschordensrittern gehörte, lassen vermuten, dass er aus Nordeuropa ›importiert‹ wurde. Weniger kunstfertig geriet die mit weit aufgerissenen, traurigen Augen auf die Passion Jesu vorausschauende »Thronende Madonna mit Kind«, eine kolorierte **Holzskulptur** aus dem letzten Viertel des 13. Jh. (beim Betreten durch den Seiteneingang unmittelbar rechts in einer Kapelle), die einst in der Unterkirche von Santa Maria di Siponto ausgestellt war. Aus der Oberkirche wurde die **Ikone** der »Madonna mit Kind« (vor dem Triumphbogen rechts) hierher in die Kathedrale gebracht, ein Tafelbild aus dem 12. Jh. Diese Madonna wird als Schutzheilige von Siponto verehrt. Seit 1964 wird eine Kopie der Ikone alljährlich Ende August bei einer Prozession durch Manfredonia bewegt – Stein des Anstoßes für jene, die sich unmöglich vorstellen können, dass eine Nachbildung der ›Himmlischen Mutter‹ segensreich wirken könnte. Dabei grenzt es schon an ein Wunder, wie energisch Manfredonia die Wunden früherer Umweltsünden kuriert hat und zu einer rundum angenehmen, gepflegten Stadt geworden ist.

Monte Sant'Angelo

Monte Sant'Angelo ★★

Pro Loco
Via Basilica Reale 40
71037 Monte
Sant'Angelo
Tel. 08 84 56 55 20

Kastell
im Winter 9–12, im Sommer 8–19 Uhr

Dasselbe gilt für Monte Sant'Angelo ohnehin. Aber ein Erzengel landet auch nicht irgendwo, und wo er sich dazu herablässt, entsteht ein Ort mit Superlativen, ob man nun der Anzahl der täglich anrollenden Reisebusse Rechnung trägt, oder der mit dem Namen des Erzengels Michael verbundenen Geschichte. Monte Sant'Angelo ist der älteste ›gesamteuropäische‹ Pilgerort: Orakelplatz der alten Griechen, geadelt durch den Seher Kalchas, der laut Homer die Griechen gegen Troja führte; von den Dauniern zum Göttersitz erkoren, von Byzantinern als Erscheinungsort des Erzengels ›erkannt‹, welchletzterer wiederum von den Langobarden (als Ersatz-Wotan?) vereinnahmt und von den Deutschen zum Reichsschutzheiligen, zum ›deutschen Michel‹ eben, erklärt wurde. Eine unendliche, unglaubliche Geschichte – die aber nur kritische, mythenresistente Geister nachdenklich stimmt.

Monte Sant'Angelo

Freudvoller ist es, sich auf etwas Mystik einzustellen, während man – von Manfredonia auf der S 89 nordostwärts – in einigem Abstand zum blauen Meer Oliven- und Feigenhaine durchfährt, die kalkweißen oder grauen, grüngesprenkelten Berghänge zur Linken, schließlich abbiegt und sich in unzähligen Kehren, die immer neue, atemberaubende Blicke über den Golf von Manfredonia eröffnen, nach Monte Sant'Angelo hinaufschraubt, auf den 796 m hohen Monte Drion der Alten. Noch zu Fuß, allenfalls auf Esel- oder Pferderücken, haben Kaiser Otto III. von Rom aus im Frühjahr 999 als Buße für die Ermordung eines römischen Senators, Kaiser Heinrich II. 1022 nach seinem militärischen Fehlschlag gegen die Byzantiner, 1049 Papst Leo IX., 1137 Kaiser Lothar III. und auch, wenn die Fama stimmt, der Hl. Franziskus von Assisi 1216 den Anstieg zurückgelegt – insgesamt 33 gekrönte Häupter lassen sich als Besucher von Monte Sant'Angelo auflisten.

Monte Sant'Angelo
1 *Kastell*
2 *Campanile*
3 *Santuario di San Michele*
4 *San Pietro*
5 *San Giovanni Battista in Tomba*
6 *Santa Maria Maggiore*
7 *San Benedetto*
8 *Sant'Antonio Abate*
9 *San Francesco*
10 *Museo di Arti e Tradizioni Popolari del Gargano*

Kastell (1)

Man passiert die Staffelung von Neubauten, fährt zum höchsten Punkt hinauf und hält auf dem riesigen Parkplatz, schon auf gleicher Höhe mit dem Kastell, einer beachtlichen Ruine mit weitgehend erhaltenen Außenmauern, Rundbastionen und einer kielförmigen Eckbastion, die Ferdinand I. 1491/1493 hinzufügen ließ. Die ältesten Notizen über

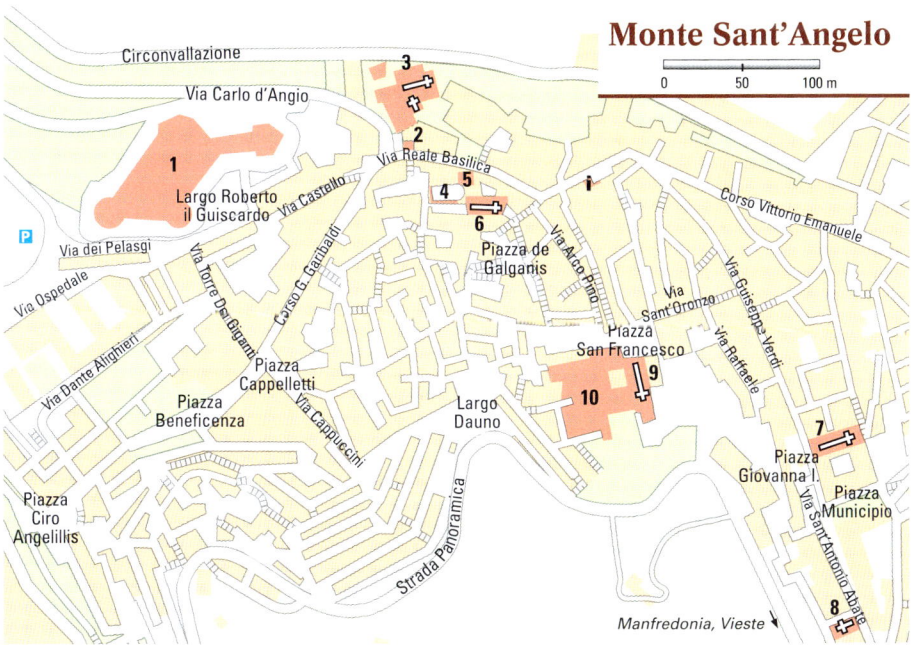

Capitanata

eine Befestigung des Bergs gehen auf das Jahr 838/39 zurück. Die erste nachweisbare Anlage, vielleicht auch nur der fünfeckige ›Riesen-Turm‹, die *Torre dei giganti*, stammt aus der Zeit des Normannen Robert Guiskard, also aus der 2. Hälfte des 11. Jh. Herzog Konrad von Schwaben eroberte die Burg 1137 für Kaiser Lothar III., der einen Feldzug zur ›Befriedung‹ Süditaliens unternahm, nach dreitägiger Belagerung. Für eine Erweiterung sorgte Friedrich II. Seine Enkelin Philippa – Tochter seines außerehelich mit Maria von Antiochien gezeugten Sohnes Friedrich von Antiochien – lernte die Burg als Gefangene der Anjou kennen und starb nach eineinhalb Jahren Kerkeraufenthalt im Oktober 1273, gerade 31 Jahre alt.

Campanile (2)

Der Weg zwischen dem Kastell und den niedrigen Häusern mit den Souvenirständen davor führt schließlich steil abwärts ins Zentrum des Städtchens, direkt vor einen separat stehenden achteckigen Campanile. Sein Umfang entspricht exakt seiner Höhe von 25 m, die Wände sind 2,50 m dick. Ein ›starker‹ Turm, an dem nur das oberste der vier Geschosse etwas gelitten hat, weil man 1666 eine 60 Zentner schwere Glocke einhängte. Über Eck gestellte Lisenen, Blendbögen und grazile Biforien versuchen die Massigkeit zwar etwas zu dämpfen, aber die Handschrift seiner Erbauer, der unter den Anjou tätigen Festungsbaumeister Giordano und Maraldo, kann der Turm nicht verbergen. Ihre Namen sind inschriftlich über dem Turmportal festgehalten, zusammen mit dem Datum 27. März 1274.

Monte Sant'Angelo, Kastell

Santuario di San Michele (3)

Der Campanile ist Teil der Hauptsehenswürdigkeit des Orts und der ganzen Region, der Wallfahrtskirche des Hl. Michael. Sie nahm ihren Anfang in einer Grotte, die schon in der Steinzeit bewohnt war. Um 300 v. Chr. schrieb Timaios von Tauromenion, dass der von Homer als Apollopriester und Begleiter der Griechen gegen Troja erwähnte Kalchas hier ein Orakel unterhalten habe. Später holten sich die Römer in der Grotte Rat. Im 2. /3. Jh. besetzte der Mithras-Kult die Höhle mit seinen blutigen Stieropfern, weswegen wohl in den ältesten Legenden über die Erscheinung des Erzengels Michael immer ein Stier auftaucht, der den Weg zur Grotte wies. Die menschliche Hauptrolle wurde dagegen (meistens) dem Bischof Lorenzo Maiorano zugeschrieben, einem Verwandten des byzantinischen Kaiserhauses, wie es hieß. Ihm soll in den 490er-Jahren Michael im Traum erschienen sein, zu einem Sieg über Heiden verholfen und befohlen haben, die Grotte für ihn in Besitz zu nehmen.

Als im 6./7. Jh. die Langobarden nach Süditalien vorstießen und den Byzantinern große Teile Apuliens wegnahmen, erkoren sie den kriegstüchtigen Engel zu ihrem Nationalheiligen. Auch Gesandte des Bischofs Obert von Avranches kamen nach Monte Sant'Angelo. Kaum zu Hause, erschien Michael im Bistum und bekam 708/709 – in Anlehnung an das Grottenheiligtum am Gargano – eine französische Filiale auf dem ebenso nach ihm benannten, weltberühmten Mont Saint-Michel.

Angesichts der Pilgermassen wurde der Engel anscheinend flügellahm. 869 wurde Monte Sant'Angelo von den Sarazenen zerstört. Kaiser Ludwig II. ließ die Wallfahrtsstätte 871 wieder herrichten, nachdem er die Sarazenen aus Bari verscheucht hatte. Doch 910 und 952 erschienen sie erneut und plünderten die Schätze des Heiligtums. Als Meles aus Bari mit Unterstützung der Langobarden 1109 seinen Aufstand gegen die Byzantiner begann, soll er laut Wilhelm von Apulien (Guglielmo da Puglia) erstmals Normannen zum Kampf angeworben haben, die sich als Pilger in Monte Sant'Angelo aufhielten. Dass am Ende diese allein mit den Sarazenen aufräumten, die Byzantiner vertrieben und das ganze Land beherrschten, war nicht vorherzusehen. Aber auch sie nahmen das Michaels-Heiligtum am Gargano in ihren besonderen Schutz, wie sie schon in der heimatlichen Normandie ihren ›Michaels-Berg‹, den Mont Saint-Michel, gehütet hatten.

Von dem Heiligtum zeigt sich beim Campanile am Ende eines kleinen, mit Gittern bewehrten Platzes zunächst nur ein tiefer **Eingangsportikus,** in dessen Giebelfeld sich eine Ädikula mit einer Michael-Statue befindet: der Erzengel, der das personifizierte Böse bzw. den Teufel zu seinen Füßen tötet. So begegnet man ihm in Monte Sant'Angelo noch zigmal kunstvoll und an Souvenirständen tausendmal als Kitschfigur, wobei er in letzterem Fall einem dünnbeinigen, jungenhaften Feuerwehrhauptmann immer ähnlicher wird. Der seriöse Darstellungstypus dagegen gestattet Assoziationen zum heidni-

Krypta
im Grottenheiligtum
nur mit Führung:
April–Sept. tgl.
8.30–12 und 14.30–19, Okt.–März nur
14.30–16.30 Uhr

Capitanata

Uralte Unsitte
Die Langobardenherzöge Romuald I. (662–687) und Romuald II. (706–731) ließen ihre Besuche durch Inschriften (in der jetzigen Grottenkrypta) festhalten. Bei Rumildi, die ihren Namen in den Stein ritzte, dürfte es sich um eine Fränkin gehandelt haben, während die Herren Hereberecht, Wigfus und Herraed, die sich im 8. Jh. mit Runen (!) im Stein verewigten, wohl Angelsachsen waren.

schen Vorläufer Mithras: Der Umhang, der Helm, das Tötungswerkzeug in der Hand, das Tier, das im Begriff ist, umgebracht zu werden.

Da das linke der beiden Portale eine Rekonstruktion von 1865 ist (wie der gesamte Portikus mit seinen zwei Spitzbögen), gilt das Augenmerk dem **rechten Portal,** das der einheimische Simeone (da Monte Sant'Angelo) 1295 samt den Kapitellen, der spitzbogigen Archivolte und dem floral verzierten Architrav schuf. Auf dem Lünettenrelief ist die Madonna mit Jesuskind zwischen den Hll. Petrus und Paulus dargestellt. Rechts neben Petrus, der ein Schwert trägt, ist – zeittypisch klein und kniend – als Stifter Karl II. von Anjou mit ins Relief geraten. Wenig einladend wirkt die Schrifttafel über dem Portal: *Terribilis est locus iste / hic domus Dei est / et porta coeli* – »Furchtgebietend ist dieser Ort: Hier ist das Haus Gottes und das Tor zum Himmel«.

Aber niemand lässt sich abschrecken. Allenfalls frühmorgens, kurz nach sieben, besteht eine Chance, ohne Pilgerbegleitung die 85 Stufen jener breiten Steintreppe hinabzusteigen, die unter Karl I. von Anjou 1273 angelegt und 1888 wiederhergestellt wurde. Hinter dem ›**Tor des Stiers**‹ **(a;** *Porta del Toro)* aus dem 17. Jh. folgt ein kleines, durch natürlichen Lichteinfall erhelltes Atrium. Links geht es gegen Bezahlung und nur mit Führung in die geheimnisvolle **Krypta (b),** wo man sich in der Entzifferung jüdisch-christlicher Grafitti oder Runeninschriften aus dem 7.–8. Jh. versuchen kann. Ferner sind darin beachtliche Skulpturen aufbewahrt, darunter das berühmte Fragment einer Kanzel, die Acceptus im 11. Jh. anfertigte.

Das Atrium endet vor einem **romanischen Portal (c).** Auf der Archivolte unterstreichen zwei Vers-Inschriften den Wert des Grottenbesuchs. *Ubi saxa panduntur ibi peccata hominum dimittuntur* – »Wo Felsen sich öffnen, werden die Sünden der Menschen vergeben«, heißt es da, und *Haec est domus specialis in qua noxialis quaeque actio diluitur* – »Dies ist das besondere Haus, in dem jegliche schänd-

Monte Sant'Angelo,
Santuario di San
Michele, Grottenkirche
a Porta del Toro
b Krypta
c romanisches Portal
d Franziskusaltar
e Petrusaltar
f Königsthron
g Marienaltar
h Michael-Statue
i Hauptaltar
j Bischofsthron

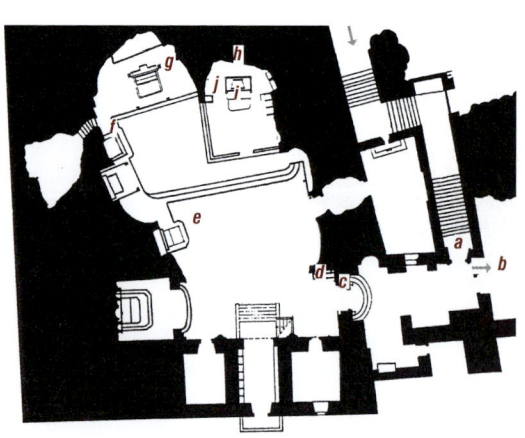

Monte Sant'Angelo

Capitanata

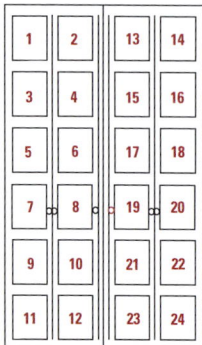

Monte Sant'Angelo,
Wallfahrtskirche,
Bronzetür

Caecilia und Valerian
Die Darstellung von Caecilia und Valerian auf der Bronzetür geht auf die Legende zurück, dass die beiden Eheleute sich zur Zeit der Christenverfolgung in Rom vor ihrem eigenen Martyrium zu einem jungfräulichen Leben verpflichteten und dafür von Engeln mit Kränzen aus Rosen und Lilien gekrönt wurden.

◁ Monte Sant'Angelo, Wallfahrtskirche

liche Handlung getilgt wird«. Die **Bronzetür** selbst ist nicht die künstlerisch wertvollste, vermutlich aber die älteste, die in Apulien erhalten geblieben ist. Sie wurde, wie die Inschrift auf dem Querbalken über der untersten Bilderreihe des rechten Flügels besagt, im Auftrag eines Pantaleon aus Amalfi 1076 in Konstantinopel hergestellt. Auf jeweils zwölf Bildtafeln, bei denen in Niellotechnik die Umrisslinien mit Silberdraht ausgelegt sind, werden links Engel-Episoden aus dem Alten Testament gezeigt, rechts neutestamentliche bzw. ›historische‹ Erzengel-Erscheinungen. Dass jede Bildtafel mit Originaltext versehen ist, hilft bei der Interpretation, und man erkennt im Einzelnen auf dem **linken Türflügel:** (1/2) Michaels Kampf mit dem Drachen, (3) Abraham, (4) Daniel, (5) Jakobs Traum von der Himmelsleiter, (6) Nathan und David, (7) den Antichrist, (8) Jakobs Kampf mit dem Engel, (9) die Jünglinge im Feuerofen, (10) die Opferung Isaaks, (11) Zacharias im Tempel und (12) die Vertreibung von Adam und Eva aus dem Paradies; auf dem **rechten Türflügel:** (13) die Verkündigung der Geburt Jesu an die Hirten, (14) Josephs Traum und die Flucht nach Ägypten, (15) Josephs Traum und die Flucht nach Judäa, (16) die Tröstung der Frauen am Grab, (17) die Befreiung des Petrus, (18/19) Stiftungsinschrift des Pantaleon, (20–22) Traum des Bischofs von Siponto mit Engelserscheinung und Gründung des Grottenheiligtums, (23) den Traum des Hl. Martin von Tours und (24) die Krönung von Caecilia und Valerian.

Besagter Pantaleon, der großzügige Stifter der Tür, trat auch als frommer Schenker von Bronzetüren in Amalfi, Atrani, Montecassino und Rom hervor, ganz in den Fußstapfen seines Onkels Mauro, der in Jerusalem 1050 ein Pilgerhospiz begründete, aus dem schließlich der Johanniterorden hervorging. Pantaleon war sich des Werts, aber auch der Pflegebedürftigkeit seiner Schenkung durchaus bewusst. Deshalb ließ er über der untersten Bildreihe des linken Flügels seine Bitte an die Geistlichen festhalten, die Tür wenigstens einmal im Jahr gründlich zu säubern und dadurch ihren Glanz zu erhalten.

Dahinter öffnet sich eine hohe, vier Joche lange und mit Kreuzrippengewölben versehene gotische **Vorkirche,** die 1273 der Grotte quer vorgesetzt wurde. Bis zu diesem Zeitpunkt stieg man von unten zur Grotte empor. Den alten, nun vermauerten Eingang kann man noch auf der Nordseite des Bergs an der Umgehungsstraße erkennen. Von diesem früheren Stufenweg wie von dem frühromanischen Vorgängerbau (unter der jetzigen Vorkirche) wurden Teile freigelegt. Einiges davon sieht man in der Krypta. Nach dem Betreten der 15 m hohen, etwa 20 m langen, aber nur 5 m breiten Vorkirche erinnert gleich rechts der **Franziskusaltar (d)** von 1675, den die damals am Ort stationierten spanischen Soldaten in Auftrag gaben, an den Besuch des Heiligen aus Assisi im Jahr 1216 und den Abdruck, den er hinterließ, als er niederkniete und mit der Stirn die Portalschwelle berührte. Der Bogen seiner Augen und der Nasenansatz drückten sich in Gestalt eines ›Tau‹, also des griech. Buchstabens ›T‹, in den Stein ein, worauf man die Stelle ausschnitt und mit der so gewonnenen Reliquie den

Altartisch bereicherte. Die marmorne Franziskus-Statue über dem Tabernakel schuf Andrea Sansovino (1460–1529).
Während sich nach links über Stufen der ehemalige Kapitelsaal bzw. Chor sowie danach die Reliquienkapelle öffnen, schließt die Vorkirche nach hinten mit einer 1699 erneuerten, barockisierten Sakramentskapelle ab. Rechts liegt die breite, flache und schummrige **Grotte**, die rückwärtig zwei Ausbuchtungen in den Fels aufweist: Ein erhebender Moment, wenn man bedenkt, wer hier schon alles ehrfürchtig eingetreten ist. An der linken Wand steht zunächst der sogenannte **Petrusaltar (e)**, in den als Baldachinstützen zwei gedrehte Marmorsäulen des 9. Jh. inkorporiert sind. Die Reliefplatte über dem Altartisch, die den Hl. Petrus darstellt, wurde im 12./13. Jh. angefertigt. Direkt hier, am Standplatz des Altars, befand sich bis 1273 der Zugang von unten in die Grotte.

Hinter einem weiteren Altar folgt der ›**Königsthron**‹ (f; Trono reale). Ob eine der hohen Herrschaften, die dem Ort ihre Aufwartung machten, je auf ihm gesessen hat, ist mehr als fraglich. Denn zusammengefügt wurde der Sitz als Ersatz für einen spätmittelalterlichen Holzthron erst 1872. Hochinteressant sind an ihm aber die beiden kleinen Reliefplatten, die (rechts) den Erzengel einmal mit einem Spieß in der Rechten und einem Untier zu Füßen, zum anderen (links) mit einer riesigen Waage zeigen, mit welcher er die Guten von den Schlechten trennt.

An der Wand links neben dem barockisierten **Marienaltar (g)** ist eine Reliefdarstellung des Apostels Matthäus aus dem 12./13. Jh. zu sehen, dann aus derselben Zeit in einer gotischen Ädikula die Statuette einer »Madonna von Konstantinopel« und schließlich ein merkwürdiges Relief vermutlich des 14./15. Jh., auf dem eine Figur mit drei Köpfen die Hl. Dreifaltigkeit vorstellen soll.

Die **Michael-Statue (h)**, der die Herzen aller Wallfahrerinnen zufliegen, befindet sich hinter dem Hauptaltar in der Höhlenausbuchtung rechts daneben: Ein zarter, kurzgeschürzter, gelockter und geflügelter Jüngling aus weißem Carrara-Marmor, wohl ebenfalls ein Werk des Andrea Contucci, gen. Sansovino, geschaffen 1507 – wie ein ›Zuckerbübchen‹ steht er in einem Schrein aus Silber und böhmischem Glas. Man kann sich schlecht vorstellen, dass dieser Engel mit dem erhobenen güldenen Schwert in der Rechten irgendetwas, irgendwem zu nahe rücken wollte – schon gar nicht dem ›menschlichen Bösen‹, das in Gestalt eines Drachen zu seinen Füßen grinst. Es ist übrigens dasselbe Schwert, das bei der Prozession am 29. September, dem Michaelstag, vom Bischof durch die Straßen getragen wird.

Der **Hauptaltar (i)** selbst ist zusammengefügt aus Teilen eines von Acceptus geschaffenen Kanzelkastens, zu dem der im Museum aufbewahrte Pultadler gehört. Man könnte also durchaus die Acceptus-Kanzel weitgehend rekonstruieren, wäre freilich dann wegen eines neuen Altars in Verlegenheit. Oder man belässt es bei dem Altar der Karolingerzeit direkt darunter, einem Würfel aus fünf quadratischen Marmorplatten, der seinerseits exakt um den Opfertisch des Mithraskults errichtet worden ist.

Monte Sant'Angelo, Santuario di San Michele, Gottesdienst in der Grottenkirche

Links neben dem Hauptaltar ist der nach wie vor benutzte, schon von Kaiser Heinrich II. ›besessene‹ und hervorragend erhaltene marmorne **Bischofsthron (j)** aufgestellt, der vermutlich in Santa Maria di Siponto seinen ›Original-Platz‹ hatte. Mit den beiden Löwen, die den Sitz tragen, ähnelt er dem Thron in Canosa, wurde aber wohl in der ersten Hälfte des 11. Jh. von Acceptus geschaffen. Nach anderer Auffassung stammt das erlesene Möbel mit seinen wunderschön skulptierten Flechtbandmustern allerdings aus dem 13. Jh. Die Inschrift *SUME LEONI* zwischen den beiden Löwen wartet noch auf ihre zweifelsfreie Deutung, trotz des nahe liegenden Bezugs zu Bischof Leo von Siponto (1023–1050). Die Inschrift am oberen Rand der Rückenlehne erinnert an die damals wachsende Bedeutung von Monte Sant'Angelo, indem sie feststellt: *Sedes haec numero difert a sede Siponti / ius et honor sedis que sunt ibi sunt quoque M* – »Dieser (Bischofs)sitz unterscheidet sich von dem in Siponto nur durch die Anzahl, nicht aber (durch) das Recht und die Ehre (selbst), die in Monte (S. Angelo) dieselben sind wie dort«. Die Reliefplatte der rechten Armlehne – natürlich nicht für den Thron geschaffen, aber hier verarbeitet – zeigt den Erzengel Michael als Drachentöter. Es dürfte die älteste Darstellung sein, die ihn in dieser Rolle abbildet, und wohl das Michael-Bildnis, das der fränkische Mönch Bernhard – laut eigenem Bericht – im Jahr 858 sah.

San Pietro (4)

Wenn man aus dem Grottenheiligtum wieder auftaucht in die reale, rationale Welt, bereitet es ein wenig Mühe, sich ihrer ganz zu versichern. Doch kaum dass man sich am Campanile die paar Stufen hinabwagt und gleich nach links wendet, wird der auf Mysterien eingestellte Sinn erneut herausgefordert. Es ist nicht das Portal aus dem 18. Jh., das neugierig macht, sondern das kleine Rundfenster (16. Jh.) darüber, in dem vier Sirenen barbusig und breitschwänzig im Kreis auf einem achtspeichigen Rad sitzen: der Fassadenrest der Pfarrkirche San Pietro, die 1894 in sich zusammenfiel; deshalb gibt es nach dem Durchschreiten der Tür von der Ende des 12. Jh. erbauten, einschiffigen Kirche geradeaus nur eine halbrunde Apsis zu sehen.

> *Tumba*
> ... bedeutete zunächst alles Mögliche, vom Grab- bis zum Berghügel, vom Gewölbe oder Turm bis zur Erhebung allgemein. Erst im 16. Jh. verengte sich der Begriff ›tomba‹ im Italienischen zu ›Grabmal‹.

San Giovanni Battista in Tomba (5)

Links an die Apsis von San Pietro angebaut erhebt sich die *Tomba di Rotari*, die exakt das nicht ist, was ihr Name vorgibt, also nicht das Grabmal des 652 in Pavia verstorbenen Langobardenkönigs Rothari, sondern wohl ein Baptisterium mit dem Patrozinium Johannes' des Täufers, weshalb man von San Giovanni Battista in Tomba sprechen sollte.

Die beiden **Reliefs über dem Eingang,** die um 1100 angefertigt wurden, sind von außerordentlicher Plastizität und bezüglich der Ausdruckskraft ihrer Personen singulär. Auf dem unteren Bildstein, der als Türsturz dient, wird in höchst suggestiver Ausarbeitung die Gefangennahme Jesu, der bereits das Kreuz auf sich genommen hat, kundgetan. Das doppelt so hohe obere Relief sitzt als Quasi-Tympanon der unteren Bildplatte auf und zeigt in bewegter, detailfreudiger Darstellung die Kreuzabnahme Jesu sowie (rechts außen) den Auferstandenen mit den drei Marien davor.

Das **Innere** des Bauwerks – ein Raum, der sich über einem quadratischen Grundriss bis in die 22,80 m hohe Kuppel hinein öffnet –

Monte Sant'Angelo, San Giovanni Battista in Tomba, Türsturz

Monte Sant'Angelo, San Giovanni Battista in Tomba, Aufriss

nimmt unwillkürlich gefangen, angesichts der spannungsreichen Dissonanz zwischen den vier tiefgestuften, jeweils eine Raumwand des Erdgeschosses beherrschenden Spitzbögen und den beiden klassisch-romanisch durchgebildeten, dabei in sich verwegen variierenden Fenstergeschossen darüber, und der fließenden Übergänge vom Viereckgrundriss des Erdgeschosses zum Achteck und weiter zur elipsoiden Kuppel. Bis dahin gab es im Abendland keine vergleichbare Konstruktion. Vom Eingang her kommend befindet sich links über der Pforte, hinter welcher eine (gesperrte) Treppe durch die Mauer ins Obergeschoss führt, die Inschrift, die 1906 so schlecht gelesen bzw. falsch verstanden wurde, dass das Gebäude seitdem als ›Grabmal des Rothari‹ herumspukt. Auf ihr wird in den Versen *Incola Montani Parmensis Prole Pagani et Montis natus Rodelgrimi vocitatus hanc fieri tumbam iusserunt hi duo pulchram* ausgedrückt, dass der aus Parma stammende, in Monte (Sant'Angelo) lebende Paganus und der in Monte geborene Rodelgrimus »diese schöne Tumba« errichten ließen. Andererseits wurde tatsächlich ein Grab entdeckt; man sieht es in der linken (südlichen) Wand wie eine kleine, überkuppelte Höhle ausgeformt. Die Treppe, auf die man gleich beim Eingang durch ein Gitter hinabschaut, mündet dagegen direkt unter der Apsis von San Pietro in einen kreisrunden Raum mit neunzehn Steinsitzen an der Wand. Die Fragmente des Taufbeckens stammen aus der verschwundenen Kirche nebenan.

Die vorzüglichen **Kapitelle** der Halbsäulen und -pfeiler, auf denen die Blendbögen ruhen, lassen sich ›lesen‹. Vom Eingang her rechts beginnend, erkennt man das Opfer des Isaak (wobei der Erzengel einschreitet), Jesus' Einritt in Jerusalem sowie, am letzten Kapitell an ihrem Folterrad kenntlich, die Hl. Katharina von Alexandria. Rechts neben der nachträglich angefügten Apsis ist grandios die Verkündung der

Monte Sant'Angelo, San Giovanni Battista in Tomba

Geburt Jesu an die Hirten ins Kapitell sculptiert und auf dem Rand darüber ist das dazugehörige Engelwort *Ann[uncio] / nobis gavdiv[m] magnu[m]* – »Ich verkünde euch eine große Freude« eingeschnitten. Das Erdgeschoss endet nach oben an einem umlaufenden Konsolenfries. Darüber öffnet sich an jeder Wand eine Gruppe von drei Fenstern, als Monoforien mit im Gewände eingestellten Säulen oder als Biforien mit schlanken Mittelsäulen gestaltet. Der nach oben folgende Kranz von Lichtöffnungen besteht aus einer einheitlichen Reihe von kleineren Zwillingsfenstern. Die eigentliche Kuppelzone setzt bei dem Figurenfries an, in dem man eine Frau mit einem Kind auf dem Arm ausmacht, eine Sirene im Schneckenhaus, eine weitere Frau, der die langen Haare über das Gesicht fallen und die eine Schlange in der Hand hält, die sich um ihren Körper windet und an ihrer Brust saugt. Eva? Eine allegorische Darstellung der Luxuria? So viele Deuter, so viele Erklärungen …

Santa Maria Maggiore (6)

Rechts an die von San Pietro stehengebliebene Apsis stößt die um 1170 anstelle eines älteren Baues errichtete Kirche Santa Maria Maggiore an. Die Wandgliederung, durch Blendbögen und extrem schmale Pilaster erzeugt, wirkt vertraut; die (vermauerten) Rautenfensterchen rufen Erinnerungen an Santa Maria di Siponto, Foggia und Troia wach. Allein der rechteckige Aufsatz, der oberhalb der Portalzone über dem Gesims ein erhöhtes Mittelschiff suggeriert, wirkt befremdlich. Andererseits greift er sehr harmonisch die romanische Formgebung der Portalzone auf: drei Blendbögen, der mittlere höher und doppelt so breit wie der zu jeder Seite anschließende, die drei so entstehenden Felder durch Wandsäulen mit Kapitellen geschieden, das mittlere Feld durch ein (ausgebrochenes) Rundfenster betont.

Das auffällig verzierte **Portal** (Abb S. 132), das durch einen von Adlern gehaltenen Blendbogen überfangen wird, gehört zu den Teilen, die nach dem Erdbeben von 1198 erneuert werden mussten. Das gestufte Gewände bilden Halbpfeiler, gekehlt oder mit floralen Schmuckbändern versehen; die Kapitelle beherrschen Akanthusblätter, rechts außen vermag man an der Krone auf dem Haupt einen Herrscher – König David? Kaiser Heinrich VI.? – zu erkennen. Exakt darüber, oberhalb des ebenfalls mit Blattwerk geschmückten Abakus bzw. am unteren Ende der abwechslungsreich ornamentierten Archivolte, ist das Relief eines Stiers (= Evangelist Lukas) eingefügt, links daneben ein Adler mit Heiligenschein (= Evangelist Johannes). Links vom Architrav enden die Archivolten über einem geflügelten Löwen (= Evangelist Markus) und einem Menschen (Engel?) mit Heiligenschein (= Evangelist Matthäus). Ein Drache begrenzt zu beiden Seiten den mit einem prächtigen Schlingenwerk verzierten Architrav. Das **Tympanonrelief** wirkt mit seinen sechs Gestalten von unterschiedlichster Größe geradezu überfüllt. In der Mitte thront die Muttergottes mit dem Jesuskind, links und rechts schwenkt ein Engel ein Weihrauch-

Monte Sant'Angelo, Santa Maria Maggiore

gefäß, und zwischen jedem Engel und der Muttergottes kniet winzig klein jeweils eine Figur, die als Stifter und/oder Baumeister anzusprechen ist. Die über sie angestellten Spekulationen reichen von einem Benedikt, dem 1198 die Restaurierungsarbeiten anvertraut waren, und Friedrich II., der zu diesem Zeitpunkt noch keine vier Jahre war, bis zu seiner Mutter Konstanze und seinem Vater, dem 1197 verstorbenen Kaiser Heinrich VI.

Das **Innere** erweist sich als kurze Basilika: nur drei Joche lang, drei Schiffe breit, durch Pfeiler mit angesetzten Halbsäulen bzw. Pilastern getrennt. Das insgesamt frühgotische Gepräge wird vor allem durch die hohen Seitenschiffe mit den spitzbogigen Gurtbögen hervorgerufen; das Mittelschiff hat runde Gurtbögen und ist tonnengewölbt bzw. im Bereich des dritten Jochs überkuppelt. Der um drei Stufen erhöhte Chorraum schließt sich nach vorne in der Breite der drei Schiffe sechseckig an. Die Freskenreste des 13. / 14. Jh. an Wänden und Pfeilern vermitteln eine Vorstellung von der früheren Ausmalung.

Weitere Sehenswürdigkeiten

Konkurrenten

Der Star bei Souvenirhändlern und Pilgern ist und bleibt natürlich der Erzengel Michael. Aber zu sehen, wie er sich nicht nur der alten Konkurrenz in Gestalt der Gottesmutter, sondern neuerdings des ›aktuellen‹ Padre Pio erwehren muss, gerät zum Gassenkino.

Einen unvergesslichen Eindruck vom Souvenirhandel in dem Städtchen bietet ein Gang zu den Kirchen San Benedetto und Sant'Antonio Abbate. Dazu hält man sich am Campanile der Wallfahrtskirche rechts (wenn man von Santa Maria Maggiore die Treppen wieder hoch kommt) bzw. links (wenn man aus der Grotte kommt), folgt der Via Reale Basilica, bis sie sich teilt, und nimmt die rechts weiterlaufende Via Giuseppe Verdi. Linker Hand kommt dann mit wuchtigem Campanile und ansehnlicher Portaleinfassung die Kirche **San Benedetto (7)**, die samt Coelestinerkloster 1340 im Auftrag der Anjoufürstin Agnes von Durazzo, der Gattin Johanns I. von Durazzo, erbaut wurde. Auf derselben Straße weiter, nun Via Sant' Antonio genannt, erreicht man zur Rechten die gleichnamige Kirche **Sant'Antonio Abate (8)**, die weitgehend zerstört ist, aber ein Portal bewahrt hat, das um 1170/80 entstand und bezüglich der Gestaltung der Kapitelle, der Archivolte und insbesondere des Tympanons als Vorläufer des Portals von Santa Maria Maggiore anzusehen ist.

Auf demselben Weg zurück, dann links durch die Via Raffaele Cassa und erneut links durch die Via Sant'Oronzo gelangt man zur Piazza und **Kirche San Francesco (9)**. Sie entstand auf Veranlassung Johannas I. von Anjou, Königin des Königreichs Neapel. Innen birgt rechts vom Eingang ein Sarkophag angeblich die Knochen der berühmtberüchtigten Dame, die nach einem von Intrigen und Amouren erfüllten Leben im Jahre 1382 im Kerker ermordet wurde. Angenehmere Erinnerungen an vergangene Zeiten gestattet das neben der Kirche im ehemaligen Konventgebäude der Minoriten untergebrachte **Volkskundliche Museum des Gargano (10**; *Museo di Arti e Tradizioni Popolari del Gargano Giovanni Tancredi*). Danach locken verwinkelte Treppenwege durch den ältesten Teil des Städtchens aufwärts und wieder zurück zum Ausgangspunkt am Campanile der Wallfahrtskirche.

Museo di Arti e Traditioni Popolari G. Tancredi
neben der Kirche San Francesco im Winter Mo, Mi, Fr 8–14 Uhr, Di, Do 8–14 und 16–19 Uhr; im Sommer Di–Sa 8–14, 14.30–20 Uhr, So/Fei 10–12.30 und 15.30–19 Uhr

Abtei Santa Maria di Pulsano

Die Abtei Santa Maria di Pulsano lag von etwa 1965 bis Ende der 1990er-Jahre dem Verfall preisgegeben auf dem kahlen Bergsporn oberhalb von Manfredonia und sah zum Schluss wahrscheinlich übler aus als nach dem Sarazenenüberfall im Jahr 952. Ab 1998 wurde sie umfassend restauriert und lohnt nicht nur wegen der exorbitanten Lage einen Besuch. Dazu fährt man vom Parkplatz beim Kastell in Monte Sant'Angelo wieder Richtung Manfredonia abwärts und verlässt die Hauptstraße gleich in einer scharfen Linkskehre nach rechts (Hinweisschild). Nach ca. 9 km erreicht man das bereits im 6. Jh. begründete Kloster. Im 12. Jh. war es wesentlich an der Verbreitung des benediktinischen Mönchtums in Italien beteiligt. 1177 wurde es von Papst Alexander mit Privilegien bedacht, die Friedrich II. 1225 bestätigte. Trotzdem war der im 13. Jh. einsetzende Niedergang nicht aufzuhalten, und 1806 wurde es aufgelöst. Vom Parkplatz nach links abwärts gelangt man vorbei an der neu eingerichteten Grottenkapelle durch ein Tor zur Kirche des Klosters, einer echten **Grottenkirche**. Auch wenn das romanische Taufbecken (rechts) wie sämtliche Kapitelle Nachbildungen sind, ist der Sakralraum gerade um den von nacktem Fels umgebenen Altarbereich ungemein stimmungsvoll. In den Nebenhöhlen links und rechts befinden sich die **Gräber** des zweiten bzw. dritten Abtes. Vor dem alten renaissancezeitlichen Altar steht – modernen liturgischen Ansprüchen genügend – ein neuer, der ein Reliquiar aus der Zeit Papst Alexanders III. im Boden darunter hütet. Die früher hier verehrte Madonnenikone, eine ›Schwester‹ der im Dom von Manfredonia aufbewahrten, wurde 1968 gestohlen und ist durch ein Faksimile ersetzt.

In den Osten und Norden der Halbinsel

Trabucchi
Man sieht sie nicht mehr so häufig entlang der Küste rund um den Gargano, und man traut zunächst seinen Augen nicht: riesige, vermeintlich mehr schlecht als recht zusammengezimmerte, über der Steilküste aufragende Holzgerüste mit langen Auslegern, die wie Bohnenstangen wirken und doch schwere Netze in der Tiefe halten. Die berühmten Trabucchi sind simple Fischereimaschinen, die es gestatten, von hohen Felsen herab mit dem Netz zu fischen. Am felsigen Ende von Vieste steht der flache Trabucco San Francesco, auf dem Trabucco Molinella sieht man den Trabucchisti beim Fischen zu. Und in drei Trabucchi am Nordufer des Monte Gargano haben sich bei Peschici Lokale eingerichtet (s. S. 137).

APT Mattinata
Corso Matino 68
71030 Mattinata
Tel. 08 84 55 91 69

APT Vieste
Piazza Kennedy 13
71019 Vieste
Tel. 08 84 70 88 06
www.vieste.it

Die Weiterfahrt an der bisweilen unerträglich schönen Küste entlang gerät zum Naturspektakel. Steile Felshänge wechseln mit kleinen, flachen Kiesbuchten und langen Sandstränden, wo im Hochsommer – menschlich, allzu menschlich – Einsamkeit sich umgekehrt proportional zum Anstieg der Luft- und Wassertemperaturen verhält.

Mattinata

Bereits Horaz erwähnte den kurzen Strand unterhalb von Mattinata, wo Archäologen eine römische Villa entdeckten. Am besten mit einem Blick (von der Küstenstraße) zurück sieht man westlich der Bucht den Monte Saraceno aufsteigen, benannt nach den Sarazenen, die dort im 9./10. Jh. eine Basis für ihre Raubzüge unterhielten. Fast senkrecht fällt danach der Fels vom Straßenrand zum Wasser oder zu den winzigen Badebuchten ab. Gelegentlich hockt ein Hotel abenteuerlich am Absturz und wirbt dann (wie bei Baia di Zagare) mit einem Fahrstuhl hinab zum Strand. Bizarre Kalksteinmonolithen, vom Salzwasser angefressen oder vollständig durchhöhlt, halten den Finger fest am Auslöser der Kamera.

Vieste und die nördlichen Küstenorte

Schließlich leuchtet, noch sechs, sieben Kilometer entfernt, Vieste im Glanz seiner weißgetünchten Häuser auf dem fast 50 m hohen Kalksporn. Touristisch herausgeputzt, zählt es – ob trotz, ob wegen – des langen Strandes und der zahlreichen Hotels, die noch überwiegend von Italienern gebucht sind, zur angenehmen Art der Gattung ›Urlauberhochburg‹. Die herausgeputzte Altstadt lädt zum Bummeln ein, wo schon vor 3000 Jahren Menschen siedelten. Die exponierte Lage zog im 8. Jh. v. Chr. griechische Kolonisten an, seinen heutigen Namen aber bezog es von einem Vesta-Tempel aus römischer Zeit. Die türkischen Überfälle ab 1480 überstand die Stadt so eben, bei dem von 1554, befehligt vom dem berüchtigten Piraten Dragut, sollen an die 5000 Einwohner enthauptet worden sein. Gegen das Erdbeben von 1646 half nur der Wiederaufbau. Den Mangel an Sehenswürdigkeiten konnte er indes nicht korrigieren.

Man muss schauen, dass man – bei der Auffahrt gleich rechts – den Corso Cesare Battisti erwischt, und sollte sofort parken (ganz gemeine Sackgasse!). Auf diesem geht es zu Fuß durch das Altstadttor zur unmittelbar dahinter rechts gelegenen **Kathedrale Santa Maria Oreta**, errichtet im 11., komplett ›überarbeitet‹ im 19. Jh. Einige Kapitele im Langhaus zählen zu den ältesten frühromanischen Skulpturen in Apulien. Wer sich stattdessen nach dem Tor links die Treppenwege abwärts begibt, wird bei der Piazza Vittorio Emanuele mit einem unübertrefflichen Meeresblick belohnt. Das **Kastell** (nahe bei der Kathedrale bzw. nach dem Tor nach rechts steil hinauf) wurde 1240 von

Monte Gargano, Baia di Campi

Friedrich II. erbaut, 1537 drastisch umgestaltet. Da es weiterhin militärisch genutzt wird, ist es nicht zugänglich.

Nördlich von Vieste büßt die Küstenlandschaft an natürlichen Reizen ein. Doch anständig grüßt die **Torre di Sfinale,** einer der unzähligen Küstenwachtürme des 15./16. Jh., ins Landesinnere. **Peschici** liegt malerisch hoch über dem Meer, ähnlich wie – quasi durch nichts als einen endlosen Sandstrand und den Badeort San Menaio voneinander getrennt – **Rodi Garganico** (von Kolonisten der Insel Rhodos im 8. Jh. v. Chr. gegründet). Aber so gnädig und behutsam, so bestimmt auch vollzieht sich der Übergang zur Monotonie der Ebene um den Lago di Lesina. Die Örtchen sind ganz nett, vielleicht wegen der fehlenden (bzw. in Privatbesitz befindlichen, nicht zugänglichen) Kunstdenkmäler ja von besonderem Erholungswert.

Santa Maria di Monte d'Elio

Einsam und verschwiegen am sanften Hang des Monte d'Elio inmitten von Ölbäumen gelegen, ist für Romantiker das romanische Kirchlein Santa Maria di Monte d'Elio ein trefflicher Platz, Abschied vom Gargano zu nehmen. Es ist einfach zu finden, wenn man sich westlich von Rodi Garganico an der Küste hält, auf der Landbrücke, die das Meer vom ausgedehnten Lago di Varano scheidet (wobei wegen

Santa Maria di Monte d'Elio
Juli/Aug. So 10–12 und 16–19 Uhr

des Buschwalds entlang der Straße weder vom Meer noch vom See etwas zu sehen ist), und weiter geradeaus Richtung Lesina fährt, bis ein sehr ›kariöser‹ Küstenwachturm zur Rechten das Zeichen gibt, nach links abzubiegen. Das Sträßchen steigt empor, verläuft durch Wiesen und hält nochmals auf die blauen Berge des Garganomassivs zu. Direkt bei dem verlassenen Bauernhof, der sich links an den Hang duckt, nimmt man nach rechts den Feldweg und rollt direkt auf die drei ländlich-romanischen Apsiden des Kirchleins zu. Nur im Hochsommer ist es möglich, die Fresken im linken Schiff und in der Apsis aus dem 13./14. Jh. in Augenschein zu nehmen. Und wenn die Bäume nicht wären, könnte man am nördlichen Horizont die Tremiti-Inseln mit der Abtei darauf erkennen, zu der Santa Maria di Monte d'Elio einst gehörte.

Reisen & Genießen

Wandern

Kann es denn so etwas geben? So weit im Süden und so dichte Laubwälder, dass man den lieben langen Tag lang nicht aus ihrem Schatten tritt? Geführte Wanderungen durch die Naturoase am Monte Gargano auch in deutscher Sprache organisiert die Kooperative.
Eco Gargano
Largo R. Guiscardo 2
71032 Monte Sant'Angelo
Tel. 08 84 56 54 44
www.ecogargano.it

Hotels und Restaurants

... in Manfredonia

In der nur 200 m vom Bootshafen entfernten gemütlichen Trattoria Coppolarossa werden die Gäste in der Hauptsaison auch auf einer dem Hafen zugewandten Veranda bedient.
Coppolarossa
Via dei Celestini 13
Tel. 08 84 58 25 22
www.coppolarossa.com
So abends und Mo geschl.
Menü ab 22 €

... in Mattinata

15 km nordöstlich von Mattinata entfernt behält das luxuriöse Hotel Baia dei Faraglioni einen wundervollen Strandabschnitt allein seinen Gästen vor. In angenehmer mediterraner Architektur hoch über der Bucht bietet es unvergleichliche Meeresblicke, Erfrischung im Pool, Beauty und Wellness; vorzügliches Ristorante.
Baia dei Faraglioni*****
Località Baia dei Mergoli
Littoranea Mattinata–Vieste (km 16)
Tel. 08 84 55 95 84
DZ 180–1030 €
www.baiadeifaraglioni.it

... in Monte Sant'Angelo

Das nach dem am Ort verehrten Erzengel benannte Hotel Michael unweit der Wallfahrtskirche San Michele steht in der Tradition der alten Pilgerhospize und hält einfachere Unterkünfte bei allerdings prächtigen Ausblicken über das Meer bereit.
Hotel Michael***
Via reale Basilica 86
Tel. 08 84 56 55 19
www.hotelmichael.com
DZ 65 €

Reisen & Genießen am Monte Gargano

In der Nähe des Klosters Santa Chiara bekocht der Inhaber der kleinen rustikalen Taverna seine Gäste mit Spezialitäten des Gargano. Dazu gehört *agnello nostrano con rucola e noci* (Lamm mit Rauke und Nüssen).
Taverna Li Jalantuumene
Piazza de Galganis (Largo Le Monache)
Tel. 08 84 56 54 84
Di geschl. (außer im Sommer)
Menü ab 35 €

... in Peschici

Es wäre ein großer Fehler, sich nicht einmal dem prickelnden Gegensatz von Alt und Neu auszusetzen, der sich sowohl in der modernen, eher kühlen Einrichtung des Ristorante Porta di Basso (mit prächtigem Meerblick), als auch in den Kreationen der Gerichte zeigt, die Domenico Cilenti auf die Teller zaubert. Das Fisch-Carpaccio, konkret Meeräsche mit Seekräutern, zergeht auf der Zunge.
Porta di Basso
Via Colombo 30
Tel. 08 84 91 53 64
www.portadibasso.it
Menü ab 22 €

In drei Trabucchi (s. S. 134) am Nordufer des Monte Gargano haben sich Lokale eingerichtet:
Monte Pucci
Località Monte Pucci
Tel. 34 78 41 42 73
Menü ab 25 €

Bala di Manaccora
Località Manaccora
Tel. 08 84 91 10 08
Menü ab 30 €

San Nicola da Mimì
Località Punta San Nicola
Tel. 08 84 96 25 56
Menü ab 25 €

... in Vico del Gargano

Warum nicht einmal in einer quietschrosafarbenen Villa aus dem 19. Jh. im Liberty Style Quartier nehmen, in ruhiger Lage abseits des Strandgetümmels, aber doch ganz nah beim Meer? Das romantische Anwesen liegt herrlich in einem Pinienhain. Die meisten der 215 Zimmer von ihnen öffnen sich auf eine prächtige Terrasse (Restaurant und bewachten Parkplatz).
Park Hotel Villa Maria***
Via del Carbonaro, Località San Menáio
Tel. 08 84 96 87 00
www.parkhotelvillamaria.it
DZ 60–140 €

... in Vieste

Auf der schmalen, steil zum Meer abfallenden Anhöhe hat sich der Ort viel von seiner ursprünglichen Atmosphäre bewahrt. Im Umkreis dieser Hochburg des Gargano-Badeurlaubs dominieren Hotelanlagen, die alle leicht im Internet zu finden sind: Zu den Viersterne-Hotels zählen das Pizzomunno Pineta, das Pizzomunno Vieste Palace oder das Degli Aranci, zu den Dreisterne-Hotels etwa das Del Faro oder das Degli Ulivi.

Mitten im Städtchen kann man aber auch in einem Palazzo des 17. Jh. sowie gleichzeitig an der Fußgängerzone und am eigenen Strand logieren. Das bringt die außergewöhnliche Lage des Ortes so mit sich.
Hotel Seggio***
Via Vesta 7
Tel. 08 84 70 81 23
www.hotelseggio.it
DZ 80–150 €

Wer es lieber noch günstiger und familiärer in der Altstadt mag, trifft es gut in der
Pensione al Centro Storico**
Via Mafrolla 32
Tel. 08 84 70 70 30
www.viesteonline.it/cstorico
DZ 45–75 €

Tremiti-Inseln

Tremiti-Inseln ★

Die kleine felsige Inselgruppe 22 km vor der Nordküste des Gargano wird als Ferienziel allgemein, wegen des glasklaren Wassers und der zahlreichen Meeresgrotten für Schnorchler und Taucher im Besonderen immer beliebter. Und mit der Abteikirche Santa Maria a Mare bietet sie auch eine kunstgeschichtliche Attraktion, eine menschliche Ergänzung gewissermaßen zur beeindruckenden natürlichen Szenerie der drei Hauptinseln San Domino, San Nicola und Capraia.

Am schönsten schwebt man mit dem *elicottero* von Foggia aus ein, den Vögeln gleich, in die Aphrodite die Gefährten des Diomedes, des Helden von Troja, verwandelte, während Diomedes selbst, hier auf den Tremiti-Inseln sein Grab gefunden haben soll. Deshalb hießen die Inseln in der Antike *Insulae diomedae*. Die Hauptinsel ist **San Domino**. Für sie ist der alte Name *Trimerus* bzw. *Trematis* überliefert, der dem ganzen Archipel schließlich den Namen Tremiti-Inseln gab. Bei der Anlegestelle lässt sich im ›Pirata‹ die Zeit überbrücken, bis jemand zur Insel San Nicola übersetzt, die, zum Greifen nah, selbst schon festungsgleich, aber zusätzlich mit Mauern und Türmen bewehrt, aus dem blauen Wasser aufsteigt.

Capitanata: Tremiti-Inseln

San Nicola

Die meiste Zeit wurde San Nicola als Gefängnisinsel missbraucht. Den Anfang soll Julia, die Nichte Kaiser Augustus', gemacht haben. Aber man koitiert eben nicht straflos auf dem Forum in Rom, und der (allerdings erst im Alter) sittenstrenge Onkel verbannte sie – wie manche meinen, andere bestreiten – auf die Insel, wo sie nach zwanzig Jahren verstarb. 1792 wurde die Insel Strafkolonie für Schwerverbrecher, 1843 unter Ferdinand II. für Neapolitaner, 1943 unter den Faschisten für politische Gegner.

Geschichte des Benediktinerklosters

Den höchsten Platz nimmt auf der Insel San Nicola die Abteikirche Santa Maria a Mare ein, die ab dem 11. Jh. historisch bezeugt ist. Mit Sicherheit aber bestand das Benediktinerkloster, das direkt dem Mutterkloster Montecassino unterstand, schon seit dem 9. Jh. und fungierte als Mittler zwischen Ost und West, zwischen beiden Küsten des Adriatischen Meers. Konrad II. sicherte dem Kloster 1038 seinen kaiserlichen Schutz zu. Heinrich III. bestätigte 1054 den Guisenolf als Abt des Klosters. Dieser befand sich offensichtlich in der Begleitung des Papstes, der den Kaiser in Bamberg zu einem Kriegszug gegen die Normannen bewegen wollte. Unter den Normannen geriet das Kloster ab der Mitte des 12. Jh. in eine ernste Krise. Die Mönche vermochten die verschiedenen Interessen der Grafen von Lesina, von Molise oder vom Gargano nicht mehr auszugleichen. Die Folge war zunächst ein wirtschaftlicher, dann ein drastischer sittlicher Niedergang, der freilich die meisten Klöster dieser Zeit und dieser Region erfasst hatte. Die Inselabtei aber muss den Ruf eines Hafenbordells genossen haben. Diesem Verfall suchte man gegenzusteuern, indem die Benediktiner entfernt bzw. zum Eintritt in den strengeren Zisterzienserorden gezwungen wurden. Aber dieser Beginn erwies sich als hart. 1252 hielten nur noch fünf oder sechs Mönche die Stellung. Erst unter Karl II. von Anjou ging es dann ab 1294 aufwärts, und die Päpste schickten Baumaterial, Handwerker und eine bewaffnete Schutztruppe. Das Kloster wurde zur Festung ausgebaut – angesichts der Piraten von der dalmatinischen Küste eine Notwendigkeit. Trotzdem dürfte es mit einem Piratenüberfall zusammenhängen, dass das Kloster um 1340 aufgegeben wurde und verfiel. Die Wiederbelebung erfolgte 1412 auf päpstliche Weisung durch Regularkanoniker, die nach der Augustinusregel lebten. Die Rückbesinnung auf den reichen Klosterbesitz ermöglichte weitere Sicherungsbauten, die sich bei der Abwehr der türkischen Flotte 1567 bewährten.

Zur Abteikirche Santa Maria a Mare

Auf der Insel geht es durch Teile der **Befestigungsanlage** steil empor. Zuletzt durchquert man einen **Turm** aus der zweiten Hälfte des

Insel mit Kapern
Die Insel Capraia ist völlig unbesiedelt, ihren Namen trägt sie wegen der üppig wachsenden Kapernsträucher. Aber auch die beiden anderen Inseln sind – den August einmal ausgenommen – fast noch paradiesisch.

Capitanata

San Nicola

13. Jh. Einstmals durch ein Fallgitter verschließbar, wacht nun eine **Madonnenstatuette** in einer gotischen Ädikula über dem Durchlass. Dahinter liegt eine achteckige **Zisterne**. Nun gemäßigter aufwärts, vorbei an Einkehrmöglichkeiten, erreicht man die Abteikirche mit ihrem schlecht erhaltenen Renaissanceportal von 1473.

Das rigoros bereinigte **Innere** befremdet und fasziniert durch die ungewohnte Architektur. Zunächst steht man in einer nach innen verlegten Vorhalle, einem klassischen Narthex, hier als zwei Joch tiefes Querschiff ausgebildet. Beiderseits verläuft ein Seitenschiff bis an die Rückwand das Raumes, somit auch den um drei Stufen erhöhten Chorbereich flankierend, der die Konstruktion der Vorhalle widerspiegelt. Diese Anlage ergibt ein kurzes, annähernd quadratisches, gegenüber den Seitenschiffen höheres Mittelschiff und bietet insgesamt einen Grundriss, der dem einer Kreuzkuppelkirche sehr nahe kommt: In der Tat war der flach eingedeckte Mittelschiffbereich bis ins 18. Jh. überkuppelt. Alle anderen Deckenpartien weisen Kreuzgratgewölbe auf. Die Wände des Mittelschiffs sind durch Blendbögen und kleine Monoforien aufgelockert. Das um die Mitte des 15. Jh. wohl in Venedig gefertigte, prächtig mit Gold überzogene Polyptychon am Altar vor der Hauptapsis zeigt zentral Himmelfahrt und Krönung Marias. Der hölzerne Kruzifixus am Beginn des linken Seitenschiffs geriet mit einer Höhe von 3,44 m und einer Breite von 2,58 m monumental. Der Gekreuzigte mit dem mageren, gestreckten Körper und den extrem langen Armen strahlt im Gesicht eine außergewöhnliche Milde und Ruhe aus, den Triumph über den Tod. Der Legende nach schwamm das Kreuz von Griechenland im Jahr 747 zur Insel. Tatsächlich entstand es nach byzantinischen Vorbildern in Apulien um 1200. Am beeindruckendsten aber sind die beträchtlichen Reste des Mosaiks, das einst den gesamten Boden bedeckte. Die Mitte nimmt ein Greif ein, daneben sind Fische, Adler, Elefanten, Hirsche und anderes Getier zu erkennen. Deutlich von islamischer Kunst inspiriert, wurde es beim Bau der Kirche um die Mitte des 11. Jh. verlegt.

Reisen & Genießen

Anreise

In den Sommermonaten werden zu der geheimnisvollen Tremiti-Inselgruppe Schiffsfahrten von Manfredonia, Vieste, Peschici, Rodi Garganico und Termoli angeboten (Fahrpläne in Internet unter www.lecinque isole.it und www.vieste.it/isoletremiti).

Schneller und bei schönem Wetter mit klarer Sicht kurzweiliger ist der 40 Min. dauernde Helikopterflug von Foggia (Aeroporto Gino Lisa) auf die Insel San Domino. Die Gesellschaft Alidaunia bietet diesen Flug zweimal täglich an. Buchen kann man im Reisebüro in Foggia, z. B. bei der
Agenzia Viaggi Guglielmi
Viale XXIV Maggio 40/42
Tel. 08 81 77 66 73
Infos auch unter Tel. 08 81 61 79 16
www.guglielmiviaggi.it

Bootsausflüge

Vom kleinen Hafen an der Ostseite der Insel San Domino starten Wasserrundfahrten zu den Grotten und Buchten der Riserva Marina, auch Blauer Park genannt. Bezaubernd ist die Grotta delle Viole, die Veilchengrotte, die ihren Namen den unzähligen Blumen verdankt, die hier am Fels wachsen und das Wasser lilablau schimmern lassen; sehenswert ist auch die Grotta del Bue Marino, die sich ca. 70 m in den Fels hinein erstreckt und aufgrund ihrer geringen Tiefe von nur 3 m ein himmlisches Sonnenlichtspiel zeigt.

Boote zu der zum Greifen nahen Insel San Nicola mit ihrer Befestigung und der Abteikirche Santa Maria a Mare setzen in der Hauptreisezeit mehrfach zur vollen Stunde die historisch interessierten Besucher über.

Hotels und Restaurants

Sämtliche Unterkunftsmöglichkeiten befinden sich auf der grünen, nahezu autofreien Hauptinsel San Domino. Wegen seiner Terrasse mit faszinierendem Ausblick auf die Insel San Nicola und seines ansprechenden Essens wohnt man gern im
Hotel Ristorante Gabbiano***
Piazza Belvedere
Tel. 08 82 46 34 10
www.hotel-gabbiano.com
DZ 100–200 €, Menü ab 35 €

Das nach der Insel benannte Hotel wird von Hundehaltern, die ihre Lieblinge überall frei laufen lassen können, geschätzt. Außerdem bietet es einen Minibus-Service zum Strand.
Hotel San Domino
Via dei Cameroni
Tel. 08 82 46 34 24
DZ ab 75 €

Preiswerte einfache Unterkunft bietet das
Albergo Pensione Al Faro
Via Cantina Sperimentale
Tel. 08 82 46 34 24
DZ ab 50 €

Nördliche Terra di Bari: Die Küste

Über Cannae zur Küste

Auf die Capitanata folgt im Süden, durch den Ofanto getrennt, die Terra di Bari. Sie war in der Vergangenheit ausgedehnter als die jetzige Provinz Bari, die 1927, als die Provinz Brindisi eingerichtet wurde, Gebiet abtreten musste. Modern gesprochen bildet die Terra di Bari Mittelapulien.

Zwei Wege bieten sich von Foggia bzw. aus der Capitanata Richtung Bari an. Der eine verläuft durch das Hinterland, der andere folgt der flachen Adriaküste mit den wie an einer Schnur aufgereihten Städten Barletta, Trani, Bisceglie, Molfetta und Giovinazzo. Dies ist die Straße der romanischen Kathedralen, die, meist in Ufernähe errichtet, zu den bezauberndsten gehören, die es in Apulien zu sehen gibt. Neben dem Flair, das den Hafenorten innewohnt, gehört die Bewunderung ›Unikaten‹ wie dem bekannten »Koloss von Barletta«, einer monumentalen Bronzestatue, und zahlreichen kleiner ausgefallenen, aber durch ihre Raffinesse verzaubernden Kunstdenkmälern. Bei der Anfahrt von Foggia zur Küste drängt sich ferner ein Besuch von Canne auf, dem antiken *Cannae*, das als eines der berühmtesten Schlachtfelder in die Geschichte einging.

Karte Nördliche Terra di Bari S. 144, Citypläne Barletta S. 146, Trani S. 154

Nördliche Terra di Bari: Die Küste
Besonders sehenswert:
Canne ★
Barletta ★★
Trani ★★
Molfetta ★

Cerignola

Nach der Fahrt von Foggia auf der S 16 nach Südosten durch die Ebene des Tavoliere macht schnell Cerignola auf sich aufmerksam: Die 80 m hohe Kuppel seines im 19. Jh. begonnenen und erst 1934 geweihten **Domes** ist weithin sichtbar. Trotz der modernen Mischung historischer Stilelemente weiß er als ungefähre Nachbildung der Brunelleschi-Kirche Santa Maria del Fiore in Florenz auf dem freien Platz eine gewisse Majestät zu entfalten. Jeweils sechs Monate lang wird in ihm die Ikone der »Madonna di Ripalta« aus dem 13. Jh. aufbewahrt. Das andere Halbjahr verbringt sie in der nach ihr benannten Wallfahrtskirche, die etwa 10 km südlich der Stadt am ehemaligen Auffindungsort des Gnadenbildes erbaut wurde. Viel mehr ist von der einst neben *Salapia* (bei Trinitapoli) bedeutendsten daunischen Stadt in vorrömischer Zeit an Altertümern nicht geblieben. Das Erdbeben von 1731 hat das gesamte historische Zentrum vernichtet. Doch sehr anmutige Straßenzüge zeigen sich mit ihren berühmten schmiedeeisernen Balkonen des 18./19. Jh. – von der Kathedrale weg stadteinwärts – links und rechts des Corso Garibaldi. Besonders sticht das etwas vom Corso zurückgesetzte **Teatro Mercadante** heraus.

Zuvor war der unter Normannen, Staufern und Anjou erblühte Ort Schauplatz von Kriegshandlungen: Im 14. Jh. bekämpften sich vor den Mauern Johanna I. und Ludwig von Ungarn. 1503 wurde die Schlacht zwischen den von Consalvo von Cordoba angeführten Spaniern und den von Louis d'Armagnac, dem Herzog von Nemours, be-

◁ *Giovinazzo*

fehligten Franzosen ausgefochten. Dabei verlor der Herzog wie die meisten seiner Soldaten das Leben, und die Spanier entschieden den Kampf um den Thron von Neapel für sich. Am Ostrand der Stadt erinnert der Straßenname *Tomba dei Galli* an das ›Franzosengrab‹.

Canne di Battaglia

Canne ★

APT Barletta
Corso Garibaldi 208
Tel. 08 83 53 15 55

Parco Archeologico und Antiquarium
Fraz. Canne della Battaglia
Mo–Sa 9–19 Uhr bzw. bis Sonnenuntergang

Gut 20 km entfernt wartet jenseits des Ofanto, der die Grenze zur Provinz Bari bildet, mit dem ›Schlachtfeld von *Cannae*‹ ein Kriegsschauplatz von Weltgeltung. Aus allen Himmelsrichtungen leiten Hinweisschilder zuverlässig nach Canne di Battaglia, dem ›Canne der Schlacht‹, das sich jedoch als Ruinenstadt auf einem markanten Karsthügel am Rand einer Ebene entpuppt. Der Neubau neben dem Parkplatz zwischen Olivenbäumen ist das **Antiquarium,** ein Antikenmuseum, das sich und die Funde, die in und um Canne getätigt wurden, vorzüglich präsentiert. Dahinter führt ein Fußweg empor, eine Abzweigung auf halber Höhe nach links vor die Reste des normannisch-staufischen Kastells und die mittelalterliche Stadtmauer, geradeaus zum ehemaligen Osttor der **Ruinenstadt.** Der Decumanus – eine der beiden Achsen, die jede römische Planstadt durchqueren – zieht vorbei an Grundmauern, römischen Grab- und Meilensteinen (von der Via Traiana), Kapitellen und Säulen durch den verfallenen Ort. Am Ende des Weges zeichnen sich links die Grundrisse zweier Basiliken ab. Die größere entstand in zwei Bauphasen im 10. und 12./13. Jh., war mit einem Mosaikfußboden versehen, wie Fragmente zeigen, und belegt, dass Canne im Mittelalter Bischofssitz war.

Bewegender und geschichtsträchtiger ist der Blick hinunter auf die weite, schon zu Römerzeiten landwirtschaftlich genutzte Ebene des Ofanto. Das mäandernde Flüsschen versteckt sich jenseits des Bahngleises und des Strässchens zwischen Buschgruppen und Gemüsefeldern. Zum Zeitpunkt der Schlacht zwischen Hannibal und den Römern floss der *Aufidus* 1–2 km weiter nordwestlich und gewährte somit genügend Aufmarsch- und Operationsfläche für die beiden Heere.

Die Schlacht bei Cannae

Frühmorgens am 2. August 216 v. Chr. hatte hier das Heer Hannibals (mit dem Rücken zu *Cannae*) Aufstellung genommen – mit dem Vorteil, in den folgenden Stunden nach Norden und damit nicht in die Sonne sehen zu müssen. Das Gros im Zentrum bildeten Iberer, die Hannibal aus Spanien mitgebracht hatte, und Gallier, insgesamt etwa 40 000 Mann zu Fuß. Sie formten eine nicht sonderlich tief gestaffelte, halbmondförmig nach vorne gewölbte Schlachtreihe mit den schwächeren Leichtbewaffneten in vorderster Linie. Die zwei berittenen Kontingente, Libyer und Gallier, befehligte am linken Flügel Hasdrubal, die numidische Reiterei des rechten Flügels Hanno. Zusammen waren 10 000 Berittene aufgeboten. Die römischen Mannschaften traten 1 km entfernt in gerader Schlachtreihe an, mit 52 000 Fußsoldaten im Zentrum unter dem Kommando des Prokonsuls Cn. Servilius. Die Kavallerie am linken und rechten Flügel, zusammen 6000 Reiter, wurde von den Konsuln C. Terentius Varro und Aemilius Paullus angeführt.

Der Plan Hannibals ging auf: Die vorderste Linie seines Heers wurde von der geballten römischen Übermacht zurückgedrängt bzw. ließ sich bis zu den stärker bewaffneten Fußsoldaten im Zentrum zurückfallen. Gleichzeitig geriet das vorstürmende römische Fußheer in die Zange der nur in der Mitte nachgebenden karthagischen Streitmacht, während die nicht nur zahlenmäßig überlegene karthagische Reiterei zu beiden Seiten nach vorne stieß und den Widerstand der unerfahrenen römischen Kavallerie binnen kurzem brach. Als erster gelangte Hasdrubal in den Rücken des römischen Heers, und als die Einkreisung abgeschlossen war, kam es zu einem Gemetzel. Mit dem Konsul L. Aemilius Paullus und dem Prokonsul Cn. Servilius verloren M. Minucius, die beiden Quästoren, etliche ehemalige Konsuln, neunzehn Militärtribune, achtzig Senatoren und mindestens 43 500 Soldaten allein auf römischer Seite ihr Leben.

Cannae war in römischer Zeit ein bedeutender Versorgungsposten, weshalb Hannibal ihn nach der Einfuhr der Ernte und vor der Schlacht besetzt hatte. Es existierte auch später noch fort und erlebte bis zu seinem Verfall im 16. Jh. weitere Kriegstage. 89 v. Chr. wurden vor seinen Mauern apulische Aufrührer von einem römischen Heer niedergemacht. 871 bekämpften Langobarden die Sarazenen, die sich des Orts bemächtigt hatten. 1018 unterlag hier Meles von Bari den Byzantinern, gegen die er sich, unterstützt von Langobarden und den ersten normannischen Söldnern, zu einem ›Befreiungskampf‹ erhoben hatte. 1041 siegten an gleicher Stelle die Normannen über die Byzantiner. 1083 zerstörte Robert Guiskard das Städtchen, weil es sich in die anti-normannische, von Byzanz finanziell unterstützte und von König Heinrich IV. betriebene Allianz eingelassen hatte. Danach wanderte ein Großteil der Bevölkerung von Canne nach Barletta ab. Der schleichende Niedergang des Orts, den Daunier im 6. Jh. v. Chr. begründet hatten, war eingeleitet. Nur ein **Menhir** (ausgeschildert, unweit der Straße) bezeugt trotzdem die frühgeschichtliche Epoche.

Hannibals Fehler

Die Reiterei auf dem linken Flügel wurde von einem gewissen Hasdrubal befehligt, der mit dem bereits in der Schlacht am Metauro 207 v. Chr. gefallenen Bruder Hannibals nur den Namen gemeinsam hatte. Dass Hannibal nach der Schlacht bei Cannae nicht umgehend nach Rom vorstieß, trug ihm den berühmten Vorwurf seines Feldherrn Marhabal ein: »Zu siegen verstehst du, den Sieg zu nutzen, nicht.«

Nördliche Terra di Bari: Die Küste

Barletta

Barletta ★★
Besonders sehenswert:
Kastell
Dom
Koloss

APT
Corso Garibaldi 208
70051 Barletta
Tel. 08 83 53 15 55
www.comune.
barletta.ba.it

Kastell und Museo Civico
Jan.–Dez. 9–13,
Okt.–April 15–17,
Mai–Sept. 16–19
Uhr, an Festtagen
unter der Woche
und Mo geschl.

Barletta eröffnet die Reihe der geschichtsträchtigen apulischen Küstenstädte. Seine Einwohnerzahl wird mit 89 500 angegeben. Im Gegensatz zu den verkehrsträchtigen Neubauvierteln scheint in der winzigen Altstadt die Zeit stehengeblieben zu sein. Ein Moped, das viel zu laut durch die Gasse knattert, vermag an der Patina, die das *centro storico* überzieht, nicht zu kratzen. Es ist stiller geworden zwischen den Mauern beim Dom. Unbeachtet präsentieren Bürgerhäuser ihre stolzen Fassaden zum Ruhm längst ausgezogener Familien, öffnen sich Renaissanceportale gähnend zu verschlafenen, schattigen Innenhöfen, Revieren dösender Katzen. Jeder kennt noch jeden. Wer einen Brief bekommt, wird vom Postboten ausgerufen, und ein Plastikeimer schwebt an einer Schnur vom dritten Stock herab, um die Sendung des Sohns aus Wien, den Brief der nach Mailand verheirateten Tochter aufzunehmen.

Geschichte

Noch etwas fällt auf: Die Stadt lebt vom Hafen abgewandt, als zeige sie dem Meer die kalte Schulter, und breitet sich mit ihrer Industrie – zum Wohl der Küste – landwärts aus. Dabei trat sie wegen des Hafens in die Geschichte ein. Es gab zwar schon im 4./3. Jh. v. Chr. eine Ansiedlung, hier im Grenzgebiet zwischen Dauniern und Peuketiern, aber Bedeutung erlangte der Platz, als die Römer ihn unter dem Namen *Barduli* bzw. *Baruli* zum Hafen für die im Hinterland gelegene Stadt Canosa wählten. Von dort erhielt Barletta Zuzug, als die Langobarden unter ihrem König Authar (584–590) nach Süditalien einfielen, ähnlich wie aus dem von Robert Guiskard 1083 zerstörten Canne. Barletta selbst sicherten die Normannen durch eine Burg (an

Barletta
1 Kastell
2 Dom Santa Maria Maggiore
3 Sant'Andrea
4 Porta Marina
5 Cantina della Disfida
6 Palazzo della Marra mit Pinacoteca Giuseppe De Nittis)
7 Koloss
8 San Sepolcro
9 Städtisches Theater

der Stelle des jetzigen Kastells). Sie fiel Heinrich VI. in die Hände, der, von Melfi herüberkommend, 1194 die Küstenstädte bis hinab nach Brindisi einnahm und keinen Zweifel daran ließ, die Herrschaft der Normannen über Süditalien beenden und die der Staufer aufrichten zu wollen. Barletta war die erste apulische Stadt, die den Umbruch erlebte. Friedrich II., Nutznießer der väterlichen Energieleistung, verkündete hier zu Ostern 1228, gewissermaßen am Vorabend des Kreuzzugs, eine neue Thronfolgeordnung. Auch in späteren Jahren weilte der Kaiser etliche Male in Barletta, das im Gegensatz zu anderen Kommunen nie an seiner Staufertreue zweifeln ließ. Seit der Deutsche Ritterorden 1197 von Heinrich VI. das St.-Thomas-Spital übertragen bekommen und hier seinen Hauptsitz für Italien aufgeschlagen hatte, war ein Abfall auch kaum möglich. Erst Friedrichs Tod im Dezember 1250 löste einen Sinneswandel aus, begünstigt durch den Zweifel der Deutschordensritter, ob sie dem Papst oder den Stauferfernachkommen mehr Gehorsam schuldeten. Aber als Manfred rückständige Soldzahlungen beglich, brachte er mit einem Heer, das im Wesentlichen aus Deutschen und Sarazenen aus Lucera bestand, neben Andria, Canne und Canosa auch Barletta 1251 wieder in seine Gewalt und erhob es 1259 zum Sitz seiner süditalienischen Herrschaft.

Ihre Blütezeit erlebte die Stadt unter den Anjou dank des Hafens, der zum Umschlagplatz für den Orienthandel und zum Stützpunkt des stärksten Flottenverbands des Südreichs geworden war. Auch die folgende Dynastie auf dem Thron von Neapel, die Aragonesen, waren Barletta gewogen. 1459 inszenierte Ferdinand I. hier seine Krönung.

Den Niedergang Barlettas in der Neuzeit beschleunigte eine Serie von Naturkatastrophen. 1656/57 wütete die Pest, 1689 und 1731 schlugen Erdbeben zu. Im 19. Jh. erholte sich die Stadt allmählich, aber dies hielt den 1846 hier geborenen Maler Giuseppe De Nittis nicht ab, ihr bereits mit 21 Jahren den Rücken zu kehren und in Paris sein Glück zu machen.

Skipetaren für Ferdinand

Ferdinand I. von Aragon wurde in Barletta von rebellierenden Baronen, die den Anjou nachtrauerten, belagert, aber 1461 von Georg Kastriota, genannt Skanderbeg, befreit, der sich damit für die Unterstützung bedankte, die Alfons I., Ferdinands Vater, den albanischen Skipetaren im Kampf gegen die Türken zehn Jahre zuvor gewährt hatte.

Kastell (1)

Eine große Anzahl seiner Werke ist im städtischen Kulturzentrum ausgestellt, das in das restaurierte Kastell Einzug hielt. Die Festung mit ihren kielförmigen Eckbastionen liegt südlich vor der Altstadt und ist nicht zu verfehlen. Keimzelle der viereckigen Anlage war ein normannischer Donjon. An diesen lehnte Friedrich II. seine Burg an. Sie gab die Bühne zu dem großen Hoftag 1228 ab, an dem der Kaiser sich huldigen, angesichts des bevorstehenden Kreuzzugs sein politisches Testament verkünden ließ und die Reichsleitung für die Zeit seiner Abwesenheit Rainald von Urslingen, dem Herzog von Spoleto, übertrug. Als er 1246 in der Burg Hof hielt und im Kreis seiner wichtigsten Beamten die Administration des Königreichs Sizilien neu ordnete, hatte sich sein Stern verdüstert. Im Jahr zuvor hatte sein päpstlicher Widersacher ihn für abgesetzt erklärt und die Welt damit schockiert. Doch nicht nur das: Papst Gregor suchte den Kaiser zu vernichten, und

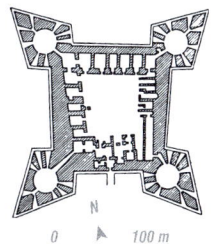

Barletta, Kastell, Grundriss

Nördliche Terra di Bari: Die Küste

Barletta, Kastell

Friedrich war im Frühjahr 1246 nur um Haaresbreite einem Mordanschlag entgangen. 1259 nahm Manfred die Festung in Besitz. Karl I. von Anjou ließ sie durch seinen Baumeister Pierre d'Angicourt ausbauen. Die Eckbastionen wurden unter Karl V. angefügt.

An diesen erinnert das Wappen mit dem Datum 1537 über dem **Eingang,** aber auch der gleichzeitig angelegte Graben, den man zum Tor überquert. Nach dem Durchgang gestattet es rechts eine geschlossene, aber immerhin gläserne Tür, die berühmte wie umstrittene (und deshalb nur sogenannte) **Büste Friedrichs II.** in Augenschein zu nehmen. Bis in die 1930er-Jahre zierte sie die Toreinfahrt einer Masseria; nach dem Verkauf des Bauernhofs gelangte die Kalksteinskulptur in den Besitz des Museums von Barletta. Sie misst beachtliche 1,16 m, lässt durch Lorbeerkranz und Gewandschließe (mit der Aufschrift *SPQR = Senatus populusque romanus* – ›Senat und Volk von Rom‹) an der rechten Schulter keinen Zweifel am imperialen Charakter der dargestellten Person. Sie besticht durch feine Gesichtszüge, die trotz der entstellenden Beschädigungen zu erkennen sind, und verwirrt durch eine merkwürdige gedrehte Körperhaltung, die an eine Reiterstatue denken lassen. Auf dem Sockel sind die Buchstaben *DIVI ...I CAE* eingemeißelt. Sie lassen sich zu *Divi Friderici Caesaris* ergänzen und mit »des göttlichen Kaisers Friedrich« übersetzen. Für die einen sind sie der Beweis, dass die Büste Friedrich zeigt, andere schwören Stein und Bein, dass die Sockelplatte samt Inschrift aus dem 15./16. Jh. stammt – was wiederum kein Gegenargument sein *muss,* da sie lediglich eine ältere ersetzen mag.

Sicher auf Friedrich verweist gleich an der rechten Wand des Innenhofs über den Fenstern in zweifacher Ausführung der Adler mit einem Hasen in den Fängen: ein beliebtes Herrschaftssymbol des Staufers. Daneben führt eine Rampe zur Brüstung und Ausstellungsräumen empor, welche die Besucher auf eine Terrasse entlassen. Der Ausblick von dort verdeutlicht, wie das Meer, aber auch der unattraktive Hafen Abstand zur Stadt halten.

Büste Friedrichs II.

Barletta

Dom Santa Maria Maggiore (2)

Schöner ist es, über die Pferdetreppe weiter aufzusteigen und jenseits des mit Palmen begrünten Platzes den Dom Santa Maria Maggiore ins Visier zu nehmen. Der älteste, höhere Teil mit dem rückwärtigen Blendbogengiebel und der Fensterrose wurde um 1140 in schönster apulischer Romanik begonnen, allerdings erst 1267 geweiht. Dieser Bau, der mit drei Apsiden abschloss, reichte bis zu dem prächtigen 43 m hohen **Campanile** mit seiner typischen, geschossweise vom Monoforium über das Biforium zum Triforium aufstrebenden Fensterordnung. Die oberste Partie mit den zwei Biforien und der Aufsatz wurden nach dem Erdbeben von 1743 wiederhergestellt. 1307 erfolgte eine erste Verlängerung des Langhauses um zwei Joche, Ende des 14. Jh. die Erweiterung bis zur heutigen Gestalt inklusive des wuchtigen, polygonalen Chorabschlusses. Nett sind die weißen *cippi*, die – wie ansonsten jedem *trullo* – hier den Dachpyramiden aufgesteckt sind.

In der **Fassade** an der zur Stadt ausgerichteten Westseite wurde das Hauptportal im 15./16. Jh. renaissancegemäß umgestaltet, das tief gefasste Rundfenster ist ausgebrochen, aber das **Monoforium** darüber erfreut sich reichen Skulpurenschmucks. Die Löwen am äußersten rechten und linken Rand der Fassade dürften zum einstigen romanischen Hauptportal gehört haben. Die Reliefbögen (mit den grotesken Gestalten zwischen Rankenwerk), die die oberen Bereiche der originalen **Nebenportale** zieren, sind in Apulien ohne Vorläufer. Die Inschrift über dem linken preist einen Richardus – wohl Herzog Richard von Andria (um 1150) – dafür, dass er die glänzenden Portale auf seine Kosten errichten ließ, und verheißt ihm zum Lohn himmlische Freude. Die Relieffiguren zeigen die Verkündigungsszene. Von den Konsolenfiguren, die die Kirchenwände ringsum schmücken, am originellsten ist die neckische Dame im Fries an der linken Flanke, die durch ihre in die Höhe gestreckten Beine hindurchschaut und dabei den nackten Hintern sehen lässt. Die Monoforien an dieser Seite wurden mit Elefanten und einer Meerjungfrau verziert. Die Transennen, die wohl früher alle Fenster füllten, sind größtenteils ausgebrochen.

Im ersten und ältesten Teil des dreischiffigen **Inneren** trennen jeweils drei antike Granitsäulen (wahrscheinlich aus dem zerstörten Canne) Mittel- und Seitenschiff. Über den Jochbögen öffnen sich mächtige Biforien zu einer Scheinempore. Monoforien darüber spenden Licht. Bei den Pfeilern mit den vor- bzw. nachgesetzten Halbsäulen beginnt die mit Kreuzrippengewölben gedeckte Verlängerung des Langhauses, die im 14. Jh. vorgenommen wurde. Die **Kapitellinschrift** einer Halbsäule am linken Pfeiler erwähnt nicht nur den Säulen-›Sponsor‹ Muscato, sondern auch als Datum den »Monat August des Jahres 1153, als Askalon genommen wurde«. Diese Reminiszenz an die Eroberung durch die Kreuzritter im Heiligen Land unterstreicht die Rolle, die der Hafen von Barletta zur Zeit der Kreuzzüge spielte, und weist auf die künftige Stellung der Deutschordensritter in der Stadt voraus. Andere Kapitelle sind wegen ihres erlesenen Figurenschmucks beachtenswert. Zwischen dem

Altes Portal und Krypta

Am vorderen Ende des rechten Seitenschiffs sind in der Wand links von der Sakristeitür zwei Reliefs vermauert, die den Einzug Jesu in Jerusalem, das Letzte Abendmahl und die Verklärung Jesu auf dem Berg Tabor erkennen lassen. Es sind die einzigen Reste, die vom romanischen Hauptportalschmuck erhalten geblieben sind. Die erst in den 1960er-Jahren aufgedeckte Krypta weist entsprechend der ältesten Baustufe halbkreisförmige Apsiden auf.

149

Nördliche Terra di Bari: Die Küste

Barletta, Dom

zweiten und dritten Pfeiler rechts steht seit 1844 wieder die alte Kanzel (um 1267), heute allerdings mit viereckigem, statt ursprünglich wohl sechseckigem Kanzelkasten aus bunten Marmorplatten mit an drei Seiten aufgeblendeten Bogenarkaden.

Wie die Kanzel war das **Ziborium** über dem Hauptaltar der Barockisierung des Doms im 17. Jh. zum Opfer gefallen und wurde ebenfalls erst bei der Rückführung des Gebäudes in seinen früheren Zustand aus Originalteilen des 13. Jh. wieder zusammengesetzt. Sein von vier Säulen mit exzellenten Kapitellen getragener oktogonaler Aufsatz lässt die Kanzel in San Nicola in Bari als Vorbild vermuten. Durch das Ziborium hindurch leuchtet das in der mittleren der fünf Chorkapellen aufgestellte **Tafelbild** »Madonna della Disfida«. Es wurde von Paolo Serafini 1387 geschaffen und, wie der Name sagt, nach einem Streit mit Franzosen – von dem bei der Cantina della Disfida (s. u.) zu reden sein wird – vom Domklerus den siegreichen Italienern vorangetragen.

Sant'Andrea (3)

Am Ende der schattigen Via del Duomo, die von der Domfassade weg geradeaus durch die Altstadt führt, geht es rechts durch die Via Sant'Andrea hinab zur gleichnamigen Kirche Sant'Andrea, die sich rechts über einer Treppe erhebt. Sie ersetzt seit dem 12./13. Jh. eine Petrus-Kirche des 6. Jh. und lohnt wegen des **Tympanons** im romanisch-gotischen Portal den kleinen Abstecher. Während die mit Pflanzen und Figuren verzierte Portalrahmung Gewohntes darbietet und von dem aufwendigen, mehrfach gestuften Portalvorbau nur der untere Teil noch erhalten ist, weist das Tympanon ein Basrelief mit Deesis-Darstellung auf, also die höchst seltene Kombination »Segnender Christus zwischen Maria und Johannes dem Täufer«, wie sie im byzantinischen Kulturraum beheimatet ist. Sie wurde – wohl um das Jahr 1300 – von dem Künstler angefertigt, der sich mit der Inschrift *Incola Tranensis sculpsit Simeon Raguseus* auf dem Tympanonrand verewigt hat: »Simeon aus Ragusa, Einwohner von Trani«. Ragusa aber ist das heutige Dubrovnik jenseits der Adria, und so erklärt sich leicht, wo er die byzantinische Ikonografie kennen gelernt hat. Auch an den Innenseiten des Portalgewändes findet man – einander gegenübergestellt, ebenfalls nach byzantinischer Art gestaltet – den segnenden Christus und die Muttergottes, die Jesus stillt, darunter den Sündenfall und die Vertreibung aus dem Paradies. Die Sequenz an dieser Seite mahnt die Frauen, nicht dem Vorbild der verführbaren Eva zu folgen, die die Erbsünde verschuldete, sondern der mütterlichen Maria, die den Erlöser zur Welt brachte. Der Tierkampf an der anderen Seite unterhalb des segnenden Christus symbolisiert den Kampf zwischen Gut und Böse in der Welt. Die Konsolmasken am oberen Ende der Gewändeinnenseiten dürften von der Vorgängerkirche übernommen sein.

Die Via Sant'Andrea mündet weiter abwärts auf einen kleinen, mit ansehnlichen Hausfassaden herausgeputzten Platz. An ihnen nagt der Zahn der Zeit wie an der wappenbeladenen **Porta Marina (4)**, einem Barocktor, das seit 1743 den Weg zum Hafen weist.

Cantina della Disfida (5)

Auf der Via Sant'Andrea zurück und (statt links wieder zum Dom) rechts herum in die Via Cialdini, befindet sich nach 20 m an der linken Seite der Eingang zur Cantina della Disfida, einem mittelalterlichen Kellergewölbe in einem spätgotischen Haus, das innen ›stilecht‹ hergerichtet ist. Es erinnert an eine der raren historischen Begebenheiten, die Italien bis heute mit Stolz erfüllt: Während des Kriegs um Süditalien bekämpften die Spanier von Barletta aus die Franzosen in Apulien. Als Lamotte, der französische Befehlshaber, in die Hände der Spanier fiel, spendierten sie ihrem vornehmen Gefangenen ein Essen in diesem Kellergewölbe, und Lamotte schwadronierte, dass er nur wegen der Feigheit der Italiener in seinen Reihen überwältigt wor-

Cantina della Disfida

Via Cialdini
Jan.–Dez. 9–13,
Okt.–April 15–17,
Mai–Sept. 16–19
Uhr; an Festtagen unter der Woche und Mo geschl.

Nördliche Terra di Bari: Die Küste

**Pinacoteca
Giuseppe De Nittis**
www.pinacoteca
denittis.it
Di–So 10–13 und
15–20 Uhr

den sei. Italienische Soldaten in spanischen Diensten, die ebenfalls anwesend waren, fassten dies als *disfida*, als Herausforderung, auf und luden zum Gruppenduell. So traten am 13. 2. 1503 (zwischen Andria und Corato) 13 Italiener gegen 13 Franzosen an, wahrscheinlich zum Gaudium der Spanier. Die Italiener gewannen, die Unterlegenen wurden bis auf einen Mann, der umkam, gefangen nach Barletta zurückgeführt.»Die französische Eitelkeit erlitt die verdiente Züchtigung«, lobte Gregorovius mit deutsch-nationalem Unterton. Der *cantina* gegenüber erinnert ein Denkmal von 1904 an die »Dreizehn Athleten der nationalen Ehre«.

Palazzo della Marra (6)

Folgt man der Via Cialdini weiter, gibt es auf der rechten Seite sofort den barocken Palazzo del Monte und nach zwei Kirchen den **Palazzo della Marra (6)** mit üppig verziertem Portal und Balkon vom Ende des 16. Jh. zu bestaunen. In dem Schmuckband rechts vom Balkon sind, nicht leicht zu erkennen, die Buchstaben M-A-R-R-A verborgen. In den barocken Palazzo selbst, der mit einem typischen Treppenhaus des 17. Jahrhunderts empfängt, ist 2007 die **Pinacoteca Giuseppe De Nittis** mit den Gemälden des bedeutenden Impressionisten und großen Sohnes der Stadt eingezogen. Die Werke, die infolge einer testamentarischen Verfügung seiner Witwe Léontine von 1913, den Weg von Paris an die Adria genommen hatten, waren danach viele Jahre im Kastell ausgestellt gewesen und haben nun einen würdigen Ort gefunden. Die berühmtesten Arbeiten sind der »Salon der Fürstin Mathilde Bonaparte« *(Il salotto della principessa Matilde Bonaparte,* 1883) und das im Todesjahr des Meisters entstandene »Frühstück im Garten« *(Colazione in giardino,* 1884), das De Nittis' Frau Léontine und seinen einzigen Sohn zeigt.

*Koloss von Barletta:
Besonders geschätzt
hat man den ›Fremdling‹ in Barletta zunächst nicht. 1309
amputierten ihm die
Dominikaner die Unterschenkel und einen
Arm und gossen aus
ihnen mit Erlaubnis
Karls II. von Anjou
eine Glocke. Doch
1491 erhielt er neue
Gliedmaßen und
wurde am jetzigen
Standort aufgestellt*

Koloss von Barletta (7)

Am lichten Corso Vittorio Emanuele steht das Aushängeschild der Stadt, der Koloss von Barletta, von Einheimischen liebevoll (aus *Herakleios* verstümmelt) *Agré* genannt, weil sie ihn für den byzantinischen Kaiser Heraklios aus dem 6. Jh. halten. Für wahrscheinlicher gilt, dass der monumentale Herr aus Bronze mit dem imperialen Raubvogelgesicht, der stattliche 5,11 m misst, Kaiser Valentinian I. (364–375) oder Kaiser Honorius (393–423) vorstellt. Da er aber im 13. Jh. von Venezianern aus Konstantinopel weggeschafft worden sein soll – wie so vieles andere auch nach der Eroberung der Stadt –, und zwar zu Schiff, das vor Barletta unterging, kommen auch andere oströmische Kaiser wie etwa Markian (450–457) in Frage. Das Haupt ist mit einem Diadem bekränzt, zwei Tuniken und ein Brustpanzer bekleiden den Körper, die Rechte, die ein Kreuz emporhebt, hielt wohl einst ein Zepter: alles in allem ein Meisterwerk byzantinischer Bronzegießkunst.

San Sepolcro (8)

Hinter dem Koloss lagert sich breit die linke Seitenfront der Kirche San Sepolcro mit ihren vorgeblendeten Spitzbögen, kleinen Monoforien und einem hübschen Spitzbogenportal samt Baldachin. Links herum zeigen sich die Apsiden, deren halbkreisförmige Wände durch Pilaster und Blendbögen strukturiert sind. Die Hauptfassade besitzt ebenfalls ein spitzbogiges Portal, seit im 13. Jh. der romanische Bau durch den gotischen ersetzt wurde. Das erste Gotteshaus an dieser Stelle, von dem man seit 1063 weiß, gehörte ab 1138 den ›Kanonikern vom Heiligen Grab‹. Dieses Patrozinium, *San Sepolcro* eben, scheint den gotischen Zisterzienserkirchen in Burgund zu folgen. Aber die Baumeister kamen aus dem Osten, aus den Kreuzfahrerstaaten, wohin Barletta mit seinen Ritterordensniederlassungen rege Beziehungen unterhielt. Eine Grundidee dieser Orden bestand in der Betreuung von Palästinapilgern, Grundvoraussetzung war ein Hospital, in dem diese versorgt werden konnten.

Ein solches erklärt die Kapelle über der Vorhalle im **Inneren**. Sie öffnet sich mit fünf Arkaden zum Mittelschiff mit einem direkten Zugang zum Obergeschoss des einst angebauten Hospitals und erlaubte es Kranken, Verwundeten oder Alten, am Gottesdienst teilzunehmen, oder aber in der Kapelle selbst die Messe zu feiern, an einem eigenen Altar, zu dem die halbrund vorkragende Nische Platz bot.

Von der Vorhalle aus, in der links ein Taufbecken aus dem 13. Jh. steht, konzentriert ein großer Spitzbogen den Blick ins harmonische Mittelschiff. Mild fließt das Licht aus den Obergadenfenstern, extrem schmalen Monoforien, und verstärkt die Würde des Raums. Kreuzförmige Pfeiler und über sechs Joche dem Chor zustrebende Arkaden grenzen die Seitenschiffe ab, die sich im Gegensatz zum kreuzrippengewölbten Mittelschiff mit Kreuzgratgewölben bescheiden. Der Turm, der sich einst über der Vierung erhob, stürzte beim Erdbeben von 1731 in sich zusammen und musste einer achteckigen Kuppel weichen. An der vorderen Wand des rechten Seitenschiffs wird hinter Glas eine Ikone »Madonna mit Kind« aus dem 16. Jh. gezeigt.

Städtisches Theater (9)

Weiter stadtauswärts liegt links am Corso Vittorio Emanuele das Teatro Comunale G. Curci. Es ist mit seiner klassizistisch angehauchten Fassade des 19. Jh. hübsch anzuschauen, aber es kann schwerlich dafür entschädigen, dass man so gar nicht weiß, wo sich das Hospital und die Kirche der Deutschordensritter mit dem Grab Hermanns von Salza, des 1239 verstorbenen 4. Hochmeisters, befand. Er war Freund und Berater Friedrichs II., der es ihm mit der besonderen Förderung des Ordens dankte und letztlich für seine ›Umsiedlung‹ nach Preußen sorgte. So gerät, selbst wenn man in den Genuss einer Theateraufführung im originalen, luxuriösen Interieur kommt, der Abschied von Barletta, das seine große Zeit mit den Kreuzfahrern erlebte, etwas wehmütig.

Nördliche Terra di Bari: Die Küste

Trani
1 Kathedrale San Nicola Pellegrino
2 Diözesanmuseum (Palazzo del Seminario)
3 Kastell
4 Palazzo di Giustizia
5 Palazzo Arcivescovile
6 San Giacomo
7 Palazzo Caccetta
8 Santa Teresa
9 Chiesa d'Ognissanti
10 Palazzo Palumbo-Quercia
11 Palazzo Antonacci-Telesio
12 Santa Maria del Carmine
13 Fortino
14 San Francesco
15 Sant'Andrea
16 Casa de Agnete
17 San Domenico
18 Villa Comunale
19 Santa Maria di Colonna

Trani

Es gibt kaum einen stimmungsvolleren Moment in Apulien, gerade für Romantiker, die sich ihr Traumbild von einem malerischen Mittelmeerhafen bewahrt haben, als vor der runden Ankerbucht auf einer Bank zu sitzen, da, wo das Ufer ein wenig ansteigt, und abends, wenn die Fischkutter, kleine Segelboote oder auch eine mondäne Jacht dicht nebeneinander vertäut sind und sich die Lichter im ruhigen Wasser spiegeln. Wenn die Fischer an zwei, drei kleinen Ständen die letzten Krebse und Tintenfische verkauft haben und die Stadt sich nach einem heißen Tag zur Ruhe begibt, die letzte Messe gelesen ist und Stille und Kühlung einkehren wie seit eh und je.

Trani ★★

IAT
Piazza Trieste 10
70059 Trani
Tel. 08 83 58 88 30

Geschichte

Trani, das Riedesel 1767 in einem Brief an Winkelmann als »ein allerliebstes Städtchen« pries, erblickte erst spät das Licht der Geschichte. Der Sage nach hat Tirenos, der Sohn des Diomedes, die Stadt gegründet. Offensichtlich stand der antike Name *Turenum* bei dieser Legende Pate, der erstmals auf der »Tabula Peutingeriana« erscheint, einer Straßenkarte der römischen Welt aus dem 4./5. Jh., die in einer Kopie des 12. Jh. erhalten ist und sich im Besitz des Augsburger Humanisten Conrad Peutinger (daher der Name) befand. Die Legende hält sich hartnäckig, unbeeindruckt von der Erkenntnis, dass *Trani* von *trana* bzw. *traina*, einer alten Bezeichnung für »Bucht«, herrührt.

Für das 6. Jh. ist in Trani ein Bischof bezeugt, ab dem 9. Jh. setzte die übliche Abfolge von Langobarden, Byzantinern, Sarazenen und wieder Byzantinern ein, die der Normanne Robert Guiskard nach einem gescheiterten Eroberungsversuch 1042 schließlich 1073 erfolgreich beendete. Nur der Hader unter den normannischen Großen selbst, die Roberts Vorrangstellung nicht akzeptierten, sorgte nochmals für Unruhe und die erneute Eroberung Tranis 1080 und 1133. Die Ablösung der Normannen als Herren über Süditalien kündigte Heinrich VI. mit seinem Besuch der Hafenstadt 1195 an. Friedrich II. förderte auch hier den Deutschen Ritterorden und nicht zuletzt die Judengemeinde, die seit dem 11. Jh. in Trani eine bedeutende Rolle spielte. Ihr kamen die Handelsprivilegien zugute, die Trani von den Normannen wie den Staufern gewährt wurden, und die Stadt selbst, die schon 1063 mit den »Ordinamenta maris« (vgl. S. 166) das älteste mittelalterliche Seerecht verfasste, verstand es zumeist, gut von den Juden beraten, sich aus allem innenpolitischen Hader herauszuhalten. Nur mit Bari, dem Seehandelskonkurrenten, legte man sich bisweilen an. König Konrad IV. hielt sich im Winter 1252/53 kurz in Trani auf, um das Erbe seines verstorbenen Vaters Friedrich anzutreten. Manfred nahm 1258 im Kastell Helena zur Frau.

Der Niedergang unter den Anjou traf Trani weniger hart, da zumindest der Hafen nach wie vor gefördert wurde. Anderseits war dieser ab 1309 der Grund für einen jahrelangen Krieg mit der Handels-

Hafengedanken

In der Freilichtbühne des Hafens, von der Natur und von Händen verschiedener Epochen geschaffen, oder in der verwinkelten Giudecca, dem alten Judenviertel, taucht man mühelos in die Geschichte ab, ins Gedächtnis der Menschheit, das verrät, warum es ist, wie es ist. Selbst die bis vor Kurzem nicht eben beglückende Hotelsituation in Trani hatte eine lange Tradition, der man sich angesichts der Verbesserung besonders amüsiert mit einer Feststellung erinnert, die Gregorovius einst traf: »In Trani fand ich noch im Jahre 1874 das erste Gasthaus der Stadt in einem geradezu unerträglichen Zustande.«

Trani, Kathedrale

macht Venedig. 1348 wurde die Stadt kurzzeitig von Ludwig, dem König von Ungarn (aus einer Nebenlinie der Anjou), bei seinem Feldzug gegen die Schwägerin Johanna II., Königin von Neapel, besetzt, die angeblich seinen Bruder Andreas töten ließ. Danach gaben sich verschiedene Adelshäuser als Stadtherren die Klinke in die Hand, bis der Aragonese Ferdinand II. 1496 Trani an Venedig verpfändete. Ein großes Ereignis war im 17. Jh. die Einrichtung einer Universität, allerdings nur für juristische Studien. Während diese Tradition bis heute im Justizpalast (gegenüber der Kathedrale) fortgesetzt wird, brachte die Brandschatzung durch die Franzosen 1799 einen herben Rückschlag in der Stadtentwicklung, und es dauerte noch 50 Jahre, bis – mit dem Blick voraus in das neue, geeinte Italien, von dem man sich gerade im Süden so viel versprach – der Bau der Neustadt mit ihren rechtwinkligen Straßenzügen in Angriff genommen wurde. Dessertwein, ein seit 1000 Jahren angebauter Muskat, und Marmor, der noch heute in hoher Qualität auf Stadtgebiet gebrochen wird, stellten die materiellen Grundlagen für den Aufschwung dar. Ein Schaufensterbummel ist hier kaum zu vermeiden und gerät leicht, unterbrochen von einer geruhsamen Kaffebar-Pause in der Via Giovanni Bovio, zum kulturellen Vergnügen der modernen Art.

Eine tragische und doch versöhnliche Episode trug sich im September 1943 zu, dem letzten Kriegsmonat in Apulien. Nach einem Partisanenüberfall auf die Deutsche Wehrmacht vor der Stadt ließ ein Offizier zur Vergeltung 50 italienische Geiseln erschießen. Sie überlebten, weil der Bischof von Trani couragiert verlangte, ihn statt der Unschuldigen hinzurichten, und weil die Deutschen einlenkten.

Trani

Kathedrale San Nicola Pellegrino (1)

Die Bischofskirche ist die Kathedrale San Nicola Pellegrino, ein faszinierendes Bauwerk, was seine Lage direkt am Meer, seine künstlerische Gestaltung und seine Entstehungsgeschichte angeht. Letztere erschließt ein Gang durch das Gebäude ›von Grund auf‹. Zu diesem Zweck sucht man das tiefste Fundament auf, zwei Ebenen unter dem Fußboden der Kathedrale, und zwar durch den Eingang an der rechten Flanke der Kirche (das Hauptportal ist immer geschlossen). Hier steigt man ab in die Krypta bzw. Unterkirche und von hier nochmals (an der linken Wand) tiefer durch einen engen Treppenabgang, dem leicht modrigen Geruch nach, der von der Gruft des Hl. Leukios, dem **Ipogeo di San Leucio,** heraufweht. Sie befindet sich direkt unter dem Chor der Unterkirche, 1,5 m unterhalb des Meeresspiegels, und besteht aus einem 9,5 m langen, 6 m breiten und 3,5 m hohen primitiven Gewölbe mit einem gepflasterten Gang, der um eine viereckige Zelle in der Mitte herumläuft. Sie wurde als *martyrium* bzw. *confessio* in den Boden gegraben, um die Gebeine des Hl. Leukios, eines Bischofs von Brindisi im 3. Jh., aufzunehmen, die im 7. Jh. nach Trani gebracht worden waren. Später, im Jahr 845, wurden sie von den Sarazenen geraubt und von diesen an die Stadt Benevent verkauft.

Im selben 7. Jh. war über dem *ipogeo* die 834 urkundlich erwähnte Kirche **Santa Maria della Scala** erbaut worden, dreischiffig, mit einer einzigen Apsis. Als später noch die Kathedrale darüber errichtet wurde, gestaltete man sie um und ließ sie als **Unterkirche** ›überleben‹. Das Bodenniveau und der basilikale Grundriss wurden ihr dabei belassen. Da sie wie die Gruft nur 3,5 m hoch und wegen der abgemauerten Seitenschiffe nur 9 m breit ist, wirkt sie vor allem durch die 35,65 m in der Länge. Dieser Eindruck wird durch die beiden durchgängigen Reihen von je zwölf kurzen Säulen verstärkt, die als antike Spolien hier weiterverwendet wurden, und durch die fein im schräg einfallenden Licht changierenden Kreuzgratgewölbe, die entsprechend tief auf die Säulenkapitelle auslaufen. Von diesen hat sich nur das erste Kapitell vorne rechts beim Altar original erhalten. An der Wand

Hl. Nikolaus Pellegrinus

Der Heilige, nach dem die Kathedrale in Bari benannt ist, war ein Grieche – zumindest soll er, nachdem er einige Wunder vollbrachte hatte, sein noch junges Leben mit einem »Kyrie eleison« auf den Lippen 1094 in Trani ausgehaucht haben. 1099 erlangte der Erzbischof vom Papst die Heiligsprechung des Nikolaus und ordnete den Neubau an, um San Nicola Pellegrino würdig bestatten und künftig verehren zu können: Denn mit einem ›eigenen‹ Nikolaus vermochte man endlich mit jenem Nikolaus in Bari zu konkurrieren, der dort für einträgliche Pilgerströme sorgte.

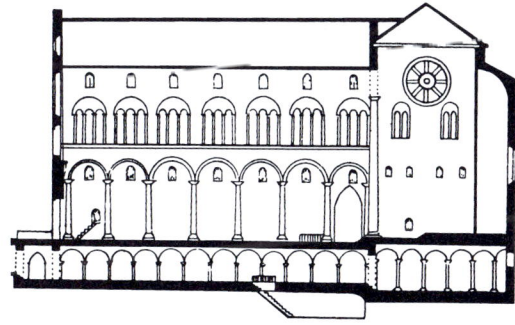

Trani, Kathedrale, Aufriss

daneben befindet sich ein gotisches Grabmal aus dem 14. Jh., das ein Fresko »Madonna mit Jesuskind zwischen zwei Heiligen« von Giovanni di Francia aus Venedig von ca. 1435 zeigt. Aus derselben Zeit stammen die Evangelisten auf den Gewölbekappen.

Nach vorne setzt sich die Unterkirche Santa Maria in der eigentlichen **Krypta der Kathedrale** fort. Sie ist als Hallenkrypta gestaltet und entspricht in den äußeren Dimensionen dem Querhaus darüber. Insgesamt 28 hohe, schlanke Säulen, die eine jede den Eckpunkt eines Bodenquadrats bildet, verteilen sich bis in die Hauptapsis hinein und stützen die von sichelförmigen Gurtbögen geschiedenen Kreuzgratgewölbe zu neun Jochen in der Breite und vier Jochen in der Tiefe. Unter dem Altar vor der mittleren Apsis sind in einem silbernen Schrein die Gebeine des Hl. Pilgers Nikolaus, nach dem die Kathedrale benannt ist, aufbewahrt.

Der älteste Bautyp dieser Art ist die Hallenkrypta des Speyerer Doms von 1030–35. Die in Trani wurde etwa siebzig Jahre später in Angriff genommen, nachdem man zunächst die Apsis der Vorgängerkirche abgerissen hatte, und 1142 abgeschlossen.

Gleichzeitig wuchs darüber in mehreren, von Wirren und Kriegen unterbrochenen Bauphasen die romanische **Kathedrale** in die Höhe. Bis zur Mitte des 13. Jh. dauerte ihre endgültige Fertigstellung. Ungewöhnlich ist, dass jede der insgesamt zwölf Stützen zwischen dem Mittel- und den beiden Seitenschiffen von einem quergestellten Säulenpaar gebildet wird. Diese Doppelsäulen, die sonst nur aus nordafrikanischen Kirchen bekannt sind, dürften der Vorgängerkirche Santa Maria, der jetzigen Unterkirche, entnommen worden sein. Über den kreuzgratgewölbten Seitenschiffen liegen Emporen, die dem Vorbild von San Nicola in Bari folgen und sich zum Mittelschiff mit Säulen-Triforien öffnen. Hoch angesetzte Obergadenmonoforien spenden Licht. Dieser Wandaufbau ist auf Höhenwirkung konzipiert, die

Trani, Alexander-Mosaik in der Kathedrale

durch den offenen Dachstuhl in Mittelschiff und Querhaus und den wie die Apsis weit aufragenden Triumphbogen unterstrichen wird.
Natürlich war die Kirche in der Zeit, für die sie gebaut war, nicht ›nackt‹. Unzählige Fresken verliehen dem Raum bunten, matten Glanz, und den Fußboden schmückte ab etwa 1165 ein fantastisches **Mosaik**. Erhaltene Reste (im Chorbereich, besonders rechts vom Altar) belegen dies: Adam und Eva, die Scham durch Feigenblätter verborgen, dazu die Schlange und der Baum der Erkenntnis. Das Mosaikbild davor zeigt König Alexander in einer Szene, wie sie seit dem 4. Jh. verbreitet wurde: Alexander hebt zwei Fleischspieße empor und lockt damit die beiden Adler, auf denen er fliegt, immer höher aufzusteigen; doch im Himmel angelangt, zwingen die Götter den hochmütigen König, zur Erde zurückzukehren. Insofern wiederholt das Alexandermosaik in profaner Bildsprache das Thema des bestraften Hochmuts, das nach biblischem Muster durch Adam und Eva, die ja ebenfalls durch Vertreibung bestraft wurden, dargestellt ist. Die Ähnlichkeit mit dem erhaltenen Mosaikfußboden in Otranto legt nahe, dass Meister Pantaleone und/oder seine Werkstatt auch hier in Trani tätig waren.

Das im Inneren auffallende Bemühen um Höhenwirkung wird **außen** vor allem an der **Rückseite** deutlich. Die Hauptapsis reicht bis unter das steile Satteldach des Querhauses und berührt fast das Dachgesims, das in der Form eines Konsolfrieses mit zum Teil grotesken Figuren das gesamte Querhaus bekränzt. Adäquat wirken die Nebenapsiden durch ihre Höhe sehr schlank. Die Einfassungen der Monoforien, in den Apsiden sowie links und rechts vom Dach der Hauptapsis über den Nebenapsiden in der Wand eingefügt sind, erfuhren eine aufwendige florale Verzierung. Darüber hinaus sind rings um das Hauptapsisfenster fünf zoomorphe Konsolfiguren platziert. Die (vermauerten) Türen neben den Apsiden gewährten vom Hafen her einen direkten Zugang zur Krypta, solange die Kathedrale noch nicht fertiggestellt war. Die zum Meer schauende Stirnseite des Querhauses wird durch ein prächtiges Quattroforium, zwei Biforien und Konsolskulpturen geprägt, die anschließende Langhauswand von hohen, tiefen Blendarkaden.

Die der Stadt zugewandte rechte Stirnseite des Querhauses dagegen gerät durch die große Fensterrose, deren innerer Kranz mit unterschiedlichen Marmortransennen gefüllt ist, und die beiden darunter nebeneinander angeordneten, eleganten Biforien zum Blickfang. Die Blendbögen und bis zum Boden auslaufenden Pilaster setzen sich über die gesamte Längswand bis zum angebauten, knapp 60 m aufragenden **Campanile** fort. Trotz der enormen Höhe wirkt er wegen des eleganten spitzbogigen Tordurchbruchs im Sockelbereich geradezu schwerelos. Die Inschrift *Nicolaus sacerdos et magister* verrät den Baumeister, der sich 1225/30 die Gestaltung des Turmsockels und der beiden darüber liegenden Geschosse mit ihren Biforien einfallen ließ. Es dürfte derselbe Nikolaus sein, der 1229 in der Kathedrale von Bitonto die Kanzel schuf. Erst 1352–79 baute man den Turm bis zur end-

Romanisierungsverlust
Die zahlreichen Kapellen, die zwischen 1277 und 1497 an den Längsseiten errichtet worden waren, sind der Re-Romanisierung der Kathedrale zum Opfer gefallen. Deshalb sucht man vergebens nach der ›Cappella Reale‹, in der Philipp von Anjou, zweitgeborener Sohn Karls I., 1277 bestattet wurde.

Nördliche Terra di Bari: Die Küste

Trani, Kathedrale, Portaldetail

gültigen Höhe auf, wobei mit jedem Stockwerk die Fenster breiter wurden. Diese ansteigende Fensterbreite wirkt zusammen mit dem vorkragenden Dachgesims geschickt der perspektivischen Verschlankung des Turms entgegen und lässt ihn infolge dieser optischen Täuschung auch oben noch breit erscheinen.

Die **Vorderfront** wurde als einzige Außenwand nicht auf Höhenwirkung angelegt. Nur der Giebel des Mittelschiffs erhebt sich deutlich, während ansonsten eine Betonung der Horizontalen dominiert. Im Giebel selbst sitzt ein Monoforium, darunter eine sechzehnblättrige Fensterrose, um deren Einfassung fünf Tierskulpturen befestigt sind. Dieselbe Menge an Konsolfiguren sind um das große zentrale Monoforium darunter verteilt, während die beiden weiteren Monoforien auf derselben Ebene nur durch ihre Ornamenteinfassung betont sind. Am stärksten tritt an der Fassade die **Portalzone** hervor, zu der man auf einer Treppe von links oder rechts emporsteigt. Von der hier ursprünglich vorhandenen Vorhalle sind nur die wandständigen Auflager erhalten. Die vier tiefen Blendbögen zu beiden Seiten des Portals sind mit Blattwerk und Rosenkranzperlen ausgeschlagen und werden von Halbsäulen und korinthischen Halbkapitellen gehalten, die mit einem Bohrer perforiert wurden. Das **Portal** gehört zum Besten, was Apulien im 12. Jh. hervorgebracht hat. Es kommt ohne Architrav aus und schließt, passend zu den entsprechend geschnittenen Türflügeln, rundbogig. Die Pfosten bieten, von vorne betrachtet, ein Flechtwerk-Ornament, das Assoziationen an nordische Elfenbeinschnitzerei hervorruft; die Verzierung der Archivolte erinnert an abstrakte orientalische Muster. An der Innenseite des linken Pfostens lässt sich ein kleiner, in Apulien so nicht mehr bekannter Jakobszyklus ausmachen. Am rechten Pfosten zeigen sich, von Nischen eingerahmt, u.a. die Propheten Jesaias und Jeremias. Die Last der Pfosten tragen Löwen, wobei der linke nicht nur mit einer Schlange und einem Drachen kämpft, sondern merkwürdigerweise mit dem Hinterteil in einer Ädikula steckt.

Die Archivolte des Portalrahmens wird von einer zweiten überfangen, in die der Skulpteur ein faszinierendes, von Menschen, Tieren und Fabelwesen bevölkertes Rankenwerk eingeschnitten hat. Sie senkt sich im Halbkreis auf zwei Blattkapitelle sehr graziler Säulen ab, die jeweils von drei Mini-Atlanten gestemmt werden. Wer das ›Wunderwerk‹ des Portals schuf, ist umstritten. Eventuell waren es Bernardus und Eustasius, Vater und Sohn, die 1199 in Ragusa (Dubrovnik) an der dalmatinischen Küste der Adria nachzuweisen sind.

Gleichzeitig mit dem Portal enstand die grandiose zweiflügelige **Bronzetür,** die seit ihrer Restaurierung 1999 im Inneren der Kathedrale aufgestellt ist. Sie wurde in den 1180er-Jahren von Barisanus von Trani angefertigt, der in Italien mit mehreren Arbeiten vertreten ist. Als erster in Süditalien führte er die auf den Bronzetüren dargestellten Figuren nicht in byzantinischer Niellotechnik – also flach, die Umrisse eingeritzt und mit Silberdraht gefüllt – , sondern in Relieftechnik aus. Jeder Flügel ist mit sechzehn Bildplatten besetzt, die wie üblich gegossen, nach dem Erkalten ziseliert und schließlich an der Holzplatte befestigt wurden. Alles in allem wiegt die Bronzetür 2,5 Tonnen. Die Platten werden, oben beginnend, von links nach rechts über beide Flügel hinweg ›gelesen‹, und zwar in der **1. Reihe:** Engel, Majestas, Majestas, Engel; **2. Reihe:** Johannes der Täufer, Madonna, Apostel Petrus, Prophet Elias; **3. Reihe:** Johannes der Evangelist, Apostel Thomas, Simon, Auferstehung; **4. Reihe:** Jakobus, Paulus, Thaddäus, Andreas; **5. Reihe:** Philippus, Bartholomäus, Nikolaus der Pilger (Namenspatron der Kathedrale; links in kleiner Gestalt neben ihm kniend Barisanus von Trani, der die Tür schuf, durch die Inschrift *Barisanvs Tranensis* gekennzeichnet), Kreuzabnahme; **6. Reihe:** Georg, Löwentürklopfer, Löwentürklopfer (ohne Ringe, die 1952 gestohlen wurden), Eustachius; **7. Reihe:** Lebensbaum, Bogenschütze, Bogenschütze, Lebensbaum; **8. Reihe:** Gladiatoren, Lebensbaum, Bogenschütze, Gladiatoren. Die kleinen **Medaillons** auf den Plattenrahmen enthalten Zentauren, Sirenen, Rebenschösslinge und Blattvoluten.

Tierwelt in Stein
Großer Beliebtheit erfreuen sich die Elefanten-Skulpturen, denen links und rechts vom zentralen Monoforium jeweils eine Doppelsäule aufgebürdet ist, auf deren Kapitellen wiederum Löwen liegen.

Diözesanmuseum (2)

In dem benachbarten Palazzo del Seminario bewahrt das Museo Diocesano Skulpturen der früheren romanischen Ausstattung der Kathedrale. Im Lapidarium finden sich Fragmente von Architraven und Chorschranken, ein wunderschöner marmorner Greifenkopf, eine Marmortafel des 11. Jh., auf der ein Greif und ein Löwe gegenübergestellt sind; in den anderen Räumen sind goldene langobardische Brustkreuze aus dem 7./8. Jh., die aus Gräbern in der Kathedrale geborgen wurden, ein kleines gotisches Elfenbeintriptychon aus der Anjou-Zeit, eine Ikone des Hl. Nikolaus Pellegrinus vom Ende des 13. Jh. und liturgisches Gerät zu besichtigen.

Kastell (3)

Über den freien Platz weg sieht man vom Portal der Kathedrale zu dem mit einer offenen Halle ans Wasser gestellten Castello Svevo. Es wurde auf Befehl Friedrichs II. ab 1230 errichtet. Im folgenden Jahr überzeugte er sich persönlich vom Baufortschritt. 1233 waren die Arbeiten vollendet, aber bereits 1240 fielen Reparaturen an, und 1249 ließ Friedrich die Anlage verstärken. Einen letzten staufischen Festtag erlebte das Kastell, als 1257/58 acht Galeeren den Hafen erreichten, die Helena von Epiros nach Trani brachten. Alles war prächtig herausgeputzt, und Manfred erwartete an der Mole (vor der Templer-Kirche Ognissanti) die kaum achtzehn Jahre zählende Braut, seine zweite Gemahlin; seine erste, Beatrix von Savoyen, war im Jahr zuvor verstorben, in demselben Jahr, in dem er sich in Palermo zum König des Südreichs hatte krönen lassen. Er war 26 Jahre alt und auf dem Höhepunkt der Macht. Acht Jahre später war hier alles zu Ende. Ende Februar

Diözesanmuseum
Piazza Duomo 4
im Sommer tgl.
9.30–12.30 und
16–19.30 Uhr
Voranmeldung:
Tel. 08 83 58 46 32

Kastell
nur mit Führung:
tgl. 9.30, 10.30 und
11.30 Uhr

1266 fiel Manfred in der Schlacht bei Benevent gegen Karl I. von Anjou. Helena floh von Lucera, wo sie die traurige Nachricht erhielt, nach Trani, um von hier nach Epiros zum Vater zurückzukehren. Aber im Kastell wurde sie von Soldaten Karls festgenommen. Von den Kindern ließ man ihr nur die sechsjährige Beatrix. Die Söhne Friedrich, Heinrich und Enzio, vermutlich zwischen sieben und drei Jahren alt, wurden ins Castel del Monte verschleppt. Helena widerstand dem Vorschlag Karls, den Thronerben von Kastilien zu heiraten, und wurde bis zu ihrem Tod 1271 inhaftiert. Tochter Beatrix kam erst 1284 frei und heiratete danach noch zweimal. Friedrich gelang nach etwa 35 Jahren die Flucht, bei oder nach der Verlegung der Brüder vom Castel del Monte ins Castel dell'Ovo in Neapel, und starb wohl 1312 in Ägypten. Enzio scheint recht bald in dem neuen Kerker vom Tod erlöst worden zu sein, während Heinrich nach 51 Jahren Haft erst 1318 starb, »erblindet und verblödet« (Willemsen).

Die Anjou schätzten das Kastell wegen seiner reizenden Lage direkt am Wasser. Gern hielten sich die Töchter Karls I. in ihm auf, und er selbst heiratete 1268 im Kastell in zweiter Ehe Margarete von Burgund (was ihm die Grafschaft Provence einbrachte), zwanzig Tage nachdem er den 16-jährigen Konradin, den letzten Staufer, in Neapel hatte enthaupten lassen. Karls Sohn Philipp nahm schließlich im Kastell 1271 Isabella, eine Tochter des ehemaligen Stauferfreundes Wilhelm II. von Villehardoin, zur Frau und verstarb hier auch 1277. Der anjouinische Baumeister Pierre d'Angicourt, der viele Jahre in Trani lebte und 1310 starb, baute die Burg weiter zum Bollwerk aus. Doch in der Folgezeit wurde es vermehrt in ›Staatsdienst‹ genommen. Philipp II. verlegte 1586 den Obersten Gerichtshof der Provinz Bari hierher, und 1832 wurde das Kastell zum Gefängnis umfunktioniert.

Aus staufischer Zeit stammen noch die rechteckigen Türme. Die Steinbrücke, auf der man den einst mit Wasser gefüllten Graben zum Haupteingang hin überquert, ersetzt eine ursprüngliche Zugbrücke. Unter dem Wappen Karls V., das über dem Eingang hängt, ist einer Inschrift zu entnehmen, dass im Jahr 1553 Restaurierungsmaßnahmen erfolgten.

Von der Piazza Re Manfredi nach San Giacomo

In den Platz zwischen Kastell und Kathedrale schiebt sich der im 16. Jh. erbaute **Palazzo di Giustizia (4),** auch Palazzo Torres genannt, in den man oft gestrenge Herren Juristen eilen sieht, weshalb es ratsam ist, das Parkverbot um das Gebäude zu beachten. Dahinter, bereits in der Via Beltrani, liegt links das häufig veränderte **Erzbischöfliche Palais (5;** *Palazzo Arcivescovile),* das, sofern man Glück hat und das Tor geöffnet ist, einen wunderschönen Loggienhof des 17. Jh. offenbart. Immer geradeaus an einigen älteren Palazzi vorbei weiter, schließlich nach rechts in die Via Mario Pagano und gleich wieder rechtsherum, gerät man vor die **Kirche San Giacomo (6),** die in der ersten Hälfte des 12. Jh. entstand. Dass sie bessere Tage erlebt hat, legt

Trani

Trani, Hafen mit Templerkirche Ognissanti

das romanische Fenster an der Seitenwand nahe, das mit seiner aus Säulen und einer floral verzierten Archivolte bestehenden Rahmung zuerst in den Blick gerät. Auch das Portal hat zu beiden Seiten eine Säule, auf welchen sich – in Relation zum Portal selbst absolut überdimensioniert – ein Greif (links) und ein Löwe (rechts) niedergelassen haben. Ihre Last haben damit zwei Elefanten, die so abgenutzt sind, dass sie gelegentlich als Löwen beschrieben werden. Die Jahreszahl 1647 im Wappen über dem Portal gibt das Datum an, zu dem die Kirche innen barockisiert wurde. Nach oben folgen bis zum Fassadenabschluss drei Reihen mit kleinen Skulpturen, wobei die der obersten Reihe als Wasserspeier dienten. Sie sind unter dem Meißel des Steinmetz zu absonderlichen Mensch- und Tiergestalten geraten, zu Fantasieprodukten, die jener in Ängsten und Lüsten, Verzweiflung und Hoffnung, Abscheu und Erregung gefangenen Epoche drastisch Ausdruck verleihen.

Rund um den Hafen

Gut hundert Meter links vom spätgotischen **Palazzo Caccetta (7)**, den 1451–56 ein Kaufmann gleichen Namens errichten ließ und venezianische Gouverneure 1495–1509 bewohnten, als die Dogenrepublik in Trani das Sagen hatte, und der Rückseite der **Kirche Santa Teresa (8)**, eines Zentralbaus mit Kuppel und einer Fassade des 18. Jh., schaut aus der dicht geschlossenen Häuserwand seit der Mitte des 12. Jh. die ›Allerheiligenkirche‹, die **Chiesa d'Ognissanti (9)**, mit ihren drei Apsiden zum Wasser hin. Sie entstand im Hof eines Hospitals, das den Rittern des Templerordens gehörte, deren Anwesenheit in Trani urkundlich 1143 bezeugt ist. Deshalb wird das Gotteshaus, das erstmals 1170 erwähnt wird, auch als Templerkirche (Chiesa dei

Cavalieri Templari) bezeichnet. Schmuckstück der Ostfassade ist das skulptierte Fenster der mit Blendarkaden verzierten Mittelapsis. Der Kircheneingang befindet sich in der Via Ognissanti zwischen engen Altstadthäusern, in einem Viertel, das gelegentlich stark nach Beize und Lack riecht und die Schreiner verrät, die Möbel aufpolieren, aber auch der Versuchung nicht widerstehen können, ›echt antike‹ Stücke zu fabrizieren. Man gerät vor die Arkaden einer offenen Vorhalle, wie sie in Apulien nur ganz selten erhalten ist. Sie besteht aus zwei kreuzgratgewölbten, von einem Pfeiler mit Halbsäulen und zwei Säulen mit Blattkapitellen geschiedenen Querschiffen. Auch an der Fassadenwand dienen vier Halbsäulen als Auflager der runden Gurt- und Schildbögen, wobei nur die beiden inneren Stützen links und rechts vom Hauptportal mit Figurenkapitellen besetzt sind. Trotz schützender Vorhalle wirken die ansprechend ornamentierten Portaleinfassungen reichlich angegriffen. In das Tympanon des im Vergleich zu den beiden Nebenportalen wesentlich größeren Hauptportals sind zwei Reliefplatten mit Verkündigungsdarstellungen eingefügt. Das restaurierte **Innere** ist von gutem basilikalem Zuschnitt. Zwei Arkadenreihen auf jeweils drei Säulen trennen das überhohe und schmale, von einem offenen Dachstuhl geschlossene und durch Obergadenfenster beleuchtete Mittelschiff von den beiden kreuzgratgewölbten Seitenschiffen.

Folgt man dem Hafenrund weiter und lässt man sich in die kulissengleich von Gebäuden gesäumte Biegung hinein- und am Wasser bzw. auf der Via Statuti Marittimi auf die andere, erhabenere Seite hinüberziehen, weitet sich alsbald nach rechts ansteigend die gepflasterte Piazza G. Quercia mit dem freistehenden **Palazzo Palumbo-Quercia (10)**, einem imposanten Stadtpalast von 1755 mit Barockfassade. Der **Palazzo Antonacci-Telesio (11)** in der Häuserzeile, die den Platz nach oben abschließt, entstand, wie das Familienwappen über dem Eingang festhält, 1761. Es sind dies zwei von mehreren über den Ort verstreuten Palazzi, die den Aufschwung Tranis im 18. Jh. verdeutlichen. Hier zu wohnen und täglich die Aussicht über den Hafen bis zur Kathedrale zu genießen, muss auch heute ein fürstliches Gefühl geben.

Hält man sich weiter an der Hafenmauer, passiert man die erhöht gelegene Wallfahrtskirche **Maria del Carmine (12)**, ein im 16. Jh. begründetes Karmeliterkloster, das im Glanz seiner leuchtend weißen Mauern während des ganzen Hafenrundgangs in die Augen sticht. Doch die jetzige Kirche, die im Inneren eine Ikone »Madonna della Fonte« aus dem 13. Jh. aufbewahrt, ist samt dem angrenzenden Palast ein Produkt des 17. Jh., der klassizistische Campanile gar des 18. Jh.

Noch weiter draußen, rechts von der Hafeneinfahrt, erheben sich die Reste eines kleinen Forts, des **Fortino (13)**, das die Spanier 1541 erbauten, um die Hafensteuer wirksam eintreiben zu können. Aber der Gang hinaus lohnt allein wegen des unbeschreiblichen Blicks hinüber zur Kathedrale, die unwirklich wie ein Monolith aufragt, wenn sich das Abendrot im Hafenrund spiegelt und sich der Himmel, kurz vor der einbrechenden Nacht, zum Flammenmeer verfärbt.

Mittelalterliche Kirchen an der Via Marco Pagano

Danach gerät ein Gang durch die Stadt zum letzten Streifzug ins Mittelalter – sofern man den Verlockungen der zahlreichen Bars, Eisdielen und Restaurants, wie vielleicht der Osteria Convivio gleich in der Via San Giorgio, nicht erliegt. Folgt man dieser kurzen Straße – ungeachtet der Versuchungen, die vom Antiquitätenladen oder der Pasticceria mit ihren süßen Köstlichkeiten drohen – bis zum Ende und biegt rechts in die Via M. Pagano ein, erreicht man nicht nur gleich rechts die angenehme Bar ›Bomboniera‹, sondern nach knapp 50 m links eingangs der Piazza della Libertà die **Kirche San Francesco (14)**, die ab 1176 erbaut und 1184 geweiht, aber eigentlich nie fertiggestellt wurde. Die kleine Fensterrose in der tiefen, verzierten Einfassung ist ausgebrochen. Das Portal ist ab halber Türhöhe aufwärts von schlanken Säulen flankiert, die figurierten Konsolen aufstehen und über Blattkapitellen einem gezähnten Blendbogen Halt geben. Das Tympanon ist mit einer außergewöhnlichen Transenne ›vergittert‹. Das ist alles echtes 12. Jh., wie auch die von den Ecklisenen im Dachgiebel emporsteigenden Blendbögen. Die kunstgeschichtliche Bedeutung verrät (nach ein paar Schritten zurück) das Pyramidendach über dem achteckig aufsitzenden Tambour. Unter ihm verbirgt sich die höchste der drei Kuppeln, die sich über den drei Jochen des Mittelschiffs erheben, während die beiden Seitenschiffe Halbtonnen aufweisen. Diese Anlage der Dreikuppelkirche steht gleichrangig neben denselben in Molfetta, bei Valenzano und in Conversano und erinnert stark an San Leonardo di Siponto. Von Benediktinern als Klosterkirche begründet, ging sie im 16. Jh. in den Besitz der Franziskaner über, was der Kirche das jetzige Patrozinium eintrug – und wohl auch den quadratischen Ostabschluss mit Kreuzgewölbe, der eine ursprünglich anzunehmende halbrunde Apsis ersetzt.

Die unscheinbare winzige **Kirche Sant'Andrea (15)** wurde Ende des 11. oder zu Beginn des 12. Jh. errichtet. Trotz späterer Eingriffe hat sie mit drei halbrunden Apsiden und der zentralen Kuppel, die äußerlich mit einem viereckigen Tambour und Pyramidendach verkleidet ist, die ursprüngliche Architektur als Kreuzkuppelkirche über rechteckigem Grundriss bewahrt. Lediglich zu Gottesdiensten geöffnet, gelingt nur ein kurzer Blick ins Innere: Die Kuppel wird von vier Kalksteinsäulen gestützt, deren Kapitelle byzantinischem Geschmack folgen; die Halbsäulen an den Wänden fußen auf antiken Basen; die erste Säule rechts diente einst als Meilenstein an der Via Traiana, deren Inschrift an Kaiser Konstantin erinnert; die Apsiden sind, was man auch nicht alle Tage sieht, tonnengewölbt.

Schon knapp hundert Jahre jünger ist das mittelalterliche Haus (Nr. 90/92), zu dem von der Piazza della Libertà die Via Ognissanti führt. Die **Casa de Agnete (16)** wurde 1283 erbaut, und mit der Fassade aus dieser Zeit schaut sie zum Betrachter herab, als wäre die Zeit stehengeblieben – so wie bisweilen beim Fischmarkt am Campo dei Longobardi.

Grüne Piazza

Den Pulsschlag der Jetztzeit lässt Trani an der baumbestandenen Piazza della Repubblica fühlen. Aber die Hektik hält sich in Grenzen, und Bänke laden zur Lektüre der hier erstandenen Zeitung ein. Bankautomaten liefern das Bargeld, das man leicht in den Geschäften auf dem Corso Cavour los wird.

An der Piazza Plebiscito

Geht man zurück auf der Via M. Pagano, dann entlang dem Corso Cavour Richtung Meer, überquert man die Piazza Plebiscito und sieht rechts die **Kirche San Domenico (17)** mit ihrer hübschen, horizontal dreigegliederten, vertikal durch kräftige Pilaster betonten Barockfassade von 1763. Weit schwingen Voluten über dem dominierenden Gesims der Portalzone zur Seite aus, von Akroterien bekrönt, wie sie auch dem gewölbten Giebelfeld aufgesetzt sind. An derselben Stelle stand im 13. Jh. die Kirche Santa Croce; von ihr stammt noch der romanische Campanile mit spitzbogigen Biforien.

Die Piazza endet vor der **Villa Comunale (18)**, dem im 19. Jh. angelegten Stadtpark. Hier sind die für die Stadtgeschichte berühmten »Ordinamenta maris« von 1063 (vgl. S. 155) in Steinnachbildungen aufgestellt. Im Schatten eines dichten Laubdaches schlendert man nach rechts, wo sechs römische Meilensäulen vom Abschnitt Ruvo–Canosa der Via Traiana aufgestellt sind, geht weiter, um endlich den Campanile von San Domencio zu sehen, oder hält sich gleich geradeaus und genießt von einer Aussichtsterrasse einen freien Blick über das Meer, nach links über den Hafen und das kleine Fort bis hin zur Kathedrale.

Santa Maria di Colonna (19)

Vom Stadtpark nach rechts (südwärts) gewandt, erkennt man – zum Greifen nah, zum Laufen 2 km (zu) weit – auf einem Küstenvorsprung, dem Capo Colonna, die Abteikirche Santa Maria di Colonna, die 1098 von den Benediktinern begründet wurde, denen zuvor Santa Maria, der Vorgängerbau (und jetzige Unterkirche) der Kathedrale, gehört hatte. Doch mit den Planungen für den Bau der Kathedrale als Bischofssitz waren sie heimatlos geworden und wählten die kleine Halbinsel zum Standort ihres Klosters. 1427 bis 1867 befand es sich in Händen der Franziskaner, was auch am architektonischen Outfit Spuren hinterließ, wie die Skulpturen aus verschiedenen Epochen an der Fensterrose zeigen. Von der Entstehungszeit künden noch die verzierten Archivolten des Portals und innen die Halbtonnengewölbe der Seitenschiffe, während der Campanile und das Kreuzgewölbe des Mittelschiffs dem 13. Jh. zuzuschreiben sind. Besucher, die den langweiligen Fußweg nicht scheuen, haben hinter der Abtei am Strand Gelegenheit, sich mit vielen anderen Sonnenanbetern bei Badefreuden zu erfrischen.

Bisceglie

Mit dem Auto sind es keine zehn Minuten an der Küste entlang nach Bisceglie, wo man am sichersten an der Piazza Vittorio Emanuele II parkt. Geschichtlich lieferte Bisceglie keine Schlagzeilen. Die älteste Nachricht stammt überhaupt erst von 1042, als Robert Guiskard die Stadt ›normannisierte‹. 1060 gelangte sie in den Besitz des Grafen von Trani und wurde von diesem befestigt. Drei Jahre später wurde sie zum Bischofssitz erhoben. Die Staufer vermochten sich für den Ort nicht zu erwärmen, ganz anders als die Anjou, unter denen Bisceglie aufgrund des Seehandels gehörig prosperierte. Die Aragonesen sorgten 1490 für eine neue, in Teilen erhaltene Stadtmauer.

Kathedrale Santi Pietro e Paolo

Die Kathedrale Santi Pietro e Paolo wurde 1073 auf Veranlassung des besagten Normannengrafen Peter von Trani begonnen und – wohl nach notwendig gewordenen Umbauten – 1295 fertiggestellt. Man findet sie einfach, wenn man mit Blick auf die untere Längsseite der Piazza Vittorio Emanuele II diese nach rechts verlässt und am Teatro Garibaldi links die Via Cardinale dell'Olio einschlägt. An der Ecke des Palazzo Tupputi mit den auffallenden Rustikaquadern des 16. Jh. geht man nach links in die Via Frisari und dann durch den ersten Hausdurchgangsbogen nach rechts. Nach wenigen Metern zeigt sich die Kathedrale, die auf engstem Raum zwischen teilweise unbewohnten Altstadthäusern steht, mit der rechten Flanke und dem ungewöhnlichen **Seitenportal**, einem Renaisanceportal mit antiken Säulen. Bei den Figuren, die linke mit Schlüssel, die rechte mit Schwert, handelt es sich entsprechend dem Patrozinium der Kathedrale um Petrus und Paulus. Keine Deutung greift bei der Basreliefplatte links neben dem Portal, die im 11. Jh. und somit in der Frühzeit der Kirche geschaffen wurde – zumal nicht einmal das Tier zwischen den Bärtigen und den diskutierenden Mönchen zu bestimmen ist. Das **Hauptportal** wird von einem Baldachin überfangen. Die stützenden Säulen ruhen auf kaum mehr erkennbaren Löwen, während die Kapitelle – das linke floral, das rechte mit Menschenköpfen geschmückt – von kräftigen Greifen besetzt gehalten werden. Den Portalgiebel ziert die Skulpur eines Adlers.

Bisceglie, Kapitell an der Kathedrale

Das vom Barockschmuck befreite **Innere** präsentiert sich trotz der Einwölbung des Querhauses, der Anhebung und Überkuppelung des Chores und empfindlichen Zerstörungen im ersten Teil als romanische Basilika mit Emporen über den Seitenschiffen, die sich über jeweils drei halbkreisförmigen Arkaden mit ebenso vielen Triforien öffnen.

Sant'Adoeno

Zurück am Palazzo Tupputi, lässt man diesen links liegen, folgt der Via Ottavio Tupputi, nimmt die erste Gasse (Arco Sant'Adoeno) nach links und erreicht die ehemalige Abteikirche Sant'Adoeno, benannt nach einem Hl. Audoenus, der im 7. Jh. Bischof in Rouen (Normandie) war, wo er besser als *St-Ouen* bekannt ist, und von den Normannen als Schutzpatron der Ritter verehrt wurde, weshalb auch ohne das bekannte Entstehungsdatum 1074 auf eine normannische Gründung zu erkennen gewesen wäre. Rechts neben dem Portal ist das Grab des Kirchenstifters Bartholomäus erhalten. Er ist so unbekannt wie ansonsten in Italien dieser Hl. Audoenus, der, wegen seiner Beziehungen zum merowingisch-kolumbanischen Mönchtum als Mönch dargestellt, unterhalb der von vier Löwen umgebenen ausgebrochenen Fensterrose angebracht ist. Im barockisierten Inneren hat sich ein Taufstein aus dem 12. Jh. mit einer Reliefdarstellung Christi und den vier Evangelistensymbolen erhalten.

Weiter auf der Via Tupputi, stößt man auf die **Torre Normanna**, genau genommen drei Türme des noch im 11. Jh. begonnenen, vielleicht von Friedrich II. erweiterten Kastells.

Hält man sich, das Kastell zur Linken, geradeaus, betritt man nach rechts den alten Fischmarkt, an dem auf halber Höhe links ein Schild in die Strada Santa Margherita mit dem Kirchlein **Santa Margherita** aus dem 12. Jh. weist. Der quadratische Tambour mit Pyramidendach deutet die zentral postierte Kuppel des einschiffigen und mit einer halbrunden Apsis versehenen Sakralbaus an. An der linken Flanke befinden sich Gräber der Ritterfamilie Falcone vom ausgehenden 13. Jh. Der erste bekannte Falco, der die Kirche 1197 wohl als Grablege für seine Familie errichten ließ, war Sohn eines Richters in Diensten Kaiser Heinrichs VI.

Dolmen von Chianca

In und um Bisceglie hat sich nur einigermaßen erhalten, was nicht kaputt gehen kann. Dazu gehört eine sehenswerte, prähistorische Grabkammer, der Dolmen von Chianca. Man errreicht ihn, wenn man Bisceglie Richtung Ruvo verlässt, unter der Umgehungsstraße hindurchfährt und nach ca. 3 km vor der Unterquerung der Autobahn nach rechts abbiegt, der Via Stradelle durch Olivenbaumkulturen folgt, an der Kreuzung links wegfährt und nach weiteren 100 m rechts den Fußweg nimmt, der aber sofort vor dem erstaunlicherweise nicht ›vermüllten‹, sondern gepflegten Grabplatz endet. Der Dolmen von Chianca, einer von mehreren in der Umgebung von Bisceglie und von vielen in Apulien, wurde 1909 entdeckt und gehört aufgrund seiner Ausmaße und seines Erhaltungszustands zu den bedeutendsten Megalithgräbern Italiens. Im 2. Jt. v. Chr. errichtet, hat die von 1,8 m hohen monolithischen Steinplatten getragene Deckplatte eine Breite von 2,4 m und eine Länge von 3,85 m. Der 7,6 m lange, von Steinplatten gebildete Zugang war wie das nach Osten ausgerichtete Grab selbst ursprünglich unter einem Erdhügel verborgen. Die Toten waren in kauernder Haltung bestattet worden; die bronzenen Grabbeigaben erhielt das Archäologische Museum in Bari.

Molfetta

Noch früher lebten die jungsteinzeitlichen Menschen, die die weitgehend natürlich ausgewaschenen **Grotten** an den Hängen des **Pulo** von Molfetta als Wohnhöhlen nutzten und eine Nekropole anlegten. Er ist mit 170 m Länge, 130 m Breite und 35 m Tiefe eine der großen Dolinen Apuliens (aber bei Weitem nicht so groß wie die bei Altamura!), also – laienhaft gesprochen – ein riesiges Loch im porösen Kalk. Die verzierte und bemalte Keramik der Höhlenbewohner bekam ebenfalls das Museum in Bari. Nach den Ende des 20. Jh. vorgenommenen Verschönerungsarbeiten, Wegesicherungen, Begrünungen und der Errichtung eines hohen (müllabwehrenden) Zauns kann man ihn wieder durchlaufen und einige der Grotten in Augenschein nehmen. Man erreicht ihn von der Piazza Garibaldi in Molfetta aus, indem man den Corso Umberto Richtung Bahnhof fährt, aber noch davor rechts in die Via Galilei abbiegt und sich immer geradeaus hält. Dann befindet man sich auf dem Corso V. Fornari, und nachdem man rechts eine Tankstelle passiert hat, nimmt man die vierte Straße nach links, die Via Poggio Reale, unterquert die Eisenbahnlinie, hält sich auf der Via Ruvo Richtung Ruvo, überquert die Schnellstraße und wendet sich unmittelbar dahinter nach rechts, um den Blick in die Vorzeit zu tun.

Trotz der frühen Besiedlung der Umgebung brachte erst das Mittelalter dem Ort Molfetta, der bis dahin *Melphi* und 1129–1528 *Melphicta* hieß, aufgrund des Hafens eine gewisse Bedeutung, die sich in einem Handelsabkommen mit der Stadt Ragusa (Dubrovnik) 1148 niederschlug. Aber derselbe Hafen bescherte Molfetta die Zerstörung inklusive der Vernichtung des städtischen Archivs durch die Franzosen 1529, als Franz I. mit Karl V. im Krieg lag. Seitdem hat es sich zu einem properen, einladenden Städtchen entwickelt, in dem der um Sauberkeit und Schönheit bemühte Bürgersinn sich mit schmucken Hausfassaden und bevorzugt grün gestrichenen Fensterläden sowie der Aufstellung von Abfallkörben Ausdruck verleiht. Dass es ein wichtige Rolle im Adriafischfang spielt, lassen die schweren Kutter erkennen, die im kleinen, von der Natur nur schwach ausgebildeten Hafen

Molfetta ★

Comune di Molfetta
*Piazza Municipio
70056 Molfetta
Tel. 08 03 34 82 22*

›*Città della pace*‹
Evident (und für ganz Apulien typisch) ist der Zusammenhang zwischen dem angenehmen, sauberen Stadtbild und dem Fehlen jener Nervensägen vom Typ ›*ciclomotorista*‹*, die mit ihren Mopeds beim friedfertigsten, nicht gehörgeschädigten Menschen Aggressionen auszulösen vermögen. Insofern verspricht der Zusatz* ›*Città della pace*‹ *auf dem Ortsschild von Molfetta nicht zu viel.*

169

Nördliche Terra di Bari: Die Küste

Molfetta, Duomo
Vecchio, Grundriss

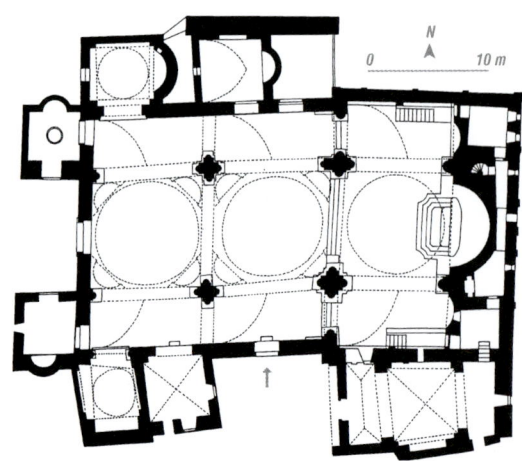

Hl. Konrad aus Bayern
Der Heilige, der dem alten Dom San Corrado den Namen gab und der in Molfetta als Stadtpatron verehrt wird, wurde um 1105 als Sohn des Bayernherzogs Heinrich der Schwarze geboren. Als Mönch des Zisterzienserordens, dem er vor 1125 beitrat, unternahm er 1143 eine Pilgerfahrt ins Heilige Land. Bei der Rückkehr verstarb er, und womöglich wurde ihm zu Ehren ab 1150 der Dom errichtet. Konrads Überreste werden in einem silbernen Kopfreliquiar, einer neapolitanischen Arbeit des 17. Jh., aufbewahrt, die sich in der Kathedrale befindet und bei einer alljährlichen Prozession durch Molfetta geführt wird.

vertäut sind. Hier sollte man einen der meist freien Parkplätze nicht verschmähen, da die Altstadt bequemer nicht zu erreichen ist, die Flaniermeile, der Corso Dante, ebenda beginnt und auch der alte Dom schon auf sich aufmerksam macht.

Duomo Vecchio

Seit der Mitte des 12. Jh. ist Molfetta Bischofssitz, und seitdem steht der Dom, der seine beiden flach gedeckten Osttürme und die mit unterschiedlich hohen Pyramidendächern gedeckten drei Tamboure, unter denen sich Kuppeln verbergen, über die Altstadtdächer erhebt. Da Molfetta immer noch einen Bischof, aber für diesen eine neue Kathedrale hat, wird dieser alte Dom San Corrado kurz *Duomo vecchio* genannt. Ähnlich wie die Kathedrale in Trani liegt er direkt am Meer und lag diesem bis zum Bau des Hafenkais im 20. Jh. noch näher, sodass stets Wasser in die ehemalige Krypta eindrang und diese im 15. Jh. zugeschüttet werden musste. 1150 begonnen und gegen Ende des 13. Jh. fertiggestellt, ist der Dom die letzte, größte und deshalb bedeutendste romanische Kuppelkirche Apuliens, vergleichbar nur mit Ognissanti bei Valenzano und San Benedetto in Conversano.

Das gedrungene, kompakte Gotteshaus wirkt malerisch wie eine Burg. Zum Hafen hin präsentiert eine gerade, schmucklose Westfassade mit einem (stets verschlossenen, aber sicher von Heinrich VI. nach der Einnahme der Stadt 1194 durchschrittenen) Rundbogenportal, auf welches Monoforien und ein mittig eingefügtes Rundfenster ausgerichtet sind. Über dem geraden Fassadenabschluss der Mittelschiffpartie, den ein Konsolfries markiert, zeigen sich zwei kleine Turmaufsätze, fast unscheinbar neben dem ersten der dahinter entlang der Längsachse massig und kantig aufsteigenden Kuppelgehäuse. Der wehrhafte Charakter des Doms wird zusätzlich durch zwei kubusförmige, jeweils an den äußeren Seiten mit kleinen Apsiden besetzten Anbauten in der westlichen Verlängerung der Seitenschiffe sowie durch den nahtlosen Übergang der Westwand an die rechts ansetzende Bebauung unterstrichen. Die dem Meer zugewandte nördliche Längsfront gibt sich geradezu abweisend, ja ohne auch nur ein Bemühen um Ansehnlichkeit, und ist zudem durch asymmetrische Kapellenanbauten des 13. und 16. Jh. beeinträchtigt. Die rechteckige, durch Stützmauern gesicherte Ummantelung der Ostapsis tut ihr übriges zum trutzigen Aussehen. Um so mehr beeindrucken die beiden 1256 vollendeten **Glockentürme** neben der Ostapsis. Die einzelnen Geschosse sind von rund- und spitzbogigen Biforien durchbrochen, das obere schließt gefällig mit einer Doppelreihe von Blendbögen ab. Von Lisenen oder figurierten Konsolen getragene rundbogige Blendarkaden, die sich überschneiden und somit Spitzbögen bilden, zeigen sich noch an Teilen der Langhauswände.

Molfetta, Duomo Vecchio, Saraceno

Der Eingang öffnet sich zur Südseite, ins Gewinkel der angebauten Altstadthäuser, genauer in den Hof des früheren Bischofspalastes. Nach dem Betreten des in geheimnisvolles Dunkel gehüllten **Inneren** wird man unmittelbar rechts vom *Saraceno* empfangen, einer kleinen Skulptur des 12. Jh., die ein Weihwasserbecken hält. Lediglich vier Pfeiler mit vorgestellten Halbsäulen, deren Kapitelle mit Pflanzen- und Tiermotiven verziert sind, gliedern den Sakralraum und tragen die drei über dem Mittelschiff angebrachten Kuppeln (mit einem Durchmesser von 7,5 m), deren höhere mittlere nicht wie die beiden anderen rund, sondern ellipsoid ausgebildet ist. Die Seitenschiffe sind mit einem Halbtonnengewölbe versehen, jeweils die erste Seitenkapelle links und rechts (vom Haupteingang her gesehen) mit Kuppelchen gedeckt. So stellt der zu keinem Zeitpunkt gravierend veränderte, lediglich nach einer Serie von Erdbeben zu Beginn des 17. Jh. restaurierte Innenraum einen mittelalterlichen Architektur-Organismus dar, der byzantinische, romanische und muslimische Impulse stimmungsvoll verwebt.

Molfetta, Alter Dom am Hafen

171

Nördliche Terra di Bari: Die Küste

Giuseppe Mazzini
Der mit einem Standbild auf der gleichnamigen Piazza in Molfetta verewigte Giuseppe Mazzini wurde 1805 in Genua geboren. Noch während seines Jurastudiums schloss er sich dem radikalen Flügel des Risorgimento an, das die nationale Einheit und Unabhängigkeit Italiens betrieb. In der Schweiz gründete er 1834 die Vereinigung ›Junges Europa‹, die, ihrer Zeit weit voraus, von einem Europa der Nationen träumte. Nachdem die Schweiz ihn ausgewiesen hatte, ging er zunächst nach London, um danach an der Seite Garibaldis Rom zu befreien. Doch mit der Politik Cavours konnte er sich nicht anfreunden. Er zog wieder ins Ausland und kehrte erst kurz vor seinem Tod 1872 in Pisa nach Italien zurück.

In der kreuzgewölbten zweiten Kapelle rechts werden das alte **Ziborium** aus dem 12./13. Jh. sowie Skulpturenfragmente des ehemaligen Hauptportals aufbewahrt; in der Wand rechts oben ist ein wunderschönes Transennenmonoforium eingelassen.

Weitere Sehenswürdigkeiten

Obwohl das winzige Altstadtoval, das unmittelbar an den Dom anschließt, größtenteils entvölkert ist, kommen allabendlich Gläubige zur Messe. Aber das Leben spielt auf dem Corso Dante, der die Altstadt südlich umfasst. So fällt der Bummel durch den Kern Molfettas kurz aus: Vom Domeingang geradeaus weg und bei der ersten Kreuzung nach rechts erreicht man das Stadttor aus dem 15. Jh. und tritt hinaus ins Licht der Piazza Mazzini. Das Standbild des Giuseppe Mazzini, eines radikalen Europavordenkers, schaut zur **Kirche Santo Stefano**, die im 13. Jh. errichtet, 1586 vollständig umgestaltet wurde. Im Inneren ist das Tafelbild »Madonna mit Kind nebst Tobias und Engel« des bedeutenden, 1703 in Molfetta geborenen, aber auch in Rom, Mailand und Madrid tätigen Malers Corrado Giaquinto beachtenswert.

Weitere Arbeiten Giaquintos befinden sich in der 1636 begonnenen **Kirche San Domenico** und in der **Kathedrale Santa Maria Assunta**. Sie entstand im 17. Jh. und wurde 1785 zum Bischofssitz erhoben (womit der alte Dom San Corrado als solcher ausgedient hatte und der Barockisierung entging). Ihre prächtige **Barockfassade** ist vertikal durch ein hohes Bogenfeld und zu den Seiten durch Pilaster, horizontal durch ein breites Gesims harmonisch gegliedert und mit einem geschwungenen Giebelfeld bekrönt. Die mittig angebrachte Barockstatue des Hl. Ignazius von Loyola weist die Kirche als ehemaligen Besitz der Jesuiten (bis 1773) aus. Das großartige **Innere** wird von Kapellen flankiert und von einer in barockem Glanz erstrahlenden Apsis abgeschlossen. Im rechten Querschiff ist die »Himmelfahrt Mariae nebst Hl. Konrad« eines der prächtigsten Werke Giaquintos.

Am Ende steuert der Corso auf die ›Fegefeuerkirche‹ zu, die **Chiesa del Purgatorio**. In der ersten Hälfte des 17. Jh – nur unwesentlich früher als die barocke Kathedrale – entstanden, ist sie noch ganz der Renaissance verpflichtet. Das zeigen die Pilasterrahmung und der Dreiecksgiebel des Portals sowie daneben die gleichermaßen gestalteten Ädikulen mit den lebensgroßen Figuren.

Vor der Stadt liegt rechts der S 16 Richtung Bisceglie (ausgeschildert) am Meer die Kirche **Madonna dei Martiri**. Sie wurde 1162 für das 1059 begründete Kreuzfahrerhospiz erbaut, hat wenige alte Partien – Teile des spitzbogigen Querhauses und der Apsiden, zwei Kuppeln, den Altar – bewahrt, beeindruckt aber durch die übermächtigen, im 18. Jh. verzierten Säulenreihen zwischen dem tonnengewölbten Mittelschiff und den halbtonnengewölbten Seitenschiffen. Auch vom Hospiz, das erkrankten Palästinapilgern Hilfe leistete, ist einiges stehen geblieben. Vielleicht ist hier der bayerische Herzogssohn Konrad verschieden, der zum Heiligen und Patron der Stadt Molfetta aufstieg.

Giovinazzo

Von Molfetta aus könnte man gemütlich zwei Stunden die Küste nach Süden spazieren, unterwegs an einem der Strände, die von der S 16 gestreift werden, ein Bad nehmen und anschließend in Giovinazzo in eine *Gelateria* einfallen – gesitteter als Hannibals Karthager, die den von Peuketiern gegründeten Ort zerstörten. Aber damals gab es kein Speiseeis, und die Römer befestigten danach die Siedlung trotz der geringen Bedeutung des Hafens. Als Kaiser Traian die Mauer verstärkte, galt die Maßnahme der Sicherung der nach ihm benannten Via Traiana. Andererseits unterhielt Giovinazzo, das im 5. Jh. Bischofssitz wurde, im Mittelalter Handelsbeziehungen mit Venedig und hat vielleicht deshalb den Sinn für ein gediegenes Stadtbild entwickelt. Die Natur trägt das ihre dazu bei. Sie lässt Giovinazzo mit seiner blendendweißen Altstadt auf einer Landzunge ins Blau der Adria vorspringen: eine traumhafte Erscheinung.

Pro Loco
Piazza Umberto 12
70054 Giovinazzo
Tel. 08 03 94 10 52

Rundgang

Die zentrale, auch hier zu groß geratene Piazza Vittorio Emanuele II, die man bei der Durchfahrt passiert, sonnt sich im gepflegten Zustand der Palazzi. Im Inneren der Kirche **San Domenico** mit ihrer hohen Fassade von 1885 hängt an der linken Wand des Presbyteriums ein »Hl. Felix«, eigentlich der Mittelteil eines Triptychons, das Lorenzo Lotto 1542 als Auftragsarbeit eines Venezianers in Barletta malte.

Von der Piazza weg öffnet sich seitlich des *municipio* die Piazza Umberto I mit dem **Traiansbogen** (Arco di Traiano), einem antiken Stadttor, in das vier Meilensäulen von der Via Traiana eingefügt wurden: Während es nach links zu einer Bastion der aragonesischen Stadtbefestigung geht, führt der Weg durch den Bogen in den mittelalterlichen *Borgo* und, vorbei an der **Kirche Maria di Costantinopoli** aus dem 16. Jh., zur hell und steil aufragenden Kathedrale.

Die **Kathedrale** wurde 1283 geweiht, aber 1747 völlig umgestaltet. Original sind noch das leicht spitzbogige Portal an der rechten Flanke mit reich verzierter Archivolte um ein Tympanon und aufgesetztem Giebelchen mit Lamm-Gottes-Relief, ferner der linke der beiden Türme und die gerade vermauerte Apsiswand mit ihrer faszinierenden Gestaltung: sich überschneidende Blendbögen auf Halbsäulen und Pilastern, zwei Rautenfenster, zwei übereinander gestellte Monoforien mit erlesenen, floral verzierten Rahmungen, wobei das obere von Säulen flankiert wird, denen Fabelwesen aufsitzen, und neben sich noch Biforien mit seltenen, ›geflochtenen‹ Kapitellkelchen hat. Die nicht minder beeindruckende Stirnseite des rechten Querhauses ist samt Fensterrose das Produkt einer radikalen Restaurierung, um nicht zu sagen Wiederherstellung. Innen ziert den Hauptaltar das um 1300 angefertigte Tafelbild »Madonna di Corsignano«. Im linken Seitenschiff führt eine Treppe zur Krypta mit zehn Stützsäulen und unterschiedlich gearbeiteten romanischen Kapitellen.

Nördliche Terra di Bari: Die Küste

Hinter der Kathedrale liegt die Piazza Duomo. Ihre linke Front beschließt der **Palazzo Ducale** von 1657. Hinten rechts geht die Via San Giacomo ab, gefolgt – einige Stufen nach links empor – von der Via San Domenico, die einem längeren Stück der Traiansmauer folgt. An ihrem Ende biegt nach rechts die Via Gelso in den typischsten Teil des *borgo* ab, vorbei am **Palazzo Paglia** aus dem 12.–16. Jh. (Nr. 60) und am **Palazzo Saraceno** (Nr. 29). Bei der Wegekreuzung am Kirchlein San Lorenzo, das an der Eingangswand mit einem Relief an das Martyrium des Hl. Laurenzius erinnert, zweigt rechts die Via Pavone Griffi ab, die, unter zwei Bögen hindurch, zu dem 1385 begonnenen Kirchlein **Spirito Santo** mit Spitzbogenportal geleitet. Wie die beiden oktogonalen Tamboure mit Pyramidendächern zeigen, entstand es als einfache Kuppelkirche. Die Hochblüte apulischer Romanik indes lässt sich wenige Kilometer weiter in Bari (vgl. S. 211) studieren.

Reisen & Genießen

Moscato di Trani

Das an diesem Küstenabschnitt gelegene Trani ist seit alters ein Zentrum zur Produktion außergewöhnlicher Muskatweine. Ihr Alkoholgehalt beläuft sich auf 15–18 Prozent. Wer den guten Tropfen möglichst nah an der Quelle kaufen möchte, hat verschiedene Möglichkeiten in Trani (z. B. Enoteca de Toma, Via Umberto 256, Tel. 08 83 58 88 38) oder etwa 3,5 Kilometer außerhalb, rechts an der Provinzstraße SP 238 Richtung Süden bzw. Corato, auf einem richtigen Landgut (Villa Schinosa, Tel. 08 83 50 06 12, www.villaschinosa.it).

Hotels und Restaurants

... in Barletta

Ein modernes, sehr gepflegtes Hotel mit geräumigen Zimmern, Pool und viel Grün in absolut ruhiger Lage hinter der Uferstraße ist das
Nicotel Barletta Spa****
Viale Regina Elena 1, Littorale di Levante
Tel. 08 83 34 79 54, 08 83 34 89 46
www.nicotelhotels.com
DZ 150–170 €

Eine ruhige Unterkunft im *centro storico* ist das
Bed & Breakfast De Nittis
Vico del Lupo 9
Tel. 08 83 57 13 10
www.bbdenittis.it
DZ 55–65 €

In der tonnengewölbten Trattoria Antica Cucina fernab des historischen Zentrums (Parkplatz) kommen Liebhaber von Fisch und erlesenen Weinen auf ihre Kosten:
Antica Cucina
Via Milano 73
Tel. 08 83 52 17 18
Mo, Di und an Feiertagsabenden geschl.
Menü ab 35 €

Beim Palazzo Marra geht es auf den Tischen des Vecchio Forno gediegen und schmackhaft zu. Zu den Spezialitäten des Hauses zählen *cavatelli* mit Muscheln und köstliche Basilikum-Makkaroni.
Al Vecchio Forno
Via Enrico Cialdini 61
Tel. 08 83 33 42 93
Menü ab 16 €

... in Giovinazzo
Im Zentrum wurde das uralte Benediktinerinnenkloster zu einem hübschen Hotel umgestaltet, zu dessen Merkmalen die zum überwiegenden Teil geräumigen 18 Zimmer, eine Aussichtsterrasse im obersten Stockwerk und die günstige Halbpension im Ristorante des Hauses zählen.
San Martin**
Via Spirito Santo 46
Tel. 08 03 94 26 27
www.smartinhotel.it
DZ 120 €, Menü ab 15 €

Zu den Spezialitäten dieser rustikalen Osteria mit einer sehr bodenständigen Küche gehört Fohlenfleisch mit Rucola und gehobeltem Käse (*sfilacci di puledro con rucola e scaglie di grana*).
Il Chiodo Fisso
Via Madonna degli Angeli 18
Tel. 08 03 94 81 31
Mo Ruhetag
Menü ab 20 €

... in Molfetta
Während der Sommermonate ist der anheimelnde, mit liebevoll eingedeckten Tischen bestückte Innenhof des Ristorante Bufi eine kleine Oase gleich beim Hafen. Da sich die Karte nach der Saison und dem täglichen Fischangebot richtet, kann sich der Gast vertrauensvoll auf die Vorschläge von Chef Salvatore Bufi einlassen. Liebhabern von Fisch und Meeresfrüchten unbedingt zu empfehlen.
Bufi
Via Vittorio Emanuele 15/77
Tel. 08 03 97 15 97
So abends geschl.
Menü ab 50 €

Die direkt am Hafen gelegene Bar zum Dom mit Pasticceria, Gelateria und Rosticceria offeriert echte Leckereien für den kleinen Hunger:
Bar al Duomo
Banchina Seminario
Tel. 08 03 97 54 19

... in Trani
Ein komfortables kleines Hotel im Palazzo Filisio aus dem 18. Jh. in einmaliger Lage direkt neben der großartigen Kathedrale und dem Meer:
Hotel Regia**
Piazza Duomo 2
Tel. 08 83 58 44 44
www.hotelregia.it
Restaurant Mo geschl.
DZ 130 €

10 Min. läuft man vom Hafen zur Piazza della Repubblica, dem von Bäumen begrünten und beschatteten neuzeitlichen Herzen der Stadt, wo sich ein nettes einfaches Hotel eingerichtet hat:
Bed & Breakfast Domus Angela
Piazza della Repubblica 27
Tel. 08 83 48 98 39
www.domusangela.it
DZ 70 €

Etwa 200 m von der Kathedrale entfernt, lädt die Osteria Corteinfiore an ihre in einem Innenhof gedeckten Tische und überrascht mit zeitgenössischen Kreationen auf alter Grundlage, wie Rouladen von Speck und Tunfisch oder Ravioli mit Meeresfrüchten.
Corteinfiore
Via Ognissanti 18
Tel. 08 83 50 84 02
So abends und Mo geschl.
www.corteinfiore.it
Menü ab 40 €

Gegenüber dem Kastell lädt eine einfache Pizzeria und *tavola calda* zu einer Pause mit Blick auf das Kastell ein:
Pizzeria Castello Svevo
Via Fra Diego Alvarez 5

Nördliche Terra di Bari: Das Hinterland

Von Bitonto nach Canosa di Puglia

Hinter der Küstenlinie verläuft ein zweiter hochinteressanter Weg durch die nördliche Terra di Bari. Die Strecke ist in der entgegengesetzten Richtung beschrieben, quasi als Rückfahrt von Bari nach Norden. Sie streift durch die Hügellandschaft der nördlichen *Murge* mit ihren Oliven-, Mandel- und Obstbaumkulturen, Rebstöcken und verwilderten Schafweiden und berührt ebenfalls Orte mit herausragenden Sehenswürdigkeiten. Noch etwas weiter im Landesinneren liegt das weltberühmte Castel del Monte, die ›Krone Apuliens‹.

Karte Nördliche Terra di Bari S. 144,
Citypläne Bitonto S. 178,
Canosa di Puglia S. 203

Nördliche Terra di Bari: Das Hinterland
Besonders sehenswert:
Bitonto ★★
Ruvo di Puglia ★
Castel del Monte ★★
Canosa di Puglia ★

Bitonto

Bereits die romanische Kathedrale in Bitonto ist ein ›Paukenschlag‹, im Gegensatz zur Geschichte, in der die Stadt, die als peuketische Siedlung startete, leisere Töne anschlug. Im 4. Jh. v. Chr. prägte sie eigene Münzen. Als sie an der Via Traiana zu liegen kam, wurde sie als *Butuntum* bzw. *Butontum* Municipium. Im 10. Jh. gehörte Bitonto den Byzantinern, nachdem der Katepan Zacharias 975 die Stadt erobert hatte. Den Wohlstand, zu dem sie unter den Normannen gelangte, bezeugt die grandiose Kathedrale. Nach dem Tod Friedrichs II. mochte es die Stadt nicht mehr mit den Staufern halten und wurde 1252 von König Konrad IV. mit Gewalt wieder ›auf Linie‹ gebracht. Doch erst mit einem neuzeitlichen Ereignis ging Bitonto in die Geschichtsbücher ein: Als Folge des Polnischen Erbfolgekriegs war Karl von Bourbon, Sohn des spanischen Königs Philipp V. aus dem Haus Bourbon, mit dem Königreich Neapel bedacht worden und bestieg 1734 den Thron. Er nahm sogleich den Kampf mit Österreich auf, das 1707 Apulien besetzt hatte, und siegte entscheidend in der Schlacht bei Bitonto. Von da an bewahrten die Bourbonen trotz zahlreicher Kämpfe die Herrschaft in Süditalien bis ins Jahr der italienischen Einigung.

Bitonto ★★
Besonders sehenswert:
Kathedrale

An der Grenze zwischen Neu- und Altstadt liegt ein lichter Platz, der bei der Fahrt stadteinwärts nicht zu verfehlen ist. Er fällt durch einen mächtigen **Rundturm (1)** aus der Anjouzeit, die Torre Angioina mit 16 m Durchmesser, und ein spätmittelalterliches **Stadttor (2),** die Porta Baresina auf. Hier, an der baumbestandenen Piazza Marconi, wird gegenüber der Polizeistation geparkt.

Beherzten Schritts geht es an der Porta Baresina vorbei in die Altstadt, erst auf den **Palazzo Sylos-Calò (3)** zu, der aus dem 16. Jh. mit einer Renaissanceloggia im ersten Obergeschoss grüßt. Rechts folgt die ›Fegefeuerkirche‹, die **Chiesa del Purgatorio (4),** mit ihrem makabren Portal aus dem 17. Jh., vor dessen Skeletten und Totenköpfen, die Mitra und Krone tragen, der Mensch sich seines Endes bewusst werden soll(te). Danach weist ein Torbogen den Weg ins Gassengewirr. Am **Städtischen Museum** *(Museo Civico Eustachio Rogadeo)* hält man sich rechts und erblickt die Rückseite der Kathedrale.

Städtisches Museum
Via Rogadeo 52
So–Fr 9.30–13.30
(Di und Do auch
15.30–18.30) Uhr

◁ *Canosa di Puglia, San Leucio, Minerva*

Nördliche Terra di Bari: Das Hinterland

Kathedrale San Valentino (5)

Die Kathedral, ein betörender Akkord romanischer Stilformen und die Vollendung dessen, was im Bareser Archetyp entwickelt worden war, wurde nach der Mitte des 12. Jh. in Angriff genommen. Ihre kurze Bauzeit von etwa 60 Jahren sorgte für die harmonische Proportionalität der einzelnen Baukörper und die Einheitlichkeit der schmückenden Zutaten. Das in die gerade vermauerte Rück- bzw. **Apsisfront** mittig eingefügte Fenster besitzt eine fein gestufte Einfassung, eine floral verzierte Archivolte und an den Seiten Säulen mit Greifen obenauf und Löwen darunter. Über dem Fenster öffnet sich der ›Maurische Bogen‹ mit ins tief gestaffelte Gewände eingestellten Halbsäulen und den Archivolten mit betonter Sägebandverzierung. Von den beiden Türmen, die die Apsiswand flankierten, ist nurmehr der nördliche – aber dieser mit ansehnlichen Biforien in den drei oberen Geschossen – erhalten. Die zum schmalen Platz zeigende **Langhausfassade** demonstriert, welche Leichtigkeit apulisch-romanische Architektur einem im Ganzen wuchtigen Gotteshaus zu verleihen vermag, dass es wie ein überdimensionierter Goldschrein wirkt. Schön sieht man, wie über dem Grundriss eines lateinischen Kreuzes Lang- und Querhaus sich in der Vierung schneiden. Steil ragt die Wand des Mittelschiffs empor, unter dem Satteldach gesäumt von einem Fries, der sich aus zwei Schmuckleisten mit Zahnschnitt- und Würfelornament sowie Blendbögen, die auf Konsolen ruhen, zusammensetzt. Die Zier setzt

Bitonto

1 *Rundturm*
2 *Porta Baresina*
3 *Palazzo Sylos-Calò*
4 *Chiesa del Purgatorio*
5 *Kathedrale San Valentino*

Bitonto, Kathedrale

sich am Querhaus fort, wobei die Konsolen nun durchgängig als Tier- und Menschenköpfe geformt und die Blendbögen halbmondförmig gestuft sind. Die von Archivolten überfangenen Obergadenmonoforien sind mit Transennen vergittert. Darunter schiebt sich die Dachschräge des Seitenschiffs nach vorne bis zur Flucht der Querhausstirnseite und endet an einem Blattwerkfries, der oberen Schmuckkante der einzigartigen **Galerie** aus sechs Hexaforien. Sie wurde von Meister Nicolaus von Trani und seiner Werkstatt geschaffen. Ihre Arkadenstützen verblüffen durch Aufbau und Variantenreichtum. Die basislosen Säulenschäfte tragen, sofern sie nicht durch neue ersetzt werden mussten, Punkt-, Band oder Zickzackmuster. Ihnen sitzen doppelstöckige Kapitelle auf: zunächst vollig unterschiedlich verzierte, entweder separat oder mit der Säule aus einem Stück gefertigte Würfelkapitelle, die an normannische Vorbilder erinnern, und zuoberst überaus seltene, sehr tiefe Sattelkapitelle, die mit einem fantastischen Panoptikum von bizarren Menschen- und Tiergestalten oder mit floralen Motiven geschmückt sind. Den Unterbau der Galerie bilden sechs (jahrhundertelang vermauerte) hohe und tiefe Arkaden, unter welchen sich in die Langhauswand jeweils ein einfaches Bogenfenster öffnet. An den Arkadenpfeilern sind grob gearbeitete Figuren bzw. Reliefs des 12. Jh. angebracht, welche die vier Evangelisten Lukas, Matthäus, Markus und Johannes sowie Maria mit Jesuskind darstell(t)en. Unter der letzten Arkade (vor dem Querhaus) ist ein spitzbogiges Portal mit Zickzackrahmung aus dem 14. Jh. eingelassen. Es

Nördliche Terra di Bari: Das Hinterland

Wilhelm Zwo in Apulien
Kaiser Wilhelm II. war ein Bewunderer der Stauferzeit und besonders Friedrichs II. Auf einer Reise durch Apulien ließ er sich von den Koryphäen des Deutschen Historischen Instituts aus Rom begleiten und die Sehenswürdigkeiten erläutern. Ein altes Foto zeigt den Kaiser, wie er das Portal der Kathedrale in Bitonto bestaunt.

wird *Porta della scomunica*, ›Tor der Exkommuniation‹, genannt, weil hier in der Regel der Kirchenbann verkündet wurde. Darüber ist ein Transennenfenster erhalten. Die rechte **Stirnwand des Querhauses** ist in der unteren Zone mit Lisenen und drei Bogenpaaren unter jeweils einem halbmondförmigen Rüstbogen verblendet. Aufwärts folgen paarig übereinander gestellt vier Biforien sowie zuletzt eine zwanzigblättrige Fensterrose, die halbkreisförmig von einer riesigen, auf Figurkonsolen ruhenden Archivolte überspannt wird.

Eine ähnliche Fensterrose beherrscht die obere Partie der Haupt- bzw. **Westfassade**. An ihr zählt man sechzehn eingestellte Säulchen. Als Stützen der halbkreisförmig darübergeblendeten Archivolte fungieren zwei Säulen mit Löwen obenauf. Ferner wird die mittlere Fassadenfläche, die durch kräftige Lisenen vertikal von der linken und rechten getrennt ist, durch zwei imposante Biforien und das herrliche **Hauptportal** betont. Die Portalsäulen mit Akanthusblattkapitellen werden von Löwen getragen, mächtige Greifen sitzen obenauf, hinter diesen steigt die äußere Archivolte auf, die sich mit einem dichten Kranz von Akanthusblättern um die inneren Archivolten legt, die wie die Pfosten Rankenwerk mit Blüten bzw. – auf dem innersten Schmuckband der Portalrahmung – mit Tier- und Menschengestalten verwoben zur Schau stellen. Selten ist das Thema des **Tympanonreliefs**, das die »Befreiung der Väter« aus der Vorhölle zeigt. Die Figurierung des **Architravs** stellt gar ein Unikat dar. Von oben nach unten verlaufende Nameninschriften neben den Figuren erleichtern die Deutung. So erkennt man in den beiden ersten Personen links den Erzengel Gabriel, der die Empfängnis Marias verkündet; es folgen Maria und Elisabeth, die sich umarmen, dann die Hl. Dreikönige Kaspar, Balthasar und Melchior vor der mit Jesus auf einem Stuhl sitzenden Maria und schließlich die Darbringung Jesu im Tempel – eine Bildergeschichte des jungen Jesus.

Der Schmuck der Nebenportale ging verloren. Die Vorhalle dagegen, die, wie die Auflager und die Schildbögen an der Wand noch andeuten, geplant war, wurde nie realisiert. Das Tympanon des rechten Nebenportals ist nicht mit einem Relief wie üblich, sondern mit einer Transenne gefüllt. Die Biforien über den Nebenportalen, auf gleicher Höhe mit denen über dem Hauptportal, runden die Symmetrie der Fassade ab.

Nach links schließt der Palazzo De Lerma an, verbunden durch einen Bogen mit barocker Loggia, damit der Bischof stets unbehelligt zwischen Privatgemächern und Kirche wechseln konnte.

Die Anordnung des **Innenraums** folgt dem vollendet ausgebildeten basilikalen Schema. Das sechs Joche messende Langhaus setzt sich aus einem hohen Mittelschiff und jeweils einem tonnengewölbten Seitenschiff zusammen. Zwei Pfeiler mit vor- bzw. nachgestellter Halbsäule, in der Mitte des Langhauses postiert, tragen zusammen mit jeweils vier Säulen auf jeder Seite die Last der Konstruktion. An den Kapitellen herrscht das Akanthusblatt vor. Am ersten **Kapitell links (a)** jedoch ist wieder die Alexanderlegende in Szene gesetzt, die in der

Bitonto

Kathedrale von Trani (s. S. 159) als Fußbodenmosaik abgebildet ist. Über jeder Mittelschiffarkade öffnet sich ein Triforium zur Empore, und, eine Zone höher, ein Obergadenmonoforium.

Unter den Bögen zwischen Mittel- und rechtem Seitenschiff stehen beachtenswerte Einzelkunstwerke. Während das aus *einem* Stein gehauene **Taufbecken (b)** tatsächlich aus dem 13. Jh. überkommen ist, wurde die folgende **Kanzel (c)** im 18. Jh. missverständlich aus Teilen des ehemaligen (im Zug der Barockisierung demontierten) Ziboriums von 1222 bei der rigorosen ›Reinigung‹ und Restaurierung der Kirche zusammengefügt. Auch die **Kanzel des Meisters Nicolaus (d)** am Vierungspfeiler wurde erst im 18. Jh. – wenngleich überwiegend aus Originalteilen – wieder aufgebaut. Der vorne von zwei Säulen abgestützte Kanzelkasten gilt als das auffälligste Werk des Bildhauers. Die konvexe Ausbuchtung weist mit Blüten besetzte Kassettenfelder auf und ist mit farbigen Glas- und Schmelzeinlagen versehen; der vollplastisch ausgebildete, mit prächtigem Gefieder gezeichnete Adler, der auf dem Kopf das durch Arabesken verzierte Pult trägt und seinerseits von einem unter der Last fast zusammenbrechenden Männchen in die Höhe gestemmt wird – das alles demonstriert eine perfekte Kunstfertigkeit im Umgang mit verschiedenen Marmorarten. Gleichzeitig steht der Adler für den Evangelisten Johannes, und die männliche Figur für Matthäus, während Markus und Lukas auf den an den Kanzelseiten eingestellten Säulen durch Löwe bzw. Stier symbolisiert sind. Die Inschrift auf der Sockelleiste an der Vorderseite des Kanzelkastens ist nicht mehr vollständig lesbar: *Docta manus me fecit ad hoc ut lectio vite hoc recitata ferat fructum mentes a [...]* – »Eine kundige Hand hat mich dazu erschaffen, dass die hier vorgetragene Lesung für das Leben Früchte trägt ...«. Ferner ist inschriftlich neben dem Er-

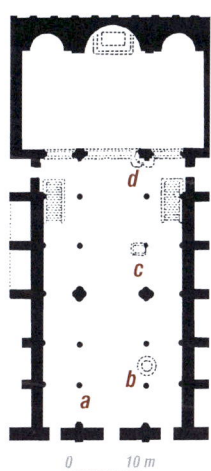

Bitonto, Kathedrale, Grundriss

a *Kapitel (Alexanderlegende)*
b *Taufbecken, 13. Jh.*
c *Kanzel aus Teilen des ehemaligen Ziboriums, 1222*
d *Kanzel, Meister Nicolaus*

Bitonto, Kathedrale, Kanzelaufgang, Relief

Nördliche Terra di Bari: Das Hinterland

Neue Funde
Bitontos Kathedrale wurde Ende des 20. Jh. von Archäologen durchwühlt. Dabei wurden Reste eines Mosaikfußbodens (Greif in Medaillon), Fundamente einer frühchristlichen und byzantinisch-apulischen Kirche und Unmengen von Knochen ans Licht befördert. Durch den neuen Anbau eines Zwischenbodens sind nun auch die beeindruckenden unterirdischen Fragmente von Fresken und Mosaiken der frühchristlichen Basilika zu besichtigen. Der Mosaikfußboden und die ausgestellten Grabungsfunde sind bei (leider nur unregelmäßig stattfindenden) Führungen zu besichtigen.

schaffer auch das Entstehungsjahr 1229 (frühestens September) auf der Kanzel festgehalten. Ersterer hat sich auf dem oberen Rand des Lesepults verewigt; das Datum ist zwischen den Tragebalken an der Bodenplatte des Kanzelkastens notiert: *Hoc opus fecit Nicolaus sacerdos et magister anno millesimo ducentesimo vicesimo nono i[n]dictionis secunde.*

Die hier gegebene Eindeutigkeit lässt das **Relief** (Abb. S. 181) an der Außenseite des Kanzelaufgangs vermissen. Unter künstlerischem Gesichtspunkt ist es von bescheidener Qualität und unmöglich von Nicolaus geschaffen. Interessant ist es wegen der vier von links nach rechts aufsteigend dargestellten Personen. Stauferfreunde sehen links, auf dem Thron sitzend, Kaiser Friedrich I. Barbarossa, zwar bartlos, aber mit Krone und Lilienzepter, das er an Kaiser Heinrich VI. reicht; dann, durch ein Diadem gekennzeichnet, Kaiser Friedrich II. und endlich Konrad IV., der vom Vater mit dem Erbe des Königreichs Sizilien und des Kaiserreichs bedachte deutsche König. Diese Deutung ist angesichts der mäßigen bis schlechten Beziehungen zwischen den Staufern und Bitonto nur unter der Prämisse schlüssig, dass das Relief als eine Art ›Sühnedenkmal‹ entstand, nachdem die Stadt von Friedrich abgefallen und von diesem 1229 wieder eingenommen worden war.

In den Seitenschiffen befinden sich die Abgänge zur **Krypta,** die während der ersten Bauphase im 3. Viertel des 12. Jh. entstand. Sie nimmt den ganzen Raum unter dem Querhaus ein. Ein Wald aus dreißig antiken Säulen, die aus einem Minervatempel (bei der Kirche San Francesco d'Assisi) stammen sollen, gliedert die neun Schiffe breite und vier Joche tiefe Halle, die mit drei Apsiden abschließt. Neben Bischofsgräbern ist bei der rechten Seitenapsis das Grab eines Ritters von 1575 beachtenswert. Das Antependium des Altars stammt vom ehemaligen Hauptaltar der Kathedrale, den Walter von Foggia 1222 erstellt hatte.

Terlizzi

Die Abzweigung von der S 98 führt durch Sovereto mit der beliebten **Wallfahrtskirche Madonna di Sovereto.** Ihr im Inneren versprühter Landbarock täuscht darüber hinweg, dass sie bereits im 12. Jh. gegründet wurde, wovon neben anderen Details noch das Apsisfenster kündet. Daneben stand einst ein Pilgerhospiz, das die Ritter des Johanniterordens 1291 eingerichtet hatten, direkt an der Via Traiana und somit in wohlberechneter Lage.

Terlizzi liegt inmitten ausgedehnter Olivenbaumkulturen und ist ein bedeutendes Landwirtschaftszentrum geblieben. Das Städtchen bewahrt eine hübsche, wenngleich unspektakuläre und vielleicht deshalb zum Bummeln einladende, leicht überschaubare Altstadt mit Gassenbögen, winzigsten Plätzen, aparten weißen Häuserzeilen, wappengeschmückten Palazzi und romantischen mittelalterlichen Fenstern oder Balkönchen mit gusseisernen Gittern. Seine früheste Erwähnung verdankt der Ort einem langobardischen Gastalden namens Wacco, der im Jahr 778 Grundbesitz in *Trelicio* der Abtei Montecassino schenkte. Nachdem Graf Amico die Siedlung 1073 befestigt hatte, nannte Terlizzi sich *castrum*. 1133 stieg es zur *civitas*, zur Stadtkommune, auf.

Die **Kathedrale San Michele Arcangelo** steht am Corso Umberto I, der Verlängerung des breiten Corso Vittorio Emanuele, auf den man bei der Einfahrt ins Zentrum stößt. Sie ersetzt den an gleicher Stelle 1783 abgerissenen romanischen Dom. 1872 fertiggestellt, besitzt sie eine der in Apulien seltenen klassizistischen Fassaden, klar strukturiert durch die tiefen Gesimse, die das flache und breite Giebelfeld hervorheben, durch die vier vorgestellten Säulenpaare auf Postamenten, durch die Giebel, die sich über den Seitenportalen und dem deutlich größeren Hauptportal wiederholen.

Das ehemalige spätromanische Hauptportal der Kathedrale landete nicht auf dem Schutt, sondern wurde abgeschlagen und wieder verwendet. Deshalb lohnt der kurze Gang – die Fassade der Kathedrale im Rücken halblinks in die Via Rutigliano, weiter in die Via Plebiscito und zur gegenüberliegenden winzigen **Chiesa del Rosario,** einem neoromanischen Nachbau von 1932. Hier an der rechten Flanke überdauert, von Abgasen geschwärzt, das Portal des Anseramus, eine wunderschöne, handwerklich vielleicht noch ein wenig grobe, frühe Arbeit des in seiner Zeit hochgeschätzten und später auch von Friedrich II. beschäftigten Anseramus von Trani. Die gestufte Rahmung mit Ranken- und Blütenzier fasst von den Pfosten bis zum Scheitel der überhöhten, leicht zugespitzten Archivolte das gesamte Portal ein. Der Architrav auf Maskenkonsolen zeigt als Relief eine christologische Szenenfolge, die sich von links als Verkündigung, Anbetung der Hl. Dreikönige und Kreuzigung lesen lässt. Das Tympanonrelief des Letzten Abendmahls verblüfft durch die Detailfreude und das Bemühen um eine individuelle Behandlung der dargestellten Personen. Über den links sitzenden Aposteln hat Anseramus, wobei er sich als »erfahrener Doktor der Bildhauerei« bezeichnete, das Portal signiert: *Tranum quem genuit doctor scalpendo peritus / Anseramus opus porte feliciter implet.*

In der angrenzenen **Chiesa del Purgatorio** steht eine erneute Begegnung mit dem Maler Corrado Giaquinto aus Molfetta an; die »Anbetung der Hirten« am letzten Altar links ist sein Werk.

Schließlich wartet Terlizzi noch mit zwei Gemälden renommierter Meister aus der ersten Hälfte des 16. Jh. auf. Zu ihnen weist, entlang der rechten Flanke der Kathedrale, der Corso Umberto I stadtauswärts den Weg. Rechts tut sich die Piazza Cavour auf, an der sich als letzter mittelalterlicher Torturm die **Torre dell'Orologio** erhebt, beachtenswert wegen des Zifferblatt-Durchmessers von 3,45 m.

Der Corso Umberto setzt sich als Corso Emanuele II fort, passiert links (Haus-Nr. 49) den **Palazzo De Gemmis** (18. Jh.) und die **Kirche Santa Maria La Nova,** die im 16. Jh. entstand, aber nun im Gewand

Maler-Meister

Die Stadt Terlizzi erinnert in der Kirche Santa Maria La Nova mit zwei Gemälden an zwei bedeutende Maler des 15./16. Jh. Der erste ist Giovan Antonio De Sacchis, bekannter unter dem Namen seines Geburtsorts Pordenone, wo er um 1484 zur Welt kam. Ab seiner Übersiedlung nach Venedig 1528 setzte er sich als bedeutendster Vertreter der neuen manieristischen Malerei durch. Giovan Gerolamo Savoldo wurde um 1480 in Brescia geboren und starb dort wohl auch 1548, nachdem er ebenfalls in Venedig tätig war. Die »Geburt Jesu«, die Savoldo mehrfach malte, ist so nochmals in San Giobbe in Venedig und in der Pinacoteca Tosio-Martinengo in Brescia zu studieren. Sein Sinn für naturalistische Darstellung (ländliche Tracht des Joseph!) und sein Spiel mit dem Licht erweisen ihn als Vorgänger Caravaggios.

der Verwandlung dasteht, die im 19. Jh. vorgenommen wurde. Sie besitzt eine achteckige hölzerne Kanzel mit aufwendigen Intarsien (1714) und in der Apsis das Tafelbild einer »Thronenden Madonna mit Kind zwischen Johannes dem Täufer und Franz von Assisi«, das Giovan Antonio De Sacchis kurz nach 1630 malte. Am fünften linken Seitenaltar ist die »Geburt Jesu« dargestellt, eine um 1540 von Giovan Gerolamo Savoldo geschaffene anmutige Krippenszene.

Den Gipfel der Unscheinbarkeit bildet ca. 1 km außerhalb von Terlizzi das in normannischer Zeit, d. h. wohl um 1040 gegründete Kirchlein **Santa Maria di Cesano,** das in den letzten Jahren wieder instand gesetzt wurde. Man findet es, wenn man von Terlizzi zur S 98 fährt, unmittelbar vor dieser nach links abbiegt, nach 1,1 km erneut links abzweigt und nach 400 m hält. Dann sieht man es im Grünen zwischen Bäumen hinter einer Mauer liegen. Während noch die eine halbrunde Apsis des Kirchleins mit den Maßen 9 x 5 m erhalten ist, ist das dazugehörige Kloster vom Erdboden verschwunden.

Ruvo di Puglia

Ruvo di Puglia ★

Comune di
Ruvo di Puglia
Piazza Matteotti 1
70037 Ruvo
Tel. 08 09 50 71 11

Museo
Archeologico
Nazionale Jatta
Piazza Bovio 35 (im
Palazzo Jatta)
Mo–Do 8.30–13.30,
Fr/Sa 14.30–19.30,
So 8.30–13.30 Uhr

Museo Archeologico Nazionale Jatta

Seit der Antike bewahrt Terlizzi die handwerkliche Tradition bemalter Keramik, in Konkurrenz mit dem benachbarten Ruvo. Was die Aufbewahrung dieser ältesten Kunst in Ton angeht, ist allerdings Ruvo unschlagbar. Nimmt man von Terlizzi die kürzeste Verbindung nach Ruvo, das sich im Weiß seiner Häuser auf einem flachen Hügelrücken über das Meer der Wein-, Mandel und Olivenbaumkulturen erhebt, fährt man auf der Via Roma ein. Diese mündet in die Piazza Giovanni Bovio mit dem Archäologischen Nationalmuseum *(Museo Archeologico Nazionale Jatta),* der wertvollsten Sammlung antiker Vasen in Apulien. In dem 1840–44 dafür erbauten Palazzo der Familie Jatta nicht eben didaktisch geordnet, sondern auf vier Räume verteilt und liebevoll altmodisch präsentiert, sind über 2000 Objekte ausgestellt, die einen hervorragenden Überblick über die griechischen Importe an schwarzfiguriger korinthischer Keramik des 6. Jh. v. Chr. und rotfiguriger attischer des 5. und 4. Jh. sowie die lokale peuketische Produktion gewähren. Die Stücke stammen aus einer Nekropole, die zu Beginn des 19. Jh. entdeckt wurde. Die Gebrüder Giovanni und Giulio Jatta trugen sie zusammen; ihre Arbeit setzte der gleichnamige Sohn des ersteren, ein Archäologe, bis gegen Ende des Jahrhunderts fort. Als *das* Exponat gilt in Raum IV (Nr. 1501) ein attischer Volutenkrater vom Ende des 5. Jh. v. Chr. mit der feinen Darstellung des Todes des Talos, die wohl von der im Dioskurentempel in Athen beeinflusst ist.

Um 300 v. Chr. am Ort geprägte Bronze- und Silbermünzen verraten in griechischen Buchstaben den Namen *Rhyps* bzw. *Rhybasteinon* als älteste Bezeichnungen für Ruvo. Als römische Etappenstation an der Via Traiana mit der Möglichkeit zum Pferdewechsel und zur Übernachtung hieß es Rubi. Zu dieser Zeit war Ruvo bereits mit Mauern und Türmen bewehrt und bot alle Annehmlichkeiten, die ein römisches *municipium* auszeichnete.

Die Legende will, dass der Hl. Petrus persönlich für die Einrichtung eines Bischofssitzes sorgte. Im Jahr 436 soll der Ort von den Goten zerstört worden sein. Eine neue Blüte erlebte er zur Normannenzeit. König Tankred vereinigte ihn mit der bedeutenden Grafschaft Conversano, und unter Friedrich II., der den Bau der Kathedrale gefördert haben soll, wurde Ruvo Stadt mit eigenen Rechten und ein weiteres Mal befestigt. Mit den französischen Anjou und, schlimmer noch, den spanischen Aragonesen, setzte ein rapider Niedergang ein, der, was grausame Unterdrückung und Ausbeutung anbelangt, unter Kardinal Oliveiro Carafa kulminierte, der die Stadt 1510 gekauft hatte. Erst zu Beginn des 19. Jh. kam sie mit Hilfe der Herzöge von Andria von der despotischen Familie Carafa frei.

Horaz in Ruvo

Als er Ende des 1. Jh. v. Chr. seine beschwerliche Reise von Rom nach Brindisi schilderte, schrieb Horaz: »Weiter nach Ruvo. Bei Ankunft große Müdigkeit: lang und schlimm war der Weg, verschlimmert noch durch Regen.«

Rundgang vom Museum aus

Mit dem Rücken zum Museum erblickt man nach rechts den Komplex des Dominikanerkonvents mit der Kirche **San Domenico** aus dem 16. Jh. mit spätbarocker Fassade.

Dem Museum gegenüber, jenseits der Grünanlage an der anderen Seite der Piazza, haben sich (hinter einer Zeile mit späterer Bebauung) Reste der Stadtbefestigung aus dem 15. Jh. erhalten. Die hier beginnende Via Vittorio Veneto geleitet zum links am Weg gelegenen **Palazzo Spada** (Haus-Nr. 16–22) mit malerischem Renaissanceinnenhöfchen, während ein paar Schritte zuvor rechts die Via Cattedrale abgeht, eine Gasse mit Häusern aus Kalkstein, über der die Wäsche noch ›luftgetrocknet‹ wird.

Kathedrale Santa Maria Assunta

Unerwartet weitet sich die Piazza Cattedrale mit der Kathedrale Santa Maria Assunta, einem Sakralbau mit eigentümlicher Vorderansicht. Der schmale Spitzgiebel des erhöhten Mittelschiffs will nicht recht zu den stark geneigten, stark nach unten abfallenden Dachschrägen der Seitenschiffe passen. Sie suggerieren ein grobes Missverhältnis der Schiffbreiten. Des Rätsels Lösung liegt darin, dass die Dachschrägen offenbar im 16. Jh. bis über zusätzlich angebaute (nach zahlreichen Restaurierungen zum Teil wieder entfernte bzw. innen abgemauerte) Seitenkapellen nach außen gezogen wurden. Deshalb auch ragt die Fassade links über die Flucht der Seitenschiffe hinaus.

Errichtet wurde die Kathedrale wohl ab dem ausgehenden 12. Jh., und zwar anstelle einer hundert Jahre zuvor begonnenen, ebenfalls schon dreischiffigen Basilika, was manche architektonische Ungereimheit des jetzigen Gebäudes erklärt. Begünstigt durch die Jahreszahl 1237, die sich an der Fensterrose fand, hielt man die Kathedrale für ein stauferzeitliches Werk. Doch neuerdings wird die Authentizi-

Nördliche Terra di Bari: Das Hinterland

Ruvo, Kathedrale

tät dieser Angabe bestritten und der Abschluss der Bauarbeiten eher gegen Ende des 13. Jh. vermutet.

Die erwähnten Dachschrägen der **Fassade** werden kräftig durch aufsteigende, gestufte Blendbögen markiert, die auf Maskenkonsolen ruhen und am höchsten Punkt vor zwei Greifen enden. Funktionslos sind die weiten Schildbögen über den drei Portalen; in Verbindung mit den vier Halbsäulen zeugen sie von dem Plan, eine Vorhalle zu errichten. Die gestufte, skulptierte Rahmung der drei Portale setzt sich nahtlos von den Pfosten in die Archivolte fort, sodass weder Architrave noch Tympana vorhanden sind.

Das **Hauptportal** wird von einem außerordentlichen ›Tierpark‹ belagert. Auf der baldachinartig vorkragenden äußeren Archivolte hockt ein Greif. Zu den Seiten des Portals balancieren zwei übergroße, kräftige Greifen (der linke ist modern ersetzt) auf schmächtigen Säulchen, die von sehr verwitterten, aber immer noch enormen Löwen getragen werden. Und unter dieser ganzen Last krümmen sich, quasi als ›lebende‹ Sockel, zwei menschliche Gestalten. An der äußeren Archivolte sind Gottvater, der zwischen Maria und Johannes dem Täufer thront, und die zwölf Apostel sowie Engel dargestellt, an der inneren das Lamm Gottes und die vier Evangelisten(symbole). Abwärts bilden Weinranken kreisrunde Medaillons und schließen darin Blüten und Getier ein.

Über dem Hauptportal türmen sich, immer größer und breiter werdend, drei Fenster, beginnend mit einem kleinen **Okulus,** der wegen seiner wunderschönen, sechs ineinander verschlungene Ringe ausbildenden Transenne Fernglasbesitzer zu begehrten Ansprechpartnern macht. Die gestufte, floral ornamentierte Einfassung, ist von vier Konsolfiguren umstellt: links und rechts ein Engel, unten ein Dämon bzw. Drache; die obere Figur ist zerstört. Über dem Okulus öffnet sich ein **Biforium** mit verziertem Gesims, zwei Doppelsäulen als Rahmenpfosten und hoher rundbogiger Archivolte, deren Lünette einem Erzengel-Michael-Relief Platz bietet. Die Fensteröffnungen haben, wie trotz der unvorteilhaften Metallverstrebungen zu erkennen ist, keine Glas-, sondern Alabasterscheiben. Auf gleicher Höhe ist links und rechts unter der Giebelschräge noch jeweils ein Rautenfensterchen mit Transenne zu sehen. Die tief gefasste **Fensterrose,** die so eben ins Giebelfeld passt und das Biforium berührt, wurde sichtlich entgegen einer ursprünglichen Planung angebracht. Die eingestellten, von Dreipassbögen überfangenen Säulchen bilden zwölf Blätter aus. Die zentrale Öffnung ist ebenfalls als Transenne gearbeitet. Bei den vier Tierskulpturen, die um die Einfassung sitzen, handelt es sich oben um Stiere, unten um Löwen. Der Rose sitzt eine **Ädikula** auf, von einem Rundbogen überwölbt und mit löwentragenden Säulen samt Knospenkapitellen als Pfosten. In ihr thront eine männliche Figur, die – anscheinend unvermeidbar – auch schon als Friedrich II. gedeutet wurde, obwohl alle auszumachenden Attribute strikt dagegen sprechen.

Ruvo, Kathedrale, Portalbogenornament

An der **rechten Flanke** des Mittelschiffs finden sich – neben winzigen Obergaden-Monoforien mit Transennen in Bandornament – große Monoforien mit Gittertransennen, die innen auf die Emporen zeigen. Als Dachgesims fungieren gestufte Blendbögen auf Konsolen, deren **Kopfskulpturen** zum Feinsten gehören, was Apulien im 13. Jh. zuwege brachte, und die als Musterbeispiele des ›Friederizianischen Klassizismus‹ gelten. Der zweite Kopf von vorne ist eindeutig bekrönt, und zwar mit einer Krone, wie sie für Friedrich nachweisbar ist. Ferner ist die Ähnlichkeit mit der Friedrich-Büste aus Capua frappierend, sodass in diesem Fall eher an den Staufer zu denken ist. Hervorragende Arbeiten stellen auch die beiden Frauenköpfe rechts daneben dar.

Hinter der Stirnseite des rechten Querhauses, die mit Biforien und Monoforien versehen ist, steht isoliert der **Campanile.** Er dürfte (im unteren Teil) bereits um das Jahr 1000 erbaut worden sein und zunächst als Wachturm gedient haben. Das Querhaus selbst ist von einem Konsolgesims bekränzt, wie es so nur noch an der Kathedrale in Trani existiert. Dasselbe gilt für die schlanken Apsiden.

Das **Innere** beeindruckt durch die geringe Breite und – dazu im Verhältnis – die beträchtliche Höhe des gestreckten, fünf Joche langen Mittelschiffs. Der Lichteinfall ist durch die Transennenfenster im Obergaden und die Alabasterscheiben gedämpft. Erst nach einer Weile bemerkt das geübte Auge die unterschiedliche Form der Arkadenstützen, deren südliche (rechte) sich von den nördlichen durch ihre Vorlagen in Gestalt von Halbsäulen bzw. Pilastern unterscheiden; auch scheinen die prächtigen Kapitelle in der nördlichen Zeile um einiges älter zu sein – Indizien für die öfter abgewandelte Bauausführung. Eine Krypta, mit der man begann, wurde allerdings nicht zu Ende gebracht. Den kreuzgewölbten Seitenschiffen liegen Emporen auf, die sich über einem Konsolgesims mit Bi- und Triforien öffnen. Das Mittelschiff ist mit einem offenen Dachstuhl geschlossen, nachdem – gewissermaßen als Abschluss der Ende des 19. Jh. vorgenommenen ›Entbarockisierung‹ – 1935 noch die bemalte Holzdecke entfernt wurde. Das Ziborium wurde nachgebaut.

Weitere Sehenswürdigkeiten

Auf der Via Cattedrale weiter, erreicht man am Largo San Cleto die zweischiffige **Chiesa del Purgatorio,** eine als solche nicht sofort erkennbare Kirche des 17. Jh., aber mit wesentlich älterer Geschichte. An der Wand hinter dem Hauptaltar zeigt ein Polyptychon von 1537 die Muttergottes mit Kind thronend zwischen den Hll. Cletus (links) und Blasius. Links geht es zur sogenannten Krypta des Hl. Cletus hinab. Bei ihr handelt es sich um die Zisterne einer römischen Therme. Fünf hintereinander liegende Becken bilden den Raum; durch die in der Decke sichtbaren Öffnungen wurden die Wassereimer nach oben gezogen. Hier sollen sich die ersten Christen des Ortes um Cletus geschart haben, der für das Jahr 44 als erster Bischof von Ruvo und – schwer vorstellbar – 79–90 n. Chr. als dritter Papst überliefert ist, so wie ihn die Steinskulptur auf dem Altarstein darstellt.

Verlässt man den Largo in gerader Richtung und überquert den Corso Giovanni Jatta, führt der Corso Piave vor die **Kirche San Michele Arcangelo,** an und in der sich barocke Pracht entfaltet. Die Fassade ist im Mittelteil konkav, in der Portalzone durch kräftige Pilaster, darüber durch ein vorkragendes Gesims sowie über den Voluten und oberhalb des Giebelgesimses durch Akrotere akzentuiert. Dahinter liegt der Stadtgarten mit einer Terrasse, die einen freien Blick zur Küste und zu den an ihr aufgereihten Städten von Trani bis Bari gestattet.

Geht man dagegen am Ende das Largo nach links, führt schließlich die Via N. Boccuzzi zur geräumigen Piazza Matteotti, wo in der rechten Häuserzeile nach dem **Palazzo Camerino** (Haus Nr. 22) aus dem 19. Jh. noch Reste des im 12. Jh. errichteten Kastells zu erkennen sind. Nach links passiert man an der Piazza nach der **Kirche San Rocco** (16. Jh.) den spätrenaissancezeitlichen **Palazzo Avitaia** aus dem 16./17. Jh., der als Rathaus genutzt wird, schlägt an seiner Flanke die Via De Gasperi ein und kehrt – vorbei am **Palazzo Caputi** (16.–18. Jh.) und der **Torre dell'Orologio**, einem Uhrturm von 1604 – zur Piazza Bovio zurück.

Corato

Gegenüber Ruvo gibt sich das 4 km entfernte Corato reichlich zugeknöpft, um nicht zu sagen vermauert, was Kunstdenkmäler angeht. Das wegen seiner Zentralkuppel interessante, unscheinbare **Kirchlein San Vito** aus dem 11./12. Jh. ist nicht zu betreten. So gerät der *discorso* mit dem obersten Gesetzeshüter des Städtchens zur herausragenden Begegnung. Er verhehlt den Stolz über ›sein‹ ordentliches Corato nicht und führt Serien böser Seitenhiebe gegen diverse Nachbarstädte, um die eigene Leistung ins rechte Licht zu setzen. Bisceglie und Canosa verkämen unter den Händen unfähiger, mafiöser *sindaci*, Bitonto sei kriminell, auch Andria sei nicht viel besser, während er hier in Corato demonstriere, wie es doch auch gehe. Und die Gattin, die ein halbes Jahr beim Bruder in Offenbach gelebt hat, nickt tapfer. Am Sonntagabend, im gnädigen, warmen Licht der gelben Straßenlampen, wenn man sich an einem Tischchen vor der Bar gegenüber dem Palazzo di Città und dem Garibaldi-Denkmal etwas abkühlt, pflichtet man ihm gerne bei und lässt die Menschen, die sich zur *passeggiata* fein gemacht haben, in dichten Trauben vorüberziehen.

Gute Tradition
Man fühlt sich wohl und liest verblüfft bei Gregorovius, den es 1875 nach Corato verschlagen hatte, über den »kleinen aus gelbem Kalkstein zierlich erbauten Ort, mitten in Wein- und Olivengärten. Ich sah kaum eine so freundliche und reinliche Stadt in Apulien, und meine Verwunderung darüber ausdrückend, erhielt ich die Erklärung: dass sie sauber sei, weil die Feldarbeiter nicht in ihr, sondern auf den Feldern wohnen«.

Castel del Monte

Schon allein der Name löst ein Raunen aus, lässt Stauferrunden in Andacht versinken und verleiht jeder Friedrich-Tagung Glanz und Zuhörer. Über die Einzigartigkeit des Kastells sind sich alle einig, über seinen Zweck gerät man sich seit hundert Jahren in die Haare. Entsprechend viel ist über das Bauwerk geschrieben worden, wissenschaftlich und esoterisch, vorwiegend emphatisch. Die Deutungen des Gebäudes reichen von ›Jagdschloss‹ bis ›Statussymbol‹, von ›Kultbau‹ bis ›Labyrinth‹, von ›Musterhaus für perfekte Architektur‹ bis ›Gral-Depot‹.

So nähert man sich dem zum Mythos erkorenen steinernen Koloss erwartungsvoll, jenem majestätischen Oktogon mit den achteckigen Türmen an den acht Ecken, das aus 540 m Höhe das gesamte Umland und die Ebene bis zu den Städten an der Küste überschaut. Die Annäherung an diesen faszinierendsten Profanbau Süditaliens gerät im Auf und Ab der Hügellandschaft zur Szenenfolge mit Unterbrechungen: Zunächst konturenloser Monolith, dann »wie aus dem harten Licht des Südens gemeißelt« (Legler) und schließlich Einzelheiten. Dicht vor dem Kastell befinden sich ein bewachter Parkplatz, eine Pizzeria, eine Bar, eine Gelateria und ein Ristorante, das auf hungrige Besucher eingestellt ist. Erst auf den letzten 50 m, die es zu Fuß zu bewältigen gilt, wird man der beeindruckenden Ausmaße der ›Krone

Castel del Monte ★★

Castel del Monte
tgl. März–Sept. 10.15–19.15, Okt.–Febr. 9–18 Uhr

Welterbe
Castel del Monte ist Welterbe der UNESCO und liegt weltweit auf Platz 26 der meistbesuchten Kulturdenkmäler.

Apuliens‹ gewahr. In den Monaten April bis Oktober muss man allerdings den ausgeschilderten Parkplatz anfahren und den Shuttle-Bus zum Castel nehmen.

Geschichte und Bedeutung

Die Aufregung um »das vollendetste Bauwerk Kaiser Friedrichs des Zweiten« (Willemsen) hat ihre Ursache zunächst in den spärlichen Daten, die mit ihm in Verbindung zu bringen sind. Mit einem Schreiben vom 28. Januar 1240, also fast 11 Jahre vor seinem Tod, befahl Friedrich dem Richard von Montefuscolo, Justitiar der Capitanata, bei der Kirche Santa Maria del Monte, einer nicht mehr vorhandenen Benediktinerabtei, Vorbereitungen für den Bau eines Kastells zu treffen. Schon die Nachricht, dass seine Tochter Violante 1249 hier mit dem Grafen Richard von Caserta Hochzeit gefeiert habe, entstammt einer sehr unsicheren Quelle. Karl I. von Anjou ließ, nachdem Manfred besiegt und getötet war, dessen kleine Söhne Friedrich, Heinrich und Enzio ab 1266 im Kastell Santa Maria del Monte, das seit 1463 als Castel del Monte bezeugt ist, festsetzen. Sie verlebten beileibe keinen vornehmen Hausarrest, wie man angesichts des im Sonnenlicht strahlenden Kastells gern annehmen möchte, sondern eine jahrzehntelange Haft in Ketten, an der sich auch nichts änderte, als sie 1301 nach Neapel verlegt wurden. Karl I. hatte gewollt, dass »sie leben, aber nur so, als ob sie nicht zur Welt gekommen wären, leben, um im Kerker zu sterben«. Ihr Leidensgefährte im Castel del Monte war ihr Cousin Graf Konrad von Caserta. Sein Vater Richard hatte am Vortag der Entscheidungsschlacht bei Benevent die Fronten von den Staufern zu den Anjou gewechselt und damit zur Niederlage Manfreds beigetragen. Er starb im Jahr darauf, während der kleine Konrad in die Obhut seiner Großmutter Siffidrina von Eboli gegeben wurde, die unerschütterlich die staufische Fahne hochhielt. Daraus machte sie keinen Hehl, als sie zusammen mit ihrem Enkel im Oktober 1268 vor Karl II. von Anjou gebracht wurde. Sie landete erneut in Trani im Kerker; auf Wasser und Brot gesetzt, hielt sie noch neun Jahre durch. Konrad wurde zu lebenslänglicher Haft verurteilt und 1277 ins Castel del Monte überstellt. Nach insgesamt dreißig Jahren Gefängnis wurde ihm Hafterleichterung in der Weise gewährt, dass man ihm leichtere Ketten anlegte. Ein illustrer Geselle, der zur selben Zeit im Kastell einsaß, war Don Arrigo von Kastilien, missratener Bruder König Ferdinands, *la pecora nera della famiglia*. Als Abenteurer, der sich für gutes Geld auch muslimischen Herrschern in Nordafrika verdingte, war er zum Heer des letzten Staufers Konradin und Friedrichs von Baden, des Herzogs von Österreich, gestoßen, um an der Seite der beiden jugendlichen Helden 1268 bei Tagliacozzo (Abruzzen) die allerletzte Schlacht gegen die Anjou zu schlagen und zu unterliegen. Im Gegensatz zu jenen beiden, die in Neapel enthauptet wurden, endete die Aktion für Don Arrigo nicht tödlich, sondern mit der Verurteilung zu lebenslanger Haft, die er wie Konrad von Caserta zunächst

Fantasien
Angeregt durch die bei Gregorovius ausgebreiteten Fantasien, schildern die Führer vor Ort ihren Reisegruppen in glänzendsten Farben Aufenthalte Friedrichs II. in dem Kastell, als wären sie dabei gewesen. Nüchterne Gelehrte winken matt ab und bezweifeln, dass Friedrich die Fertigstellung des Kastells erlebte, geschweige denn eine Nacht in ihm zubrachte. Esoteriker strengen kühne Vergleiche zu ägyptischen Pyramiden an, und Forscher, die ansonsten ernst genommen werden wollen, sehen Parallelen zu Sonnenkultplätzen wie Stonehenge und bemühen die Mystik, die sich um die Zahl Acht rankt, aus fernsten Epochen und Regionen.

Castel del Monte

Castel del Monte

im Castel Sant'Angelo di Canosa antrat. Zusammen mit diesem wurde er dann nach Castel del Monte verlegt, trotz aller Eingaben seiner noblen Verwandtschaft. Sie erreichte lediglich, dass Papst Honorius IV. die Exkommunikation gegen ihn aufhob. Karl I. von Anjou blieb unerbittlich. Erst Karl II. von Anjou ließ Don Arrigo 1291 nach über 33 Jahren Haft ziehen.

Nachdem 1304 auch Konrad von Caserta entlassen war, hat man anscheinend im Castel del Monte aufgeräumt und es zum Gebäude für festliche Anlässe umfunktioniert. 1308 feierte Beatrix, die jüngste Tochter Karls II. von Anjou, mit Bertrando aus dem Fürstengeschlecht Del Balzo im Kastell Hochzeit, genauso wie 1326 Maria Del Balzo mit Humbert von Vienne, dem Dauphin von Frankreich. Im Jahr 1495 logierte hier Ferdinand von Aragón, der auf dem Weg nach Barletta war, um sich dort zum König beider Sizilien krönen zu lassen. Im 18. Jh. verfiel der Prachtbau. Er wurde ausgeplündert, von Hirten und Briganten als Unterschlupf genutzt, 1876 vom italienischen Staat gekauft, 1904 von Kaiser Wilhelm II. bestaunt, ab 1928 restauriert, archäologisch und kunsthistorisch ausgewertet und – immer wieder – vermessen, um sein ›Geheimnis‹ zu ergründen.

Friedrich II. schrieb in der Urkunde aus dem Jahr 1240 zwar von einem *castrum*, aber nichts lässt auf seine Verwendung als Burg oder Festung schließen. Es gibt keine Schießscharten, es gab weder Zugbrücke noch Graben, keine Stallungen und Arsenale, keine Ausfalltore und keine Dienst- oder Mannschaftsgebäude darum herum. So trutzig das Kastell auch wirkt, es war nie auf Verteidigung angelegt.

Dagegen war das Kastell mit seinem Hauptportal und den dekorativen Fenstern auf Repräsentation, mit seinem aufwendigen Schmuck

Zum Krieg ungeeignet

Weder das Hauptportal, noch der auf der Rückseite angebrachte Nebeneingang, die Schwachstellen jeder Festung, waren gesichert. Im Fall eines Angriffs hätten die Verteidiger wehrlos in der Falle gesessen, und mit dem damaligen Kriegsgerät wäre es eine der leichtesten Übungen gewesen, das Kastell zu knacken. Da es ferner keine Straße zu schützen gab, scheidet jeglicher strategischer Zweck, jede militärische Funktion aus.

im Innern auf Annehmlichkeit und Behaglichkeit angelegt. Ferner sprechen die Sanitäranlagen mit Bädern und Toiletten, die von den Dachzisternen mit fließendem Wasser gespeist wurden, die Belüftungssysteme und die Kamine in mehreren Räumen eindeutig für Friedrichs Absicht, sich im Kastell mit reduziertem Hofstaat, vielleicht nur im Kreis von engsten Freunden, Vertrauten oder Gelehrten, aufhalten zu wollen, zum Gedankenaustausch und zur erholsamen Ablenkung. Das völlig abgedunkelte Geschoss im sogenannten Falkner-Turm könnte der Aufzucht und Abrichtung von Jagdfalken gedient haben, so wie Friedrich es in seinem berühmten Buch »Über die Kunst, mit Vögeln zu jagen« *(De arte venandi cum avibus)* verlangte. Zieht man indes Grundrisse bekannter Jagdschlösser bzw. jener *loca solatiorum* heran, an denen der Kaiser gerne ausspannte und seinen Vergnügungen nachging, verbietet sich allein aufgrund des immensen Aufwandes, der beim Castel del Monte betrieben wurde, die Annahme, es könnte allein zur Befriedigung der Jagdleidenschaft des Staufers errichtet worden sein.

Was aber war es dann? Reines Repräsentationsgebäude, eine Art staufisches ›Bellevue‹ zum Empfang von Staatsgästen? Dazu lag Castel del Monte sehr weit vom Schuss. War es als Regierungszentrale geplant, als ›Oktogon‹ (wie das ›Pentagon‹) oder ›Weißes Haus‹? Das ist sehr schlecht gedacht und macht angesichts des Ausbaus von Foggia zur Residenz keinen Sinn. Oder verfolgte der Kaiser eine rein symbolische Konzeption? Dann könnten dem Kastell mehrschichtige Vorstellungen innewohnen: der achteckige Felsendom (Omarmoschee) in Jerusalem, die dortige achteckige Grabeskirche und die Geburtskirche in Bethlehem, die achteckige Pfalzkirche Karls des Großen in Aachen und der achteckige Barbarossaleuchter, die aus acht Platten zusammengefügte Kaiserkrone, Dinge, die Friedrich aus eigener Anschauung kannte, und schließlich die Acht als Ziffer des kosmischen Gleichgewichts, das Achteckige als Verwebung von Himmel (Kreis) und Erde (Viereck), die Quadratur des Kreises. Auch das himmlische Jerusalem stellte man sich achteckig vor. Oder war Castel del Monte – *l'art pour l'art* – der Renaissance ein wenig voraus, architektonisches Musterstück eines Idealbaus ohne Zweck? Trieb Friedrich, der im Jahr, bevor er den Bauauftrag erteilte, ein zweites Mal exkommuniziert worden war und endgültig mit der Papst-Kirche gebrochen hatte, mit derselben Schabernack, indem er den Prunkbau ebenfalls auf eine Ostwestachse legte, aber den Eingang nicht nach Westen, sondern nach Osten zeigen ließ? Auch der Raum über dem Portal im Obergeschoss, der sogenannte Thronsaal, schaute mit seinem Fenster exakt in diese Richtung, idealiter nach Jerusalem, als dessen König Friedrich ebenfalls titulierte.

Außenbau

Ein bequemer Weg um das Kastell offenbart seine Dimensionen und schon von **außen** Schmuckformen und Materialien, die auch im Inneren zum Einsatz kamen. Das glatte Mauerwerk besteht aus in der Nähe gebrochenen Kalksteinen, die je nach Tageszeit und Witterung grellweiß, rosa oder, bei Sonnenuntergang, feuerrot erscheinen. Die Mauern selbst sind 20,5 m hoch und horizontal nur durch ein einfaches Gesims gegliedert, das auf halber Höhe umläuft. Die lichte Weite zwischen den Türmen, die aus überstehenden Sockeln aufragen, beträgt jeweils ca. 10,40 m. Würde man das Kastell exakt auf der äußeren Grundmauer inklusive Türmen abschreiten können, müsste man 240 m zurücklegen. Zu jedem Erdgeschosssaal gehört ein schlichtes Biforium, zu jedem Obergeschosssaal ein gotisch beeinflusstes, leicht spitzbogiges Biforium mit einem Okulus in der Lünette, in das wiederum vier kreisrunde Öffnungen ›gestanzt‹ sind. Eine Ausnahme bildet das Fenster in der Obergeschosswand zwischen dem – vom Hauptportal ausgehend nach rechts – zweiten und dritten Turm, ein **Triforium**, das exakt nach Norden bzw. zur Stadt Andria blickt, die Friedrich sehr nahe stand und in der zwei seiner Gemahlinnen bestattet wurden. Die Lünette mit dem eingefügten Biforium und die als Dreipass gearbeiteten Triforiumbögen wurden wie die Kapitele und Pfosten der inneren Rahmung und die äußerste Einfassung aus Marmor gefertigt. Die gekehlte Fensterbank, die Konsolen aufliegt, ist – wie die Säulen und Kapitele der äußeren Rahmung und die Archivolte (von den ergänzten Teilen abgesehen) – dagegen aus *breccia rossa*, einem rötlichen ›Korallschotter‹, hergestellt.

Am Castel del Monte wurde reichlich ›breccia rossa‹ verwendet, ein Kunststein. Er besteht aus roter Erde, die in Apulien häufig vorkommt, aus Kalk und, wegen der besseren Formbarkeit, aus Ton. Dieser ›Korallschotter‹ verleiht dem Bauwerk ein besonderes Kolorit

Auch das imposante **Hauptportal** (über dem 1928 rekonstrierten Treppenaufgang) wird von dieser Farbgebung beherrscht. Doch nicht nur dadurch wirkt es befremdlich. Die Portalverblendung wird seitlich von kannellierten Pilastern begrenzt, deren mit Blattwerk verzierte Kapitele ein Konsolgesims tragen. Darüber, jedoch nicht direkt aufsitzend, ist in ein gerahmtes Rechteckfeld ein spitzer Blendgiebel mit demselben Konsolgesims eingepasst. Die angespitzte Portalöffnung selbst wirkt wie in die Verblendung hineingeschnitten. Der einzige Schmuck, den es (noch) aufweist, besteht aus ins Gewände eingestellten Säulchen (mit Basen und Kapitellen), auf denen zwei Löwen hocken, sowie den Kapitellen der Pfosten. Im Vergleich zum anmutigen Biforium darüber, auch wenn es seiner Mittelstütze beraubt ist, erscheint die Portalgestaltung wie ein Fremdkörper, wie eine Anleihe bei spätantiker Architektur, die in Palästina und Syrien weiterexistierte. Insofern hat es auch das Maßwerk in sich: Verbindet man die innenliegende Giebelspitze mit den Mittelpunkten der Pilasterbasen sowie diese untereinander durch Linien, entsteht ein spitzwinkliges Dreieck. Schlägt man einen Kreis, sodass die Eckpunkte auf der Kreislinie liegen, und zeichnet man in diesen noch viermal dasselbe Dreick ein, erhält man ein Pentagramm, seit Pythagoras Symbol für die *sectio aurea*, den ›Goldenen Schnitt‹. Zur Zeit Friedrichs war es vor allem der Mathematiker Fibonacci, der sich mit Größenverhältnissen befasste, und der Kaiser, der auf verschiedenen Ebenen eine beträchtliche Vorliebe für alles Gesetzmäßige an den Tag legte, stand mit ihm in angeregtem Dialog.

Nördliche Terra di Bari: Das Hinterland

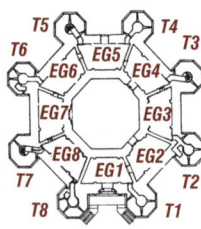

Castel del Monte, Erdgeschoss, Grundriss

Eine Tradition ganz anderer Art bewahren die neben dem Eingang eingeritzten Namen und Jahreszahlen. Damit haben sich ›Touristen‹ früherer Zeiten zu verewigen gehofft. Ein Ricardo etwa signierte im Jahr 1793.

Erdgeschoss

Durch das Portal, das mittels eines Fallgitters verschlossen werden konnte, betritt man im Inneren den ersten von acht gleich großen, trapezförmigen Sälen des Erdgeschosses (EG 1). Ihre Gewölbe sind durch kräftige Kreuzrippen betont. Sie galten damals als ›letzter Schrei‹ in der französisch-zisterziensischen Architekturszene, haben hier auch keine tragende Funktion und laufen auf Halbsäulen aus. Der Kreuzungspunkt der Rippen wird in fast allen Kastellräumen durch einen verzierten Schlussstein markiert, wobei in den Sälen des Erdgeschosses (EG 1–4, EG 6) ein Pflanzenmotiv überwiegt. An den Wänden ziehen sich – ganz nach orientalischer Sitte – Steinbänke hin. Überraschenderweise geht es hier im ersten Saal, wo man das Eintrittsgeld entrichtet, nicht geradeaus weiter. Auch in der linken Wand gibt es keinen Durchlass, und der Aufgang zum Turm (T1) ist wie der zu den meisten anderen Türmen verschlossen. So bleibt zum Innenhof, zu dem sich hier lediglich ein Rundfenster öffnet, nur der Umweg über den rechts anschließenden Saal (EG 2) und durch ein mehrfach gestuftes und mit Gewändesäulen versehenes spitzbogiges Portal aus Korallschotter.

Castel del Monte, Hauptportal

Der **Innenhof** wirkt beinahe intim, und wäre der achteckige Brunnen noch vorhanden, den man für die Hofmitte vermutet, würde dieses Gefühl noch verstärkt werden. Obwohl die 20 m hohen Wände über die acht Ecken eng zusammengestellt sind, lässt das nach oben offene Oktogon dank der Wandgliederung und der in *breccia rossa* gehaltenen Schmuckelemente keinerlei Beklemmung aufkommen: es ist, als stünde man im Jagdschloss eines syrischen Emirs. Die zwischen den jeweils gegenüberliegenden Wänden gemessenen Hofdurchmesser betragen 17,63–17,86 m. Beträchtlicher sind die Abweichungen unter den acht Wandbreiten, die sich zwischen 6,96 m und 7,92 m bewegen. Pfusch am Bau? Notwendige Korrekturmaßnahmen? Oder absichtliche Verschiebungen, um dem Sonnenlicht einen gewünschten Einfall zu erlauben – und einen Disput darüber auszulösen, ob der Grundriss von Castel del Monte nach dem ›Sonnenkreis‹ ausgerichtet wurde. Es ist nicht wegzuleugnen, dass die Länge des Schattens, den die Sonne am Mittag des 23. September, also dem Tag der herbstlichen Tagundnachtgleiche und des Eintritts der Sonne in das Zeichen der Waage, exakt der Hofbreite entspricht. Beim Wechsel der Sonne in das Zeichen des Skorpions genau einen Monat später entspricht die Schattenlänge der Hof- plus Saalbreite, noch einen Monat später, beim Wechsel ins Zeichen des Schützen, würde sich der Schatten, so er denn könnte, bis an die Außenkante der Türme erstrecken und somit den äußeren Umfang des Kastells beschreiben, usw. Natürlich fällt jedem ein, dass Friedrich vor wichtigen Ereignissen Astrologen bemühte (s. Schema S. 196).

Von der Hofseite her ist das Portal, durch das man den Innenhof betritt, ausgesprochen schmucklos, während die beiden Tore, die im Hof schräg gegenüberliegen, prächtig ausgebildet sind. Da aber auch diese rückwärtig, d. h. nun in deren Fall von den Innenräumen aus besehen, kaum hervorgehoben sind, liegt die Annahme nahe, dass die Tore durch ihre entsprechenden Schauseiten die Laufwege gewissermaßen vorgeben wollen. Das mehr links in der Südwand gelegene, ganz in Korallschotter ausgeführte Portal kommt ohne aufgesetzte Zier aus und entwickelt Eleganz allein durch die Betonung der Linienführung. Die schlanken Gewändesäulen verlaufen, gleichsam die Archivolte mitbildend, bis in den sanften Knick des Bogenscheitels fort. Ein fast gerundeter Blendbogen, der von Blattkonsolen abgestützt wird, umfängt die Portalöffnung, und alles ist nochmals von einem spitzgiebeligen Rechteckfeld eingerahmt.

Diese äußere Rahmung fehlt dem ebenfalls in *breccia rossa* gehaltenen Portal an der Nordwestwand. Dafür ist die Portalstufung nebst den geraden Pfosten stärker betont, und die Archivoltenbögen enden auf Deckplatten über Kapitellen. In der Wand über dem Portal ist der beklagenswerte Rest einer **Reiterskulptur** zu erkennen. Manische Friedrich-Seher interpretieren sie als Bildnis des Kaisers und erinnern an die sogenannte Friedrich-Büste in Barletta, die ebenfalls eine eigentümliche Drehung des Oberkörpers aufweist. Ferner weisen die Erdgeschosswände einfache Monoforien und Okuli auf.

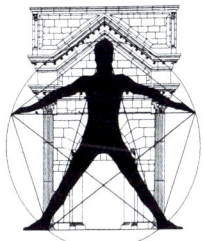

Goldener Schnitt

In der Architektur der Antike und ihrer Adaption in der Renaissance wurde der Goldene Schnitt permanent angewandt, lässt sich aber auch an romanischen und gotischen Kathedralen ablesen und bestimmte in der Kunst die Idealproportionen des menschlichen Körpers. Die im Pentagramm sich kreuzenden Linien stehen im Proportionsverhältnis von 0,618 für die kürzere Teilstrecke zu 1 für die längere Teilstrecke bei 1,618 für die Gesamtstrecke. Das Portal von Castel del Monte zeigt also die Proportionen des Goldenen Schnitts. Johannes Kepler (1571–1630) fand für dieses Phänomen die Bezeichnung ›göttliche Teilung‹, nachdem bereits Albrecht Dürer (1471–1528) und Agrippa von Nettesheim (1486–1535) ihre Idealmänner auf dem Pentagramm entwickelt hatten.

Nördliche Terra di Bari: Das Hinterland

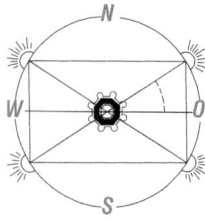

Sonnenstand
Verbindet man die Punkte, an denen die Sonne zur Sommer- und Wintersonnenwende auf- und untergeht, ergibt sich ein Rechteck nach den Regeln des Goldenen Schnitts. Dies ist nur auf dem Breitengrad möglich, auf dem sich Castel del Monte befindet.

Die Wände des Obergeschosses sind dagegen durch Spitzblendbögen, die ein oder zwei Monoforien überfangen, und Pilaster gegliedert. Blickfänge sind die jeweils in ein Rechteckfeld eingebetteten Rundbogenfenster an der Ost-, Südwest- und Nordwestwand. Erneut ist es der lachsrote Korallschotter, der ihnen eine aparte Note verleiht. Hell tritt dagegen die schmale äußere Archivolte hervor, die auf ebensolche Blattkapitale und von hohen Sockeln gestützte Gewändesäulen ausläuft, sowie die von einem Okulus durchbrochene Lünette. Die Fenster dienten einst vermutlich als ›Balkontüren‹. Denn um das gesamte Obergeschoss verlief eine hölzerne, begehbare Galerie.

Als einziges Rundbogenfenster korrespondiert das in der Nordwestwand mit einem darunter liegenden Portal. Durch dieses tritt man wieder ins Innere (EG 4) und, zunächst nach rechts, in einen Saal (EG 3), der durch seine zusätzliche Ausstattung, die er im Erdgeschoss nur noch mit einem einzigen anderen Saal (EG 8) gemeinsam hat, heraussticht. Er verfügt nicht nur über einen Kamin, sondern – in einem Nebenraum des (versperrten) Turmzugangs (T 2) – über eine Toilette, die durch Mauerschlitze Frischluft erhielt, und ein Waschbecken. In dem zweiten, ebenso gut ausgestatteten Saal (EG 8) lässt ein kleines Mosaikfragment erahnen, wie aufwendig die Fußböden gestaltet waren; bedauerlicherweise ist auch hier der Zugang in den Turm (T8) mit den Sanitäreinrichtung den Besuchern verwehrt. Der aber von dort ins Obergeschoss führende Turm (T7) weist ein kunstvolles Gewölbe auf, dessen sechs Rippen von nackten Telamon-Konsolen gehalten werden, während der Gewölbe-Schlussstein des vorangehenden Saals (EG 7) mit einem seltenen Faunmotiv in der Umgebung hervorragender Akanthusblattkapitale glänzt. Der Saal davor verfügt im angrenzenden, nicht zugänglichen Turm (T 6) zwar ebenfalls über Sanitäranlagen, jedoch nicht über einen Kamin.

Im Gegensatz zu diesem Raum (EG 6) besteht eine Besonderheit der beiden bestausgestatteten Säle (EG 3, EG 8) ferner darin, dass sie als einzige nur von einer Seite zugänglich sind. Man macht dafür Sicherheitsaspekte verantwortlich, ohne letztlich ganz überzeugen zu können, weil die Turmauf- und -abgänge mit ihren verwirrenden Verbindungen zwischen Ober-, Untergeschoss und Dachterrasse sich nicht befriedigend in diese Argumentation einbinden lassen.

Obergeschoss

Im Obergeschoss, zu dem man durch zwei Türme (T 3, T 7) gelangt, sind die wiederum acht trapezförmigen Säle insgesamt harmonischer und reizvoller gestaltet. Wesentlich feinere Gewölberippen senken sich zu marmornen, von Blattkapitellen bekrönten Bündelsäulen herab. Biforien spenden angenehmes Licht. Die Wände sind gelegentlich durch das bei den Römern beliebte *opus reticulatum* aufgelockert, ein Mauerwerk aus kleinen, auf die Spitze gestellten quadratischen Steinen. Die Marmorverkleidung, die einst alle Wände – wie

Castel del Monte, Obergeschoss, Grundriss

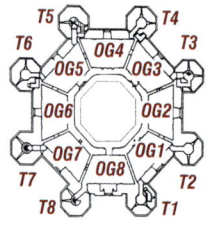

wohl auch die des Erdgeschosses – bedeckte, fiel der Ausplünderung des Kastells im 18. Jh. zum Opfer. Drei Säle (OG 1, OG 4, OG 6) konnten beheizt werden, Hygieneräume waren in zwei Türme (T4, T6) integriert, wobei einer (T4) zu besichtigen ist. Auffallend sind die Gewölbeschlusssteine (OG 6–8) mit menschlichen Gesichtern und Vögeln sowie das schon erwähnte Gewölbe in Turm 7. Der Saal daneben (OG 8) wird traditionsgemäß als ›Thronsaal‹ bezeichnet, wozu wohl die dem Fenster vorgelagerten Sitzbänke und Stufen verleiteten. In zwei Wandnischen waren Halterungen untergebracht, mit denen die Falltür des Hauptportals bedient werden konnte. Die nicht mehr begehbare Treppe des angegliederten Turms (T 8) führte auf das Dach. Der ›Falknerturm‹ (T 3) verdankt seinen Namen dem finsteren, durch keine Treppe von unten her zugänglichen Raum über dem Gewölbe, dessen drei Rippen von auffallenden Kopfkonsolen (Faun, Frau mit gelöstem Haar) gestützt werden. Dem Falkner, so er denn hier oben Beizvögel abrichtete, stand die Dachterrasse als weiterer Übungsplatz zur Verfügung, wohin es einen Ausgang aus dem Turm gab. Absteigen konnte er von der Terrasse durch Turm 8 in den ›Thronsaal‹, oder aber durch Turm 5, den einzigen, der im ganzen Kastell das Dach direkt mit dem Erdgeschoss verbindet, und schnell zum Hinterausgang (EG 5) gelangen.

Leider ist der Aufstieg zur Dachterrasse auch erkennbar nicht todessüchtigen Normalsterblichen in aller Regel verwehrt. So bleibt zum Trost der **Blick aus dem Triforium** (OG 2) Richtung Andria und meerwärts, oder unten, vor dem Kastell, das überwältigende Schauspiel des Sonnenuntergangs, wenn das Land ringsum leise in die Nacht abtaucht, das Firmament sich gegen die über dem Horizont dunkelrot zitternde Sonne infernalisch entzündet und Friedrichs Traumhaus aufglüht. Und dann, wenn die um das Kastell kreisenden Gedanken ein letztes Mal sortiert sind, vielleicht auch noch einbezogen wurde, dass die Gesamtbreite des Kastells exakt 51,83 m beträgt, was – natürlich! – auf den Zentimeter genau 100 ›Heiligen Ellen‹ des Alten Testaments entspricht, und wenn man sich mühevoll vergegenwärtigt, dass der neue Jerusalemer Tempel in der Vision des Ezechiel dasselbe Maß aufweisen sollte, ja und dass Friedrich den Auftrag zum Bau von Castel del Monte im ersten Monat des soeben begonnenen 6. Jt. (nach jüdisch-biblischer Zeitrechnung) erteilte, nachdem er am ersten Tag dieses neuen Jahrtausends, am Weihnachtstag 1239, in Pisa eine Predigt gehalten und sich dabei als »Friedefürst, Messias und Heiland« präsentiert hatte, weshalb er der Gotteslästerung geziehen wurde, – dann, ja dann gibt wie die Sonne, die eben hinter den Bergen versinkt, der Geist erschöpft auf und entlässt den geschwächten Körper ins Ristorante nahebei, sich nurmehr irdischen Genüssen zu ergeben. Doch man hüte sich, zu tief ins Glas zu schauen, nicht nur weil es in Italien verabscheut wird, sondern um davor gefeit zu sein, auf dem Grund schon wieder die Acht schimmern zu sehen, die abgründig mysteriöse Quersumme der Ziffern aus Friedrichs Todesjahr 1+2+5+0 …

Fatale Beizjagd

Die Beizjagd war Friedrichs größte Leidenschaft. Ihr ›verdankte‹ der Kaiser eine seiner bittersten Niederlagen: 1248 belagerte er das norditalienische Parma. Als die städtischen Truppen einen Ausfall auf das kaiserliche Lager unternahmen, befand sich Friedrich mit zahlreichem Gefolge fernab auf der Falkenjagd, und so er konnte nicht verhindern, dass den Feinden der gesamte Staatsschatz sowie die Prachthandschrift des ›Falkenbuchs‹ in die Hände fiel.

Nördliche Terra di Bari: Das Hinterland

Andria

APT
Piazza Catuma
70031 Andria
Tel. 08 83 29 02 93

Pkw-Standorte
Andria hat sich weit über den Kreis seiner auf mäßiger Anhöhe gelegenen Altstadt ausgedehnt. Beim Abstellen des Wagens sollte man etwas Aufmerksamkeit walten lassen, denn die Politessen geizen nicht mit Strafzetteln. Recht günstig ist das Parken in den Straßen nördlich der Piazza Umberto I, einer Grünanlage, die nach Süden und somit zur Altstadt hin vom gravitätischen Palazzo Municipale aus dem 19. Jh. beherrscht wird, oder bei der Piazza Emanuele II, wo man schon vor dem Bischofspalast (Haus-Nr. 22/23) steht und rechts herum zum Dom dahinter kommt.

Auf nach Andria – furchtloser als jene Adelsfamilien, die wegen der Pest 1665 nach Castel del Monte ausgewichen waren und danach bangen Herzens heimkehrten. Die Stadt hat seitdem nicht unbedingt prächtig, aber mächtig zugelegt, ist lebendig und geschäftig. Durch die Selbstbezeichnung *Città del olio* gibt sie einen mehr als dezenten Hinweis darauf, dass auch sie zu den Landstädten der nördlichen Murge gehört.

Geschichte

Bis zu den Staufern war Andria ein Ort ›ohne besondere Vorkommnisse‹. Bereits prähistorisch besiedelt, in römischer Zeit in der Nähe einer Etappenstation der Via Traiana fortentwickelt, erscheint es im 9. Jh. als *Locus Andre* und gehörte als solcher zur Grafschaft Trani. Unter dem Normannengrafen Peter I. wurde Andria 1064 neu angelegt und befestigt. Während der innernormannischen Machtkämpfe 1132/33 gehörte Graf Gottfried von Andria zu den Rebellen, die – in der Hoffnung auf die Unterstützung durch den deutschen König Lothar III. – ihrem eigenen König Roger II. das Leben schwer machten. Ende desselben Jahrhunderts scherte Graf Roger von Andria aus dem normannischen Lager aus. Er führte eine prostaufische Parteiung an, aber wohl kaum aus Respekt vor Erzbischof Christian von Mainz, dem ›General‹ Barbarossas, der in den Abruzzen das von Tankred von Lecce und eben Roger von Andria befehligte Normannenheer besiegt hatte. Roger verfolgte eigene Ziele und sah sich angesichts der Nachfolgeprobleme des Hauses Hauteville (Altavilla) eher selbst als künftiger Normannenkönig denn als Vasall des deutschen Kaisers. Aber die Geschichte nahm auf ihn keine Rücksicht, und ungewollt wurde er zum Wegbereiter Heinrichs VI. Friedrich II. schätzte Andria wegen seiner Treue und ließ Isabella von Brienne und Isabella von England, seine Gemahlinnen zwei und drei, hier bestatten. Erst nach seinem Tod wurde die Stadt vor dem Hintergrund der allgemeinen politischen Entwicklung wankelmütig und sagte sich zusammen mit Canne, Canosa und Barletta von den Staufern los. Manfred brachte die Städte aber noch 1251 mit Hilfe deutscher Ritter zur Raison. Selbst im kritischen Jahr 1255, in dem das päpstliche Heer unter dem Befehl der Brüder Otto und Berthold von Hohenburg große Teile Apuliens besetzte und die Machtfrage auf des Messers Schneide stand, blieb Andria an Manfreds Seite, der in etlichen Schlachten gegen den Papst die Oberhand behielt.

Unter den Anjou wurde Andria zusammen mit Altamura Krondomäne. Beatrix erhielt anlässlich ihrer Vermählung mit Azzo von Este 1305 von ihrem Vater, Karl II. von Anjou, Andria als Mitgift und nahm sie, 1308 bereits verwitwet, in die nächste eheliche Verbindung mit Betrando Del Balzo mit. In den Händen dieses Fürstengeschlechts, das mit den Anjou nach Italien gekommen war (und sich in der Provence noch *de Baux* genannt hatte), verblieb die Stadt bis 1487, dem Jahr, in dem der letzte männliche Nachkomme hingerichtet wurde, weil er an der Verschwörung der Barone gegen Ferdinand I. von Aragon, den Beherrscher des Königreichs Neapel, teilgenommen hatte. Danach wurden Spanier für ihre Krondienste mit der Stadt beschenkt, und 1552 kaufte sie der Graf von Ruvo, Don Fabrizio Carafa. Diese Familie erfreute sich fast 300 Jahre lang an dem Besitz, ungeachtet der Kämpfe zwischen den revolutionären Republikanern und den neapolitanischen Bourbonen, die 1799 auch vor Andria nicht Halt machten. Aber die Carafa verarmten und mussten Alles versilbern.

Palazzo Ducale Carafa

Rechts vom Dom, an einem kleinen begrünten Plätzchen, erhebt sich, etwas zurückgesetzt, der Palazzo Ducale Carafa, die Residenz der Herren von Andria aus dem 16./18. Jh. Sie geht allerdings auf einen Bau des Mittelalters zurück, und man darf annehmen, dass vor den Del Balzo in dem Palast die Familie Friedrichs II. logierte. Deshalb auch wurden seine zweite Gemahlin Isabella von Brienne, die hier Ende April 1228 den Sohn Konrad, den späteren deutschen König, geboren hatte und zehn Tag danach im Kindbett verstorben war, und auch Isabella von England, Friedrichs dritte Ehefrau, im Dom bestattet, obwohl diese 1241 nicht in Andria, sondern in Foggia verschieden war.

Dom Santa Maria Assunta

Solchermaßen auf die Gräber der Friedrich-Frauen eingestimmt, wird das Äußere des Domes Santa Maria Assunta mit der Vorhalle und der Fassade aus dem 19. Jh. sowie den im 13. und 15. Jh. aufgestockten Obergeschossen wenig gnädig aufgenommen. Allein der untere Teil des Campanile stammt noch von 1188, die oberen Partien wurden im 14. Jh. erneuert. Die Spitze hält ein majestätischer Hahn aus Metall besetzt, unverdrossen seit 500 Jahren. Er hat keine Schuld, dass der Dom häufig nach der Morgenmesse geschlossen wird. In diesem Fall darf beim Pfarrer links neben dem Dom geklingelt (Haus Nummer 25) und in der Regel von einem unfreundlichen Kirchenweiblein die Auskunft eingeholt werden, dass eine Besichtigung nicht möglich sei. Da dies bei Stauferfreunden meist Trotz, zumindest eine empfindliche ›Behagensminderung‹ hervorruft, begeben sich diese zum Bischofspalast an der Piazza Emanuele II zurück, wo sie meist einen freundlichen Herrn mit viel Verständnis – »*Siete tedeschi?!*« – und einem Schlüssel finden. Wenn man dann bischofsgleich durch die Sakristei in den Dom einzieht, wird allerdings offenbar, dass der Aufwand kaum lohnt.

Das sehr düstere, auffallend asymmetrische dreischiffige **Innere** wurde 1960–65 wieder bzw. neu in die Form einer romanischen Pfeilerbasilika gebracht, sodass allein der Triumphbogen von 1465 wegen seiner enormen Spannweite sehenswert ist. Vorne im linken Seitenschiff befindet sich eine Kapelle, die an einen Hl. Richard erinnert, welcher der Legende nach 492 (!) aus England kam und der erste Bischof der Stadt war; ein Reliquiar mit seinen Knochen wird in der Sakristei aufbewahrt. Wie der gesamte Kirchenraum bis vor einigen Jahrzehnten ausgeschmückt war, lässt die barocke erste Kapelle im selben Schiff nachfühlen.

Im rechten Seitenschiff liegt der Abgang zur **Krypta**, genauer zu der zweischiffigen, mit einer halbrunden Apsis abgeschlossenen Vorgängerkirche des 9./10. Jh. Und die Gräber der Kaisergattinnen? Nun – nach dem Betreten der Krypta sieht man linker Hand zwei Tafeln an der Wand befestigt. Die rechte (von 1935) behauptet, dass nach eingehender Untersuchung hier die besagten Gräber entdeckt worden seien, wogegen die linke Tafel diese Feststellung relativiert. Und etwas irritiert blickt man in die beleuchteten Bodennischen daneben und die darin zur Schau gestellten Knochenkistchen. Ist Professor Vincenzo Schiavone, der Leiter des bischöflichen Archivs, zugegen, so bricht er spätestens jetzt sein mühsam beherrschtes Schweigen und desillusioniert weiter: die Krypta sei ab dem 15. Jh. als Beinhaus genutzt worden, weshalb man nach der Wiederöffnung unzählige Knochen gefunden habe, und bei den paar Knochen in den Kistchen handele es sich um die Reste dreier Individuen nicht mehr einwandfrei zu klärenden Geschlechts.

San Francesco und Sant'Agostino

Die danach notwendige Stimmungsaufhellung gestaltet sich in Andria nicht einfach. Der in der Nachbarschaft des Doms aufragende schlanke Campanile der Kirche **San Francesco** zeigt gefälligen Barock (1760–72), der auch das Innere ziert. Von der rechten Flanke des erwähnten Palazzo Ducale weg führt die Via Flavio De Excelsis zur Via F. Giugno. Dieser folgt man nach rechts und passiert alsgleich links die Seitenfassade der Kirche **Sant'Agostino** mit dem Portal, das in der Giebelspitze mit einem Lilienwappen und seitlich mit ›verhungerten‹ Adlern aufwartet. Aber das Hauptportal mit dem breit gestuften Gewände aus dem 14. Jh. kann sich sehen lassen, auch wenn es hinsichtlich der Plastizität Schwächen hat. Eingestellt in ein Rechteckfeld mit Spitzgiebel, das von einer schmalen Zierleiste gesäumt ist, wird es von einem geringfügig zugespitzten Quadratplattenband umfangen. Einwärts sind die mit Ranken- und Blütenwerk reich verzierten Pfosten und zusätzlich mit markanter Zähnung versehenen Archivolten durch Kapitelle geschieden. Im Tympanon ist – auffallend byzantinisch statuarisch – Jesus mit den Hll. Remigius und Leonhard sowie weihrauchschwenkenden Engeln dargestellt.

Als das Portal entstand, befand sich die Kirche bereits im Besitz der Augustinerchorherren. Die kaum mehr erkennbaren Portallöwen rühren vom Portal jener Vorgängerkirche her, die im 13. Jh. die Templer

Andria, Sant'Agostino, Portal

bauen ließen. Antik, wenngleich mit mittelalterlichen Kapitellen bekrönt, sind hingegen die beiden vor dem Portal aufgestellten Säulen.

Porta Sant'Andrea

Vertraut man sich gegenüber dem Palazzo Ducale der Via Corrado IV und, in deren Verlängerung, der Via Federico II an, gelangt man ausgangs der zunehmend mit modernen Bauten durchsetzten Altstadt zur Porta Sant'Andrea, einem 1593 barock erneuerten und dann nochmals 1891 rekonstruierten Stadttor. An der Außenseite befindet sich eine angeblich von Friedrich II. 1230 selbst verfasste (erneuerte) **Inschrift:** *Imperator Federicus ad Andrianos / Andria fidelis nostris affixa medullis* – »Kaiser Friedrich an die Andrianer: Treues Andria, unserem Innersten verbunden«. Im Original lautet das herrscherliche Poem, eigentlich die Antwort auf eine Ergebenheitsadresse der Stadt, vollständig: *Andria felix nostris affixa midullis / Absit quod Federicus sit tui muneris iners. / Andria vale felix, omnisque gravaminis expers.* Gregorovius übersetzte 1875: »Heil Dir, Andria, glückliche Stadt, / Die unserm Herzen innig verbunden sich hat, / Stets wird Friedrich den Wert solcher Treue erkennen. / Andria Heil! Mögst glücklich du immer dich nennen.« Der Staufer hatte Grund zur Dankbarkeit. Als er im Juni 1229 vom Kreuzzug zurückkehrte, verschlossen ihm etliche apulische Städte, die plötzlich Vorteile auf der päpstlichen Seite witterten, ihre Tore. Nur Andria war nicht von ihm abgefallen und stand wie das benachbarte Canosa zu ihm.

Nördliche Terra di Bari: Das Hinterland

Canosa di Puglia

Geschichte

Canosa di Puglia ★
Besonders sehenswert:
Kathedrale,
Ipogei Lagrasta

Pro Loco
Via Kennedy 49
70053 Canosa
di Puglia
Tel. 08 83 61 16 19
www.proloco
canosa.it

Andria hat dem 20 km entfernten, auf dem nordwestlichen Ausläufer der Murge hingebreiteten Canosa heutzutage den Rang abgelaufen, aber mit seinen Sehenswürdigkeiten liegt Canosa weit voraus. Die Geschichte Canosas beginnt wie an vielen apulischen Städten mit Diomedes. Er soll auch Canosa begründet haben, das, im Grenzgebiet zwischen Peuketiern und Dauniern, griechisch *Kanousion* hieß. Im 4. Jh. v. Chr. war der Ort bereits durch eine Mauer gesichert und besaß an der Stelle, wo heute die Ruinen des Kastells in sich zusammensinken, eine Akropolis sowie eine weitläufige Nekropole. Ein Besuch der griechisch-makedonischen Lagrastahypogäen führt bis in diese Frühzeit hinab. 318 v. Chr. traten die Römer auf den Plan, und als *Canusium* wurde es Garnisonsstadt, eine reiche dazu, was die Produktion erlesener Keramik und feiner Wolle bewirkte. Nicht zuletzt wegen der Präsenz römischer Soldaten verbrachte es den Krieg gegen Hannibal an der Seite der Römer. Aber dem Sog der antirömischen Bewegung, die ganz Mittel- und Süditalien zu Beginn des 1. Jh. v. Chr. erfasste und im sogenannten Bundesgenossenkrieg (91–88) endete, vermochte sich auch Canosa nicht zu entziehen und bot dem unweit am Ofanto 89 v. Chr. geschlagenen Anführer der samnitischen Truppen Zuflucht. Die Römer blieben Sieger, Canosa wurde *municipium*, ohne seine griechischen Wurzeln zu vergessen. Noch zur Zeit Kaiser Augustus' war die Stadt zweisprachig und prägte Münzen mit griechischer Umschrift.

Im 2. Jh. n. Chr. wurde sie zur *Colonia Aurelia Augusta Pia Canusium* erhoben und erstrahlte als wichtiger Etappenort an der Via Traiana im Glanz seiner Tempel und Thermen, eines Amphitheaters und Aquädukts, eines (noch existierenden) Triumphbogens und einer (erhaltenen) Brücke vor der Stadt über den Ofanto. Im 4. Jh. nahm es in Apulien eine herausragende Stellung ein; bereits zum Jahr 343 halten die Akten des Konzils von Sofia (Bulgarien) einen Bischof Stercorius aus Canosa fest.

Die Wirren des Frühmittelalters teilte Canosa mit dem ganzen Landstrich. Krieg zwischen Goten und Byzantinern, Langobardeneinfall, Besetzung durch die Byzantiner, die 835 den ersten Erzbischof installierten, Zerstörungen durch die Sarazenen 845 und 875/76 sowie erneute byzantinische Herrschaft, unter welcher Canosa seine Vorrangstellung an Bari verlor, markieren die historischen Stationen des Niedergangs, bis die Normannen im 11. Jh. das Heft in die Hand nahmen und der Stadt zumindest in militärisch-strategischer Hinsicht ihre angestammte Bedeutung wiedergaben. Der Ausbau des Kastells war die erste Maßnahme. Es folgten der Bau der Kathedrale und ab 1111 das Mausoleum des Normannenfürsten Bohemund I.

Canosa beugte sich während Friedrichs II. Kreuzzug nicht dem Druck des Papstes, der ein von Johann von Brienne angeführtes Heer

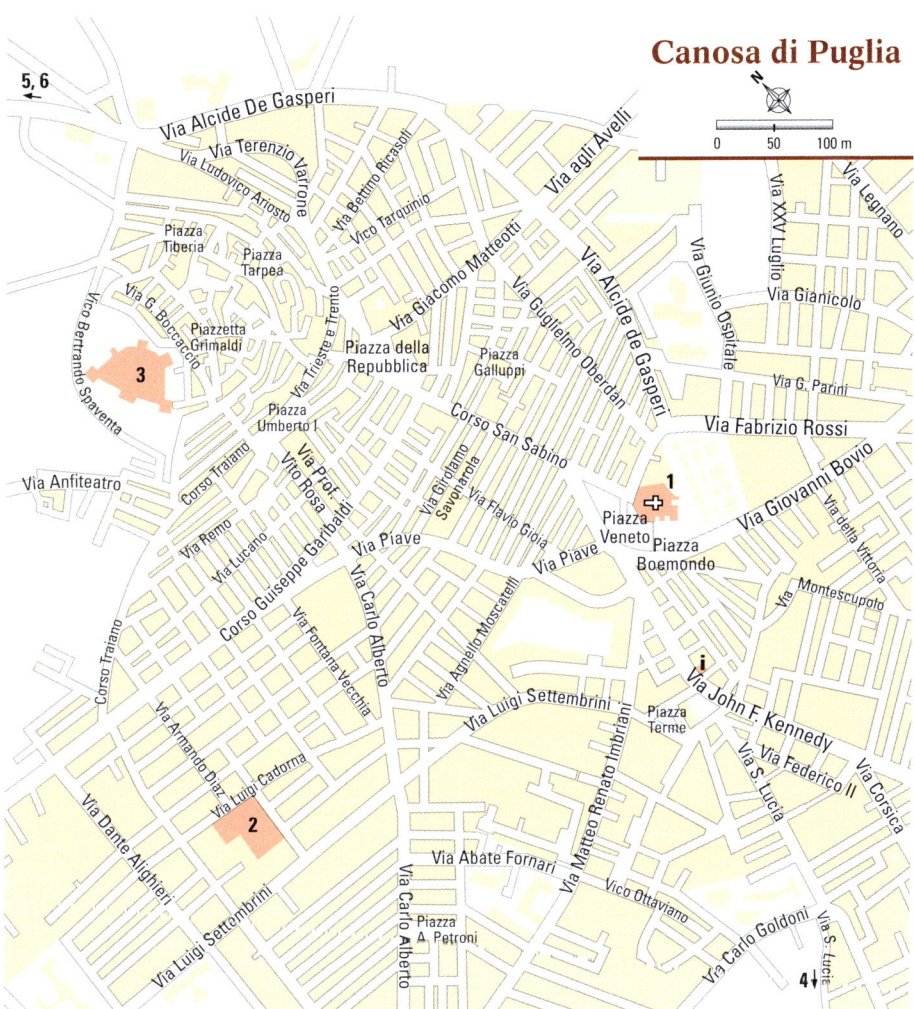

nach Apulien entsandt hatte. Die Stadt öffnete dem Kaiser bei seiner Rückkehr 1229 bereitwillig die Tore. Ein weiteres Mal hielt sich der Kaiser im Januar/Februar 1233 hier auf. Erst Manfred sah sich nach dem Tod des Vaters gezwungen, die aufbegehrende Stadt wieder unter seine Gewalt zu bringen, worauf König Konrad IV., der zur Sicherung der staufischen Herrschaft in Süditalien aus Deutschland herbeigeeilt war, einige Tage des Winters 1252/53 in Canosa zubringen konnte. In der Endzeit der Anjou-Epoche wurde Canosa mehrfach zerstört. 1502 von spanischen Truppen besetzt, geriet die Stadt danach in den Besitz verschiedener Adelsgeschlechter.

Canosa di Puglia
1 *Kathedrale San Sabino*
2 *Ipogei Lagrasta*
3 *Kastell*
4 *Basilica San Leucio*
5 *Porta Varrone*
6 *Römische Brücke*

Die gesichtslosen, billig hingestellten Neustadtviertel teilt Canosa mit anderen süditalienischen Kommunen. Dass auch der Altstadt, oder dem, was noch so bezeichnet werden kann, die einladenden Gassen und Winkel fehlen, das sonnige Heitere oder ruhige Melancholische, das viele Dörfer und andere Landstädte mit dem brüchigen apulischen Firnis überzieht, daran hat eine Serie von Erdbeben Schuld, die bis 1857 in katastrophaler Regelmäßigkeit Canosa heimsuchten.

So zeigen sich die Piazza Vittorio Veneto und Piazza Boemondo, die ineinander übergehen, mit dem gleichnamigen Dreisternehotel, dem Zeitungskiosk, den wenigen Marktständen an manchen Vormittagen (und guten Parkmöglichkeiten) nicht wie andernorts als Aushängeschild, eher als Straßenverteiler um die Kathedrale herum, die durch ihr Äußeres keinen Touristen zur Vollbremsung verleitet. Einige Ausgrabungsstätten sind zudem schwer oder gar nicht zugänglich, für Nichtwissenschaftler wenig erhebend oder in einem Zustand, dass sie zwar zur Erhellung der Ortsgeschichte dienen, aber nicht die Mühe eines Besuchs lohnen. Dagegen gehören die Schmuckstücke in und an der Kathedrale zum ›Pflichtprogramm‹ einer Apulienreise.

Kathedrale San Sabino (1)

Die Kathedrale mit der misslungenen klassizistischen **Fassade** aus dem 19. Jh. trägt das Patrozinium des Hl. Sabinus, eines Bischofs von Canosa, der an der römischen Synode von 531 teilnahm und erblindet um 566 starb. Er wurde zunächst in der ältesten Kathedrale des Ortes bestattet, einer Petruskirche des 4. Jh., von der sich geringfügige Reste auf der Erhebung am Vico San Pietro (zwischen Via Corsica und Via di Costantinopoli) erhalten haben. Kurz vor 818 wurden seine Gebeine durch Petrus, den Bischof von Canosa aus königlich langobardischem Geschlecht, hierher überführt, d. h. in einen Vorgängerbau der Kathedrale, die 1080 auf Betreiben des Erzbischofs Ursus und mit der Unterstützung Bohemunds I. errichtet wurde. Ein unschöner Streit zwischen Canosa und Bari um die kirchliche Vormachtstellung begleitete das Vorhaben. Bischof Elias von Bari erwirkte bei Papst Urban II., als dieser sich 1089 in Bari aufhielt, dass er anstelle des Canosaners Ursus, der im selben Jahr ermordet worden war, zum Erzbischof erhoben und der Diözesansitz von Canosa nach Bari verlegt wurde. Gleichzeitig bestritt man in Bari die Authentizität der in Canosa verehrten Sabinus-Gebeine und behauptete, dass diejenigen, die in der Bareser Kathedrale San Sabino aufbewahrt würden, während der Sarazeneneinfälle von Canosa nach Bari gebracht worden und daher die einzig echten seien. Das ließ die Canosaner nicht mehr ruhig schlafen, und als Papst Paschalis II. zur Weihe der Kathedrale (oder auch nur des Sabinus-Altars) 1101 nach Canosa kam, bestätigte dieser die Echtheit der hiesigen Knochen und zeichnete die Kirche mit dem Patrozinium des Heiligen aus. Bohemund, der mutmaßliche Initiator des Bauwerks, wohnte der Feierlichkeit nicht bei. Er befand sich, nachdem er den 1. Kreuzzug mitbestritten hatte, gerade in muslimischer Gefangenschaft.

Canosa di Puglia

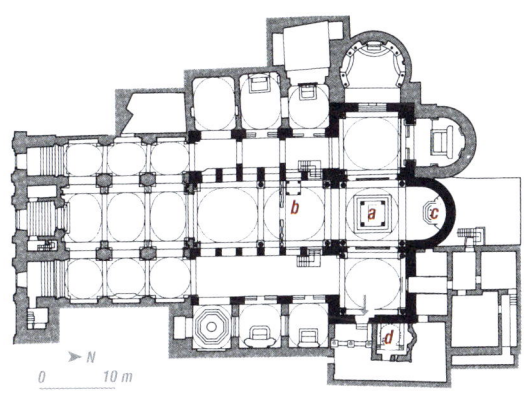

Canosa, Kathedrale San Sabino, Grundriss
a Ziborium
b Kanzel
c Bischofsthron
d Tomba di Boemondo

In jener Kathedrale, die noch im 18. Jh. auf freiem Feld vor der Stadt lag, befindet man sich, nachdem man im **Inneren** die im 19. Jh. hinzugefügten ersten drei Joche hinter sich gelassen hat. Ihre von außen kaum wahrzunehmenden Kuppeln – zwei über dem Langhaus, drei über dem Querhaus – präsentieren nicht nur alte apulische Bautradition, sondern insofern Einmaliges, als die Kathedrale die einzige Kirche mit fünf Kuppeln ist. Sie folgt damit direkt byzantinischen Vorbildern. Die Seitenschiffe sind durch niedrige, schmucklose Arkaden und Pfeiler abgetrennt, während gigantische monolithische Säulen – samt ihren Kapitellen wohl Spolien aus der untergegangenen Basilika San Leucio – die Dienst- und Gurtbögen bzw. die Kuppeln abstützen.

Bei dem **Ziborium (a)** über dem Hauptaltar handelt es sich um eine Nachbildung von 1905. Echt hingegen ist die marmorne **Kanzel (b)**, die fast schwarz und metallisch hart wirkt, aber damit die hohe Eleganz ihrer Plastizität noch unterstreicht. Daneben hat sie den Vorzug, die älteste und am vollständigsten erhaltene in Apulien zu sein. Grandios ist das Lesepult, das aus dem rechteckigen, nach byzantinischem Vorbild mit geometrischen Mustern verzierten Kanzelkasten hervorspringt. Ein prächtiger, auf einem Menschenkopf stehender Adler mit gespreizten Schwingen, der den Evangelisten Johannes symbolisiert, hat sich das Pult aufgeladen. Der Unterbau besteht aus vier Rundbögen auf achteckigen Säulen mit Blattkapitellen. Die Inschrift an der (von vorne besehen) linken Kanzelseite verrät, dass sie von demselben Acceptus geschaffen wurde, der durch zwei andere, zudem mit Datum versehene Kanzeln für die Jahre 1039 und 1041 nachzuweisen ist. Auf der oberen Leiste beginnend liest man: *P[er] iussionem d[omi]ni mei Guitberti ven[erabili]s p[res]b[ite]r[i] / ego Acceptus peccator archidiac[o]n[us] feci hoc opus* – »Auf Befehl meines Herrn, des ehrenwerten Presbyters Guibertus (Wibert), habe ich, der Sünder und Archidiakon Acceptus, dieses Werk vollbracht.« Demnach muss die Kanzel vor dem Kathedralenneubau entstanden und entweder in einer anderen Kirche, oder aber im Vorgängerbau aufgestellt gewesen sein.

Canosa, San Sabino, Lesepult

Nördliche Terra di Bari: Das Hinterland

Bohemund I.
... war einer der führenden Männer des 1. Kreuzzugs. Der vorentscheidende Sieg gegen die Türken 1097 und die Einnahme Antiochias nach langer Belagerung waren sein Verdienst. Otto von Freising, der Biograf Kaiser Friedrichs I. Barbarossa, rühmte ihn für seine »tapferen und ruhmreichen Taten«. Anna Komnene, byzantinische Kaisertochter, Geschichtsschreiberin und Zeitgenossin Bohemunds, schrieb: »Sein Anblick erweckte Bewunderung und sein Ruf Schrecken.«

Canosa, Tomba di Boemondo, Bronzetür (Detail)

Hinter dem Altar steht der herrliche **Bischofsthron (c)** aus Marmor, einer von dreien, die sich aus der romanischen Epoche in Apulien erhalten haben, und der einzige, den ein Kreuz schmückt. Hier bezeugt eine Inschrift an der (von vorne besehen) rechten Lehne, dass er von Meister Romualdus für Erbischof Ursus, der 1079–1088 amtierte, hergestellt wurde: *Urso p[re]ceptor Romoaldus ad hec fuit actor*. Eine weitere Inschrift – fromme Lebensempfehlung für den Stuhlinhaber – verläuft auf dem Rahmen der linken und der spitzen Rückenlehne. Zuoberst prangen kronengleiche Blüten, während auf den Armlehnen vier kleinere, ähnliche Knäufe hochstehen. Die einzelnen Flächen sind mit Rautenbändern verziert, deren Vertiefungen mit buntem Mastix gefüllt waren. Die Sitzfläche ist nach vorne mit einer (wohl später und nicht von Acceptus erstellten) aufwendigen Platte geschmückt, die von Rankenwerk umgeben und mit zwei stehenden Adlern besetzt ist. An den Ecken der ebenfalls floral skulptierten Querträger schauen Löwenköpfe vor. Die wunderschönen Elefanten, die den Thron tragen, sind nach Art östlicher Metallfiguren stilisiert.

Die dreischiffige, tonnengewölbte (neuzeitlich stark veränderte) hohe **Krypta**, die den Raum unter der Vierung und der Apsis einnimmt, beinhaltet Säulen aus älteren Bauwerken mit Kapitellen aus dem 5. Jh. Eine vermutlich gleich nach 1000 angefertigte Plattte erinnert an die Überführung der Sabinus-Gebeine und ist in der Mitte des Fußbodens durch ein Gitter geschützt: *Petrus / Canusi/anus ar/chiep[iscopus] posuit hi[c]/ corpus be/ati Sapi/ni* – »Erzbischof Petrus von Canosa hat hier den Körper des seligen Sabinus niedergelegt«. Den Schädel in der Apsisnische wollte man für das Haupt des Hl. Sebastian halten.

Im Seitenschiff vorne rechts gelangt man in einen engen Hof zwischen Kirche und Stützmauer, über der der Park liegt. Hier findet sich angebaut die **Tomba di Boemondo (d)**, das Mausoleum Bohemunds I., das nach seinem Tod am 7. März 1111 von seiner Mutter oder seiner Gemahlin in Auftrag gegeben wurde – zu Ehren des ältesten Sohns Robert Guiskards und eines der bedeutendsten Männer jener Tage.

Das Mausoleum erinnert an syrische Grabbauten. Der kleine Kubus ist samt Apsis und Tambour mit weißen Marmorplatten verkleidet und von Blendbögen gesäumt, die auf Pilaster auslaufen, welche zwar keine Basen, aber hübsche Kapitelle haben, die von San Leucio (siehe unten) entfernt und hier weiterverwendet wurden. Am achteckigen Tambour, dem eine runde Kuppel aufsitzt, sind statt der Pilaster Säulen eingesetzt. Einzig hier findet sich auch eine **Bronzetür**, die nicht für eine Kirche angefertigt wurde; sie ist jetzt im rechten Schiff der Kathedrale ausgestellt. Allenfalls der linke Flügel mit dem breiten Dekorband und den drei arabischen Tellerreliefs, auf denen kufische Umschriften imitiert sind, dürfte dem alten Kathedralenportal angehört haben. Er war schmucklos aus einem Stück gegossen; die Verzierung sowie die Verse, die in leoninischen Hexametern Bohemunds Ruhm verkünden, sind das Ergebnis der Umarbeitung durch Roger aus Melfi, der den rechten schmaleren Flügel 1111/18 für dieses Mausoleum neu schuf. Die Inschrift im untersten Feld besagt: *Sancti Sabini Canvsii*

Rogerivs / Melfie campanarvm fecit has / ianvas e(t) candelabrvm
– »Roger aus dem Melfi der Glockengießer hat diese Tür und den Leuchter [für die Kirche] des Hl. Sabinus von Canosa gemacht.« Über diesen ebenfalls erwähnten Leuchter ist nichts mehr bekannt. An demselben Türflügel sind auf den Bildplatten in Niellotechnik wahrscheinlich oben mit erhobenen Armen Bohemund und sein Halbbruder Roger Bursa dargestellt, darunter Bohemund II., Wilhelm und Tankred, sowie zuoberst und zuunterst wieder eine Scheibe mit kunstvollem arabischen Muster, das an Schriftzeichen denken lässt. Bemerkenswert sind die Löwentürklopfer. Im Inneren ist die **Grabplatte mit Bohemunds Namen** in den Boden eingelassen, gesäumt mit einer Flechtwerkleiste und an den Ecken mit Tiermasken besetzt. Da das Grab bei der Öffnung leer war, muss offenbleiben, ob Bohemunds sterbliche Überreste jemals hier bestattet wurden.

Ipogei Lagrasta
Via Generale Cadorna
März–April Di–Sa 9–13 und 16–18, So/Fei 8–14 Uhr;
Mai–Sept Di–Sa 9–13 und 17–19, So/Fei 8–14 Uhr;
Okt.–Febr. Di–So 8–14 Uhr

Ipogei Lagrasta (2)

Zu einem Begräbnisplatz ganz anderer Art führt vom Platz vor der Kathedrale links neben dem Hotel die Via Piave und in ihrer Verlängerung der Corso Garibaldi abwärts. Nach ca. 500 m geht es links in die Via Armando Diaz, die geradewegs auf die Ipogei Lagrasta zusteuert. Bei diesen Hypogäen, nicht den einzigen in Canosa, handelt es sich um drei eindrucksvolle Grabkammerkomplexe einer griechisch-makedonischen Nekropole aus dem 4.–3. Jh. v. Chr. Dem Ausgrabungsbericht von 1843 zufolge lagen die Toten auf vergoldeten Bronzebetten, umgeben von Elfenbeinstatuetten. An einigen weiblichen Leichnamen wurden noch Spuren goldbesetzter Kleider sowie jede Menge Goldschmuck gefunden. Marmortische waren mit Tellern, Vasen, Pokalen und Gläsern zur Mahlzeit gedeckt. Die Funde werden im Archäologischen Nationalmuseum in Tarent verwahrt.

Canosa, Ipogei Lagrasta

Nördliche Terra di Bari: Das Hinterland

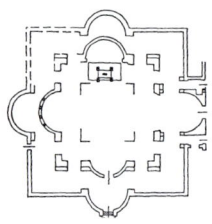

Canosa, San Leucio, Grundriss

Weitere Sehenswürdigkeiten

Biegt man vom Corso Garibaldi statt nach links zu den Hypogäen nach rechts ab, hält man sich in der Altstadt immer aufwärts und schwenkt bei der Padre-Pio-Statue nochmals links ein, erklimmt man den höchsten Punkt der Stadt mit der spärlichen Ruine des **Kastells (3)**, das über den Grundmauern der griechischen Akropolis errichtet wurde. Es erlangte unter den Anjou als Gefängnis für Stauferanhänger – Konrad von Caserta, Don Arrigo – zweifelhafte Bedeutung. Beeindruckender als die drei Turmreste und das Stück Burgmauer ist die herrliche Aussicht bis zum Monte Gargano und zum Vulture-Massiv in der Basilikata.

Zum Ausgrabungsfeld der **Basilica San Leucio (4)** fährt man stadtauswärts Richtung Andria, biegt unmittelbar nach einer Tankstelle rechts ab, am Ende des Wegs links und folgt dem ansteigenden Sträßchen durch Ölbaumkulturen. Vor dem umzäunten Areal muss man notfalls durch Hupen auf sich aufmerksam machen, damit der Wächter – die beiden (absolut ungefährlichen) Schäferhunde nicht zu vergessen! – aufscheint. Hier entstand aus den Ruinen eines römischen Minerva-Tempels, den ein Erdbeben vernichtet hatte, im 5./6. Jh. ein an syrische Vorbilder gemahnender frühchristlicher Zentralbau mit drei Apsiden und einer riesigen Kuppel auf der enormen Grundfläche von etwa 55 x 53 m. Auch dieser fiel einem Beben – wenn nicht den Sarazenen im 9. Jh. – zum Opfer, sodass im Wesentlichen Mosaikbodenfragmente, Grundmauern, die Füße einer Kolossalstatue (vor der Nordapsis), dorische und hellenistische Kalkstein-Kapitelle, darunter eines mit dem enormen, 90 cm hohen Haupt (angeblich) der Minerva des 4./3. Jh. v. Chr., und – in Apulien eine absolute Rarität – (wieder) aufrechtstehende Säulen zu bewundern sind.

Mitte des 2. Jh. vor Chr. wurde die **Porta Varrone (5)**, ein römischer Bogen über der Via Traiana am Eingang der antiken Stadt errichtet (und im 19. Jh. großteils rekonstruiert). Einst mitsamt der Aufbauten ungefähr 13 m hoch, misst er jetzt noch 8,50 m. Sein aktuell etwas unwürdiger Standort inmitten von Gemüsefeldern erlaubt es nicht, näher an den seiner Marmorverkleidung beraubten, in nacktem Ziegelmauerwerk der Missachtung trotzenden Zeugen einer größeren Zeit heranzutreten. Die Bezeichnung der Porta, die sich unweit der Straße Richtung Cerignola befindet, etwa 1 km vor der Stadt, erinnert an einen römischen Konsul, der im 2. Jh. n. Chr. bei *Cannae* eine Schlacht verlor.

Weiter in derselben Richtung vor der Stadt, entlang der Via Traiana und vorbei an den Trümmern römischer Gräber, findet man in der Nachbarschaft einer Straßenkreuzung auf freiem Feld, die für das 3. Jt. geplant gewesen zu sein scheint, die **Römische Brücke (6)**, auf welcher die Via Traiana seit dem 2. Jh. den Ofanto überquert, den die Römer *Aufidus* nannten und der vermutlich bis Canosa schiffbar war. Die fünf ungleichen Brückenbögen wurden im Mittelalter überarbeitet.

Basilica di San Leucio
März–April Di–Sa 9–13 und 16–18, So/Fei 9–14 Uhr;
Mai-Sept. Di–Sa 9–13 und 17–19, So/Fei 9–14 Uhr,
Okt.–Febr. Di–So 9–14 Uhr

Reisen & Genießen

Restaurants

... in Andria
Beim Dom mit den angeblichen sterblichen Überresten der Gattinnen Friedrichs II. gibt es im Arco Marchese Gelegenheit, über das Schicksal der Damen zu sinnieren. Hier kommt tagesfrischer Fisch auf den Tisch.
Arco Marchese
Via Arco Marchese 1
Tel. 08 83 55 78 26, 08 83 29 12 23
So abends, Di und im Aug. geschl.
Menü ab 25 €

Auch hier am Rand des *centro storico* wird der Gast vorrangig mit Fischgerichten und guten Weinen verwöhnt.
Locanda de la Poste
Via G. Bovio 49
Tel. 08 83 55 86 55
So abends, Mi und im Aug. geschl.
Menü ab 33 €

... Canosa di Puglia
Bekannt ist das volkstümliche Lokal nicht nur für seine *papardelle di grano bruciato*, sondern auch für den Wirt, der zum einfachen Essen gelegentlich zur Gitarre greift.
Principe Boemondo
Corso San Sabino 92
Tel. 08 83 61 41 11
Menü ab 22 €

... in Minervino Murge
Die familiäre Trattoria mit regionalen Gerichten und hausgemachter *pasta* befindet sich in umgebauten alten Stallungen.
Trattoria La Tradizione
Via Imbriani 11/13
Tel. 08 83 69 16 90
Do Ruhetag
Menü ab 20 €

... in Montegrosso
Zwischen Andria und Canosa lädt eine kleine Osteria in der zu Andria gehörenden Località Montegrosso mit vorzüglichen ländlichen Gerichten zu einer Mittagspause ein. Wer hier Rast einlegt, könnte *timbalo*, einen Nudelauflauf mit Lammragout, probieren oder bei *orecchiette al pesto* und dann vielleicht über einem Rumpsteak vom Grill alle weiteren Reisepläne aufgeben.
Antichi Sapori
Via Sant'Isidoro 9
Tel. 08 83 56 95 29
Sa abends, So, Mitte Juli und Mitte Aug. geschl.
www.antichisapori.biz
Menü ab 28 €

... in Ruvo di Puglia
Unter altem Gewölbe im *centro storico* hat sich eine rustikale Trattoria eingerichtet. Besonders herzhaft sind die Fleischgerichte vom Grill *(alla brace)*, zu denen die hauseigene Metzgerei die Zutaten liefert.
Hostaria Pomponio
Vicolo Pomponio Cleto 3
Tel. 08 03 62 99 70
Menü ab 18 €

In den kühlen Mauern der Stadtbefestigung sitzt man bei für die Murge typischen *orecchiette, tagliatelle* oder den beliebten *gnumerieddi*, ein Gemisch aus Lamm- oder Zickleininnereien, Kartoffeln und Kräutern, das im Darmnetz gegrillt wird, in dem Ristorante mit dem ohne die Punkte ganz einfach zu sprechenden Namen
U.P.E.P.I.D.D.E.
Via Sant Agnese 2 (Ecke Corso Cavour)
Tel. 08 03 61 38 79
Mo geschl.
Menü ab 30 €

Bari

Die Hauptstadt Apuliens

Nach Neapel ist Bari mit ca. 326 000 Einwohnern die zweitgrößte Stadt Süditaliens und Hauptstadt der Region Apulien. An ihr führt kein Weg vorbei. Eine Stadt am Meer, geprägt von den Verbindungen nach Osten, hat Bari von dort viel empfangen, Gutes und Schlechtes, Heilige und Seeräuber. Große Fähren laufen täglich nach Griechenland, Libanon und Ägypten aus oder legen von dort kommend an. Aber der Hafen, der drittgrößte der Adria, ist auch wichtiger Güterumschlagplatz. Jedes Jahr im September richtet Bari die ›Fiera del Levante‹ aus, die größte Handelsmesse des gesamten Mittelmeerraums. Der Geschäftssinn der Bareser gilt als vorbildlich und genießt in Italien einen hervorragenden Ruf. Die pulsierende Vitalität der Kommune ist an allen Ecken zu spüren, vor allem in der Neustadt, die zu Beginn des 19. Jh. planmäßig angelegt wurde. Bis in die Nacht knistern die Straßen vor Leben, werden exquisite Waren veräußert und in der Universität Bücher gewälzt.

Citypläne
Bari: Altstadt S. 214,
Bari: Neustadt S. 233

Bari ★★
Besonders sehenswert:
San Nicola
Dom San Sabino
Kastell

APT
Piazza Moro 33/A
70122 Bari
Tel. 08 09 90 93 41
www.infopointbari.com

Geschichte

Im 2. Jt. v. Chr. siedelten die ersten Menschen auf der kleinen Halbinsel, die von der Altstadt besetzt gehalten wird. Spuren griechischer Kolonisten lassen sich dagegen kaum ausmachen. Die peuketische Siedlung, die die Römer im 3. Jh. okkupierten und *Barium* nannten, wurde erst durch die Via Traiana zu Beginn des 2. Jh. an das Fernstraßennetz angebunden. Plinius erwähnte Bari lediglich im Zusammenhang mit dem bedeutenderen *Gnathia* (Egnazia) und *Rudiae* (Rodi westlich von Canosa) als Stadt der Poedikuler, d. h. der aus Illyrien stammenden Peuketier.

Die relative Bedeutungslosigkeit Baris änderte sich im **Frühmittelalter.** Die Langobarden entrissen es im 7. Jh. den Byzantinern und erhoben es 730 zum Sitz eines Gastalden, der dem Herzog von Benevent unterstand. Dieses Gastaldat war die südlichste Verwaltungseinheit, die die Langobarden in Apulien einrichteten. Südlich davon vermochten die Byzantiner ihre Postion zu behaupten. Die Sarazenen ließen sich weder von Langobarden noch Byzantinern abschrecken, suchten ab etwa 830 die Küstenstädte heim und unternahmen Plünderungszüge bis tief ins Landesinnere. Die Stadt Bari raubten sie erstmals 839/40 aus. 847 erschienen sie mit einem Anführer namens Khalfun, wahrscheinlich einem freigelassenen Sklaven des Aghlabiden-Emirs von Nordafrika. Er handelte mit seiner zusammengewürfelten Mannschaft auf eigene Faust, eroberte die Stadt und schwang sich zum Emir von Bari auf. Die Byzantiner, die schon Sizilien an die ›Ungläubigen‹ verloren hatten, mussten ernsthaft um den ihnen verblieben Süden Apuliens, den Salent, bangen, zumal Tarent von den Sarazenen ebenfalls schon eingenommen war.

◁ *Bari, San Nicola*

Muslime in Apulien

Der fränkische Mönch Bernhard schilderte in dem Bericht seiner Reise, die er 865 unternahm, wie er mit zwei Begleitern zur »Stadt der Sarazenen« kam und von Sawdan, dem dritten und letzten Emir von Bari, Schutzbriefe erwarb. Diese waren an die arabischen »Fürsten« von Baghdad und Jerusalem adressiert und sollten auf der Reise nach Ägypten und ins Heilige Land nützlich sein. Dann zog er zur ebenfalls muslimischen Stadt Tarent weiter und fuhr ausgerechnet auf einem Schiff, das christliche Gefangene als Sklaven nach Ägypten transportierte, nach Alexandria.

Die beiden Flotten, die Venedig auf Bitte der Byzantiner auslaufen ließ, wurden kurz hintereinander vernichtet. Das Heer, das Kaiser Lothar unter Führung seines Sohnes, des späteren Kaisers Ludwig II., zur Verteidigung der Christenheit nach Süden entsandte, richtete 852 ebenfalls nichts aus.

Im Frühjahr 866 brach **Kaiser Ludwig** erneut mit einem Heer gegen Bari auf – wohl ebenso erfolglos. Er konnte im nächsten Jahr nur einige Städte im Hinterland an sich bringen. Da er über keine Flotte verfügte, trat er mit Byzanz in Verbindung, und man einigte sich auf ein gemeinsames Vorgehen gegen die Sarazenen. Nur bezüglich des exakten Zeitpunkts, zu dem man losschlagen wollte, bzw. der Hochzeit zwischen der Tochter Ludwigs und dem ältesten Sohn des Ost-Kaisers, mit der die Allianz besiegelt werden sollte, gab es Verständigungsprobleme. Denn als 869 die byzantinische Flotte angeblich mit 400 Schiffen unter dem Oberbefehl des Niketas aufkreuzte, um die Braut aufzunehmen und dann gemeinsam mit dem Landheer der Franken gegen Bari loszuschlagen, war die Braut nicht zugegen und nur ein kümmerlicher Haufen von Kriegern anzutreffen, sodass die Byzantiner die Operation abbliesen. Ludwig indes warf den Byzantinern vor, zu spät gekommen zu sein, nämlich nachdem er das Heer wegen des nahenden Winters bereits entlassen hatte. Als es ihm 870 wiederum gelang, den Sarazenen in Apulien und Kalabrien einige Plätze abzunehmen, stieß Ludwig mit einem Heer aus Franken und Langobarden erneut gegen Bari vor und eroberte es im Februar 871 ohne byzantinische Hilfe. Sawdan, der dritte Emir von Bari, wurde als Gefangener nach Benevent gebracht, und in Bari verblieb wieder ein langobardischer Gastalde als Befehlshaber. Aber der Erfolg war nur von kurzer Dauer. Als Ludwig 875 starb, wurde der Kampf um Apulien nur noch zwischen den Byzantinern, die 876 Bari den Langobarden wieder abnahmen, und den Sarazenen ausgefochten. Bis 891 dehnten die Byzantiner ihre Gebietsgewinne so weit nördlich aus, dass von 892 bis 895 Bari seinen Rang als Hauptstadt Süditaliens bzw. – in der Terminologie der Zeit – des *Thema Longobardia* an Benevent abtreten musste. Aber das Land prosperierte und wurde kulturell stark griechisch geprägt.

Zu Beginn des 10. Jh. saß der byzantinische Statthalter mit dem Titel eines *Katepan von Italia* zwar wieder in Bari, doch 921 erhoben sich die Langobarden, 922 erschienen die Ungarn in Apulien, und die Operationen, die gegen die Sarazenen zu Wasser und zu Land durchgeführt wurden, sahen in der Regel die Byzantiner als Verlierer. Sie waren hoffnungslos überfordert. 967 mussten sie sich zu einer jährlichen Tributzahlung an die Muslime bereit erklären. 968 rückte Kaiser Otto I. von Rom kommend direkt auf Bari vor. Aber er scheiterte auf der ganzen Linie, wie 982 auch Otto II., sein Sohn. Gegen Ende desselben Jahrzehnts plünderten die Sarazenen die Umgebung von Bari wie eh und je. Otto III. konnte nicht einmal mehr die ihm zugedachte Braut in Bari in Empfang nehmen. Er starb Ende Januar 1002 im Alter von 21 Jahren. Seine Leiche wurde schon über die Alpen nach Norden transportiert, da landete Mitte Februar im Hafen von Bari die Tochter des byzantinischen Kaisers und konnte nur wieder nach Hause zurückkehren.

1009 rebellierten Teile Apuliens unter Führung des Meles aus Bari gegen die Byzantiner. Er konnte sich nur kurz in Bari selbst halten und wurde vom Katepan Mesardonides aus der Stadt vertrieben. Der von Meles alarmierte Kaiser Heinrich II. kam zwar Ende 1021 mit einem Heer nach Italien. Aber das Unternehmen scheiterte bereits in Nordapulien, und Heinrich musste den Zug gegen Bari abbrechen. Erst Robert Guiskard nahm den Byzantinern 1071 Bari ab.

Unter der Herrschaft der **Normannen** erlebte Bari 1095 den ersten Kreuzzugsaufruf, das Konzil von 1098, das die Beendigung des Schismas zwischen der katholischen und der orthodoxen Kirche herbeiführen wollte, den Aufbruch der von Bohemund und Tankred angeführten Kreuzzugstruppen und immer wieder den Hader der Normannen untereinander. Roger II. ließ 1129 Bari durch 50 Galeeren vom Meer her abriegeln, während von der Landseite seine Sarazenen der Stadt brutal zusetzten. Der aufständische Grimoald unterwarf sich. Schon 1132 musste Roger, der nun als erster Normanne den vom Papst anerkannten Königstitel trug, erneut gegen Grimoald und Bari vorgehen. Drei Wochen lang bestürmte er die Stadt, um nach der Wiedereinnahme Grimoald in Ketten nach Sizilien schaffen zu lassen.

Nachdem Roger 1135 das Reich unter seinen Söhnen aufgeteilt hatte, stießen 1137 zwei Armeen **Kaiser Lothars III.** nach Süditalien vor. Ende Mai begann die Belagerung Baris. Einen Monat lang leisteten die Sarazenen, die Roger als Besatzung zurückgelassen hatte, Widerstand. Dann mussten sich ergeben und wurden aufgehängt. Roger dagegen wartete das Ende des *Furor teutonicus* auf Sizilien ab. Als es soweit war, kannte er keine Gnade mehr. Er ließ Jaquintus, den dortige Befehlshaber, zusammen mit seinen Beratern und zehn anderen Männern aufknüpfen, anderen wurden die Augen ausgestochen. Auch die Revolte, die sich unter Rogers Sohn Wilhelm I. zutrug, wurde von diesem brutal niedergeschlagen und endete katastrophal 1156 mit der Zerstörung der Stadt. Ab 1165 wurde sie wieder aufgebaut, und 1194 nahm **Heinrich VI.** auf seinem Umritt durch Apulien die Huldigung der Stadt entgegen. Zu Ostern 1195 lud er zu einem Hoftag nach Bari, traf bei dieser Gelegenheit mit seiner Gemahlin Konstanze zusammen, die inzwischen Friedrich II. zur Welt gebracht hatte, und verkündete am Karfreitag seine Absicht zu einem Kreuzzug. **Friedrich II.** kam erstmals 1221 nach Bari, 1228 stach er hier zum Kreuzzug in See. Doch bei seiner Rückkehr 1229 fand er die Tore verschlossen und er musste Gewalt anwenden. Eine Folge war vermutlich der Ausbau des Kastells, das die Stadt fortan in Schach halten sollte. Andererseits beließ er Bari nicht nur die führende Stellung in der Region, sondern gewährte großzügige Handelsprivilegien und richtete eine der sieben großen Messen des Königreichs ein. Um so schlimmer traf die Stadt unter den **Anjou** die Privilegierung fremder Kaufleute und Bankiers. Hinzu kamen unaufhörliche Machtkämpfe des

Kaiser Lothar III.
Bischof Otto von Freising pries als Zeitgenosse in seiner »Weltchronik« die Erfolge Lothars III.: »Dieser [...] vollbrachte in Apulien [...] so tapfere Taten, dass man unter den fränkischen Königen von Karl dem Großen bis zu seiner Zeit keinen findet, der dort so große Erfolge erzielt hat. Er nahm nicht nur Städte wie [...] Troia, [...] Barletta und Bari, sondern eroberte auch starke Festungen und unzugängliche Burgen.«

Bari

Adels. Die aragonesischen Könige von Neapel schenkten die Stadt den **Sforza** von Mailand, und diese erhoben sie 1464 zum Sitz eines Herzogtums. Als Isabella von Aragon, die Witwe des Giangaleazzo Sforza, ihren Hof nach Bari verlegte, Kastell und Stadtmauern verstärkte und auch kulturelles Engagement entwickelte, blühte die Stadt wieder auf, bis zum neuerlichen wirtschaftlichen **Zusammenbruch** unter der spanischen Herrschaft. Ein Übriges taten Angriffe durch Seeräuber und Türken und die Pest der Jahre 1656/57, die in Bari 12 000 von 15 000 Einwohnern hinwegraffte. 1707–38 hielten die Österreicher die Stadt besetzt, danach kam sie unter die Bourbonen. Ferdinand I. vermochte nur noch den Anstoß zur Erweiterung Baris über die Altstadtgrenzen hinaus zu geben; realisiert wurde der Plan zum Bau der Neustadt ab 1813 auf Veranlassung von **Joachim Murat,** dem zum König von Neapel aufgestiegenen Schwager Napoleons. Außerdem erklärte er Bari aus Dankbarkeit für die Unterstützung der Revolutionsideen zur neuen Provinzhauptstadt – und gab damit dem bourbonenfreundlichen Trani das Nachsehen.

Nach dem Anschluss an das vereinigte **Königreich Italien,** für den in Bari 1860 ein Volksentscheid votierte, nahm die Stadtentwicklung einen rapiden Aufstieg. Aus den 31 000 Einwohnern desselben Jahres wurden bis 1911 95 000 und bis 1960 gar 318 000. 1875 erfolgte der Anschluss ans Eisenbahnnetz, 1903 wurde das Petruzzelli-Theater eingeweiht und 1923 die Universität eröffnet, die heute über 45 000 Studenten zählt. 1930 fand erstmals die ›Levante-Messe‹ statt. Die Bombardierungen während der beiden Weltkriege richteten schwere Schäden an. Noch Schlimmeres blieb der Stadt dadurch erspart, dass die deutschen Verbände im September 1943 Bari kampflos räumten, als die Briten mit ihrer 8. Armee von Süden her gegen die Stadt anrückten und nördlich der Stadt mit der 78. Division an Land gingen.

In der Altstadt

In der Altstadt empfängt den Besucher ein orientalisch anmutendes, herbes Gassengewirr, in das selten ein Sonnenstrahl fällt, mit unverhofften Lichtinseln, die einem der berühmten Gotteshäuser Platz gewähren. So wie kein Weg an Bari vorübergeht, so leicht gelangt man zum günstigsten Ausgangspunkt für eine Besichtigung der Altstadt. Egal ob die Zufahrt von Norden oder Süden erfolgt, hält man sich immer möglichst nahe am Meer, bis man auf den *lungomare* trifft, die Küstenstraße, die unter verschiedenen Namenszusätzen die Altstadt streift. Von Norden her sieht man schließlich rechts das Kastell liegen, links die Anlegestellen der Fähren, und kann nach einer Rechtskurve am Straßenrand Ausschau nach einem Parkplatz halten, am besten nahe dem Durchgang durch die alte Stadtbefestigung und somit gleich bei der Kirche San Nicola. Der unweit dazu hoch aufragende Campanile, der als weithin sichtbarer Wegweiser in den blauen Himmel sticht, gehört schon zum nächsten ›Muss‹ der Bari-Besichti-

◁ **Bari, Altstadt**

1 *Basilika San Nicola*
2 *San Gregorio*
3 *San Marco*
4 *Kathedrale San Sabino*
5 *Palazzo Arcivescovile mit Museo Diocesano*
6 *Kastell*
7 *Sedile dei Nobili*
8 *Colonna della Giustizia*
9 *Chiesa della Vallisa*
10 *San Michele*

gung, zur Bischofskirche San Sabino. In gleicher Weise gelingt die Annäherung von Süden her. Man lässt sich nicht von der Uferstraße abbringen, auch durch kein Schild Richtung *centro,* passiert die eleganten Häuser des 19. Jh. wie die modernen des 20. Jh., kommt am alten Fischmarkt vorüber, immer den Campanile von San Sabino im Visier, und hält am *lungomare,* wo nie Mangel an Parkplätzen herrscht.

Basilica San Nicola (1)

In Frankfurt am Main steht vor dem ›Römer‹ die kleine mittelalterliche Nikolai-Kirche. Sie hat denselben Nikolaus zum Patron wie die Basilika San Nicola in Bari. Und dieser wiederum ist derjenige, der am 6. Dezember zwar nicht in Italien, aber in den Ländern weiter nördlich die Kinder beglückt. Die Rede ist von Nikolaos bzw. Nikolaus von Myra (Kleinasien bzw. Türkei), der wohl am 6. Dezember 342 oder 347 starb. Schon im 6. Jh. genoss er höchstes Ansehen und galt neben der Muttergottes als bedeutendster Wundertäter. Seine Verehrung nahm einen Siegeszug ohnegleichen durch die ganze Ostkirche. Mit etwas Verspätung wurde sein Todestag auch in die Liturgie der Römischen Kirche aufgenommen. In Deutschland verbreitete sich sein Kult seit dem 10. Jh., besonders gefördert durch Theophanu, die griechische Gemahlin Kaiser Ottos II. Am 9. Mai 1087 brachten Kaufleute die sterblichen Reste des Heiligen von Myra, das schon mehr-

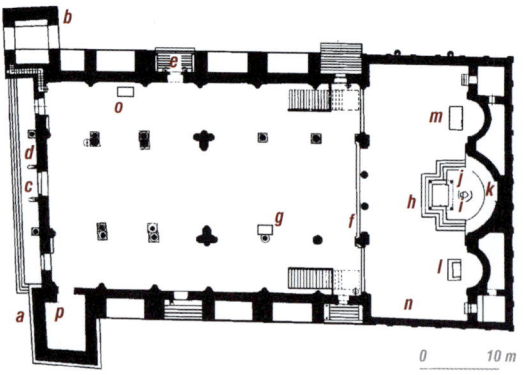

Basilica San Nicola, Nord- und Westansicht (oben) und Grundriss

a *Torre del Catapano*
b *Torre delle Milizie*
c *Hauptportal*
d *Weiheinschrift*
e *Löwenportal*
f *Ikonostase*
g *Kanzel*
h *Ziborium*
i *Mosaik*
j *Bischofsthron*
k *Grabmal der Bona Sforza*
l *Triptychon*
m *Tafelbild von Vivarini*
n *Silberaltar*
o *Büste des Hl.Nikolaus*
p *Kirchenschatz*

fach von Muslimen zerstört worden war, nach Bari. So jedenfalls feiert die Legende als fromme Rettung, was ein geplanter Raub war. Bari gewann dadurch ein völlig neues Gewicht und brauchte für den Schutzpatron der Kaufleute und Seefahrer, der Fischer, Bäcker und Apotheker, der Juristen, Schüler und heiratslustigen Mädchen eine würdige Bleibe – und einträgliche Pilgerstätte. Ursus, der Erzbischof der Diözese Canosa-Bari, bot den Dom zur Aufbewahrung der Nikolaus-Reliquien an. Aber das Rennen machte der Benediktinerabt Elias, der spätere Erzbischof. Er erhielt von Herzog Roger Bursa die Genehmigung, an der Stelle des aufgegebenen Regierungs-Palasts eine neue Kirche für den Heiligen errichten zu dürfen. 1089 war die Krypta fertiggestellt, sodass sie die Reliquien aufnehmen konnte, und wurde von Papst Urban II. geweiht. Da zur selben Zeit Erzbischof Ursus verstarb, konnte der Papst anlässlich eines Bari-Aufenthalts seinen Freund Elias zum Erzbischof erheben.

In der ersten Hälfte des 12. Jh. muss der Bau der Basilika im Wesentlichen abgeschlossen gewesen sein. Um so unverständlicher bleibt die (nochmalige?) Weihe der Kirche, die der Bischof von Hildesheim, Konrad von Querfurt, der als päpstlicher Legat und Statthalter Kaiser Heinrichs VI. im Königreich Sizilien fungierte, 1197 vornahm. Er war auch nicht eigens dazu angereist, sondern hielt sich zusammen mit anderen deutschen Bischöfen und Äbten in Bari auf, um zum Kreuzzug in See zu stechen.

Völlig fertiggestellt wurde der Gebäudekomplex nie. Bis heute sind weder die an der Ostseite vorgesehenen schlanken Türme ausgeführt, noch die beiden wuchtigen Türme, die die Hauptfassade bis in die Höhe der Seitenschiffe flankieren, weiter hochgezogen worden. So aber verrät das strenge, wuchtige Äußere der Kirche, die seit 1951 von Dominikanern geleitet wird, noch seine Herkunft aus der weltlichen Architektur des Palastes, in dem bis 1071 nacheinander der langobardische Gastalde, der muslimische Emir von Bari und der byzantinische Katepan residierten. Von vorne betrachtet, muten die beiden unfertigen, über die Fassadenflucht vorspringenden **Türme** wie Bollwerke eines Kastells an. Der rechte (a) weist über der Sockelzone lediglich ein schmales, schießschartenähnliches Monoforium sowie oben ein torgroßes auf. ›Turm des Katepan‹ (Torre del Catapano) genannt, dient er als Campanile. Der linke Turm (b), die Torre delle Milizie, ist durch ein schmales Gesims zweigeteilt. Den unteren Teil dominiert eine hohe, rundbogige Portalöffnung, der obere trägt eine dezente Lisenengliederung mit Blendbogenabschluss sowie, unmittelbar dem Gesims mittig aufsitzend, ein Biforium.

Auch die durch zwei antike Säulen und darüber aufgehende Lisenen vertikal dreigegliederte **Fassade** geizt mit Schmuck: Blendbögen an den Dachschrägen, ein unscheinbares Rundfenster im Giebel, symmetrisch verteilte Bi- und Monoforien, die streng wirken. Allein in der Portalebene gesellt sich zum Ernst eine gewisse Harmonie, hervorgerufen durch die Blendbogenpaare, die jeweils von einem dritten überfangen werden. Die Nebenportale sind durch Rundbögen nebst Archi-

Anselm von Canterbury

Der Bau der Basilika San Nicola zog sich lange hin. 1099 musste die Krypta für das Konzil ausreichen, das sich unter Papst Urban II. um die Aufhebung des seit 1054 bestehenden Schismas zwischen Ost- und Westkirche bemühte. Wesentlichen Anteil hatte daran Anselm von Canterbury, einer der bedeutendsten Kirchenlehrer jener Tage. Durch Wilhelm II. von England seines Bischofssitzes beraubt und sogar des Landes verwiesen, war er dem Papst bis Bari nachgereist, um eine Verurteilung des englischen Königs zu erwirken. Dass im Normannenheer Muslime mitkämpften, entsetzte den frommen Mann gewaltig.

San Nicola, Portal

volten, durch mit Ranken- und Pflanzenmotiven verzierte Türpfosten und Architrave akzentuiert. Das **Hauptportal (c)** flankieren Säulen, die nicht wie üblich von Löwen, sondern von Stieren getragen werden. Die tiefen Löcher in ihren Köpfen weisen noch auf ihre abhanden gekommenen, vermutlich bronzenen Hörner hin. Rankenwerk ziert die Außenseiten der Türpfosten und des Bogens. Links entwächst es einer Vase, rechts dem Maul eines Hirschs und birgt in sich verschiedenes Getier, bekannte Gestalten und absonderliche Wesen. Erzengel Michael als Drachentöter und Samson mit dem Löwen erscheinen ebenso wie Vögel, die ihre Nester gegen Schlangen verteidigen, wie ein Kentaur, wie der Nackte auf dem Einhorn und, im Bogenscheitel, die beiden Ochsen, die einem Karren vorgespannt sind. An der Innenseite der Archivolte kämpft Herakles mit einem Löwen und reitet ein Affe auf einem Kamel, den behelmten Menschenkopf eines Drachen, man sieht, wie ein Krieger zu Pferd ein Schwert schwingt und, in der Mitte obenauf und nach außen gekehrt, einen König auf einer Quadriga, der in der Rechten eine Sonnenscheibe, in der Linken eine Siegespalme zu zeigen scheint. Die etwas füllige Sphinx, die über dem Blendgiebel hervorschaut, mag auch nicht ganz hierhin passen. Dagegen hat die Reliefplatte im Tympanon, die den Hl. Nikolaus darstellt, fast etwas Beruhigendes, und die Inschriftenplatten neben dem Portal führen wieder auf gesichertes historisches Terrain. Die rechte erinnert an das Privileg der Kirche, unabhängig vom Erzbischof von Bari in ihren Feudalgebieten selbst Recht sprechen zu dürfen, die linke (d) an die Weihe der Kirche »zur Zeit der Regentschaft Heinrichs VI., des überaus christlichen Kaisers und siegreichen Königs von Sizilien« (am Ende der 2. Zeile beginnend: *Henrico sexto / christianissimo imp[er]atore semper avgvsto et invicissimo rege Sicilie*) durch »Konrad, den überaus frommen Bischof von Hildesheim und damaligen vornehmen Kanzler des kaiserlichen Hofes« (4. Zeile: *Conradvs sanctissimus yldelmensis episcopvs et tvnc imp[er]ialis / avle illvstris cancellarivs*) am 22. Juni 1197 (beginnend in der 3. Zeile von unten: *Anno [...] millesimo cen/tesimo nonagesimo septimo indictione quintadecima / mensis ivnii vicesimo secvndo*).

Die linke **Längsfassade** ist durch hohe und tiefe Arkaden über massigen Pfeilern geprägt. Sie dürften vom ehemaligen Palast übernommen sein und tragen die Galerie, die sich mit fünf Hexaforien zum ›Nebenplatz‹ hin präsentiert. Die einzelnen Fensterbögen werden von kantigen Pfeilern und quergestellten, floral verzierten Sattelkapitellen gestützt, über denen Tier- und Menschenköpfchen hervorragen. Wie die Obergadenpartie des Mittelschiffs mit Monoforien besetzt ist, so zeigen sich solche auch unter den Arkaden der Erdgeschosszone. Zusätzlich aber treten hier zwei Seitenportale zu Tage, darunter, dem Turm am nächsten, das **Löwenportal (e;** *Torre dei Leoni*) mit seiner beachtlichen Skulptur. Vermutlich um 1100 gefertigt, bietet das Relief der inneren Archivolte eine ›Momentaufnahme‹ vom Sturm auf eine Burg. Eine solche Darstellung ist in Apulien einmalig und ansonsten nur noch vom Nordportal des Doms in Modena bekannt. Die äußere Archivolte ist nach vorne mit einem Kranz aus Palmetten, an der Innenseite mit Tieren und Fabelwesen geschmückt und sitzt in Höhe des ebenfalls aufwendig verzierten Architravs zu beiden Seiten einem figurierten Stein auf. Links ist deutlich ein Mann zu erkennen, der mit der Sichel Getreide mäht, rechts einer, der einen Baum beschneidet. Solche Darstellungen sind von Monatszyklen bekannt, sodass man diese hier als ›Juni‹ und ›Februar‹ ansprechen kann. Zusätzlich mit Kämpferplatten, korinthischen Kapitellen und Säulen ist die ganze Last der Portalrahmung zwei Löwen aufgebürdet.

Weiter nach Osten erhebt sich wuchtig das **Querhaus** mit feinen Blendbögen am Fries des Satteldachs. Die Stirnseite bleibt in der Flucht der Arkaden und greift diese Form mit Lisenen und entsprechenden Blendbögen auf. Im oberen Bereich befinden sich, paarweise übereinander angeordnet, vier Rundbogenbiforien. Diese beiden Fensterreihen unterhalb des Giebelokulus setzen sich mit jeweils einem weiteren Biforium zum geraden Gebäudeschluss hin fort, in dem sich die drei Apsiden verbergen. Aus dieser **Ostfassade** ragt neben den acht versetzt eingefügten Biforien das übergroße, dreifach gestufte ›Elefantenfenster‹ der zentralen Apsis heraus, benannt nach den Elefanten, die die Säulen und aufhockenden Greifen tragen. Wie vom rechten Greif nur noch der Hinterleib erhalten ist, hat auch die Portalrahmung große Teile der Verzierung mit Blattwerk und Fabelwesen eingebüßt.

Innen misst die Basilika der Länge nach fast 55 m, und doch erfasst das Auge die Ausdehnung kaum, da die Majestät der Dimensionen insgesamt beeindruckt. Sie wäre noch überwältigender, wenn nicht drei Schwibbögen das Mittelschiff unterteilten, die nach dem Erdbeben von 1456 eingezogen wurden, und zwar zwei auf Kosten des Fürsten von Tarent und einer durch die Spende des Herzogs von Mailand aus dem Geschlecht der Sforza, wie das Sforza-Wappen am Bogen selbst belegt. Selbst der dreibogigen **Ikonostase (f),** die das Mittelschiff gegen den Chor abgrenzt, dürfte eine statische Wirkung nicht abzusprechen sein. Eigentümlich wirkt auch der Stützenwechsel. Auf den ersten drei Jochen scheiden jeweils zwei Säulenpaare Mittel- und Seitenschiff, dann folgt jeweils ein Pfeiler mit vorgestellten Säulen, während die Arkaden der drei vorderen Joche links und rechts von einfachen Säulen gehalten werden. Die Säulenkapitelle stammen aus dem 11. Jh. und somit noch aus dem alten Katepanspalast bzw. aus den ersten Jahren des 12. Jh. und somit aus der Bauhütte des ›Elias-Meisters‹. In der Höhe dominieren an jeder Mittelschiffwand sechs Triforien, hinter denen die Galerien im Dunklen liegen, während durch ebenso viele Obergadenmonoforien etwas Licht einfällt. Im Gegensatz zu den gratgewölbten Seitenschiffen prangt im Mittelschiff eine grandiose **Barockdecke** von 1661–62 in goldenem Glanz und mit Szenen aus dem Leben des Hl. Nikolaus, die der apulische Maler Carlo Rosa schuf. Vor ihr schreckten selbst die rigiden Re-Romanisierer zurück, die der einst vollständig barockisierten Basilika 1928–30 das heutige Aussehen (wieder)gaben. Auch die hölzerne, mit Heiligendarstellungen besetzte **Kanzel (g),** die 1658/59 entstand und eine steinerne des 13. Jh. ersetzte, durfte als Zeugnis für die Gestaltung im 17. Jh. ›überleben‹. Selbst die Decke der durch Gurtbögen betonten Vierung entstammt dieser Zeit. Am Übergang von der Decke zur Wand künden Trompen von der ursprünglich beabsichtigten Überkuppelung.

Grandios ist das **Ziborium (h)** über dem Hauptaltar. Entstanden im 2. Viertel des 12. Jh., überdauerte es als einziges in Apulien alle Zeiten unbeschadet. Vier Säulen bilden die Stützen, ihre vorderen

In der Altstadt

San Nicola, Ziborium

Kapitelle zeigen an den Ecken fast vollplastisch ausgebildete Engel, die hinteren Löwen und Pflanzenwerk. Die auf den Architravbalken umlaufende Inschrift wendet sich an den Priester, der zur Messe an den Altar tritt: *Arx hec par celis / intra bone serve fideli / ora devote dominvm pro / pro te popvloqve* – »Diese himmelsgleiche Burg – tritt ein, guter Diener im Glauben, und bete für dich und das Volk demütig zum Herrn«. Die Mitte des vorderen Balkens ist mit der Nachbildung einer Emailplatte besetzt, die eine symbolische Krönung vermutlich Rogers II. durch den Hl. Nikolaus darstellt und aus Sicherheitsgründen nun im Kirchenschatz verwahrt wird – ein bezüglich seiner Aussage und Zeitstellung viel diskutiertes Stück aus einer süditalienischen Werkstatt. Über den Architraven erhebt sich eine doppelstöckige, jeweils schräge Bedachung, deren untere von 28 und obere von 14 Säulchen getragen wird.

Ziborium und Altar stehen auf einem in der Mittelapsis beginnenden und weit in das Querhaus vorspringenden Podest. Die Inschrift an der obersten der drei Podeststufen bestätigt die Errichtung der Kirche durch Elias und die Ausstattung durch Abt Eustasius (1105–25), seinen Nachfolger. Der Boden des Podests ist mit einem bunten **Mosaik (i)** bedeckt. Es bildet einen Halbkreis über einer breiten, mit fünf Scheiben gefüllten Basis. Eingefasst wird der Halbkreis von einem Band, das in kufischer Zierschrift fortlaufend das Wort ›Allah‹ wiederholt und verdeutlicht, dass hier muslimische Handwerker tätig waren.

221

Die Mitte des Mosaiks, d. h. das zentrale Scheibenmosaik im Halbkreisfeld, besetzt der **Bischofsthron (j)** des Elias. In den 1090er-Jahren aus einem Marmorblock gemeißelt, demonstriert er gegenüber den dreißig bzw. zehn Jahre früher entstanden Thronen in Monte Sant' Angelo bzw. Canosa eine deutliche Fortentwicklung. Der namentlich unbekannte Künstler, der – weil er für Elias tätig war – in die Kunstgeschichte als ›Elias-Meister‹ einging, setzte die tragende Funktion des Thronunterbaus figürlich um. Doch während die Gesichter der Eckfiguren, die den Sitz stemmen, vor Anstrengung schmerzverzerrt sind, drückt die mittlere Figur, die in der Rechten einen Stab hält und nach oben schaut, die Linke fast lässig an die Unterkante des Sitzes. Im hinteren Bereich stützen Säulen den Thron. Zwischen ihnen lugen Löwen hervor, die ihre Pranken in Menschenköpfe geschlagen haben. Hier und an den Seiten ist die Inschrift sichtbar, die den reich verzierten Sitz als Thron des Elias ausweist: *Inclitvs atque bonvs sedet hac in sede patronvs presvl barinvs Helias et canvsinvs* – »Auf diesem Sitz sitzt als vortrefflicher und guter Schutzherr Elias, Bischof von Bari und Canosa«. Unter dem Fußschemel kauern zwei hübsche Mini-Löwen.

Ein Kontrastprogramm stellt das in die Apsis eingepasste monumentale **Grabmal der Bona Sforza (k)** dar, der zweiten Gattin des polnischen Königs Sigismund I. Es zeigt die Verstorbene in betender Haltung zwischen den Hll. Stanislaus und Nikolaus. Ihre Tochter Anna Jagello ließ es nach einem Plan des in Rom arbeitenden polnischen Künstlers Thomas Treter 1589–93 von Bildhauern aus Carrara anfertigen. Die beiden barbusig hingelagerten Damen im Vordergrund verkörpern das Land Polen (links) und das Herzogtum Bari. Ein Aufsatz mit einer Darstellung der Auferstehung Christi wurde entfernt, um das Apsisfenster wieder öffnen zu können, und befindet sich im Museum.

Auf dem Altar der rechten Apsis befindet sich ein **Triptychon (l)**, das die »Madonna della Passione« (zwischen dem Evangelisten Johannes und dem Hl. Nikolaus) thematisiert und wohl 1491 entstand. Ferner befindet sich hier die Deckplatte eines Sarkophags des 13./14. Jh. An der Apsiswand haben sich wertvolle Fresken des Johannes von Tarent (Giovanni di Taranto) von 1304 erhalten. Deutlich sind eine Kreuzigung sowie links der Hl. Martin von Tours, rechts (vermutlich) der Hl. Ludwig zu erkennen – untrügliche Indizien, dass auch die Anjou der Basilika nahe standen. Und in der Tat mehrte insbesondere Karl II. von Anjou den Besitz der Basilika großzügig. Das **Tafelbild (m)** »Madonna mit Christuskind und Heiligen« auf dem Altar der linken Apsis schuf der venezianische Maler Bartolomeo Vivarini 1476. Der hervorragende **Silberaltar (n)** an der Stirnwand des rechten Querhauses, der ursprünglich in der Krypta aufgestellt war, wurde 1683 von neapolitanischen Silberschmieden geschaffen. Nur die Leuchter und die **Büste des Hl. Nikolaus (o)** sind ihm abhanden gekommen. Letztere wird neuerdings an der Seitenwand im Eingangsbereich hinter Glas zur Schau gestellt.

Zwischen Bari und Polen

Bona Sforza hatte maßgeblichen Anteil am sogenannten ›Goldenen Zeitalter‹ in Polen, indem sie sich für den Einzug von Renaissance und Humanismus in Osteuropa einsetzte. 1556, acht Jahre nach dem Tod des polnischen Königs Sigismund I., ihres fast dreißig Jahre älteren Gemahls, kehrte Bona Sforza in ihre Heimatstadt Bari zurück, wo sie im Kastell aufgewachsen war und nun wieder zu leben gedachte. Doch schon 1557 verstarb sie als letzte Herzogin von Bari und wurde ihrem Wunsch gemäß in San Nicola zur letzten Ruhe gebettet.

Ein besonderes Erlebnis verspricht schließlich der Gang in die Krypta. Am Ende des rechten Abgangs ist der **Sarkophag des Elias**, des maßgeblichen Erbauers der Basilika, in die Wand eingelassen. Bereits im 3./4. Jh. entstanden, wie die an der Schauseite dargestellten vier Philosophen in klassischer Tunika-Gewandung nahe legen, wurde das Behältnis 1105 dazu bestimmt, die Gebeine des verstorbenen Bischofs aufzunehmen. Die **Krypta** mit den Nikolaus-Reliquien schlägt wie kein zweiter Kultplatz die Brücke zwischen West- und Ostkirche. Heute wird er ganz in diesem Geist wieder mit Leben erfüllt, indem die ›Capella orientale‹ (ganz links in der Krypta) orthodoxen Geistlichen und Pilgern zur Messe zur Verfügung steht. Wer den rechten Abgang in die Krypta, die sich über demselben Grundriss wie das darüber liegende Querhaus ausdehnt, gewählt hat, gerät zunächst vor eine Säule, die von Eisenspangen umklammert ist. Ihre ›Sicherheitsverwahrung‹ war notwendig geworden, da sie unter den Pilgerhänden und -lippen, die sie seit Jahrhunderten ehrfürchtig berühren, dahinzuschwinden droht. Vielleicht will man sie aber auch nur daran hindern, ihr früheres unstetes Leben wieder aufzunehmen. Denn nachdem der Hl. Nikolaus sie im Tiber gefunden hatte, war sie auf seinen Befehl mit nach Myra gewandert. 1089 erschien sie plötzlich in Bari, wo zur Fertigstellung der Krypta noch eine Säule fehlte und nahm die Lücke ein. So will es die fromme Legende. Zusammen mit ihr sind es insgesamt 26 Säulen, die den 30,7 x 14,8 m großen Raum unter den tief herabgezogenen Gewölben gliedern. Sie sind allesamt antike Spolien und bestehen aus numidischem, karischem oder – mehrheitlich – aus griechischem Marmor. Zwei wurden aus Korallschotter, jener *breccia rossa* gefertigt, die in Castel del Monte ausgiebig Verwendung fand. Von den Kapitellen gleicht keines dem anderen. Von erlesener Kunstfertigkeit erweisen sich besonders drei, das mit Löwen und Widder, das mit Löwen und Pfauen sowie das mit Pfauen und Greif.

Der vordere Bereich ist durch Gitter abgesperrt. Hinter diesem befindet sich in der mittleren Apsis der Schrein mit den Gebeinen des Heiligen. Die 1988 mittels einer Sonde vorgenommene Untersuchung erbrachte, dass noch etwa 75 Prozent des Skeletts vorhanden sind und es sich bei Nikolaus um einen Menschen mittlerer Statur handelte. Dem Wasser, das sich im Schrein des Hl. Nikolaus ansammelt, wird als »Manna des Hl. Nikolaus« wundertätige Wirkung zugeschrieben. Obwohl im Jahresdurchschnitt nur zwei bis drei Gläser ›gewonnen‹ werden, wird es von den Dominikanern in der ›Sala delle Offerte‹ rechts neben der Basilika in tausendfacher Menge an Pilger verkauft. Die Vermehrung geht indes mit rechten Dingen zu: Jedes Jahr am 9. Mai, wenn der Ankunft der Heiligenreliquien in Bari mit einem Fest gedacht wird, mischen die Dominikaner in riesigen Bottichen die unerklärliche Flüssigkeit mit ordinärem Wasser und erzielen so die fürs Jahr benötigte Menge.

Die **Ikone** hinter dem Grabaltar mit der Darstellung des Hl. Nikolaus wurde der Kirche 1327 vom Serben-Zar Uroš III. Dečanski ge-

Verehrer des Hl. Nikolaus

Unzählige namhafte Besucher erwiesen seit Jahrhunderten dem Hl. Nikolaus in der Krypta ihre Reverenz, darunter Papst Urban II., Anselm von Canterbury, Konrad von Querfurt, die Kreuzfahrer Hugo von Vermandois, Robert von Flandern, Robert von der Normandie, Stephan von Blois, die Normannen Bohemund I. und Tankred, der Hl. Anselm von Aosta, Erik der Gute von Dänemark, der künftige Papst Paschalis II., Roger II., Papst Innocenz II., Kaiser Lothar III., Könige aus den Häusern Anjou, Aragon und Bourbon, König Ludwig von Ungarn, Zar Nikolaus II., der künftige König Vittorio Emanuele III., Benito Mussolini, Papst Johannes Paul II., Prinz Charles und Diana.

schenkt. Der **Mosaikboden** in der mittleren und äußersten rechten Apsis der Krypta vermag bezüglich des feinen Arrangements nicht mit dem der Basilika darüber mitzuhalten, obwohl er ein variantenreicheres geometrisches Dekor entwickelt, das ganz auf den Grabaltar ausgerichtet ist. Er musste schon mehrfach erneuert werden, erstmals bereits 1543.

Beim Verlassen der Kirche erlaubt eine vergitterte Glastür unmittelbar vor dem Ausgang einen Blick auf den **Kirchenschatz (p),** der seit 1934 im Erdgeschoss des angrenzenden Turms etliche Vitrinen füllt. Die kleine, aber feine Ausstellung versammelt ein seit Jahrhunderten gewachsenes Sammelsurium aus Reliquien und Preziosen vornehmer Pilger. In der 2. und 3. Vitrine (an der linken Wand beginnend) werden russische Ikonen und Hängeampeln gezeigt. Das historisch interessanteste Stück ist die Lampe, die Fürst Konstantin, der Bruder des Zaren Alexander II., anlässlich seines Besuchs in Bari 1859 hinterließ. In der 8. Vitrine befinden sich, in Reliquiare ›verpackt‹, fromme Mitbringsel aus dem Heiligen Land des 11. und 12. Jh. Ein Dorn aus der Dornenkrone fehlt so wenig wie ein Zahn der Magdalena. In der 11. Vitrine ist die erwähnte **Emailtafel** zu sehen, die vermutlich die symbolische Krönung Rogers II. durch den Hl. Nikolaus darstellt und sich auf die Eroberung der Stadt durch den Normannen 1132 beziehen soll. Sie dürfte Ende des 13. Jh. in einer sizilischen Werkstatt angefertigt worden sein. Die in derselben Vitrine ausgestellte **Eisenkrone** wurde lange als ›Krone Apuliens‹ angesehen, unter der nach Roger II. noch Heinrich VI. und Manfred gegangen seien. Dies ist mehr als fraglich, zumal von einer Krönung in Bari nirgends berichtet wird und das Stück, eher ein Diadem, an vergleichbare Votivkronen erinnert, wie sie Gräbern beigelegt wurden. Noch rätselhafter ist die kleine **vergoldete Krone,** die für eine Frau oder ein Kind bestimmt gewesen sein muss. Eindeutig hingegen lässt sich der ältere **Bischofsstab** Elias, dem Erbauer der Basilika, zuordnen; der neue dagegen ist ein Geschenk Papst Johannes Pauls II. Die 12. Vitrine ist Karl II. von Anjou und seinen Gaben an die Kirche gewidmet, worunter die **Kristallkandelaber** und das gotische **Reliquiar** in Gestalt einer Kathedrale, alles Arbeiten des 13. Jh., hervorstechen.

San Gregorio und San Marco

Neben der Basilika San Nicola geht die kleinere, dem Hl. Gregor gewidmete Kirche **San Gregorio (2)** auf dem Areal des ehemaligen Palasthofs fast unter. 1015 wurde sie erstmals urkundlich erwähnt und wohl nach der Stadtverwüstung von 1156 erneuert. Im Inneren stammt das erste Kapitell rechts noch aus dem 7./8. Jh.

Das langgestreckte Gebäude mit der auffälligen Arkadenloggia gegenüber der Fassade von San Nicola diente jahrhundertelang als Hospiz für die Pilger, die dem Heiligtum durch das Tor (13. Jh.) daneben zustrebten, das heute umgekehrt in die Altstadt zieht. Der Schritt hindurch kommt einem Zeitenwechsel gleich, und unweigerlich erschei-

In der Altstadt

nen vor dem geistigen Auge die Sarazenen, die im 9. Jh. Bari zum Sitz eines Emirats erkoren hatten. Natürlich stammen die jetzigen Gebäude nicht mehr aus jenen Tagen, aber die Altstadt von Bari ist auch kein Romantikviertel, das für Touristen aufrecht erhalten wird, sondern ein höchst lebendiges Gebilde mit allen Licht- und Schattenseiten – und mit einem denkbar schlechten Ruf. Norditaliener halten die Altstadt für *off limits*, was aber in erster Linie damit zu tun hat, dass sie den ganzen Süden als vermintes Gelände ansehen. Verglichen mit der Verbrechensstatistik von z.B. Frankfurt am Main liest sich die jährliche Auflistung der in der Altstadt von Bari verübten Vergehen allerdings eher wie eine müde Räuber-und-Gendarm-Geschichte.

Hinter dem Tor hält man sich links. Alsbald zweigt erneut links der Vico San Marco zum einschiffigen Kirchlein **San Marco (3)** ab, dessen gezähnte Portalrahmung durch ein kräftiges Eierstab-Ornament betont ist. Es wurde im 11. Jh. von der venezianischen Kaufmannschaft zur Erinnerung des Sieges errichtet, den Orsiolo II. mit der Flotte der Dogenrepublik 1002 über die Sarazenen feierte, die Bari von der Seeseite her besetzt gehalten hatten.

Kathedrale San Sabino (4)

Folgt man aber dem zuerst eingeschlagenen Weg, so führt dieser direkt zur Kathedrale San Sabino, d. h. vor die linke Flanke, die mit den hohen, tiefen Arkaden, den rundbogigen Hexaphorien in der Zwerggaleriezone und den darüber sichtbaren Monoforien des Mittelschifftrakts als Abbild von San Nicola erscheint. Allein der angesetzte, massige Rundturm, die als zunächst freistehendes Baptisterium (bzw. bewehrte Zisterne) errichtete **Trulla (a)**, ›stört‹ den direkten Vergleich.

Auch die **Hauptfassade** präsentiert mit vertikaler Lisenengliederung, den mit den Dachschrägen aufsteigenden Blendbögen – hier allerdings auf bemerkenswerten Figurkonsolen – und den drei fast gleich großen Portalen, die ihre barocke Überarbeitung nicht verhehlen, den vertrauten Anblick. Doch insgesamt wirkt sie gefälliger, nicht nur wegen der über die gesamte Fassade verteilten, teilweise noch hübsch gefassten, kleinen Monoforien, sondern vor allem aufgrund der betonten Vertikalachse der Mittelschiffzone. Sie wird durch das zentral platzierte Biforium bewirkt, durch die große Fensterrose – die zwar eine neuzeitliche Füllung erhielt, aber durch die grotesken Figuren fasziniert, die über den Rand der vorkragenden Einfassung herabschauen – und schließlich durch das kleinere Rundfenster im Giebelfeld, das nach unten durch ein aufwendig gearbeitetes Rankenband begrenzt ist.

Selbst der im Osten aufragende **Campanile** verleiht dem Komplex, der insgesamt geringer dimensioniert ist als San Nicola, eine gewisse Freundlichkeit. 1267 war er einem Erdbeben zum Opfer gefallen, aber zu Beginn des 14. Jh. wieder aufgebaut worden. Sein Pendant in der östlichen Doppelturmanlage stürzte 1613 ein, zerstörte dabei Teile des südlichen Querhauses und zwei kleinere Ziborien des berühm-

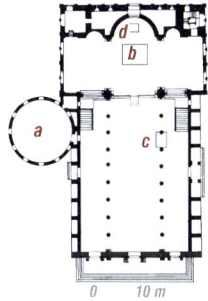

San Sabino, Grundriss
a *Trulla*
b *Ziborium*
c *Kanzel*
d *Bischofsthron*

*San Sabino,
Mittelschiff*

ten Bildhauers Anseramus von Trani und wurde nicht wieder errichtet. So macht das vor dem Querhaus aufragende Oktogon mit dem herrlichen Schmuckfries und der Vierungskuppel den äußerlich stärksten Unterschied zu San Nicola aus.

Die Zerstörung der Stadt 1156, die der Normannenkönig Wilhelm I. als Strafe wegen Aufsässigkeit verfügt hatte, bezog in empfindlichem Ausmaß auch die Bischofskirche ein. Als man um 1178 an ihre Wiederherstellung ging, ließ man sich vom Vorbild der Basilika San Nicola leiten. Die Fenster am Querhaus und an der Apsis erhielten ihren prächtigen Skulpturenschmuck, die Galerien wurden eingerichtet, die große Fensterrose wurde eingefügt und die Vierung überkuppelt. Nach Vollendung des letzten Bauabschnitts konnte die Kathedrale 1292 wieder geweiht werden. Die im 18. Jh. vorgenom-

menen spätbarocken Veränderungen wurden schon ab dem ausgehenden 19. Jh. außen wie innen rückgängig gemacht.
Das harmonische **Innere** verströmt eine zu Herzen gehende Erhabenheit. Die Kolonnade zu jeder Seite des Mittelschiffs, bestehend aus jeweils acht antiken Säulen, die noch Bischof Bisanzius samt Kapitellen aus Byzanz herbeischaffen ließ, der vorwärtsdrängende Schwung der engen Bögen darüber, der durch die fortschreitende Abnahme der Säulenabstände raffiniert verstärkt wird, die hohen, von je einem Blendbogen überfangenen Triforien der Scheinemporen, die Lichtkette der Obergadenmonoforien sowie der hohe Triumphbogen vor dem Chor, der sich im Apsisbogen widerspiegelt – dies alles fügt sich zum ergreifenden hochmittelalterlichen Ensemble. Das Auge stört es nicht, dass das im Original 1233 von Alfanus von Termoli geschaffene **Ziborium (b),** das dem in San Nicola zum Verwechseln gleicht, unter Verwendung dreier Originalkapitelle weitgehend nachgebildet ist. Auf dem Rand des Abakus über dem hinteren linken Kapitell stehen die Namen des Bildhauers (Alfanus) wie des frommen jüdischen Spenders (Effrem) zu lesen.

Auch die **Kanzel (c)** unter der siebten Arkade der rechten Mittelschiffwand musste größtenteils rekonstruiert werden. Von der ursprünglich im 11./12. Jh. hier aufgestellten sind an der Rückseite der Adler und das Greifenrelief sowie die Platten mit den Evangelistensymbolen (Stier, Adler, Löwe) ›echt‹. Auch der brave Adler an der Vorderseite des Kanzelkastens, der das Pult stützt und selbst von einem halb knienden Mann in die Höhe gestemmt wird, ist noch der originale.

Die Löwen vom ehemaligen romanischen Hauptportal bewachen nun die acht Stufen, die vom Mittelschiff zum Chor emporführen. Und wieder sind es in erster Linie die Löwen, die neben anderen Bruchstücken vom alten, nun wieder zusammengefügten **Bischofsthron (d)** in der Apsis überlebt haben und als Armlehnen dienen. Vor dem Thron ist eine Steinplatte mit griechischer Inschrift in den Boden eingelassen, die aus einem Frauenkloster stammt.

Über dem Chor erhebt sich die **Kuppel,** die Ende des 12. Jh. ausgeführt wurde, bis zu einer Scheitelhöhe von 35 m. An den Seiten des Chors sind Fragmente der Chorschranken des 13. Jh. aufgestellt. Die Platte links (nördlich) des Chors, deren Relief neben allerhand Getier in einem Rankenmedaillon auch einen Falkner zu Pferd zeigt, gibt durch die Inschrift *(l)ara Peregrinus stirpe salerni fecit* an, dass Peregrinus aus Salerno sie geschaffen hat, derselbe Bildhauer, der auch für Karl I. von Anjou tätig war.

In der linken Nebenapsis sind Freskenreste des 13./14. Jh. sowie der Sarkophag eines 1309 verstorbenen Bischofs erhalten, der mit verschränkten Armen auf dem Deckel liegend nachgebildet ist. Das große Tafelbild mit der bewegten »Himmelfahrt Mariens« an der Stirnseite des linken Querhauses entbehrt zwar einer Signatur, kann aber mit Sicherheit als Rokoko-Spätwerk des Francesco De Mura um 1774/75 angesprochen werden.

Bari

Im Untergrund von San Sabino

San Sabino ist nicht die erste Kirche, die sich an dieser Stelle erhebt. Fünf Meter unter dem heutigen Bodenniveau befinden sich Mosaiken des 6.–9. Jh. einer Vorgängerkirche, die 733 um eine Marienikone bereichert wurde und zu Beginn des 11. Jh. als Bischofskirche Santa Maria erwähnt wird. Im 9. Jh., als die Sarazenen die Stadt beherrschten, dürfte sie als Moschee gedient haben. 1034 ließ Bischof Bisanzius sie abreißen, und bis 1060 entstand eine neue Basilika samt Krypta, die vermutlich die Reliquien des hl. Sabinus barg, die 872 von Canosa – angeblich zum Schutz vor den Sarazenen – hierher verbracht worden waren.

Auf der rechten Seite des Chors steht als venezianische Arbeit von 1564 ein bronzener Kandelaber, auf dem alljährlich die Osterkerze entzündet wird. Im rechten Querhausarm bezaubert eine spätbarocke, kolorierte Holzstatue, die Maria in seltener Anmut darstellt.

Die **Krypta,** die den Raum unter dem Querhaus einnimmt, ist in ihrem barockisierten Zustand, in dem die Farben Gelb und Weiß vorherrschen, belassen worden. In der mittleren Apsis birgt der polychrome Hauptaltar von 1744 die Gebeine des Hl. Sabinus, des Namenspatrons der Kathedrale. Im barocken Marmorrahmen darüber ist die – wie üblich von einem großflächigen Passepartout aus Silberblech weitgehend abgedeckt – verehrte Ikone »Madonna Hodegetria« ausgestellt, die 733, also zur Zeit des Bilderstreits in Byzanz, von dort nach Bari gerettet worden sein soll. Allerdings wurde sie im 16. Jh. völlig übermalt, wenn nicht sogar durch eine Kopie ersetzt. Bei dem mumifizierten Leichnam im Altar der linken Apsis, deren Wand mit Fresken des 14./15. Jh. be-

San Sabino

malt ist, handelt es sich, wie der Kustode hoch und heilig versichert, um die Hl. Colomba, die im französischen Sens während der Christenverfolgung 273 im Alter von 17 Jahren das Martyrium erlitt.

Hat der *sacerdote* zufällig (bzw. nach entsprechender Voranmeldung) Zeit, öffnet er neben dem rechten Kryptazugang eine Tür und führt in die geheimen Abgründe der Kathedrale. Ungeahnte Gänge und Kammern tun sich unter dem Langhaus auf, tiefer als die jetzige Krypta. Fußbodenmosaike werden ihrem fast eineinhalb Jahrtausende währenden Schlummer entrissen und verraten inschriftlich einen längst vergessenen Bischof Andreas als Auftraggeber und einen Theophilus als Mosaizisten – eine geheimnisvolle Welt, von der man sich kaum mehr loszureißen vermag.

Zum Schluss lohnt ein Gang um die Kirche herum zur Ostseite, der gerade vermauerten Apsidenpartie. An dem herrlichen zentralen **Apsisfenster** feiert nochmals die romanische Skulptur Triumphe. Die relativ kleinen, an Elfenbeinarbeiten erinnernden beiden Elefanten, denen die flankierenden Säulen aufgebürdet sind, die beiden Greifen mit Schlangenschwänzen und einem Männer- bzw. Frauenkopf, die den Säulenkapitellen aufliegen, die Sphinx, die ihren enthaupteten Kopf in den Klauen hält, über der Archivolte, die so fein verziert ist wie das mit Ranken geschmückte, gestufte Gewände, und die Sohlbank, die in den Rankenwindungen zwei Pfauen präsentiert, gestalten das Fenster zu einem »außergewöhnlichen, bauplastischen Ensemble, das einer ganzen Reihe von Fenstern und Portalen in der Terra di Bari bis zum Ende des 13. Jahrhunderts als Vorbild diente« (Pina Belli d'Elia). Am links anschließenden Querhaus-Biforium tun sich zwei schreckliche Greifen an Schlangen gütlich.

Fantastisch ist schließlich auch das große **Radfenster** aus dem 16. Jh. an der südlichen Stirnseite des Querhauses, dessen Speichen wie aus Holz gedrechselt wirken. Sein Einbau wurde durch das Erdbeben notwendig, das den Turm dahinter einstürzen und die Wand des Querhauses unter sich begraben ließ. Stiere auf Konsolen stützen die halbkreisförmige Archivolte. Es ist nicht Raum, alle Details zu würdigen …

An der Südseite der Kathedrale schließt der **Erzbischöfliche Palast** (**5**; *Palazzo Arcivescovile*) an, der 1610 begonnen und im 18. Jh. überarbeitet wurde. Er beherbergt das **Museo Diocesano**, das ebenso interessante wie wertvolle Ausstellungstücke zeigt. Im vorzüglichen spätbarocken Innenhof steht eine Statue des Hl. Sabinus auf einer antiken Granitsäule.

Kastell (6)

Mit dem Rücken zur Hauptfassade der Kathedrale ist der Weg zum in Sichtweite gelegenen Kastell vorgegeben. Breit und scharfkantig wie eine Axtklinge weist eine Eckbastion bedrohlich gegen die Altstadt, die immer zum Aufruhr bereit war. Dieser unruhige Geist dürfte die Normannen veranlasst haben, ihren Sitz nicht wie die früheren langobardischen oder byzantinischen Herren in unmittelbarer Nachbar-

Museo Diocesano
Largo S. Sabino 7
(im Palazzo Arcivescovile)
Tel. 08 05 21 00 64
Mo, Do, So 9.30–12.30, Sa 9.30–12.30 und 16.30–19.30 Uhr

Einige wertvolle Ausstellungstücke unterstreichen die bedeutende Geschichte der Kirche in Bari. Allen voran jene um 1030–50 entstandenen, mit kolorierten Zeichnungen versehenen liturgischen Pergamenthandschriften, die noch nicht zu Büchern gebunden, sondern als Rollen von teilweise über fünf Metern Länge hergestellt wurden. Diese Exultet-Rollen illustrieren den Text des »Exsultet«, des Osterlobpreises. Das Bild der »Madonna degli Alemanni« (Madonna der Deutschen) aus dem 14. Jh. stammt ursprünglich aus der seit Jahrzehnten nicht mehr genutzten Kirche Santa Chiara. Diese gehörte im Mittelalter den Deutschordensrittern und war deshalb in Bari als ›Kirche der Deutschen‹ bekannt.

Bari

Friedrich und Franziskus

Im Frühjahr 1221 kehrte Franziskus von Assisi von einer Orientreise zurück und kam nach Bari. Friedrich II. soll die Begegnung mit dem schon zu Lebzeiten als Heiligen verehrten Mann im Kastell zu einem Experiment genutzt haben: »Franziskus […] bekam offenbar ein Turmzimmer in der Burg zugewiesen. Friedrich, mit dem ihm eigenen Skeptizismus, ließ eine schöne Frau in das Schlafgemach des Heiligen bringen und beobachtete durch ein Guckloch, was sich nun zutrug. Nach einigen Legenden schlug der Heilige die Versucherin mit einem feurigen Schild in die Flucht, andere berichten, er habe eine Kohlepfanne kommen lassen, habe die glühenden Kohlen auf dem Boden ausgebreitet, sich darauf gelegt und die Dame aufgefordert, sich zu ihm zu gesellen.« (Georgina Masson)

schaft der Bevölkerung zu nehmen. Sie verzichteten darauf, den alten Palast zur Burg auszubauen, sondern zogen es nach der Eroberung der Stadt im Jahre 1071 vor, sie von außerhalb zu beherrschen. 1137 verteidigten die Sarazenen, die in Diensten König Rogers II. standen, die Festung gegen das Belagerungsheer Kaiser Lothars III. Als die Bareser 1155 wieder einmal ihr Herz für den byzantinischen Kaiser entdeckten und den Aufstand probten, litt auch die Burg beträchtlich.

Friedrich II., der im Frühjahr 1221 im Kastell ein denkwürdiges Treffen mit Franziskus von Assisi gehabt haben soll, ließ die Festung zwischen 1233 und 1240 von Grund auf erneuern und ausbauen. Die Ecktürme aus dieser Zeit sieht man hinter der Mauer aufragen. Die Anjou ließen durch ihren Hausarchitekten Pierre d'Angicourt vor allem im Inneren Veränderungen vornehmen. Die äußere Ummauerung wurde zusammen mit den riesigen Eckbastionen ab 1501 hinzugefügt, als Isabella von Aragon, die Witwe des Herzogs Giangaleazzo Sforza, sich im Kastell niederließ, und auch ihre Tochter Bona Sforza, die Witwe des polnischen Königs, war sehr bemüht, das Kastell als würdige Wohnstätte herzurichten. Durch eine Unachtsamkeit fing das in einem der Türme gelagerte Pulver 1525 Feuer, explodierte und richtete große Schäden an. Nach der Französischen Revolution funktionierten die Bourbonenherrscher von Neapel 1832 das ehrwürdige Gebäude zum Gefängnis um, danach war es längere Zeit Kaserne, bevor die Kunst- und Denkmalbehörde einziehen konnte.

Nach der Überquerung des Burggrabens, der, als an das Kastell noch das Meer heranreichte, mit Wasser gespeist war, und der Durchquerung der ersten Bastion geht es links an der Torre dei Minorenni, dem ›Turm der Minderjährigen‹, vorbei zum Eingang der Hauptburg. Der halbmondförmige Überfang des spitzbogigen **Portals** ist mit Hochrelief-Darstellungen besetzt; zu erkennen sind neben floralen Motiven u.a. ein beuteschlagender Adler und ein Reiter zu Pferd. Das Portal gilt als Schöpfung der Friedrich-Zeit, ebenso wie die dahinter liegende,

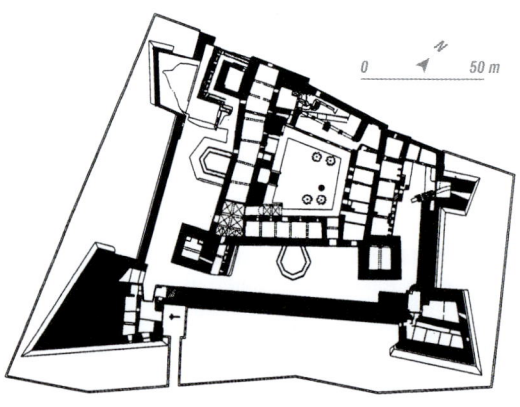

Kastell, Grundriss

kreuzgewölbte **Vorhalle** mit prächtigen Kapitellen. An dem der rechten Säule hat sich der Bildhauer verewigt: *Ismahel m[e] fec[it]* – »Ismael hat mich gemacht«. Die Kollegen, die in der zur gleichen Zeit erbauten folgenden **Loggia** tätig waren, mochten dahinter nicht zurückstehen. Am Kapitell der Halbsäule, wo erneut das Motiv des beuteschlagenden Adlers erscheint, hat mit demselben (nur schlecht lesbaren) Satz wohl ein Minerrus (Finarrus?) aus Canosa *(Canusia)* signiert, auf dem Abakus des Mittelpfeilers sowie der nächsten Halbsäule Melis von Stigliano *(Melis de Stelliano me fecit)*.

Im trapezförmigen **Innenhof** wird mit den Spitzbogenarkaden am Untergeschoss des Nordflügels nochmals die Bautätigkeit zur Zeit Friedrichs II. sichtbar. In der Halle dahinter ist die **Gipsoteca** eingerichtet, eine lehrreiche Sammlung von Gipsabdrücken der besten romanischen Skulpturen, die sich in ganz Apulien verstreut finden. Die nachgebildeten Kunstwerke bieten eine beeindruckende Gesamtschau, gestatten Vergleiche, wie sie sonst nur eine Fotokollektion ermöglicht, und machen Lust, die Originale vor Ort zu betrachten. Im unter den Anjou ausgebauten Obergeschoss dagegen, zu dem eine Freitreppe emporführt, werden regelmäßig Sonderausstellungen durchgeführt. Schaut man von der Treppe zum Hof, sieht man an der hinteren linken Ecke den ›Mönchsturm‹, in dem angeblich Friedrich II. seinen ›Moraltest‹ mit Franziskus von Assisi veranstaltete.

Kastell, Eingang zur Hauptburg

Museo della Gipsoteca
Piazza Federico II di Svevia (im Kastell)
tgl. 9–13 und 15.30–19 Uhr

Rund um die Piazza Mercantile

Der stimmungsvollste und größte Platz der alten Kommune, die Piazza Mercantile, liegt dem Kastell entgegengesetzt am Ostrand der Altstadt. Hier gingen in früheren Epochen die Kaufleute ihren Geschäften nach und bestimmten im **Sedile dei Nobili (7)**, dem damals als Rathaus genutzten Palazzo, die Geschicke des Gemeinwesens. Das Gebäude wurde 1543 errichtet, im 17. Jh. verändert und 1722 um die Loggia bereichert. Wie dicht in dem Gewerbe Ansehen und Schande beieinander lagen, demonstriert auf demselben Platz die von einem romanischen Löwen gehütete **Colonna della Giustizia (8)**, eine Schandsäule, an der Bankrotteure öffentlich zur Schau gestellt und den geschädigten Klienten zur Beschimpfung freigegeben wurden.

Am anderen Ende des Platzes führen die Strada Vallisa und die nächste Gasse nach links zur **Kirche** Madonna della Purificazione bzw. kurz **Della Valisa (9)**, die nicht nur mit ihren zur Piazza del Ferrarese weisenden drei Apsiden auf ihre Erbauung im 11./12. Jh. hindeutet, sondern auch noch eine der selten erhaltenen Vorhallen besitzt. In der altstadtseitigen Parallelgasse kann vor den Resten der ehemaligen Benediktinerabtei aus dem 11. Jh. rechts neben der Barockkirche **San Michele (10)** nochmals des Bischofs Elias gedacht werden, der seine Karriere hier als Abt begann und hernach als Erbauer von San Nicola in die Geschichte einging. Die leider meist verschlossene Kirche selbst birgt als Krypta das vermutlich im 10. Jh. angelegte zweischiffige Kirchlein San Felice.

Die Neustadt

I Baresi

Der weltoffene Bareser Menschenschlag ist aus einem unvergleichlichen ›Schmelztiegel‹ hervorgegangen, in dem Griechen, Langobarden, Sarazenen, Deutsche und Österreicher, Spanier, Franzosen und Venzianer zusammenfanden.

Wie ein Sperrriegel ist der Altstadt nach Süden der breite Corso Vittorio Emanuele vorgelagert. Doch trotz des Autoverkehrs, der den aus der Altstadt kommenden Spaziergänger mit der Gegenwart konfrontiert, wirkt der Corso wegen der großzügigen Weite seiner Anlage nicht unangenehm und versteht es, sich mit dem **Municipio (11)** und der **Prefettura (12)** gegenüber, zwei auf Repräsentation angelegten Amtsgebäuden des 19. Jh., in Szene zu setzen.

Die zentrale Achse, die vom Verkehr befreite Via Sparano, geleitet an erlesenen Geschäften vorbei zur grünen Piazza Aldo Moro, die wegen des 1905 hier aufgestellten Reiterstandbilds von Umberto I. einst nach diesem benannt war. Die rechte Flanke nimmt der bis 1889 fertiggestellte **Palazzo Ateneo (13)** ein, in dem schließlich 1923 die **Universität** eröffnet wurde. Über elf Fakultäten (und natürlich nicht mehr allein in diesem würdigen Gebäude) verteilt sich heute das Lehrangebot. Daneben beherbergt er die Nationalbibliothek und bedeutende Zentren zur Erforschung der mittelalterlichen Geschichte Apuliens. Das ebenfalls hier untergebrachte Archäologische Nationalmuseum schlummert allerdings seit vielen Jahren und noch auf unbestimmte Zeit *in restauro*.

Teatro Petruzzelli (14)

Zur Prachtmeile der Neustadt war indes der Corso Cavour vorgesehen, weshalb hier die Palazzi der (ehemaligen) Handelskammer und der Banca d'Italia nebeneinander stehen, gefolgt vom einst pompös ausgestatteten Teatro Petruzzelli. Es bot 4000 Zuschauern Platz und hatte 1903 mit den »Hugenotten« von Meyerbeer Premiere; am Abend des 26. Oktober 1991 wurde Bellinis »Norma« aufgeführt, in den folgenden frühen Morgenstunden brannte das Opernhaus völlig aus – Werk professioneller Brandstifter, die gegen Bezahlung mit *olio santo*, wie man den Verbrecherlohn hier netterweise nennt, eine der bedeutendsten kulturellen Einrichtungen Süditaliens in Schutt und Asche legten. Es wird schwer sein, das seines gesamten Dekors beraubte Haus nach der lange andauernden Restaurierungsphase wieder mit dem alten Geist zu beleben.

Pinacoteca Provinciale (15)

Pinacoteca Provinciale
Via Spalato 19 bzw. Lungomare Sauro (im Palazzo della Provincia)
Di–Sa 9.30–13 und 16–19, So 9–13 Uhr

Muße, Erfrischung am Kunstsehen, gewährt zum Abschluss die Pinacoteca Provinciale, die ihr bleibendes, geräumiges Domizil im 3. Stockwerk des Palazzo della Provincia direkt am Lungomare Nazario Sauro gefunden hat. Sie überrascht durch unerwartete Exponate, die, da man meist alleine ist, unbedrängt in Augenschein genommen werden können. Der **1. Saal** gewährt nochmals ein Zusammentreffen mit bedeutenden romanischen Bildhauern. So ist der sogenannte Elias-Meister, der den Bischofsthron in San Nicola schuf, mit einem vorzüglichen Kapitell vertreten, Peregrinus von Salerno, der in derselben Kirche die Chorschranken gearbeitet hatte, mit einer Platte, auf der ein Greif einen jungen Löwen schlägt. Daneben leuchten neobyzantinische Ikonen und Gemälde des 13. Jh., wie auch noch im **2. Saal**, in dem sich ferner das viel diskutierte Fragment einer Kopfskulptur aus Castel del Monte befindet, in der manche das Haupt Friedrichs II. zu erkennen glauben, obwohl sich nur der oberste Teil mit Haaren samt Lorbeerkranz sowie die Stirn- und Augenpartie erhalten haben. Im Folgenden ist die venezianische Malerei stark vertreten, wobei das Hauptinteresse den Werken von Bartolomeo Vivarini (ca. 1432–1491), Giovanni Bellini (ca. 1432–1516) im **3. Saal,** Tintoretto (1518–1594) im **4. Saal** sowie dem Tizian-Schüler Paris Bordon im **6. Saal** gilt. 1967 gelang es der Pinakothek, aus Privatbesitz das bezüglich der Personengruppierung vermutlich von Rubens beeinflusste »Letzte Abendmal« des Petrus Wouthers (**Saal 7**) anzukaufen, einen kolorierten Holzschnitt, der wie ein Wandteppich wirkt. Unter den sogenannten Neapolitanischen Meistern besticht im **8. Saal** vor allem der deutlich Caravaggio verpflichtete Niederländer Matthias Stomer (1600 – nach 1655) mit einer »Befreiung des Hl. Petrus durch die Engel«. Welchen hohen Stellenwert die Keramik einnahm, bezugt die Sammlung im **11. Saal**. In **14. Saal** ›regiert‹ Corrado Giaquinto (1703–1765), der, gebürtig aus Molfetta, zu einem der bedeutendsten spätbarocken Maler Europas aufstieg, während unter den modernen Malern natürlich der aus Barletta stammende, später in Paris gefeierte Giuseppe De Nittis (**16. Saal**) nicht fehlen darf.

Nun fehlt nur noch die ›körperliche‹ Genussabrundung, und nachdem alle Barschaft zusammengelegt ist, wird sie in die Gasse hinter dem Petruzzelli-Theater und dort ins Ristorante ›Ai Due Ghiottoni‹ getragen (s. S. 235). Behaglicher gelingt der Abschied von Bari kaum.

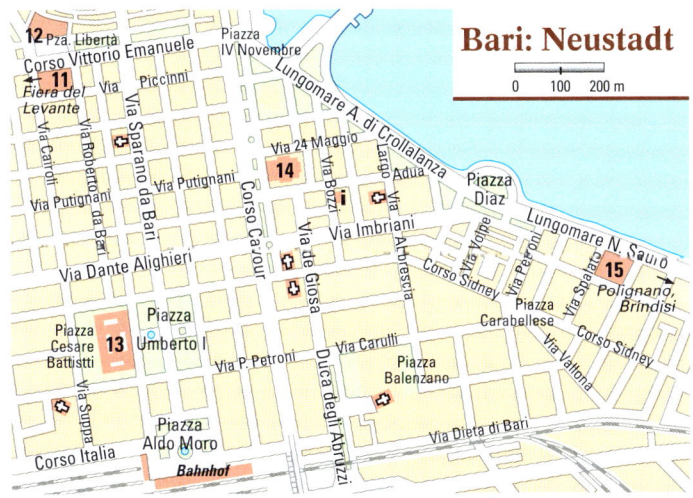

Bari, Neustadt

11 Municipio
12 Prefettura
13 Palazzo Ateneo
14 Teatro Petruzzelli
15 Pinacoteca Provinciale (Palazzo della Provincia)

Reisen & Genießen

Baris zweierlei Gestalt macht seine Faszination aus und verleitet zum ständigen Wechsel zwischen den glänzenden Epochen dieser Hafenstadt an der adriatischen Küste: dem Hochmittelalter und dem 19. Jh. Im Gassengewirr des *centro storico* um die Hauptkirchen San Sabino und San Nicola taucht man tief in die Vergangenheit ein, und in der von dieser Altstadt klar geschiedenen sogenannten Neustadt erahnt man an vielen Gebäuden etwas von dem bürgerlichen Stolz der Zeit, der in dem Nationalstaatsgedanken und seiner Verwirklichung in der Einheit Italiens begründet lag.

Einkaufen

Besonderes Flair bietet das Bekleidungsgeschäft Minucci in einem wunderschönen Jugendstilhaus in Baris Neustadt:
Minucci
Via Sparano da Bari 71

Hotels

Das mit jedem Komfort, teils mit modernen, teils mit eleganten Stilmöbeln ausgestattete große Hotel Palace in einer Seitenstraße des Corso Vittorio Emanuele liegt vorteilhaft zwischen Alt- und Neustadt. Es gehört zu den besten, aber auch teuersten Adressen in der Stadt und verfügt selbstverständlich über eine eigene Garage. Das empfehlenswerte Ristorante Murat (s. u.) im siebten Stock bietet von der Dachterrasse einen grandiosen Blick.
Hotel Palace****
Domina Hotel Group
Via Francesco Lombardi 13
Tel. 08 05 21 65 51
www.palacehotelbari.it
www.dominahotels.com/deu/kontakte.htm
DZ 250 € (bei Onlinebuchung wesentlich weniger)

Das nur wenige Kilometer nordwestlich von Bari gelegene moderne, behagliche Vittoria Parc Hotel mit Swimmingpool, hauseigenem Strand, gediegenem Ristorante und Garage ist ein bequemer Ausgangspunkt für Besichtigungsfahrten in die Hauptstadt.
Vittoria Parc Hotel****
Via Nazionale 10/F
Tel. 08 05 30 63 00
www.vittoriaparchotel.com
DZ ab 120 €

Ebenfalls in einem modernen Haus, in diesem Fall unweit der Universität und des Bahnhofs, residiert das
Hotel Victor****
Via Domenico Nicolai 71
Tel. 08 05 21 66 00
www.victorservice.com
DZ 130 €

Ein angenehmes Haus in der Neustadt mit modern eingerichteten, nicht eben großen Zimmern, aber mit eigenem Parkplatz und Garage ist das
Hotel Boston***
Via Piccinni 155
Tel. 08 05 21 66 33
www.bostonbari.it
DZ 135–180 €

Das kleine Albergo Giulia im ersten Stock ist eine der recht ordentlichen und sauberen Übernachtungsmöglichkeiten in der wohl nicht ganz ruhigen Via Crisanzio nahe der Universität.
Albergo Giulia**
Via Crisanzio 12
Tel. 08 05 21 66 30
www.hotelpensionegiulia.it
DZ 75 €

Restaurants

Am Corso, der sich wie ein Riegel zwischen Alt- und Neustadt legt, legt das Ristorante Alberosole in adretten Räumen für das kulinarische Bari alle Ehre ein – dies bei einem bemerkenswert guten Preis-Leistungs-Verhältnis.

Alberosole
Corso Vittorio Emanuele II 13
Tel. 08 05 23 54 46
Menü ab 40 €

Von einer gepflegten Dachterrasse im siebten Stock des Hotel Palace (s. o.) erlaubt das empfehlenswerte Restaurant mit elegantem Ambiente einen grandiosen Blick über die Altstadt und den Hafen.

Ristorante Murat
Via Lombardi 13
Tel. 08 05 21 65 51
Menü ab 40 €

Wen die Kräfte nach der Besichtigung des Kastells verlassen haben, kann gegenüber in der Fischküche des Pescatore regenerieren.

Al Pescatore
Piazza Federico di Svevia 6
Tel. 08 05 23 70 39
Menü ab 38 €

Unweit des Teatro Petruzzelli lädt das elegante Ai Due Ghiottoni (›Zu den zwei Feinschmeckern‹) mit seiner raffinierten Küche zum Schlemmen ein. Schon bei den *antipasti* fällt die Wahl schwer – eine solche Harmonie an Düften und Geschmacksnoten entfaltet sich auf den Tellern. Unter den *secondi* stechen die Fischgerichte hervor, auch die typischen *braciole alla barese* (Fleischrouladen) sind zu empfehlen, zumal das von der Besitzerfamilie und zwei exzellenten Köchen auf Qualität gehaltene Ristorante in Teilen (im Sommer auch auf der Veranda) auch Pizzeria und Braceria ist.

Ai Due Ghiottoni
Via Niccolò Putignani 11
Tel. 08 05 23 22 40
www.ai2ghiottoni.it
So und im Aug. geschl.
Menü ab 35 €

Die Taverna Verde ist ein alteingesessenes Ristorante und Pizzeria in einem klassizistischen Palazzo in der Neustadt. Neben den sich nach dem täglichen Marktangebot richtenden Fischgerichten verdienen sich auch die Pizze (nicht nur mit Meeresfrüchten) gute Noten.

La Taverna Verde
Largo Adua 19
Tel. 08 05 54 08 70
So geschl.
Menü ab 25 €

In der Nähe der Kathedrale San Sabino rastet es sich gut und preiswert in einer der typischen Osterien der verwinkelten Altstadt.

Osteria delle Travi
Largo Chiurlia 12
Tel. 08 05 61 71 50
Menü 20 €

Das kleine urige Lokal direkt hinter dem Fischmarkt in einem engen Kellergewölbe am Rand der Altstadt erfreut sich mit seiner unverfälschten apulischen Küche immer größerer Beliebtheit; dazu gehören *tiella* aus Reis, Kartoffeln und Muscheln oder die unvermeidlichen Öhrchennudeln mit Pferdefleisch (*orecchiette con carne di cavallo*).

Vini e Cucina
Strada Vallisa 23
kein Telefon
Menü ab 15 €

Eine Alternative ist die Osteria
Ai Due Archi
Via Filippo Corridoni 29
Tel. 08 05 23 83 41
Menü ab 20 €

Im Süden
der Terra di Bari

In den Murge

Die Landschaft der *Murgia centrale* südlich von Bari zählt zu den am dünnsten besiedelten Apuliens. Zur Basilikata hin bestimmen kahle Höhen und tiefe Schluchten die Szenerie. Ein Abstecher in die Nachbarregion zur ›Höhlenstadt‹ Matera rundet das Bild ab, das kulturgeschichtlich vom Phänomen der Grottenkirchen geprägt ist. Auf andere Art einzigartig ist die Landschaft der südlichen Murgia wegen der *trulli*, jener kegelförmigen Häuschen, die es in Europa nur hier gibt. Die Fahrt an der Küste und somit erneut der Via Traiana entlang, passiert Richtung Brindisi das Ausgrabungsfeld der untergegangenen römischen Stadt *Gnathia* (Egnazia). Historisch gesehen gehören die südlichsten Zonen dieses Landstrichs nicht mehr zur Terra di Bari, sondern bereits zur Terra d'Otranto.

Karte Südliche Terra di Bari S. 238/239, Citypläne Matera S. 246, Martina Franca S. 273

Im Süden der Terra di Bari
Besonders sehenswert:
Altamura ★
Matera ★★
Massafra ★
Mottola ★
Gioa del Colle ★
Alberobello ★★
Martina Franca ★
Egnazia ★
Ostuni ★

Nach Altamura und Gravina

Gäbe es die gut ausgebaute Straße nach Süden nicht, die S 96, die Bari mit der Region Basilikata verbindet, wäre der Eindruck der Einsamkeit noch überwältigender. Viele Kilometer weit kommt man durch keinen Ort und sieht nur da und dort einen aufblinken, geduckt im grenzenlosen Hügelland, wenn sich der Blick von einer *Murgia* herab über die aufgegebenen Ackerfluren und versteppten Weiden bis zum Horizont verliert. Kein Laut zerreißt die lichte, südliche Stille, und nur leise hört man den gleichmäßigen, schweren Atem des Landes.

Balsignano

Gerade 10 km von der Hauptstadt Bari entfernt, ist man wieder auf dem flachen Land und, sofern man den Umweg über den Weiler Balsignano nicht scheut, an der fast unwirklichen Ruine der **Kirche San Felice**. Auch als Chiesa di San Pietro bekannt, liegt sie direkt an dem Sträßchen, umgeben von Ölbäumen hinter einer (rechts leicht zu übersteigenden) Mauer. Nachdem der heute verschwundene Ort *Basilianum* 988 von den Sarazenen zerstört und 1092 von Roger Bursa den Benediktinern überlassen worden war, wurde für diese wenig später die Kirche erbaut. Die Baulcute stammten entweder selbst aus dem Orient, oder hatten Bauten im Heiligen Land gesehen und waren vielleicht unter den Rückkehrern vom Ersten Kreuzzug. Anders lassen sich die Höhe des achteckigen Tambours und die halbkugelförmig aufgesetzte Kuppel nicht erklären. Auch der betonte Zahnschnittfries gehört eher zum östlichen Formengut. Hinter der Kirche liegen Ruinen eines Kastells, das wie der ganze Ort im Krieg zwischen Franzosen und Spaniern in den ersten Jahren des 16. Jh. vernichtet wurde.

◁ *Locorotondo, Trulli*

Bitetto

Selbst im Städtchen Bitetto geht es ländlich zu. Die jetzige Ruhe täuscht darüber hinweg, dass es im 9. Jh. zweimal von den Sarazenen, dann vom Normannen Wilhelm II. 1164 und, als es für Papst Innocenz IV. Partei ergriffen hatte, vom Staufer Konrad IV. 1251 zerstört wurde. An der Durchfahrtsstraße bietet sich gegenüber einer Tankstelle der Parkplatz zu einem Zwischenstopp an. Von hier gewährt die **Porta Piscina** den Zugang zur Altstadtidylle in spätmittelalterlichem Gewand.

Eine durch die enge Gasse sogleich sichtbare bunte Kuppel weist den Weg zur **Kathedrale San Michele,** die, im 11. Jh. errichtet, bereits 1335 durch den Baumeister Lillus von Barletta erneuert wurde, wie der Inschrift an der unteren Kante des Architravs des Hauptportals zu entnehmen ist. Über dem Architrav, auf dem Jesus und die zwölf Apostel dargestellt sind, ist eine thronende Maria mit Kind zu erkennen, umgeben von Engeln, die Weihrauch schwenken und ihre Krone halten. Aufwendig gestaltete Archivolten, die Tympanon und Architrav überfangen, enden in grazil mit Rankenwerk und Tieren

überzogenen Kapitellen, die mit denen des gestuften Portalgewändes eine Zone bilden. Die Flächen der äußeren Pfosten halten in viereckigen Reliefbildern Szenen aus der Geschichte Jesu parat. Links unten beginnend zeigen sie die Verkündigung, die Geburt Jesu, die Anbetung durch die Hll. Dreikönige und den von Herodes befohlenen Kindermord zu Bethlehem, auf der rechten Seite von oben nach unten die Darbringung im Tempel, die Flucht nach Ägypten, Christus mit den Schriftgelehrten und die Hochzeit zu Kanaan. Von den monumentalen Löwen hält der (stark restaurierte) linke eine Schlange, der rechte ein Lamm in den Klauen: eher gewaltiges Dekor denn gelungene Allegorie guter und schlechter Mächte. Eine beeindruckende Fensterrose mit zwölf eingestellten Säulchen, drei Biforien mit halbkreisförmigen Rundbögen, zwei wie das Hauptportal leicht ›zugespitzte‹ Nebenportale sowie Blendbögen entlang den Dachschrägen komplettieren die spätromanische Fassade. Außen verdient mehr als der barocke Campanile noch die Trulla Beachtung, ein mächtiger, überkuppelter Rundbau, der wie jener bei San Sabino in Bari als separates Baptisterium gedient haben dürfte. Auch das in großen Tei-

len rekonstruierte Innere zeigt mit den Scheinemporen hinter Triforien über den Seitenschiffen und mit der Ikonostase vor dem erst 1744 mit einer Kuppel versehenen Chor starke Bareser Anklänge.

Die einstige Bedeutung des Ortes unterstreicht die **Niederlassung der Malteserritter** (Bodega Cavalieri di Malta), die sich – schon wieder auf dem Rückweg zum Parkplatz – in der Via Leonese (Haus-Nr. 31/33) gut erhalten hat.

Palo del Colle

In Palo del Colle gruppieren sich die wichtigsten Gebäude um die schöne, ein wenig schräg am Hügel liegende Piazza Santa Croce. Nach oben wird sie von einem Fürstenpalazzo abgeschlossen, der im 18. Jh. erbaut wurde, indem er Teile des Kastells von 1255 inkorporierte. Rechts über Eck folgt die barocke Chiesa del Purgatorio, als solche erkennbar am netten Fegefeuerrelief über dem Portal. An der gegenüberliegenden Platzseite zeigt sich die **Kathedrale Santa Maria della Porta**, die im 12. Jh. als romanische entstand. Davon geben die Fassade des linken Querhauses mit zwei großen Biforien und der von zwei Löwen als Archivolteträgern flankierten Fensterrose sowie in Teilen der schlanke Campanile einen guten Eindruck. Auf die baulichen Veränderungen des 16. Jh. gehen die drei Renaissanceportale an der Hauptfassade zurück. Im Inneren bezeugen auch noch die Scheinemporen über den Seitenschiffen die romanische Architektur des Bareser Typs. Das am Hauptaltar angebrachte Fresko »Madonna mit Kind« aus dem 13./14. Jh. wurde von der Wand abgelöst.

Altamura

Altamura ★

Pro Loco
*Piazza Repubblica 11
70022 Altamura
Tel. 08 03 14 39 30*

Archäologisches Museum
*Via Santeramo 88
Di–Sa 8.30–13.30 und 14.40–19.30,
So / Fei 8.30–13.30 Uhr*

Ab Palo durchschneidet die S 96 fast menschenleeres, aber zum Großteil kultiviertes welliges Gelände. Oliven-, Mandel- und Nussbäume säumen (wie gelegentlich sehr dunkelhäutige *lucciole*) die monotone Strecke. Sobald die Bahnlinie rechts neben der Straße verläuft, heißt es ›aufgepasst‹. Denn nach dem alten roten Streckenhaus wurde nach rechts weg eine neue Straße zum 2 km entfernten **Pulo von Altamura** in die Landschaft gelegt. Er ist das gewaltigste ›Loch‹ im Karst, mit einem kreisförmigen Durchmesser von 500 m und einer Tiefe von 75 m die größte Doline Apuliens. In der Jungstein- und Bronzezeit diente er als Wohnstätte für Menschen und Weideplatz für Tiere, so wie Schäfer noch heute gern ihre Herden zum saftigen Grün hinabtreiben.

Die Funde aus dem Pulo und andere werden im **Archäologischen Museum** *(Museo Archeologico Statale)*, das zu Unrecht nur wenige Besucher zählt, sehr liebevoll präsentiert. Besonders anschaulich ist die Nachbildung eines Kriegergrabes des 5./4. Jh. v. Chr., wie es die Archäologen vorfanden. Die Exponate reichen vom korinthischen Helm aus dem 6. Jh. v. Chr. bis zu dem mit Gemmen besetzten Goldkreuz aus dem 6. Jh. n. Chr.

Trotz der seit dem 8. Jh. v. Chr. erfolgten Besiedlung der Murge-Höhe, auf der **Altamura** sich ausdehnt, scheint der Ort, nachdem die Sarazenen ihn im 9. Jh. zerstört hatten, nicht sonderlich attraktiv gewesen zu sein. Erst per Dekret Friedrichs II. von 1230 und infolge der damit gewährten Privilegien wurde die antike Akropolis im Zentrum, die ›hohe Mauer‹ (*alta mura*), die im 5. Jh. v. Chr. von den Peuketiern angelegt worden war, wieder bevölkert, vorwiegend mit Griechen und Juden aus der Umgebung. Friedrichs persönlicher Beitrag zur weiteren Stadtentwicklung bestand in seinem Anstoß zum Bau der Kathedrale. Ende des 13. Jh. bekam Altamura eine Stadtmauer und wurde von Karl I. von Anjou als Lehen vergeben. Die im 18. Jh. für knapp 50 Jahre existierende Universität erwarb sich einen so guten Ruf, dass Altamura das ›apulische Athen‹ genannt wurde. Heute gehört es zu den großen, lebendigen Landstädten, die vom Tourismus kaum erreicht werden. Das Rückgrat der Altstadt bildet der Corso Federico II di Svevia, der auch die geräumige Piazza Duomo passiert.

Mehr als nur eine Ecke des Platzes nimmt die **Kathedrale Santa Maria Assunta** ein. Mit ihrem Bau dürfte 1230 begonnen worden sein. Sie blieb in Apulien die einzige Kirche, die auf Befehl und auf Kosten Friedrichs II. errichtet wurde. Nach dem Erdbeben von 1316 musste sie vollständig erneuert werden. Die neben der **Hauptfassade** aufragenden Glockentürme mit den barocken Aufsätzen von 1729 entstanden im 16. Jh. In der ebenfalls barocken Loggia zwischen den Türmen steht die Statue der »Maria Assunta«, darüber, auf dem Loggiabogen, die Figuren der Apostel Petrus und Paulus. Unter der Loggia liegt tief in der Mauer die riesige **Fensterrose** aus dem 14. Jh. mit 15 eingestellten Säulchen, die sich auswärts gegen kunstvoll ineinander verschlungene Bögen stemmen. Von einem Fenster, das sich

Altamura, Tympanon an der Kathedrale

einst links daneben öffnete, haben sich u.a. zwei Elefanten auf Konsolen erhalten. An seine Stelle sind Wappen getreten, das größere mittlere ist das Karls V. Unter ihm ließ Pedro da Toledo, der ebenfalls mit seinem Wappen vertretene Vizekönig von Neapel, die Umbauten im 16. Jh. vornehmen. In diesem Zug wurden auch die Apsiden abgebrochen. Von der Hauptapsis sollen das Biforium und die Skulpturen stammen, die an der Hauptfassade links außen zu sehen sind.

Faszinierend ist das spitzbogige **Hauptportal,** das im 14. Jh. entstand und viele Übereinstimmungen mit dem in Bitetto aufweist. Der handwerklichen Ausführung fehlt vielleicht das allerletzte große Können, aber die Vielfalt der Zier und das Bemühen um realistische Details nötigen Respekt ab. Auf dem **Architrav** sind Jesus und die Jünger zum Letzten Abendmahl an eine gedeckte Tafel platziert. Im **Tympanon** thront Maria mit dem Jesuskind auf dem Arm, flankiert von zwei knienden Engeln. Etwas grobes Rankenwerk, das sich in den Portalpfosten fortsetzt, fasst die beiden Szenen ein. Die nächste Ebene der gestuften Einfassung ist, wieder über Pfosten und Archivolte durchlaufend, vollständig mit einer Szenenfolge aus dem Neuen Testament bestückt. Sie setzt zu unterst an den Pfosten mit einer Darstellung des Erzengels Gabriel (links) und Marias (rechts) ein, dann folgen rechts aufsteigend 1) Reise nach Jerusalem, 2) Geburt Jesu, 3) Reise der Hll. Dreikönige, 4) Anbetung, 5) Darbringung im Tempel, 6) Traum des Joseph und Flucht nach Ägypten, 7) Kindermord von Bethlehem, 8) Belohnung der Soldaten durch Herodes, 9) Jesus unter den Schriftgelehrten, 10) Hochzeit von Kana, 11) Taufe Jesu, 12) Auferweckung des Lazarus, 13) Jesus vor Kaifas, 14) Geißelung Jesu, 15) Kreuzigung, 16) Abstieg in die Hölle, 17) Auferstehung, 18) Erscheinung vor Maria Magdalena, 19) Ungläubiger Thomas, 20) Himmelfahrt, 21) Pfingstfest. Die äußeren, nicht minder reich verzierten und von einem spitzgiebeligen Baldachin überfangenen Archivolten werden beidseitig von jeweils zwei Säulen gestützt, die auf Löwen ruhen. Diese Musterexemplare ihrer Spezies wurden 1543 erneuert. Die Holztür entstand 1550.

An der dem Platz zugewandten **rechten Flanke** sind sieben tiefe Arkaden ausgebildet, die aber – bis auf die dritte mit der herrlichen Porta Angioina mit Zickzackrahmung – vermauert wurden, um Seitenkapellen zu schaffen. Die Galerie darüber zeigt sich mit zwölf sehr großen Triforien; die jeweils eingestellten zwei Säulen sind von sich überkreuzenden Rundbögen überwölbt, die spitzbogige Zwickel ausbilden: genial einfacher Gleichklang von Rund- und Spitzbogen, harmonische Übereinstimmung der für die romanische und gotische Architektur spezifischen Grundelemente.

Im **Inneren** vermag die erst im 19. Jh. vorgenommene komplette ›Verkleidung‹ des Raumes die ursprüngliche Architektur nicht zu verbergen. Rechts nach dem Eingang steht eine 1545 geschaffene wunderschöne Renaissancekanzel aus Marmor. Unter den zahlreichen Gemälden verdient zumindest in der 3. Kapelle rechts der »Hl. Paulus« von Domenico Morelli (1823–1901) Beachtung, einem neapolitanischen Maler, der sich zunächst dem neuen Realismus verschrieben hatte, aber dann die romantische Historienmalerei entdeckte. Kinder bekommen in der 1. Seitenkapelle links angesichts der Krippe von 1587 leuchtende Augen.

Verlässt man die Piazza auf dem Corso Federico abwärts, so steht man nach wenigen Metern rechts vor der einschiffigen **Kirche San Niccolò dei Greci** aus dem 13. Jh. Bis ins Jahr 1601 wurde in ihr wie in zwei weiteren Kirchen der Stadt Gottesdienst nach griechischem Ritus gefeiert, seit es die von Friedrich II. geförderte griechische Kolonie in der Stadt gab. Wie bei der Kathedrale ist auch hier das **Portal** unter der Fensterrose als ›Bilderbibel‹ gestaltet, aber erweitert um Szenen aus dem Leben des Hl. Nikolaus sowie aus dem Alten Testament. In der Architravzone etwa erzählt das Relief links von der Ermordung Abels, die vier mittleren geben die Sintflut bis zur Landung der Arche auf dem Berg Ararat wieder, und das rechte die Trunkenheit Noahs.

Gravina in Puglia

Im Gegensatz zu Altamura, das weithin sichtbar über der Landschaft thront, hat der westapulische Begriff für ›Schlucht‹, *gravina*, der kleineren Nachbarstadt Gravina in Puglia ihren Namen gegeben. Die ursprünglich peuketische Siedlung wurde in römischer Zeit zur Station an der Via Appia. Seit dem 5. Jh. n. Chr. als ›Schluchtstadt‹, *civitas gravinae*, bezeugt, wurde sie aufgrund ihrer Lage an der antiken Durchgangsstraße während der Kämpfe zwischen Byzantinern und Langobarden ebenso heimgesucht wie 970 und 983 von den Sarazenen und 1041/42 den Normannen, die den Ort zum Sitz einer Grafschaft erhoben. 1192 kam es in Gravina zu einem politischen Schacher zwischen dem Normannenkönig Tankred, dem Konstanze, die Gemahlin Kaiser Heinrichs VI., in die Hände gefallen war, und Papst Coelestin III., der tatsächlich ihre Freilassung bewirkte. Friedrich II. ließ vor der Stadt das sogenannte Kastell erbauen, in dem er sich letztmals 1242 nachweislich aufhielt. 1313 richtete Robert von Anjou eine für die ganze Region bedeutende jährliche Messe ein. Von 1430 bis 1807 gehörten Stadt und Grafschaft den Orsini.

Die Ruine des auf Befehl Friedrichs vermutlich ab 1220 erbauten **Kastells** liegt (ausgeschildert) auf dem vorderen, schmaleren Ende eines Hügelrückens, von Feldern umgeben nördlich der Stadt. Die Lage erinnert an die von Castel Fiorentino, und wie dieses war es nicht als Festung errichtet worden, sondern zählte zu den *domus*, den herrschaftlichen Anwesen bzw. Jagdschlössern des Kaisers, die dieser als ›Orte der Erquickung‹ schätzte. Noch in einem Dokument von 1309 wurde neben den Sälen mit Kaminen im Obergeschoss auch eine *Sala di falconeria* erwähnt. Dass Friedrich der Falkenjagd nachging, hinderte ihn nie an politischen Geschäften. 1227 versammelte er hier seinen ganzen Hof. Bis zum Beginn des 18. Jh. saß die Güterverwaltung

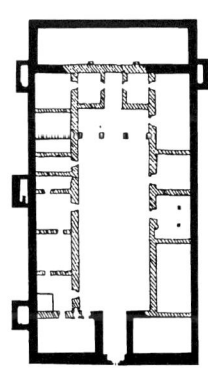

Gravina, Kastell, Grundriss

der Orsini-Fürsten in dem Bau, danach verfiel er und wurde als Steinbruch genutzt.

Die Altstadt selbst wartet mit einem **Dom Santa Maria Assunta** von beträchtlichen Ausmaßen auf. Es ist empfehlenswert, sich mit dem Auto bis zu ihm bzw. zur Piazza Benedetto XIII ›durchzukämpfen‹. Der Papst, nach dem der Platz heute benannt ist und der durch eine Statue vor dem Campanile geehrt wird, entstammte der einheimischen Orsini-Familie und hatte als Kardinal auf seine Kosten den Kirchturm errichten lassen.

Die Anlage des 1092 begonnenen Doms unterschied sich kaum von anderen romanischen Kathedralen des Bareser Typs. Doch nach einer 1420 erfolgten Erweiterung brannte er 1447 aus und wurde bis 1482 wiederhergestellt. Deshalb entstammen wesentliche Dekordetails der Renaissance, während andere Teile weiterverwendet wurden. Die schöne Fensterrose an dem zur Piazza zeigenden, südlichen Querhaus ist noch der Spätgotik verpflichtet. Aber die Friese über den hohen Lisenen, die zusammen mit spitzbogigen Monoforien die rechte Flanke gliedern, tragen renaissancezeitliche Zier. Die bemerkenswerte Fensterrose und der feine Skulpturenschmuck an der Hauptfassade über dem beidseitigen Treppenaufgang hätten es verdient, dass das ausgebrochene Portal ersetzt bzw. wieder eingefügt würde. Dasselbe Bild – romanisch-gotische Architektur mit renaissancezeitlicher Ausschmückung – bietet auch das majestätische Innere. Das Langhaus sitzt einer von außen zugänglichen dreischiffigen Pfeilerkrypta bzw. Unterkirche auf. Links vor dem Dom gestattet eine Terrasse einen Blick in die Gravina, die Schlucht mit den einst bewohnten Höhlen.

Entlang der rechten Außenwand des Doms gelangt man zur **Chiesa del Purgatorio** (auch: Santa Maria dei Morti) von 1644, die sich bereits durch ihr makabres, von Gerippen besetztes Portal als ›Fegefeuerkirche‹ ankündet. Schräg gegenüber dem Portal steht mit der **Biblioteca Finya** die älteste Bibliothek Apuliens. Links daneben führen Stufen in die malerisch von einem wieder begehbaren mittelalterlichen Aquädukt durchschnittene Schlucht und zur **Grottenkirche San Michele,** ein mit fünf Schiffen in den Tuffstein geschlagenes Heiligtum, das jahrhundertelang als Pfarrkirche diente. Die in einer Ecke aufbewahrten Knochen werden den Opfern des Sarazenenüberfalls von 983 zugeschrieben. Bedauerlicherweise ist die Grotte in der Regel verschlossen und die Bewunderung der Fresken nicht möglich. Aber von der Chiesa del Purgatorio ist schnell das **Museum** im **Palazzo Pomarici Santomasi** zu erreichen, wo im Erdgeschoss die Grottenkirche San Vito Vecchio unter Einschluss der hervorragenden Freskengemälde aus dem 13. Jh. nachgebildet wurde. Wer die Ruhe besitzt, sein Auto noch länger alleine zu lassen, kann angesichts des Renaissancegrabmals der 1518 verstorbenen Angela Castriota Skanderbeg, der Gemahlin des Grafen Ferdinando Orsini von Gravina, in der **Kirche Santa Sofia** aus dem 15. Jh. der alten apulisch-albanischen Beziehungen gedenken.

244

Abstecher nach Matera

Wohl wahr: Matera gehört nicht mehr zu Apulien (sondern zur Region Basilikata), auch zur Terra di Bari hat es nie gehört. Aber der Terra d'Otranto wurde es zugerechnet, weshalb eine Grenzüberschreitung – wenn möglich zu einem mehrtägigen Aufenthalt – erlaubt sein muss.

»Die Türen der Behausungen standen wegen der Hitze offen«, schrieb Carlo Levi in »Christus kam nur bis Eboli« über Matera, »und ich sah in das Innere der Höhlen, die Licht und Luft nur durch die Türen empfangen. Einige besitzen nicht einmal solche; man steigt von oben durch Falltüren und über Treppchen hinein. In diesen schwarzen Löchern mit Wänden aus Erde sah ich Betten, elenden Hausrat und hingeworfene Lumpen. Auf dem Boden lagen Hunde, Schafe, Ziegen und Schweine. Im Allgemeinen verfügt jede Familie nur über eine solche Höhle, und darin schlafen alle zusammen, Männer, Frauen, Kinder und Tiere«. Das alte Matera, *la città dei sassi*, besetzt die Hänge eines 401 m hohen Bergkegels, genauer einer ›Insel‹ im Tuffsteinplateau, die durch Erosion herausgelöst wurde. Nach Westen wird es von einer tiefen, mit Behausungen gefüllten Talmulde begrenzt, zu den anderen Seiten von einer grandiosen, fast unüberwindlichen Schlucht. Seit 1993 führt die UNESCO Matera als Welterbe der Menschheit.

Geschichte

Seit dem 8. Jt. v. Chr. suchten Menschen diesen von der Natur begünstigten Platz auf, der Schutz vor Feinden und Hitze bot. Aber obwohl schon die Römer den Ort befestigten, tauchte er aus dem frühgeschichtlichen Dunkel erst auf, als ihn die Langobarden ihrem Herzogtum Benevent einverleibten. Im 9. Jh. hatten ihn die Sarazenen besetzt, weshalb Kaiser Ludwig II. 867 bei seinem Feldzug gegen die ›Heiden‹ Matera befreite – und verwüstete. Aber die Sarazenen ka-

Matera ★★
Besonders sehenswert:
Kathedrale
San Giovanni Battista
Grottenkirchen

APT
Via De Viti De Marco 9
75100 Matera
Tel. 08 35 33 19 83
www.turismo matera.it

Führungen
Coop. Amici del Turista
Piazza San Pietro Caveoso
Tel. 08 35 31 01 13

Associazione Provinciale Guide Turistiche
Tel. 08 35 38 78 51
(Führungen auch auf Deutsch)

Matera, Kathedralenhügel

Im Süden der Terra di Bari

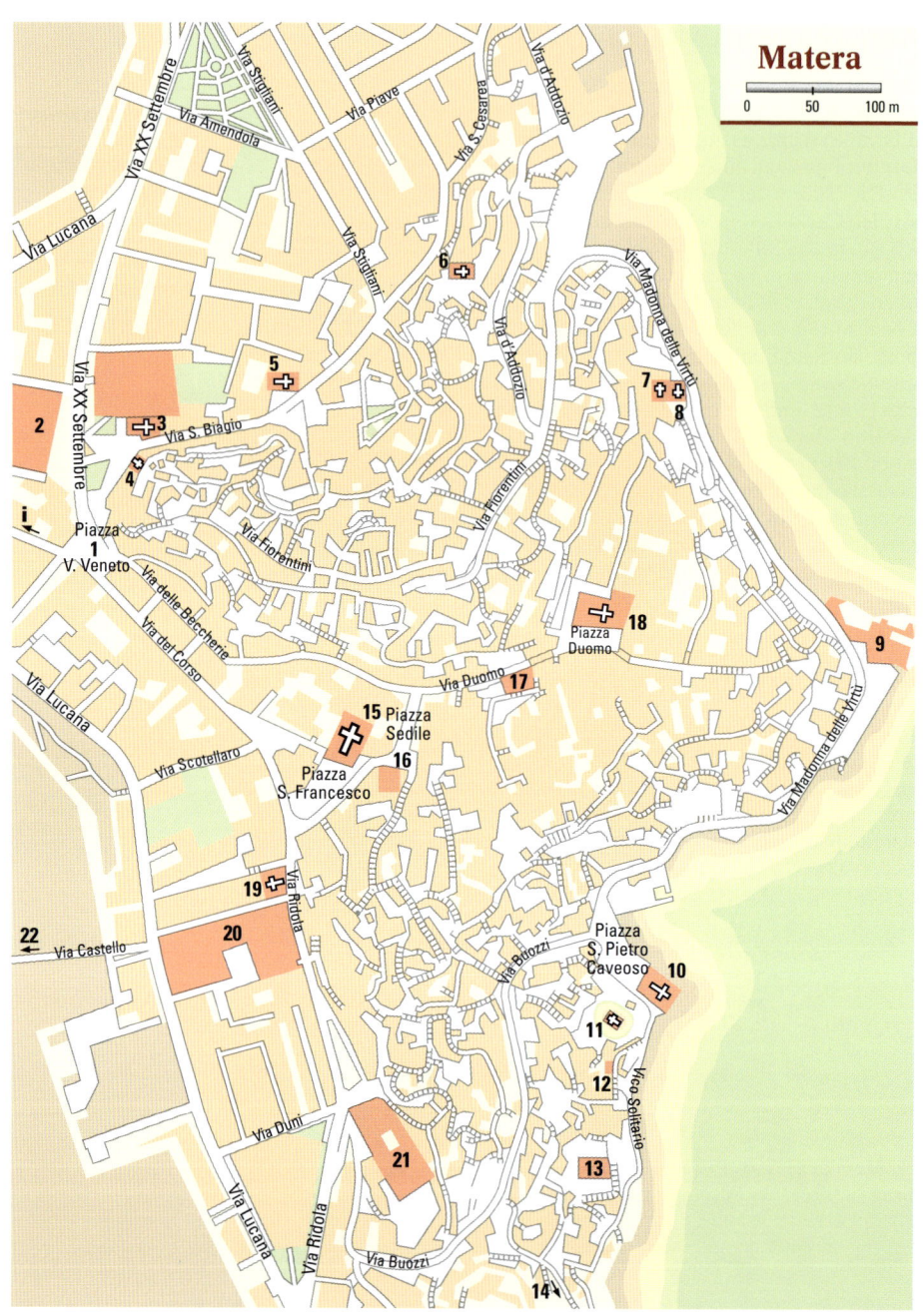

men ungeachtet der byzantinischen Landesherren im 10. Jh. wieder. Durch deren Umtriebe auf den Plan gerufen, erschien Kaiser Otto II. Ende Januar 982 mit seinem Heer in Matera, um es mit dem aus Deutschland nachgerückten Kontingent zu vereinigen, danach auf Tarent vorzurücken und schließlich in der Schlacht bei Crotone (Kalabrien) fast alle Männer in den Tod zu führen. Und 994 fielen die Sarazenen erneut über Matera her und brachten fast alle Bewohner um. Ab 1064 normannisch, ging Matera dann den bekannten Gang der Dinge, bis es wie die ganze Gegend den Orsini zufiel. Deshalb auch gehörte Matera bis zum Jahr 1663, in dem es der Provinz Basilikata angegliedert und zu deren Hauptort bestimmt wurde, zur apulischen Terra d'Otranto. Als im Zweiten Weltkrieg ein deutsches Fallschirmjäger-Bataillon die Stadt in Schutt und Asche legen wollte, setzte sich die Bevölkerung erfolgreich zur Wehr, musste aber die Erschießung von zwölf Geiseln hinnehmen.

Wer nicht auf direktem Weg in die Altstadt einfällt, sondern gelassen herangeht, erlebt die Annäherung an das einzigartige Ensemble als sinnliche Erfahrung. Einen überwältigenden Eindruck gewährt der Blick vom gegenüberliegenden Rand der Schlucht, vor dem das Sträßchen endet, das nordöstlich von Matera von der S 7 beim Hinweisschild *Chiese rupestri* abzweigt. Dann hat man einsam in der Natur die menschenleere Gravina zu Füßen und sieht jenseits, wie die grauen Häuser sich bis zur Spitze der Erhebung, die der Dom bekrönt, zum fast unwirklichen Gebilde emporstapeln. Und erst nach langer Betrachtung, wenn die Augen darauf eingestellt sind, in dem verwirrenden Linienspiel Einzelheiten zu differenzieren, wird man gewahr, dass so vielen ›Häusern‹ die Tiefe fehlt, dass es sich nur um notdürftig aufgeschichtete, mitunter geweißte Fassaden handelt, die die Wohnhöhlen dahinter verbergen. 15 000 Menschen lebten hier in 3 300 Räumen, als sie 1948 von der Malaria heimgesucht wurden. Matera war *der* Schandfleck Italiens. Die entsetzliche Armut und Primitivität der Lebensumstände gaben Carlo Levi, der von den Faschisten 1935–36 in ein winziges Nest unweit von Matera verbannt worden war, den Anstoß, »Christus kam nur bis Eboli« zu schreiben.

Santa Maria della Palomba und Santa Maria della Valle

Zurück an der S 7 und auf dieser nach links Richtung Matera, eröffnet nach 1,9 km eine kleine Allee die Einfahrt vor die Kirche **Santa Maria della Palomba.** An ihrer romanischen Fassade setzen eine Fensterrose in einer reich verzierten Einfassung, das dem Portal aufsitzende Hochrelief der Hl. Familie und darüber die Statue des Erzengels Michael die Akzente. Das Innere empfängt mit einer Ausmalung des 16. Jh. Rechts vom Altar mit dem Fresko »Madonna mit Kind« aus dem 14. Jh. betritt man die Höhlenkirche, deren Wandnischen mit Fresken gefüllt sind. Am hinteren Ende steigen Treppen zu einem ebenfalls im Felsen untergebrachten ›Pilgerrefektorium‹ samt Küche empor.

◁ *Matera*
1 *Piazza Vittorio Veneto*
2 *Convento dell' Annunziata*
3 *San Domenico*
4 *Chiesetta di Materdomini*
5 *San Giovanni Battista*
6 *San Pietro Barisano*
7 *Madonna delle Virtù*
8 *San Nicola dei Greci*
9 *Santa Lucia*
10 *San Pietro Caveoso*
11 *Santa Maria de Idris und San Giovanni in Monterone*
12 *Casa-Grotta*
13 *Santa Lucia alle Malve*
14 *Convicinio di Sant'Antonio*
15 *San Francesco und Santi Pietro e Paolo*
16 *Palazzo Sedile*
17 *Palazzo Bronzini-Padula*
18 *Kathedrale Madonna della Bruna*
19 *Chiesa del Purgatorio*
20 *Museo Nazionale Ridola*
21 *Palazzo Lanfranchi*
22 *Castello Tramontano*

Im Süden der Terra di Bari

Matera, Chiesetta di Materdomini

Erneut links herum auf die S 7 und dann immer auf der Straße bleibend, erreicht man ansteigend nach 1,3 km im Gewerbegebiet rechts zurückgesetzt die **Kirche Santa Maria della Valle,** auch nur La Vaglia genannt. Ihr ungepflegter Zustand ist höchst ärgerlich, zumal sie die größte Grottenkirche der Welt sein soll. Ihre romanisch-gotische Fassade, die 1280 von Leonius von Tarent der Höhle vorgestellt wurde, ist mit Lisenen und spitzen Blendbögen besetzt und wird von vier Portal- bzw. ebenso großen Fensteröffnungen dominiert, deren Bögen rund, spitzbogig oder als Dreipass ausgebildet sind. Durch diese betritt man abwärts einen in den Tuffstein gehauenen drei Joche tiefen, vierschiffigen Sakralraum. Die trotz Raub und Zerstörung noch vorhandenen Fresken wurden zwischen 1640 und 1690 aufgetragen.

Beginn des Rundgangs in die Altstadt

Einen zweiten beeindruckenden, wenn auch schon näheren Blick auf die Altstadt hat man von einer kleinen Terrasse bei der **Piazza Vit-**

torio Veneto (1), dem autofreien Scharnier zwischen musealer Alt- und geschäftiger Neustadt. An ihr erhebt sich der 1748 fertiggestellte **Convento dell'Annunziata (2)**, der bis 1860 Dominikanerinnen beherbergte. Von diesem aus betrachtet steht an der gegenüberliegenden linken Ecke des weiten Platzes mit dem barocken Palazzo del Governo der ehemalige Konvent der Dominikaner. Rechts schließt die **Kirche San Domenico (3)** an, ein einfacher romanischer Bau des 13. Jh. Das Innere wurde nach dem Geschmack des 17. Jh. ausgeschmückt, aber außen über dem Portal prangt in einem schmalen, hohen Feld, das seitlich von jeweils vier aufeinander gestellten, dünnen und kantigen Pfeilern begrenzt und einem ornamentierten Bogen überfangen ist, eine sehr schöne Fensterrose. Das Besondere sind die vier um sie gruppierten Figuren. Während obenauf der Hl. Michael als Drachentöter steht, plagen sich die Männer an der Seite und darunter anscheinend mit dem Gewicht des Rundfensters.

Recht heiter ist dagegen – an derselben Platzseite nach rechts – die ›Muttergotteskapelle‹, die **Chiesetta di Materdomini (4)**, geraten. Samt dem kuriosen Treppenaufgang zum Glockenstuhl – mit Malteserkreuz im Giebel – entstand sie 1680 im Auftrag des örtlichen Johannitermeisters. Unter den Arkaden, die sich rechts daneben öffnen, betritt man die Terrasse und genießt eine herrliche Aussicht auf das Häusermeer der Altstadt und den Dom.

San Giovanni Battista (5)

Wo die Via San Biagio sich zu einem kleinen Platz weitet, präsentiert die 1220 errichtete Kirche San Giovanni Battista ihre rechte, südliche Flanke als Schauseite. Die ehemalige Haupt- bzw. Westfassade und die nördliche Außenwand sind wegen des 1610 angebauten Hospizes nicht mehr zu sehen, waren aber wohl schon früher durch einen Klosteranbau verstellt, den Bischof Andreas samt Kirche veranlasste, nachdem er von einer Palästina-Wallfahrt mit neun Nonnen zurückgekehrt war. Deshalb hieß die Kirche einst Santa Maria delle Nove. Das **Seitenportal** war jedenfalls schon im 13. Jh. als repräsentativer Eingang gestaltet. Es besticht durch die floralen Ornamente, die das gestufte Gewände und die Archivolten überziehen. Links und rechts der feinen Kapitelle, die auf eingestellten, schlanken Säulen ruhen, haben sich mehr schlecht als recht zwei Löwen erhalten. Im barocken Portalgiebel grüßt aus einer Ädikula »Johannes der Täufer«. Dahinter erhebt sich die Wand eines Aufbaus über der Vorhalle, flankiert von Pfeilern, Löwen, Säulen und Adlern sowie abgeschlossen von einem Giebel, der sich über der (ausgebrochenen) romanischen Fensterrose als runder Blendbogen öffnet. Im dunklen **Inneren,** das 1926 entbarockisiert wurde, erinnern die markanten Kreuzgrate der Gewölbe über den drei hohen, schmalen Schiffen an die im Castel del Monte. Herrlich wurden die Kapitelle der Halbsäulen an den Pfeilern im 13. Jh. mit Blättern und Tieren geschmückt. Doch am letzten Sonntag im September geraten sie zur Nebensache, wenn die Kirche vor Menschen überquillt

Im Süden der Terra di Bari

Cosmas und Damian
Die beiden Heiligen waren der Legende nach zwei syrische Ärzte, die für ›Gotteslohn‹ Menschen und Tiere heilten und im 3. Jh. das Martyrium erlitten.

und das Fest der Hll. Cosmas und Damianus mit der längsten Prozession durch die Stadt begangen wird. Die drei Apsiden sind nur innen zu sehen. Außen ist die **Ostfassade** gerade vermauert, aber das **Apsismonoforium** mit den Elefanten auf den Kapitellen der flankierenden Doppelsäulen, die von Löwen gestützt werden, und der darüber aufgehenden floral verzierten Archivolte verleiht der Wand, die durch Pilaster und breite Blendbögen gegliedert ist, einen besonderen Akzent.

Am Rand der Schlucht

Von hier auf der Via San Biagio weiter, bis der dann abwährts führende Weg nach rechts einen Blick auf die eigentliche *civita* mit dem Dom und die dicht bebaute Schlucht freigibt. Direkt zu Füßen, an der diesseitigen Schluchtwand mit dem Viertel Sasso Barisano, erhebt sich der kleine Campanile der **Grottenkirche San Pietro Barisano (6)** über den Hausdächern. Die wie der Turm im 17. Jh. angefügte barocke Fassade täuscht darüber hinweg, dass der Sakralraum zum Teil in den Fels geschlagen ist. Starke Pfeiler zwischen den drei Schiffen und das romanische Taufbecken halten die Entstehung im 12./13. Jh. fest.

In dem Maß, in dem der Talboden näher kommt, steigen die dicht bebauten Hänge ringsum an. Vorbei am Café dei Cavalieri führt der Weg abwärts zu einer Straßenkreuzung, der Piazza San Pietro Barisano, die es erlaubt, zum Dom aufzusteigen, oder aber den Rundgang nach links fortzusetzen, der vor einer Rechtskurve einen schönen Ausblick in die eigentliche *Gravina*, die mit Höhlen gespickte, unbebaute Schlucht, gestattet. Und während man diese dann samt Bach und grünen Ufern links unter sich sieht, öffnet sich rechts im Felsen eine Tür in die im 11./12. Jh. mit drei Schiffen, vier Pfeilern und Kuppeln eingegrabene **Grottenkirche Madonna delle Virtù (7)**. Der Kirchenraum liegt quer zum Eingang, mit den Apsiden nach links; nach rechts geht es in Höhlen, die als Kloster dienten. Stufen führen nach oben ins Freie vor die Grottenkirche **San Nicola dei Greci (8)**, deren zwei Schiffe beachtliche Fresken schmücken. Die »Kreuzigung« im rechten Schiff wurde im 14. Jh. gemalt, die »Madonna mit Kind und Heiligen« in der linken Apsis im byzantinischen Stil des 13. Jh.

Matera, Grottenkirche San Nicola dei Greci

Auf dem Panoramaweg und somit auf der Umrundung des *Civita*-Hügels weiter erreicht man alsbald an einem weiten Platz den **Convento Santa Lucia (9)**, dessen Kirchenapsis (mit Blendbögen und Lisene) einen Hinweis auf die Errichtung im 12./13. Jh. gibt. Aber im Vergleich zur Ansicht der Schlucht ist das sehr nichtig. Zudem hängt gleich weiter am Weg die **Kirche San Pietro Caveoso (10)** verwegen am Felsabsturz, die seit 1656 eine ältere ersetzt und 1752 ihre barockklassizistische Fassade erhielt.

Neben San Pietro Caveoso türmt sich ein Felsgebilde auf, der Monterone (im Dialekt auch *Mont'Errone*), der in der Spitze die **Grottenkirche Santa Maria de Idris (11)** birgt. Auch dieser Name resultiert aus einer umgangssprachlichen Verkürzung des griechischen *Hodegetria*, »Wegweiserin«, eines Beinamens des in Konstantinopel ver-

Matera

Matera, Santa Lucia alle Malve, Fresko

ehrten Madonnentyps. Byzantinische Mönche importierten ihre Darstellungsform und Bezeichnung nach Apulien. Links vom Altar befindet sich ein Abgang in die ebenso in den Fels gehauene dreischiffige **Grottenkirche San Giovanni in Monterone (11)**, deren Fresken zum Teil von 1190 und älter sind. Leider sind beide Kirchen seit Jahren wegen längst überfälliger Restaurierungsarbeiten geschlossen. Aber das Panorama, das Höhlenstadt und Schlucht von hier oben bieten, ist geradezu überwältigend.

Rechts an der Kirche San Pietro Caveoso vorbei führt der Weg zu einer **Casa-Grotta (12)**, einer Wohnhöhle mit alten Einrichtungsgegenständen. Etwa 100 m weiter und rechts aufwärts erreicht man die **Grottenkirche Santa Lucia alle Malve (13)**, die auf die Tätigkeit von Basilianermönchen des 9. oder 10. Jh. zurückgeht. Die Ikonostase zwischen den Schiffen und dem Presbyterium verlangte die othodoxe Liturgie. Da die Grotte lange Zeit als Wohnung und Stall genutzt wurde, haben die Fresken durch Ausdünstungen beträchtlich gelitten. Doch ihre klare, suggestive Gestaltung schlägt noch heute in Bann. An der Wand des linken Schiffs wurden Fresken der Stillenden Muttergottes und des Erzengels Michael vom Putz befreit; sie

Im Süden der Terra di Bari

> ›*In restauro*‹
>
> Falls der Convicinio di Sant'Antonio wieder einmal ›in restauro‹ sein sollte, mag man das Besuchsprogramm für diesen Tag vielleicht in der Bar gegenüber von San Pietro Caveoso im Ristorante in der Via XX Settembre beschließen. Der Erneuerung bedarf der im 18. Jh. profanierte Komplex ständig, wenn nicht die gesamte einstige Ausmalung mit diversen Heiligengestalten verloren gehen soll.

stammen aus dem 13. Jh. wie die Darstellung des Hl. Gregor am ersten Pfeiler davor. An der (vermauerten) Eingangswand des Mittelschiffs ist Johannes der Täufer zu erkennnen, am Pfeiler links daneben (mit Blick auf die Eingangswand) Benedikt von Nursia und ihm gegenüber, am folgenden Pfeiler, seine Schwester Scholastica. Die Fresken im rechten Schiff wurden mehrheitlich im 14. Jh. geschaffen. An der rechten Wand ist oben in der Mitte der Hl. Nikolaus dargestellt, links die Kreuzabnahme, unten die Krönung Marias. Über dem Durchgang, der vorne vom rechten Seitenschiff zu einem Grab und einem Knochenschacht führt, sieht man das Fresko der Hl. Lucia, am ersten Pfeiler eine ›thronende Muttergottes‹.

Der ebenfalls noch in dem Viertel Sasso Caveoso gelegene nahe **Convicinio di Sant'Antonio (14)** besteht aus vier im 14./15. Jh. angelegten Felsenkirchen: San Primo (im Volksmund: *Tempe Cadute*), dann Santa Maria Annunziata (auch: Sant'Eligio) und San Donato, ferner, mit eigenem Zugang, Sant'Antonio Abate. Die frühere Ausmalung des Komplexes hat durch seine Profanierung Mitte des 18. Jh. kolossal gelitten.

San Francesco d'Assisi (15)

Um das noch verbleibende Grottenviertel, die *civita*, und damit den Dom anzusteuern, empfiehlt es sich, von der Piazza Vittorio Veneto die Via del Corso zur Kirche **San Francesco d'Assisi (15)** einzuschlagen, die eine Barockfassade mit betonter Mittelachse und Segmentgiebelabschluss von 1670 zur Schau stellt. Die Bewegtheit der Fläche wird optisch durch gestufte Pilaster und das entsprechend weit vor- und zurückspringende Gesims erzielt. Die im Blendgiebelfeld befindliche, von Putten umspielte Ädikula ist mit einer Marienstatue besetzt. Auch das lichte, einschiffige Innere mit der geschlossenen Reihe von Seitenkapellen zu beiden Seiten des Langhauses folgt den Gestaltungsprinzipien des ausgehenden 17. Jh. mit reichem Stuckauftrag. Auf dem vorzüglichen Holzaltar in der zweiten Kapelle rechts steht eine ebenfalls hölzerne Statue des Hl. Antonius, die Stefano da Putignano zu Beginn des 16. Jh. schuf. Die Orgel hinter dem Hauptaltar stammt aus dem 18. Jh. Die Paneele, die die Brüstung schmücken, zeigen auf Goldgrund die thronende Madonna mit Kind und Heilige; sie sind Teile eines im 15. Jh. von Bartolomeo Vivarini erstellten Polyptychons. Doch die jetzige Kirche ist das Ergebnis einer radikalen Verwandlung eines bereits 1240 über einer Grottenkirche erbauten Gotteshauses, das zu einem Franziskanerkloster gehörte. Letzte Zeugen des romanischen Vorgängerbaus der Kirche sind – beim Eingang – ein Säulenfragment und Kapitell, die einem Weihwasserbehältnis des 16. Jh. als Stütze dienen. Franziskus von Assisi soll anlässlich seines Besuchs der Stadt 1218 den Platz erhalten haben. Im Boden der 3. Seitenkapelle links existiert ein Abgang zur **Grottenkirche Santi Pietro e Paolo** mit Fresken aus dem 12. und 13. Jh.

Palazzo Sedile und Palazzo Bronzini-Padula

Die hinter San Francesco gelegene malerische Piazza Sedile bezieht ihren Namen vom 1540 erbauten **Palazzo Sedile (16)** mit seinem monumentalen Eingangsbogen und den aufgesetzten Glocken- bzw. Uhrtürmchen von 1779. Entstanden als Franziskanerkonvent, fungierte er bis 1944 als Rathaus. Von hier verläuft die Via Duomo ansteigend durch die Altstadt der **Civita,** die heute pittoresk wirkt, in der aber bis Mitte des 20. Jh. Armut, Hungersnot und Verelendung herrschten. Vor dem tiefen, überbauten Torbogen, der den Domplatz ankündet, liegt rechts der **Palazzo Bronzini-Padula (17)** mit einem Balkon und Innenhof aus dem 14. Jh.

Kathedrale Madonna della Bruna (18)

Und dann steht man auf der Piazza mit Häusern aus dem 18. Jh. vor dem klar strukturierten romanischen Dom, der 1230–70 errichteten Kathedrale Madonna della Bruna. Enorm wächst an der linken hinteren Seite der **Campanile** mit großen Biforien in die Höhe von 52 m empor. Das Mittelschiff erhebt sich über den Seitenschiffen, das Querhaus in derselben Höhe, und obenauf sitzt der mächtige, viereckige Tambour mit flachem Pyramidendach, der die Überkuppelung der Vierung verrät. Erst im Detail verliert das harmonisch konstruierte Bauwerk etwas an Ebenmaß. Die mit Lisenen und breiten Blendbögen besetzte und unter dem Gesims mit einem floralen Schmuckband gesäumte rechte Seitenfassade, die als ›Schauwand‹ zur Piazza angelegt ist, weist zuvorderst ein Portal mit floral verzierter Rahmung auf, den **Portale della Piazza.** Der Türsturz ist lediglich mit einer Rose geschmückt. Neben den Archivolten sind auf Konsolen zwei Mönchskulpturen postiert, die linke (beschädigte) kniend, die rechte sitzend und mit einem aufgeschlagenen Buch auf den Knien. In das Tympanon ist eine winzige Reliefplatte platziert; der Schrift am oberen Rand zufolge handelt es sich bei dem dargestellten Herrn mit Mittelscheitel und Bart, der mit einem langen Gewand bekleidet ist und sitzend dem Betrachter die Innenfläche der rechten Hand entgegenstreckt, um *Abraham*. Damit kann nicht der biblische gemeint sein, wohl aber der Auftraggeber des Baus, der Bischof oder der Baumeister. Das folgende mit Blüten- und Rankenornamenten eingefasste **Monoforium** ist aufwendig mit Tierskulpturen besetzt. Zwei Löwen mit Beute zwischen den Klauen tragen die flankierenden Säulen samt Kapitellen. Diesen zur Seite hocken auf weit vorspringenden Konsolen zwei Greifen, die sich an einer Schlange bzw. einem Säugetier gütlich tun. Dem gegenüber haben die Tiere am insgesamt wertvolleren **Löwenportal** sehr gelitten. Die säulentragenden Löwen sind stark restauriert, den Greifen obenauf sind die Köpfe abgeschlagen. Dafür ist die Umrahmung bis in die baldachintiefen Archivolten aufwendig floral verziert. Im dreieckigen Giebelfeld des Baldachins sind – wie Einzelteile einer Kanzel aus jener Epoche – ein Pult, Menschenkopf, eine Säule, eine

Bruna ist Brünne

Der Beiname Bruna, den die Madonna der Kathedrale in Matera trägt, bedeutet soviel wie ›Schutz‹ und ist mit dem provençalischen ›broigne‹ und dem deutschen ›Brünne‹ verwandt.

Konsole mit einem großen Adler, dem der Kopf abhanden gekommen ist, angebracht. Aus der Norm fallen die sechs Kopfskulpturen und die drei Blüten, die den Architrav schmücken, wobei die Rosenblüte mit jener identisch zu sein scheint, die sich auf dem Architrav der Porta della Piazza befindet. Die Mittelschiffwand, die sich über dem Seitenschiff erhebt, ist von fünf riesigen Fenstern – einst Biforien – mit tiefen, verzierten Fassungen durchbrochen. Die rechte Querhausstirnwand, die in der Flucht des Seitenschiffs bleibt, trägt eine ebenfalls von Figuren umgebene Fensterrose.

An der **Hauptfassade** laufen die tief herabreichenden Blendbögen an den Pultdachschrägen der Seitenschiffe fort, während die Blendbögen am Giebel des Mittelschiffs von Säulchen und Kopfkonsolen gestützt werden. Dominant ist die gewaltige **Fensterrose** mit gestufter, floral verzierter Einfassung. Sie wird seitlich und von unten anscheinend von drei – als Reliefs dargestellten – Handwerkern gehalten, während auf dem oberen Rand der Erzengel Michael steht. Auf den schmalen Lisenen, die die Fassade vertikal unterteilen, sind in Höhe der Fensterrose noch jeweils zwei Säulen übereinander gestellt, die von Figuren getragen werden. In der Lünette des Portals ist eine thronende Muttergottes mit Kind zu erkennen, hier wohl als ›Madonna della Bruna‹ anzusprechen, die Patronin des Doms wie der Stadt. Die Nischen links und rechts vom Portal sind mit Statuen der Hll. Petrus und Paulus besetzt, während unten an den äußeren Rändern der Fassade renaissancezeitliche Reliefs die Hl. Theopista und den Hl. Eustathius (Eustachius) darstellen, der sich mit der Maria della Bruna die Schutzherrschaft über Matera teilt. Die beiden Monoforien, die von vorne die Seitenschiffe erhellen, lassen nicht nur durch ihre extrem flachen Rundbögen (eher Segmentbögen), sondern auch ihre Platzierung in eine ursprünglich durchlaufende Lisene annehmen, dass sie sehr viel später eingefügt wurden.

Das 54 m lange, 18 m breite und 23 m hohe dreischiffige Innere der Kathedrale strahlt im ›güldenen‹ Gewand seiner Barockisierung von 1627 und der weiteren Verschönerung von 1776. Davon unberührt blieben die fünf Säulen samt Kapitellen, die auf jeder Seite die Schiffe trennen und die sechs Joche markieren, die das Langhaus bis zur Vierung ausbildet. Im Bereich des (verschlossenen) Hauptportals sind die interessantesten **Kapitelle** mit männlichen Halbfiguren zu bewundern, und zwar auf der Halbsäule links an der Eingangswand, auf der ersten Säule links sowie an der ersten Säule rechts. Die weiteren Säulen tragen große Blattkapitelle. Die an der Wand des **rechten Seitenschiffs** freigelegten Fresken mit Szenen des Jüngsten Gerichts dürften von Rinaldus von Tarent nach 1300 gemalt worden sein. Darunter ist eine thronende Madonna mit Kind zu sehen. Der Heilige links neben Maria ist als Julian ausgewiesen, der links neben diesem als Hl. Petrus der Märtyrer, der rechts neben Maria ist der Hl. Lukas.

Am ersten Altar des **linken Seitenschiffs** wird in silbernem Rahmen das 1587 von der Wand abgelöste Fresko der »Madonna della Bruna« von 1270 aufbewahrt. Im zweiten Altar liegt der Leichnam des Hl. Johannes von Matera, des im Jahres 1139 verstorbenen Abts von Santa Maria di Pulsano (bei Monte Sant'Angelo). Hinter der folgenden Tür befindet sich ein Höfchen mit der Kapelle **Chiesetta di Santa Maria di Costantinopoli;** ein Basrelief des 13. Jh. in der Lünette des romanischen Portals stellt den Einzug der Madonna in die Kathedrale dar.

Die im Seitenschiff folgende Renaissancekapelle, die **Cappella dell'Annunciazione,** bildet ein kleines Wunderwerk des 16. Jh. mit Kassettendecke und einer Skulpturengruppe, die die Verkündigungsszene darstellt. Die bemalten Steinfiguren der Krippe, die die nächste Kapelle ausfüllt, wurden 1543 angefertigt. Das Chorgestühl in der Apsis hinter dem barocken Hauptaltar entstand 1451–53; das grandiose Tafelbild, das die in den Himmel aufgefahrene Maria und unter ihr Heilige zeigt, wurde 1580 in Venedig erworben.

Weitere Sehenswürdigkeiten

Aber den Kunstsinn zu erfreuen, bietet Matera noch andere Möglichkeiten. Dazu begibt man sich an der ›Fegefeuerkirche‹, der **Chiesa del Purgatorio (19),** mit den makabren Skulpturen an der konvexen Fassade von 1747 (und Barockaltären aus farbigem Marmor im Inneren) vorbei auf die Via Domenico Ridola zum rechts an der Straße gelegenen **Museo Nazionale Ridola (20).** Es ist (mit Haus-Nr. 24) im ehemaligen, um 1700 erbauten Klarissenkloster untergebracht und basiert auf der Sammlung vor- und frühgeschichtlicher Funde, die der Arzt und Hobby-Archäologe Domenico Ridola 1872 begann.

Die längliche Piazza Lanfranchi wird vom **Palazzo Lanfranchi (21)** abgeschlossen. Er wurde auf Geheiß des gleichnamigen Bischofs 1668–72 errichtet und beherbergt im **Museo Nazionale d'Arte Medievale e Moderna della Basilicata** erlesene Kunstschätze, die sich im Obergeschoss auf drei Säle verteilen. Im 1. Saal sind 24 Gemälde des 17. und 18. Jh. mit religiösen, antik-mythologischen und weltlichen Themen ausgestellt, darunter Werke von Salvatore Rosa, Francesco Solimena, Domenico Antonio Vaccaro, Jusepe Ribera, Gaspare Traversi, Leonardo Coccorante und Abraham Bruegel. Der 2. Saal vermittelt einen Überblick über die mittelalterliche Kunst der Basilikata, beginnend mit einer in der Saalmitte aufgestellten kolorierten Holzstatue »Thronende Madonna mit Kind« aus dem 13. Jh. Der 3. Saal ist dem Schaffen von Carlo Levi vorbehalten, dem in Matera hoch verehrten Arzt, Maler und Autor, der wie kein anderer auf die einstige Not der Menschen in dieser Stadt aufmerksam machte. Sein in dieser Hinsicht ergreifendstes Bild »Lucania 61« – eines seiner bedeutendsten überhaupt – hängt allerdings im Erdgeschoss, im ›Carlo-Levi-Zentrum‹, wozu man sich eigens aufschließen lassen muss. Hier begegnet man auch dem engagierten Künstler in Gestalt einer lebensgroßen Büste.

Das **Castello Tramontano (22)** entstand Ende des 15. Jh. als Zwingburg in einiger Distanz zur Altstadt, wurde aber nie vollendet. Zwei zylindrische Türme und ein gigantischer runder Hauptturm sowie ei-

Museo Nazionale Domenico Ridola
Via Ridola 24
tgl. 9–19 Uhr

Museo Nazionale d'Arte Medievale e Moderna della Basilicata
Via Pascoli (im Palazzo Lanfranchi)
tgl. 9–13 und 16.30–19.30 Uhr, Mo vormittag geschl.

niges Mauerwerk halten das bittere Andenken an Giancarlo Tramontano wach, in der Lokalgeschichte der *tiranno* schlechthin. Er war aus Neapel gekommen, wo er dem König 1497 für 25 000 Dukaten die Stadt abgekauft hatte, und firmierte seitdem als Graf von Matera. Die Grausamkeiten, die er gegen die Bevölkerung verübte, rächten sich, als er 1514 beim Verlassen der Kathedrale ermordet wurde.

Über Massafra und Gioia del Colle nach Bari

Laterza
Das eher lukanische als apulische Städtchen war noch bis 1910 Lehensbesitz der ursprünglich spanischen Grafen Perez-Nozvarreto, mit deren Namen die erhaltene Burg eng verknüpft ist.

Von Matera auf der S 7 wieder nach Apulien ›heimkehrend‹, lässt sich in dem freundlichen Städtchen **Laterza** die beachtlichste Schlucht der Provinz bewundern. Von der Piazza Vittorio Emanuele führt die Via Giardino steil hinab bis zu einer Aue mit einem öffentlichen Brunnen samt Tränke und Waschplatz aus dem 16. Jh. und weiter zum Santuario della Mater Domini, dessen Krypta aus einer Höhlenkirche mit Fresken des 12. Jh. besteht.

Auch **Ginosa**, das auf drei Seiten von einer Schlucht umfasst und bei Plinius als *Genusium* erwähnt ist, verweist auf zahlreiche Grottenkirchen mit Fresken aus dem 12.–14. Jh. Nicht anders ist **Castellaneta** wegen seiner Schlucht zu erwähnen. Doch international berühmt wurde des Städtchen, weil hier 1895 Rodolfo Guglielmi geboren wurde, der als Rudolfo Valentino in der Neuen Welt Karriere machte. Sein Geburtshaus Nr. 14/16 liegt an der Durchgangsstraße, der Via Roma. Die Straße etwas abwärts, führt links eine Gasse in die Altstadt – und zunächst an der Wegekreuzung vor ein Schild, das daran erinnert, dass hier am 11. September 1943 drei Polizisten und 22 Bürger von deutschen Soldaten erschossen wurden. Weiter aufwärts erreicht man die Piazza mit der Kathedrale, deren Gründung im 13. Jh. aufgrund des Umbaus im 18. nicht mehr zu erkennen ist; nur der Campanile hält seit dem 14. Jh. aus.

Museo Rudolfo Valentino
Via Municipio Castellaneta
Di–So 10–13 und 16–19 Uhr

Massafra

Massafra ★

Hinab in die breite, monotone Küstenebene des Ionischen Meers, nimmt mit dem Verkehr auf der Straße der Sog Richtung Tarent zu. Diesem entkommt man durch die Flucht zurück in die Murge bzw. die Abzweigung hinauf nach Massafra. Im Jahr 971 erstmals erwähnt, dann zum Fürstentum Tarent gehörig und später im Besitz verschiedener Adelshäuser, hat es sich als Apuliens bedeutendster Höhlenkirchenort einen Namen gemacht. Stadteinwärts ist die etwas triste, rechteckige Piazza Vittorio Emanuele nicht zu verfehlen. Diese verlässt man (Richtungsschild: *Ufficio turistico*) auf dem Corso Italia und gelangt zu einer Brücke, dem *Ponte vecchio*. Unmittelbar davor besteht rechts Gelegenheit zu einem Halt und zu einem Blick in die **Gravina**. Jenseits der Schlucht liegt die Altstadt, *Terra* geheißen, und unter ihr erkennt man bereits große Grottenöffnungen in der steilen Tuffsteinwand. Schaut man von der Brücke selbst schluchtabwärts, erkennt

Über Massafra und Gioia del Colle nach Bari

Massafra

man am linken Hang der Gravina erneut zahlreiche Grotten, die durch Fußwege erschlossen sind, und sieht das Ende der Schlucht an der rechten Seite von einem trutzigen **Kastell** bewacht, das über einer normannischen Burg im 15. Jh. errichtet wurde.

Die Straße über die Brücke führt auf die hübsche Piazza Garibaldi, das alte Zentrum. Hinten links zweigt die Via Terra ab, auf der man zum Kastell gelangt, während hinten rechts die Via Vittorio Veneto weggeht, wo sich im Haus-Nr. 15 das Rathaus mitsamt dem *Ufficio turistico* findet. Hier sollte man sich zur Besichtigung der Grottenkirchen anmelden, da sie meist in Privatbesitz bzw. verschlossen sind.

Die **Grottenkirche Sant'Antonio,** ein Stück weiter auf der Via Veneto (Haus-Nr. 79/91), wurde durch den Bau eines Krankenhauses stark beeinträchtigt, lässt aber die ursprüngliche Anlage in zwei Räumen und rechts mit Mittelschiff und Apsis noch gut erkennen. Die Fresken gehen überwiegend auf das 14./15. Jh. zurück. Das Bild in der ersten Bogennische an der linken Wand ist als Darstellung des Benediktinermönchs und späteren Papstes Urban V. (1362–79) bezeichnet. Die Tafel mit den Köpfen von Petrus und Paulus, die er in der Linken hält, weist darauf hin, dass er die Häupter der Apostelfürsten gefunden haben wollte. Zwischen der zweiten und dritten Nische ist der Hl. Abt Antonius, der Patron der Kirche, abgebildet.

Die wegen ihrer abwechslungsreichen Gestaltung interessante dreischiffige **Grottenkirche La Candelora** (Zugang über die Via Canali) befindet sich hinter einem Garten direkt an der Schluchtwand. Die Decken der einzelnen Joche sind als Kuppel, Pyramidendach, Satteldach oder Kreuzrippengewölbe aus dem Stein gehauen. Die Wandnischen sind mit Fresken des 13./14. Jh. ausgeschmückt. Das älteste dürfte das in der ersten Nische an der rechten Seite sein, das die Reinigung Marias und die Darstellung im Tempel nach dem Vorbild byzantinischer Ikonen zeigt. Ebenso alt ist das Fresko-Diptychon, das die Hll. Stefan und Nikolaus den Pilger darstellt. Griechische Beischriften wechseln mit einer lateinischen. Die **Grottenkirche San**

Ufficio Turistico
Via Vittorio Veneto 15
74016 Massafra
Tel. 09 98 80 46 95
9–12, 15.30–19 Uhr
Auch während der angegebenen Öffnungszeiten ist das Büro nicht immer besetzt.
Exkursionen in die Gravina können hier oder vor Ort angemeldet werden. Führungen am Sonntag finden nur n. V. statt (vor Samstag 12 Uhr zu vereinbaren)

Santuario della Madonna della Scala und Laura bizantina
Via Veneto
tgl. 8.30–12 und 14–18 Uhr

Santuario della Madonna della Scala und Laura bizantina
Via Veneto
tgl. 8.30–12 und 14–18 Uhr

Leonardo (Via del Cimitero) existiert ebenfalls seit dem 13. oder 14. Jh. Unter den Fresken ist die ausgesprochen seltene, auch aus Byzanz übernommene Deesis-Darstellung des thronenden Christus zwischen Maria und Johannes dem Täufer in der Apsis bemerkenswert.

Zu den stimmungsvollsten und am schönsten erhaltenen gehört die **Grottenkirche San Marco** auf der anderen Seite der Schlucht. Dazu überquert man die obere Brücke, hält sich rechts und sofort wieder rechts und steigt am Ende der Via Fratelli Bandiera die Treppen in der Schluchtwand hinab. An der rechten Wand des Vorraums ist der Hl. Markus dargestellt, während das Becken links wohl zur Taufe diente. Vier Pfeiler (mit griechischen und lateinischen Graffiti) teilen sodann die 14 m lange Höhle in einen dreischiffigen Sakralraum mit zwei Apsiden. Doch von den Fresken hat sich aufgrund der Feuchtigkeit nur das mit den Hll. Cosmas und Damianus aus dem 13. Jh. erhalten.

Landschaftlich reizvoll in einer weiteren Schlucht 1 km vor der Stadt liegt das **Santuario della Madonna della Scala**. Es ist nicht zu verfehlen, wenn man der Via Veneto stadtauswärts (Richtung Martina Franca) folgt und am Ortsende wie ausgeschildert halblinks abbiegt – und am Parkplatz hält, der mit der Kirchturmspitze auf einer Höhe liegt. Dann geht es 128 Stufen in die Schlucht hinab. Die barocke Wallfahrtskirche wurde 1731 errichtet. Rechts daneben befindet sich im Fels die ›Cripta della Buona Nuova‹, die beim Bau der Kirche teilweise zerstört wurde. Aber ihre erhaltenen Fresken sind erstaunlich, vor allem der 3 m hohe Christus und am Altar die »Madonna della Buona Nuova« aus dem 13. Jh. Über Stufen gelangt man von der Wallfahrtskirche weiter abwärts in die darunter befindliche ehemalige Laura in Basilikaform. Sie dürfte bereits im 8./9. Jh. als Kulthöhle angelegt worden und somit die älteste Massafras sein. Aus ihr soll das jetzt auf dem Hauptaltar der Wallfahrtskirche zu sehende, 1,50 x 0,90 m große Fresko »Madonna mit Kind zwischen zwei knienden Hirschen« stammen, das im 12./13. Jh. gemalt wurde.

Die Steilhänge der auf dem Grund mit Büschen und Bäumen bewachsenen Schlucht sind, soweit das Auge reicht, mit Grottenöffnungen übersät. In den Wandnischen der 200 m entfernten (aber nicht leicht zugänglichen) sog. **Farmacia del Mago Greguro** sollen Mönche Heilkräuter zum Trocknen aufbewahrt haben. Dicht dabei liegt die halbkreisförmige **Grotta del Ciclope**. Mit Bergschuhen ausgerüstet, möchte man Tage hier zubringen – oder die restlichen 22 Grottenkirchen auskundschaften, die Massafra noch zu bieten hat.

Mottola

Mottola ★

Auch Mottola auf einer Murge-Höhe hat in dieser Hinsicht einiges zu bieten. Knapp 4 km zuvor lässt sich (von Massafra kommend) rechts neben der Landstraße der **Villaggio Ipogeo di Petruscio** besichtigen, eine Höhlensiedlung des 13. Jh. mit ebenfalls in den Tuffstein geschlagener dreischiffiger Kapelle. Nicht weniger beachtenswert ist in der Schlucht aber der seltene Bestand von Aleppo-Pinien.

Biegt man indessen an derselben Stelle entgegengesetzt Richtung Palagianello ab, lassen sich mit den bedeutendsten Grottenkirchen die eigentlichen Sehenswürdigkeiten von Mottola anfahren. Von dieser Abzweigung an gerechnet, erreicht man – vorbei an riesigen, in die Erde gegrabenen Kalksteinbrüchen – nach 3,8 km einen Fußweg nach rechts, der in ca. 5 Minuten zu einem kleinen Taleinschnitt mit der **Grottenkirche Santa Margherita** führt. Durch den vergitterten Eingang hindurch zeigen sich schwache Freskenreste. Eine Besichtigung dieser wie der folgenden Grottenkirchen ist mit einer im Ort erhältlichen Führung möglich. Santa Margherita bildet im Inneren zwei nebeneinander liegende Räume aus. Den linken gliedern zwei Pfeiler in einen vorderen und hinteren Bereich, der wiederum in einer rechteckigen Apsis endet. Der rechte Raum, der durch zwei Arkadenöffnungen angebunden ist, war wohl das Presbyterium. Die Freskendarstellungen zahlreicher Heiliger, darunter mehrfach der Hl. Margarete, sowie von Maria und Christus stammen aus dem 12. und 14. Jh.

Auf der Straße weiter erreicht man nach 500 m eine Kreuzung (mit alter Zisterne). An dieser biegt man gemäß dem Hinweisschild ›*Cripta San Nicola*‹ links in einen ungeteerten Feldweg ein, fährt an den Weinstöcken vorüber abwärts, nach 1 km rechts weg, unterquert nach 0,5 km den Bahndamm und trifft nach weiteren 400 m auf eine Querstraße. In diese biegt man nach rechts ein, nach 300 m erneut rechts in einen Feldweg und stellt den Wagen nach 300 m ab. Von hier verläuft ein Pfad Richtung Bahndamm. Vor diesem wendet man sich nach links und erreicht nach ca. 3 Minuten den oberen Rand einer sich nach links öffnenden, u. a. mit Kakteen bewachsenen Schlucht. Stufen und schließlich eine Eisentreppe führen vor die **Grottenkirche San Nicola**, die als ›Sixtinische Kapelle der Höhlenkultur‹ gilt. Auch die Lage vermittelt mit am schönsten den Eindruck einer Eremitenhöhle in einem kleinen Felsental. In einer erhöhten Nische rechts vom

Ufficio Turistico
Viale Jonio
74017 Mottola
Tel. 09 98 86 69 48

Führungen
Via Vanvitelli 2
Tel. 09 98 86 69 48
Hier werden auch Führungen zu den außerhalb des Stadtgebietes liegenden Grottenkirchen angeboten.

Höhenlage
Mottola entstand auf einer Bergkuppe als kreisförmige Anlage. Es gilt als der ›Balkon‹ Apuliens und wird wegen seines trockenen Heilklimas als Sommerfrische geschätzt.

Die Grottenkirche San Nicola bei Mottola bietet mit ihren Fresken ein berauschendes Panoptikum frühester sakraler Kunst in Apulien an der Scheide zwischen griechisch-byzantinischer und lateinisch-katholischer Einflusssphäre

Eingang ist in der Ikonografie des Bilderverbots in der ersten Hälfte des 9. Jh. durch drei gemalte rote Kreuze die Kreuzigung Jesu zusammen mit den beiden Verbrechern symbolisch dargestellt. Das in der Lünette über dem Eingang nur noch schwach erkennbare Fresko dürfte den Hl. Nikolaus gezeigt haben. Im Inneren wurden passend drei Schiffe in den Tuffstein gehauen. Das um zwei Stufen erhöhte Presbyterium mit erhaltenem Altartisch ist durch einen Triumphbogen und eine im unteren Bereich erkennbare Ikonostase abgegrenzt. Die Pfeiler und die Arkadennischen an den Wänden mit umlaufenden Sitzbänken wurden ab dem 11. Jh. mit – im 14./15. Jh. teilweise übermalten – Fresken geschmückt. Die erste Darstellung an der linken Wand mit dem Hl. Petrus dürfte dem 12. Jh. zuzurechnen sein. Auf diesen folgen die Hll. Laurentius (als Diakon) und Basilios (als Bischof) sowie eine thronende Madonna mit Kind. Im Bogen zum ersten Pfeiler links sind in prächtiger byzantinscher Kleidung die Hll. Luzia und Pelagia von Antiochia abgebildet; diese Fresken entstanden um 1200. Um diese Zeit wurden an der Innenseite des Triumphbogens »Die törichten und die klugen Jungfrauen«, durch leuchtende bzw. erloschene Lampen kenntlich gemacht, in Medaillons dargestellt, ferner in bemerkenswerter Qualität an der linken Wand der mittleren Apsis der Erzengel Michael. Bereits in der 2. Hälfte des 12. Jh. wurde die Deesis-Darstellung (Christus zwischen Maria und Johannes dem Täufer) an der Apsisrückwand angebracht. Demselben Jahrhundert ist das Fresko des Evangelisten Johannes zuzurechnen. Andere, wie die Darstellung des Hl. Leonhard von Limoges am ersten Pfeiler links, dessen Verehrung die Normannen importierten, sind noch älter.

Zurück an der Kreuzung mit der Zisterne, folgt man weiter der Landstraße Richtung Palagianello. Nach 300 m stehen links neben der Straße zwei Pfosten eines nicht mehr vorhandenen Tors. 20 m hinter diesen zeigt sich links eine Höhle mit zwei vergitterten Eingängen. Es handelt sich um den oberen Raum der **Grottenkirche Sant' Angelo,** der wie der darunter liegende drei Schiffe mit drei Apsiden aufweist. Die Fresken des 14. Jh. sind jedoch weitgehend zerstört.

Die Peuketier hatten den Höhlen noch die Höhenlagen vorgezogen und sich ab etwa 1000 v. Chr. auf dem Berg angesiedelt, den das Städtchen Mottola bedeckt. Im Frühmittelalter gehörte es zum langobardischen Fürstentum Benevent, was die Sarazenen nicht hinderte, den Ort zu verwüsten. Dann hatten die Byzantiner das Sagen, bis die Normannen es 1102 den Sarazenen gleichtaten, aber die Stadt wieder aufbauten. Von den Anjou bis ins 19. Jh. gehörte Mottola diversen Feudalherren und schmückt sich heute – mit einer der ganz raren süditalienischen Niederlassungen der Deutschen Bank.

Ähnlich kurios mutet die Fassade der kleinen **Kathedrale** in der adretten, ein wenig verschlafenen Altstadt an. Sofort fällt einem die Kathedrale in Ostuni ein, deren Giebel sich auf dieselbe Weise in zwei konkaven Linien erhebt und deren abgerundete Seitenschiffdächer genauso hängenden Schultern gleichen. Würden zwei kräftige Pilaster die Fassade nicht dritteln und Nebenportale mit entsprechenden

Über Massafra und Gioia del Colle nach Bari

Gioia del Colle, Kastell

Biforien bzw. das Hauptportal mit der (ausgebrochenen) Fensterrose darüber die Gliederung nicht unterstreichen, wäre die Gründung der Kirche im 13. Jh. nicht zu erraten. Auch die beiden ramponierten Portallöwen halten noch tapfer ihre Säulen in die Höhe; aber die Inschrift auf dem Portal verrät die gründliche Umgestaltung der Kirche im Jahr 1507 auf venezianisch-dalmatinische Art, der weitere folgten.

Gioia del Colle

Der Blick verweilt in Gioia del Colle wieder oberirdisch, einzig auf das legendenumwobene **Kastell** inmitten der kleinen Altstadt gerichtet, die in 365 m Höhe auf einem Hügelrücken zwischen den nordwestlichen und südöstlichen Murge liegt. Nachdem die Normannen den Byzantinern den Platz abgenommen hatten und deren Burg von Richard Seneschalk (1081–1115), dem Sohn des Drogo von Hauteville, eine eigene aufgepropft worden war, inspizierte Heinrich VI., der als neuer Herr des Landes im April 1197 nach Gioia kam, die Anlage. Dem Kastellan soll er dabei einen Kristallpokal geschenkt haben. Im November 1222 hielt sich Friedrich II. hier auf; am 28. Dezember 1250 soll der Zug für eine Nacht in der Burg Station gemacht haben, der seinen Leichnam nach Sizilien transportierte.

Es ist ein strenger Bau, so wie er in seinen typisch staufischen Buckelquadermauern dasteht, eine Vierflügelanlage, an deren südlichem Trakt die gewaltigen Ecktürme über quadratischen Grundrissen aufragen. Nicht weniger dominieren sie das Kastell, wenn man vom Innenhof aufschaut, der stauferzeitliches Flair entfaltet. Auch wenn nicht mehr alles ›echt‹ ist und die beiden Türme an der gegenüberliegenden Nordseite fehlen, seit sie beim Erdbeben von 1773 einstürzten, stellt das Kastell eines der am besten erhaltenen der Stauferzeit dar.

Gioia del Colle ★

Castello Svevo
Museo
Archeologico
Nazionale
Piazza del Martiri
del 1799
beide tgl. 9–13 und
16–19 Uhr

Bianca Lancia

Nach der Legende um den ›Turm der Kaiserin‹ ließ Friedrich seine schwangere Geliebte in dem Turm einkerkern, weil er sie einer Beziehung mit einem Pagen verdächtigte. Aber das Kind, das Bianca in ihrem Gefängnis zur Welt brachte, trug dasselbe Mal auf der linken Schulter wie Friedrich. Bianca schnitt sich die Brüste ab und ließ diese zusammen mit dem Neugeborenen zu Friedrich bringen. Dann sei sie in dem Turm gestorben und in der (1764 zerstörten, dann neu errichteten) Pfarrkirche Santa Maria Maggiore bestattet worden, wo noch im 18. Jh. ihr Grabmal mit einer Schmuckplatte, die einen Schild mit dem staufischen Adler getragen habe, zu sehen gewesen sein soll.

Während die spitzbogigen Biforien mit einem Kapitell, das ein Reichsadler ziert, bzw. ein Adleremblem sowie das herrliche Triforium am Südflügel noch original sind, geht die Freitreppe auf eine Rekonstruktion zu Beginn des 20. Jh. zurück, die der Marchese Orazio de Luca Resta in sehr schwärmerischem Geist durchführen ließ. Durch ein Tor im Südflügel gelangt man links herum in den 24,10 m hohen Südost-Turm, die **Torre dell'Imperatrice.** Die Bezeichnung ›Turm der Kaiserin‹ zielt auf Bianca Lancia, die Geliebte Friedrichs II. Als Kaiserin wurde Bianca indes nie bezeichnet. Die reichen Ländereien, die Friedrich ihr übertrug, und mehr noch die Tatsache, dass Manfred, ihr beider Sohn, sie erbte, lassen aber doch annehmen, dass Friedrich mit ihr eine ›morganatische Ehe‹ – von *matriomonium ad morganaticum,* »Ehe zur bloßen Morgengabe«, wie sie zwischen nicht standesgleichen Partnern geschlossen wurde – eingegangen war.

So beeindruckend im **Obergeschoss,** zu dem man über die Freitreppe aufsteigt, der ›Thronsaal‹ auch sein mag, so ist er doch trügerisch. Denn die gesamte steinerne Ausstattung – Thron, Kamin, Bänke – sind neugeschaffene Fantasieprodukte. Trotzdem ist es schön, durch die ›heiligen‹ Hallen zu wandeln und noch in den zweiten Turm, die 26,40 m hohe Torre De'Rossi, einzusteigen. Im Erdgeschoss darunter befindet sich ein sehenswertes **Archäologisches Nationalmuseum** mit Grabungsfunden von Monte Sannace aus dem 6.–3. Jh. v. Chr.

Hier im Museum bzw. am Eingang des Kastells empfiehlt sich die Anmeldung zu einer Besichtigung des Ausgrabungsgebiets von **Monte Sannace,** das ca. 6 km nordöstlich von Gioia del Colle an der Straße (zunächst Richtung Putignano, dann Richtung Turi) zwar leicht zu finden, aber eingezäunt und nur mit Führung zu betreten ist. Ein mehrfacher, in Teilen noch bis zu 6 m aufragender Mauerring, eine Akropolis, ausgedehnte, eng bebaute Stadtviertel und Nekropolen bezeugen den Platz als eines der wichtigsten Zentren der Peuketier. Als im 3. Jh. v. Chr. die Römer das Land okkupierten, wurde die Stadt aufgegeben. Eine Wiederbesiedlung in christlicher Zeit war nicht von Dauer. Von ihr künden auf der Höhe nur die Grundmauern der Kirche Sant'Angelo in monte Ioannacio, die 1087 erwähnt ist.

Acquaviva delle Fonti

Recht lebendig gibt sich dagegen Acquaviva delle Fonti, auch wenn der herzliche Landstadt-Charme, den es verbreitet, bei näherem Hinsehen auch seine morbiden Seiten hat. Die zentrale rechteckige Piazza Vittorio Emanuele versinkt allmittäglich im weiten Schatten der dicht gesetzten Laubbäume für mehrere Stunden in tiefen Schlummer. Aber selbst zu den Vorabendstunden, wenn immer mehr Männer den Platz bevölkern, verhallt das Motto ›Freue dich und lerne‹, das der Musentempel von 1930 in der Mitte des Platzes verkündet, angesichts der hohen Arbeitslosenzahlen ohne Resonanz. An ihm vorbei trifft der Blick bereits den Campanile der Kathedrale hinter der westlichen Schmalseite der Piazza, während sich auf dem Weg dort-

Über Massafra und Gioia del Colle nach Bari

hin zur Rechten am Platz der riesige barocke **Palazzo del Principe** erhebt, der heute als *Municipio* dient. Er ist das Werk der schwerreichen Genueser Bankiersfamilie De Mari, die nach der Mitte des 17. Jh. die ganze Gegend (inklusive Gioia del Colle) samt dem Titel der ›Fürsten von Acquaviva‹ erwarb. Entsprechend unbescheiden wurde ab 1665 über den Mauern der alten Normannenburg die neue Fürstenresidenz errichtet. Besonders prächtig ist die lange Maskenreihe in den Nischen unter dem Dach geraten. Die eigentliche Fassade, die durch ein gewaltiges, in Rustika-Quadern gehaltenes Portal und im dritten Geschoss durch eine Loggia ausgezeichnet ist, schaut auf die Piazza dei Martiri, die mit ihrer Bezeichnung der Toten gedenkt, die zu beklagen waren, nachdem Truppen des Kardinals Ruffo, eines der übelsten Gewalttäter unter kirchlichem Deckmäntelchen, 1799 die Stadt heimgesucht hatten. Im Vergleich dazu nehmen sich die Plünderungen, die im 9. und 10. Jh. auf das Konto der Sarazenen gingen, wie das moderne Eintreiben von ›Schutzgeldern‹ aus.

Dem Palazzo schräg gegenüber beherrscht das obere Ende der Piazza die **Kathedrale.** Wahrscheinlich zur Zeit Rogers II. (1130–1154) begründet und als eine von vier königlichen Hofkirchen in Apulien bekannt, wurde sie im 16. Jh. durch einen Neubau ersetzt. Doch dieser orientierte sich an den romanischen Vorgaben, sodass auch die jetzige, durch Gesimse und Pilaster gliederte Renaissancefassade die frühere Basilika-Architektur nicht verdeckt. Auf dem weiten Dreieckgiebel steht eine Madonnenskulptur, auf den Seiten jeweils ein Apostel, während im Giebelfeld selbst die Jahreszahl 1594 die Beendigung des Neubaus datiert. Vorzügliche Arbeiten stellen die Fensterrose mit ihrer üppig verzierten Einfassung und fein durchbrochenen Füllung sowie das Hauptportal dar, das von kannelierten Säulen (auf romanischen Löwen) flankiert und von einem spitzen Giebel überfangen

Acquaviva, Kathedrale, Rose

wird. Auf dem Basrelief im Tympanon ist die Begegnung des Hl. Eustachius mit dem Hirsch wiedergegeben. Die Stirnseiten des Querhauses tragen zwei Reihen mit zwei leicht spitzbogigen Biforien und darüber eine Fensterrose.

Das untere Ende der schräg abfallenden Piazza dei Martiri markiert ein **Uhrturm** des 17. Jh. mit barockem Glockenstuhl. Aber es ist nicht er, der vormittags die Hausfrauen aus den Häusern ruft, sondern – rechts daneben – der Gemüse- und Obstmarkt.

Cassano delle Murge und Sannicandro di Bari

In **Cassano delle Murge** besteht in der ehemaligen Konventkirche Santa Maria degli Angeli nochmals Gelegenheit, eine der im 16. Jh. so beliebten steinernen Monumentalkrippen von Stefano da Putignano und – in der ersten Kapelle links – einen hölzernen Kruzifixus des 15. Jh. in Augenschein zu nehmen.

Die Landpartie von Acquaviva nach **Sannicandro di Bari** gestattet andererseits eine geruhsame Fahrt durch einen völlig unzersiedelten Abschnitt der Murge, ringsum breitet sich das stille Meer von Olivenbäumen, Weinstöcken, Olivenbäumen, Mandelbäumen, Olivenbäumen und – Olivenbäumen aus. Dann, bei der Einfahrt in das Örtchen, heißt es angesichts moderner Hässlichkeiten kurz ›Augen zu und durch‹. Im winzigen *centro storico* döst ein trutziges Kastell, das vielleicht schon zu Beginn des 10. Jh. seinen Anfang nahm. Um einen normannischen Wehrturm herum ließ dann Friedrich II. vermutlich 1242 das Kastell mit acht Türmen und den Buckelquader-Mauern errichten.

Reisen & Genießen

Hotels und Restaurants

... in Altamura

Ein kleine, hübsche Unterkunft mit Garage in einem liebevoll rekonstruierten Palazzo von 1740 im historischen Zentrum ist das **Hotel San Nicola*****
Via Luca De Samuele Cagnazzi 29
Tel. 08 03 10 51 99
www.hotelsannicola.com
DZ 140 €, an Wochenenden und Feiertagen im Juli/Aug. (gelegentlich auch sonst) bis zu 50 % Nachlass.

Wenige Schritte vom Dom lädt seit 1832 ein Caffè zu Naschwerk und einem Gläschen Padre Peppe, hauseigenem Nusslikör, ein: **Caffè Ronchi**
Corso Federico II di Svevia 87
Tel. 08 03 11 70 01

Die betörende lichte Landschaft der weiten Murge lässt sich am intensivsten aus ihr heraus erleben. Nördlich von Altamura bietet ein Bauernhof drei Zimmer in den Mauern eines Klosters aus dem 17. Jh. (von Altamura aus zu erreichen, wenn man auf der

SS 378 nach Nordwesten Richtung Corto fährt, nach ca. 10 km rechts in die Provinzstraße Richtung Ruvo abbiegt und weiter der Ausschilderung folgt).
Madonna dell'Assunta
Località Guro Lamanna, SP 35
Tel. 08 03 14 00 03, 08 03 10 33 28
DZ 50 €

… in Matera
Das wunderschöne kleine Hotel mit 16 stilvollen Zimmern bietet in einem Palazzo des 19. Jh. modernen Komfort, wozu auch das stimmungsvolle Ristorante Le Spighe zählt.
Hotel del Campo****
Via Lucrezio 1
Tel. 08 35 38 88 44
www.hoteldelcampo.it
DZ 130, Menü ab 30 €

In einem alten Palazzo im *centro storico* nahe dem Belvedere über dem Sasso Caveoso empfiehlt sich das Albergo Italia durch ansprechende Zimmer mit Möbeln des späten 19. Jh. und dem Komfort unserer Tage.
Albergo Italia***
Via Ridola 5
Tel. 08 35 33 35 61
www.albergoitalia.com
DZ 98 €

An die Unterkünfte früherer Pilgerreisen erinnert die Herberge Le Monacelle in einem ehemaligen kirchlichen Konservatorium von 1594. Neben Doppelzimmern mit Klimaanlage und Bad gibt es auch noch zwei Schlafsäle für bis zu 16 Personen und Gemeinschaftsbad. Der Ausblick von der Terrasse wie von den Zimmern auf die ›Höhlenstadt‹ ist einzigartig.
Le Monacelle – Casa del Pellegrino
Via Riscatto 9/10
Tel. 08 35 34 40 97, 800 73 37 89
www.hotel.matera.it
DZ 75 €

Ob man in den ehemaligen Speichern des Palazzo Malvessi nun mehrere Gänge der lukanischen Küche oder nur eine gute Pizza essen möchte, beginnen sollte man mit *antipasti alla materana,* einer Platte mit Schinken, Salami, delikatem hausgemachtem Mozzarella und tagesfrischer Ricotta, die auf der Zunge zergeht. Zum Dessert darf man sich das *semifreddo* mit heißer Schokolade nicht entgehen lassen. Hier ließ sich schon Richard Gere verwöhnen, als er in Matera den Streifen »König David« drehte.
Da Mario
Via XX Settembre 6
Tel. 08 35 33 64 91
So geschl.
Menü ab 30 €

Dieses Ristorante verblüfft mit einer völlig bodenständigen Küche, von der kleinen Terrasse hat man einen schönen Blick über den Sasso Barisano. Unter den *primi* sind Nudeln aus Kastanienmehl *(scorze di castagn)* und *cialledd',* ein bäuerliches Gericht aus altem Brot, Öl, Oliven, Gemüse, Tomaten und Eiern, lokale Besonderheiten.
Il Terrazzino
Vico San Giuseppe 7 (Piazza Vitt. Veneto)
Tel. 08 35 3 32 41 19
So geschl.
Menü ab 25 €

Die Trattoria wird seit mehr als 50 Jahren von derselben Familie geleitet. Vorzügliche lukanische Gerichte wechseln im Lauf der Jahreszeiten. *Fettuccine alla Mel Gibson* gibt es, seit der Schauspieler und Regisseur hier einkehrte während der Dreharbeiten zu seinem Film »Die Passion Christi«.
Trattoria Lucana
Via Lucana 48
Tel. 08 35 33 61 17
www.trattorialucana.it
außerhalb der Sommermonate So geschl.
Menü ab 24 €

Ins Land der Trulli

Im Itriatal
Die Trulli, die ›in Steinhäuser verwandelten Nomadenzelte der Frühgeschichte‹, prägen die Landschaft der Hohen Murge. Das Itriatal ist mit ihnen geradezu übersät, und in Alberobello sind dicht an dicht tausend Exemplare zu bestaunen.

Trulli gibt es verstreut und singulär fast in ganz Apulien. Aber nirgends sind diese merkwürdigen Kegelhäuschen so massiert vertreten wie im Hinterland der Küste zwischen Bari und Brindisi, im Grenzgebiet der Terra di Bari und der Terra d'Otranto.

Auf der ›Landpartie‹ von Bari südostwärts in die heitere Landschaft der Trulli gemahnt zunächst am Ortsrand von **Triggiano** der **Britische Militärfriedhof** *(Cimitero Militare Britannico;* grün ausgeschildert als ›Bari War Cemetery‹) an das Ende des Zweiten Weltkriegs. Dass dies möglich und Italien von den Faschisten befreit werden konnte, war auch das Verdienst der britischen Einheiten, die im September 1943 in Apulien an Land gingen und von hier aus Richtung Norden vorstießen. Den Gefallenen wird hier ein würdiges, ehrendes Andenken bewahrt.

Ognissanti di Cuti

Ognissanti di Cuti
Die Kirche ist in der Regel geschlossen; den Schlüssel bewahren die Dominikanerbrüder von San Nicola in Bari.

Über Capurso erreicht man die auf freiem Feld stehende, von Olivenbäumen umgebene Kirche Ognissanti di Cuti, wenn man am Ortseingang von Valenzano an der ersten Ampel sowie 300 m weiter erneut rechts in ein geteertes Sträßchen abbiegt. Zu der ›Allerheiligenkirche‹ mit dem markanten Dachaufbau – drei quadratische Pyramidendächer, hinter welchen sich die Kuppeln des Mittelschiffs verbergen – gehörte einst ein Kloster. Es wurde 1080 von dem reichen Bareser Bürger Eustasius gegründet, der sich hier auch als ers-

Ognissanti di Cuti

ter Abt niederließ. Ein Jahrhundert später scheinen die Sitten der Mönche dermaßen verwildert gewesen zu sein, dass sie gegenüber den Erzbischöfen von Bari, die ihre Hände schon länger nach dem Klosterbesitz ausstreckten, einen schweren Stand hatten. Sie wurden mit päpstlichem Willen der bischöflichen Aufsicht unterstellt und verloren 1295, indem sie mit Zustimmung des Papstes Bonifaz VIII. der Abtei San Nicola in Bari angegliedert wurden, ihre Selbstständigkeit.

Außen trägt die dreischiffige, im Osten mit drei Apsiden abschließende Basilika, abgesehen von den wenig verzierten Fenster- und Portaleinfassungen und dem Zahnschnittfries an der Dachkante, keinen Schmuck. Die ursprünglich dreischiffige Vorhalle ist zur Hälfte eingestürzt. Umso nachhaltiger empfindet man bei der Besichtigung des Inneren die grandiose Raumwirkung, die sich zwischen den dünnen Pfeilern unter der herrlichen Kuppelarchitektur verbreitet. Und man wird der Auffassung beipflichten, dass es sich hierbei um »das schönste Beispiel für eine Kirche mit drei Kuppeln in Achse und Vierteltonnen über den Seitenschiffen« (Pina Belli d'Elia) handelt. Das setzt indes voraus, dass man sich in Bari bei San Nicola um den Schlüssel bemüht bzw. anruft, damit ein hilfreicher Geist aus der Stadt herausfährt und öffnet.

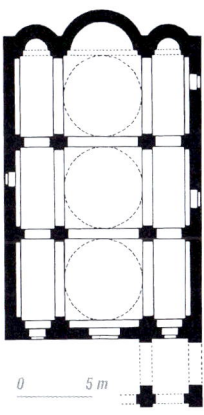

Ognissanti di Cuti, Grundriss

Rutigliano

Weinstöcke, so weit das Auge reicht, bzw. im Sommer Plastikfolien, unter denen die Trauben reifen, künden Rutigliano an und verraten, warum der Ort den stolzen Beinamen *Città del'Uva* trägt. Man sollte versuchen, an der Durchgangsstraße zu parken, die an der **Porta Castello** vorbeiführt, denn hinter dem Stadttor präsentiert sich das Städtchen mit Barockpalazzo und Cafè von der einladensten Seite.

Wenige Schritte weiter zeigt die **Kirche Santa Maria della Colonna** mit ihrer Fassade zur engen Gasse. Auf Geheiß des Normannengrafen Hugo von Conversano errichtet und 1108 geweiht, hat sie in dem Portal des 13./14. Jh., das von säulentragenden Löwen flankiert wird, unter dem Baldachin noch den ursprünglichen Architrav bewahrt. Auf diesem sind – noch nicht besonders kunstfertig – Christus und die Apostel beim Letzten Abendmahl dargestellt, während darüber im Tympanon eine »Verkündigung« erkennbar ist. Im Inneren ist neben einer »Madonna«, einer auf byzantinische Art im 13. Jh. gefertigten Holzfigur, unbedingt das Polyptychon mit einer »Maria mit Heiligen« von Antonio Vivarini (ca. 1420–1484) sehenswert, jenem Maler, der den Übergang vom Mittelalter zur Renaissance repräsentiert. Im höchst gelegenen Ortsteil erhebt sich an der Piazza Cesare Battisti in Gestalt eines 34 m hohen **Normannenturms** zwar nur der letzte Rest eines Kastells. Aber die *torre* gilt als die am besten erhaltene aus jener Epoche – und lenkt bereits den Blick voraus auf Conversano, eines der stärksten normannischen Machtzentren.

Conversano

Pro Loco
Piazza Castello 13
70014 Conversano
Tel. 08 04 95 12 28

Museo Civico
Via San Benedetto 16 (im Kloster San Benedetto)
Di–Sa 9–12 und 16–19, So 9–12 Uhr

Santa Maria Assunta
Die Kathedrale ist z. Z. wegen Restaurierungsarbeiten eingerüstet und nicht zugänglich.

Tyrann und Schöngeist
Giangirolamo II. von Acquaviva, der Graf von Conversano, trug die typischen Charakterzüge einer Person seines Standes und seiner Zeit. Er war Tyrann und frommer Schöngeist, zum Lob Gottes und mit dem Segen der Kirche. Er veranlasste die Ausmalung der Kirche Santi Cosma e Damiano, indem er Domenico Finoglia von Neapel nach Conversano berief, und er verfolgte die Rebellen, die im Zusammenhang mit der neapolitanischen Revolte von 1646 auch in Apulien agierten, mit bestialischer Grausamkeit.

Die peuketische Siedlung Conversano, von welcher Mauerreste und Gräber des 4.–3. Jh. v. Chr. ergraben wurden, war in römischer Zeit als Station an der Straße von Bitonto nach Egnazia bekannt. Unter dem Namen *Norba* ist sie auf der »Tabula Peutingeriana« verzeichnet. Als *Cupersanum* lernte der auf einem Murge-Ausläufer strategisch gut postierte Ort im 6. Jh. die Byzantiner, im 7. Jh. die Langobarden, ab 899 wieder die Byzantiner und erneut die Langobarden des Fürstentums Salerno als Herren kennen. Doch einen ›Ruf wie Donnerhall‹ bekam es erst um die Mitte des 11. Jh. unter den Normannen und ihren Grafen, die sich nach dem Ort benannten und immer zu den mächtigsten zählten. Der erste war Gottfried von Conversano, Neffe Humfreds und Robert Guiskards, denen er tatkräftig zur Hand ging. Er gehörte aber auch zu den ersten, die sich gegen die Vormachtstellung Roberts auflehnten. Seine Nachfolger waren von demselben aufrührerischen Geist beseelt, weshalb immer, sobald in der Geschichte der süditalienischen Normannen von Revolten die Rede ist, der Name Conversano fällt.

Diese kriegerischen Herren sorgten für den ersten Bau des **Kastells** über trapezförmigem Grundriss, das am Rand der Altstadt den freien Platz davor (nebst Pizzeria und Bar) beherrscht. Von ihm blieben die quadratischen Türme hinter der Mauer. Der dicke zylindrische Turm dagegen wurde im 14. Jh. errichtet, eine Eckbastion noch 1460 angefügt, wie überhaupt alle Feudalherren, denen die Burg bis in die Neuzeit gehörte, Veränderungen vornahmen. Im 18. Jh. war der Zweck des Wehrbaus erfüllt und die Annehmlichkeit eines Schlosses gefragt.

Kathedrale Santa Maria Assunta

Dem Hoftor gegenüber erblickt man die gerade vermauerte Apsidenwand mit auffallendem Monoforium und die linke Längsseite der Kathedrale Santa Maria Assunta, am Ort schlicht *Basilica* genannt. Zwar schon im 12. Jh. entstanden, ist die Hauptfassade mit dem **Hauptportal** das Ergebnis eines 1359–73 erfolgten Umbaus. Zwei Löwen sitzen stolz und aufrecht auf Säulenpodesten. Auf ihren Hinterteilen ruhen die Säulen, die den aufwendig verzierten, spitzgiebeligen Baldachin tragen. Die Portalpfosten sind wie der Architrav mit floralem Ornament überzogen; in das Tympanon, das von einer dreifach gestuften, mit Rankenwerk und figürlichen Darstellungen geschmückten Archivolte überfangen wird, ist eine Madonnen-Skulptur zwischen zwei Engelreliefs platziert. Darüber beherrscht die große zwölfblättrige **Fensterrose** die vertikal durch zwei Lisenen gedrittelte Fassade, die an den Dachschrägen durch Blendbögen gesäumt ist. Zu den kleineren Nebenportalen mit den leicht spitzbogigen Archivolten korrespondieren mit erlesenen Transennen gefüllte Rundfenster geringerer Durchmesser. Die Fassaden der Flanken mussten nach dem Brand von 1911 stark überarbeitet werden.

Conversano, Kathedrale, Portallöwen

Im **Inneren** ist die romanische Architektur trotz des ›angespitzten‹ Triumphbogens vor dem Querhaus erhalten. Das vierjochige Langhaus mit offenem Dachstuhl bildet die Separierung der drei Schiffe durch Pfeiler mit nachgestellten Halbsäulen. Über jedem Joch zeigen an den Mittelschiffwänden zwei Triforien die Emporen an. Allein die Kanzel ist ein Nachbau. Der hölzerne Kruzifixus an der rechten Seitenschiffwand ist ein Werk des 14. Jh. Die »Madonna della Fonte« aus dem 12. Jh., gegenüberliegend im linken Seitenschiff, zählt zu den ältesten und am meisten verehrten Ikonen Apuliens.

Kloster San Benedetto

In der Verlängerung der rechten Flanke führt die Via Benedetto abwärts zum Kloster San Benedetto, von dessen Kirche bereits der barocke Campanile von 1635 mit der blau-gelben Majolikahaube zu sehen ist. Die Benediktinerniederlassung soll bereits im 6. Jh. vom Hl. Maurus oder vom Hl. Placidus gegründet worden sein. Nachweislich bestand sie im 10. Jh. Parallel zur steigenden Machtfülle der Grafen von Conversano nahm die anfangs unter dem Einfluss von Montecassino stehende Abtei an Reichtum zu. Unter den Staufern war sie freies Reichskloster, unter Karl I. von Anjou wurde die Mönchsgemeinschaft aufgehoben und 1267 durch griechische Zisterzienserinnen vom Peloponnes ersetzt. Ihre permanenten Streitigkeiten mit dem Bischof von Conversano trug dem *monasterium* den zweifelhaften Ruf eines *monstrum Apulie* ein. Aber erst 1810 nahm ihnen Joachim Murat ihre Privilegien.

Durch ein Tor gelangt man in den Klosterhof und zur **Klosterkirche**. Nachdem ein älterer Bau von den Sarazenen zerstört worden war, wurde sie um 1085 mit Unterstützung des Grafen Gottfried neu auf-

Conversano, San Benedetto, Aufriss

gebaut. Die typischen quadratischen Dachaufsätze mit den Pyramidendächern stellen sie in die Reihe der bekannten Kuppelkirchen mit halbtonnengewölbten Seitenschiffen. In ihrem ›Urzustand‹ gab die Kirche das Vorbild für die Kirche Ognissanti bei Valenzano ab. Doch im Gegensatz zu dieser weist San Benedetto an Langhauswänden und Fenstereinfassungen Mosaikschmuck auf. Das Renaissanceportal mit säulentragenden Löwen wurde 1580 angefügt, etwa um dieselbe Zeit wurde die mittlere Kuppel erhöht. Das Innere erhielt im 17. Jh. eine Barockverkleidung. Vom alten Kreuzgang existieren noch zwei Flügel und in diesen noch herrliche Sattelkapitelle mit Pflanzen- und Tiermotiven. Von hier steigt man zur Krypta und somit dem einzigen erhaltenen Teil jener Vorgängerkirche hinab, die von den Sarazenen zerstört wurde. Entsprechend ihren vier Schiffen, die zwei Joche tief sind, verfügt sie über vier Apsiden.

Zurück am Largo Cattedrale, dem kleinen Platz vor der Hauptfassade der Kathedrale, führt nach links die Via Lipari, die in die Via Cellini übergeht, zur **Kirche Santi Cosma e Damiano,** deren Inneres entsprechend dem Baudatum 1636 in üppigstem Barock blüht. Zur Ausmalung steuerten Carlo Rosa und Domenico Finoglia Wesentliches bei.

Hier am Largo Santi Cosma befindet man sich wieder am Rand der Altstadt. Nach links dem Corso Umberto I folgend, gelangt man zur Piazza XX Settembre, wo ein malerischer **Uhrturm** *(Torre dell'Orologio)* aus dem Jahre 1585 steht. Mäßig ansteigend gerät man vor ein Stadttor, die **Porta delle Capelle,** die auf Walter von Brienne, der auch einmal Stadtherr von Conversano war, zurückgeht und 1338 erbaut wurde. Durch dieses Stadttor hindurch geht es erneut in der Altstadt auf der Via Porta Antica della Città geradewegs zum Kastell zurück.

Es bleibt **Santa Caterina** vor der Stadt, ein eigenartiges Kirchlein aus dem 12. Jh., wie es gut in Syrien stehen könnte. Die Idee zu dem Zentralbau über kleeblattförmigem Grundriss, dem achteckigen Tambour und der sich darüber wölbenden Kuppel samt winzigem Glockenturmaufsatz dürfte durch einen Kreuzfahrer importiert worden sein. Man sollte es finden können, wenn man das Kastell rechts und die Grünanlage links liegen lässt, dann nach links abbiegt (Via Positano) und, indem man die Eisenbahnschienen überquert, Richtung San Vito fährt.

Castellana Grotte und Putignano

Setzt man die Fahrt dagegen in Richtung Castellana Grotte fort, erblickt man nach ca. 5 km rechter Hand einen viereckigen Turm, **Torre di Castiglione** geheißen. Hinter diesem wurde seit 1982 eine ganze mittelalterliche Stadt samt Kirche und Ummauerung ergraben, die vom 10. bis ins 15. Jh. existierte, aber ihren Anfang bereits im 12. Jh. v. Chr. als peuketische Siedlung nahm. **Castellana Grotte** selbst lockt, wie der Name nahe legt, mit einer der gigantischsten Tropfsteinhöhlen, die das daran nicht arme Italien zu bieten hat. Sie ist in einer einfachen Länge von fast 2 km in 60 m Tiefe (mit entsprechendem Schuhwerk und wegen der 15 °C etwas wärmerer Bekleidung) begehbar. Stündliche Führungen in das System mit z. T. 40 m hohen Grotten und außergewöhnlichen Stalaktiten- und Stalagmitenformationen tragen dem beträchtlichen Besucheransturm im Sommer Rechnung.

In **Putignano** wurde 1931 eine Grotte entdeckt, in der man sich wie in einem Alabasterschrein fühlt. Das Städtchen, das für seine Karnevalsfeier berühmt ist, verfügt über einen hübschen alten Kern mit etlichen Palazzi und Barockkirchen. In der 1158 geweihten, aber völlig erneuerten und barockisierten Kirche San Pietro sind in der 2. und 3. Kapelle rechts sowie am 2. Altar links in den ersten Jahren des 16. Jh. von Stefano da Putignano geschaffene Skulpturen sehenswert.

Auf der S 172 weiter Richtung Alberobello biegt nach ca. 5 km rechts eine Nebenstraße hinauf zur **Masseria Balsento** (auch: Barsento) mit einem interessanten dreischiffigen Kirchlein ab. Sein dicker, blendendweißer Kalkanstrich lässt kaum mehr erahnen, dass es über fast quadratischem Grundriss nebst drei Apsiden bereits im Jahr 591 von Mönchen als Abteikirche errichtet wurde.

Alberobello

So nähert man sich denn Alberobello, und nun nicht mehr übersehbar steht er entlang der Straße immer häufiger im Gelände, einzeln oder zu Gruppen versammelt, der berühmte *trullo* (Mehrzahl: *trulli*). Er stellt in Europa ein Kuriosum dar. Man begegnet dem Steinhäuschen mit der kegelförmigen Kragkuppel in Apulien vereinzelt auch außerhalb der *zona dei trulli*, aber nirgends so gedrängt wie hier. Die Valle d'Itria, ein weites Tal mit unauffälligen Rändern, ist mit ihnen übersät. Wie weiße Punkte leuchten sie überall zwischen dem Grün hervor.

Wer wann und warum auf die Idee kam, Kalksteine zu derart geformten Behausungen aufzuschichten, ist umstritten. Auf dieselbe Weise errichtete Kegelhäuser in Nordsyrien legen nahe, dass ein im Nahen Osten verbreiteter Bautyp in den Mittelmeerraum und von dort nach Süditalien ›wanderte‹. Da nur für Häuser, aber nicht für Hütten – wie eben die ohne Mörtel gebauten Trulli – Steuern entrichtet werden mussten, verfiel man im 17. Jh. in Alberobello darauf, nur noch Trulli zu bauen. Erst ab 1797, als den Bewohnern von Alberobello erlaubt wurde, ›richtige‹ Häuser zu bauen, schob sich ein neuerer Ortsteil zwischen die auf zwei gegenüberliegenden Hängen nahezu intakt erhaltenen Trulli-Viertel Monti und Aia Piccola.

Dazwischen erstreckt sich an tiefster Stelle der Largo Martellotta, der die wichtige Funktion eines Parkplatzes (neben etlichen anderen) und einer permanenten Souvenirmesse erfüllt. Verschiedene Gassen führen direkt in den **Rione Monti** mit etwa 1000 **Trulli**. Die extra ausgeschilderten Trulli verdanken ihre ›Bedeutung‹ allerdings nicht besonderen architektonischen Merkmalen, sondern Begebenheiten, die in ihrem Zusammenhang erzählt werden. So soll der ›Trullo Siamese‹ entstanden sein, weil sich zwei Brüder wegen einer Frau zerstritten.

IAT Castellana Grotte
Via G. Marconi 9
70013 Castellana G.
Tel. 08 04 90 02 36

Grotte di Castellana
nur mit Führung
(auch auf Deutsch):
Tel. 08 04 90 02 17,
www.grottedi
castellana.it
28. März–1. Nov.
stdl. Führungen
(1 km lange Route:
tgl. 8.30–18.30,
letzte Führung um
19 Uhr; 3 km lange
Route: tgl. 9–18 Uhr
zur vollen Stunde);
im Winter nur vormittags. Warme
Kleidung und festes
Schuhwerk sind zu
empfehlen, Herzkranken wird vom
Besuch abgeraten.

Alberobello ★★

IAT Alberobello
Piazza Ferdinando IV
70011 Alberobello
Tel. 08 04 32 51 71

◁ *Die Schlusssteine (pinnacoli) der Trullispitzen. Mit Kalkfarbe aufgemalte Symbole sollen gegen den ›bösen Blick‹ und Verhexungen helfen*

Alberobello

Die Attraktion der sogenannten Trullo-Kirche *(Chiesa a trullo)* besteht für italienische Touristen vor allem darin, dass sie von Amerika-Auswanderern als Bollwerk gegen die Verbreitung des Protestantismus gestiftet wurde. Allein der Begriff *protestantismo* lässt jede anständige apulische Kirchgängerin höllisch erschaudern. Für die **Aia Piccola** werden 400 Trulli angegeben. Aber genauso gut lassen sich außerhalb von Alberobello, von Touristenscharen unbehelligt, hübsche Trulli-Ansammlungen aufspüren.

Locorotondo

Die ›Città del Vino Bianco‹ kann, was den strahlenden Glanz der weißen Häuser angeht, durchaus mit Ostuni konkurrieren. Den malerischsten Eindruck gewinnt, wer von Martina Franca aus auf den Hügel zufährt, um dessen Kuppe sich das gepflegte Städtchen ausbreitet. Seine Anlage als ›runder Ort‹, lateinisch *locus rotundus*, hat ihm schon 1276 den Namen gegeben. Es lädt zum Bummeln durch die weiß getünchten Gassen wie zur Verkostung des berühmten Weins ein und gestattet vom ›Belvedere‹ einen der schönsten Ausblicke über die mit Trulli gesprenkelte Valle d'Itria. Überragt wird die Altstadt von der 1790–1825 in neoklassizistischem Stil errichteten Kirche San Giorgio Martire. Lässt man diese rechts liegen, gelangt man zu der kleineren **Kirche Santa Maria della Greca** mit einer ansprechenderen Fassade. Sie entstand auf Veranlassung von Pirro Del Balzo, dem Fürsten von Tarent, als dreischiffiger, romanischer Bau. Der Hauptaltar trägt ein Polyptychon mit einer Darstellung des Hl. Georg als Drachenkämpfer aus dem 16. Jh. Ähnlich angelegt und ähnlich gewinnend gibt sich das 10 km entfernte **Cisternino.**

Cantina Sociale Cooperativa

Via Madonna della Catena 99
70010 Locorotondo
Tel. 08 04 31 16 44
www.loco
rotondo.com

Martina Franca

Wohl dem aber, der sich zum Besuch des Trulli-Landes in Martina Franca nieder- und in der Altstadt, dieser Oase der Behaglichkeit, die Seele baumeln lässt. Hier packt er richtig zu, dieser einlullende, bezirzende Schmelz des barocken Südens. In Verbindung mit der Gastlichkeit und der guten Küche, der Herzlichkeit der Bewohner, den gepflegten Schauseiten der zahlreichen Palazzi und der frisch restaurierten Martinskirche überwiegt schnell die Versuchung, den Aufenthalt um ein, zwei Tage zu verlängern.

Dann gewinnt eines lauen Abends, vielleicht nach Mitternacht beim Eisbecher vor dem seit 1911 bestehenden ›Café Tripoli‹, die Erkenntnis die Oberhand, dass die *lues Saracenorum*, die »Sarazenen-Seuche«, die im 9. und 10. Jh. Apulien heimsuchte, auch ihr Gutes hatte. Denn wären diese ›Heiden‹ nicht gewesen, hätten Einwohner Tarents und andere Küstenanrainer ihre Heimat nicht verlassen und sich nicht auf den Monte San Martino geflüchtet. So aber entstand hier ein Dorf und aus diesem die ›Martinsstadt‹, die im 14. Jh. weiteren Zuzug erhielt, als Philipp von Anjou, der Fürst von Tarent, Ansiedler mit ›Freibriefen‹ (konkret: Steuerbefreiungen) lockte. Damit war der Begriff von der freien Stadt Martina, Martina Franca eben, geboren. Es ist, als habe sich davon etwas in der Lebensart der Nachkommen bewahrt.

Der **Stadtrundgang** beginnt würdig an der Piazza XX Settembre, dem Bindeglied zwischen Neu- und Altstadt, genauer vor der barocken **Porta di Santo Stefano (1)** aus dem 18. Jh. Die Reiterstatue obenauf stellt den Hl. Martin dar, der durch sein Erscheinen geholfen haben soll, eine Belagerung der Stadt abzuwehren.

Martina Franca ★

APT
Piazza Roma 37 (im Palazzo Ducale)
74015 Martina Franca
Tel. 08 04 80 57 02
www.comune.
martina-franca.ta.it

Martina Franca
1 Porta di Santo Stefano
2 Palazzo Ducale
3 San Martino
4 San Domenico

Palazzo Ducale (2)

Dahinter öffnet sich die dreieckige **Piazza Roma** mit Grünfläche, Brunnen und Palmen. Früher stand an der Stelle des Palazzo Ducale eine Burg, die Raimondello Orsini, Fürst von Tarent, als Stadtherr dem Mauerring mit 24 Toren 1388 hinzugefügt hatte. Ab 1507 herrschte die Familie Caracciolo über Martina Franca, das samt Umland zum Herzogtum aufgestiegen war. 1646 musste sie sich wie der gesamte süditalienische Adel einer Revolte der Einwohner erwehren und behielt den Feudalbesitz bis 1827. Herzog Petracone V. Caracciolo erteilte Giovanni Andrea Carducci, der sich auch in Lecce auszeichnete, 1668 den Auftrag für eine neue Residenz. Trotz der nicht üppigen Fassade, die vertikal durch Lisenen, horizontal vor allem durch einen über die ganze Wand verlaufenden schmiedeeisernen Balkon gegliedert ist, verschlang der Bau immense Summen und wurde letztlich nie fertiggestellt. Dennoch haben die Stadtverwaltung und das Fremdenverkehrsamt in den insgesamt 300 Räumen heutzutage genügend Platz. Einige Säle – die Sala dell'Arcadia, die Sala del Mito, die Sala della Bibbia – und die Cappella dei Duchi wurden 1771–76 von dem lokalen Meister Domenico Carella prächtig ausgemalt.

Piazza Plebiscito und San Domenico

An kleineren Barockpalazzi mit hübschen Geschäften vorbei, führt der Fußgängern vorbehaltene enge Corso Vittorio Emanuele zur einladenden Piazza Plebiscito, die sich fast unversehrt im Zustand des 18. Jh. präsentiert. Hier erhebt sich seit 1775 das bedeutendste Gotteshaus der Stadt, die **Kollegiatkirche San Martino (3)**. Sie ersetzt eine mittelalterliche Vorgängerin, von der an der rechten Flanke noch der romanisch-gotische Campanile aus dem 15. Jh. zeugt. Die barocke Fassade wird in der Portalzone von einer überdimensionalen Skulpturengruppe dominiert, welche die Begegnung zwischen dem Hl. Martin und dem Bettler thematisiert. Das einschiffige Innere breitet den ganzen barocken Formenschatz aus. Die Seiten des Hauptaltars aus mehrfarbigem Marmor von 1773 sind mit hervorragenden Marmorstatuen bestückt, einer »Carità« und einer »Maternità«, die der brillante Giuseppe Sammartino (1720–93) aus Neapel schuf.

Links von der Fassade weg wird der Platz von dem **Palazzo della Corte** (1763) und dem **Uhrturm** (1734) geschlossen.

Die Piazza setzt sich in der Piazza Maria Immacolata fort. Während links die Via Cavour, die Straße mit den schönsten barocken Hausfassaden, hinabgeht, folgt geradeaus (Vorsicht, links: Café Tripoli!) die Via Garibaldi, von der gleich nach rechts die Via Principe Umberto zur **Kirche San Domenico (4)** abzweigt. 1760 fertiggestellt, zeigt sie bereits deutliche Rokokoakzente. Die üppige Rahmung des Fensters über dem Portal und die Pilasterkapitelle zu Seiten des Portals bieten einen Vorgeschmack auf Lecce und den Salent – und weisen darauf hin, dass Martina Franca zur alten Terra d'Otranto gehört.

Reisen & Genießen

Hotels und Restaurants

... in Alberobello
Wer einmal einen dieser eigenartigen Trulli bewohnen möchte, ohne auf eingebautes Bad, Klimaanlage, nette Möblierung und Ristorante verzichten zu müssen, wird mit dieser Zimmervermittlung fündig:
Trulli del Centro storico
Via Indipendenza 4
Tel. 08 04 32 51 03, 336 69 24 08
www.ristoranteterminal.it
DZ ab 65 €

Das Hotel der Familie Lanzillotta belegt ein gediegenes älteres Stadthaus in zentraler Lage (Garage und bewachter Parkplatz).
Hotel Lanzillotta***
Piazza Ferdinando IV 30
Tel. 08 04 32 15 11
www.hotellanzillotta.it
DZ 65–85 €

In einem stilvoll eingerichteten Trullo kommen eine prämierte Fischküche, Wildgerichte oder etwa Lamm in Spinatkruste *(agnello in crosta in folia di spinaci)* und feine *dolci* auf den Tisch:
Il Poeta Contadino
Via Indipenzenza 21
Tel. 08 04 32 19 17
www.ilpoetacontadino.it
Mo (außer Sommer) und Ende Juni–Mitte Juli geschl.
Menü ab 50 €

Im kleinen Trullolokal Pinaccolo gibt es leckere *orecchiette* und hervorragende Pizza.
Il Pinaccolo
Via Monte Nero 30
Tel. 08 04 32 57 99
Menü ab 20 €

... in Locorotondo
Diese familiäre Trattoria im alten Ortskern gegenüber von San Giorgio genießt einen guten Ruf für ihre Fleischküche (etwa geschmorte Kuttelrouladen oder duftender Rinderbraten mit Steinpilzen):
Centro Storico
Via Eroi di Dogali 6
Tel. 08 04 31 54 73
Mi geschl.
Menü ab 30 €

... in Martina Franca
Die Veranda, der idyllische Garten und das großartige Frühstücksbuffet mit Leckereien der Region machen den Aufenthalt hier zu einem Genuss (Pool, abgeschlossener Parkplatz).
Park Hotel San Michele****
Viale Carella 9
Tel. 08 04 80 70 53
www.parkhotelsanmichele.it
DZ 120 €

Zentraler als an der Villa Comunale, dem Stadtpark, kann man nicht wohnen (24 Zimmer, Dachgarten mit prächtigem Blick über die Stadt, bewachter Parkplatz):
Villa Ducale****
Piazza Sant'Antonnio
Tel. 08 04 80 50 55
DZ 77–100 €

Mittags laden im *centro storico* schön gedeckte Tische ins Halbrund der Arkaden des Ristorante Ai Portici ein, abends in der wohlige Atmosphäre des Gewölbekellers:
Ristorante ai Portici
Piazza Maria Immacolata 6
Tel. 08 04 80 17 02
Mi geschl.
Menü ab 25 €

Von Bari nach Brindisi

Nino Rota
Wer noch die Filmmusik von »Der Leopard« oder »Der Pate« (und 150 weiterer Filme) im Ohr hat, wird gewiss in Torre a Mare in der Via Leopardi vor der Nr. 40 halten, um ein kleines Gedenken an den Komponisten Nino Rota (1911-1979) einzulegen. Er lebte hier als Professor des Konservatoriums in Bari viele Jahre – sofern er sich nicht in Rom, Piazza delle Coppelle 64, aufhielt.

Reisende ohne Eile mögen nach **Mola di Bari,** einem lebhaften Hafen- und gern besuchten Badeort einbiegen, dem Karl I. von Anjou nach der Eroberung 1277 durch seinen Baumeister Pierre d'Angincourt ein uneinnehmbares Kastell vor die Nase respektive die heutige Altstadt setzte. Nach 1530 wurde es um die spitzen Eckbastionen erweitert. Gerade soeben in der verwinkelten Altstadt selbst steht die Kathedrale San Nicola, in der zweiten Hälfte des 13. Jh. erbaut, aber unter Beibehaltung ihrer drei Schiffe, eines von Löwen mit Säulen flankierten linken Seitenportals und auch der Fensterrose an der Hauptfassade von zwei dalmatinischen Baumeistern um die Mitte des 16. Jh. in ein renaissancezeitliches Kleid gehüllt.

Hält man sich ab **Cozze** hartnäckig auf dem schmalen Sträßchen, das dicht, wie es dichter nicht geht, parallel zur S 16 verläuft und auf keiner Karte eingezeichnet ist, passiert man gleich (Haltemöglichkeit) einige adrett auf gepflegtem, rotbraunem Boden zwischen vereinzelten Olivenbäumen stehengelassene **Trulli,** hinter welchen das blaue Meer einen besonders fotogenen Hintergrund abgibt. Außerdem bietet sich danach ein problemloser Abstecher nach **San Vito** an, auch wenn die mit einer alten Schutzmauer gesicherte, mit drei Kuppeln gedeckte, dreischiffige Kirche in der Regel nicht zu betreten ist. Aber die Lage des bereits im 9. Jh. erwähnten, durch Benediktiner erweiterten, 1266 von Zisterziensern übernommenen und bis ins 18. Jh. veränderten Klosters auf erhöhtem Ufer über dem winzigen Naturhafen ist einfach schön. Wie eine Festung schaut es aufs Meer, oder wie eine marode Villa mit seiner ruinösen Loggia im Obergeschoss.

Sieben Uhr früh ist eine gute Zeit, um hier zu stehen, wenn die Fischer ihre Boote in die winzige Bucht zurückrudern, am besten – vom Kloster aus gesehen – am äußersten rechten Ende des Hafenhalbrunds. Dort, an dem Wind und Wetter trotzenden Säulenstumpf, sind fast auf Höhe des Wasserspiegels noch römische Mauerreste zu entdecken. Auf der anderen Seite der Bucht hält ein gut erhaltener **Küstenwachturm** – einer von unzähligen, die im 16. Jh. ganz Süditalien umgaben – unverdrossen nach den Türken Ausschau, weshalb er wohl die modernen albanisch-apulischen Zigarettenschmuggler nicht wahrnimmt.

Trulliland
Das Weichbild der Großstadt Bari tritt relativ schnell zurück, und die Küstenstraße verläuft bis San Giorgio oder Torre a Mare, wo es auf der S 16 schneller weitergeht, gelegentlich schon entlang unbebauter Uferabschnitte, die flach und felsig am Wasser abbrechen. Und bald zeigen sich zwischen Straße und Meer wieder Trulli.

Polignano a Mare

Von San Vito her empfiehlt es sich, an der Küstenstraße festzuhalten. Bald nach der Einfahrt in Polignano a Mare entzückt von einer völlig unvermuteten Brücke herab ein Blick nach links in eine schmale Bucht, über der rechts die Altstadt am Felsen hängt – und hat (kurz davor nach links) schon die beste Parkmöglichkeit verpasst. Denn hinter der Brücke und somit vor dem alten **Stadttor,** das bis zum 18. Jh. der einzige Zugang war, werden die Plätze rar, und die hübschen Hilfs-

polizistinnen verteilen tüchtig Strafzettel, besonders an Augustwochenenden, wenn das malerische Städtchen vor Touristen überquillt.
Die ersten, die hier von sich reden machten, waren griechische Einwanderer. Sie nannten ihre Ortsgründung nicht eben originell Neapolis, »neue Stadt«. Auf den ältesten Münzen findet sich das Adjektiv dann nachgestellt, was ein Polisnea und schließlich ein Polineanum ergab. Im Mittelalter stieg Polignano zum Sitz einer Grafschaft und sogar eines Fürstentums auf. 1506 wurde es von König Ferdinand I. von Neapel als Pfand an Venedig versetzt.

Das Betreten der **Altstadt** durch das erwähnte Tor kommt einem Epochenwechsel gleich. Gleich rechts erhebt sich der Palazzo Miani-Perrotti, gefolgt vom alten Rathaus, dem *Sedile*, aus dem 14. Jh. An der kleinen, gemütlichen Piazza Vittorio Emanuele II reckt die bereits 1295 geweihte, aber häufig veränderte **Kirche Santa Maria Assunta,** die sich eines schmucken Spätrenaissanceportals erfreut, ihren Campanile über die Hausdächer. An ihrer Fassade geradeaus weiter, wartet nach 100 m eine Terrasse mit einer herrlichen Aussicht über das Meer – sowie mit der Ansicht (nach links) eines etwa 20 m senkrecht über dem Wasser hängenden Balkons, des ›aufregendsten‹ Apuliens.

Monopoli

Es ist unmöglich, an einer Stadt mit einem so klangvollen Namen, der wieder nach einer griechischen Gründung ›riecht‹, achtlos vorüberzufahren. Der örtlichen Überlieferung zufolge soll sie jedoch erst im Mittelalter von den Bewohnern von Egnazia nach der Zerstörung ihrer Stadt besiedelt worden sein. Dann müsste die Namengebung durch die Byzantiner erfolgt sein, die hier bis 1041/42 den Angriffen der Normannen standhielten. Obwohl Monopoli seitdem Bischofssitz war und während der Kreuzzugszeit als Nachschubhafen ein gewisse Rolle spielte, blühte es erst im Spätmittelalter auf, nachdem die Venezianer 1456 die Stadt erobert und 1506 an die Spanier abgetreten hatten.

Die überdimensionierte **Piazza Vittorio Emanuele** dürfte der größte unter allen apulischen Plätzen sein, die in der Stadterweiterungseuphorie des 18./19. Jh. neben den historischen Zentren angelegt wurden. An der **Barockkirche San Francesco** aus dem 18. Jh. rechts vorbei in die Altstadt, stößt man vor dem *municipio* auf die Via San Domenico, die zu der **Kirche San Domenico** (Haus-Nr. 51) führt. Sie besitzt eine elegante Renaissancefassade des 16. Jh., die durch Säulen und Pilaster aufgelockert ist und wegen des schönen Portals, der filigranen Fensterrose und der von Stefano da Putignano geschaffenen Skulpturen Beachtung verdient. Der innere Aufbau folgt dem dreischiffigen Basilikaschema, aber die üppige Dekoration verrät 17. und 18. Jh. Der ersten Ausschmückungsphase gehört das Tafelbild »Miracolo di Soriano« des 1544 in Venedig geborenen Jacopo Palma d. J. an.

Am Haus mit der Nr. 73 in derselben Gasse geht es, sofern geöffnet, hinab zur **Grottenkirche Madonna del Soccorso** aus dem 11. Jh.,

Chiesa rupestre Madonna del Soccorso
Via San Domenico 73
Di 16–17.30 Uhr

oder man lässt sich von dem Hinweisschild (an der Ecke) durch das malerische Altstadtgewirr weiterschicken zur **Kirche Santa Maria Amalfitana,** benannt nach Seeleuten aus Amalfi, die 1059 vor der Stadt Schiffbruch erlitten und aus Dankbarkeit für ihre Rettung eine Basilianergrotte der Muttergottes weihen ließen. Zu Beginn des 12. Jh. sorgte dann die ortsansässige amalfitanische Kaufmannskolonie für die Errichtung einer Kirche. Von dieser sind außen noch die rechte Flanke und der Ostabschluss mit drei runden Apsiden vorhanden. Am zentralen Apsisfenster (aus der zweiten Hälfte des 12. Jh.), an dem flankierend Löwen Säulen tragen, schauen von den Kapitellen zwei breitmaulige Affenköpfe herab und degradieren die gut gearbeiteten Konsolskulpturen des Gesimses aus dem 13. Jh. zur Nebensache. Im Inneren wurde nach einer rigiden ›Säuberung‹ der ursprüngliche Zustand der Basilika wiederhergestellt, deren drei Schiffe durch Pfeiler mit vorgestellten Halbsäulen, die noch schöne romanische Kapitele tragen, abgetrennt sind. Im rechten Seitenschiff befindet sich vorne der Abgang zur Grottenkrypta, der früheren basilianischen Laura.

Knapp 30 m entfernt, gestattet eine schmucklose Toröffnung den Durchgang zum Hafen mit dem kleinen, wehrhaften **Kastell.** Es entstand 1552 an der Stelle eines älteren, als die Spanier die ganze Küste wegen der Türkeneinfälle befestigten.

Monopoli, Kastell

Kathedrale

Zurück zur Via San Domenico und an deren Ende zur Piazza XX Settembre bzw. deren Verlängerung nach links, der Piazza Vescovado, gelangt man von dieser rechts durch die Via Cattedrale zu einem reizenden barocken Plätzchen. Es wird von der monumentalen **Fassade** der Kathedrale fast erdrückt, die ihre Gründung im Jahr 1107 völlig hinter der 1742–70 vorgenommenen Barockisierung verbirgt. Der hohe **Campanile** dagegen wurde bereits ein Jahrhundert früher im eleganten Lecceser Barockstil hochgezogen. Im dreischiffigen **Inneren** herrscht eine bunte Festlichkeit, die durch die Verwendung verschiedenfarbiger Marmorarten hervorgerufen wird. Am ersten Seitenaltar rechts ist auf einem Tafelbild von Jacopo Palma d. J. die »Vertreibung der aufrührerischen Engel« zu sehen. Die Vierung vor dem Chor wird von einer mächtigen Kuppel überwölbt; hinter dem Chor liegt erhöht die Kapelle, in welcher die natürlich wunderwirkende »Madonna della Madia« verehrt wird, eine **Ikone,** die 1208 auf Zypern angefertigt und durch Kreuzfahrer, die auf der Insel wie in Monopoli Hospize unterhielten, hierher gelangt sein dürfte.

In der vom rechten Querhaus zugänglichen Sakristei ist der in Monopoli 1612 geborene Maler Francesco Fracanzano, der eine deutliche Beeinflussung von Caravaggio und Ribera offenbart, mit einer »Rückkehr des verlorenen Sohnes« sowie »Lot und seine Töchter« vertreten. Zwischen beiden hängt ein hervorragendes »Martyrium der Hl. Justinia«, das Paolo Caliari Veronese (1528–88) zugeschrieben wird. Und schließlich werden hier Skulpturenfragmente der romanischen Kathedrale aus dem 12. Jh. aufbewahrt.

Egnazia

Fast parallel zur Via Traiana verläuft danach die Küstenstraße zunächst durch Olivenbaumkulturen, dann über freies Gelände und in ständigem Blickkontakt mit dem Meer zum bedeutendsten Ausgrabungsgebiet Apuliens, einer antiken Stadt, für welche die griechische Bezeichnung *Gnathia* überliefert ist. Heute heißt sie Egnazia. Horaz wähnte sie in der satirischen Beschreibung seiner Reise von Rom nach Brindisi 38 v. Chr. »von erzürnten Nymphen erbaut«.

Die Straße durchschneidet die archäologische Zone. Denn in Höhe des Eingangs, in den man zum Parken auch einfahren kann, erhebt sich jenseits der Straße ein Hügel mit Mauerwerk einer spätantiken Festung, an deren Stelle sich einst die Akropolis befand. Dahinter erstreckte sich die antike Siedlung bis zum römischen Hafen. Ein ganzes Stück landeinwärts dagegen, d. h. hinter dem ergrabenen Areal rechts der Straße, wurde 1975 ein Antiquarium errichtet, ein Museum, in dem die Grabungsfunde ausgestellt sind.

Die Siedlung nahm ihren Anfang bereits in der Bronzezeit (13. Jh. v. Chr.) und entwickelte sich im Grenzgebiet zu den Peuketiern zur

Egnazia ★

IAT
*Piazza Ciaia 10
72015 Fasano
Tel. 08 04 41 30 86
www.egnazia
onlinc.it*

Zona Archeologica
tgl. 8.30–19.15 Uhr

Museo Nazionale
*Tel. 08 04 82 90 56
tgl. 8.30–19 Uhr*

Im Süden der Terra di Bari

nördlichsten Stadt der Messapier. Von der ab dem 4. Jh. erfolgten Ummauerung haben sich bis zu 7 m aufragende Teilstücke erhalten. Aber die größte Blütezeit erlebte *Gnathia* während der Romanisierung im 4.–3. Jh. v. Chr., als mehrgeschossige Häuser, sogenannte *insulae*, die rechteckig zueinander angeordneten, oft noch ungepflasterten Straßenzüge säumten. Als die 109 n. Chr. begonnene, gepflasterte Via Traiana die Stadt erreichte, existierte bereits das Forum mit Tempeln und anderen öffentlichen Gebäuden. Der abrupte Niedergang Egnazias, das im 5. Jh. Bischofssitz war, wird der Zerstörung durch die Goten Totilas im Jahr 545 angelastet. Die verbliebene Bevölkerung zog sich bis zum 9. Jh. auf den Akropolishügel zurück, um schließlich ganz nach Monopoli abzuwandern. Danach diente Egnazia für die umliegenden Orte als Steinbruch, im Grunde bis 1912 die wissenschaftlichen Ausgrabungen begannen.

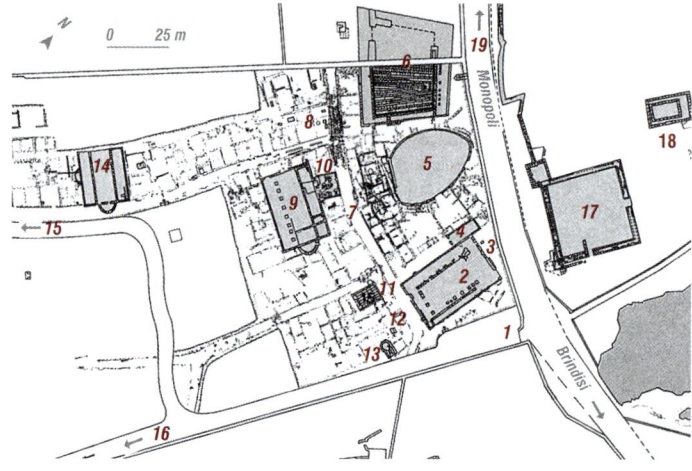

Egnazia, Lageplan
1 Eingang
2 Römische Basilika
3 Aula delle Tre Grazie
4 Heiligtum der orientalischen Kybele oder Siria
5 Ovaler Platz, vermutlich Markt, früher fälschlich als Amphitheater gedeutet
6 Forum mit seitlichem Portikus,
Regenrinne und (Richtung Akropolis) Fundamenten von Rednertribüne und Denkmal
7 Via Traiana
8 Messapische Gräber
9 Frühchristliche dreischiffige Basilika mit Apsis, wohl Bischofskirche
10 Baptisterium mit betretbarem Taufbecken
11 Römisches Heiligtum, 2. Jh. n. Chr.
12 Messapische Gräber
13 Kreisförmiger, vermutlich zum Brennen von Ton verwendeter Ofen
14 Kleine, über heidnischem Kultbau errichtete frühchristliche Basilika
15 Museum, Nekropole mit Kammergräbern
16 Unterirdischer Getreidespeicher (Kryptoportikus)
17 Spätantike Befestigung, bis ins 9. Jh. n. Chr. bewohnt, auf dem Hügel der ehemaligen Akropolis (nach Absprache im Museum zugänglich)
18 Hellenistischer Tempel
19 Messapische Mauer

Egnazia, Via Traiana

Weiterfahrt an der Küste

Der Badeort **Rosa Marina** zielt nicht auf Massentourismus ab, ist hübsch angelegt und darum recht erholsam. Bei **Villanova**, das den Römern als Station an der Via Traiana unter dem Namen *ad Speluncas* ein Begriff war und sich nach den Vorstellungen des letzten Normannenkönigs Tankred (Ende 12. Jh.) und auch Karls I. von Anjou (1277) zur Stadt mausern sollte, aber nicht so recht wollte oder konnte, zweigt die schnellste Querverbindung ins Hinterland ab, wo sich seit Monopoli in gleichbleibendem Abstand von ca. 6 km zur Küste ein auffallender Bergrücken hinzieht.

Ostuni

Die Straße verläuft geradewegs auf Ostuni zu, das im Glanz seiner am Hang des Hügels übereinandergestaffelten, weiß getünchten Häuser weithin leuchtet. Man kann die Lage von Ostuni natürlich auch als beherrschend oder strategisch bezeichnen. Aber vor der Bar an der zentralen Piazza, die man hier *Chiazza* ausspricht, mit einem guten *cappuccino corretto* (mit Grappa!), der die historische Reflexion befördert, erscheinen angesichts der unkriegerischen Ortsgeschichte martialische Begriffe unangebracht. Gewiss, wenn – wie im Sommer 1997 geschehen – einige schwerbewaffnete Banditen in einem Hotel eine Hochzeitsgesellschaft hochnehmen, dann mag dies den friedfertigen Eindruck dämpfen. Aber das sind die üblichen süditalienischen Unbilden um die Wende vom 2. zum 3. Jt. und gehen Fremde nichts an.

Der Überfall erinnert eher an die Raubzüge der Sarazenen im 9. Jh., die auch Ostuni trafen. Danach kehrte Ruhe ein, in welcher der Ort sich zur properen Landstadt entwickeln konnte, ob er nun ab 1120 zur normannischen Grafschaft Lecce, im 14. Jh. zum Fürstentum Tarent, im 16. Jh. zum Herzogtum Bari unter den Sforza-Damen – Mut-

Ostuni ★

APT
Corso Mazzini 6
72017 Ostuni
Tel. 08 31 30 12 68

Museo di Civiltà Preclassiche della Murgia Meridionale
Via Cattedrale 15
Tel. 08 31 33 63 83
Mo–Fr 9.30–12.30,
Di/Do auch 15–
18 Uhr

Im Süden der Terra di Bari

ter Isabella von Aragon, Witwe des Herzogs Gian Galeazzo Sforza von Mailand, Tochter Bona Sforza, Witwe des polnischen Königs Sigismund I. – oder schließlich bis 1806 zum Lehensbesitz verschiedener Adelsfamilien gehörte.

Der zentrale Platz heißt seit 1943 offiziell Piazza della Libertà und ist durch die üppig dekorierte **Guglia di Sant'Oronzo** betont, eine fast 21 m hohe, spätbarocke Säule von 1771 mit einer Statue des Hl. Orontius obenauf. Mit der Bestellung des nächsten im *caffè* verborgenen Grappa lässt sich die Betrachtung des **Palazzo Comunale**, in dem die Bar untergebracht ist, verbinden. Die 1887 fertiggestellte Fassade verschleiert seinen frommen Beginn im 14. Jh. als Franziskanerkonvent. An die Mönche, die 1808 enteignet wurden, erinnert wenigstens die rechts mit verspielter Fassade anschließende **Kirche San Francesco**, die 1780 radikal überarbeitet wurde. Ebenfalls noch am Platz, wenngleich etwas zurückgesetzt, steht das **Kirchlein Spirito Santo** von 1637 mit einem sehenswerten Renaissanceportal. Das Relief im Tympanon über dem Architrav stellt den »Tod Marias« dar, dasjenige im Baldachingiebel die »Krönung Marias«.

Nach dem fünften *corretto* wird es als Zumutung erachtet, die *chiazza* mit der *culonna* verlassen und schräg gegenüber der rechten Flanke der Kirche San Francesco die Via Cattedrale (korrekt: Via Pietro Vincenti) bis zur Kathedrale aufsteigen zu sollen, die den höchsten der drei Stadthügel bekrönt. Doch es wartet ein angenehmer, kurzer Spaziergang, vorbei an nicht eben spektakulären, aber für die Stadtgeschichte wichtigen Gebäuden mit manchen hübschen Portalen. So saß etwa im Haus mit der Nr. 5 bis 1300 der Gerichtshof. 1639 wurde es zusammen mit der ganzen Stadt von Herzog Giovanni Zevallos usurpiert, der das Stadtwappen, eines der ältesten, über die Ostuni verfügt, anbringen ließ. Ebenfalls am Weg liegt die nicht mehr für Gottesdienste genutzte, barocke **Chiesa delle Monacelle**, die ›Kirche der Nönnchen‹. Sie gehörte zu dem Kloster, in dem 1730–1975 Karmelitterinnen lebten. Diese haben inzwischen eine neue Bleibe gefunden, ›hören‹ aber nach wie vor auf ihren alten Kosenamen *Monacelle* (hochitalienisch korrekt wäre *monachelle*). So möchte man vor jedem Haus im mittelalterlichen *borgo* mit seinem nur schwer durchschaubaren Gassenlabyrinth verweilen und sich verplaudern.

Stadtheilige
Wie andere Kommunen vertraut auch Ostuni sein Wohl nicht einem einzigen Stadtpatron an. Vom Hl. Blasius (San Biagio) meint man, dass er persönlich die erste Christengemeinde des Ortes besucht habe. Der Hl. Orontius (Sant'Oronzo) dagegen errettete die Stadt 1657 vor der Pest.

Kathedrale

Die Fassade, die sie der winzigen Piazza davor präsentiert, ist kurios. Lisenen bewirken wie üblich die vertikale Dreiteilung in eine höhere mittlere und zwei niedrigere Seitenpartien. Das größere Hauptportal und zwei Nebenportale mit den im entsprechenden Größenverhältnis darüber platzierten Rundfenstern unterstreichen die Gliederung. Die Form der oberen Wandabschlüsse folgt einer damaligen dalmatinisch-venezianischen Mode. Seitlich beschreiben sie, gerundeten Schulterstücken gleich, eine konvexe Linie, während der Giebel des Mittelschiffs in zwei konkav geformten Friesen neckisch auswärts schwingt.

282

Ostuni

Die Bischofskirche wurde 1469–1495 erbaut. Auf der Fassade widerstreiten Spätromanik, Gotik und Renaisance. Das bemerkenswerteste Detail ist die überaus große wie feine **Fensterrose** mit 24 eingestellten Säulchen. Das äußere, breitere Einfassungsband ist mit Pflanzenwerk verziert. In dieses sind ringsum die zwölf Apostel geradezu versponnen. Sie halten Spruchbänder in Händen und zeigen zur Mitte hin, wo im innersten Rund, quasi im Zentrum des Universums, Christus (mit kniefreiem Gewand) steht. Das spitzbogige gotische **Hauptportal** mit gestuftem Gewände trägt im Tympanon ein Basrelief mit thronender Madonna sowie, ihr zu Füßen, den Bischof Nicola Arpone, unter dem der Großteil der Kathedrale errichtet wurde. Die Tympana der Nebenportale sind mit Skulpturen des Hl. Johannes (rechts) und des Hl. Blasius (S. Biagio) besetzt, der als Patron der Stadt ein Modell von ihr in der Rechten hält.

Das ansprechende **Innere,** das bereits 1668 und nochmals im 18. Jh. umgestaltet wurde, erweist sich jetzt als Werk der durchgreifenden Restaurierung, die 1896–98 stattfand. Zwei Reihen von jeweils fünf kräftigen, mit Stuck verkleideten Säulen unterteilen den würdevollen Raum in drei Schiffe. Die Decke des Mittelschiffs mit den drei Tafelbildern (Christus mit Gelehrten; Christus verjagt die Zöllner aus dem Tempel; Christus vergibt der Ehebrecherin) wurde in der zweiten Hälfte des 18. Jh. bei der Barockisierung eingezogen. Von ihr zeugt auch der voluminöse, 1750 geschnitzte Holzaltar, der die Kapelle vorne rechts füllt.

Im selben Jahr entstand außerhalb, gegenüber der Fassade, der Verbindungsgang zwischen Bischofspalast und Kurie, der einem weiten Bogen aufliegt. Hinter diesem gerät der Streifzug durch den *Borgo,* der *La Terra* heißt, zum beschaulichen Mäandern und vergnüglichen Studium von Balkönchen und Fensterchen, vom Wohnen auf engstem Raum in Gassen, die bisweilen keinen Ausgang haben.

Weiter im Landesinneren

Ceglie Messapica hat sich zur beliebten Sommerfrische gemausert. Um den romantischen Seiten der Altstadt nachzuspüren, muss am besten mit geschlossenen Augen der hässliche Kranz von Neubauten durchquert werden. Die höchste Position hält das Kastell besetzt, ein ursprünglich normannischer Bau, der von den Fürsten von Ceglie im 15./16. komplett erneuert wurde und wie manche Kirche im Ort von einer pflegerischen Maßnahme profitieren würde.

Dafür wurde in **Carovigno** – dem messapischen *Carbina*, das die Tarentiner 460 v. Chr. eroberten – das beeindruckende Kastell restauriert, das im 14./15. Jh. zur Sicherung des Küstenhinterlandes vor Korsarenübergriffen erbaut und in die Stadtmauer integriert wurde. Die Zufahrt durch die noch von Toren bewehrte Altstadt ist zwar eng, aber angenehmer als die Durchquerung der Neustadtquartiere.

San Vito dei Normanni, seit DDR-Zeiten Partnerstadt des sachsen-anhaltinischen Salzwedel, hieß bis 1863 San Vito degli Schiavoni und trug damit dem hohen slawischen Bevölkerungsanteil im Mittelalter Rechnung. Für die Rückbesinnung auf normannische Vorfahren, an die der jetzige Stadtname erinnern will, muss Bohemund herhalten, der zu Beginn des 12. Jh. das kleine, im 15. Jh. umgebaute Kastell in der Ortsmitte errichten ließ. Davon zeugt noch ein quadratischer Turm.

Freskenräuber

1986 wurde der Eingang verschlossen, um die Ausmalung vor Freskenräubern zu schützen, einem in den ersten Jahrzehnten nach dem Krieg einträglichen Berufsstand. Sie hatten recht solide Techniken zur Ablösung der bemalten Kalkschichten entwickelt und, wenn man ehrlich ist, dadurch manches Kunstwerk, das heute in einer apulischen Villa den Besitzer erfreut, vor der Zerstörung bewahrt. Denn die staatlichen Stellen nahmen sich – teilweise bis heute – der Dinge nur sehr schleppend an, wenn überhaupt.

Grottenkirche San Biagio

Eine würzigere Prise mittelalterlicher Luft hängt unweit von **San Vito** in der Grottenkirche San Biagio. Der Schlüssel zur Besichtigung ist im Rathaus von San Vito erhältlich. Zunächst geht es auf der S 16 Richtung Brindisi, nach ca. 4 km links weg Richtung Serranuova, nach 1,2 km bei der Kreuzung rechts und auf dieser Straße nach 1 km über die Bahnlinie. Die *Cripta San Biagio,* wie sie hier ausgeschildert ist, liegt dann noch 400 m weiter, in einem kaum erhabenen Kalksteinplateau gegenüber der einsamen, einst befestigten Masseria Januzzo, die schon bessere Tage gesehen hat. Wie das Kirchlein in der Grotte.

Spätestens beim Blick durch das Gitter in die dunkle Grotte wird die Faulheit, die die Besorgung des Schlüssels im Rathaus von San Vito verhinderte, zutiefst bereut. Denn der **Freskenzyklus,** der sich – schlecht erhalten – auf den schiefen Mauern ausbreitet, gilt in der Tat als berühmt, obwohl die Fachgelehrten der griechischen Inschrift (nach dem Eingang an der Decke) nicht trauen, die behauptet, dass ein Meister Daniel die Fresken 1197 malte; sie datieren die Arbeiten in die Jahrzehnte um 1300. In der Mitte der Decke ist Christus nach byzantinischer Tradition als Pankrator dargestellt, um ihn herum Szenen seines Lebens, wie sie aus dem Neuen Testament bekannt sind. An der Rückwand sind mit Mühe die Hll. Andreas, Johannes Evangelista, Blasius und Nikolaus zu erkennen, an der rechten Wand die Hll. Georg Demetrius (zu Pferd), Silvester und Stephan sowie die Geburt Jesu und die Anbetung durch die Hll. Drei Könige.

Reisen & Genießen

Hotels und Restaurants

... in Carovigno
Etwas außerhalb lädt in einer Masseria das Il Castelletto ganz apulisch zu Fohlentartar, Anchovissalat, Auberginen auf Tomaten *(pappa di pomodoro)*, Rigatoni mit Fischfilet und anderen Köstlichkeiten.
Il Castelletto
Contrada Morandi
Tel. 08 31 99 00 25
Mo geschl.
Menü ab 25 €

... in Ceglie Messapica
In der Altstadt bringt ein klassischer Familienbetrieb in gekälkten Mauern aus dem 15. Jh. das Beste aus der örtlichen Küche auf die Tische. Nach dem Bohnenpürree mit wildem Chicoree, den Pastavariationen und Eis aus getrockneten Feigen in *vin cotto* kann man sich nur die Finger lecken.
Trattoria Cibus
Via Chianche di Scarano 7
Tel. 08 31 38 89 80
www.ristorantecibus.it
Di geschl.
Menü ab 28 €

... in Monopoli
Eingerichtet in einer Masseria aus dem 16. Jh., lässt das Il Melograno wirklich traumhafte Tage verleben. Die Zimmer und Suiten sind mit Stilmöbeln und zeitgemäßen Komfort ausgestattet; Swimmingpool, Hallenbad, Sport- und Wellnessangebot, Garten mit Feigen- und Mandelbäumen.
Il Melograno***
Contrada Toricella 345
Tel. 08 06 90 90 30
www.melograno.com
DZ 330–470 €

Außerhalb der Altstadt kommen hier Fisch und Meeresfrüchte frisch auf den Teller:
Lido Bianco
Via Procaccia 4
Tel. 08 08 87 67 37
So abends, Mo (außer im Sommer) geschl.
Menü ab 30 €

... in Ostuni
Einen geruhsamen Aufenthalt im Hinterland verspricht das in einer Masseria aus dem 16. Jh. liebevoll eingerichtete Il Frantoio. Auf TV, Kühlschrank, Telefon in den Zimmern wird verzichtet, dafür bietet man dem Gast Ruheoasen zwischen Orangenbäumen und Palmen. Es wird mit Produkten aus biologischem Anbau gekocht; Reitschule.
Il Frantoio
SS 16 (km 874)
Tel. 08 31 33 02 76
www.masseriailfrantoio.it
DZ 176–220, Vollpension 55 €/Pers.

Mitten in der Altstadt bittet diese Osteria zu Tisch und verleitet etwa zu *orecchiette con cime di rapa* (Öhrchennudeln mit Stengelkohl) und apulischen Fleischgerichten, Rouladen vom Esel inbegriffen:
Osteria del Tempo Perso
Mo (außer im Sommer) geschl.
Menü ab 30 €

... in Polignano
Dieses kleine moderne Haus auf den aufregenden Klippen mit Ristorante in einer offenen Grotte direkt über dem Meer sollte man sich nicht entgehen lassen (Garage):
Grotta Palazzese***
Via Narciso 59
Tel. 08 04 24 06 77
www.grottapalazzese.it
DZ 175 €

Terra d'Otranto

In den Südosten Apuliens

Der südöstlichste Landstrich Italiens und somit Apuliens, der ›Stiefelabsatz‹ der Apenninhalbinsel, bildet für sich eine vom Adriatischen und dem Ionischen Meer umgebene Halbinsel. Eher als Salent (Salento) bekannt, hält sich die historische Bezeichnung Terra d'Otranto, die im 17. Jh. Gebiete weiter nördlich bis nach Gioia del Colle und Matera (in der Basilikata) mit einbezog. Heute haben Brindisi, Tarent und Lecce dem Küstenstädtchen Otranto längst den Rang abgelaufen.

Der Salent ist eine überwiegend flache, für apulische Verhältnisse dicht besiedelte Gegend. Äußerst reizvolle, über weite Strecken menschenleere, weil felsige Küstenabschnitte machen die gelegentliche Monotonie des Landesinneren mehr als wett. Dazwischen laden aber auch immer wieder Kies- und Sandstrände – an der ionischen Küste mehr als an der adriatischen – zum Baden in einem Wasser ein, das zum saubersten des Mittelmeers gehört.

Historisch betrachtet war der Salent die Heimat der Messapier. Schon vor der Ankunft griechischer Kolonisten im 8. Jh. v. Chr. bestand ein reger Verkehr ins östliche Mittelmeer. Eine zweite Gräzisierung erlebte er durch die Byzantiner, die sich hier am längsten gegen die Normannen behaupteten. In der *Grecia Salentina* südöstlich von Lecce sprach man bis ins 20. Jh. griechisch und bemüht sich derzeit, die Tradition wieder aufzufrischen. Neben Otranto, das für sein vollständiges romanisches Bodenmosaik berühmt ist, sowie Gallipoli und Tarent mit ihrer einzigartigen Lage bildet vor allem die faszinierende Barockstadt Lecce die Hauptattraktion. Doch auch Brindisi mit seinem ganz außergewöhnlichen Naturhafen, seinen Kunstdenkmälern und seiner grandiosen Geschichte muss sich nicht verstecken.

Karten Nördlicher Salent S. 298,
Südlicher Salent S. 332,
Citypläne Brindisi S. 289,
Tarent S. 305,
Nardò S. 330,
Otranto S. 341,
Gallipoli S. 352

Terra d'Otranto
Besonders sehenswert:
Brindisi ★
Manduria ★
Tarent ★
Lecce ★★
Galatina ★
Otranto ★★
Vaste ★
Gallipoli ★

Brindisi

Nach einer Fahrt über Land bietet Brindisi, das seit 1927 Provinzmetropole ist und knapp 100 000 Einwohnern hat, wieder die Vorzüge einer ›richtigen‹ Stadt. Es wurde zwar hinsichtlich der Renovierungen seiner Kunstdenkmäler nicht so üppig wie andere apulische Kommunen aus den EU-Töpfen bedient, aber es konnte doch einiges wiederhergestellt werden, was lange Zeit unzugänglich war. Vielleicht wollte man Brindisi aber auch nicht die Gelegenheit geben, sich prächtiger herauszuputzen, und der Forderung nach einer eigenen ›Region Brindisi‹ den Wind aus den Segeln nehmen. In der *Central Bar* an der Piazza Sedile am Rand der Altstadt lässt sich der Tag jedenfalls mit einem frischen *cornetto* redlich beginnen und ohne Hast eine Betrachtung der Stadtgeschichte anstellen. Anschaulicher gerät sie aber auf der nicht weit entfernten kleinen Terrasse am Ende der Via Appia, der jetzigen Via Colonne, mit Blick über den Hafen.

Brindisi ★

APT
Lungomare Regina
Margherita 44
72100 Brindisi
Tel. 08 31 56 21 26

◁ *Lecce, Piazza Sant' Oronzo*

Geschichte

Naturhafen
Die auffällige Form dieses Hafens, der mit zwei kräftigen Armen die Altstadt umfasst, ist eine Naturschöpfung. Die Messapier verglichen sie mit dem Geweih eines Hirschs, wofür sie das Wort Brunda oder Brendon benutzten. Es hat sich im heutigen Ortsnamen, der unter den Griechen ›Brendesion‹ und unter den Römern ›Brundisium‹ lautete, erhalten. Unter letzteren begann der Aufstieg zur wichtigsten Hafenstadt an der Adria.

Mitte des 3. Jh. v. Chr. wurde die Stadt zur römischen Kolonie erhoben. Im Illyrischen Krieg legte sie als Stützpunkt der römischen Flotte ihre erste Bewährungsprobe ab. Die permanente starke Präsenz von Militärs sorgte nicht nur für eine rasche Romanisierung, sondern dürfte 211 v. Chr. Hannibal auch von einem Angriff auf die Stadt abgehalten haben. Erst innerrömische Konflikte brachten das Municipium, dem Sulla 83 v. Chr. die Rechte eines Freihafens verliehen hatte, in Schwierigkeiten, so etwa als Caesar 49 v. Chr. versuchte, Pompeius an der Ausfahrt zu hindern, und danach für neun Monate in und vor der Stadt sein Heer unter katastrophalen Bedingungen lagern ließ. Auch während des Machtkampfes zwischen Marcus Antonius und Octavianus, dem späteren Kaiser Augustus, geriet Brindisi zwischen die Fronten.

Auf der anderen Seite ist Brindisi im Zusammenhang mit Literaten zu nennen. Der hier 223 v. Chr. geborene Marcus Pacuvius kam in Rom als Dichter und Maler zu Ansehen. Cicero, der sich als Anhänger des unterlegenen Pompeius nach der Schlacht von Pharsalos sofort nach Brindisi abgesetzt hatte und einer – dann auch auf halbem Weg zwischen Brindisi und Tarent erfolgten – Aussprache mit Caesar entgegensah, verfasste hier seine *Litterae Brundisinae*. Horaz klagte, dass ihm am Ende seiner Reise in Brindisi der Schreibstoff ausgegangen sei, und der große Dichter Publius Virgilius Maro, besser als Vergil bekannt, verstarb hier im Jahr 19 v. Chr.

Im 7. Jh. lösten die Langobarden die Byzantiner als Herren der Stadt ab. 838 von den Sarazenen überfallen und ausgeplündert, war sie bis zur Ankunft der Normannen erneut in byzantinischer Hand. Robert Guiskard verleibte sie nach einer ersten Eroberung 1060 als eine der letzten byzantinischen Hochburgen 1071 endgültig seinem neuen Reich ein. Zur Zeit des 1. Kreuzzugs, für den Brindisi ab 1095 ein wichtiger Einschiffungs- und Nachschubhafen war, gehörte die Stadt zum Machtgebiet Bohemunds I. 1128 verschaffte sich Roger II. mit einem Heer aus 2000 Rittern, 3000 Kämpfern zu Fuß und 1500 sarazenischen Bogenschützen gewaltsam Zutritt und unterband eine großflächige, vom Papst geförderte Separationsbewegung normannischer Grafen. Der Vorgang wiederholte sich 1132. Roger, der inzwischen als erster Normanne den Königstitel trug, ging erneut als Sieger hervor. Graf Tankred von Conversano, der Herr von Brindisi, musste ihm die Stadt wieder ausliefern und versprechen, ins Heilige Land zu emigrieren. Da er auch danach keine Ruhe gab, ließ Roger ihn schließlich gefangen nehmen und nach Sizilien schaffen.

Die Staufer haben sich aus Brindisi nicht sonderlich viel gemacht. Heinrich VI. schaute 1194 vorbei, als er sich dem Land als neuer Herr vorstellte, und auch Friedrich II. stattete während seines Apulienumritts im Frühjahr 1221 der Stadt einen Besuch ab, in der er vier Jahre später Isabella von Brienne heiratete. Auch wenn er Brindisi später etliche Privilegien gewährte und für den Bau des Kastells sorgte,

Brindisi

Brindisi
1 römische Säule
2 Castello Alfonsino
3 Seemannsdenkmal
4 Dom
5 Museo Archeologico Provinciale Francesco Ribezzo
6 Templerportikus
7 Loggia Balsamo
8 San Giovanni al Sepolcro
9 San Benedetto
10 Porta Mesagne
11 Kastell
12 Santa Lucia
13 Porta Lecce
14 Chiesa del Cristo
15 Fontana Tancredi
16 S. Maria al Casale

scheint er ihr persönlich nicht sonderlich verbunden gewesen zu sein. Als er vom Kreuzzug 1229 zurückkehrte, ging er in oder bei Brindisi an Land. Vielleicht schon zu diesem Zeitpunkt, spätestens aber nach Friedrichs Tod schwenkte die Stadt auf die antistaufische päpstliche Linie ein. Manfred scheiterte 1255 und 1257 mit seinen Versuchen, die Stadt einzunehmen.

Unter den Anjou erlebte Brindisi mit dem Ausbau des Hafens und des Kastells seine letzte große Zeit. Aber nach dem Erdbeben von 1456 und nachdem die spanischen Vizekönige aus Furcht vor türkischen Angriffen die Hafeneinfahrt hatten zuschütten lassen, sank es in die Bedeutungslosigkeit ab. Eine wichtige Rolle erlangte die Stadt erst wieder nach der Eröffnung des Suezkanals 1869 als Transithafen an der Route London–Bombay. Als Prof. Gustav Meyer von der Universität Graz 1890 Südapulien bereiste, stachen ihm in Brindisi deshalb zwei Dinge in die Augen: Inder mit Turbanen und zweisprachige, d.h. italienisch-englische Schilder. Die Faschisten nutzten den Hafen während des Zweiten Weltkriegs als Marinestützpunkt. Indem König Vittorio Emanuele III., Marschall Badoglio und andere Regierungsmitglieder im September 1943 von Rom nach Brindisi flohen, avancierte es bis Februar 1944 zur provisorischen Hauptstadt Italiens. Nach dem Krieg erfolgte eine rapide Industrialisierung. Brindisi stieg neben Tarent zum bedeutendsten Erdölimporthafen Italiens auf. Daneben verblassen die Umsätze, die mit dem Fährverkehr nach und von Griechenland erzielt werden.

Im 2./3. Jh. n. Chr. wurden an der Stelle, an der die Via Appia in Brindisi seit dem Jahr 190 v. Chr. am Hafen endete, zwei monumentale Säulen errichtet. Eine von ihnen stürzte 1528 um und wurde nach Lecce verschenkt, wo sie, nach der Mitte des 17. Jh. wieder aufgestellt, die Piazza Sant'Oronzo schmückt. Doch auch die verbliebene 19 m hohe **römische Säule (1;** *Colonna Romana)* aus Marmor, deren Kapitell mit Halbbüsten von Jupiter, Neptun, Minerva, Mars und Tritonen verziert ist, besitzt noch so viel Würde, um majestätisch die einstige Wacht des Imperium Romanum über die Adria zu symbolisieren. Vielen römischen Flotten wies sie nach erbitterten Seeschlachten den Weg zurück auf heimischen Boden. Kreuzfahrer und Pilger nahmen ihren Anblick als letzten Gruß Lateineuropas mit auf die gefährliche Reise.

Im Hafen ...
wurden im Mittelalter Bräute – für Roger, den Sohn Tankreds von Lecce, Irene aus Byzanz, für Friedrich II. Isabella aus Jerusalem – eingeholt und Kreuzfahrer ins Heilige Land übergesetzt.

Castello Alfonsino (2)

Der Blick auf den Hafen von der etwas erhöhten Terrasse daneben lässt ihn als günstige Laune der Natur erscheinen. Nach links schiebt sich das Meer mit dem *Seno di Ponente* weit ins Festland, rechts herum der *Seno di Levante*. Geradeaus liegt die enge Einfahrt, und man muss es einmal erlebt haben, wie ein Fährschiff oder eine Fregatte einfährt, um es glauben zu können. Weiter auswärts scheint die (heute mit dem Festland durch einen befahrbaren Damm verbundene) Insel **Sant'Andrea** auf dem Wasser zu schweben. Bei dem darauf er-

Brindisi, Römische Säule, Stahlstich, 1879

kennbaren Gemäuer handelt es sich um das kleine (in Marine-Besitz befindliche und deshalb nicht zu besichtigende) Castello Alfonsino, das Alfons I. von Aragon 1445 zur Sicherung der Hafeneinfahrt über einer eigens deshalb abgerissenen Benediktinerabtei anlegen ließ.

Schon Caesar wollte an dieser Stelle die Passage sperren. Eine Woche nachdem er den Rubikon bei Rimini mit seinen Soldaten überquert und somit Verfassungsbruch begangen hatte, stieß er entlang der Adriaküste nach Süden vor. Pompeius eilte über Canosa nach Brindisi, wo er – unterstützt von den mit auf der Flucht befindlichen beiden Konsuln – Schiffe für die Flucht requirierte. Am 4. März des Jahres 49. v. Chr. konnten die Konsuln mit einem großen Truppenkontingent ausfahren. Nur die für Pompeius vorgesehenen Schiffe waren noch nicht gerüstet, und er saß in Brindisi fest. Fünf Tage später erreichte Caesar die Stadt. Er ließ einen Wall vom Festland zur Insel Pharos – heute eben Sant'Andrea – bauen, um Pompeius aufzuhalten. Doch dieser ließ die Arbeiten von den im Hafen liegenden Schiffen aus attackieren. Am 17. März schaffte er den Durchbruch. Caesar konnte dafür in die Stadt einrücken. Neun Monate später setzte er von hier mit 21 000 Mann über die Adria, um die Entscheidung mit Pompeius zu suchen und zu gewinnen. Umgekehrt fuhr Augustus, von Ägypten kommend, 29 v. Chr. in den Hafen ein und ließ sich als Sieger feiern. Im Jahr 105 n. Chr. stach hier Kaiser Traian zum Krieg gegen die Daker in See.

Vergils Tod in Brundisium

»Stahlblau und leicht, bewegt von einem leisen, kaum merklichen Gegenwind, waren die Wellen des adriatischen Meeres dem kaiserlichen Geschwader entgegengeströmt, als dieses [...] dem Hafen Brundisium zusteuerte ...« So beginnt »Der Tod des Vergil«, jener Roman von Hermann Broch, der auf mehreren hundert Seiten die Todesstunden des Dichters von der Nacht, in der er in Brindisi ankam, bis zum Ende am folgenden Tag miterleben lässt.

Frauenfreund Friedrich II.

Das Gedicht für die »Blume von Syrien«, als deren Verfasser Friedrich gilt, könnte an Anais adressiert gewesen sein, mit der Friedrich anstelle seiner zu jungen Braut in Brindisi die Hochzeitsnacht verbracht haben soll:
»Weh, ich gedachte nicht, / dass gar so schweres Leide / das Scheiden wäre von der Fraue mein. / Ich wähnt, ich müsste sterben, / seitdem ich sie meide / und ich der Süßen nicht mehr darf Geselle sein.«

1227 warteten neben Kaiser Friedrich II. die Bischöfe Siegfried von Regensburg und Ekbert von Bamberg sowie Landgraf Ludwig von Thüringen auf die Ausfahrt. Bedingt durch die hygienischen Verhältnisse, die eine solche Menschenmenge in der Augusthitze mit sich brachte, brach im Heer eine Seuche aus. Friedrich wurde vorgeworfen, zu wenig Schiffe bereitgestellt zu haben. Dieser konnte sich mit der unerwartet großen Zahl von Kreuzfahrern aus Deutschland verteidigen. Dann erkrankte er selbst, und in der Hoffnung auf ein gesünderes Klimas, ließ er die Truppen draußen bei der Insel Sant'Andrea vor Anker gehen. Trotzdem starb Landgraf Ludwig von Thüringen, und letzten Endes mussten die Kreuzfahrer ohne den Kaiser ablegen. In den Augen des Papstes hatte er damit sein Kreuzzugsversprechen gebrochen und wurde exkommuniziert. Um so erfolgreicher verlief der Kreuzzug, von dem er zwei Jahre später nach Brindisi zurückkehrte.

Dies alles geschah zu Füßen der heutigen Betrachter, und wenn direkt vor der Terrasse ein Kriegsschiff anlegt, dann hat das seit über 2000 Jahren Tradition. In ihr steht auch das **Seemannsdenkmal (3; *Monumento al Marinaio d'Italia*)**, das 1933 am jenseitigen Ufer des *Seno di Ponente* in Gestalt eines riesigen Steuerruders erbaut wurde.

An dem Haus (Nr. 46/48) oberhalb der Stufen, die von der Via Regina Margherita zur Säule heraufführen, erinnert eine **Gedenktafel für Vergil** an den Tod des Dichters 19 v. Chr. im Alter von 51 Jahren. Er hatte eine Reise nach Athen unternommen, um seine »Aeneis« zu vollenden, und war von dort unverrichteter Dinge und bereits sehr geschwächt nach Brindisi zurückgekehrt.

Rundgang in Brindisi

Der Dom und Sehenswertes in seiner Umgebung

Von der römischen Säule geht es geradewegs in die Altstadt zur Piazza Duomo mit dem **Dom (4)**, der beim besten Willen nicht zur Augenweide taugt. 1089 wurde er von Papst Urban II. geweiht. Bereits ab 1140 wurde er durch einen Neubau ersetzt. Dieser wurde durch das Erdbeben von 1743 so sehr in Mitleidenschaft gezogen, dass er in barocken Formen aufgebaut wurde, und 1854 setzte ihm wiederum ein Erdbeben schwer zu. Im sterilen Inneren sind neben dem Chorgestühl aus den letzten Jahren des 16. Jh. die Reste des **Fußbodenmosaiks** hinter dem Altar und vorne im linken Seitenschiff von Interesse. Einst deckte es fast den gesamten Boden der Kirche ab. Es wurde 1178 verlegt, zur Zeit des aus Frankreich stammenden Bischofs Wilhelm. Damit wird begründet, dass das Mosaik, das ansonsten deutlich dem zehn Jahre früher geschaffenen in Otranto folgt, recht umfangreich Motive aus der Rolandsage darstellte (wie man von Zeichnungen des 19. Jh. weiß). Über diesen Boden aber schritt nicht nur Roger, der Sohn Tankreds von Lecce, als er aus Gründen der Staatsräson 1192 die byzantinische Kaisertochter Irene zum Altar führte, sondern auch Friedrich II. am 9. November 1225 bei seiner Trauung mit Isabella von Brienne, einem gerade dreizehn oder vierzehn Jahre alten, angeblich hässlichen Mädchen, das dem knapp 39-jährigen Kaiser als einzige Mitgift den begehrten Titel eines Königs von Jerusalem einbrachte, eines Reichs, das nur dem Namen nach bestand. Der auf Hochzeitsnacht eingestellte Kaiser soll indes angesichts der kindlichen Braut ersatzweise deren attraktive Cousine Anais in sein Bett beordert haben – ein Gerücht, das sich hartnäckig hielt, da die sonstigen Gepflogenheiten Friedrichs in Frauendingen nicht unbedingt dagegen sprachen.

Museo Archeologico Provinciale ›Francesco Ribezzo‹ Piazza Duomo Mo–Fr 9.30–13.30 (Di auch 15.30– 18.30) Uhr, Sa/So geschl.

Links neben dem Dom hält das **Museo Archeologico Provinciale (5)** eine Sammlung frühgeschichtlicher bis römischer Funde parat. Im ehemaligen Kreuzgang, in dem sich hinten rechts auch der Museumseingang befindet, ist ein Lapidarium mit mittelalterlichen Skulpturenfragmenten ausgebreitet. Wiederum links über Eck öffnen sich zwei Spitzbogen einer Vorhalle des 13./14. Jh., die als **Portikus der Templer (6)** bzw. ›Loggia der Kreuzfahrer‹ bekannt ist und daran erinnert, dass während der Kreuzzugszeit alle Ritterorden mit Niederlassungen in Brindisi vertreten waren. Gegenüber der Domfassade beginnt am Ende der Piazza die Via Tarantini. Gleich rechts fällt der Blick auf die **Loggia Balsamo (7)** aus dem 14. Jh. mit ihren bizarren Tier- und Menschenskulpturen an den Bogenkonsolen.

San Giovanni al Sepolcro (8)

Weiter auf der geraden Via Tarantini durch die Altstadt und die vierte Gasse, die Via San Giovanni, links weg –, lässt sich die Kirche San Giovanni al Sepolcro erreichen. Um 1100 vielleicht auf Veranlassung des aus dem Heiligen Land zurückgekehrten Bohemund I. errichtet, scheint sie mit ihrem Grundriss – einem Dreiviertelkreis mit geradem Abschluss, in den ein Säulenkranz eingestellt ist – die Grabeskirche in Jerusalem nachahmen zu wollen. Jedenfalls gehörte sie Mitte des 13. Jh. zur ›Filiale‹ der in Brindisi ansässigen Ritter vom Heiligen Grab. Jahrelange Restaurierungen konnten nicht alle Erdbebenschäden beseitigen. Deshalb auch ist an der Fassade mit den schlichten Lisenen und dem einfachen Monoforium von den beiden im 12. Jh. nachträglich angefügten Portalen nur eines zu bewundern.

Dieses nördliche **Portal** mit seinem spitzbogigen Baldachin, der bis zum Dach reicht, wirkt überproportioniert. Die Kapitelle auf den von zwei sehr ramponierten Löwen getragenen Säulen sind außergewöhnlich mit Menschen- und Tierkopfmasken sowie Vögeln (rechts) bzw. mit vier teils bekleideten, teils nackten Männern und ebenso vielen Frauen in modischer Gewandung dekoriert, die sich wie zum Reigen an den Händen halten. Der Architrav ist im oberen Teil mit überhängenden Blättern geschmückt, im unteren auf antike Art wie ein Fries skulptiert. An den Pfosten sind meisterhaft wie bei einer byzantinischen Elfenbeinarbeit in das überreiche Blatt- und Rankenwerk zahlreiche figürliche Darstellungen eingewoben, die nur teilweise von ähnlichen Schmuckreliefs bekannt sind. Dazu zählen etwa der nackte

Brindisi, San Giovanni al Sepolcro, Kapitell

293

Brindisi, San Benedetto, Sattelkapitell im Kreuzgang

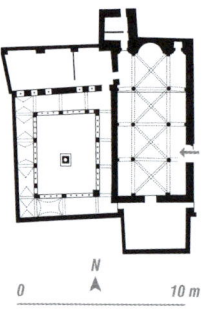

Brindisi, San Benedetto, Grundriss

Reiter, der nur mit einem langen Stock bewaffnet ist, der ebenfalls unbekleidete Bauer, der einen Korb mit Feldfrüchten und an einem Stock Wildbret trägt, oder die Frau, die einem Löwen aufsitzt und diesen am Maul packt.

San Benedetto (9)

Wieder zurück auf die Via Tarantini, hier nach links und erneut die dritte Gasse links, so geleitet schließlich die Via San Benedetto zu einem Platz, an dem sich rechts die Kirche San Benedetto erhebt, deren Restaurierung 1999 abgeschlossen wurde. Sie diente einer um 1080/90 begründeten Bendiktinerinnenabtei als Gotteshaus. Mit einer Urkunde des Jahres 1097 wurden der Ordensniederlassung zur Sicherstellung ihres Unterhalts vom Normannengrafen Gottfried von Conversano, der auch Herr von Brindisi war, und seiner Gemahlin Sichelgaita zahlreiche Güter geschenkt. Von diesem ältesten Bau sind der untere Bereich mit der durch Blendbögen, Lisenen und schlanken, gestuften Monoforien bewirkten Fassadenauflockerung sowie der gedrungene Campanile erhalten, an dem vor allem die zweifarbig gestalteten Blendbögen und Archivolten der Triforien im Obergeschoss auffallen. Der Architrav des **Seitenportals,** das ebenfalls noch vom Gründungsbau stammt und durch das die Kirche heute betreten wird, erinnert mit seinen überhängenden Blättern an San Sepolcro und gemahnt mit drei Reliefbildern – Variationen desselben Motivs: Mann bekämpft Ungeheur mit Spieß – an den Widerstreit zwischen Gut und Böse. Aber was bedeutet der Drachenwinzling, der im jeweils äußeren Bild das löwenartige Untier in den Schwanz beißt? Und warum hält der mittlere gelockte Jüngling, der im Gegensatz zu den beiden anderen Männern keine Kappe trägt, den Drachen unfair am Schwanz, bevor er zupiekst? Kein Kopfzerbrechen bereitet das herrliche, an nordische Verzierungen erinnernde Flechtbandornament an Portalpfosten und -bogen.

Überraschenderweise gibt sich das hervorragend restaurierte, stimmungsvolle **Innere** als Hallenkirche im Zustand des ausgehenden 12. oder beginnenden 13. Jh. zu erkennen. Die beiden tonnengewölbten Seitenschiffe weisen annähernd die gleiche Höhe wie das Mittelschiff auf, das – ursprünglich wohl mit drei hintereinander liegenden Kuppeln gedeckt – mit einem Kreuzrippengewölbe geschlossen ist. Hohe Säulen, drei zu jeder Seite des Mittelschiffs, unterstreichen die Lichte des Raumes, der in (außen gerade vermauerten) drei Apsiden endet. Ebenfalls hoch ausgebildete Akanthusblattkapitelle tragen zusammen mit dem Kapitell der ersten Säule links, das Tiermotive zeigt, zum unaufdringlichen Glanz der Kirche bei.

Dem ehemaligen Haupteingang ist eine Kapelle vorgebaut. Ein ›Wappen‹ des Hl. Benedikt an der Decke verweist noch auf die ehemaligen Besitzer. Von hier öffnet sich die Tür zum bezaubernden romanischen **Kreuzgang.** In ihm bestechen die Sattelkapitelle (auf kantigen Säulchen) vom Ende des 11. Jh., die mit Pflanzendekor besetzt oder zu Tieren ausgeformt sind.

Weitere Sehenswürdigkeiten im Zentrum

Von San Benedetto keine fünf Gehminuten entfernt, markiert das einzige noch erhaltene mittelalterliche Stadttor (13. Jh.), die **Porta Mesagne (10)**, mit einem großem Spitzbogen den Eingang der Via Appia in das antike *Brundisium*. Außerhalb erhebt des Tores sich links ein eckiger Turm der Stadtmauer, die zur Zeit Karls V. die Stadt schützte.

Ebenso weit ist es von hier geradeaus nordwärts zum **Kastell (11)**, dem *Castello Svevo*. Der Grundstein für die mächtige Festung wurde auf Befehl Friedrichs II. 1227 gelegt. Doch die vierflügelige Anlage direkt über dem Ufer des *Seno di Ponente* wurde 1481 von Ferdinand I. von Aragon und nochmals von Karl V. 1530 beträchtlich ausgebaut und verstärkt. Joachim Murat ließ sie 1810 als Gefängnis herrichten. Zu besichtigen steht die Festung nicht, da in ihr das *Comando Presido militare* der italienischen Kriegsmarine sitzt.

Im entgegengesetzten, schon beträchtlich von neuerer Bebauung durchsetzten Altstadtbereich südlich des belebten Corso Roma ist die um 1100 erbaute, aber ständig veränderte **Kirche Santa Lucia (12)** wegen ihrer Krypta erwähnenswert. Diese ging aus einer Grottenkirche hervor, die im 8.–10. Jh. von Basilianermönchen genutzt und im 13. Jh. umgestaltet wurde, wobei sie die hohen Säulen mit den scharf geschnittenen Kapitellen erhielt. Sie birgt einige gut erhaltene Fresken in byzantinischer Art. Bereits im 12. Jh. wurden die »Thronende Muttergottes« und »Maria Magdalena« gemalt. Die beachtliche Darstellung des hl. Nikolaus entstand im 13./14. Jh., wie übrigens auch die spärlichen Freskenreste, die oben in der Kirche an der linken Wand entdeckt wurden.

Schon eher am unwirtlichen Stadtrand liegt nicht weit eines von Karl V. erneuerten Stadttors, der **Porta Lecce (13)**, die **Chiesa del Cristo (14)**, deren Fassade durch die abwechselnden Lagen von gelblichen und weißen Steinen und die große, reich verzierte Fensterrose im Giebelfeld auffällt. Die Kirche wurde im Jahre 1232 zusammen mit einem Konvent von Dominikanern errichtet, die sich seit 1224 in Brindisi aufhielten. Im einschiffigen Inneren beeindruckt ein monumentaler Kruzifixus, den wohl ein wandernder Künstler aus dem Rheinland im 13. Jh. schuf. In derselben Epoche entstand die Holzstatue »Thronende Madonna mit Kind« in der Nische rechts vom Eingang, die Verwandtschaft zu ähnlichen Werken aus der Maasgegend aufweist.

Möglicherweise hat die zweifarbige Fassadengestaltung der ›Christuskirche‹ auf die etliche Jahrzehnte später erbaute Kirche Santa Maria del Casale im wahrsten Sinn des Wortes abgefärbt. Vor allem aber wegen der enormen Ausmalung lohnt der etwa 3,5 km weite Weg vor die Stadt. Man könnte ihn zu Fuß zurücklegen, doch gerade die erste Wegstrecke, die vom Kastell aus noch durch die Stadt führt, ist wegen der zugeparkten Gehsteige und der sehr befahrenen Straße zum Laufen unangenehm.

Crocco, der König der Briganten

Einer der berühmtesten Häftlinge im Kastell von Brindisi war Carmine Donatelli, genannt Crocco, einer der gefürchtetsten Briganten-Anführer Süditaliens. 1859 gelang ihm die Flucht, und er wurde ›Staatsfeind Nr. 1‹. Er selbst nannte sich ›König der Könige‹, re dei re, und befehligte zeitweise 43 Banden mit bis zu 2200 Mann. Das Zentrum seiner Aktivität lag in der benachbarten Basilikata. Nach seiner Festnahme verbrachte er bis zu seinem Tod 1905 38 Jahre in Haft.

Fontana Tancredi (15)

So empfiehlt sich das Auto, zumal man es unterwegs an der Straße abstellen kann, um einen kurzen Blick nach links auf die etwas erhöht in einer kleinen Baumgruppe gelegene Fontana Tancredi zu werfen. Von respektlosen Personen wird sie auch als ›letzte Kreuzfahrer-Tankstelle vor der Ausfahrt‹ ins Heilige Land bezeichnet. König Tankred von Lecce soll den Brunnen anlässlich der Hochzeit seines Sohnes Roger mit der byzantinischen Kaisertochter Irene 1192 errichtet haben lassen, was die Kreuzfahrer offensichtlich nicht hinderte, ihn – allerdings eher beim Ausritt Richtung Heimat – als Pferdetränke zu benutzen. Die beiden links und rechts aufgesetzten Kuppelchen werden sie fraglos an orientalische Bauten erinnert haben. Noch heute werden die drei flachen Becken aus den Mündern von Wasserspeiern gespeißt. Die Inschrifttafel darüber wurde 1549 angebracht und bestätigt Tankred als Auftraggeber.

Santa Maria del Casale (16)

Einsam (am Rand des Flughafens) steht wie zeitentrückt, weil einer sicheren Epochenzuschreibung auf den ersten Blick enthoben, plötzlich die Kirche Santa Maria del Casale rechts auf freier Flur. Sie konnte infolge einer Stiftung Philipps von Anjou, des Fürsten von Tarent (1294–1331), vor 1320 erbaut werden. Dass an der **Fassade** wiederum zwei verschiedene, d. h. weiße und ockerfarbene Steine zum Einsatz kamen, macht ihre Einzigartigkeit nicht aus; aber die mit ihrer Hilfe gestalteten geometrischen Muster, welche die gesamte Fassadenfläche überziehen, lässt sie als singulär erscheinen. Einen aparten Gegensatz

Brindisi, Santa Maria del Casale

Reisen & Genießen in Brindisi

bilden die extrem schlanken Lisenen und runden Blendbögen mit ihrer feinen Leistenrahmung einerseits sowie das große spitzbogige Monoforium und darunter der stark hervortretende, spitz übergiebelte Baldachin, der sich nach vorne mit einem Dreipass öffnet. Er zeigt den gelungenen Versuch, romanische Elemente mit solchen der Gotik, die in Süditalien kaum in Erscheinung tritt, zu verbinden. Im einschiffigen **Inneren** wurden beträchtliche Partien der einst den gesamten Raum schmückenden **Freskengemälde** des 14. Jh. wieder sichtbar gemacht. Die vier Felder an der inneren Eingangswand mit der Darstellung des Jüngsten Gerichts schuf und signierte Rainald von Tarent. Unter den üblichen, auch wiederholt auftauchenden Motiven aus dem Neuen Testament, die an den Seitenwänden, im Presbyterium und in der Apsis abgebildet sind, müssen der »Gekreuzigte vor dem Lebensbaum« sowie die »Madonna mit Kind vor Rittern«, die sehr realistisch gezeichnet sind, an der linken Wand hervorgehoben werden.

Reisen & Genießen

Hotels

Von diesem zentral an der Haupteinkaufsstraße gelegenen funktionalen Hotel sind der Bahnhof wie das Altstadtzentrum bequem zu Fuß erreichen (Garage).
Majestic****
Corso Umberto 151
Tel. 08 31 59 79 41
www.hotelmajestic-brindisi.com
DZ 98 €

Das am Hafen und wenige Gehminuten vom Dom gelegene Hotel Internazionale verbirgt trotz seiner modernen Ausstattung nicht den brüchigen Charme seiner Entstehungszeit und großen Epoche um 1900 (Garage).
Internazionale****
Via Regina Margherita 23 (Lungomare)
Tel. 08 31 52 34 73
www.albergointernazionale.it
DZ 150 €

Restaurants

Die rustikale Trattoria Pantagruele ist zwar in erster Linie für ihre ausgezeichneten Fischspezialitäten bekannt, doch mit dem hausgemachten Pürree aus Bohnen mit wilder Zichorie *(fave e cicorie)* und den leckeren Wildgerichten kann man hier am Meer einen fischfreien Tag einlegen – was manche Besucher angesichts der grandiosen Fischplatten für einen riesigen Fehler halten. Dazu werden die besten Weine aus dem Salent eingeschenkt.
Trattoria Pantagruele
Salita di Ripalta 1
Tel. 08 31 56 06 05
Sa/So (im Winter So abends und Mo) sowie im Aug. geschl.
Menü ab 35 €

Das elegante La Lanterna in einem Palazzo des 15. Jh. in Nähe des Domes offeriert in einer stimmungsvollen Umgebung delikate Fleisch- und Fischgerichte und Meeresfrüchte.
La Lanterna
Via Giovanni Tarantini 14
Tel. 08 31 56 40 26
Sa abends und So geschl.
Menü ab 40 €

Nördlicher Salent

Mesagne

Pro Loco
Piazza Orsini de
Balzo 3
72023 Mesagne

**Museo Civico
Archeologico ›Ugo
Granafei‹**
Piazza IV Novembre
Tel. 08 31 73 51 98
Mo–Sa 10–12 Uhr

Südlich von Brindisi prägt die Ebene des Tavoliere di Lecce die Landschaft. Ihm folgt die Via Appia, die den Salent zwischen Tarent und Brindisi durchquert. Für die Römer war Mesagne die letzte Station an der Via Appia vor Brindisi. Nach der Abfahrt von der Schnellstraße sieht man eingangs des Orts hinter der ersten Häuserzeile links das winzige dreischiffige, tonnengewölbte und mit einer Kuppel bedeckte Kirchlein **San Lorenzo** liegen, das wegen seiner frühen Erbauung im 7. Jh. eine Besonderheit darstellt. Weiter auf der Via di Brindisi geradeaus, zeigt sich an einer größeren, grünen Piazza das **Kastell** mit seinem quadratischen Eckturm, der noch aus der Entstehungszeit unter Robert Guiskard um 1062 stammen soll. Die Mauern rechts daneben und über Eck lassen mit ihren wenig martialischen Loggien die bis ins 17. Jh. erfolgten Umbauten nachvollziehen. Erste Ausbesserungen waren wohl schon 1128 angefallen, als Roger II. eine Erhebung im Salent niederschlug. Manfred hatte das Kastell 1256 wieder herrichten lassen, nachdem seine Sarazenentruppen es zwei Jahre zuvor zerstört hatten.

Links vom Turm geht es durch die **Porta Grande** des 18. Jh. in die Altstadt und geradeaus zur Piazza IV Novembre mit der barocken **Chiesa Madre,** die über einer Vorgängerkirche der Anjouzeit 1653 neu errichtet wurde. Die hohe, bewegte Fassade ist durch Pilaster gegliedert und reich mit Statuen besetzt – und ansehnlicher als die **Kirche Sant'Anna** an der Rückseite des Kastells, die, solange nichts gegen ihren fortgeschrittenen Verfall unternommen wird, ihren ehemaligen Ruf als Prachtbeispiel des apulischen Rokoko gänzlich verspielt hat.

Nördlicher Salent

Auf der Weiterfahrt nach Oria sollte Zeit für eine Gedenkminute sein: Denn hier irgendwo ritten auf der Via Appia Ende September 47 v. Chr. **Caesar** und **Cicero** ein Stück des Wegs nebeneinander her, tief ins Gespräch versunken. Caesar hatte sich nach der Eroberung der Ostprovinzen der zarten Bande Kleopatras entwunden und war nach Italien zurückgekehrt. In Tarent war er an Land gegangen. Cicero, ein Anhänger des Pompeius, hatte sich schon im Jahr zuvor nach der Schlacht bei Pharsalos, in der Caesar den Sieg davontrug, abgesetzt und wartete, da er sich nicht nach Rom zurückwagte, die Entwicklung der Dinge in Brindisi ab. Als er hörte, dass Caesar sich von Tarent nach Brindisi begeben wollte, trat er die Flucht nach vorne an und eilte ihm entgegen, um die Gnade des Triumphators zu erbitten. Und Caesar zeigte sich von seiner großmütigen Seite.

Das trug sich zu zwischen Mesagne und Oria, das von einer mäßigen Erhebung herab die Ebene und die Neustadt überschaut und schon von weitem durch die bunte Kuppel der Kathedrale und noch mehr durch das enorme Kastell auf sich aufmerksam macht.

»*Auch der sogenannte ›Tavoliere di Lecce‹ ist eine große Kalkplatte, leicht gewellt, wasserlos, verkarstet, dennoch, wie die Küstenterrassen der Murge, reich an roter Erde, darum wohlbestellt mit Ölhainen und Weinbergen.*«
Eckart Peterich

Oria

Als *Hyria* bzw. *Uria* war Oria, das ›Tor zum Salent‹, eine bedeutende messapische Stadt. Strabon, der griechische Geograf, der bis 23 n. Chr. lebte, erwähnt einen Saturntempel und den messapischen Königspalast. Nach der Schlacht bei *Cannae* 216 v. Chr. stellte sich Oria kurzzeitig an die Seite Hannibals und wurde später römisches *Municipium*. Nach dem Untergang des Römischen Reichs siedelten sich in beträchtlichem Umfang Juden an und begründeten die noch heute in der Altstadt erkennbare *Giudecca*. In der Völkerwanderungszeit stritten Goten und Byzantiner um die Stadt. Im Jahre 569 wurde sie langobardisch, 867 besetzte sie Kaiser Ludwig II., der eigentlich die Sarazenen aus Bari vertreiben wollte. Das gelang ihm zwar wenige Jahre später, aber im 10. Jh. wurde Oria mehrmals von Sarazenen verwüstet. 1055 machten sich die Normannen an die Eroberung des Salent. Doch obwohl Humfred ein byzantinisches Heer vor Oria besiegte, vermochte er die Stadt nicht zu nehmen. Da gleichzeitig Gottfried Nardò und Lecce eroberte, Robert Guiskard Gallipoli besetzte und alle drei Brüder zusammen schließlich Otranto bezwangen, verblieben am Ende dieser Normannenoffensive allein Brindisi, Tarent und Oria in byzantinischer Hand.

Es blieb Robert Guiskard vorbehalten, die Stadt unter seine Herrschaft zu bringen. 1128 musste Roger sie nochmals erobern, nachdem sie sich am Aufstand gegen ihn beteiligt hatte. Im Herbst 1225 traf Friedrich II. in Oria mit Johann von Brienne, seines Zeichens König von Jerusalem, zusammen, dessen Tochter Isabella der Staufer im November heiratete. Kurz darauf ließ er das Kastell ausbauen, das dem Ort seine Bedeutung unter den Anjou und während der Kämpfe zwischen Franzosen und Spaniern verlieh.

Pro Loco

Via Pasquale Astore 31
72024 Oria
Tel. 08 31 84 59 39

Kretisch ...

Nach der Sage war Oria, das bereits bei Herodot erwähnt ist, eine Gründung des Japyx, eines Sohnes des Dädalus, und somit kretischen Ursprungs.

Terra d'Otranto

Selbst geübte Apulienfahrer seien davor gewarnt, bis zum Kastell auffahren zu wollen. Mit Rücksicht auf Felgen und Außenspiegel empfiehlt es sich, inmitten der engen Altstadt allerspätestens in Höhe der Kathedrale auf dem winzigen Platz zu parken – besser schon vorher, da auch von dort die Ausfahrt für nervenschwache oder klaustrophobische Menschen zur ›Tour der Leiden‹ werden kann. Die **Kathedrale** mit der breiten Barockfassade und der bunten Majolikakuppel ist ein Neubau von 1750, der nach dem Erdbeben von 1743 notwendig wurde. Im Hof des Bischofspalasts (Palazzo Vescovile) links daneben, einem barock überarbeiteten Renaissancegebäude, sind noch ein paar Säulen und Kapitele des 11./12. Jh. aus der romanischen Kathedrale zu sehen. Hinter der Kathedrale haben sich mit der Torre Palomba (auch: Carnara) Reste der messapischen Mauer erhalten.

Kastell

Die Aussichtsterrasse vor der Kathedrale, wo eine Konstantin-Statue von 1924 aufgestellt ist, bietet eine herrliche Aussicht, während die Via del Castello zum (oft geschlossenen) Kastell emporführt, das Friedrich II. an der Stelle der früheren messapischen Akropolis bzw. einer schon bestehenden byzantinisch-normannischen Burg ab 1227 über dreieckigem Grundriss errichten ließ. 1231 überzeugte er sich selbst vom Fortgang der Arbeiten, die 1233 abgeschlossen wurden. Wie wehrhaft die Anlage geraten war, erfuhr sein Sohn Manfred, als er sie 1255 vergeblich belagerte. Erst ein zweiter Anlauf 1257 verlief erfolgreich. Die Anjou erweiterten und verstärkten die Festung, die im 16. Jh. eine der bedeutendsten des Fürstentums Tarent war. Indem Ferdinand von Aragon die Nichte von Gianantonio Orsini, dem Fürsten von Tarent, heiratete, kam sie in spanische Hände, im Jahr 1562 als Geschenk König Philipps II. von Spanien an die Borromeo von Mailand. Kardinal Carlo Borromeo verkaufte die Festung für 40 000 Dukaten an die Imperiali. 1933 gelangte sie in den Besitz des Conte Martini Carissimo, wurde vor allem innen gänzlich überholt und wieder bewohnbar. Da sie noch heute dieser Familie gehört, ist eine Besichtigung nur mit Führung möglich.

Der heutige **Eingang (1)** befindet sich an der unter Karl I. von Anjou verstärkten Schildmauer zwischen zwei Rundtürmen, links die **Torre del Cavaliere (2)**, rechts die **Torre del Salto (3)**. Am äußeren linken Abschluss der Mauer erhebt sich mit der sogenannten **Torre Quadrata (4)** der einzige noch aus staufischer Zeit erhaltene Turm. Der 3900 m² messende und mit zwei Brunnen versehene **Innenhof**, die Piazza d'Armi, läuft spitz zur **Torre dello Sperone (5)** aus. Rechts vom Eingang, am Fuß der Torre del Salto, befindet sich unter Bodenniveau mit der **Kirche Santi Crisante e Daria (6)** das älteste Baudenkmal Orias. Sie entstand – einmalig in Apulien – als *basilica aperta*, d. h. als Kirche, die sich, von der Apsispartie abgesehen, nach allen Seiten in Arkaden öffnete. Der annähernd quadratische Grundriss des dreischiffigen Langhauses, Tonnengewölbe und Kuppeln las-

Kastell
nur mit Führung:
9–13 und 15 Uhr–
Sonnenuntergang

Francavilla Fontana

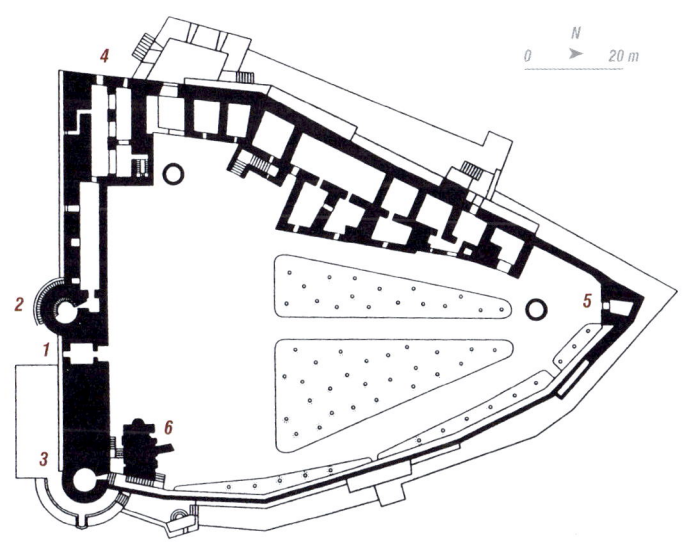

Oria, Kastell

1 Eingang
2 Torre del Cavaliere
3 Torre del Salto
4 Torre Quadrata
5 Torre dello
  Sperone
6 Kirche SS.
  Crisante e Daria

sen sie in Verbindung mit der weiteren Baugeschichte ins 9. Jh. datieren. Die Vermauerung der Arkaden erfolgte spätestens, als die Normannen ab 1060 darüber eine neue Basilika errichteten, in der die Kirche SS. Crisante e Daria als Krypta bzw. Unterkirche fortexistierte. Und sie blieb auch erhalten, als der Neubau wieder entfernt wurde, da er dem Ausbau des Kastells im Weg stand. Friedrich II. holte dazu eigens die Erlaubnis des Papstes ein. Infolge der durch den Kastellbau notwendigen Anhebung des Geländes wurde die Krypta zur ›Grottenkirche‹ und erhielt einen eigenen Eingang. Im 18. Jh. wurde sie zur Begräbnisstätte umfunktioniert und mit Gebeinen und Erde angefüllt.

Francavilla Fontana

Mit seinen barocken Kirchen und Palästen, überhaupt mit seiner großzügig angelegten Innenstadt verbreitet Francavilla Fontana eine angenehme Behäbigkeit, die auch nicht durch herausragende Sehenswürdigkeiten beeinträchtigt wird. Bummeln, ein bisschen schauen, sich südlicher Gelassenheit anheim geben – dazu lädt die erst 1310 von Philipp I. von Anjou, dem Fürsten von Tarent gegründete Stadt ein. Angeblich war eine Madonnen-Ikone in der Pfarrkirche des zuvor an derselben Stelle existierenden Dorfs gefunden worden, die den Fürsten nicht nur zur Gründung, sondern auch zur Befreiung von Steuern und Abgaben veranlasste. Daher rührt der Namenszusatz *franca*, »frei«. 1364 ließ Philipp II. von Anjou die Stadt mit einer Mauer umgeben.

APT

*Via Municipio 16
720121 Francavilla
Fontana
Tel. 08 31 81 12 62*

Am beeindruckendsten ist die Via Roma mit Palazzi des 17. und 18. Jh. bestückt, und hier (mit der Haus-Nr. 27) am auffälligsten der gewaltige **Palazzo Carissimo,** über dessen gesamte breite Fassade ein prächtiger Balkon verläuft. Lässt man ihn rechts liegen, erreicht man dann nach rechts die von Bäumen beschattete Via Umberto I und gelangt links herum – vorüber an den Palazzi Bottari-Margarita und Forleo-Brayda aus dem 18. Jh. – zum **Palazzo Imperiali,** benannt nach der gleichnamigen Genueser Familie, die den Palazzo samt Stadt und Fürstentitel 1572 von den Mailänder Borromeo gekauft hatte. Zunächst hatte Giovanni Antonio Del Balzo Orsini, Fürst von Tarent, an derselben Stelle 1450 ein Kastell samt Graben errichtet. Doch die folgenden Besitzer gestalteten die vierflügelige Anlage immer mehr zum reinen Repräsentationsbau um, wovon die verzierten Fenstereinfassungen im *piano nobile,* die Loggia an der rechten Flanke und der Innenhof mit Portikus und Loggia zeugen, den man durch ein weites Portal aus dem 18. Jh. betritt. 1821 erhielt der Palazzo eine neue Bestimmung als Rathaus (und Schule).

Vor dem Palazzo nach links weiter, sind es auf der Via Municipio nur wenige Schritte zur Piazza Chiesa Matrice mit dem **Dom,** der, nach dem Erdbeben von 1743 begonnen, das von den Anjou errichtete Gotteshaus ersetzt. An der Barockfassade imponieren vor allem die kolossalen Statuen, die Petrus und Paulus darstellen. Dahinter erhebt sich die noch um eine Laterne erhöhte Kuppel in bunter Majolikapracht, während der Campanile unvollendet blieb. Im weiten Inneren, das im Geschmack des 18. Jh. erstrahlt, hat sich Domenico Carella, ein Maler aus Tarent, in zahlreichen Tafelbildern verwirklicht.

Für Freunde der Vor- und Frühgeschichte lohnt ein Abstecher zur ca. 7 km nördlich von Francavilla auf freiem Feld gelegenen **Specchia Miano,** dem größten dieser rätselhaften messapischen Steinhügel *(specchia).* Sein Zweck ist ungeklärt, eine Verwendung als Grabmal konnte nicht nachgewiesen werden. Über einem kreisförmigen Grundriss mit einem Durchmesser von 20 m misst er in der Höhe noch beeindruckende 10 m. So findet man ihn: Ausfahrt von Francavilla Richtung Ceglie, nach ca. 4 km bei dem Kirchlein rechts weg, dann über die Bahnlinie und weiter bis zum Hinweisschild ›Specchia‹.

Manduria

Manduria ★

Pro Loco
*Via Pietro Maggi 7
74024 Manduria
Tel. 09 99 79 66 00*

Ähnlich ansprechend wie Francavilla hat sich Manduria erhalten, das seit 1999 viel Mühe darauf verwendet, auch seine messapische Vergangenheit ansprechend zu präsentieren. Die berühmten, zwischen dem 5. und 3. Jh. v. Chr. aufgeschichteten **Megalithmauern** sind nicht zu verfehlen, wenn man nördlich des Orts auf der Umgehungsstraße bleibt. In einem dreifachen Ring mit einem äußeren Umfang von 5,5 km umgaben sie ganz *Mandurion.* An den alten Zufahrtswegen sind noch in den Stein geschlagene Gräber zu erkennen. Vor dem mittleren Mauerring, der im 4. Jh. entstand, kam 338 v. Chr. der An-

Manduria

griff der Griechen aus Tarent zum Stehen. Dabei fand König Archidamos III. von Sparta, den die Tarentiner gegen die mit den Römern verbündeten Messapier zur Hilfe gerufen hatten, den Tod. Hannibal scheint erfolgreicher operiert zu haben. Doch 209 v. Chr. gelang es dem Konsul Quintus Fabius Maximus – ungeachtet des inzwischen erbauten dritten Mauerrings – Manduria einzunehmen und danach auch das strategisch für Hannibal noch wichtigere Tarent zu erobern. In der christlichen Ära boten die Mauern immer weniger Schutz. Totilas Goten überwanden sie 547 ebenso wie später die Langobarden. Die Sarazenen löschten 977 den Ort aus, und sein Name geriet in Vergessenheit. Deshalb entstand die Stadt unter den Normannen nach 1070 neu unter dem Namen *Casalnuovo* bzw. *Castelnuovo*, gelangte 1572 wie die ganze Gegend in den Besitz der Familie Imperiali und durfte sich ab 1789 wieder Manduria nennen.

Bei den Megalithmauern – und somit am äußeren Rand der Stadt – ragt unübersehbar der Campanile einer Kapuzinerkirche (Chiesa dei Cappuccini) empor. Biegt man hier von der Umgehungsstraße in den Ort ein, kann man rechts noch einen Blick auf Mauern und – von modernen Laufstegen herab – auf das Ausgrabungsgelände werfen. Hält man sich nach dem Gelände rechts, sieht man das frühmittelalterliche Kirchlein San Pietro mit einem winzigen Kuppelchen obenauf. Biegt man stattdessen nach der Kapuzinerkirche links ab, erreicht man sogleich die **Fonte Pliniano,** eine große, teils natürlich, teils zusätzlich ausgehöhlte Tuffsteingrotte mit einer gefassten Quelle in der Mitte, die wahrscheinlich schon von den Messapiern verehrt wurde. Die von den Einheimischen nur *Scegno* (nach einem unbekannten messapischen Wort oder nach dem hebräischen *schekets* = »Wasserader«) bezeichnete Quelle wurde nach Plinius benannt, weil dieser in seiner »Naturalis Historia« bei Manduria einen See *(lacus)* erwähnt, der wundersamerweise immer denselben Wasserstand einhielt.

Landpartie

Gregorovius unternahm 1874 von Lecce aus nach Tarent mit der Kutsche »eine Reise von zwölf Stunden auf einer vorzüglichen Fahrstraße« und notierte vor Manduria: »Das Land ist durchaus eben, ein fortgesetzter Olivengarten, und deshalb ermüdend und eintönig. Die wohlgeordneten Kulturen derselben würden auf Wohlstand des Landvolkes schließen lassen, wenn man nicht wüsste, dass sich die meisten Güter in den Händen großer Barone befinden.«

Manduria, Dom, Portallöwen

Terra d'Otranto

Im Zentrum der Stadt, an der dreieckigen Piazza Garibaldi, führt links vom dominierenden Palazzo Imperiali aus dem 18. Jh. die Via Mercanti zum **Dom San Gregorio Magno.** Einst als romanischer Bau entstanden, zeigt er sich nun bis hinauf zum Giebel des Mittelschiffs mit den konkaven Schwüngen im Gewand seiner gotisch-renaissancezeitlichen Umgestaltung. Obwohl die gewaltige Fensterrose ausgebrochen ist, beeindruckt sie noch durch ihre tiefe, verzierte Fassung. Das verspielte Löwenportal, das romanischen Vorbildern nacheifert, entstand 1532; in der Lünette ist als Basrelief die Dreifaltigkeit mit Engeln dargestellt. Das sehr stimmungsvolle fünfschiffige Innere wird von den hohen, auf Säulen ruhenden Arkaden des Mittelschiffs beherrscht. Beachtenswert aber sind auch zu Beginn des rechten Seitenschiffs das Taufbecken mit Christus- und Apostelfiguren von 1534 sowie die aus Nussbaumholz geschnitzte Kanzel von 1608. Die 14 goldglänzenden Heiligenfiguren in der Apsis wurden im Stil der Renaissance im 18. Jh. angefertigt.

Schräg gegenüber der Domfassade öffnet sich in einem tiefen Torbogen der Zugang zum einstigen jüdischen **Ghetto,** das hier mit seinen engen Gassen und teilweise fensterlosen Hauswänden wie nirgends sonst in Apulien überdauert hat.

Tarent (Taranto)

Tarent ★
Besonders sehenswert:
Nationalmuseum
Dom

APT
Corso Umberto 113
74123 Taranto
Tel. 09 94 53 23 92

Mit 201 000 Einwohnern ist Tarent eine der wenigen süditalienischen Großstädte und Hauptstadt einer Provinz, ist klar in eine ab 1869 mit rechtwinkligen Straßen angelegte, lebendige Neustadt und eine komplett von Wasser eingeschlossene, verfallende, wenn auch malerische Altstadt geschieden. Diese war nicht immer eine Insel zwischen dem offenen Meer und dem wie ein riesiger Binnensee dahinter ins Land ragenden *Mar Piccolo,* sie wurde es aber, als man die Spitze der Landzunge 1481 mit einem Durchstich abtrennte, um die Stadt gegen die Angriffe der Türken besser verteidigen zu können. Ein weiteres Viertel wuchs inzwischen westlich der Altstadtinsel um den Bahnhof, wo sich die älteste messapische Siedlung befand.

Geschichte

Der Altstadt, in der die Geschichte Tarents ihren Anfang nahm, sieht man die Jahrhunderte an, die sie von der Neustadt trennen. Tarent entstand 706 v. Chr. als Gründung der Spartaner und wuchs unter seinem Namen *Taras* zur bedeutendsten Stadt der *Magna Graecia* heran. Die einheimischen Messapier hatten gegen die damals noch sehr kriegerischen Städter keine Chance. Tarent zählte an die 300 000 Einwohner, besaß die stärkste Flotte, vermochte ein Heer von 30 000 Fußsoldaten sowie 3000 Berittenen aufzustellen und brauchte keinen Feind zu fürchten. Dies war in erster Linie das Werk des Architas, eines Mannes, der als Philosoph und persönlicher Freund Platons, als Staats-

Tarent

mann und Militär hohes Ansehen genoss, der siebenmal hintereinander zum *Strategos*, zum Oberhaupt der Stadt, gewählt wurde und um 360 v. Chr. starb. Tarent war so reich, dass es sich Werke des Lysippos von Sikyon leisten konnte, eines Stars der Kunstszene des 4. Jh. v. Chr., und somit die erste Kommune auf italienischem Boden, die Kolossalbronzen aufstellte. Auf der Akropolis von Tarent errichtete Lysippos einen bronzenen Herakles, den die Römer später als Kriegsbeute nach Rom entführten, von wo er schließlich nach Konstantinopel transportiert und dort 1241 von Kreuzfahrern zerstört wurde. Vor der Akropolis (heutige Altstadt) hatte Lysippos da, wo sich im Zentrum der antiken Stadt die weite Agora (heute Piazza Garibaldi) erstreckte, ferner eine 17 m hohe Bronzestatue des Zeus aufgerichtet.

Als die Lage schwieriger wurde, weil die Lukaner und die Messapier, die zudem mit den Römern verbündet waren, keine Ruhe gaben, erhielt Tarent Hilfe aus der alten Heimat. 344 oder 342 verschiffte König Archidamos III. von Sparta ein Heer nach Süditalien und stand der Stadt tüchtig bei, bis er vor den Mauern Mandurias 338 fiel. Ein ähnliches Schicksal ereilte König Alexander I. von Epiros, der 334 für Archidamos in die Bresche sprang, aber wegen seiner Annäherung an Rom, Tarents Hauptfeind, ermordet wurde. Erfolgreicher agierte Kleonymos, der Sohn des Königs Kleomenes II. von Sparta, als neuer Schutzherr von Tarent. Dieser rang den Lukanern 303/302 einen Frieden ab und den Römern die Zusicherung, mit ihren Kriegsschiffen nicht mehr in den Golf von Tarent einzufahren. Im Jahr 280 bejubelte die Stadt die Ankunft Pyrrhos' I., des Königs von Epirus, und seines immensen Heers, das aus 25 000 Fußsoldaten, 3000 Reitern, 2000 Bogenschützen und 50 Kriegselefanten bestand. Er sollte die Rettung vor den römischen Machtgelüsten bringen, schlug aber nur die Schlachten, die als ›Pyrrhos-Siege‹ berühmt wurden. Nachdem die Römer ihn

Tarent
1 Palazzo degli Uffici
2 Ex-Convento San Pasquale mit Archäologischem Nationalmuseum
3 Ponte Girevole
4 Kastell
5 Dorische Säulen
6 Geburtshaus des Giovanni Paisiello
7 Dom San Cataldo
8 San Domenico Maggiore

Die Hauptstadt Großgriechenlands

»So betraten wir diese gefeierte Hauptstadt Großgriechenlands«, schrieb Ferdinand Gregorovius angesichts der Stadt Tarent, »einst die in Purpur prangende Königin der Meere, von deren Herrlichkeit [...] nichts übrigblieb als der unsterbliche Name, und dieser ergreift noch mit Macht die Phantasie dessen, der ihn nennen hört.«

Zeitenwende

Zwischen der jetzigen Einfahrt nach Tarent und der gemächlichen Annäherung eines Gregorovius an die Stadt liegen 130 Jahre. Er konnte noch schreiben: »Wir stiegen leise abwärts zum Golf durch herrliche Olivenhaine und zwischen Weizenfeldern von solcher Üppigkeit, dass sie das Herz jedes Landmanns entzückt haben würden. [...] Durch eine Vorstadt von einfachen Landhäusern auf einer staubigen Straße gelangten wir endlich an das Tor von Tarent.«

aus dem Feld geräumt hatten, musste Tarent im Jahr 272 die Waffen strecken und eine römische Besatzung hinnehmen. Hannibal gelang es 213 zwar durch Verrat, die Stadt – d. h. die *polis*, wo sich heute die Neustadt ausbreitet – an sich zu bringen, aber nicht das durch Mauer und Graben und vor allem durch römische Soldaten gesicherte *castrum* (die heutige Altstadtinsel). Dadurch vermochte er nicht das *Mar Piccolo* als Hafen zu nutzen, den er als Nachschubbasis benötigt hätte. 209 verlegte der Konsul Quintus Fabius Maximus zu Schiff sein Heer nach Brindisi und stieß über Manduria nach Tarent vor. Nach nur sechstägiger Belagerung nahm er die Stadt ein. Trotz des kaum vorhandenen Widerstands ließ er viele Einwohner töten und den Großteil der Überlebenden in die Sklaverei verkaufen. 123 v. Chr. wurde *Tarantum*, in dem weiterhin griechische Münzen geprägt wurden, die *Colonia Neptunia*, 89 v. Chr. *municipium*. Dennoch verlor es im selben Maß, in dem Brindisi als Hafenstadt aufblühte, an Bedeutung.

552 n. Chr. fiel in Tarent im Krieg zwischen den Goten und Kaiser Justinian die Entscheidung um Italien, indem der gotische Befehlshaber Ragnaris den oströmischen Truppen nicht standhielt. 662 fügten die Langobarden von Benevent die Stadt ihrem Herzogtum hinzu, 803 hatten die Byzantiner wieder die Hand darauf. 842 nahmen ihnen die Sarazenen Tarent ab, machten es muslimisch und blieben bis 880. Dies wiederholten sie – nach einem byzantinischen Zwischenspiel – von 927 bis 967. Tarent war wieder in byzantinischem Besitz, als Kaiser Otto II. 982 vor der Stadt lagerte und von hier sein Heer gegen die Sarazenen in den Tod führte. Stabile Verhältnisse kehrten mit den Normannen unter Robert Guiskard in der 2. Hälfte des 11. Jh. ein. Gegen Ende desselben Jahrhunderts riss Bohemund Tarent an sich und erhob die Stadt und das weitere Umland zum Fürstentum. Als solches gelangte es auch an Manfred, den Sohn Friedrichs II., dann an diverse Fürsten der Anjou und die Adelsgeschlechter der Del Balzo und Orsini.

Die strategische Bedeutung, die Tarent bereits bei der Türkenabwehr bewiesen hatte, wusste auch Napoleon zu schätzen, der die Stadt 1806–1815 besetzte und zum wichtigsten Flottenstützpunkt im Krieg gegen Russland und England ausbaute. Einen friedlichen Aufschwung erfuhr der Hafen durch die Eröffnung des Suez-Kanals, bevor im Ersten Weltkrieg wieder sein militärischer Nutzen in den Vordergrund rückte. 1940 gelang es den Engländern, drei im Hafen liegende italienische Kreuzer zu versenken. Im Sommer 1943 erlitt die Stadt durch die Bombardierung der Alliierten verheerende Schäden. Ab 1961 machte Tarent wegen beträchtlicher Industrieansiedlungen von sich reden, die dem Kampf gegen die in Süditalien grassierende Arbeitslosigkeit dienten und bis heute als Licht und Schatten auf die Stadt fallen.

Von der Piazza Garibaldi zum Dom

Bei der Einfahrt in die Stadt orientiert man sich Richtung Zentrum bzw. der pinien- und palmenbestandenen Piazza Garibaldi, auf der man vor dem unübersehbaren roten **Palazzo degli Uffici (1)**, der bei seiner Er-

Tarent, Kastell

bauung 1896 der Stolz der Stadt war, einen günstigen Parkplatz vorfindet, der zumindest bis 13 Uhr und wieder ab 16 Uhr bewacht ist.

An der Nordseite der Piazza (mit entsprechender Garibaldi-Büste) wurde Mitte des 19. Jh. der **Convento San Pasquale di Baylon (2)** errichtet. Das **Museo Nazionale Archeologico** im ehemaligen Konvent rechts neben der Kirche San Pasquale (an der Nordseite der Piazza Garibaldi) bietet erlesene Exponate zur Kunst der Magna Graecia, auch wenn die Konzeption der Neuaufstellung seit 2010 noch nicht endgültig realisiert wurde. Die älteste Marmorskulptur stellt eine um 500 v. Chr. hergestellte Kore dar, die zwar ihres Kopfes und der Arme beraubt ist, aber noch die Bekleidung mit einem knöchellangen Chiton und einem kurzen Mantel, dem Himation, erkennen lässt. Umgekehrt lediglich der Kopf ist dagegen von der behelmten Göttin Athene aus der zweiten Hälfte des 5. Jh. v. Chr. erhalten geblieben. Daneben faszinieren ein Haupt des Herakles oder auch der augusteische Marmorkopf des C. Marcellus, erlesene Mosaikfragmente oder hellenistische Grabkammertüren aus der Nekropole von Tarent, an welche die Nachbildung einer monumentalen Grabkammer erinnert. Die vorkorinthische Keramik aus dem 8. bis 7. Jh. zeigt die typischen geometrischen Verzierungen; die korinthische Keramik des 7. bis 6. Jh. ist u. a. durch eine mit Blüten und Getier bemalte Weinkanne (Oinochoe), eine plastisch figurierte Balsamflasche und eine Trinkschale (Kylix) mit einer Gorgonenmaske auf dem Grund hervorragend vertreten. Von erlesener Qualität gibt sich auch die ausgestellte attische Keramik, sowohl die ältere schwarzfigurige des 6. bis 5. Jh., als auch die jüngere rotfigurige des 5. Jh. Auf einer prächtigen Kylix ist ein Symposion dargestellt, auf einer Amphore der Kampf des Herakles mit dem Löwen. Etwas aus der Reihe fallen die beiden erlesenen Helme und Beinschienen aus Bronze. Weitere Attraktionen bilden der Gold-

Archäologisches Nationalmuseum

Piazza Garibaldi/ Corso Umberto I (Eingang an der rechten Flanke: Via Camillo Benso Conte di Cavour 10) Tel. 09 94 53 21 12 tgl. 8.30–19.30 Uhr; geschl. 1. Jan., 1. Mai, 25. Dez.

Aphrodite/Artemis (?), 4. Jh. v. Chr. Archäologisches Nationalmuseum, Tarent

schmuck und die bronzene Zeus-Statue aus dem 6. Jh, v. Chr., die zufällig beim Bau eines Hauses in Ugento (Provinz Lecce) ans Tageslicht kam. Die Thot-Statue mit der Affengestalt und dem Hundekopf aus schwarzem Basalt, die nur unwesentlich jünger ist, demonstriert, dass auch im Salent ägyptischen Glaubensvorstellungen gehuldigt wurde. Gar 10 000 Jahre zurück reicht indes die Erschaffung der altsteinzeitlichen sogenannten Venus von Parabita (bei Lecce), die dort in einer Grotte gefunden wurde. Vergleichbare Stücke sind bislang nur aus Osteuropa und Sibirien bekannt.

Von der Piazza Garibaldi gelangt man geradeaus abwärts zum 1886 gebauten **Ponte Girevole (3),** einer »Drehbrücke«, die zu Schiffspassagen geöffnet wird. Nach links geht der Blick hinaus auf das offene Meer, hier *Mar Grande* genannt, nach rechts auf das *Mar Piccolo,* diesen grandiosesten aller Naturhäfen. Geht man hier nach rechts, gelangt man zur Anlegestelle italienischer Kriegsschiffe, während die Kommandatur würdig das **Kastell (4)** besetzt hält, das über den Mauern einer byzantinischen Festung des 10. Jh. und dann wohl einer normannisch-staufischen Anlage auf Anweisung Ferdinands I. von Aragon 1481–1492 zunächst zur Sicherung der Stadt vor den Türken errichtet wurde. 1577 nochmals erweitert, wurde es im 19. Jh. zum Gefängnis degradiert, bis die Marine eine würdigere Nutzung wusste.

Hinter dem Kastell zeugen an dem freien Platz, der letzten Lichtoase vor Betreten der Altstadt, rechts neben dem *Municipio* zwei ca. 8,50 m hohe (in Teilen wiederhergestellte) **dorische Säulen (5)** von der Existenz eines gewaltigen Tempels im 6. Jh. v. Chr., der vermutlich Poseidon geweiht war.

Hinter den Säulen gelangt man auf die Via del Duomo, die Altstadtachse, in die kaum ein Sonnenstrahl dringt. In der fünften Gasse, die danach links von ihr abgeht, steht sofort rechts das **Geburtshaus des Giovanni Paisiello (6),** eines bedeutenden, 1816 in Neapel verstorbenen Komponisten.

Dom San Cataldo (7)

Geradeaus bietet sich der Dom San Cataldo mit schlichter Barockfassade von 1713 dar. Wie ein Blick von der rechten Seite auf den mit Säulenarkaden verkleideten hohen, runden Tambour über der Vierungskuppel offenbart, stammt dieser Teil sowie das Querhaus aus der ersten Hälfte des 11. Jh. und somit noch aus der Zeit, in der die Byzantiner in der Stadt das Sagen hatten. Bis dahin war das Gotteshaus ein Zentralbau mit Kuppel und vier gleich langen, tonnengewölbten Kreuzarmen. Nach der Eroberung durch die Normannen wurde ab 1073 auf Initiative des Bischofs Drogo ein Kreuzarm abgerissen und stattdessen das dreischiffige basilikale Langhaus angefügt. Das **Innere** breitet archaische Romanik aus. Die Langhausarkaden werden auf jeder Seite von acht antiken Säulen mit unterschiedlichen Kapitellen gestützt. Sowohl die Akanthuskapitelle als auch diejenigen, die mit

Tarent, Vierungskuppel des Doms

Maskenköpfen oder Getier verziert sind, verraten die enge Anbindung der Tarentiner Steinmetze an byzantinische Vorbilder noch im 12. Jh. Die im rechten Seitenschiff freigelegten Freskenreste stammen aus dem 16. Jh., die vergoldete Kassettendecke aus dem 17. Jh. Beeindruckend sind die überall verstreuten Reste des **Fußbodenmosaiks,** das mit seinen großen Medaillons und den Figuren, die man z. B. noch vor dem Kryptaabgang erkennt, stark an das Mitte des 12. Jh. in Otranto geschaffene Mosaik erinnert.

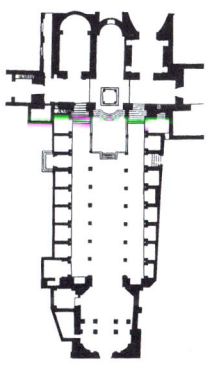

Tarent, Dom, Grundriss

Treppen führen links und rechts zum Chor bzw. zum tonnengewölbten Querhaus empor. Die Kuppel wurde nach dem Brand von 1657 völlig erneuert, das Ziborium über dem Altar erst 1653 aufgestellt. Das Schmuckstück für die Gläubigen bildet rechts von der Apsis die 1657 wiederhergestellte, noch im 18. Jh. barock ausgeschmückte **Cappella di San Cataldo.** Hier im Altar, der durch Marmorintarsien besticht, ruhen die Reliquien des Cataldus, eines irischen Bischofs, der im 7. Jh. in Tarent verstarb und dem Dom den Namen gibt.

Aus dem Langhaus geht es unter dem Chor in die **Krypta** hinab, eigentlich in die Vorläuferkirche des 10./11. Jh., die hier mit schwach ausgebildeten Kreuzgratgewölben über niedrigen, ebenfalls antiken Säulen erhalten blieb. Deshalb verfügt sie über denselben Grundriss wie die Oberkirche, was die drei unverändert erhaltenen Kreuzarme des byzantinischen Vorgängerbaus betrifft.

Am Westende der düsteren, orientalischen Altstadt erhebt sich über einer barocken Freitreppe die **Kirche San Domenico Maggiore (8)**. Ende des 11. Jh. begründet, 1302 als Predigerkirche einschiffig über dem Grundriss eines lateinischen Kreuzes neu errichtet, hat sie noch das gotische Portal samt Baldachin und eine große Fensterrose, die von einer Archivolte überfangen ist, aus dem 14. Jh. bewahrt. Die Kirche ist während der Karwoche Ausgangspunkt einer eindrucksvollen Prozession durch die Stadt. Sie beginnt um Mitternacht zwischen Gründonnerstag und Karfreitag und endet nach zwölf Stunden.

Doch für jetzt empfiehlt sich zum Rückweg der Spaziergang entlang des *Mar Piccolo,* der einen sehr ursprünglichen, ungeschminkten Eindruck von den Lebensbedingungen der Fischer vermittelt, von einer Welt, in der man sich weiter östlich im Mittelmeer wähnt.

Reisen & Genießen

Hotels

Wer in Tarent auf Zimmersuche geht, sollte sich auf den Viale Virgilio, die am Mar Grande in der Neustadt entlanglaufende Hauptstraße begeben; hier liegen die großen Hotels, die von außen oft wenig einladend sind, doch ihr Komfort und der unverstellte Blick auf das Meer entschädigen dafür. Ein einfaches, solides Hotel in zentraler Lage, fußläufig zur Altstadt, ist das
Hotel Plaza***
Via D'Aquino 46
Tel. 09 94 59 07 75
www.hotelplazataranto.com
DZ 80 €

Mehr Annehmlichkeiten bietet am Mar Piccolo das die Altstadt und deren Lage am ›großen‹ und am ›kleinen Meer‹ überschauende Hotel Europa, das seine Gäste in einem für die Neustadt des 19. Jh. typischen Palazzo beherbergt (Garage).
Europa****
Via Roma 2
Tel. 09 94 52 59 94
www.hoteleuropaonline.it
DZ 135 €

Restaurants

Aus einer ehemaligen Osteria unweit des Hotels Europa an derselben Seite des Mar Piccolo wurde dank der Rührigkeit des Inhabers eine beliebte Trattoria-Pizzeria, die je nach Marktangebot unverfälschte apulische Küche und Pizze aus dem Ofen bietet.
Da Mimmo
Via Giovinazzi 18
Tel. 09 94 59 37 33
Mi geschl.
Menü ab 20 €

10 km südlich der Stadt verwöhnt dieses gern besuchte Lokal in einem ehemaligen Bauernhaus des 18. Jh. seine Gäste. Darin und in dem schönen Garten davor kommen vor allem Fisch- und Meeresfrüchte-Liebhaber etwa bei einem Risotto mit Seeigeln *(risotto ai ricci)* voll auf ihre Kosten, bevor sie bei einem *semifreddo* zum Kaffee den Abend ausklingen lassen.
Le Vecchie Cantine
Via Girasoli 23, Località Lama
Tel. 09 97 77 25 89
nur abends geöffnet, Mi geschl.
Menü ab 40 €

Lecce

Die Tourismuswerbung legt auf die ›Europäische Barockstraße‹ acht italienische Städte: Mailand, Turin, Genua, Rom, Neapel und, noch vor Palermo und Cagliari (Sardinien), Lecce. Dabei wollen Puristen im Zusammenhang mit Lecce von Barock gar nicht viel wissen. Sie verweisen auf den beträchtlichen spanischen Einfluss und sprechen lieber vom Platereskenstil, und in der Tat gehorchen die berühmten Bauten Lecces in der Regel weder dem formalen Barockgebot der bewegten, geschwungenen Fassade noch der dialektischen Verbindung des Innen mit dem Außen. Nach dieser Auffassung können nur ein, zwei Kirchen in Lecce als barock im klassischen Sinn gelten. Die Dekoration an der Kirche Santa Croce etwa wirkt geradezu unecht, andererseits aber doch so bezaubernd, so grotesk und kurios, dass die hier vorgeführte Kunst eben nur in dem Begriff ›Lecceser Barock‹ auf den Punkt gebracht werden kann.

Begünstigt wurde der Überschwang der Formen durch den Lecceser Kalkstein, ein extrem weiches, leicht formbares Material, das sich, frisch abgebaut, sogar hobeln lässt, und erst an der Luft durchtrocknet und aushärtet. Im Mittagslicht gleißt er blendend weiß, bei Sonnenuntergang flammt er sattgelb bis dunkelrot auf und verleiht der Stadt ständig ein anderes Kolorit, eine bezaubernde Atmosphäre.

Daneben ist im Zusammenhang mit Lecceser Kunstfertigkeit die *cartapesta* zu nennen, Pappmaschee, woraus – um ein Drahtgestell und eine grobe Form aus Stroh – seit dem 17. Jh. die schönsten Figuren geformt werden. Zahlreiche große ›Skulpturen‹ in Lecceser Kirchen bestehen aus Pappmaschee, und auch etliche Monumentalfiguren, die bei Prozessionen kilometerweit durch die Straßen getragen werden, sind daraus gefertigt. Die Artikel waren einst weit verbreitet. Einige Kunsthandwerker halten in der Stadt das aussterbende Gewerbe lebendig, und wer sich nostalgisch an die alten, heute durch Plastikmonster ersetzten Pappmaschee des Kasperl-Theaters erinnert, kann sich hier neu eindecken.

Der seit einigen Jahren autofreie Platz, die Piazza Sant'Oronzo, ist seit Jahrhunderten der Treffpunkt der Stadt, die gut 100 000 Einwohner zählt. Einst, als das Amphitheater noch nicht aufgedeckt, sondern unter Häusern begraben war, besaß er nur die halbe Größe. Aber seitdem steht schon der Zeitungskiosk am selben Platz, wie auf alten Fotos zu sehen ist, und in der Häuserzeile gegenüber, in oder vor der Pasticceria ›Alvino‹, gelingt bei köstlichen Törtchen geruhsam die theoretische Bekanntschaft mit der Stadt.

Geschichte

Als Lecce noch *Sybar* hieß, verteidigten die Messapier ihre Stadt vehement gegen die Zudringlichkeiten der Griechen aus Tarent. Als es

---

Cityplan s. hintere Umschlaginnenklappe

Lecce ★★
Besonders sehenswert:
Santa Croce
Dom
San Niccolò e Cataldo
Chiesa del Gesù
San Matteo
Santa Maria di Cerrate

APT
*Via Monte San Michele 20
73100 Lecce
Tel. 08 32 31 48 14*

IAT
*Via Vittorio Emanuele 43
73100 Lecce
Tel. 08 32 24 80 92,
08 32 33 24 63*

Weihnacht in Lecce
Ein besonders schönes Bild gibt der Pupi-Markt während der letzten zehn Tage vor Weihnachten ab, auf dem die Entscheidung zwischen Pappmaschee- oder Tonpuppen für die neue Weihnachtskrippen-Besatzung schwer fällt. So schlendert man oft an den Ständen zwischen dem Kastell und der Piazza Sant'Oronzo unentschlossen hin und her.

Terra d'Otranto

Lecce, Porta Napoli

Pracht und Harmonie

Gregorovius schrieb 1875 über Lecce: »Ich sah nirgendwo einen gleichen Reichtum solchen Schmucks an Fassaden wie hier. Obwohl die Kunst hier fast durchweg in Manier und Überfülle geraten ist, und das Spiel südlicher Phantasie oft ins Barocke fällt, so hat dies doch der Stadt das gleichmäßige Wesen einer Epoche aufgedrückt, und so ist ein harmonisches Ganzes hervorgebracht worden. Man kann Lecce das Florenz der Rokokozeit nennen. In ganz Italien ist in dieser Kunstrichtung ihresgleichen nicht zu finden.«

Lupiae und dann *Litium* oder auch schon *Licea* hieß, wovon sich der heutige Name herleitet, war es bereits römisch und durch eine Verlängerung der Via Traiana mit Brindisi verbunden, zur Kolonie und zum *municipium* aufgestiegen und schließlich in der römischen Kaiserzeit zu einer Stadt mit Forum, Theater und Amphitheater erblüht. Kaiser Hadrian ließ für sie eigens den nach ihm benannten Hafen *Hadrianum* (Porto Adriano, heute San Cataldo) anlegen, der zeitweise hinter Brindisi der wichtigste an der Adria war. Als das Römische Reich niederging bzw. im oströmisch-byzantinischen Reich weiterlebte, gehörte Lecce mit dem Salent zu dessen Einflusssphäre, und dies blieb so, nachdem die Byzantiner den Kampf um Italien, in dem die Goten unter Totila 549 die Stadt zerstört hatten, für sich entschieden. Letztlich mussten sie erst den Normannen im 11. Jh. weichen. Unter Gottfried von Hauteville wurde Lecce Sitz einer Grafschaft und zur administrativen Zentrale des Salent. Der letzte Normannenkönig, Tankred von Lecce, residierte hier. Die Anjou gaben die Grafschaft den Brienne zu Lehen. Ab 1466 gehörte sie zum Fürstentum Tarent der Orsini Del Balzo. Aufgrund der wirtschaftlichen Bedeutung der Stadt einerseits und der immer bedrohlicheren Angriffe der Türken andererseits ließ Karl V. die Stadt neu befestigen. In dem Aufschwung, den sie in dieser Epoche nahm, wurde der Grund für die prächtige Ausschmückung des Stadtbilds gelegt, die unter den Spaniern im 17. Jh. geradezu auswucherte und Lecce in eine der grandiosesten Barockstädte Italiens verwandelte. Daneben standen Bildung und Wissenschaft hoch im Kurs. Dies ließ ein relativ aufgeklärtes Bürgertum entstehen, dessen kritischer Geist sich stets über die umliegenden Landstädte erhob, aber auch für etliche antispanische und antifeudale Bewegungen und im 18./19. für die Unterstützung revolutionärer und demokratischer Ideen sorgte. Äußerer Ausdruck wurde die Universität, die heute zu den angesehnsten Italiens zählt. Als Provinzhauptstadt der Terra d'Otranto trug Lecce zwar hart daran, dass es 1927 für die neu einzurichtenden Provinzen Brindisi und Tarent Gebiet abtreten musste, tröstet sich aber seit langem mit der Tatsache, dass sie die reichste Stadt des Salent ist.

Vielleicht hat dieser Umstand die österreichische Touristin animiert, im Glanz ihres goldenen Geschmeides vor der Pasticceria Platz zu nehmen. Ihre zunehmend pikierte Miene signalisiert, dass sie es nicht gewohnt ist, auf Bedienung zu warten. Da auch ihr Alpengalan keine Anstalten macht, sich innen am Tresen mit Leckereien zu versehen und sie an den Tisch mit herauszunehmen, trollen sich die beiden schließlich indigniert. Das war 2009. Zwei Jahre zuvor hätten die beiden mehr Glück gehabt, denn da wurde auch im Freien bedient, und, wer weiß, vielleicht geschieht es inzwischen ja wieder. Viele Dinge ändern sich hier, ohne dass man den Grund dafür immer nennen könnte. Andere bleiben, wenn nicht ewig, so doch für eine beruhigend lange Zeit unverrückt an ihrem Platz, an der Piazza Sant'Oronzo.

Rundgang durch die Altstadt von Lecce

Rund um die Piazza Sant'Oronzo

Rechts vom Zeitungskiosk, der englische und deutsche Presse parat hat, steht die **Säule des Hl. Orontius (1,** s. Klappe hinten); *Colonna di Sant'Oronzo).* Zuvor markierte sie in Brindisi – zusammen mit einer anderen, dort verbliebenen – das Ende der Via Appia. Aber ein Erdbeben ließ sie 1528 einstürzen, und als die Lecceser ein Gelübde einlösen wollten, das sie während der Pest 1656 geleistet hatten, ließen sie sich die Säule 1666 von Brindisi schenken und stellten sie zu Ehren ihres Stadtpatrons auf. Die 5 m hohe, mit Kupfer verkleidete Holzstatue des Heiligen, die obenauf steht, wurde 1739 in Venedig angefertigt.

Etwas erhöht liegt am Rand des auf der Piazza freigelegten Amphitheaters ein fast kubusförmiges Gebäude mit jeweils einer großen Spitzbogenöffnung an zwei Seiten und einer Loggia im Obergeschoss, in dem früher die Munitionsvorräte der Stadt gelagert waren. Es handelt sich um den **Palazzo del Seggio,** kurz *Sedile* **(2).** Von 1592, dem Jahr seiner Erbauung, bis 1851 diente er als Gericht und Sitz der Kommune. Bereits 1543 wurde von ortsansässigen venezianischen Kaufleuten das an ihn angelehnte Renaissancekirchlein **San Marco (3)** errichtet, das ein verziertes, von Säulen flankiertes Portal aufweist. Im Tympanon hat gerade so die Skulptur eines Markus-Löwen mit dem entsprechenden Evangelium in der Pranke Platz. Das Rundfenster darüber korrespondiert mit dem kleineren an der rechten Seite.

Cartapeste

Originelle Mitbringsel aus Lecce sind die hier hergestellten Cartapeste: Die Figuren werden aus Draht geformt, mit Stroh gefüllt, dann mit Pappmaschee ummantelt und modelliert, schließlich bemalt und teilweise angezogen. Im 18./19. Jh. wurden vor allem Heiligenfiguren auf diese Weise hergestellt. Manche Madonna in apulischen Kirchen, von denen man denkt, sie sei aus Holz oder Gips, ist in Wirklichkeit aus Pappmaschee. Heute ist das Sortiment nicht mehr auf Heilige beschränkt; es finden sich beachtliche und begehrte Kunstwerke darunter. Läden und Ateliers findet man rund um die Kirche Santa Croce.

313

Terra d'Otranto

Kastell
*Viale XXV Luglio
9–14 und 16–20
Uhr, So geschl.*

Von dem 1905 entdeckten **römischen Amphitheater (4)**, in das man daneben hinabschaut, wurde 1938 etwa ein Viertel freigelegt. Das gesamte Theater, das zur Zeit der Kaiser Traian und Hadrian entstand, belegte eine Grundfläche von 102 x 83 m und besaß eine Arena von 54 x 34 m. Es gehörte somit zu den mittelgroßen seiner Art. Bis 25 000 Zuschauer konnten unter einem Sonnensegel, mit dem die Arena abgedeckt wurde, die Gladiatoren- und Tierkämpfe verfolgen.

Gegenüber fügt sich die **Kirche Santa Maria della Grazia (5)** in die Häuserzeile. 1590 erbaut, ist ihre ›dichte‹ Fassade zwischen Spätrenaissance und Frühbarock anzusiedeln. Horizontal gliedert sie sich in zwei Zonen und in ein kleines dreieckiges Giebelfeld, auf dem Statuen von Maria und zwei Engeln angebracht sind. Die durch ein kräftiges Gesims nach oben geschlossene Portalzone wird von einem tief eingeschnittenen Segmentbogen überfasst, dem das rechteckige, von Säulen flankierte und einem gesprengten Giebel bekrönte Fenster der oberen Zone aufzusitzen scheint. In der Vertikalen pointieren kannelierte Säulen und – an den Seiten – ebensolche Pilaster die Fassade. Die Nische zu jeder Seite des mit einem Dreieckgiebel versehenen Portals ist mit einer Heiligenskulptur bestückt, während die Nischenpendants in der oberen Zone leer geblieben sind.

Zwei Häuser links neben der Kirche führt eine Gasse, die Via Roberta Visconti, von der Piazza binnen zwei Minuten vor das wuchtige **Kastell (6)** mit den etwas ungepflegten Mauern. Es entstand über trapezoidem Grundriss im Auftrag Karls V. zusammen mit der Stadtmauer 1539–49, bildet indes lediglich die weiträumige Ummantelung einer Kernburg, die bereits der Normannengraf Richard von Lecce erbaut hatte. Ferner wurden die Bastionen, die schon unter den Anjou verstärkt worden waren, weiter befestigt. Die ehemaligen Gräben sind eingeebnet, und auch die Zugbrücke muss man sich heute vor dem Eingang dazudenken. Ein paar Schritte neben der linken Flanke des Kastell verläuft die Via Salvatore Trinchese (immer noch als Fußgängerzone) zur rechteckigen, in der Mitte mit knappen Rasenflächen und einem Brunnen verschönten Piazza G. Mazzini in der Neustadt mit ordentlichen bis erlesenen Geschäften.

Santa Croce (7)

Zurück auf der Piazza Sant'Oronzo, zweigt nach rechts die Via Templari zum bedeutendsten Barockensemble der Stadt ab. Sie setzt sich geradeaus als Via Umberto I fort und zeigt bald auf der rechten Seite die Fassade der überwältigenden Kirche Santa Croce mit dem links anschließenden Palazzo dei Celestini, hinter dessen Front sich ein wunderschöner Innenhof verbirgt. Dieses Ensemble detailliert zu beschreiben, würde Bücher füllen. Doch auch ohne Hinweis auf diese oder jene Kleinigkeit, findet das staunende Auge allein vor der **Fassade** keine Ruhe. Rastlos fliegt der Blick zwischen den aberwitzig dekorierten Kapitellen und den kühn figurierten Stützen der Balustrade hin und her, springt ganz hinauf zu dem wie aus Zuckerwerk geformten Giebel und

Lecce

fokusiert immer wieder das überwältigende Rundfenster. Gerade in der oberen Zone scheint kein Fleckchen ohne Dekor geblieben zu sein.

Die ruhigere, ältere **Portalzone** konnte nach dem Baubeginn der Kirche 1548 im Jahr 1582 fertiggestellt werden. Sie scheint schwer an der Last der oberen Pracht zu tragen und weist fünf Felder auf, ein breiteres mittleres und jeweils zwei schmalere auswärts. Sie sind durch vorgestellte glatte Dreiviertelsäulen begrenzt, die auf hohen Basen stehen und an den Kapitellen vorwiegend halbnackte Damen und Herren präsentieren. Dem hohen Hauptportal, das Francesco Antonio Zimbalo 1606 schuf, ist nochmals auf schräg angeordneten Postamenten jeweils ein Säulenpaar (unten floral verziert, oben kanneliert) zur Seite gestellt, die einen tiefen Portalüberbau und die Wappen von Philipp III. von Spanien, Maria von Enghien und Walter VI. von Brienne tragen. Über den Seitenportalen sind die Wappen des Zölestinerordens, dem die Kirche und der anschließende Konvent gehörten, sowie von Santa Croce selbst zu sehen. Während über diesen noch Rundfenster aufscheinen, ist das jeweils äußerste Feld nur mit einem kleineren, tiefer angebrachten Rundfenster versehen.

Lecce, Santa Croce, Fassade, Kapitell

Nach oben folgt über die gesamte Breite der Portalzone ein tiefer Schmuckfries und eine Reihe von dreizehn voluminösen Konsolfiguren in Menschen-, Tier-, und Fabelwesengestalt. Sie stützen die Balustrade und folgen – wie die Rundfenster und die feinen Blendbögen in der unteren Zone – romanischen Dekorationsformen. Dasselbe gilt für das mächtige **Rundfenster** der **oberen Fassadenpartie,** deren Fortentwicklung des Barock aber schon die beschwingten Putten (mit

Lecce, Santa Croce, Fassade, Kupferstich von Strafforello

315

geistlichen und weltlichen Herrschaftsinsignien in den Händen) auf der Balustrade selbst symbolisieren. Das überreich floral verzierte Fenster ist einem ebenso ausgefüllten Rechteckfeld eingeschrieben, links und rechts folgen schmalere Felder mit jeweils einer hohen Nische, die mit Statuen des Hl. Benedikt bzw. des Hl. Coelestin besetzt sind. Diese wurden 1646 geschaffen, als die nach Plänen zunächst von Cesare Penna und dann von Giuseppe Zimbalo (gen. Zingarello), dem bedeutendsten Vertreter des Lecceser Barocks, gestaltete und mit ausgeführten Fassade abgeschlossen werden konnte. Vier teils kannelierte, teils mit flachen Schmuckbändern ornamentierte Dreiviertelsäulen scheiden hier nur drei Felder aus, die seitlich durch verspielte, von Statuen (Glaube und Tapferkeit) bekrönte Ausschwünge ergänzt werden. Über einem weiteren mit einem durchgehenden Figurenreliefband versehenen, verkröpften Gesims wölben sich die Giebelvoluten in konvexer Krümmung dem überladenen Dreiecksgiebel mit dem »Triumph des Kreuzes« in der Mitte zu.

Das verhaltener dekorierte helle **Innere** in der Form einer dreischiffigen Säulenbasilika wirkt fast ein bisschen abkühlend. Es wurde wohl von Gabriele Riccardi geplant und Ende des 16. Jh. fertiggestellt. Im Einklang mit der klaren Gliederung vermitteln die vergoldete Kassettendecke des Mittelschiffs und die überkuppelte Vierung mit dem folgenden tiefen Chor und dem Apsidenschluss mit der vierstrahligen Schirmwölbung ein überaus harmonisches Raumgefühl. Für den nicht mehr vorhandenen originalen Hauptaltar entschädigen vor allem der 1614 von Francesco Antonio Zimbalo erstellte Altar des Hl. Franziskus von Paola in der Kapelle links neben dem Chor und die wunderschönen Kapitelle der Mittelschiffarkaden.

Vom Palazzo dei Celestini aus durch den Norden der Altstadt

Links schließt an die Kirche der ehemalige Zölestinerkonvent an, der **Palazzo dei Celestini (8),** der heute die Provinzialregierung beherbergt und deshalb auch *Palazzo del Governo* heißt. Auf der Grundlage erster Planungen von Giuseppe Zimbalo dürfte er im Wesentlichen durch Giuseppe Cino und Cesare Penna zeitgleich mit der Kirche realisiert worden sein. Das Besondere des Gebäudes machen seine beiden annähernd gleichwertig gestalteten Geschosse aus. Die durch die Rustizierung hervorgerufene Plastizität der Wände wird im Obergeschoss nur durch die Gestaltung der Fensterrahmungen mehr betont. In jedes der von zehn Rustika-Pilastern begrenzten Fassadenfelder, die im Erdgeschoss über hohen Plinthen aufgehen, ist ein Fenster mit gleichmäßig wechselndem Segment- und Wellengiebel eingefügt, wobei die Segmentgiebel im Obergeschoss gesprengt sind. Schön auch das Portal mit geradem, reliefgeschmücktem Abschluss und dem Segmentgiebel, in den eine Obstgirlande eingehängt ist.

Auf der schmaler werdenden Via Umberto I geht es an sehenswerten Palazzi vorbei durch die Altstadt. Bei der Wegekreuzung hält man

Apulische Karriere

Die Politiker, die im Palazzo del Governo heute das Sagen haben, bilden eine Art neuer Adel. Posten und Pöstchen werden quasi vererbt. Im April 2000 wurde der in Maglie bei Lecce geborene 31-jährige Europaabgeordnete Raffaele Fitto, genannt ›il bambino‹, zum Präsidenten der Region Apulien gewählt. Er ›beerbte‹ damit seinen bei einem Autounfall ums Leben gekommenen Vater Totò Fitto, der ebenfalls Präsident und typischer Repräsentant der in Verruf geratenen ›Democrazia cristiana‹ war. 2005 scheiterte Raffaele Fitto bei der Wiederwahl knapp. 2006 wurde er zum Abgeordneten im Parlament in Rom gewählt. Von Mai 2008 bis November 2011 war er Mitglied der Regierung von Ministerpräsident Silvio Berlusconi als Minister für die Beziehungen mit den Regionen.

sich halblinks (Via Manfredi) und erreicht sogleich die **Kirche Sant'Angelo (9)**. Obwohl im oberen Bereich unvollendet, überzeugt auch ihre Fassade von 1663 als Meisterstück von Giuseppe Zimbalo. Neben den schon von Santa Croce her bekannten Schmuckformen sei hier besonders auf die seltene Portaltür von 1750 verwiesen, deren hölzerne Flügel mit einem Bronzerelief verkleidet sind. Der doppelköpfige Adler darin ist als Wahrzeichen des Augustinerordens zu deuten, dem die Kirche gehörte. Auf dem Metopenband hinter der dem Segmentgiebel des Portals aufstehenden Madonnenstatue sind indes Krone und Tiara als Zeichen des Kaiser- und Papsttums zu erkennen.

Die Via Vittorio dei Prioli weist in den äußeren nördlichen Winkel der Altstadt und, an der Piazza del Peruzzi nach rechts, zur **Kirche Santa Maria degli Angeli (10)**. Bereits in der ersten Hälfte des 16. Jh. erbaut, besitzt sie ein Renaissanceportal mit der Darstellung einer Marienkrönung in der Lünette. Im eingewölbten, von Säulen getragenen Inneren ist das von Giansiero Strafalle 1564 gemalte Altarbild »Madonna zwischen Erzengel Michael und der hl. Katharina von Alexandria« am siebten Seitenalter links – neben den anderen pompösen Altären – bemerkenswert.

Geht man indes gegenüber der Kirche Sant'Angelo in den engen Vico dei Paleoli ab, gelangt man über die Piazzetta Giorgio Baglivi und vorüber an der **Chiesa delle Alcantarine (11)** mit der um Skulpturen bereicherten Fassade von 1724 auf die Via Principi di Savoia und auf dieser nach rechts zur **Porta Napoli (12)**, einem 1548 als Triumphbogen für Karl V. gestalteten Stadttor. Es geriet über 20 m hoch und zeigt im dreieckigen Giebelfeld nicht nur den österreichisch-spanischen Doppeladler, sondern links und rechts auch noch eine Kanone als Signets der neuartigen Wehrkraft. Der in einiger Entfernung vor das Tor postierte **Obelisk (13)** wurde erst 1822 zum Empfang Ferdinands I. von Bourbon aufgerichtet, gewissermaßen als Ergebenheitsadresse der Bürger an den Herrscher, nachdem die antispanischen Tumulte, die 1820 in Lecce tobten, zur Ruhe gekommen waren. Gelungen wirkt am Sockel das als Hochrelief ausgeführte Wappen der Terra d'Otranto: ein Delfin, der in einen türkischen Halbmond beißt. Links vom Obelisken steht, durch eine Straße getrennt und ein wenig zurückgesetzt im Grünen, das **Ateneo (14),** das Hauptgebäude der Universität. An sie ist der Ruhm Lecces als ›Athen Italiens‹ geknüpft. Geht man nach der Porta nach rechts, erhascht man einige hübsche Blicke auf romantische Villen des 20. Jh.

Santi Niccolò e Cataldo (15)

Hält man sich indes hinter dem Obelisken und nach der Überquerung der stark befahrenen Straße halbrechts, benötigt man auf dem ruhigen Viale San Nicola zu den 1840 klassizistisch errichteten Propyläen des parkähnlich angelegten Friedhofs und geradeaus weiter zu der mittelalterlichen Kirche Santi Niccolò e Cataldo insgesamt zehn Gehminuten. Sie musste wohl so weit außerhalb der Stadt liegen, um

Lecce, Santi Niccolò e Cataldo, Portal

als ihre einzige normannenzeitliche Kirche überleben zu können. Tankred, der Graf von Lecce und spätere König, hatte sie 1180 den Benediktinern gestiftet, die hier ein Kloster unterhielten. Das fromme Werk ist auf dem Architrav des gestuften **Portals** unter sechs nebeneinander aufgereihten, skulptierten Frauen- oder Engelköpfen in Versen begründet. Das Madonnen-Fresko aus dem 16. Jh. in der Lünette ist kaum mehr zu erkennen. Die Pfosten und Archivolten sind in feinster Technik durchgängig mit floralen Motiven und Arabesken verziert. Die Säulchen unter der äußeren Blattarchivolte wurden modern ersetzt. Doch das Rundfenster darüber ist noch original. Die Pilastergliederung der Portal- und oberen Zone, der rechtwinklige Giebellaufbau sowie die reichhaltige Bestückung der gesamten Fassade mit vollplastisch ausgearbeiteten Figuren, die vornehmlich Heiligen des Olevitanerordens huldigt, geschah 1716. 1494 hatte Alfons II., König beider Sizilien, das Kloster den Olivetanern überlassen, in deren Besitz es bis 1807 verblieb.

An der linken Flanke offenbart die Kirche ihre verblüffende Architektur und gestattet – wie durch einen 820 Jahre alten, plötzlich zerrissenen Zeitenvorhang hindurch – einen Blick auf eine Epoche, die abendländische und morgenländische Einflüsse zu einer neuen Synthese verwob. Zu vertrauten Elementen wie den Monoforien und den gestuften Blendbögen, die an der Dachkante über das Lang- und Querhaus fortlaufen, tritt parallel der Zahnschnittfries hinzu, der – wie an San Felice bei Balsignano – östliche Traditionen nahelegt, sowie die orientalische Kuppel, die dort wie hier über einem extrem hohen achteckigen Tambour aufragt. Dieser zeigt an jeder Seite ein ebenso überlängtes, schmales Monoforium mit gestuftem, verziertem Gewände und Archivolten, deren jeweils äußere an jeder der acht Ecken auf Kapitellen und Säulen fußt. Die Kuppel überwölbt das Zentrum des Baues, der über dem Grundrisses eines – wenn auch einem Rechteck eingeschriebenen – griechischen Kreuzes errichtet ist.

Die Kirche wird nach dem ›Prinzip Zufall‹ geöffnet, meist vormittags zwischen 8 und 9 Uhr. Insofern kann die Inschrift am Portal der rechten Flanke meist nicht in Augenschein genommen werden, die den Bau auf 1180 datiert, nochmals Tankred als Urheber und – vermutlich – einen Agnellus als Baumeister festhält: *Anno milleno centeno bis quadrageno quo patuit mundo Christus sub rege secundo / Guilemo magnus comes Tancred[us] et Agn[ellus] homine quem legit Nicolai templa peregit.* Und es bleibt oft nur rechts vom Eingang der Blick in den ersten der beiden Renaissancekreuzgänge mit oberem Umgang. Der monumentale Brunnen mit seinen gedrehten Säulen, der an ein Altarziborium erinnert, wurde im 18. Jh. aufgestellt.

Die Spitztonnenwölbung des Mittelschiffs und des Querhauses, die sich im **Inneren** der Kirche offenbart, legt zusammen mit den extrem hohen Arkaden und Vierungsbögen eine Verbindung zu ähnlichen Bauten in Burgund und im Poitou nahe, die man sich hier in diesem Fall allerdings nur auf dem Weg über das Heilige Land – quasi als ›Rückwanderung‹ – vorstellen darf. Die Kapitelle erweisen dieselbe

Meisterschaft, die bereits am Portal ersichtlich ist, während die großflächige, beeindruckende Ausmalung der Kirche im 15.–17. Jh. erfolgte.

Von der Piazza Sant'Oronzo zu Sant'Irene

Am unteren Rand der **Piazza Sant'Oronzo** geht die Via Francesca Rubichi ab, die links vom ehemaligen Jesuiten-Kolleg, dem jetzigen **Palazzo della Giustizia (16)** mit einer Fassade von 1868 flankiert wird, rechts vom **Palazzo Comunale (17)**, der 1764–71 über den Ruinen eines Klosters zunächst als Palazzo Carafa entstand, aber seit 1895 die Stadtverwaltung beherbergt. Das Stadtwappen über dem Portal spielt mit der Steineiche und der Wölfin auf den antiken Namen von Lecce, *Lupiae*, an.

Die auf das einstige Kolleg folgende Jesuitenkirche **(Chiesa del Jesù, 18)** wurde 1575–79 errichtet. Auf dem gesprengten Giebel wird Jesus durch einen Pelikan symbolisiert, der, indem er sich die Brust aufhackt, die Jungen nährt. In höchst interessanter Weise nehmen auch die Metopen des Frieses darunter auf die Passion Bezug. Jede der Reliefbildplatten erinnert mit abgebildeten Gegenständen bzw. Personen an eine Begebenheit: Man erkennt eine Hand, die einen Beutel hält (mit den 30 Silberlingen, für die Judas Jesus verriet), oder den Hahn (der dreimal krähte, als Petrus Jesus verleugnete), oder zwei Geißeln zusammen mit einer Säule (an der Jesus gemartert wurde), oder ein Gewand nebst drei Würfeln (mit welchen die Soldaten am Kreuz Jesu um dessen Gewand spielten), usw. Über dem Portal halten zwei Engel das Wappen der ›Societas Jesu‹ (=IHS). Den monströsen barocken Hauptaltar, einen der prächtigsten der Stadt, dürfte Giuseppe Cino 1696 geschaffen haben.

In der westlichen Verlängerung der Piazza Sant'Oronzo läuft die Via Vittorio Emanuele auf die elegante Fassade der 1591–1639 errichteten **Kirche Sant'Irene (19)** zu. Der an ihr betriebene Aufwand lässt sich damit begründen, dass die Hl. Irene, bevor man 1656 dem Hl. Orontius das Patronat der Stadt übertrug, als Schutzherrin der Kommune verehrt wurde. Sie wird mit der Statue über dem Portal dargestellt, während in den gesprengten Segmentbögen über dem Gesims, das die beiden Fassadenpartien horizontal scheidet, die Wölfin vor der Steineiche eingefügt ist und den Bezug zwischen Stadt und Patronin herstellt. Im Inneren suchen sich die Barockaltäre an Pracht zu überbieten. Unter ihnen befinden sich die bemerkenswertesten an den Stirnseiten des Querhauses. Derjenige im rechten von 1651 ist einer der größten der Stadt, der im linken von 1639 ist wieder der Hl. Irene geweiht und birgt in kleinen Nischen neun Heiligenbüsten mit Reliquien.

Piazza del Duomo (20)

Links an Sant'Irene vorüber gelangt man zur einmaligen Piazza del Duomo, in die man nach links durch die sogenannten **Propyläen (A)**

Terra d'Otranto

Die Herrschaft des Bischofs

Die Propyläen an der Piazza del Duomo markieren eine klare Grenze. Sie zu überschreiten sollte heißen, sich der engen, dunklen, verwirrenden wie verwirrten Welt zu entheben und sich der kirchlichen des Bischofs, der hellen, geordneten, göttlichlichten Welt anheimzugeben, der ›eigentlichen‹ Macht. Die suggestive Architektur der Zeit wollte daran keinen Zweifel lassen.

einschwenkt. Die von Emanuele Manieri 1761 postierten Propyläen mit den Balustraden und Figuren obenauf wollen Merkzeichen sein, erste Orientierungspunkte auf episkopalem Territorium. Das Auge sondert vier dominierende Gebäude aus, und doch fasziniert die an der Stelle des antiken Forums entstandene Anlage mehr als ›Gesamtkunstwerk‹ durch die Geschlossenheit des Ensembles, das einen der schönsten Plätze Italiens ergibt. Im Grunde setzt er sich aus zwei quadratischen Plätzen zusammen, einem großen vorderen, auf dem seit 1407 Markt und Warenmessen abgehalten wurden, oder, wie 1647, auch schon einmal die bischöfliche Miliz zur Unterdrückung aufmüpfiger Bürger Aufstellung nahm, und, rechts hinten anschließend, einem kleineren, der dem Bischof und den Gläubigen vorbehalten war, die seinen Segen erwarteten.

An der rechten Seite zieht sich der **Palazzo del Seminario (B)** entlang, der zwischen 1694 und 1709 nach Plänen von Giuseppe Cino entstand. Mit der rustizierten, durch Pilaster gegliederten Fassade und der gleichmäßigen Abfolge paarig übereinander gestellter Fenster erinnert er entfernt an das Konventgebäude neben der Kirche Santa Croce. Neben dem schmucklosen dritten Geschoss, das über einer Balustrade aufgeht, stellen den größten Unterschied aber die dreibogige Loggia und der Balkon mit den wunderschön skulptierten Konsolen über dem Portal dar. Leider gelangt man selten in den Innenhof, um den mit Skulpturenschmuck überladenen **Seminarbrunnen (C)** würdigen zu können, der von Cino zum Gebäude angefertigt wurde.

An den Palazzo schließt sich linker Hand der **Palazzo Vescovile (D)** an, der über Eck zwei Flügel ausbildet und den Platz zwischen dem Seminar und dem Dom schließt. Der Vorgängerbau von 1428 wurde 1632 durch einen neuen ersetzt, der seinerseits im 18. Jh. überarbeitet wurde. Das über erhöhtem Sockel ausgeführte erste Geschoss wird von offenen Pfeilerarkaden beherrscht, die über die gesamte Fassade laufen und das Mittelrisalit mit dem mächtigen, den Stufenaufgang bergenden Portalbogen noch kräftiger hervortreten lassen.

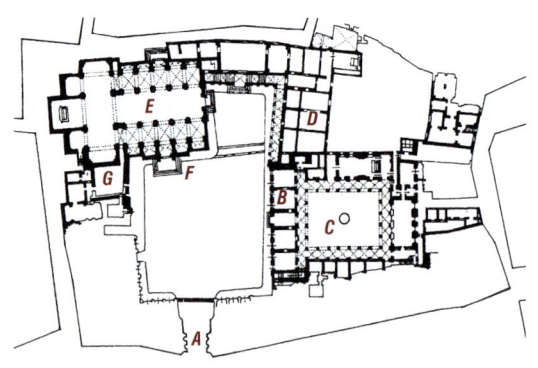

Lecce, Piazza del Duomo, Lageplan
A Propyläen
B Palazzo del Seminario
C Seminarbrunnen
D Palazzo Vescovile
E Dom Santa Maria dell'Assunta
F Nordfassade des Doms
G Campanile

Lecce, Dom,
Prunkportal an der
Nordfassade

Wiederum über Eck folgt der **Dom Santa Maria dell'Assunta (E)**. Bereits 1114 in Gestalt einer dreischiffigen Basilika begründet, war er 1230 so baufällig geworden, dass ein Neubau, der auch den Campanile mit einschloss, notwendig geworden war. Heute stellt er sich im Gewand der 1659–1670 von Giuseppe Zimbalo durchgeführten Barockisierung vor. Die West- bzw. Hauptfassade ist durch vier Pilaster, ein Portal mit Figurennischen daneben, ein hohes Fenster in der oberen Zone, ebenfalls von Figurennischen begleitet, und ein querovales Fenster im dreieckigen Giebelfeld auf Mittelachse ausgerichtet und bei weitem dezenter angelegt als die zum großen Hof gerichtete **Nordfassade (F)** mit dem Prunkportal. Aber trotz seiner überbordenden Verzierung beweist es einen klaren Aufbau und bezieht aus diesem Gegensatz von Verspieltheit und Ordnung eine ungemeine Attraktivität. Eleganz wird wieder durch die Kannelierung der Pilaster und der beiden Säulen erzeugt, die zur vertikalen Gliederung der

Portalzone eingesetzt sind. Pilaster mit figürlichen Kapitellen und ein verkröpfter Segmentgiebel fassen das Portal ein. In den Nischen links und rechts vom Portal sind Statuen der Hll. Justus und Fortunatus zu sehen. Über dem von den Säulen gestützten, vorkragenden Gesims folgt eine Balustrade. Dahinter ragt ein von Akroterien besetzter, links und rechts von einer Figur, die auf einer Volute steht, begleiteter Triumphbogen auf, in den die Statue des Hl. Orontius eingefügt ist.

Auch das **Innere** bleibt trotz der barocken Schwere in der Formgebung ausgeglichen. Strenge Pfeiler, denen Halbsäulen vorgestellt sind, strukturieren die über dem Grundriss eines lateinischen Kreuzes errichtete Kirche und lenken den Blick im Langhaus zur vergoldeten Kassettendecke von 1685 empor, die bis in die Vierung reicht. Unter den wiederum üppig ausgestalteten Altären seien der zweite links mit der Krippe des Gabriele Riccardi sowie die beiden ersten rechts, die Cesare Penna schuf, hervorgehoben. Die Krypta mit vier Säulenreihen wurde 1507 erneuert.

Seitlich der Nordwand ragt der **Campanile (G)** zu schwindelnder Höhe auf. Giuseppe Zimbalo erbaute ihn 1661–1682, nachdem der vorherige Turm, der sich neben der Hauptfassade befand, durch ein Erdbeben beschädigt und 1574 abgerissen worden war. Über fünf sich nach oben verjüngenden Geschossen erreicht er mit der Kuppel 68 m. Damit gehört er zu den höchsten Europas – so wie der gesamte Domplatz zu den bemerkenswertesten des Erdteils zählt. In den Abendstunden, wenn er wie eine Theaterkulisse kunstvoll illuminiert ist, vermag das Auge sich kaum satt zu sehen, und das Ohr, das in einer milden Sommernacht hier einem Konzert beiwohnt, wird den Klang nie mehr verlieren.

Von der Piazza del Duomo zur Porta Rudiae

Vor dem Domplatz schlägt nach links die Via Libertini eine Bresche durch die eng gestellten Altstadtpalazzi zur **Kirche Santa Teresa (21)**, die sich gleich links mit einer Fassade zu erkennen gibt, die mit Säulen und Halbsäulen geradezu überladen und mit einem wuchtigen Gesims beschwert ist. Mit ihrem Bau hatte Cesare Penna in den 1620er-Jahren begonnen. Giuseppe Zimbalo führte ihn fort, aber vollendet wurde er – wie die obere, offensichtlich bombastisch geplante Fassadenzone unschwer verrät – bis heute nicht. Die Statuen in den Nischen links und rechts von den zwei Säulen, die zu den Seiten des Portals aufragen, verkörpern Johannes den Täufer und Johannes den Evangelisten.

Wo die Via Libertini Anstalten macht, sich zu einem kleinen Platz zu erweitern, liegt in der Via Antonio Galateo Nr. 61 der mit schönem Innenhof versehene **Palazzo d'Amore** aus dem 18. Jh. Weiter auf der Via Libertini lagert rechts das ehemalige **Heiliggeistspital (22;** *Palazzo dell'Ospedale dello Spirito Santo)* von 1548 mit deutlichen Renaissanceanklängen, das einzige erhaltene Werk von Giovan Giacomo dell'Acaia, einem Militärarchitekten spanischer Schule.

Gegenüber ist die **Kirche San Giovanni Battista (23;** auch: Chiesa del Rosario) mit ihrer überwältigenden Barockfassade nicht zu übersehen. Sie bildet den künstlerischen Schlusspunkt des Giuseppe Zimbalo. Die Portalzone wird von kolossalen Säulen dominiert, die, auf Podesten postiert, das Portal flankieren. Daneben tritt die Gliederung der weiter außen liegenden Wandfläche durch Pilaster etwas zurück, wie überhaupt die Ordnung des Aufbaus hinter der Fülle des großzügig verteilten Zierrats verschwimmt. Die monumentale obere Zone, die auch hier über einem wuchtigen Gebälk und einer Balustrade ansetzt, ist ähnlich wie am Dom als majestätischer Triumphbogen mit einer Madonnenstatue darin gestaltet. Die Statue über dem Portal dagegen stellt den Hl. Dominikus dar, den Begründer des Dominikanerordens. Der weite, lichte Innenraum erhebt sich über dem Grundriss eines griechischen Kreuzes. Vier gleichförmig gearbeitete Altäre betonen die abgeschrägten Kreuzecken. Eine über dem Schnittpunkt der vier Arme geplante Kuppel wurde nicht ausgeführt.

Hier findet die Altstadt ihr Ende an der **Porta Rudiae (24)**. Seit 1445 ist an dieser Stelle ein Stadttor bezeugt. In die jetzige Form wurde es 1703 gebracht. Obenauf hebt Bischof Orontius den Arm zum Segen. Links und rechts der Inschrifttafel assistieren ihm die Hl. Irene und der Hl. Dominikus. Die vier Büsten unter dem Gesims bzw. auf den vier Halbsäulen stellen vier Personen vor, die im Gründungsmythos von Lecce eine Rolle spielen. Der Name des Tors erinnert an den Ort *Rudiae*, wo Ennius 239 v. Chr., der ›Vater der lateinischen Sprache‹, das Licht der Welt erblickte. Die graue Granitsäule vor dem Tor war ein Geschenk Roms an Lecce zur 2000-Jahr-Feier für Ennius.

Rudiae (25) war eine messapische Gründung, besaß einen doppelten Mauerring von 4 500 m Länge und in römischer Zeit ein Amphitheater. Als König Wilhelm II. im 12. Jh. eine Strafaktion gegen unbotmäßige apulische Städte durchführte, wurde es zerstört. Um am 3 km entfernten Ausgrabungsgelände den Genius loci zu verspüren, schlagen Altphilologen von der Porta Rudiae ausgehend den breiten Viale dell'Università nach links ein, bleiben weiter geradeaus auf der Via Amando Diaz, überqueren die Bahnlinie und biegen danach rechts in die Via San Pietro in Lama ab. Die Ruinen befinden sich kurz vor dem Istituto Agrario rechts der Straße.

Chiesa del Carmine (26)

Aber auch in der Innenstadt gibt es noch genügend zu besichtigen. An der linken Flanke von San Giovanni Battista (bzw. Rosario) öffnet sich wieder ein Gässchen in die Altstadt, durch die ein malerischer Weg zur Piazza Tancredi mit der Chiesa del Carmine führt. Ihr Bau wurde zusammen mit dem angrenzenden ehemaligen Karmeliterkloster, das zum Schluss als Kaserne diente, von Giuseppe Cino 1714–17 begonnen und von Mauro Manieri fortgeführt. Aus der harmonischen, aber sehr flachen Fassade treten die einzelnen Schmuckelemente um so deutlicher hervor. In der unteren, von fünf dop-

Fassade für Zimbalo

Giuseppe Zimbalo war so vermögend geworden, dass er einen Teil der Baukosten für die Kirche San Giovanni Battista selbst trug. Ihre Vollendung erlebte er nicht, da er 1710 über den Arbeiten verstarb. Als er 1691 den Auftrag zum Neubau der seit 1388 an dieser Stelle existierenden Dominikanerkirche übernahm, war er schon 70 Jahre alt. Die Bauhütte, die in seinem Stil bis zur Fertigstellung 1728 weiterarbeitete, setzte ihm mit dieser Fassade ein Denkmal.

pelstöckigen Pilastern gegliederten Zone ist dies das elegante Portal, das im Segmentgiebelfeld das Relief eines Madonnen-Medaillons trägt und obenauf von Engeln belebt wird. Die schmalen Felder zwischen den Pilastern sind mit Nischen gefüllt, in denen Statuen von Karmeliterheiligen bzw. Propheten stehen, während zwischen den Pilasterkapitellen Obstgirlanden hängen. In der um ein Feld schmaleren oberen Zone wird die Mittelachse durch ein Portalfenster betont. Die flankierenden Nischen besetzen Statuen der Hll. Theresia von Avila und Maddalena dei Pazzi. Der rechteckige Giebelabschluss über dem weit gespannten Segmentbogen, der dem Gesims der oberen Zone aufliegt, ist ziemlich schlicht gehalten. Im **Inneren** wurde der Versuch unternommen, über dem Grundriss eines lateinischen Kreuzes einen Zentralbau zu verwirklichen. Die Vierung vor dem tiefen Chor ist mit einer schönen Kuppel überwölbt. Aus den drei Kapellen an jeder Langhausseite und den Querhausarmen prangen Barockaltäre.

Weitere Sehenswürdigkeiten

Die Via R. Caracciolo führt zur Via Benedetto Cairoli, dem direkten Zugang vom Bahnhof in die Altstadt. Links herum öffnet sich nach wenigen Metern das Atrium des alten Königlichen Lyzeums mit Nationalkonvikt bzw., wie an der Eingangsfront der Schule zu lesen steht, des **Collegio Statale G. Palmieri (27).** Es war 1845 als Jesuiten-Kolleg errichtet worden und stellt heute den interessantesten klassizistischen Bau in Lecce dar. Im Hof – mit Portikus und Peristylen ›auf griechischer Tempel‹ gemacht – stellt der Wirt der Trattoria ›La Capannina‹ gegenüber abends Tische und Stühle auf.

Die Via Cairoli mündet in die Via Paladini, die nach links zum Dom zurückführt, vorbei am **Palazzo Marescallo** aus dem 16. Jh. (Haus-Nr. 10), der einer der reichsten Familien der Stadt gehörte, und dem **Palazzo Romano** mit spätbarocker Fassade (Haus-Nr. 4).

In Höhe des Campanile zweigt nach rechts die Via degli Ammirati zur **Kirche Santa Chiara (28)** ab. Das bereits im 15. Jh. bekannte Gotteshaus wurde ab 1678 grundlegend umgestaltet. Dabei setzte vermutlich Giuseppe Cino als ausführender Architekt einen Entwurf von Giovann'Andrea Larducci um, dessen Handschrift auch an San Matteo evident ist. Obwohl die Fassade im obersten Bereich nicht fertiggestellt wurde, zählt sie doch, indem sie nach außen hin zurückweicht und sich so einer konvexen Form annähert, zu den ›barocksten‹. Ansonsten folgt sie dem verbreiteten Wandgliederungsschema mit kannelierten Säulen und Pilastern. Der einschiffige Sakralraum ist über einem Oktogon errichtet; die vergoldeten Altäre werden ebenfalls Cino zugeschrieben. Durch die Gitter über den Seitenkapellen konnten die Ordensschwestern, die hier bis 1866 in Klausur lebten, die Gottesdienste mitverfolgen.

Durch das Gässchen links neben der Kirche geht es nochmals in ein enges Altstadtquartier mit bemerkenswerten *Palazzi*. Doch zu-

Giuseppe Palmieri

Im Hof des ›Collegio Statale‹ ist die Büste des Giuseppe Palmieri (1721–93) aus Martignano aufgestellt, eines Autors ökonomischer und militärischer Schriften, oder, wie es auf dem Sockel heißt, »Dichters des neuen Italien« – »Poeta dell'Italia nova«.

nächst liegt das **römische Theater (29;** Teatro Romano) am Weg. Es wurde im 1./2. Jh. nach Chr. angelegt und erst 1929 mit erhaltener Bühne und Orchestra, die durch eine Brüstung *(balteus)* von den Zuschauerrängen getrennt ist, entdeckt. Es bot etwa 5000 Menschen Platz. 1999 wurde es durch eine Ballettaufführung wieder mit Leben erfüllt und seither wird es gelegentlich für Veranstaltungen genutzt. Heute betritt man die *scena* von der Via Arte della Cartapesta her durch einen Palazzo aus dem 16. Jh., in dessen Erdgeschoss man ein hübsches kleines Museum mit römerzeitlichen Funden eingerichtet hat. Das römische Theater rechts liegen lassend, stößt man auf die Via del Palazzo dei Conti di Lecce, an der der **Palazzo Carozzo** (Haus-Nr. 19–21) steht, der von den gleichnamigen Künstlerbrüdern in der zweiten Hälfte des 18. Jh. nach Plänen von Emanuele Manieri errichtet wurde. Seine konkave Fassade sollte den Besitzern der Häuser gegenüber das Rangieren mit der Kutsche erleichtern. Daneben, am Vico Vernazza (Haus-Nr. 7), erhebt sich der in der Renaissancegestalt des 16. Jh. entstandene **Palazzo Castromediano (30)**, der noch an mittelalterliche Geschlechtertürme erinnert und die älteste Stadtresidenz von Lecce ist. Fast gleich alt kann auf eine sehenswerte Renaissancefassade auch der **Palazzo Martirano** (Vico Vernazza Nr. 12/15) verweisen. Dagegen weiter auf der Via d. Palazzo d. Conti di Lecce (Haus-Nr. 2–6) trifft man auf den **Palazzo Penzini-Morisco** aus dem 16. Jh., der trotz Umbauten im 18. Jh. ebenfalls zu den ältesten der Stadt gehört, aber auch vielleicht die bedeutendste Vergangenheit besitzt: Hartnäckig hält sich die Überlieferung, dass hier der Palast der Normannengrafen von Lecce stand.

Dann tritt man aus der Gasse hinaus vor die grandiose, ›wirklich barocke‹ Fassade der **Kirche San Matteo (31)**. Gregorovius sah in ihr »das Pantheon des Barocks aus Lecce«. Die Mittelachse der unteren, geschuppten Fassadenzone ist konvex gewölbt, die der oberen Zone tritt konkav zurück, während die Seitenpartien beider Zonen gleichmäßig konvex abfließen. Dieser gegensätzliche Schwung verleiht dem Gebäude eine außerordentliche Dynamik. Jeweils eine Säule links und rechts vom Portal steigern die Außenrundung zusätzlich. Die Stützen des Portalfrieses sind als Konsolen gestaltet; der Nische direkt darüber fehlt wie allen anderen die Statue. Wie ein Diadem bekrönt ein weit vorkragendes Gesims die untere Zone. Die obere öffnet sich in der Mitte zurückschwingend mit einem großen Dreifachfenster. Das obere Gesims ist weniger markant, schwingt seitlich aber bewegt ab und ist mit Pyramiden gesäumt. Darüber tritt das kleine, wellenförmig geschlossene Giebelfeld dezent zurück. Die Kirche gilt als Werk des Giovann'Andrea Larducci aus der zweiten Hälfte des 18. Jh. Nach dessen Tod wurde sie in der oberen Zone von Giuseppe Zimbalo vollendet. Der dreigeschossige Innenraum beschreibt eine gestreckte Ellipse. An den Seitenwänden zieht sich eine geschlossene Folge von Bogenkapellen hin, die mit wertvollen Altären aus der Cino-Schule bestückt sind. Jeder Arkade ist im ersten Obergeschoss ein zweibogiges Fenster zugeordnet. Bei der Matthäus-Statue auf dem

> **Museo Provinciale**
> **›Sigismondo Castromediano‹**
> Viale Gallipoli 28
> Mo–Sa 9–13.30
> 14.30–19.30, So/Fei 9–13.30 Uhr

prunkvollen Hauptaltar handelt es sich um eine neapolitanische Arbeit von 1691.

Mit dem Rücken zur Kirche nach links, geht es durch die Via Perroni gleich rechts am **Palazzo Perrone** vorbei, wo Bischof Orontius in frühchristlichen Zeiten gewohnt und Franziskus von Assisi gebettet haben soll, und geradeaus zur **Porta San Biagio (32)** mit der Statue des Hl. Blasius darüber. Es ist das letzte Stadttor, das aus dem 18. Jh. erhalten geblieben ist. Neuzeitlicher, aber immer noch romantisch altmodisch lässt sich das **Kino (33;** *Cine-Teatro Massimo)* anschauen, das man von der *Porta* innerhalb der Altstadtmauer durch die Via M. Brancaccio erreicht.

Vor der Mauer lädt das **Museo Provinciale Sigismondo Castromediano (34)** zu einer Zeitreise durch 2500 Jahre ein. Besonders anschaulich sind die Modelle der Salent-Halbinsel (Saal 1) und des Amphitheaters von *Rudiae* (Saal 2) neben den schwarz- und rotfigurigen Vasen aus dem 6. bzw. 5. Jh. v. Chr.

Santa Maria di Cerrate

Etwa 15 km nördlich von Lecce liegt abgeschieden die Abteikirche Santa Maria di Cerrate. Inmitten des ehemaligen Basilianerklosters hat sich wie durch ein Wunder die bezaubernde dreischiffige Basilika vom Beginn des 12. Jh. erhalten. Die im ganzen Salent zu beobachtende Tuffsteinwandverkleidung verleiht auch hier dem Mauerwerk ein feines Profil: Tief herabgezogene Blendbogenarkaden laufen seitlich abwärts in schlanke Lisenen aus, die auf hohen Plinthen fußen. In das solchermaßen gerahmte Feld sind an der Hauptfassade links und rechts vom Portal zwei schmale Monoforien eingefügt. Das Pultdach das linken Seitenschiffs setzt sich auswärts über eine **Säulengalerie** fort, die die gesamte Länge der Flanke einnimmt und vor allem durch die Knospenkapitelle des 13. Jh. über den 18 Säulen gefällt. Noch Ende des 12. Jh. wurde das einzige **Portal** in der Hauptfassade angebracht. Es orientiert sich mit seinem inneren, über Pfosten und Archivolte durchlaufenden Schmuckrahmen an Santi Nicolò e Cataldo in Lecce. Die äußere Archivolte dagegen, die sich über Podesten, Säulen und mit kleinen Löwen besetzten Kapitellen erhebt, ist mit fast vollplastisch herausgearbeiteten Figuren bestückt. Dargestellt sind Mariae Verkündigung, die Heimsuchung Mariae bei Elisabeth, Geburt Christi, die Heiligen Drei Könige und die Waschung des neugeborenen Jesus. Die kleine Fensterrose hat ihre Füllung verloren, präsentiert jedoch eine aufwendig verzierte Fassung.

> **Santa Maria di Cerrate und Museo delle Arti e delle Tradizioni Popolari**
> Di–Sa 9–13.30 und 14.30–19.30, So 9–13.30 Uhr

In dem mit einem offenen Dachstuhl gedeckten **Inneren** imponieren die hohen Arkaden auf den kräftigen Säulen mit den ebenso wuchtigen Kapitellen, die die Seitenschiffe vom Mittelschiff scheiden, ferner die reiche Ausmalung, die bei der Restaurierung in den 1970er-Jahren an Wänden und Arkadenlaibungen freigelegt werden

Santa Maria di Cerrate

Santa Maria di Cerrate

konnte. Nicht nur die griechische Inschrift auf dem aus diversen Fragmenten ›rekonstruierten‹ Altarziborium dokumentiert den Bezug zur östlichen Kultursphäre, auch die Freskenmaler standen so sehr in byzantinischer Tradition, dass ihre Herkunft vom jenseitigen Adriaufer nicht auszuschließen ist. Die komplett ausgemalte Apsis zeigt oben die Himmelfahrt Christi, darunter, in Höhe des Apsismonoforiums, Maria mit Aposteln, und unten, gewissermaßen im Halbkreis, heilige Bischöfe. Heilige und vor allem Mönche – unter ihnen der Hl. Paulus von Theben – finden sich an den Arkadenlaibungen dargestellt. Diese Fresken entstanden zwischen 1180 und 1240. Aber diejenigen, die z. B. hinter dem vorzüglichen barocken Seitenaltar aufgedeckt wurden, sind dem 14. Jh. zuzuschreiben. Andere des 15. Jh., die deutlich umbrische Handschrift verraten, wurden zum Teil abgelöst und ins Museum verbracht.

Im Hof links neben der Kirche führt eine Treppe abwärts zur ehemaligen Ölmühle des Klosters, Grundstock eines netten **Heimatmuseums** (Museo delle Arti e delle Tradizioni Popolari del Salento). Die Ädikula über dem abgedeckten Brunnenschacht wurde 1585 angefertigt. Zu diesem Zeitpunkt war das als Basilianer-Niederlassung gestartete Kloster bereits aufgehoben. 1531 in ein ›Hospital für Unheilbare‹ umgewandelt und 1711 von den Türken verwüstet, gelangte es 1877 in Privatbesitz und wurde 1965 schließlich von der Provinz Lecce erworben.

Reisen & Genießen

Hotels
Dieses 100-jährige Hotel in einem Palast des 18. Jh. ist ein wahres Kleinod. Die freskengeschmückten Zimmer sind mit Möbeln des ausgehenden 19. Jh. und heutigem Komfort ausgestattet, im Marmorschwimmbad kann sich der Gast von den anstrengenden Besichtigungstouren erholen.
Patria Palace Hotel***
Piazzetta Riccardi 13
Tel. 08 32 24 51 11
www.patriapalacelecce.com
DZ 250 €

Schon das Betreten des großen bahnhofsnahen Hotels aus den 1930er-Jahren weckt nostalgische Gefühle, und man fühlt sich in alte italienische Filme zurückversetzt (Parkplatz im Hof, Garage):
Grand Hotel**
Viale O. Quarta 28
Tel. 08 32 30 94 05
DZ 85 €

Ein modernes, funktionales Haus mit Stil und Komfort im Osten der Stadt, keine zehn Min. zu Fuß ins historische Zentrum:
Hotel President***
Via Antonio Salandra 6
Tel. 08 32 45 61 11
www.hotelpresidentlecce.it
DZ 170 €

Gleich hinter der Piazza Sant'Oronzo zeigt sich das traditionsreiche Risorgimento in unüberbietbarer zentraler Lage völlig erneuert und in verschwenderischem Glanz:
Risorgimento**
Via Imperatore Augusto 19
Tel. 08 32 24 63 11
www.risorgimentoresort.it
DZ 340 €

Restaurants
Eine kleine Pasticceria mit großem Angebot feinen Gebäcks und verlockenden Tischen an der belebten wie beliebten Piazza mit Blick auf die Orontius-Säule:
Alvino
Piazza Sant'Oronzo 30
Tel. 08 32 24 67 48
www.caffealvino.it

In der kleinen Pizzeria und Trattoria kann man abends den Stadtbummel im lauschigen Hof des Collegio Statale ausklingen lassen, wo Pinto Concetta seine Gäste unter freiem Himmel bewirtet.
La Capannina
Via B. Cairoli 13
Tel. 08 32 30 41 59
Menü 28 €

Pizzeria und *tavola calda:* Hier gibt es die netten kleinen Vorspeisen und Pizze zum Mitnehmen *(porta via),* oder man nimmt an einem der Tische in den einfachen Räumen Platz, wo sogleich die schmackhaften *pittolini*, frittierte Bällchen mit Kapern und Tomaten, zur Begrüßung gereicht werden.
La Fratelli Valente
Via San Trinchese 10
Tel. 08 32 30 08 02

Zwar nicht im barocken Zentrum, aber doch an der Grünanlage der Villa Comunale erlebt man in dieser Osteria eine bewusst traditionelle Lecceser Küche, die Weinkarte bietet Gewächse aller Salentiner Anbaugebiete:
L'Osteria degli Spiriti
Via Cesare Battisti 4
Tel. 08 32 24 62 74
So geschl.
Menü ab 30 €

Südlicher Salent

Aufs ›flache Land‹ im Sinn des Wortes begibt sich, wer eine Spazierfahrt durch den Salent südlich von Lecce unternimmt. Gleichförmig gleiten Olivenbaumkulturen, Felder und gesichtslose Ortschaften vorüber. Allein im Inneren offenbaren sie gelegentlich Unerwartetes.

Copertino

8 km südwestlich von Lecce gelegen, rühmt sich etwa Copertino, einen der größten und am besten erhaltenen Baronalpaläste zu besitzen, schlicht **Castello** genannt. Nachdem Friedrich I. von Aragon 1498 die albanische Fürstenfamilie Castriota für deren Unterstützung gegen die Anjou mit der kleinen Grafschaft Copertino belehnt hatte, ließ sich Alfonso Castriota 1540 dieses Kastell errichten. Die Ausmaße der Vierflügelanlage mit den gewaltigen Eckbastionen sind erstaunlich. Das nach Art eines Triumphbogens gestaltete Renaissanceeingangsportal mit seiner liebevollen Verzierung zeigt am Architrav und daneben Reliefbüsten in Medaillons. Die dargestellten Herren repräsentieren die stolze Reihe früherer Inhaber der Grafschaft, sie reicht von Gottfried von Hauteville und dem Staufer Manfred über Karl I. von Anjou, Walter von Brienne und anderen bis zu Karl V. und den Castriota. Schon 1088 wurde die Stiftskirche gegründet, die **Collegiata Madonna delle Nevi.** Von der renaissancezeitlichen Umgestaltung von 1506 blieb immerhin das hübsche Portal an der linken Flanke zurück, während der barocke Campanile hundert Jahre später fertiggestellt war und auf die letzte Überarbeitung der ganzen Kirche 1707 vorausweist. Das benachbarte Örtchen **Leverano** hat als weithin sichtbares Wahrzeichen einen normannisch-staufischen **Wehrturm** zu bieten, der angeblich im Auftrag Friedrichs II. errichtet wurde.

Nardò

Das im *centro storico* sehr verschlafene, pittoreske Nardò ist hinter Lecce die zweitgrößte Stadt im Salent. Seinen Anfang nahm es als messapische Siedlung, die die Römer *Neretum* nannten. Der Normanne Gottfried von Hauteville, später Graf von Conversano, bemächtigte sich schon 1055 der Stadt, was diese nicht hinderte, bis ins 15. Jh. ihre Gottesdienste nach griechisch-orthodoxem Ritus zu feiern. Im Jahre 1480 von den Türken heimgesucht, 1484 von Venedig vereinnahmt, geriet das Fürstentum Nardò 1497 in den Besitz der Acquaviva. Deshalb übernahm es Gian Girolamo Acquaviva, die antispanische Erhebung, die auch Nardò ergriffen hatte, 1648 grausamst niederzuschlagen.

IAT Copertino
Via M. di Savoia 71
Tel. 08 32 94 90 10

Pro Loco Nardò
Piazza Santa
Caterina
73048 Nardò
Tel. 08 33 57 34 38

Terra d'Otranto

Nardò
1 Guglia dell'Immacolata
2 Palazzo della Pretura
3 Kirche San Domenico
4 Castello Acquaviva
5 Kirche Santa Maria del Carmine
6 Osanna
7 Kathedrale

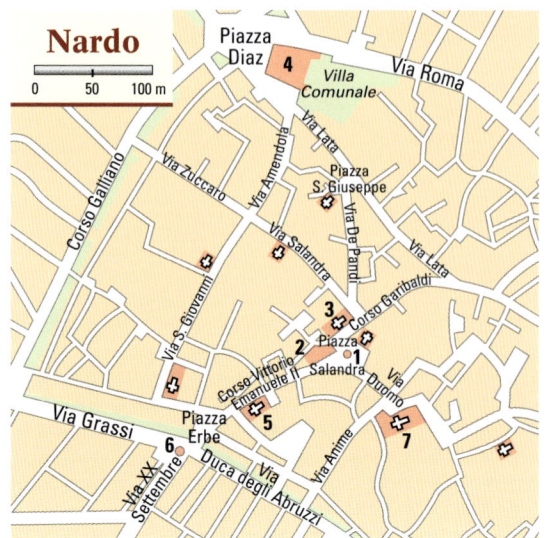

Im Herzen der Altstadt träumt die **Piazza Antonio Salandra**, einer der stimmigsten Plätze im Salent, von glänzenden Zeiten. In der Mitte erhebt sich pyramidenartig über achteckigem Grundriss eine prächtige Mariensäule von 1769, die 19 m hohe **Guglia dell' Immacolata (1)**, die von Einheimischen nur als »Säule des Platzes«, *culonna ti la chiazza*, bezeichnet wird. An der Platzseite leuchtet weiß der nach dem Erdbeben (1743) bis 1772 neu errichtete **Palazzo della Pretura (2)** mit seinem auffälligen Säulenportikus und einer weit aufgeschwungenen Loggia, wie sie auch die angrenzenden Barockhäuser aufweisen.

Rechts neben dem Palazzo zeigt sich mit der Flanke das bedeutendste Barockgebäude von Nardò, die **Kirche San Domenico (3)**. Die in der unteren Zone überaus bewegte, originelle Fassade schuf der im Salent viel beschäftigte, aus Nardò stammende Architekt Giovanni M. Tarantino zwischen 1580 und 1586. Üppig mit kannelierten Säulenpaaren und bizarren Skulpturen besetzt, bietet sie ein Musterbeispiel für den Übergang von der Renaissance zum apulischen Barock. Auch das Portal spart nicht mit der Rahmung durch kunstvoll verzierte, Postamenten aufstehende Säulen, die einen Baldachin tragen. Dagegen wirkt die obere Fassadenzone, die zum akzentuierten mittleren Gesims seitlich in kräftige Voluten ausläuft, bescheiden, führt aber durch zwei übereinander gestellte große Fenster die achsiale Symmetrie gelungen fort.

Von der Fassade weg gelangt man stadtauswärts zum **Castello Acquaviva (4)**, das als Rathaus dient. Es wurde in der Mitte des 15. Jh. über einer normannisch-staufischen Anlage errichtet, die 1271 zunächst den Franziskanern überlassen worden war. Der jetzige Zustand geht auf das 19. Jh. zurück.

Verlässt man die Piazza Salandra jedoch am Palazzo della Pretura, führt der Corso Vittorio Emanuele vorüber an der **Kirche Santa Maria del Carmine (5),** deren beachtliches Renaissanceportal in romanischer Tradition nicht auf die Sockellöwen verzichten will und deren Inneres im Rokoko schwelgt, vor die Stadt zur **Osanna (6),** einer offenen, achteckigen Kapelle von 1603, die nach einem in der umlaufenden Inschrift vorkommenden Wort so benannt ist. Durch ihre Rolle als Verkehrsinsel leider etwas entwertet, gefällt sie doch durch die Kuppel mit pagodenartigem Aufsatz, die von acht Säulen getragen wird. Warum die Kapelle aber zum Schutz der in der Mitte stehenden, stärkeren Säule erbaut wurde, weiß niemand mehr.

Lässt man die Piazza Salandra gegenüber dem Palazzo della Pretura hinter sich, erreicht man gleich die **Kathedrale (7)** mit bescheidener, zweigeschossiger Fassade von 1724. Die horizontale Dreigliederung der Portalzone folgt dem ursprünglichen Bau, der nach dem Erdbeben von 1230 notwendig geworden war, nachdem bereits Benediktiner 1080 mit einer Klosterkirche an dieser Stelle begonnen hatten. Im barockisierten Inneren hat man die romanische Konstruktion wieder sichtbar gemacht. Die Arkaden des linken Seitenschiffs gehen auf das 13. Jh. zurück, die des rechten auf den Umbau von 1332–51. Unter den Seitenaltären stechen drei atemberaubende Barockaltäre von Placido Buffelli von 1668 heraus. Auf dem dritten Altar links befindet sich das verehrte schwarze Holzkreuz, der *Crocefisso nero,* eine katalanische Intarsienarbeit des 13. Jh. Zwischen diesem und dem vorangehenden zweiten Altar ist hinter Glas ein Partikel des Kreuzes Jesu ausgestellt. Das Tafelbild »Madonna del Carmine« am zweiten Altar links schuf der neapolitanische Maler Paolo De Matteis (1662–1728). Beachtenswert sind die zahlreichen Fresken des 13./14. Jh. mit Heiligendarstellungen vor allem an den Pfeilern. An der Halbsäule des zweiten Pfeilers links ist unten noch eine griechische Inschrift zu erkennen.

Blut des Gekreuzigten
Ungeachtet moderner Erklärungen bleiben die Alten in Nardò bei ihrer Version über die Geschichte des »Crocefisso nero« der Kathedrale. Demnach stammte er aus einem Basilianerkloster, und die Wundmale des Gekreuzigten begannen zu bluten, als die Sarazenen die Stadt überfielen.

Galatone

Selbst eilige Reisende zollen in Galatone der am Rand des alten Ortskerns gelegenen, 1696–1710 errichteten Wallfahrtskirche, dem **Santuario del Crocefisso della Pietà,** wegen der hübschen Barockfassade Beachtung. Links und rechts vom schmuckvoll eingefassten Portal gliedern kannelierte Pilaster vier schmale Felder aus. In diesen öffnen sich Nischen mit Figuren der vier Evangelisten, in der oberen Zone mit Figuren des Hl. Sebastian und Johannes' des Täufers; den Raum dazwischen füllt ein großes Fenster aus durchbrochenem Stein und mit üppigem vegetabilem Rahmen. Ganz außen sind die Apostel Petrus und Paulus postiert, während auf den Voluten des Giebelfelds die Erzengel Michael und Gabriel nach den Gläubigen Ausschau halten. Vollends gemahnt das prächtige Innere mit der vergoldeten Kassettendecke, der grandiosen Orgel von 1699, der ausgemalten Kuppel und dem aufwendig gestalteten Hauptaltar an das Lecceser Vorbild.

Terra d'Otranto

Galatina

Santa Caterina d'Alessandria

In Galatina, einer weiteren typischen Landstadt mit Hang zur Ausdehnung, muss die Uhr wieder zurückgestellt und alles Augenmerk im beschaulichen Zentrum auf die einzigartige Franziskanerkirche Santa Caterina d'Alessandria gerichtet werden (obwohl zuerst die Bäckerei schräg gegenüber zur Stärkung lockt).

Galatina ★

Mit dem **Bau** der Kirche wurde auf Veranlassung des Grafen Raimondello Del Balzo Orsini, eines der mächtigsten Feudalherren im Königreich Neapel, 1384 begonnen. Er hatte die Kirche, die ein älteres Gebäude mit einschloss, zu seiner Grablege bestimmt. Von Anfang an den Franziskanern zugedacht, die heute noch das Gotteshaus verwalten, war es 1391 fertiggestellt, nachzulesen am linken **Nebenportal**. Dieses mit zwei über Pfosten und Archivolte fortlaufenden Schmuckbändern eingefasste rundbogige Portal steht wie alle Dekorelemente der Fassade so sehr in der Tradition apulischer Romanik, dass ihre Entstehung zum genannten Datum unwahrscheinlich wirkt. Über dem Portal befindet sich ein Rundfenster mit ›ausgestanzten‹ Öffnungen. Derselbe Aufbau findet sich am rechten Nebenportal, doch fügen sich beide Nebenportale nicht in die Symmetrie der nachträglich verbreiterten Seitenschiffe – innen wird man sehen, dass es sich um jeweils zwei Seitenschiffe handelt. Die **Mittelschifffassade** wird in der Höhe von einer gewaltigen Fensterrose beherrscht, ebenerdig von dem flach gestuften, rundbogigen **Hauptportal**. Es ist ebenfalls mit hübschen Bänderungen verziert, mit Blatt- und Rankenwerk, das Medaillons ausbildet, in dem sich allerhand Lebewesen tummeln. Und es wird von Säulen flankiert, die auf ramponierten Löwen stehen und kopflose Greifen tragen, hinter denen ein spitzgiebeliger Baldachin aufgeht. Als Architravrelief sind Jesus und seine zwölf Jünger dargestellt.

Über fast quadratischem **Grundriss** sind fünf Schiffe ausgebildet, wobei die unterschiedlich breiten Seitenschiffe spitztonnen-, das stark überhöhte Mittelschiff kreuzrippengewölbt ist. Die komplette **Ausmalung** in diesem Bereich ist atemberaubend. Sie wirkt auch deshalb so übermächtig, weil das Mittelschiff zu den Seiten hin keine hohen Arkadenbögen besitzt, sondern große Wandflächen mit niedrigen Spitzbogenöffnungen und schmalen Fenstern darüber. Die Freskenpracht wurde von Maria von Enghien, Gräfin von Lecce, veranlasst, der Witwe des Raimondello Del Balzo Orsini, der 1406 starb. Durch ihre neuerliche Ehe mit Ladislaus von Anjou-Durazzo war sie Königin von Neapel geworden, doch nach dem Tod auch dieses Gatten 1414 hatte sie sich auf ihre apulischen Besitzungen zurückgezogen. Ausgeführt wurden die Fresken zunächst von einer neapolitanischen Werkstatt. Da die Arbeiten nicht gefielen, wurden Maler aus den Marken, der Emilia und Umbrien mit der Aufgabe betraut, die bei der Gestaltung der Zyklen sehr kompositionssicher waren und einen erstaun-

Galatina, Santa Caterina, Freskenausschnitt der ersten Jochwand rechts und Grundriss (oben) ▷

Terra d'Otranto

lich expressiven Realismus an den Tag legten. Nur einer von ihnen ist dank seiner Signierung samt Jahreszahl 1485 namentlich bekannt geworden: Francesco d'Arezzo.

Die Freskenzyklen – sie sind neben denen von Santa Maria del Casale bei Brindisi die größten Apuliens – sind im Mittelschiff den

Galatina

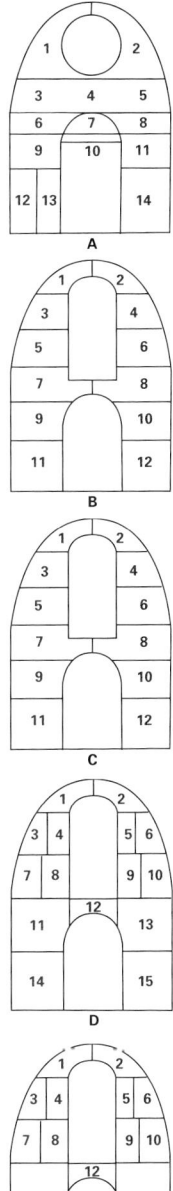

jeweils gegenüberliegenden Jochwänden thematisch zugeordnet. Szenen der **Apokalypse** sind an der Portalwand **(A)**, der ersten Jochwand der rechten Seite **(B)** und der 1. Jochwand der linken Seite **(C)** sowie an der Decke darüber dargestellt, Szenen aus der **Genesis** an der zweiten Jochwand der rechten **(D)** und der linken Seite **(E)**, während die dazwischenliegende Decke mit einem Zyklus **Kirche und Sakramente** ausgefüllt ist. Den Szenen aus dem **Leben Jesu** sind die dritte Jochwand der rechten **(F)** wie der linken Seite **(G)** vorbehalten, die Mittelschiffdecke dazwischen einem Zyklus der **Engellehre** (Angeologie). Im Einzelnen können die Fresken folgendermaßen ›gelesen‹ werden:

A (Portalwand): 1 Gott auf dem Thron – 2 Christus mit Bogen auf weißem Pferd – 3 Triumphierendes Lamm Gottes – 4 Fall Babylons – 5 Christus auf Wolke mit Sichel in der Hand – 6 Gericht über Hure – 7 Hure Babylon auf siebenköpfigem Drachen – 8 zerstört – 9 Drache und Antichrist im Höllenfeuer – 10 Wappen der Geschlechter D'Enghien-Orsini und Orsini-Del-Balzo – 11 Weltgericht – 12 Hl. Elisabeth von Ungarn – 13 Hl. Franziskus und Hl. Dominikus – 14 Krönung Marias.

B (1. Jochwand rechts): 1 Hl. Johannes – 2 Hl. Johannes – 3 Streitbare Engel der Apokalypse – 4 Fallender Stern in Gestalt einer weißen Scheibe, der menschliche Arme erwachsen – 5 das Weib der Apokalypse – 6 Geflügelter Drache, umgeben von Mönchen – 7 Antichrist und Teufel, Kampf zwischen Anhängern Gottes und Satans – 8 Engel gießt aus Kelch die schlimmste Geißel: Erdbeben – 9 Gericht – 10 Belagerung der Heiligen Stadt – 11 Stigmatisierung des Hl. Franziskus von Assisi – 12 Hl. Klara (s. Abb. links).

C (1. Jochwand links): 1 Schnitter Tod – 2 Vier Winde, angehalten von den Engeln – 3 Götzendiener – 4 Krieger im Kampf (Verfolgung der Kirche) – 5 Pferde im Blut – 6 Sieben Engel gießen die Geißeln der Apokalypse aus – 7 Christus mit zehn Königen zu Pferd, bereit zum Kampf gegen das Böse – 8 Streitmacht Christi im Kampf gegen das Böse – 9 Evangelist und Heilige Stadt Jerusalem – 10 Thron Gottes – 11 Hl. Nikolaus von Bari – 12 Apostel Petrus und Paulus.

D (2. Jochwand rechts): 1 Erschaffung des Lichts – 2 Erschaffung der Erde – 3 Hl. Dreifaltigkeit und zehn Engel – 4 Erschaffung des Menschen – 5 Adam – 6 Gott verbietet, Früchte zu berühren – 7 Gott befragt Adam und Eva wegen ihres Ungehorsams – 8 Vertreibung aus dem Paradies – 9 Adam bei der Arbeit – 10 Ermordung Abels – 11 Sintflut – 12 Adam und Eva beweinen Vertreibung – 13 Turmbau von Babel – 14 Hl. Damian – 15 Hl. Franziskus zeigt Wundmale.

E (2. Jochwand links): 1 Erschaffung von Sonne und Mond, Scheidung von Wasser und Land – 2 Erschaffung der Tiere – 3 Erschaffung Evas – 4 Gott zeigt Eva dem Adam – 5 Die Schlange verleitet Eva zum Ungehorsam – 6 Adam und Eva essen verbotene Frucht – 7 Noah baut die Arche – 8 Arche – 9 Gott verschließt die Arche hinter Noah, seinen Kindern und den Tieren – 10 Arche auf dem Wasser – 11 Hl. Katharina von Alexandria – 12–13 zerstört.

Terra d'Otranto

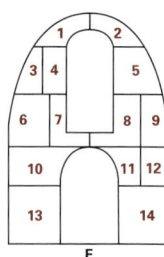

F

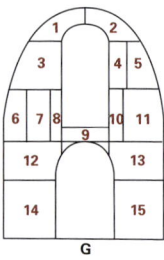

G

F (3. Jochwand rechts): 1 Krippe – 2 Begegnung Marias und Elisabeths – 3 zerstört – 4 Flucht nach Ägypten – 5 Kindermord – 6 Versuchung Jesu durch den Teufel – 7 Verklärung Christi – 8 Jesus im Haus des Simon – 9 Auferstehung des Lazarus – 10 Jesus an der Säule – 11 Jesus vor Pilatus – 12 Jesus vor Kaiphas – 13 Auferstehung Christi – 14 zerstört.

G (3. Jochwand links): 1 Erzengel Gabriel erscheint Zacharias – 2 Verkündigung – 3 Jesus unter den Schriftgelehrten – 4 Taufe Jesu – 5 Jesus widersagt der Versuchung des Teufels – 6 Einzug Jesu in Jerusalem – 7 Letztes Abendmahl – 8 Fußwaschung – 9 Apostel Petrus, Paulus, Jakobus und Johannes – 10 Jesus am Ölberg – 11 Gefangennahme Jesu und Kuss des Judas – 12 Jesus unter dem Kreuz – 13 Kreuzigung – 14 zerstört – 15 Kreuzabnahme.

Daneben findet sich im rechten Seitenschiff ein **Madonnen-Zyklus (H)**. Im **Presbyterium** sind an der rechten Wand Fresken aus dem Leben der Hl. Katharina von Alexandria (**I**) zu sehen, an der linken Wand das monumentale **Grabmal des Raimondello Del Balzo Orsini (J)**, des Kirchenstifters, das wenige Jahre nach seinem Tod 1406 erstellt wurde. In der 1460 durch den Sohn Giovanni Antonio Orsini angebauten lichten, achteckigen **Chorkapelle (K)** – der einzigen wirklich gotischen Apuliens – befindet sich auch dessen *mausoleo*.

Nach diesem Kunstgenuss fällt die Konzentration auf die große, 1633–1663 errichtete **Pfarrkirche Santi Pietro e Paolo** und ihre Barockfassade schwer.

Soleto

Der bereits zur alten griechischen Sprachinsel *(Grecia salentina)* zählende Nachbarort Soleto, bei Plinius als *Soletum* erwähnt, gehörte während des 14. und 15. Jh. ebenfalls zur Grafschaft der Del Balzo Orsini. Nicht zu übersehen ist sein Wahrzeichen, der schlanke, hohe, kurz **Guglia** genannte, ehemals freistehende Glockenturm der Pfarrkirche Santa Maria Assunta. Er wurde im Auftrag des Raimondello Del Balzo Orsini 1379 von Francesco Colaci da Surbo errichtet. Beide, Stifter und Architekt, setzten sich damit erfolgreich ein Denkmal. Über einem quadratischen Grundriss mit einer Seitenlänge von 5 m hebt sich der Turm mit fünf Geschossen zu einer Höhe von 45 m empor. Kunstgeschichtlich für ganz Süditalien eine Besonderheit, vereint er spätromanische Formen, spätgotisches Maßwerk (bei den Zwillingsfenstern), über Neapel importierte katalanische Architektur und beinahe schon barocken Drang nach Dekor. Die bunt gekachelte Kuppel wurde dem obersten, achteckigen Geschoss, der eigentlichen ›Spitze‹ (= *guglia*), erst im 18. Jh. aufgesetzt. Die Kirche selbst weiß vor allem im rechten Seitenschiff durch Barockaltäre zu begeistern.

Links an der Kirche vorbei, geradeaus in die Via Donato Perrino, an deren Ende über die kleine Piazza Garibaldi und nach rechts wei-

Abstecher nach Süden

Soleto, Santo Stefano, Apsisfresko

ter wie ausgeschildert – so erreicht man in fünf Gehminuten die kleine **Kirche Santo Stefano**. Ihr Zauber liegt hinter der schlichten, um Blendbögen und einer kleinen Fensterrose (über zerstörtem Portal) angereicherten Fassade. Sie wird bereitwillig geöffnet und erleuchtet, sobald man sich im gegenüberliegenden Club Stefano meldet. Der lediglich 6 m lange und 3,2 m breite Innenraum hat einen Großteil seiner Fresken, die im 14./15. Jh. sämtliche Wände bedeckten, bewahrt. Beeindruckend ist die Darstellung des Jüngsten Gerichts an der Eingangswand. Dass der Maler hierbei byzantinischen Konventionen folgte, unterstreichen die griechischen Beischriften in der Apsis, wo in der Mitte Christus, flankiert von Bischöfen mit Schriftrollen in den Händen, als »Wort Gottes und der Weisheit« abgebildet ist. Auch das »Pfingstwunder« darüber wendet sich deutlich noch an griechischsprachige Gläubige.

In Corigliano geht am oberen Ende der zentralen Piazza San Nicola rechts der Vico Freddo ab, in dem sich an der rechten Seite der auf 1497 datierte ›Arco dei Luchetti‹ mit geheimnisvollen, nicht deutbaren Reliefs befindet

Nach einem Abstecher nach Süden über Carpignano zurück nach Lecce

Vorüber an **Corigliano d'Otranto** mit seinem Castello Baronale, das 1480 erfolgreich den Türken trotzte, nun aber wegen seiner mit Figuren übersähten Barockfassade von 1667 berühmt ist, und der Kirche San Nicola mit Renaissanceportal und ansehnlichem Campanile des 15. Jh., der die Guglia von Soleto nachahmt, erreicht man **Maglie,** einen seit alters wichtigen Straßenknotenpunkt. Das Museo Comunale di Paleontologia mit seiner inzwischen selbst altmodischen Präsen-

tation der Objekte bekommt gelegentlich Besuch, weil sich hier auch einige Knochen und Steine mit Ritzzeichnungen eines Ur-Rinds u. a. aus den *Grotte* Romanelli, Zinzulusa und dei Cervi studieren lassen, früheste Zeugnisse der Menschheitsgeschichte Apuliens. Man erreicht das Museum von der zentralen Piazza Aldo Moro die Via Umberto I stadtauswärts.

Jungsteinzeitliche Zeugen *in situ* sind die zahlreichen **Menhire,** die sich in der Umgebung finden. Bequem sind zwei von ihnen anzufahren, der eine im Nordosten Richtung Melpignano, wo er dann gleich vor der Umgehungsstraße von Maglie steht, der andere im Südosten an der Landstraße Richtung **Muro Leccese,** das durch Megalithmauern aus dem 3./4. Jh. v. Chr. – ausgeschildert: ›*Mura megalitiche*‹ – seine frühgeschichtliche Bedeutung als messapisches Siedlungszentrum herausstellt. In der Mitte des Dorfs bildet die Piazza del Popolo mit der Kirche dell'Immacolata von 1778, der Mariensäule von 1607 und der Pfarrkirche dell'Annunziata von 1693 am oberen Platzende ein nettes barockes Ensemble.

Ziemlich im Zentrum von **Carpignano** liegt unscheinbar hinter einem Eisengitter der Abgang zur Cripta Sante Marina e Cristina, einer Grottenkirche, in der sich die ältesten Fresken Apuliens befinden, und zwar (rechts herum) an der hinteren Wand, in der zwei kleine Apsiden ausgebildet sind. In diesen ist jeweils ein thronender Christus dargestellt, in griechischer Schrift signiert und datiert von einem Theophilaktos auf 959 bzw. einem Eustathios auf 1020. Rechts neben der rechten Apsis ist der Verkündigungsengel zu erkennen, links neben der linken Apsis Maria mit Jesuskind. Auch die ebenso auf typisch byzantinische Weise überlang dargestellten Hll. Theodor, Nikolaus und Christina am Pfeiler davor entstanden noch im 11. Jh.

Wieder vor den Toren der Provinzhauptstadt liegt **San Cesario di Lecce** mit einem monumentalen Palazzo Ducale aus dem 17. Jh., in den sich die Stadtverwaltung eingenistet hat. Die imposante Fassade von 1626 zeichnet sich durch ein elegantes Säulenportal und ein Skulpturenprogramm aus, das durch die Figuren in den Nischen auf der Höhe der prächtigen Balkone repräsentiert wird. Die beiden größten stellen Herkules dar. Der Innenhof ist durch einen Barockbrunnen verschönt.

Zwischen Lecce und Otranto

Von Lecce verläuft die zur Schnellstraße ausgebaute S 364 schnurgerade zum ›Hausstrand‹ von **San Cataldo** an der Adria, wo im August Hochbetrieb herrscht. Den einst bedeutenden Hafen, den Kaiser Hadrian um 130 n. Chr. anlegen ließ, markieren etwa 400 m südlich des weißen Leuchtturms kärgliche Mauerreste im Wasser. Auf der S 611 südwärts fährt man bei der Masseria Cesine an einem ausgedehnten Wald mit Eukalyptusbäumen und Pinien sowie großen Schilfzonen vorüber, einem eingezäunten Naturschutzgebiet, das als Rastplatz für Zugvögel eingerichtet ist.

Landeinwärts zeugt in **Acaia** das mächtige Kastell von den Anstrengungen, die man um 1500 zur Sicherung der Küste vor den Türken unternahm. Nachdem Gian Giacomo dell'Acaia (Acaya) die vom Vater errichtete Burg 1535 den veränderten militärischen Erfordernissen, d.h. dem Einsatz von Kanonen, angepasst hatte, wurde ihm auch der Ausbau des Kastells von Lecce übertragen. Auftraggeber war Kaiser Karl V. An ihn erinnert neben dem Kastell eine Tafel an dem originellen Stadttor, der Porta di Sant'Oronzo.

Eine andere Festung direkt an der Küste bzw. auf einem flachen Felsen im Meer bei dem nach ihr benannten Dorf **Rocca Vecchia** ist dagegen fast völlig verschwunden. Walter VI. von Brienne hatte sie im 14. Jh. errichten lassen. Alfons von Aragon, der Otranto von den Türken befreite, nutzte sie als Quartier. Danach wurde sie aufgegeben, aber von Piraten als Schlupfwinkel genutzt, weshalb Karl V. 1544 ihre Zerstörung anordnete. Wind und Wellen versuchen heute, die letzten Ruinenreste abzutragen.

Auch der Nachbarort **Torre dell'Orso** ist nicht mehr wegen seines (ruinösen) Küstenwachturms, sondern wegen seines gepflegten Sandstrands mit hübscher Promenade bekannt. So verabschiedet sich die Adria nicht nur zünftig touristisch, sondern auch mit einem durch Strände und Felsen aufgelockerten Küstenabschnitt.

Otranto

Dass das Adriatische Meer bei Otranto endet und dort das Ionische Meer beginnt, wurde in der Antike festgelegt. Dafür war die Stadt weithin bekannt, und bis in die Neuzeit wurde der ganze Salent nach ihr *Terra d'Otranto* genannt. Gemessen an den Städten Lecce, Brindisi oder Tarent, die mit der zwanzig- bis vierzigfachen Bevölkerung aufwarten, ist das Küstenstädtchen Otranto unwichtig geworden. Gerade mal 5000 Einwohner halten die Erhebung zwischen Kastell und Hafen besetzt, die wiederum klar unterrepräsentiert sind gegenüber den Touristen, die in den Urlaubsmonaten über den hübschen Ort herfallen. Dann kann es in der autofreien ›Hauptgasse‹, der Via Alfonso d'Aragona, zwischen den Keramik- und Andenkenläden schon eng werden. Denn bis zur ersten Querstraße, der Via Basilica, und dann diese nach rechts aufwärts gehen sie alle, ob sie nun mit der Jacht die betörend schöne Anfahrt zur See wählen, oder mit dem Bus anrollen, um ›das Mosaik‹ zu sehen.

Geschichte

Die Frage, weshalb man sich früher um das winzige Örtchen, das vermutlich Griechen aus Tarent zu Beginn des 7. Jh. v. Chr. als *Hydrus* gegründet und die Römer als *Hydruntum* zum *Municipium* gemacht hatten, die Schädel einschlug, beantwortet sich von selbst. Es ging allein um den Hafen an der engsten Stelle der Adria. 82 km sind es nur

Otranto ★★

APT
Piazza Castello 8
73028 Otranto
Tel. 08 36 80 14 36

Ufficio Informazioni
Piazza Umberto I
Tel. 08 00 55 11 85

»*Otranto ist die Stadt, die mir auf der ganzen salentinischen Halbinsel bei weitem den stärksten Eindruck macht. Einsam, still, geballt liegt sie am offenen Meer und schaut nach dem nahen Griechenland hinüber.*«
Eckart Peterich

bis zur albanischen Küste. In der umgekehrten Richtung lag Otranto auf der Apenninhalbinsel der oströmischen Kaiserstadt Konstantinopel am nächsten, wurde entsprechend von dort gefördert und Sitz eines griechischen Bischofs. Durch den Bruch zwischen Ost- und Westkirche, das Schisma von 1054, drohte Otranto mit dem Salent ganz nach Griechenland überzuwechseln. Aber da änderten sich die machtpolitischen Verhältnisse. 1070 musste sich die Stadt endgültig als eine der letzten byzantinischen Bastionen dem Normannen Robert Guiskard geschlagen geben und wurde, nachdem sie sich zusammen mit anderen gegen die Eroberer aufgelehnt hatte, 1128 nochmals von Roger II. eingenommen. 1228 verabschiedete sich Friedrich II. in Otranto von Italien, als er zum Kreuzzug ausfuhr. 1254 und 1257 wusste Manfred die Stadt samt Südapulien nochmals für die Staufer zu erobern. Die Katastrophe erfolgte gut 200 Jahre später. Weil Entsatz aus Neapel zu spät eintraf, gelang es dem türkischen Admiral Ahmed Pascha, nach 15-tägigem Beschuss 1480 die Stadt einzunehmen. An die 800 Einwohner sollen danach hingerichtet worden sein. Dreizehn Monate später verloren die Türken Otranto wieder an die Aragonesen von Neapel, und aufgrund der Verstärkung der Befestigungsanlagen konnten die Türkenangriffe von 1537 und 1638 erfolgreich abgewehrt werden. Aber der Niedergang der Stadt, die vom Seehandel lebte, war nicht mehr aufzuhalten.

Kathedrale Santa Maria Assunta

Der Eingang in die Altstadt durch die **Porta di Terra (1)** aus napoleonischer Zeit und die dahinter folgende **Torre Alfonsina (2)**, die nach der Rückeroberung der Stadt 1481 von Alfons von Kalabrien, dem Bruder König Ferdinands I. von Neapel, errichtet wurde, gerät aber recht würdig. An den schmalen, gepflegten Häuschen ein wenig aufwärts und dann auf der Via Basilica rechts weg, gerät man an die linke Flanke der **Kathedrale Santa Maria Annunziata (3)**. Mit Sicherheit nach der Eroberung der Stadt durch die Normannen begonnen und 1088 geweiht, dauerte die Fertigstellung der Kirche mit drei Schiffen und Querhaus über dem Grundriss eines lateinischen Kreuzes aber dennoch bis um die Mitte des 12. Jh. Während das Renaissanceseitenportal 1514 angefügt wurde, stammt die Fensterrose an der Hauptfassade aus dem 15. Jh. und das barocke Hauptportal von 1674. Im **Inneren** ist auf den ersten Blick nur die bemalte Kassettendecke des Langhauses und Chors von 1698 der ›Bereinigung‹ entgangen. Doch für alle unnötigen und unschönen baulichen Veränderungen entschädigt das einzige komplett erhaltene **Fußbodenmosaik** dieser Art. Es bedeckt den Boden des gesamten Mittelschiffs, des Querhauses und der Hauptapsis: ein gigantisches Werk von 50 m Länge, das der Priester (oder Mönch) Pantaleon im Auftrag des Bischofs Jonathas in den Jahren 1163–65 schuf. Obwohl vermutlich in der Apsis begonnen, lässt sich das mit Figuren überfüllte Mosaik vom Haupteingang her ›lesen‹. Es wimmelt geradezu von Tieren, Men-

Otranto

Otranto
1 Porta di Terra
2 Torre Alfonsina
3 Kathedrale Santa Maria Annunziata
4 Kastell
5 Basilica San Pietro

schen und Fabelwesen, die jeden freien Platz zwischen oder auf den Ästen eines Baumes einnehmen, der das ›Rückgrat‹ des Mosaiks bildet. Einige Figuren scheinen isoliert eingefügt zu sein, nur um eine Stelle zu füllen, andere sind zu Szenen gruppiert. Eine **erste Inschrift** zu Füßen der beiden Elefanten, die den bis zur Vierung reichenden, sich verjüngenden ›Lebensbaum‹ tragen, hält die Namen des Auftraggebers und des Mosaizisten in Versen fest: *Ex Jonathis donis per dexteram Pantaleonis / hoc opus insigne est superans impendia digne* – »Mit den Mitteln des Jonathas schuf Pantaleons Rechte dieses außergewöhnliche, unbezahlbare Werk«.

Etwa in der Mitte des Langhauses wird das Mosaik – ungeachtet des nach oben weiter aufragenden Baums – zweimal durch Inschriftenbänder unterbrochen. Bis zur ersten dieser beiden Inschriften lassen sich in den Feldern links und rechts des Stammes bzw. schon neben den Elefanten, die den Baum tragen, die wenigsten Figuren zweifelsfrei deuten. So ist etwa links unter dem ersten, starken Ast über dem Kopf des Elefanten eine Katze zu sehen, mit Schuhen an zwei Pfoten, unter dem Elefanten vermutlich eine Maus. Daneben bekämpfen sich zwei Männer mit Schilden und Keulen, am Rand bäumt sich ein Pferd auf. Über demselben Ast zielt eine Frau (Diana?) mit Pfeil und Bogen auf einen Hirsch, der, im Hals bereits von einem Pfeil getroffen, den Kopf zu ihr umwendet. Dann folgt ein Vierbeiner mit

Menschenkopf, ein Kentaur, der ein Dreiblatt im Mund hält; über seinem Kopf befindet sich ein Schachbrett. Und so geht es weiter. Je nach Deutungsansatz lassen sich Bezüge zur antiken Mythologie, zum Alten Testament wie zu apokryphen Evangelien, zum »Physiologus«, zur Artussage und zum Rolandslied, zu arabischen Fabeln und jüdischen Erzählungen konstruieren. Aber auch *was* sich zweifelsfrei interpretieren lässt, ergibt in der Summe ein so frappierendes Konglomerat von heidnischem und christlichem, byzantinischem und normannischem Gedankengut, dass das Mosaik wie kaum ein anderes Kunstwerk für die großartige Zusammenführung verschiedenster Kulturen steht, die in Apulien stattfand.

Eindeutig lässt sich rechts vom Baum – auch ohne die Beischrift *Alexander rex* – der von anderen Mosaiken bekannte und literarisch überlieferte **»Himmelsflug Alexanders«** erkennen: Der König, der auf zwei Greifen sitzt, lockt diese zum Aufwärtsflug, indem er zwei Fleischspieße in die Höhe hält. Auch der **»Turmbau zu Babel«** links vom Stamm ist über alle Zweifel erhaben. Die Handwerker darüber – Noah und seine Söhne bei der Arbeit im Weinberg – leiten zum **»Noah-Zyklus«** zwischen den beiden Inschriftenbändern über: Am linken Rand ist die Hand Gottes zu sehen, d. h. wie Gott dem knienden Noah den Auftrag erteilt, die Arche zu bauen. Rechts daneben werden Bretter zugesägt, rechts vom Stamm erfolgt die Verladung der Tiere in die Arche. Die **Schriftbänder** ober- und unterhalb dieser Szene sind zusammen zu lesen: *Anno ab incarnatio[n]e D[omi]ni n[ost]ri Ih[es]u Chr[ist]i MCLXV i[n]dictio[n]e XIIII regnante d[omi]no n[ost]ro W[illelmo] rege magnif[ico] / humilis servus Ch[risti] Ionathas Hydruntin[us] archiep[iscopu]s iussit hoc op[us] fieri p[er] manus Pantaleonis p[res]b[yte]ri* – »Im 1165. Jahr seit der Fleischwerdung unseres Herrn Jesus Christus, in der 14. Indiktion der Herrschaft unseres Herrn, des erhabenen Königs Wilhelm (I.), hat Jonathas, der demütige Knecht Christi und Erzbischof von Otranto, befohlen, dass dieses Werk durch die Hände des Priesters Pantaleon ausgeführt wird«.

Weiter aufwärts folgen drei Reihen mit je vier **Monatsmedaillons.** Links oben beginnend werden die Monate von Januar bis Dezember nicht nur inschriftlich benannt und durch Sternzeichen ausgewiesen, sondern zusätzlich durch jeweils typische menschliche Handlungen oder Tätigkeiten charakterisiert: Januar/Steinbock: Eine sitzende Person wärmt die Hände über einem Feuerbecken; Februar/Wassermann: Eine Frau dreht ein Ferkel am Spieß und hält einen Topf; März/Fische: Ein sitzender, nackter Mann reinigt mit einem Holz die Füße; April/Widder: Ein Hirte mit geschultertem Stab bei drei Tieren; Mai/Stier: Ein gut gewandeter Mann sitzt auf einer Bank mit Kissen, greift mit der Linken nach einem Zweig und deutet mit der Rechten auf Früchte; Juni/Zwilling: Ein Bauer mäht Korn mit der Sichel; Juli/Krebs: Ein Bauer drischt mit einem Flegel; August/Löwe: Ein Winzer schneidet mit einem Messer Reben, während er mit dem linken Fuß in einem Fass Trauben stampft; September/Jungfrau: Ein

Otranto

Otranto, Kathedrale, Fußbodenmosaik

Mann keltert Wein, der aus der Bütte in ein Gefäß fließt; Oktober/ Waage: Ein Bauer führt den von zwei Ochsen gezogenen Pflug; November/Skorpion: Ein Mann mit Säge und Hacke; Dezember/ Schütze: Ein Mann schlachtet Schweine.

Oberhalb des Aprilmedaillons wird in zwei Szenen an die Geschichte von **Kain und Abel** erinnert, wobei die Brüder durch Beischriften *(Abel, Cayn)* identifiziert sind. Das linke Bild zeigt die beiden beim Opfer, das rechte die Ermordung Abels durch Kain, worauf von oben herab, wieder kenntlich gemacht durch die Hand Gottes, der Allmächtige fragt: *Ubi e[st] Abel, fr[ater] tuus* – »Wo ist Abel, dein Bruder?« Links daneben, über dem Märzmedaillon, ist der bekrönte Reiter durch die Inschrift *Rex Arturus* als **König Artus** ausgewiesen und bei seinem Kampf gegen die ›Katze von Lausanne‹ dargestellt, der im »Livre d'Artus« überliefert ist, aber in verschiedenen – bretonischen, lateinischen, mittelhochdeutschen – Varianten verbreitet war. Der Ausgang des Kampfes, nämlich der Sieg der Katze über den König, ist ebenfalls wiedergegeben. Links neben Artus ist die **Vertreibung aus dem Paradies** zu erkennen.

In der **Vierung** setzt sich das Mosaik aus vier Reihen zu je vier **Medaillons** zusammen, die im Wesentlichen mit jeweils einem Tier oder Fabelwesen bestückt sind. Nur in der ersten (vordersten) Reihe zeigen das zweite und dritte Medaillon Eva und Adam, in der dritten Reihe das Medaillon rechts außen einen Mönch zusammen mit einem Einhorn und in der vierten (obersten) Reihe das erste und zweite Medaillon die Königin von Saba *(Regina Austri* = Königin des Südens) und König Salomon. Das beschädigte Schriftband mit hellen Buchstaben auf dunklem Grund vor den Altarstufen besagt bei veränderter Jahresangabe nochmals: *[Anno ab in]carnat[i]o[n]e d[omin]i nos[t]ri Hi[es]u Ch[risti] MCLXIII i[n]dic[tione] XI regn[ante] felici[ter] d[omi]no n[ostr]o W[illelmo] rege magnifico et t[r]iu[m]fatore humilis se[rvus Christi] Iona[thas]* – »Im 1163. Jahr seit der Fleischwerdung unseres Herrn Jesus Christus, in der 11. Indiktion unter der glücklichen Herrschaft unseres Herrn Wilhelm (I.), des erhabenen Königs und Triumphators – Jonathas, der demütige Knecht Christi«.

Hinter dem Altar des 18. Jh. lassen sich im Halbrund der **Apsis** von rechts nach links u. a. erkennen die **Jonas-Legende** – wobei Jonas auf einer Buchrolle die Weissagung enthüllt: *Adhuc XL dies et Ninive subvertetur* – »Von jetzt an noch 40 Tage, und Ninive wird zugrunde gehen« – , eine Eberjagd sowie **Samson in der Löwengrube**.

Im **linken Querhausarm** ruht der Baum, der die Verdammten von den Auserwählten scheidet, auf dem Rücken eines Stiers. Ganz oben stehen links unter einem Hirschen (als Sinnbild für die nach Wahrheit suchende Seele) die Patriarchen Jakob, Isaak und Abraham dem Paradies vor, rechts der gefesselte Infernus und der auf einem Thron sitzende Satan der Hölle. Das ähnlich gegliederte Mosaik im **rechten Querhausarm** mit den erneut zahlreichen Fabeltieren und dem nackten, jungenhaften Atlanten auf der Baumspitze, der eine bunte Scheibe emporhebt, hat noch keine überzeugende Deutung gefunden.

Neben dem überwältigenden Mosaikfußboden geraten im Langhaus, in dem zwei Arkadenreihen mit jeweils fünf Bögen die drei Schiffe trennen, über die antiken Säulen die Kapitelle aus Marmor etwas zu Unrecht an den Rand der Betrachtung. Einzigartig ist das **Figurenkapitell** des frühen 12. Jh. in der Mitte der linken Säulenreihe, dessen Ecken vier Männer mit nackten Oberkörpern einnehmen, ein jeder mit anderer Haartracht und Kopfbedeckung.

Die vier prächtigen Säulen im rechten Seitenschiff gehörten zu dem einstigen Ziborium, das der vor allem in Lecce tätige Gabriele Riccardi im 16. Jh. geschaffen hatte. In der rechten Apsis wurde auf Geheiß Fer-

Wechsel im Querhaus
Stilistische und qualitative Unterschiede sprechen dafür, dass die Fußböden der Querhausarme nicht mehr von Pantaleon mosaiziert wurden, obwohl sich auch die einzelnen ›Bilder‹ zu beiden Seiten eines Baumstamms verteilen.

dinands I. von Aragon die **Cappella dei Martiri** eingerichtet. In ihr werden die Gebeine von über 500 Menschen aufbewahrt, die 1480 von den Türken nach der Eroberung der Stadt hingerichtet wurden. Der Stein, über dem die Enthauptungen vorgenommen wurden, befindet sich unter dem Altar. Auch der Bischof fand dabei den Tod, und die Kathedrale wurde für fast ein Jahr in eine Moschee umfunktioniert.

Ein ›Wald‹ aus 42 höchst unterschiedlichen Säulen (darunter Spolien des 6. Jh.) mit glatten, kannelierten oder ornamentierten Schäften empfängt in der bemerkenswerten **Hallenkrypta,** die bereits im 11. Jh. fertiggestellt war. Möglicherweise bezieht sich die Nachricht von der Weihe 1088 allein auf sie. Sie erhebt sich über den Resten eines antiken Tempels, und mit Blick auf die Fülle der hier zusammengebrachten Säulen, Basen und Kapitelle aus Marmor, Tuffstein, Basalt und Porphyr in ionischen, dorischen, korinthischen, römischen, byzantinischen und romanischen Formen, unter denen ein vorzügliches **Adlerkapitell** sowie ein erlesenes **Löwenkapitell** (hinter dem Altar rechts) hervorstechen, fühlt man die Kraft der Epochen, die auf diesen Landstrich einwirkten.

Otranto, San Pietro

Terra d'Otranto

Apostel Petrus in Otranto

Das Patrozinium der Basilika San Pietro erinnert an die Überlieferung, nach welcher der Hl. Petrus auf seiner Fahrt nach Rom in Otranto Station machte und den ersten Bischof einsetzte. Angesichts der jüdischen und syrischen Kolonien, die man für diese Zeit auch in Otranto annehmen muss, ist dies so unwahrscheinlich nicht. Hegesippos, ein christlicher Autor des 2. Jh., ist der erste, der den Aufenthalt des Apostels erwähnte.

Weitere Sehenswürdigkeiten

Schlägt man mit dem Rücken zur Hauptfassade der Kathedrale nach links die Via G. Basiliano ein, ist man gleich beim **Kastell (4)**, das über den Mauern einer staufischen Burg nach der Befreiung aus türkischer Hand auf Anordnung Ferdinands I. von Aragon (1485–98) über dem Grundriss eines unregelmäßigen Fünfecks mit drei zylindrischen Türmen und zwei wuchtigen Eckbastionen neu errichtet und zur Zeit Karls V., dessen Wappen über dem Eingangsportal hängt, nochmals ausgebaut wurde.

Mit Blick auf das Kastell nach links abwärts, gelangt man zur Piazza del Popolo und nach rechts über Treppen aufwärts zur kleinen **Basilica San Pietro (5)**, einem wahren Kleinod. Als einzige byzantinische Kreuzkuppelkirche Apuliens hat sie alle Zeiten seit ihrer Entstehung in der zweiten Hälfte des 10. Jh. unverändert überdauert. Sie besitzt einen annähernd quadratischen Grundriss, in den ein griechisches Kreuz ›eingeschrieben‹ ist, das sich in der Höhe an vier ausgeschiedenen Kreuzarmen zeigt. Über der Mitte erhebt sich ein runder Tambour als Ummantelung der Kuppel. Sie wird im Inneren von vier starken, kurzen Säulen gestützt. Die anderen acht Joche sind mit Halbtonnengewölben versehen, die zu den Wänden auf Halbsäulen niedergehen. Von der einst kompletten Ausmalung des 11.–14. Jh. (nebst Ergänzungen des 16./17. Jh) sind beträchtliche Flächen erhalten, darunter auch Fresken der ältesten Schicht. Zu diesen byzantinischen Darstellungen gehören etwa – vor der linken Apsis – die »Fußwaschung« und das »Letzte Abendmahl«. Hier wird mit Händen greifbar, dass Otranto nicht nur geografisch die östlichste Stadt Italiens ist.

Im Hinterland von Otranto

Überraschendes lassen kleinere Abstecher ins Hinterland von Otranto entdecken. So versteckt sich hinter Bambusfeldern ca. 2 km südlich der Stadt, wenn man auf der S 173 (Richtung Cesarea Terme) ausfährt und dann dem Hinweisschild *Ipogeo* folgt, die **Masseria Torre Pinta**. Dort sieht man auf der kleinen Karsterhebung zunächst nur einen runden Turmstumpf. Steigt man hinter diesem die Stufen hinab, gelangt man nach links vor einen Eingang in den Fels und betritt mit diesem erst 1976 entdeckten **Hypogäum** eine einmalige unterirdische Anlage: Ein niedriger, mit rundem Gewölbe in den Tuffstein gehauener, 33 m langer, gerader Gang, dessen Seitenwände jeweils zwei Reihen dicht an dicht eingeschlagener Nischen aufweist, führt zu einer von oben durch den Turm beleuchteten, bis zum Erdbeben im 18. Jh. jedoch überkuppelten ›Kreuzung‹. Insofern beschreibt die Anlage exakt ein lateinisches Kreuz. Auch die Wände zur ehemaligen Kuppel und in den Turm hoch sind völlig mit Nischen besetzt. Ein messapischer Mauerrest am Eingang legt eine frühgeschichtliche Entstehung vielleicht als Nekropole oder Kultplatz nahe, doch die Kammer rechts vom Eingang mit Ofen und Kaminschacht entbehrt jeglicher Erklärung. Da ähnliche Nischen aus Taubenhäusern – allerdings nicht unterirdischen – bekannt sind, wurde auch schon an eine heimliche Brieftaubenstation des 18. Jh. gedacht, in dem der Turm errichtet wurde.

In dem Dorf **Giurdignano** südwestlich von Otranto bedarf es keiner Erklärungskünste. Wegweiser locken zu verschiedenen steinzeitlichen Menhiren und Dolmen aus dem 16. Jh. v. Chr. sowie (Schild: Centoporte) zum Trümmerfeld einer im 5./6. Jh. begründeten, mittelalterlich erneuerten Klosteranlage. In der Mitte des bescheidenen Dorfs gibt es in der ›Bar Sport‹ den Schlüssel und sehr freundliche jugendliche Begleitung zu der drei Gehminuten entfernten Grottenkirche San Salvatore. Dreischiffig samt drei Apsiden und mit drei Kuppelchen über dem Presbyterium in den Tuffstein gehauen, reichen ihre ältesten Teile ins 8. Jh. zurück.

Etwa auf halber Strecke (ausgeschildert) zwischen Uggiano und Minervino di Lecce gibt es den größten und am besten erhaltenen Dolmen der Terra d'Otranto, den **Dolmen von Scusi**, zu bewundern. Die Steinplatte, die von acht kurzen Pfeilern auf einer Höhe von etwa einem Meter über dem Boden gehalten wird, ist 3,8 m lang, 2,6 m breit und 0,45 m dick – so steht das Steingrab seit annähernd 4000 Jahren.

Vaste und Poggiardo

Es passt zu dieser Landschaft, die nirgendwo sonst im Salent so ursprünglich unter der Sonne döst. Zwischen den Olivenbäumen leuchtet die rote Erde, endlose Mäuerchen aus kunstfertig aufgeschichteten grauen Feldsteinen teilen kreuz und quer die Besitzungen, und ganze Strecken weit liegt der Boden wüstengleich verbrannt und rissig. Im unwirtlichsten, während der Sommermonate brütend heißen Landstrich östlich von Poggiardo, in der *Serra di Poggiardo*, wurde die zu **Vaste** gehörende **Grottenkirche Santi Stefani** in eine Karsterhebung gegraben und bereits im 10./11. Jh. ausgemalt. Man findet sie am einfachsten, wenn man sich an der großen Straßenkreuzung zwischen Vaste und Poggiardo Richtung Maglie/Lecce hält und nach ca. 600 m rechts in den geteerten Feldweg einbiegt. Diesem folgend zweigt man nach gut 500 m links ab und erreicht nach weiteren ca. 500 m eine erneute Wegegabelung. Biegt man rechts ab, erreicht man aufwärts nach ca. 250 m (rechts am Weg) eine frühchristliche Nekropole samt den Grundmauern einer Kirche des 4./5. Jh. Bleibt man an der Gabelung jedoch geradeaus, fährt man noch 150 m hinauf. Der (nicht frei zugängliche) Eingang zur *Cripta* befindet sich rechts bei dem Bauernhaus.

Die Grottenkirche ist maximal 10,2 m breit, 11,4 m lang, an manchen Stellen 3,2 m hoch und wird durch sechs Pfeiler in drei Schiffe mit ebenso vielen Apsiden geteilt. Ist dies schon eine Besonderheit, so

Vaste ★

Cripta dei Santi Stefani
10–12 und ab 16/16.30 Uhr

Terra d'Otranto

Vaste, Cripta di Santi Stefani, Grundriss

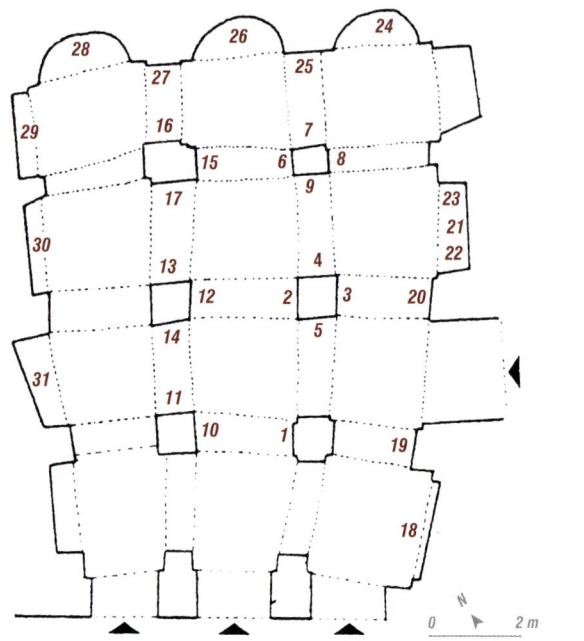

Museum im Kastell
15. Juni –30. Sept.
Mo–Sa 9–12 und
18–21 Uhr

Museo degli Affreschi Bizantini
Piazza Episcopo
Poggiardo
im Sommer 8.30–
12.30 und 16.30–
20.30 Uhr oder n. V.
bei der Comune

IAT Poggiardo
Piazza Umberto I
73073 Poggiardo
Tel. 800 55 11 55

sind es erst recht die Fresken. Aus dem 11. Jh. finden sich dargestellt: (1) Hl. Georg – (6) Hl. Pantaleon – (7) Apostel Andreas – (8, 13, 14, 15) Mönch – (16) Hl. Philipp – (24) Christus zwischen Erzengeln (von 1032) – (28) Hll. Nikolaus, Basilios, Gregor von Nazianz (von 1093) – (29) Erzengel Michael – (30) Erzengel. Im 14. Jh. kamen hinzu: (2, 4, 10, 25) Hl. Abt Antonius – (3) Hl. Petrus – (5 , 9, 14) Hl. Stefan – (11, 20) Hl. Katharina – (12) Hl. Bischof Martin – (17) Hl. Jungfrau mit Kind – (21) Hl. Nikolaus – (22) Hl. Georg (?) – (23) Hl. Demetrios (?) – (26) Hl. Jungfrau und Apostel Johannes in Apokalypse-Szene (von 1376) – (27) Hl. Eligius – (31) Hl. Jungfrau mit Kind zwischen Erzengeln. Aus dem 15.–16. Jh. stammen: (18) Madonna von Konstantinopel mit Hl. Franziskus und Hl. Antonius – (19) Hl. Petrus.

Um Vaste herum trifft man ferner auf zahlreiche **Megalithmauern** des 4.–3. Jh. v. Chr., die den bei Plinius als *Basta* erwähnten messapischen Ort in einer Länge von 3350 m umschlossen. In den Palazzo **Baronale** aus dem 16. Jh. (an der Piazza Dante) hat ein kleines, aber feines **Museo Archeologico della Civiltà Messapica** Einzug gehalten.

In **Poggiardo**, genauer auf der dreieckigen Piazza Pasquale Episcopo, hat man ein (leider einer öffentlichen Toilette ähnelndes) *Museo degli Affreschi Bizantini* eingerichtet. Im engeren Sinn handelt es sich um einen etwas vagen Nachbau der ca. 1 km entfernt gelegenen **Grottenkirche Santa Maria degli Angeli,** in den man die dort abgelösten Fresken des 12.–16. Jh. verbracht hat.

Auf dem Weg zur Südspitze

Landschaftlich ungemein reizvoll ist allerdings von Otranto südwärts die Straße, die direkt an der zunehmend steileren, felsigen Küste verläuft und permanenten Meeresblick garantiert. Exakt ab dem **Capo d'Otranto** 4 km südöstlich der Stadt handelt es sich dabei um das Ionische Meer. Hier, am östlichsten Punkt Italiens, nur etwa 80 km von Albanien entfernt, genießt man eine herrliche Aussicht über den ›Kanal von Otranto‹.

Dann kommt man unweit der nur Wissenschaftlern zugänglichen **Grotta dei Cervi** vorüber, in der magische Zeichnungen und Knochen aus der Steinzeit gefunden wurden. **Santa Cesarea Terme,** ein kleiner, vornehmer Kur- und Badeort, liegt mit fantasievoll errichteten Villen und großzügig angelegten Hotels reizvoll über dem Meer. Dahinter fällt die Straße zum **Torre Miggiano,** einem Küstenwachturm des 16. Jh., ab. In **Castro** besteht Gelegenheit, in die 140 m lange ›Grotta Zinzulusa‹ (von der Straße ausgeschildert) einzusteigen. Ihren Namen hat sie von den Tropfsteingebilden, die im Dialekt *zinzuli* heißen. Die prähistorisch bedeutsame Grotta Romanelli mit 1879 entdeckten steinzeitlichen Felszeichnungen ist dagegen für das ›gemeine Publikum‹ gesperrt.

Bei Tricase Porto kann ins Land nach **Tricase** abbiegen, wer eine süditalienische ›Bilderbuch‹-Piazza sehen möchte, mit allem, was dazugehört: einem Palazzo von beträchtlichen Ausmaßen, der im 16. Jh. über einer Burg des 14. Jh. errichtet wurde, einer angebauten barocken Pfarrkirche von 1770, einer gegenüberliegenden Kirche San Domenico von 1678–88, einem Denkmal in der Mitte sowie einer winzigen Tankstelle. An dieser Piazza Giuseppe Pisanelli glaubt man, in einer Theaterkulisse zu stehen.

Bleibt man dagegen der Panoramastraße an der Felsküste treu, die nun gelegentlich steil zum Meer abfällt, erreicht man nach etwa 20 Minuten **Capo di Santa Maria di Leuca,** kurz *Capo Leuca* genannt (und bitte nicht »Loika«, sondern schön italienisch »Lä-uka« ausgesprochen, mit Betonung auf der ersten Silbe). Die Bezeichnung geht auf griechisch *leukos,* »weiß«, zurück, also auf den hellen Kalkstein. Die Römer nannten das Kap *Iapygium promontorium* oder auch *Sallentinum promontorium.* Sein heutiger Beiname geht auf die Wallfahrtskirche neben der Aussichtsterrasse zurück, das **Santuario di Santa Maria di Leuca** (bzw. Santa Maria de Finibus Terrae). Es soll über einem von Strabon erwähnten Minerva-Tempel errichtet worden sein. Der jetzige Bau stammt allerdings von 1720, die Fassade gar von 1926. Besonders im Juli zieht es wahre Pilgerströme an: Es hält sich der uralte Glaube, dass die Wallfahrt nach Leuca den Eingang ins Paradies garantiert, da umgekehrt alle, die nicht hier waren, nach dem Tod gezwungen sind, nach Leuca zu kommen. Die Spitze des Kaps mit dem weißen Leuchtturm ist dummerweise militärisches Sperrgebiet und nicht zu betreten. Auch der Blick nach Westen, hinab auf den modernen Fischerhafen und den Sandstrand des kleinen

IAT Santa Cesarea Terme
Via Roma 209
Tel. 08 36 94 40 43

IAT Castro
Piazza Dante
Tel. 08 36 94 33 40
www.castro.it

Grotta Zinzulusa
Tel. 08 38 94 38 12
www.grotta
zinzulusa.com
Jan.–Juni tgl. 10–18, Juli–Sept. 10–19, Okt.–Dez. 10–16 Uhr; bei hoher Flut geschl.

IAT Tricase
Piazza Vittorio Emanuele
Tel. 08 33 54 18 84

IAT Leuca
Via Cristoforo Colombo
Castrignano del Capo
Tel. 08 33 75 82 49

Terra d'Otranto

Capo Leuca

Touristenorts **Marina di Leuca** ist nicht übermäßig erhebend – bestätigt aber die Vermutung, dass nicht das Kap, sondern jenseits der Bucht die ins Meer ragende Klippe der ›Punta Rístola‹ der **südlichste Punkt Apuliens** ist, und der einsamere und durch keine Wallfahrtskirche verbaute und durch kein Speergebiet versaute, an dem man ungestört die Tränen fließen lassen kann …

Patù

Notgedrungen wieder nordwärts orientiert, mag man von der Straße kaum lassen, die dem blauen Meer nach Gallipoli folgt. Doch im Hinterland, in der zweiten Reihe gewissermaßen, lohnen kurze Zwischenstopps. Am Ortsrand von Patù, hinter der im 11. Jh. gegründeten, aber vielfach veränderten dreischiffigen **Kirche San Giovanni,** liegt (ausgeschildert), halb in den Boden vertieft, ein sonderbares, *Centopietre* (›Hundertstein‹) genanntes Kulthaus. 7,25 m lang, 5,5 m breit und unter dem Giebel 2,2 m hoch, mit Mauern und Dach aus Megalithblöcken, mit einer schlichten Längsteilung des Inneren durch Säulen und Pfeiler, mit einigen unter dem Boden aufgedeckten Gräbern, wobei die Toten mit dem Kopf in Westrichtung bestattet waren, und mit einem Dutzend (mit Hilfe einer Taschenlampe) noch erkennbaren Freskenbildern – so dürfte es sich bei der überdimensionierte Steinkiste um ein messapisches Tempelchen gehandelt haben, das im frühen

Mittelalter zur Kirche umgestaltet und im 14. Jh. ausgemalt wurde. Der Legende nach, die diesem Befund nicht widerspricht, handelt es sich um das Grab eines Hl. Giurdignano, der um 800 von Sarazenen getötet wurde.

Presicce, Acquarica und Ugento

Als stilles Refugium erweist sich überraschenderweise das alte Zentrum von **Presicce** mit einer bemerkenswerten Ansammlung von Palazzi des 16. Jh. An der Piazza del Popolo, unter der eine alte Ölmühle liegt, führt etwa die Via A. Gramsci zu dem schönen Palazzo Soronzi. An der Piazza Villani erheben sich mit verspielter Fassade die Pfarrkirche Sant'Andrea von 1778–1781 und, dazu passend, eine barocke Andreas-Säule. Nördlich des direkt anschließenden Orts **Acquarica** hat auf freiem Feld als markanter, stummer Zeuge der Normannenzeit in der Ruine einer Masseria ein beachtlicher Wehrturm überlebt, der, wenn man die Umgehungsstraße Richtung Ugento nimmt, mit Blick nach rechts nicht zu übersehen ist.

Das ansprechende Städtchen **Ugento**, bekannt für seinen Wein-, Oliven- und Tabakanbau, war das römische Municipium *Usentum*. 924 wurde es von den Sarazenen, 1430 auf Befehl der Königin Johanna von Neapel, 1537 und 1545 von den Türken zerstört. Offenbar gewährte das im 14. Jh. erbaute und zuletzt im 19. Jh. veränderte Kastell, das sich an höchster Stelle erhebt, wenig Schutz. Vom Kastelleingang weg gelangt man zur 1745 neu errichteten Kathedrale mit klassizistischer Fassade von 1855.

Casarano

Unscheinbar, um nicht zu sagen unansehnlich, wirkt von außen in Casarano die ›Chiesa di Casaranello‹, auch bekannt als Basilika **Santa Maria della Croce.** Erst die frühchristlichen Mosaiken im Inneren erklären ihren herausragenden kunstgeschichtlichen Rang. Von Ugento kommend, liegt sie eingangs des Orts, noch unterhalb des Zentrums von Casarano, wo Papst Bonifaz IX. (1389–1404) als Pietro Tomacelli das Licht der Welt erblickte.

Das Gotteshaus wurde im 5. Jh. zunächst als Kreuzkuppelkirche errichtet. Im 11.–13. Jh. wurde ein Langhaus mit tonnengewölbtem Mittelschiff und Seitenschiffen angefügt. In der Vierungskuppel und am Chorgewölbe sind die **Mosaiken des 5. Jh.** erhalten geblieben, die einzigen in Apulien aus frühchristlich-byzantinischer Zeit: Die Kuppel (1) ist als blauer, gestirnter Himmel gestaltet, das Gewölbe (2) als buntes, geometrisches Muster, in das Fische und Vögel, Enten und Kaninchen, Weinreben und Blüten eingearbeitet sind. Von den – bemerkenswerterweise – weißgrundigen **Fresken,** die die Kirche ab etwa 1400 schmückten, konnten 1953 beträchtliche Partien an den Mittel-

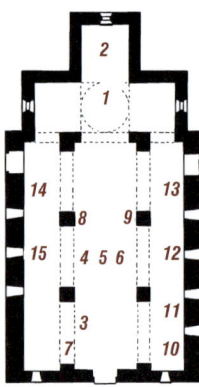

*Casarano,
Santa Maria della
Croce, Grundriss*

schiffwänden und, darüber aufsteigend, am Gewölbe freigelegt werden. An der linken Wand (vom ursprünglichen Eingang her) erkennt man Szenen aus dem Neuen Testament wie den Kuss des Judas (3) und das Letzte Abendmahl (4), aus dem Leben der Hl. Katharina von Alexandria (5) sowie darüber der Hl. Margareta (6). Neben den nicht mehr deutbaren Fragmenten sind des Weiteren Darstellungen des Hl. Bernhardin von Siena (7), der Madonna mit Kind (8) und der Hl. Barbara (9) zu erkennen. Im rechten Seitenschiff werden zudem einige abgelöste Fresken aufbewahrt; sie zeigen Papst Urban V. (10), einen Heiligen (11), eine Deesis (12) und die Madonna mit Kind, eine Ikone des 14. Jh. (13). Im linken Seitenschiff sind noch eine Madonna mit Kind, flankiert von Engeln (14), sowie ein Mosaikrest (15) zu sehen.

Erst danach wird man wohl außen die kleine mittelalterliche Fensterrose über dem Portal wahrnehmen wollen.

Auch in **Alezio**, nur noch 6 km von Gallipoli entfernt, ist die Kirche Santa Maria della Lizia am Ortsrand (in der Via del Santuario) aufzuspüren, eine spätromanische Wallfahrtskirche mit orientalisch anmutender, monumentaler Vorhalle, die sich nach vorne in einem einzigen hohen Spitzbogen öffnet und im 15. Jh. angefügt wurde. Die Kirche selbst entstand über einem Vorgängerbau des 12. Jh. als Kathedrale der Diözese Gallipoli, nachdem die Bischofsstadt 1269 zerstört worden war. Sie ist einschiffig und trennt das Presbyterium sowie die beiden Querschiffarme von der Vierung durch tiefe Spitzbögen. Bemerkenswert sind die Fresken des 14./15. Jh. mit zum Teil noch griechischen Beischriften.

Gallipoli

Gallipoli ★

IAT
*Piazza Imbriani 9
73014 Gallipoli
Tel. 08 36 48 38 24
www.centrostorico
gallipoli.it*

Museo Civico
*Via Antonietta De Pace 108
tgl. 9–13, 16–19 Uhr*

Im Salent gewinnen die Randbebauungen von Dörfern und Neubauwucherungen der Städte keine Schönheitswettbewerbe. In Gallipoli aber stoßen die gesichtslose Moderne und die in den Schlummer vergangener Jahrhunderte gebettete alte Welt brutal aufeinander. Andererseits sind sie so angenehm voneinander geschieden, dass man erstere schlicht vergessen kann. Schuld ist die wohlmeinende Laune der Natur, die dem *centro storico* im Meer ein Inselchen von ca. 300 m Durchmesser und 1,5 km Umfang vorbehalten hat, auf dem die gewachsene Altstadt ein von den neuzeitlichen Verunstaltungen unbehelligtes Leben führen darf. Als strahlendes Kleinod, hell und sehr gepflegt, wird Gallipoli hier seinem Namen *kalè pólis*, »schöne Stadt«, gerecht.

Zunächst fährt man durch die Neustadt auf dem Corso Roma die Landzunge abwärts. Vor der kurzen Brücke, die in jene andere, alte Welt hinüberführt, zwingt die unwirklich aus dem blauen Meer aufsteigende Häuseransammlung mit dem vorgelagerten Kastell unweigerlich zum Halt (was mit dem Auto rechts am Brückendamm möglich ist) und zu einem Bummel entlang der ›diesseitigen‹ Hafenmauer, wo Fischer ihre Netze flicken. Hier erschließt sich, dass die Griechen,

Gallipoli
1 Fontana ellenistica
2 Kastell
3 Kathedrale Sant'Agata
4 Chiesa della Purità

die das Eiland im 7. Jh. v. Chr. in Besitz nahmen, ihre Stadt nicht wie die Messapier *Anxa,* sondern ›Schönstadt‹ nannten. Vermutlich von denselben Spartanern besiedelt, die auch Tarent gegründet hatten, blieb es doch immer im Schatten dieser mächtigsten Stadt der *Magna Graecia.* Und nur mit ihrer Hilfe vermochte Gallipoli im 5. Jh. v. Chr. dem Druck der einheimischen Messapier standzuhalten.

Geschichte

Die herrliche Lage zählte im Verlauf der Geschichte wenig. Wichtiger war die strategische Position über dem Naturhafen, die die Römer 266 v. Chr. besetzten. Die Zerstörung der Inselfestung durch Hannibal 213 v. Chr. war nur ein Intermezzo, nicht anders als die gotischen Überfälle 460 und 542, die sich zu einer Zeit ereigneten, in der die Stadt bereits der oströmisch-byzantinischen Einflusssphäre zugehörte. Erst die Normannen schufen Ende des 11. Jh. eine grundlegende Neuorientierung. Der seit dem 6. Jh. bestehende, nach Byzanz ausgerichtete Bischofssitz wurde wieder an Rom angebunden. Allein der Ritus blieb bis 1513 griechisch – und die Umgangssprache. 1269 wurde die Stadt nach monatelanger Belagerung von Karl I. von Anjou eingenommen und zerstört. 1495 und 1528 leistete Gallipoli erfolgreich dem französischen Heer Karls VIII. bzw. Franz' I. unter Führung Lautrecs Widerstand, das gegen die spanischen Truppen Karls V. um die Vorherrschaft über Italien kämpfte.

Rundgang

Beim antiken Hafen *(Seno del Canneto)* trifft man vor der Brücke, die zur Altstadt hinüberführt, auf die umstrittene **Fontana ellenistica (1)**, einen wasserlosen, ziemlich verwitterten Brunnen, der 1560 angefertigt wurde. Hellenistisch sind an ihm, wenn überhaupt, lediglich die drei Hochreliefplatten zwischen den Karyatiden. Das gegenüber zu Füßen der Altstadt gelegene **Kastell (2)**, das sich mit einer Bastion zum Hafen vorschiebt und einmal ein echtes, völlig von Wasser umgebenes Vorwerk war, birgt byzantinische, normannische und anjouinische Mauern und legte mehrmals Beweise seiner Standfestigkeit ab. Erweiterungen erfolgten unter den Anjou 1266 und Ende des 15. Jh., nachdem die Türken nur mit Mühe abgewehrt worden waren.

Hinter dem Kastell steigt die Straße an. Eingeschlossen von dichter Bebauung erhebt sich fast in der Mitte der Insel links neben der zentralen Via A. de Pace die **Kathedrale Sant'Agata (3)** mit der 1696 abgeschlossenen, üppigen **Fassade,** der das Lecceser Vorbild eingeschrieben steht: Kaum ein Wandfleck, der nicht mit Blüten- und Pflanzenmotiven bedeckt, zur Nische vertieft und mit einer Statue

Gallipoli, Kastell und Hafen

besetzt wäre. Was die Skulpteure dem Kalkstein abgewannen, ist fulminant. Einen ordnenden Halt erfährt die sich in unzählige Einzelelemente verlierende ›Schauseite‹ durch die kannelierten Pilaster, die zudem etwas in die Höhe wirken und verhindern, dass die obere Zone mit dem gigantisch vorkragenden Gesims und dem darüber aufgetürmten Giebelfeld die untere Portalzone optisch erdrückt.

Begonnen wurde mit dem Neubau der Kirche bereits 1629 im Auftrag des Bischofs Consalvo de Rueda, eines Spaniers. Als erster Architekt fungierte der einheimische Giovanni Bernardino, der auch in Lecce tätig war. Das weite, lichte **Innere,** das der grandiosen dreischiffigen Struktur einer Säulenbasilika folgt, wurde sofort nach der Fertigstellung barockisiert. Der außen angedeutete Reichtum wird hier noch gesteigert, und die Fülle der zum Teil riesigen Gemälde, die Ausmalung des Chors, das glänzende Chorgestühl von Georg Auer von 1741, der bunte Hauptaltar, eine neapolitanische Arbeit von 1705, und die rötlich marmorierten Säulen vor den Chorkapellen verleihen dem Raum nicht nur eine ungewöhnliche Farbigkeit, sondern fast weltliche Festlichkeit.

Der bedeutendste der hier vertretenen Maler ist Giovanni Andrea Coppola, Doktor der Medizin und Maler, der 1597 in Gallipoli geboren wurde und 1659 starb. Von ihm stammt das monumentale »Martyrium der Hl. Agatha« über dem Altar des linken Querhauses. Auf dem Gemälde »Wunder des Hl. Franziskus von Paola« am zweite Seitenaltar links hat er sich am äußersten rechten Rand selbst ins Bild platziert. Ferner schuf er am ersten Seitenaltar links das »Wunder des Hl. Isidor«, am dritten Seitenaltar links die »Epiphanie«, am ersten Seitenaltar rechts als sein letztes Werk »Madonna und Hl. Orontius«, am zweite Seitenaltar rechts »Mariae Himmelfahrt« und am dritten Seitenaltar rechts die »Seelen im Fegefeuer«.

Damit der Kunstgenuss nicht zur Pein gerät, empfiehlt sich ein zielloser, beschaulicher Spaziergang durch die engen Gassen des Städtchens, auf dem der Blick immer wieder an einer Loggia oder einem malerischen Fenster hängenbleibt. So die Insel umrundend, ein Auge auf dem Meer, das andere auf den herausgeputzten Fassaden der zahlreichen Palazzi, gelangt man im nördlichen Teil unweigerlich auch vor die **Chiesa della Purità (4),** die man sich noch gönnen sollte, um eine Vorstellung von dem zu gewinnen, was barocker Volksfrömmigkeit gefiel, wo auch Coppola (neben anderen) inmitten dieser Orgie von Stuck wieder mit einigen Werken vertreten ist und sogar der bunte Majolikafußboden mit seinen Medaillons erheitert. Er wurde im 18. Jh. ... Aber was interessiert das jetzt noch. Apulien! Sonne, Meer, die einsamen Strände nördlich von Gallipoli ... bei Santa Maria al Bagno, Ecktürme einer Festung ... ach ja, 15. Jh., ... *ciao torri, ciao ciao ...*

Der Blick schweift noch einmal die Küste entlang, wo die Gestade des Ionischen Meers hinlaufen. Hier schlummert die *Magna Graecia,* Großgriechenland, endete das römische, katholische, lateinische Europa und nahm dasselbe seinen neuen Anfang, der von Apulien nordwärts stieg. Apulien war Alpha *und* Omega, immer Europa an der Grenze, die sich irgendwo draußen im *Mare nostrum* verliert.

Reisen & Genießen

Meeresgrotten
Zwischen Otranto und Castro liegen an der Küste Meeresgrotten, die in prähistorischer Zeit bewohnt waren, wie etwa die Grotta Zinzulusa bei Castro, die sich grandios über dem Meeresspiegel öffnet:
Grotta Zinzulusa
Tel. 32 04 32 87 52
15. Juni–15. Sept. 9.30–19, sonst 10–16 Uhr
www.grottazinzulusa.it

Hotels und Restaurants

... in Galatina
Dieses Lokal in einem Palazzo des 16. Jh. in der Altstadt bietet neben Pizze fast vergessene Gerichte (z. B. Getreide mit Kräutern):
Borgo Antico
Via Siciliani 80
Tel. 08 36 56 65 21
Menü ab 20 €

Reisen & Genießen im südlichen Salent

... in Gallipoli
Eine Vorstellung vom Leben im alten Gallipoli vermittelt dieses kleine Hotel in einem Palazzo des 17. Jh. an der ruhigen Uferstraße der Altstadt. Typische Fischgerichte wie die *zuppa gallipolina* werden im *ristorante* (Mo geschl.) gekonnt zubereitet.
Al Pescatore**
Riviera Cristoforo Colombo 39
Tel. 08 33 26 36 56
www.al-pescatore.it
DZ 100–110, Menü ab 25 €

... in Giurdignano
Dieses angenehme Hotel an der Küstenstraße Richtung Cesarea Terme (bewachter Parkplatz) besticht durch seine Lage in einem alten Olivenhain nahe der Grotta Zinzulusa (s. o.) und besitzt einen eigenen Strand. Im *ristorante* gönnt man sich nach dem Essen auf der romantischen Terrasse ein Gläschen hausgemachten *limoncello* (Zitronenlikör).
Orsa Maggiore***
Via Littoranea 303
Tel. 08 36 94 70 28
DZ 80–140 €

Im Palazzo Baronale empfängt dieses liebevoll geführte *ristorante* mit traditioneller Salentiner Küche seine Gäste:
Osteria degli amici
Piazza Municipio 13
Tel. 08 36 81 30 01
Di (außer im Sommer) und im Okt. geschl.
Menü ab 25 €

... in Otranto
Das kleine, sympathische Hotel in einem rosa Palazzo am Stadtrand (Richtung Maglie) lockt mit einem Orangengarten.
Rosa Antico***
SS 16
Tel. 08 36 80 15 63
www.hotelrosaantico.it
DZ 70–80 €

Im gleichnamigen Hotel in einer Masseria südlich der Stadt ist das *ristorante* berühmt für seine *linguine alla Capo d'Otranto* mit *gamberi, seppioline* und *calamari*, das durch den am Capo gesammelten wilden Oregano seinen unvergleichlichen Geschmack erhält.
Tenuta Il Gambero
Littoranea Otranto–Porto Badisco
Località Monaci
Tel. 08 36 80 11 07
www.tenutailgambero.it
DZ 80–150, Menü ab 30 €

Das Vecchio Otranto genießt als rustikales Fischlokal mit traditionellen Gerichten in der Hauptstraße der Altstadt große Beliebtheit. Unter dem Gewölbe sitzt man hier auch an heißen Tagen sehr angenehm.
Vecchia Otranto
Corso Garibaldi 96
Tel. 08 36 80 15 75
Mo geschl.
Menü ab 23 €

... in Santa Cesarea
Die schöne Villa mit Blick aufs Meer, die um 1900 entstand, eignet sich bestens als Standquartier für Exkursionen entlang der faszinierenden Felsküste zwischen Otranto und dem südlichsten Punkt Apuliens.
Residence Villa Raffaella
Via Umberti I 22
Tel. 08 36 94 42 35
www.villaraffaella.it
DZ 70–80 €

... in Uggiano la Chiesa
Die Masseria bietet in familiarer Atmosphäre gemütliche Zimmer und, 5 km vom Meer entfernt, Segelkurse.
Masseria Gattamora
Via Campo Sportivo 33
Tel. 08 36 81 79 36
www.gattamora.it
DZ 75–115 €

Glossar kunst- und kulturgeschichtlicher Begriffe

Ädikula An antiken Bauten das ›kleine Haus‹ zur Anbringung einer Statue; später jede aus Pfeilern, Säulen, Pilastern und einem Giebel gebildete Einfassung einer Nische.

Akroter Bekrönendes Zierelement an den Ecken oder der Spitze eines Giebels.

Ambo Steinerner Aufbau, der in der frühmittelalterlichen Basilika das Lesepult durch eine Brüstung vom Kirchenraum trennte. Neben ihm war meist der Osterleuchter angebracht. Der Ambo weicht später der Kanzel.

Amphitheater Römisches Theater mit ringsum geschlossenen Sitzreihen um eine ellipsenförmige Arena.

Antependium Frontverkleidung des Altartischs.

Apsis Halbkreisförmige, später auch polygonale, mit einer Halbkuppel überwölbte Ausbuchtung, die in Kirchen den Altarraum nach hinten abschließt. Bisweilen ist sie rechteckig ummantelt.

Architrav Querbalken über Säulen oder Pfeilern, hier meist der obere Abschluss von Portalen oder Fenstern.

Archivolte Meist dekorierte Einfassung eines Bogens über Portalen als Fortsetzung der Gewändegliederung.

Arkade Bogenstellung über Säulen oder Pfeilern.

Atlant Männliche Gestalt als Trägerfigur; vgl. Karyatide.

Atrium Nicht überdachter Innen- oder Vorhof eines Gebäudes.

Basilika Dreischiffige Kirche, wobei das Mittelschiff höher als die Seitenschiffe ist und durch Fenster im Obergaden beleuchtet wird. ›Basilika‹ kann aber auch, unabhängig von der Gebäudeform, ein Titel sein, der einer Kirche vom Heiligen Stuhl verliehen wird.

Basis Fuß einer Säule oder eines Pfeilers.

Blendarkade Der Mauer zur ›Verblendung‹ flach aufgesetzte Verzierung in Arkadenform.

Biforium Typus des Gruppenfensters, bei dem die Fensterfläche durch eine Säule oder einen Pfeiler gegliedert wird und ein ›Doppelbogenfenster‹ entsteht (entspr. Triforium durch zwei Säulen).

Borgo Italienisch für eine in der regel befestigte Ansiedlung, meist als *Borgo vecchio* im Sinn von ›altem Ortskern‹ verwendet.

Bossenwerk Mauerzone aus roh zugehauenen Werksteinen, häufig auf Erdgeschosshöhe an einem Renaissancepalast.

Campanile Freistehender Glockenturm, in Italien weit verbreitet.

Cardo Lateinische Bezeichnung für die nord-südlich verlaufende Hauptstraße römischer Lager und Städte.

Centro storico Italienische Bezeichnung für ›historisches Zentrum‹ bzw. Altstadt.

Chor Der ursprünglich für den Chorgesang vorgesehene, Geistlichen und Mönchen vorbehaltene, meist erhöhte, rechteckige, mitunter zur Kirche hin durch Chorschranken abgetrennte und nach hinten in der Regel durch eine Apsis abgeschlossene Kirchenraum; in romanischen Kirchen entspricht er dem Presbyterium.

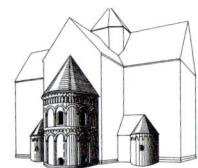

Apsis

Basilika

Glossar

Chorgestühl In Kirchen an den Wänden des Chors angeordnete, meist reich verzierte Sitzreihen aus Holz für die Geistlichen.
Chorschranke Abgrenzung zwischen Chor und Laienraum in der Kirche.
Decumanus Lateinische Bezeichnung für die ost-westlich verlaufende Hauptstraße römischer Lager und Städte.
Epigraph Inschrift
Epitaph Erinnerungsmal (mit Inschrift, figürlicher Darstellung) für einen Verstorbenen.
Evangelistensymbole Darstellung der vier Evangelisten als Mensch oder Engel (für Matthäus), Löwe (für Markus), Stier (für Lukas) und Adler (für Johannes).
Fensterlaibung Meist zum Raum hin abgeschrägte und häufig bemalte Schnittfläche der Mauer seitlich an Fenstern; vgl. Gewände.
Fresko Von italienisch *fresco*, frisch, bezeichnet es ein Wandgemälde, das auf den noch feuchten Putz aus Kalkmörtel aufgetragen wird.
Fries Schmaler, zur waagrechten Gliederung der Mauer aufgesetzter Streifen mit unterschiedlichen Ornamenten; handelt es sich bei diesen um Bogen, spricht man vom Bogenfries.
Gesims Ähnlich wie der Fries ein Bauelement zur horizontalen Mauergliederung.
Gewände Innere Schrägung eines Portals oder Fensters, auch: Laibung.
Gurtbogen Quer zur Längsachse eines Gebäudes verlaufender Verstärkungsbogen.
Hallenkirche Mehrschiffige Kirche, wobei – im Gegensatz zur Basilika – die einzelnen Schiffe dieselbe oder annähernd gleiche Höhe haben.

Ikone Kultbild der byzantinischen Kirche zur Verehrung der darauf abgebildeten Person.
Ikonostase Bilderwand, die in der orthodoxen Kirche den Gemeindevom Altarraum trennt.
Inkrustation Meist ornamental gestaltete Verkleidung etwa von Wänden, Säulen oder Böden durch farbige Einlegearbeiten; vgl. Cosmatenarbeit.
Joch Gewölbefeld in der Längsachse eines Bauwerks; ist nach der Segmentierung durch Säulen, Pfeiler, Gurt- oder Scheidbögen als abgeschlossenes Einzelelement eines Gewölbesystems erkennbar. Die Länge einer Kirche wird oft mit der Anzahl ihrer Joche angegeben.
Kanneluren Senkrechte, konkave Rillen am Schaft einer Säule oder eines Pilasters.
Kapitell Ausladendes Kopfstück einer Säule oder eines Pilasters.
Kapitelsaal Benannt nach den ›Kapiteln‹ der Ordensregel, die den Mönchen in regelmäßigen Abständen verlesen wurde, dann allgemein Versammlungsraum in einem Kloster oder bei Stifts- und Domkirchen.
Karyatide Weibliche Statue als Gebälkträgerin; vgl. Atlant.
Kleeblattbogen Bogenform, die sich aus drei eingezogenen Kreisbögen zusammensetzt, wobei der mittlere auch spitz zulaufen kann; auch als Dreipassbogen bekannt.
Konvent Hier gleichbedeutend mit Kloster.
Krater Altgriechisches Gefäß mit Fuß und zwei Henkeln.
Kreuzgratgewölbe Vierteiliges Gewölbe, das vier Grate ausbildet.
Kreuz, griechisches Grundriss von Kirchen mit gleichlangen Armen.
Kreuzrippengewölbe Vierteiliges Gewölbe, bei dem die Grate durch

Ionisches Kapitell mit Voluten

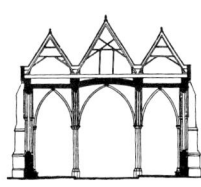
Hallenkirche

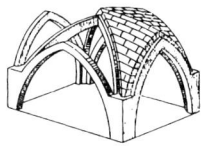
Kreuzrippengewölbe

Glossar

Rippen verstärkt sind, auf denen die Last des Gewölbes ruht.
Krypta Raum unter dem Chor bzw. dem Ostabschluss einer Kirche zur Aufbewahrung von Reliquien oder zur Grabstätte von Heiligen und Geistlichen.
Langhaus Teil der Kirche zwischen Eingang und Chor beziehungsweise Vierung. In der so genannten Saalkirche ist es einschiffig, bei Basiliken oder Hallenkirchen mehrschiffig.
Lapidarium Sammlung meist antiker, behauener oder verzierter Steine sowie steinerner Fragmente von Kirchen.
Laterne Lichteinlassender Aufbau meist auf Kuppeln.
Lisene Schwach ausgeprägte Mauervorlage oder Eckverstärkung, die meist der vertikalen Fassengliederung dient, selten eine Basis oder einen kleinen Kämpfer aufweist und häufig durch Bogenfries oder Blendbogen mit der nächsten Lisene verbunden ist. Vgl. Pilaster.
Loggia Das italienische Wort für Laube bzw. Laubengang.
Lünette Bogenfeld über einer Tür oder einem Fenster, das meist mit einem Relief, einem Fresko oder einer Statue geschmückt ist.
Majolika Ursprünglich italienische Bezeichnung – nach der Insel Mallorca – für bemalte, zinnglasierte, gebrannte Tonware, die im Französischen – nach der italienischen Stadt Faenza – als Fayence bekannt ist.
Mandorla Auch ›Mandelglorie‹, d. h. mandelförmiger Strahlenkranz, der meist den thronenden Christus oder Maria umgibt.
Megalith-Mauer Steinzeitliches Mauerwerk.
Metope Reliefband, ursprünglich über dem Architrav des dorischen Tempels.

Monoforium Einzelbogenfenster, vgl Biforium.
Municipium In den römischen Staatsverband aufgenommene Stadt.
Nekropole Antike ›Totenstadt‹ bzw. Gräberfeld, wie sie außer bei den Ägyptern auch bei den Etruskern und einigen Völkerstämmen der italienischen Frühgeschichte existierte.
Obergaden Oberer, in der Regel mit Fenstern versehener Bereich des Mittelschiffs einer Basilika.
Oktogon Zentralbau über achteckigem Grundriss, daher auch oktogonal für ›achteckig‹.
Opus reticulatum Mauer aus netzförmig angeordneten Würfeln.
Orchestra Spielrund im griechischen Theater, Halbrund mit Ehrenplätzen im römischen Theater.
Peristyl Die den Innenhof des römischen Hauses vierseitig umschließende Säulenhalle.
Piano nobile Italienische Bezeichnung für das Geschoss mit Repräsentationsräumen.
Pilaster Flacher Wandpfeiler mit Basis und Kapitell (im Gegensatz zur Lisene), meist auch mit Kämpfer. Wie bei der Säule kann der rechteckige Schaft kanneliert sein.
Plinthe (Aufgeblendete) Sockelplatte an Pfeilern, Lisenen oder Wänden.
Polygon Vieleck.
Polyptychon Siehe Triptychon.
Portikus Aus Säulen oder Pfeilern gebildete Vorhalle vor der Hauptfront eines Gebäudes.
Presbyterium Chorraum einer Kirche.
Refektorium Speisesaal eines Klosters.
Relief Bildhauerkunstwerk, bei dem die Figuren oder einzelnen Ornamente nicht – wie bei der Plastik –

Lisene

Glossar

voll herausgearbeitet, sondern mit dem Hintergrund verbunden sind.
Reliquiar Meist kostbar gestaltetes Behältnis zur Aufbewahrung von Reliquien.
Rustika Steine bzw. Mauerwerk mit an der Vorderseite nicht begradigten Flächen.
Säule Sie besteht – mit kreisförmigem oder mehreckigem Grundriss – aus Basis, Schaft und Kapitell, wobei der Schaft aus einem oder mehreren Stücken gearbeitet und gedreht, kanneliert oder in anderen Schmuckformen ausgestaltet ist. Im Gegensatz zur freistehenden Säule sind Wandsäulen meist als Halb- oder Dreiviertelsäule ausgebildet.
Schwibbogen Zwischen zwei Mauern gespannter Bogen ohne darüber liegendes Mauerwerk zur Ableitung des Horizontalschubs.
Segmentbogen Flachbogen
Segmentgiebel Giebel in Form eines Flachbogens.
Spolie Bauliches Element aus einem älteren, meist antiken Bau, das in einem Nachfolgebau wieder verwendet wird, häufig Schmucksteine, Kapitelle, Friese oder Säulen(teile).
Stele Aufrechtstehener Gedenk- oder Grabstein.
Stuck Formbares, schnell härtendes Gemisch aus Gips, Kalk, Sand und Wasser zur Dekoration von Wänden.
Stützenwechsel Regelmäßig wiederkehrender Wechsel von Säulen und Pfeilern.
Tabernakel Schrein zur Aufbewahrung der Hostien oder der von Säulen oder Pfeilern getragene Überbau eines Altars, Grabes oder ähnlicher Einrichtungen.
Tafelbild Gemälde auf Holz.
Tambour Zylinderförmiger oder mehreckiger Unterbau einer Kuppel.
Terrakotta Baukeramik oder Plastik aus gebranntem Ton.
Tonnengewölbe Gewölbe mit in der Regel halbkreisförmigem Querschnitt.
Transenne Der Einführung verglaster Fenster vorauslaufende Füllung der Fensteröffnung mit durchbrochenen Stein- oder Holzschnitzereien oder mit dünn und durchscheinend geschnittenen Marmorplatten.
Triforium siehe Biforium.
Triptychon Dreiteiliger Flügelaltar, entsprechend Diptychon mit zwei oder Polyptychon mit mehreren Flügeln.
Triumphbogen In Kirchen ein Traversalbogen zwischen Mittelschiff bzw. Vierung und Chor.
Trompen Trompen heißen die Gewölbezwickel, die von der quadratischen Struktur eines Gebäudes zum Rund einer Kuppel überleiten.
Tympanon Giebelzone des antiken Tempels, hier wie die Lünette Bogenfeld über dem Portal.
Wandvorlage Leicht erhabene, vertikale Wandverstärkung; im romanischen Kirchenbau oft als Gliederung des Kirchenraums in Joche verwendet. Siehe auch Lisenen, Pilaster.
Ziborium Auf Stützen ruhender, baldachinartiger Altarüberbau.
Zwickel Gewölbepartien, die zur Kuppel überleiten.

Einkehr in Vieste ▷

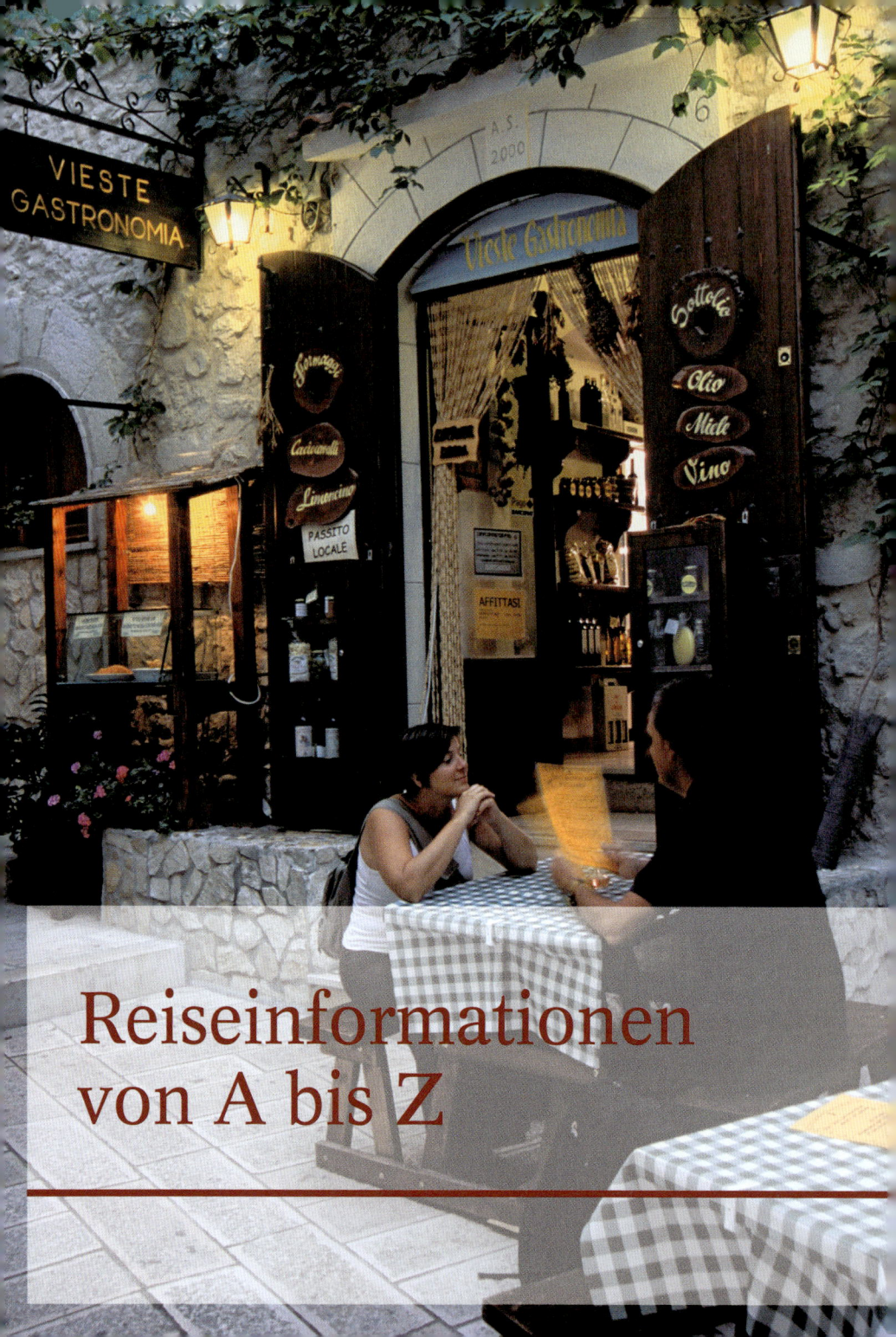

Reiseinformationen von A bis Z

Anreise

… mit der Bahn
Viele apulische Städte und Orte sind mit der Bahn problemlos zu erreichen.
 In der Hauptreisezeit bestehen Direktverbindungen von Deutschland Richtung Bari und Brindisi. Außerhalb der Saison muss man in Mailand, Bologna oder Rom umsteigen. Das Fortkommen in Apulien selbst ist allerdings mit öffentlichen Verkehrsmitteln kaum, wenn überhaupt zu bewerkstelligen. Der überwiegende Teil der sehenswerten Orte außerhalb der größeren Städte ist nur mit dem Pkw oder Motorrad erreichbar.

… mit dem Auto
Ab Bologna folgt man der gebührenpflichtigen A 14, die an der Adriaküste entlang nach Apulien führt. Von Neapel erreicht man über die A 16 die Provinz Foggia (s. auch S. 370).

… mit dem Flugzeug
Internationale Flughäfen befinden sich in Rom, Neapel sowie in Bari, Brindisi und Foggia. Linienflüge bieten die Fluggesellschaften Lufthansa, Swiss, Air France und Alitalia. Billiger fliegen Sie mit Air Berlin, Easyjet, German Wings, Tuifly und Ryanair.

Auskunft

Italienische Zentrale für Tourismus ENIT
… in Deutschland
Barckhausstraße 10
60325 Frankfurt/Main
Tel. 069 23 74 34; Fax 069 23 28 94
www.enit-italia.de
frankfurt@enit.it

Kostenfreie Servicenummer für den deutschsprachigen Raum: Tel. 00 800 00 48 25 42 (nur für Prospektbestellung).

… in Österreich
Mariahilfer Straße 1b/ Mezzanin – Top XVI
1060 Wien
Tel. 01 505 16 39; Fax 01 505 02 48
www.enit.at
vienna@enit.it
Mo–Do 9–17, Fr 9–15.30 Uhr

… in Schweiz
Uraniastr. 32
8001 Zürich
Tel. 043 466 40 40; Fax 043 466 40 41
www.enit.ch
zurich@enit.it
Mo–Fr 10–17 Uhr

Touristeninformationen in Italien
Piazza Imbriani
70031 Andria
Tel. 08 83 29 02 93
Fax 08 83 29 14 92

Piazza Moro 33/a
70122 Bari
Tel. 08 05 24 22 44
Fax 08 05 24 23 29

Lungomare Regina Margherita 44
72100 Brindisi
Tel. 08 31 56 21 26
Fax 08 31 56 21 49

Via Emilio Perrone 17
71100 Foggia
Tel. 08 81 72 36 50
Fax 08 81 72 55 36

Via Monte San Michele 20
73100 Lecce
Tel. 08 32 31 41 17
Fax 08 32 31 02 38

Corso Umberto 121
74100 Tarent (Taranto)
Tel. 09 94 53 23 97
Fax 09 94 52 04 17

Hotelverzeichnisse, Prospekte über Land und Leute, Karten und Stadtpläne bieten neben Reisebüros und -veranstaltern auch die staatlichen Italienischen Fremdenverkehrsämtern (ENIT) an. Informationen zu einzelnen Sehenswürdigkeiten

Reiseinformationen von A bis Z

und Städten findet man in den Tourismusbüros vor Ort. Überaus nützliche Seiten im Internet sind
www.pugliaturismo.com,
www.viaggiareinpuglia.it.

Baden

Schöne Badebuchten mit Sand und feinen Kiesstränden vor der malerischen Kulisse steil abfallender Kalkklippen finden sich entlang des Monte Gargano. Auch zwischen den einzelnen Küstenorten des **Monte Gargano** kann der Reisende verträumte kleine Buchten finden, wenn diese nicht gerade zu einem Hotel oder Campingplatz gehören und damit nur deren Gästen vorbehalten sind, wie etwa die märchenhafte Bucht Baia di Zagare.

Auf der Insel **San Domino** muss der Badeurlauber auf gepflegte Sandstrände mit Sonnenschirmen verzichten. Der winzige Strand der *Cala delle Arene* direkt an der Bar *Il Pirata* am Hafen kann zwar mit Sand aufwarten, schöner aber sind die beschaulichen kleinen, meist felsigen Badebuchten der Insel.

Die felsige **Adriaküste** wird immer wieder durch kleine Sandstrände wie etwa in der Gegend von Giovinazzo unterbrochen. Ein großer, feiner Sandstrand liegt zwischen dem Kurort Torre Canne und Marina di Ostuni. Auch der Hausstrand von Lecce, San Cataldo, kann mit Sand aufwarten. Schöner ist der nördlich der Provinzhauptstadt gelegene Strand von Torre Chianca und auf halbem Weg nach Otranto der gepflegte, feine Sandstrand in Torre dell'Orso. Schöne, teils naturbelassene (Casino dei Turchi), teils beschirmte Strände (Lido due mori) lassen nördlich von Otranto auf der Höhe der Alimini-Seen die Herzen der Badefreudigen höher schlagen, während südlich Otranto die landschaftlich reizvolle Steilküste kleine verschwiegene Plätzchen bietet. An der ionischen Küste muss man erst das Capo Leuca umrunden, um wieder Sandstrände zu finden. Nördlich von Gallipoli liegen die beiden Badeorte Santa Maria al Bagno und Santa Caterina, die ihren Gästen mit Steintreppen ins Meer das Baden an der Felsküste erleichtern.

Bar

Die italienische Bar sucht man zum Frühstück, einem *Capuccino* und einem *Cornetto* im Stehen oder einfach zu einem *Espresso* während des Tages auf. Neben Kaffee und anderen Getränken stehen Kleinigkeiten zum Imbiss bereit. Mittags und abends werden in Verbindung mit einem Glas Wein leckere kleine Appetithäppchen, salziges Gebäck und eingelegte Oliven angeboten. Bars, die mit einem großen *T* gekennzeichnet sind, dürfen auch Zigaretten verkaufen und führen oft auch Telefonkarten und Briefmarken.

Diplomatische Vertretungen

Deutsche Botschaft
Via San Martino della Battaglia 4
00185 Rom
Tel. 06 49 21 31; www.rom.diplo.de

Deutsches Honorarkonsulat
Via Michele Garruba 125, 5. Stock
70122 Bari
Tel. 08 05 24 40 59; bari@hk-diplo.de

Österreichische Botschaft
Via Pergolesi 3
00198 Roma
Tel. 068 44 01 44; www.bmeia.gv.at

Österreichisches Honorarkonsulat
Via Bruno Buozzi 88
70132 Bari
Tel. 08 05 62 61 11

Schweizerische Botschaft
Via Barnaba Oriani 61
00197 Roma
Tel. 06 80 95 71; www.eda.admin.ch/roma

Eintrittsgeld

Kinder unter 7 Jahren und ältere Menschen ab 65 haben in der Regel kostenfreien Eintritt nach Vorzeigen des Personalausweises. In Museen erhalten Studenten gegen Vorlage eines internationalen Studentenausweises einen Preisnachlass.

Reiseinformationen von A bis Z

Einreise und Zoll

EU-Bürger benötigen für die Einreise einen Reisepass oder Personalausweis. Kinder brauchen seit 2012 ein eigenes Ausweisdokument. Schweizer müssen sich mit Reisepass oder Identitätskarte ausweisen können.

Für Mitglieder aus EU-Staaten gibt es praktisch keine Zollkontrollen mehr. Für sie ist die Ein- bzw. Ausfuhr von Waren und Gegenständen für den persönlichen Bedarf zollfrei.

Elektrizität

Die Netzspannung in Italien beträgt 220 Volt. Geräte mit Eurostecker lassen sich problemlos betreiben. Die großen Schutzkontaktstecker hingegen passen ohne Adapter in keine italienische Steckdose.

Feiertage

1. Januar (Neujahr), 6. Januar (Heilige Drei Könige), Ostermontag, 25. April (Tag der Befreiung), 1. Mai (Tag der Arbeit), 1. Sonntag im Juli (Tag der Republikgründung), 15. August (Mariä Himmelfahrt, *ferragosto*), 1. November (Allerheiligen), 8. Dezember (Mariä Empfängnis), 25. Dezember (Weihnachten) und 26. Dezember (Stephanstag).

Feste und Veranstaltungen

(in Auswahl)
Januar
6.: Die *Cavalcata dei Re Magi* in **Lama, Lizzano, Mesagne, Massafra, Monopoli** erinnert an die Ankunft der Heiligen Dreikönige.
17.: In **Novoli** wird ein haushoher Holzstoß auf der Piazza Principale zu Ehren des Hl. Antonius entzündet. Kleinere Antoniusfeuer auch in **Grumo Appula, Gallipoli, Porto Cesareo** und **Racale**.

Februar
Monatsmitte: Ein ganz entzückendes Bild bietet **Vico Garganico** am Festtag von San Valentino, wenn die über und über mit Orangenblüten geschmückte Statue des Heiligen durch die mit Girlanden geschmückten Gassen des Örtchens getragen wird.

Fastnacht *(Carnevale)*
Farbenprächtige Umzüge in **Barletta, Foggia, Gallipoli, Gravina in Puglia, Manfredonia, Massafra, Matera, Mesagne, Lecce. Palo del Colle** wartet zudem am Faschingsdienstag mit dem *Palio del Viccio* auf, einem Wettkampf um einen Truthahn, der früher an einem über die Straße gespannten Seil hing. Heute baumelt dort eine mit Wasser gefüllte Blase, die die Reiter im Galopp zerschlagen müssen, um den Truthahn zu gewinnen. Am schönsten aber erlebt man die verrückten Tage in **Putignano**, dem ältesten Karnevalsort in Apulien, wo die ersten schillernden Umzüge mit großen Pappmaché-Figuren schon am 26.12. durch die Straßen ziehen.

März
19.: Bei der *Festa di San Giuseppe* werden in **Lizzano, Maglie, Monte Sant'Angelo, San Cassiano** oder **Uggiano la Chiesa** einfache apulische Gerichte wie Kirchererbsensuppe verteilt.

Ostern
In der Karwoche beeindruckende Prozessionen barfüßiger Büßer *(perdune)* mit ihren typischen weißen Kutten und Kapuzen in **Tarent**. Einer der Höhepunkte ist die zu mitternächtlicher Stunde in der Nacht von Gründonnerstag auf Karfreitag an der Kirche San Domenico beginnende *Processione dell'Addolorata*, die zwölf Stunden dauert, in denen allerdings kaum mehr als ein Kilometer zurückgelegt wird. Weitere sehenswerte Prozessionen in **Bari, Francavilla Fontana, Bitonto, Corato, Gioia del Colle, Lecce, Molfetta, Peschici, Trani, Vico del Gargano.** Ein besonderes Erlebnis ist die an Karfreitag stattfindende *Processione delle fracchie* in **San Marco in Lamis,** wo kunstvoll aufgeschlitzte Stämme, meist von Kastanien, gefüllt mit Reisig und kleineren Ästen als riesige Fackeln durch die Straßen des Ortes gezogen werden.

Di nach Ostern: *Battimento della ›Nzegna‹,* Wettkampf der Fahnenschwenker zu Ehren der Hl. Maria in **Carovigno.**

April

23. und darauf folgende Tage: Fest zu Ehren von San Giorgio mit Ochsenkarrenrennen in **Chieuti**.

letztes Wochenende: Bei der *Festa dell'Incoronata* in **Foggia** wird von Kindern ein legendärer Engelsritt am Vorabend der Prozession zur Wallfahrtskirche der Incoronato inszeniert.

Mai

im Monat: Großes Fest im Santuario di San Michele Arcangelo in **Monte Sant'Angelo**. Orangenfest in **Rodi Garganico**.

7.–9.: Die *Sagra di San Nicola* erinnert mit prächtigen Prozessionen in historischen Kostümen in der Stadt und auf dem Meer an die Ankunft der Reliquien in **Bari**.

7.–10.: Fest zu Ehren des Hl. Cataldo in **Tarent** mit einer stimmungsvollen Prozession am und auf dem Meer, mit Feuerwerk und vielen leckeren lokalen Süßigkeiten.

Monatsende: Seltsam muten die Riten bei der *Festa di San Filippo Neri* in **Roseto Valfortore** an, wo Teilnehmer der Prozession von Balkonen und aus Fenstern heraus mit geweihtem Brot, Käse und Gemüse beworfen werden.

Juni

im Monat: Jazz-Festival in Noci mit Musikern aus allen Teilen Europas. An Fronleichnam findet in **Brindisi** die *Processione del cavallo parato* in Erinnerung an die Rückkehr Ludwigs IX. von Frankreich vom Kreuzzug und seine Übergabe der geweihten Hostie an den Erzbischof statt. Damals wie heute reitet der Erzbischof auf einem weißen reich geschmückten Pferd in der Spitze der Prozession.

23.–25.: Ruderwettbewerb um die Altstadt von **Gallipoli** während der Festtage der Stadtpatronin Christina.

29.: Am Festtag der Hll. Peter und Paul wird in **Galatina** bis zur Ekstase die *Pizzica* getanzt, um den (nicht existierenden) Biss einer Spinne, der Tarantella, zu verwinden.

letzter Samstag: Mit dem Fest *La Scamiciata* feiert **Fasano** seinen Sieg über die Türken im Jahr 1678, beim historischen Umzug durch die Stadt sind auch Kamele aus dem nahen Tierpark mit von der Partie.

Juli

2.: *Festa della Bruna* in **Matera**. Das bis ins 14. Jh. zurückreichende Madonnenfest beginnt jedes Jahr bei Sonnenaufgang mit einem Umzug der Hirten. Der seit Generationen von denselben Handwerkfamilien gezimmerte Festwagen mit der Madonnenstatue wird bei Sonnenuntergang von Maultieren durch die Straßen zur Kathedrale gezogen. Sobald die Statue vom Wagen heruntergenommen wird, stürzen sich die Menschen auf den Wagen und zertrümmern ihn, denn wer ein Stückchen vom Festwagen ergattert, dem wird ein glückliches Jahr prophezeit.

Ende des Monats stellt unter den *Sagre* das Seeigel-Fest in **Otranto** eine Besonderheit dar.

Juli/August

Festival della Valle d'Itria, Opernfestspiele in **Martina Franca** vor dem Palazzo Ducale.

August

1. Samstag: Fischfest in **Polignano**, bei dem der Fisch geweiht und auch verspeist wird.

1. Sonntag: Althergebrachter, romantischer Fackelzug am Meer während der Feierlichkeiten des Patronatsfestes in **Trani**.

2. Wochenende: *Corteo Storico di Federico II* mit Umzügen in historischen Kostümen am Samstag und dem prächtigen traditionellen Turnier der Stadtviertel, die um eine Fahne kämpfen, am Sonntag erinnert **Oria** an Friedrich II.

2. Sonntag: Großes Madonnen-Fest in **Castro** mit einer festlich geschmückten Meeresprozession. Ein himmlischer Anblick bietet sich hingegen in **Terlizzi**, wo auf dem Festwagen, einem 22 m hohen Glockenturm, 100 Kinder des Ortes als Engelchen ihre Madonna di Sovereto feiern.

Mitte des Monats: *Sagra vecchi tempi* mit einer Ausstellung alter Handwerkskunst in **Ostuni**. Fest zur Erinnerung an den Tod von 400 Bewohnern im Jahr 1480 in **Otranto**.

14.: Mit der *Festa della Madonna della Vittoria* erinnert man in **Lucera** mit einem Umzug in mittelalterlichen Kostümen an den Sieg über die Sarazenen im August des Jahres 1300. Im traditionellen Wettstreit der Stadtteile ist neben dem Wettlauf mit gefülltem Wasserkrug das Armbrustschießen eine beliebte Attraktion.

Reiseinformationen von A bis Z

15./16.: Historisches Wachrufen in **Castellaneta** in Erinnerung an die Stadtplünderung.
16.: San Rocco – Prozession und *cavalcata storica* in **Conversano**, **Locorotondo** hingegen badet beim Wettbewerb der apulischen Feuerwerksmeister in einem Farbenmeer.
3. Sonntag: Majolica-Austellung und Markt in **Grottaglie**.
24.–26.: *Festa di Sant'Oronzo, Giusto e Fortunato* in **Lecce**. Der traditionelle Umzug in historischen Gewändern, bei dem Statuen der drei Heiligen durch die ganze Stadt getragen werden, findet noch zu Pferd statt.
25./26.: Fest zu Ehren des Hl. Orontius – der das Städtchen im 17. Jh. vor der Pest beschützt haben soll – mit einer großen Pferdeparade und Reitern in historischen Kostümen in **Ostuni**.

September
im Monat: Wiederaufleben der *Disfida* in **Barletta**, Festzüge in historischen Kostümen, Paraden und Tuniere machen das 16. Jh. wieder lebendig. *Fiera del Levante* in **Bari**. Internationales Musik-Festival im **Castel del Monte**.
1. Woche: *Stella Maris*, beeindruckende Meeresprozession in **Tarent**. In **Acquaviva** steigt am Fest der Madonna von Konstantinopel ein riesiger Heißluftballon auf.
1. Sonntag: *Festa te lu mieru*, ein kleines gastronomisches Fest mit Weinproben und Tanz auf der Piazza in **Carpignano Salentino**.
3./4.: Fest zu Ehren der Stadtheiligen in **Brindisi** mit einem großartigen Umzug und einer Prozession auf dem Meer.
8.: Fest zu Ehren der *Maria Santissima dei Martiri* in **Molfetta** (und den umliegenden Orten) mit Musikkapellenumzügen und einer Prozession, in der die Statue der Maria einem Boot übergeben wird. Den Abschluss findet das heitere Fest in einem Feuerwerksspektakel.
Mitte des Monats: Beim Weinfest in **Carpignano** kann man sich am traditionellen salentinischen *Tanz Pizzica*, der der Tarantella ähnelt, erfreuen.
22./23.: **San Giovanni Rotondo** gedenkt mit einer Nachtwache des Todestages von Padre Pio.
28./29.: Michaelsfest mit nächtlichen Gebetswachen (im Dialekt) in **Monte Sant'Angelo** und **Orsara**.

Oktober
Monatsmitte: Zwiebelkuchenfest in **Acquaviva**.
3. Sonntag: *Festa delle Virgine* in **Bitonto**.

November
im Monat: *Sagra delle castagne* mit neuem Wein in **Francavilla Fontana**.

Dezember
Bei der *Fiera dei Pupi* in **Lecce** werden auf einem Markt Pappmaschee-Puppen und Krippenfiguren angeboten.
24. 12.–26. 12. und 6. 1. Lebendige Krippen in **Cassano, Cisternino, Crispiano, Cutrifiano, Fasano, Francavilla Fontana, Matera, Molfetta, Noicattaro, Mesagne** und **Rutigliano**.

Fotografieren

Mit wenigen Ausnahmen sind überall Aufnahmen aus der Hand und ohne Blitzlicht erlaubt. Wer bessere fotografische Ergebnisse erzielen und deshalb ein Stativ *(cavalletto)* verwenden möchte, löst jedoch in Museen und neuerdings auch in den bedeutenden Kirchen erbitterte Widerstände aus. Dies mag zwar widersinnig erscheinen, da durch das Fotografieren mit Stativ dem Objekt ebenso wenig geschadet wird, erklärt sich aber aus Vereinbarungen mit örtlichen Fotografen, die ihre eigenen Bilder teuer verkaufen möchten.

Führungen

Manche Höhlenkirche bleibt dem Reisenden ohne ortsansässigen Führer verschlossen, einige Schluchten sind nur mit Führung zugänglich. Häufig trifft man jedoch auf hilfsbereite Einheimische, die den notwendigen Schlüssel besorgen. In Matera allerdings sollte man bei den freundlich vorgebrachten Angeboten vorsichtig sein, meist handelt es sich um unprofessionelle Touristenschlepper, die nach einer kurzen belanglosen Führung und ohne die notwendigen Schlüssel für einiges Geld den Reisenden in ein Ristorante lotsen wollen. Für Führungen in die Gravine und durch Matera hält man sich am besten an die Angebote der ortsansässigen Tourismusorganisationen.

Reiseinformationen von A bis Z

Klima und Reisezeit

In den Frühjahrsmonaten Mai und Juni schwelgt Apulien in bunten Blütenfarben, während das Thermometer langsam über 20 °C klettert. Die niederschlagsarmen Sommermonate verwandeln die grünen Felder in staubbraune Landschaften. Im Juli und August liegen die durchschnittlichen Tagestemperaturen um 25 °C, Tage mit weit über 30 °C sind keine Seltenheit. Angenehmer Reisemonat ist der September, doch schon Ende September/Anfang Oktober mehren sich die kühlen Regentage.

Kriminalität

Apulien ist besser als sein Ruf. Trotz Urlaubsstimmung sollte man sich aber nicht leichtsinniger verhalten als zu Hause und die Handtasche oder den Fotoapparat fest im Griff haben. Bei der Parkplatzsuche in kleineren und größeren Städten ist die belebte Piazza einer stillen Seitenstraße vorzuziehen. Oft stehen Parkplätze auf Plätzen oder auch am Straßenrand unter dem Schutz eines Parkwächters, der auf Sie zukommen wird, sobald Sie Ihr Auto abgestellt haben, denn der kleine Obolus für seine Dienste ist vorab zu entrichten. Bei ausgedehnten Stadtgängen sollte man bedenken, dass auch Parkwächter zwischen 13 und 16/17 Uhr oft *Siesta* halten.

Notrufe

Polizei und Rettungsdienst **112, 113**
Feuerwehr **115**
Pannenhilfe des A.C.I. (*Automobile Club d'Italia*) **116**
ADAC Notrufzentrale in Italien **02 66 15 91**

Öffnungszeiten

Die Geschäftszeiten in Apulien sind sehr unterschiedlich und hängen zudem in manchen Orten von der Reisesaison ab.
Apotheken sind Mo bis Fr 9–12/13 Uhr und 16/17–19/20 Uhr geöffnet. Nachts, an Wochenenden sowie Feiertagen stehen in den größeren Städten Notdienstapotheken bereit. Wer gerade Notdienst hat, ist an jeder *farmacia* angeschlagen.
Banken kann man in der Regel zwischen 8.30 und 13.30 in Anspruch nehmen. Manche Banken haben auch nachmittags eine Stunde geöffnet. An Geldautomaten (*Bancomat*) kann man in fast allen Orten Tag und Nacht zu Geld kommen.
Geschäfte haben wochentags 9–12/13 Uhr und 16/17–19/20 Uhr, im Sommer teilweise auch bis 21 Uhr ihre Türen geöffnet.
Postämter (*Ufficio postale*) können in kleinen Orten oft nur wenige Stunden, ansonsten 8.30–13.30/14 Uhr und in Großstädten auch am Nachmittag aufgesucht werden.
Tankstellen (*Distributore di benzina*) abseits der Autobahn schließen ebenfalls in der Mittagszeit zwischen 13/14 und 16/17 Uhr. In vielen Orten findet man mittlerweile Zapfsäulen, die mit Geldscheinen funktionieren.
Touristeninformationsbüros haben in kleineren Orten nur wenige Stunden am Tag, manchmal auch nur in den Abendstunden zwischen 17 und 21 Uhr geöffnet. Am Vormittag kann man ab 9.30/10 Uhr sein Glück versuchen.
Kirchen öffnen ihre Türen für Besucher in der Regel zwischen 8 und 10 Uhr am Vormittag und schließen gegen 12/13 Uhr für eine lange Mittagspause, die erst gegen 16/17 Uhr endet. Manche Kirchen sind allein zu Gottesdiensten geöffnet, hier sollte man die Messe abwarten, um danach einen Blick in die Kirche zu werfen.

Wer außerhalb der Mittagsruhe vor verschlossenen Türen steht, kann in der nächsten Bar nachfragen, wie und ob die Kirche zu besichtigen ist. Oft kümmern sich hilfsbereite Anwohner um den verzweifelnden Kunstfreund, teilen dem geduldig Wartenden mit, dass die Kirche für die nächste Zeit *per restauro* geschlossen ist, oder organisieren den für die Besichtigung notwendigen Schlüssel.

Auch in den Küstenorten werden Besucher um angemessene Kleidung gebeten, kurze Hosen und Miniröcke sind tabu.
Kastelle, Museen und öffentliche Einrichtungen wechseln ihre Öffnungszeiten leider häufig oder werden auf kürzere oder längere Zeit für Restaurierungs- und Neuordnungsmaßnahmen geschlossen.

Reiseinformationen von A bis Z

Vor Ort empfiehlt sich hier ein Blick in die ›Gazzetta del Mezzogiorno‹, die eine aktuelle Liste für jede Provinz in ihrem Lokalteil präsentiert.

Quittungen

In Italien ist es Pflicht, Rechnungen und Quittungen *(scontrino)* über Käufe und erhaltene Dienstleistungen aufzubewahren.

Rauchverbot

In Apulien gilt das Rauchverbot uneingeschränkt in allen Bars, Gaststätten und Restaurants.

Reisedokumente

Für Bürger aus Deutschland, Österreich und der Schweiz genügt ein gültiger Personalausweis. Kinder benötigen einen eigenen Ausweis. Wer seinen Hund mit in den Urlaub nehmen möchte, muss im Besitz einer höchstens 30 Tage alten amtstierärztlichen Bestätigung sein sowie den Nachweis der Tollwutschutzimpfung innerhalb der letzten elf Monate mit sich führen. Autofahrern wird die »Grüne Versicherungskarte« empfohlen.

Reisen mit Handicap

In südeuropäischen Ländern, besonders in bergigen Gegenden mit ihren treppenreichen, verschlungenen und steil in den Hang gebauten Ortschaften stößt man dann als Reisender mit einem Handicap schnell auf unüberwindbare Schwierigkeiten. Vorausschauende Planung ist hier besonders notwendig. Informationen bei:

Bundesarbeitsgemeinschaft der Clubs der Behinderten
Eupener Straße 5
55131 Mainz
Tel. 06131 22 55 14

Verband aller Körperbehinderten Österreichs
Lützowgasse 24–28
1014 Wien
Tel. 01 9 11 32 25

Schweizerischer Invalidenverband
Postfach
4600 Olten
Tel. 062 32 12 62

Italienische Hoteliers und Ferienhausanbieter sind verpflichtet, mindestens ein behindertengerechtes Zimmer bzw. eine Wohnung anzubieten (vgl. www.italiapertutti.it, auch dt.).

Telefonieren

Auslandsgespräche sind ohne Probleme von jeder öffentlichen Telefonzelle möglich. Die dazu notwendige Telefonkarte *(scheda telefonica)* gibt es in unterschiedlichen Werten bei den Fernsprechämtern der Telefongesellschaft SIP, wo man ebenfalls telefonieren kann, und in den *tabacchi*-Geschäften. Karten für das Handy *(telefonino)* sind hier ebenfalls erhältlich. In Italien ist die Vorwahl Bestandteil der Rufnummer, auch bei Ortsgesprächen muss sie mitgewählt werden.

Vorwahlen:
nach Italien 00 39
nach Deutschland 00 49
nach Österreich 00 43
in die Schweiz 00 41

Trinkgelder

In der *Bar* und im *Ristorante* gibt man üblicherweise 10–15 % des Rechnungsbetrages. Im Hotel sollte man nicht allein den Kofferträger, sondern auch das Zimmermädchen mit einem kleinen Trinkgeld erfreuen. Auch bei Taxifahrten oder Friseurbesuchen wird der Betrag aufgerundet.

Hilfsbereite Anwohner, schlüsselverwaltende Barbesitzer, ehrenamtliche Kustoden ermöglichen oftmals den Zutritt zu verschlossenen Kirchen und Grottenkirchen und zeigen geduldig dem Besucher die verborgenen Sehenswürdigkeiten. Es versteht sich von selbst, ihre Freundlichkeit mit einem kleinen Obolus zu honorieren, der oftmals nur als Spende *per la chiesa* angenommen wird.

Reiseinformationen von A bis Z

Unterkunft

Camping

Die lange Küste Apuliens ist gut mit Campingplätzen bestückt, die oftmals sehr schöne Strandabschnitte ihr Eigen nennen. Von hier aus sind auch die Kunstoasen wie Bari oder Lecce, die über keine Zeltplätze verfügen, bequem zu erreichen.

Die Ausstattung der Campingplätze reicht von einfachen Zeltplätzen bis hin zu komfortablen Anlagen mit der Möglichkeit, einen kleinen einfachen Bungalow zu mieten. Aktuelle Verzeichnisse sind bei ENIT sowie den Automobilclubs zu bekommen.

Auf den Tremiti-Inseln ist jegliches Zelten verboten. Eine in Anbetracht des Gebotenen nicht eben preisgünstige Alternative stellen zwei Feriendörfer (*Villaggio Internazionale Punta del Diamante* und *Villaggio Turistico T.C.I.*) auf der Insel San Domino dar.

Villaggi Turistici

Feriendörfer und große Apartmentsiedlungen abseits der Städte sind gute Altenativen zu Ferienwohnung und Hotelzimmer.

Apartments mit bis zu 6 Betten eignen sich auch für Familien. Ein großer Swimmingpool, Tennisplätze, Bars und Restaurants gehören zur Grundausstattung eines jeden Villaggio Turistico. Darüber hinaus bieten einige Urlaubsanlagen auch Kinderbetreuung, Animation und vielfältige Sportmöglichkeiten an. Oftmals gehören zu den Feriendörfern auch attraktive Hotels.

Auch Niederlassungen der bekanntesten Clubferiendörfer finden sich in Apulien, und zwar in Otranto und Marina di Ugento.

Agriturismo

In ausgebauten Bauernhöfen werden Zwei- und Mehrbettzimmer oder auch kleine Ferienwohnungen im Inland Apuliens angeboten. Oft gehört eine sehr bodenständige Bewirtung mit eigenen Produkten dazu.

Manchmal liegen solche Anwesen in unmittelbarer Nähe zu besonderen Sehenswürdigkeiten wie etwa der Hof *Torre Pinta* bei Otranto.

Masserien

Liebevoll restaurierte Landgüter bieten überall in Apulien Unterkunftsmöglichkeiten vom einfachen Apartment mit Selbstversorgung bis hin zu stilvoll eingerichteten Zimmern mit Hotelkomfort und -service. Über den oft vorgeschriebenen Mindestaufenthalt von einer Woche kann man vor allem außerhalb der Hauptsaison verhandeln. Über Übernachtungsmöglichkeiten in Masserien informieren ENIT, Agriturist (www.agriturismo.it) und Terranostra (www.terranostra.it).

Hotels

Allein von den Sternen kann man sich bei der Hotelsuche in Apulien nicht leiten lassen, da die Kategorisierungen manchmal nicht nachvollziehbaren Kriterien folgen. Wer sich sein Hotel erst vor Ort sucht, sollte sich in aller Ruhe umschauen, nach den Parkmöglichkeiten fragen und sich die Zimmer zeigen lassen.

Verkehrsmittel

Autofahrer sollten etwas Geduld und Durchsetzungsvermögen nach Apulien mitbringen. Auf der Fahrbahn parkende Autos behindern den Verkehr; während der Hauptverkehrszeiten scheint es in den größeren Städten kein Durchkommen zu geben, und wer über Land fährt, wird vor manchem verrosteten Hinweisschild mit wenigen verbliebenen Buchstaben Rätsel lösen müssen. Bei der Anfahrt der Küstenstädte erweist sich das Meer als ideale Orientierungshilfe: Lassen Sie sich nicht verunsichern von Hinweisen Richtung *centro*, sondern folgen Sie beharrlich der Küstenstraße, die Sie zur Altstadt bringen wird. Am Rand des *centro storico* sollte man sich bald einen Parkplatz suchen. Wer sich zu spät entscheidet, wird mit dem Verkehr in die Altstadt gespült. Dann heißt es Ruhe bewahren, und wenn die schmalen Gassen immer enger werden und die Außenspiegel eingeklappt sind, hilft manchmal nur das Entgegenkommen eines Passanten, der den Gast durch einen engen Torbogen oder um eine kitzlige Kurve mit Handzeichen lotst. Die nachfolgenden Autofahrer üben sich meist freundlich in Geduld.

Die Höchstgeschwindigkeiten betragen innerorts 50, auf Land- und Staatsstraßen 80/90, auf Schnellstraßen 110 und auf den Autobahnen 110–130 km/h, doch in der Regel hält sich niemand daran. Außerhalb der Ortschaften muss auch tagsüber das Abblendlicht eingeschaltet werden. Auf Autobahnen ist das Mitführen einer Warnweste Pflicht.

Mit der Bahn sind die größeren Orte Apuliens preisgünstig zu erreichen. Infos unter www.trenitalia.it. Einen gültigen Fahrplan *(orario generale)* erhält man an Bahnhöfen und Zeitungskiosken; in den Lokalteilen der Zeitung sind täglich die Abfahrtzeiten und Änderungen (!) für die Hauptstrecken abgedruckt.

Vorsorge für den Krankheitsfall

Mitglieder der gesetzlichen Krankenkassen sollten ihre Europäische Krankenversicherungskarte mitführen, die in den italienischen Krankenhäusern akzeptiert wird. Ambulante Behandlungen und Medikamente dagegen müssen bar bezahlt werden. Rechnungen können dann zu Hause bei der Krankenkasse zur Erstattung eingereicht werden (Modalitäten bei der Kasse erfragen). Private Auslandsversicherungen übernehmen im Krankheitsfall die entstehenden Kosten für Ärzte, Medikamente und Rücktransport.

Zeitungen

Italienische Tageszeitungen sind an jedem Zeitungskiosk *(edicola)* erhältlich. Die *Gazetta del Mezzogiorno* wartet mit umfangreichen Lokalteilen auf, denen auch Informationen über bevorstehende Feste und die allerneuesten Öffnungszeiten der Museen zu entnehmen sind.

Deutsche Zeitschriften werden in den Großstädten am Bahnhof oder an der zentralen Piazza verkauft, während der Hauptreisezeit lassen sich auch welche in den kleineren Orten an der Küste finden.

Danksagung
An dieser Stelle sei allen Leserbriefschreiberinnen und -schreibern herzlichst für die vielen Hinweise gedankt, die der Autor aufmerksam vermerkt. Ob sie auf Veränderungen vor Ort oder auch einfach auf den einen oder anderen Fehler verweisen, der bei der Fülle von Daten und Namen unterlaufen kann, sind sie in jeder Hinsicht sachdienlich und künden von dem hohen Niveau, das die Leserschaft der DuMont-Kunst-Reiseführer auszeichnet.
Der besondere und persönliche Dank des Autors gilt aber Herrn Sebastian Schaffmeister, ohne dessen aufmerksame, gestaltende Energie und Sachkenntnis die Neugestaltung dieses Kunst-Reiseführers nicht zu leisten gewesen wäre, sowie dem Verlag, namentlich Frau Maria Anna Hälker und Frau Andrea Wurth. Von ihnen gingen immer wieder die entscheidenden Impulse dafür aus, dass der ›große‹ Apulien-Führer des DuMont Reiseverlags nunmehr in der fünften, überarbeiteten und auf den neuesten Stand gebrachten Auflage erscheinen kann: zum Gelingen eines freudvollen Aufenthalts in Apulien.

Literaturverzeichnis

Geschichte und Kultur

Ad Ovest di Bisanzio – Il Salento medioevale. Atti del Seminario Internazionale di Studio (Martano 29–30 aprile 1988), hrsg. von Benedetto Vetere (= Saggi e ricerche, Bd. 12). Galatina 1990

Baaken, Gerhard: Ius imperii ad regnum. Königreich Sizilien, Imperium Romanum und Römisches Papsttum vom Tode Kaiser Heinrichs VI. bis zu den Verzichterklärungen Rudolfs von Habsburg. Köln/Weimar/Wien 1993

Belli d'Elia, Pina: Romanisches Apulien. Würzburg 1989

Chotjewitz, Peter O./De Jaco, Aldo: Die Briganten. Aus dem Leben süditalienischer Rebellen. Berlin 1967 (zuerst: Il Brigantaggio Meridionale, Cronaca inedita dell'Unità d'Italia. Roma 1969)

Cristallo, Michele: Nei Castelli di Puglia. Bari 1995

Cristallo, Michele: Teatri di Puglia. Bari 1993

Croce, Benedetto: Storia del Regno di Napoli. Milano 1992 (zuerst: 1925)

Custodero, Gianni: Storia del Sud. Dal regno normanno alla prima repubblica. Lecce 1999

Csendes, Peter: Heinrich VI. Darmstadt 1993

De Juliis, Ettore: Gli Iapigi. Storia e civiltà della Puglia preromana. Milano 1988

De Martino, Ernesto: Katholizismus, Magie, Aufklärung. Religionswissenschaftliche Studie am Beispiel Süd-Italiens. München 1982 (zuerst: Sud e magia)

De Santis, Mario: La »Civitas Troiana« e la sua Cattedrale. Foggia 1967

Donvito, Antonio: Monte Sannace. Archeologia e storia di un abitato peuceta. Fasano di Puglia 1982

Engels, Odilo: Die Staufer. Stuttgart 1972

Esposito, Gabriella: Architettura e storia dei Trulli. Roma 1983

Federico II. Immagine e potere. Hrsg. von Maria Stella Calò Mariani und Raffaella Cassano. Venezia 1995

Galasso, Giuseppe: Il Regno di Napoli. Il Mezzogiorno angioino e aragonese (1266–1494). Torino 1992

Götze, Heinz: Castel del Monte – Gestalt, Herkunft und Bedeutung. Sitzungsberichte der Heidelberger Akademie der Wissenschaften, Phil.-hist. Klasse, Jahrgang 1984, Bericht 2. Heidelberg 1984

Gothein, Eberhard: Die Renaissance in Süditalien. München/Leipzig 1924

Greco, Emanuele: Magna Grecia (Guide archeologiche Laterza, Bd. 12). Roma/Bari 1980

Haug, Walter: Das Mosaik von Otranto – Darstellung, Deutung und Bilddokumentation. Wiesbaden 1977

Herde, Peter: Karl I. von Anjou. Stuttgart 1979

Horaz: Sämtliche Werke. München 1970

Houben, Hubert: Roger II. von Sizilien. Herrscher zwischen Orient und Okzident. Darmstadt 1997

Jacobs, Fritz: Die Kathedrale S. Maria Icona Vetere in Foggia. Studien zur Architektur und Plastik des 11.–13. Jh. in Süditalien, 2 Teile (Phil. Diss.). Hamburg 1968

Jahn, Wolfgang: Untersuchungen zur normannischen Herrschaft in Süditalien (1040–1100). Frankfurt/M. 1989

Kaiser Friedrich II. Sein Leben in zeitgenössischen Berichten, hrsg. von Klaus J. Heinisch. München 1994

Kamp, Norbert : Kirche und Monarchie im staufischen Königreich Sizilien. Teil 1: Prosopographische Grundlegung, Bistümer und Bischöfe des Königreichs 1194–1266, Bd. 2: Apulien und Kalabrien. München 1975

Kantorowicz, Ernst: Kaiser Friedrich der Zweite, Stuttgart 1980 (zuerst: 1931)

Kölzer, Theo: Die Staufer im Süden. In: Petrus de Ebulo: Liber ad honorem Augusti sive de rebus Siculis. Eine Bilderchronik der Stauferzeit aus der Burgerbibliothek Bern. Sigmaringen 1994

Kreutz, Barbara M.: Before the Normans. Southern Italy in the Ninth and Tenth Cencuries. Philadelphia 1991

Kunst im Reich Kaiser Friedrichs II. von Hohenstaufen

Bd. 1., hrsg. von Kai Kappel, Dorothee Kemper, Alexander Knaak. München-Berlin 1996. Bd. 2, hrsg. von Alexander Knaak. München-Berlin 1997

La Puglia. Hrsg. von Luigi Masella / Biagio Salvemini. Torino 1989

Maiorino, Tarquinio: Storia e leggenda di briganti e brigantesse. Casale Monferrato 1997

Masson, Georgina: Das Staunen der Welt. Friedrich II. von Hohenstaufen. Tübingen 1958 (zuerst: Frederick II of Hohenstaufen. A Life. London 1957)

Matthew, Donald: I Normanni in Italia. Roma-Bari 1997 (zuerst: The Norman Kingdom of Sicily. Cambridge 1992)

Mola, Stefania: Castel del Monte. Bari 1992

Mühlberger, Josef: Lebenswege und Schicksale der staufischen Frauen. Esslingen am Neckar 1977

Musca, Giosuè (Hrsg.): Storia della Puglia. 2 Bde. Bari 1987

Nette, Herbert: Friedrich II. von Hohenstaufen. Reinbek bei Hamburg 1975

Otranto, Giorgio: Italia meridionale e Puglia paleocristiane. Bari 1991

Pace, Valentino: Kunstdenkmäler Italien: Apulien, Basilikata, Kalabrien. Darmstadt 1994

Pagano, Sandro: In Magna Grecia. Castrovillari 1992

Petrich, Eckart: Italien, Bd. 3. München 1963

Poso, Cosimo Damiano: Il Salento normanno. Territorio, istituzioni, società. Galatina 1988

Reisinger, Christoph: Tankred von Lecce. Normannischer König von Sizilien 1190–1194. Köln/Weimar/Wien 1992

Rotter, Ekkehart: Friedrich II. von Hohenstaufen. München 2004

Seibert, Jakob: Hannibal. Darmstadt 1993

Sirago, Vito Antonio: Puglia romana. Bari 1993

Stürner, Wolfgang: Friedrich II., Teil 1: Die Königsherrschaft in Sizilien und Deutschland 1194–1220. Darmstadt 1992

Tateo, Francesco (Hrsg.): Storia di Bari. Dalla preistoria al mille. Roma-Bari 1986

Tateo, Francesco (Hrsg.): Storia di Bari. Dalla conquista normanna al ducato sforzesco. Roma-Bari 1990

Willemsen, Carl A.: Apulien – Kathedralen und Kastelle (DuMont Kunstführer). Köln 1971

Willemsen, Carl A.: Castel del Monte. Das vollendetste Baudenkmal Kaiser Friedrichs des Zweiten. Frankfurt am Main 1982

Willemsen, Carl A.: Die Bauten der Hohenstaufen in Süditalien. Köln-Opladen 1968

Zimdars, Dagmar: Die Ausmalung der Franziskanerkirche Santa Caterina in Galatina / Apulien (Phil. Diss.). München 1988

Belletristik

Gianrico Carofiglio: Die Vergangenheit ist ein gefährliches Land, München 2009. Der Kriminalroman des 1961 in Bari geborenen Juristen und Anti-Mafia-Staatsanwalts, der zudem seit 2008 für die Demokraten im Senat in Rom sitzt, spielt ebenso in Apulien wie seine früheren auf deutsch erschienenen (»Reise in die Nacht«, »In freiem Fall« und »Das Gesetz der Ehre«).

Reiseberichte

Douglas, Norman: Reisen in Süditalien. München 1969 (zuerst: Old Calabria. London 1915)

Gregorovius, Ferdinand: Apulische Landschaften. Leipzig 1877

Gregorovius, Ferdinand: Wanderjahre in Italien. Dresden 1928, München 1997 (zuerst: Dresden 1928)

Meyer, Gustav: Puglia / Sud (übers. von C. de Giorgio, hrsg. von G. Custodero). Lecce 1980 (in deutscher Sprache zuerst in mehreren Teilen in der Schlesischen Zeitung, Breslau, April–Juni 1890)

Morton, Henry V.: Wanderungen in Süditalien. Frankfurt/M. 1971 (zuerst: A Traveller in Southern Italy. London 1969)

Riedesel, Johann Hermann: Reise durch Sizilien und Großgriechenland. Berlin 1965 (zuerst: Zürich 1775)

Stendhal, von (= Henry Beyle): Reise in Italien. Jena 1911 (Nachdruck: München 1996; zuerst: Rome, Naples et Florence en 1817)

Verzeichnis der Karten und Grundrisse

Giurdignano, Cripta di San Salvatore, Grundriss	38	
Bari, San Nicola, Aufriss	46	
Foggia, Cityplan	83	
Tavoliere und Apennin	87	
Lucera, Cityplan	89	
Lucera, Kastell, Grundriss	90	
Lucera, Turmkastell, Aufriss	90	
Castel Fiorentino, Lageplan	96	
Castel Fiorentino, Domus, Grundriss	97	
Troia, Kathedrale, Grundriss	100	
Herdonia, Lageplan	109	
Monte Gargano	112	
Santa Maria di Siponto, Aufriss	116	
Monte Sant'Angelo, Cityplan	121	
Monte Sant'Angelo, Santuario San Michele	124	
Monte Sant'Angelo, San Giovanni Battista in Tomba, Aufriss	129	
Tremiti-Inseln	138	
Nördliche Terra di Bari	144	
Barletta, Cityplan	146	
Barletta, Kastell, Grundriss	147	
Trani, Cityplan	154	
Trani, Kathedrale, Aufriss	157	
Molfetta, Duomo Vecchio, Grundriss	170	
Bitonto, Cityplan	178	
Bitonto, Kathedrale, Grundriss	181	
Castel del Monte, Erdgeschoss, Grundriss	194	
Castel del Monte, Obergeschoss, Grundriss	196	
Canosa di Puglia, Cityplan	203	
Canosa di Puglia, Kathedrale San Sabino, Grundriss	205	
Canosa di Puglia, San Leucio, Grundriss	208	
Bari, Altstadt, Cityplan	214	
Bari, San Nicola, Grundriss	216	
Bari, San Sabino, Grundriss	225	
Bari, Kastell, Grundriss	230	
Bari, Neustadt, Cityplan	233	
Südliche Terra di Bari	239	
Gravina, Kastell, Grundriss	243	
Matera, Cityplan	246	
Ognissanti di Cuti, Grundriss	267	
Conversano, San Benedetto, Aufriss	269	
Martina Franca, Cityplan	273	
Egnazia, Lageplan	280	
Brindisi, Cityplan	289	
Brindisi, San Benedetto, Grundriss	294	
Nördlicher Salent	298	
Oria, Kastell, Grundriss	301	
Tarent (Taranto), Cityplan	305	
Tarent, Dom, Grundriss	309	
Lecce, Piazza del Duomo	320	
Nardo, Cityplan	330	
Südlicher Salent	332	
Galatina, Santa Caterina, Grundriss	334	
Otranto, Cityplan	341	
Vaste, Cripta di Santi Stefani, Grundriss	348	
Casarano, Santa Maria della Croce, Grundriss	351	
Gallipoli	352	
Lecce, Cityplan	Umschlaginnenklappe hinten	

Kartografie
DuMont Reisekartografie, Fürstenfeldbruck
© DuMont Reiseverlag, Ostfildern

Abbildungsnachweis

Alle Abbildungen wurden von **Dr. Ekkehart Rotter** für diesen Band fotografiert, sofern sie nicht im Folgenden aufgelistet werden:
Archiv für Kunst und Geschichte, Berlin: S. 73, 77
Bildagentur Huber, Garmisch-Partenkirchen: S. 6/7 (Spita); 78/79 (Huber); 236 (Simeone); 362 (Ripani)
Bildagentur Mauritius, Mittenwald: S. 1 (Wrba); 65, 210 (Cubolmages)
Scala, Florenz: S. 181 u., 307, 343
Für die Abdruckgenehmigungen der Grundrisse bedanken wir uns bei:
Touring Club Italiano, Mailand: S. 181 o., 301 (aus: Guida D'Italia del Touring Club Italiano, Puglia, Mailand 1978)
Zodiaque, St. Leger Vauban: S. 46, 100, 170, 225, 267, 294 (aus: Pina Belli d'Elia, Romanisches Apulien, Würzburg 1989)
Alle weiteren Abbildungen stammen aus dem Archiv des Verlages. Sollten wir trotz unserer Bemühungen Urheberrechte verletzt haben, bitten wir die Rechtsinhaber, sich zu melden.

Register

Acaia 339
Acceptus, Bildhauer 205, 206
Acquarica 351
Acquaviva delle Fonti 262
Acquaviva, Familie 330
– Gian Girolamo 329
Aemilius Paullus 145
Agnes von Durazzo 132
Agrippa von Nettesheim 195
Agriturismo 370
Ahmed Pascha, Admiral 340
Alberobello 271
Alexander I. von Epiros 29, 305
Alexander von Conversano 44
Alezio 352
Alfanus, Bildhauer 227
Alfons I. von Aragon, König von Neapel 56, 291, 339
Alfons II. von Aragon, König beider Sizilien 57, 318
Alfons V. von Aragon 56
Alfons von Kalabrien 340
Altamura 26, **240**
Anaklet II., Papst 43, 98
Andreas von Ungarn 54
Andria 19, 48, 147, **198**
Anjou, Adelshaus **53**, 74, 75, 84, 88, 89, 92, 94, 95, 96, 99, 107, 119, 122, 124, 132, 133, 139, 143, 147, 155, 156, 161, 162, 167, 177, 185, 190, 198, 203, 207, 214, 222, 223, 230, 231, 260, 290, 298, 299, 300, 302, 306, 312, 314, 330, 354
Anna Komnene 206
Anreise 363
Anselm von Aosta, hl. 223

Anselm von Canterbury 217
Anseramus von Trani 183, 226
Apennin 21, 81
Apricena 22, 48, 50, 81
Aragonesen 54, 56, **57**, 74, 109, 119, 147, 156, 167, 173, 185, 191, 199, 215, 223, 230, 340
Archidamos III. von Sparta 28, 303, 305
Architas 304
Arpi 29, 30, 82
Arrigo von Kastilien 190, 208
Ascoli Satriano 29, 33, 37, 107
Audoenus, hl. 168
Auer, Georg 355
Augustus, röm. Kaiser 33, 90, 139, 288, 291
Auskunft 363
Authar, König 146
Azzo von Este 198

Baden 364
Baia di Campi 135
Baia di Zagare 134
Balsignano 237
Bar 364
Bari 18, 22, 26, 35, 36, 44, 45, 48, 50, 60, 62, 158, 169, **211**
    Basilica San Nicola 216
– Kastell 229
– Kathedrale San Sabino 225
– Museo Diocesano 229
– Pinacoteca Provinciale 232
– San Gregorio 224
– Teatro Petruzzelli 232
Barletta 19, 22, 48, 53, 56, 60, **146**, 195, 198
– Cantina della Disfida 151

– Dom Santa Maria Maggiore 149
– Kastell 147
– Koloss von Barletta 152
– Palazzo della Marra (Pinacoteca Giuseppe De Nittis) 152
– San Sepolcro 153
– Sant'Andrea 151
– Städtisches Theater (Teatro Comunale G. Curci) 153
Basileios, Ostkaiser 36
Basilianerorden 24, 37, 38, 104, 251, 278, 295, 326, 327, 331
Beatrix, Tochter Karls VII. von Anjou 191, 198
Beatrix von Savoyen, Gemahlin Manfreds 161
Beatrix, Tochter Manfreds 162
Benedikt VIII., Papst 38, 98
Benedikt XIII., Papst **71**, 120
Bernardino, Giovanni 355
Bernardus und Eustasius, Bildhauer 160
Bernhard von Clairvaux, hl. 44
Berthold von Hohenburg 52, 53, 84, 89, 97, 198
Bertrando Del Balzo 191, 198
Bianca Lancia 8, 50, **71**, 73, 262
Bisceglie **166**, 189
Bitetto 238
Bitonto 16, 39, 45, 60, **177**
– Kathedrale San Valentino 178
Blasius, hl. 282
Bohemund I., Normannenfürst **71**, 202, 206, 213, 223, 288, 293, 306

375

Register

Boioannes, Katepan 38, 98
Bona Sforza 222, 230, 281
Bonifaz IX., Papst **72**, 351
Bourbonen 59
Bovino 22, 25, 30, 37, 88, **105**
Briganten **60**, 295
Brindisi 19, 22, 23, 25, 33, 35, 41, 43, 48, 53, 58, 60, **287**
  – Chiesa del Cristo 295
  – Dom 292
  – Fontana Tancredi 296
  – Kastell 295
  – Museo Archeologico Provinciale 293
  – San Benedetto 294
  – San Giovanni al Sepolcro 293
  – Santa Lucia 295
  – Santa Maria del Casale 296
Bruegel, Abraham 255
Brun, Bischof von Toul 41
Buffelli, Placido 331
Byzantiner 34, **35**, 36, 37, 38, 39, 40, 41, 44, 77, 81, 86, 89, 97, 98, 104, 106, 116, 118, 120, 121, 123, 141, 145, 151, 152, 155, 160, 165, 171, 177, 182, 201, 202, 205, 206, 211, 212, 213, 217, 229, 230, 233, 243, 247, 250, 257, 259, 260, 261, 267, 268, 278, 284, 287, 288, 292, 293, 295, 296, 297, 299, 300, 306, 307, 308, 309, 312, 327, 337, 3338, 340, 342, 345, 346, 351, 353, 354

C. Terentius Varro 145
Caesar, Gaius Julius 291, 299
Camping 370
Cannae (Canne) 30, 97, **144**, 299

Canne di Battaglia 38, **144**, 147, 198
Canosa di Puglia 21, 22, 29, 30, 31, 32, 33, 34, 45, 52, 71, 147, 189, 198, 201, **202**
Capitanata 57, 81
Capo d'Otranto 21, 349
Capo di Santa Maria di Leuca 349
Caracciolo, Familie 274
Carboneria (›Karbonari-Bewegung‹) 61
Carducci, Giovanni Andrea 274
Carella, Domenico 274, 302
Carlo Borromeo, Kardinal 300
Carovigno 284
Carpignano 338
Casalnuovo 48
Casarano 34, 351
Cassano delle Murge 264
Castel del Monte 8, 22, 50, 73, **189**
Castel Fiorentino 51, 88, 96, 243
Castellana Grotte 270
Castellaneta 256
Castriota Skanderbeg, Angela 244
Castriota, Alfonso 329
Castro 349
Ceglie Messapica 284
Cerignola 22, 24, 58, 143
Chianca, Dolmen von 168
Cicero 19, 288, 299
Cino, Giuseppe 320, 323, 324
Ciro Annichiarico, Don 61
Cisternino 272
Civitate 49
Claudius Appius 29
Clemens IV., Papst 53
Clemens X., Papst 71
Cn. Servilius 145
Coccorante, Leonardo 255
Coelestin III., Papst 243

Consalvo de Rueda, Bischof 355
Conversano 42, 165, 268
Copertino 329
Coppola, Giovanni Andrea 356
Corato 189
Corigliano d'Otranto 337
Cozze 276
Croco (Carmine Donatelli) 295

Daunier 8, 24, **26**, 72, 88, 95, 118, 119, 120, 143, 145, 146, 202
De Carlo, Andrea 17
De Mari, Familie 263
De Mura, Francesco 86, 227
De Nittis, Giuseppe **72**, 147, 152
  – Léontine 152
De Sacchis, Giovan Antonio 183, 184
Del Balzo, Familie 199, 306, 312
  – Pirro 272
Deliceto 107
Desprez, Jean L. 92
Deutscher Ritterorden 94, 114, 114, 120, 147, 153, 155
Diomedes, mythischer Held **72**, 155
Diplomatische Vertretungen 364
Dolmen 347
Douglas, Norman 13, 14
Drogo von Hauteville 40, 106, 309
Dürer, Albrecht 195

Egnazia (Gnathia) 30, 33, **279**
Einreise 365
Eintrittsgeld 364
Ekbert von Bamberg 292
Ekkehart von Aura 42
Elektrizität 365

376   Der Haupteintrag ist **fett** hervorgehoben

Register

Eleutherius von Aeca, hl. 100
Elias, Baumeister 217, 221, 222, 223, 224, 231, 232
›Elias-Meister‹ 220, 222, 232
Ennius 29, **72**
Enzio, Sohn Karls I. von Anjou 162
Erdbeben 21
Erik der Gute 223
Eustasius, Abt 221

Fabius Maximus 97
Faeto 24
Falcone, Familie 168
Falkenjagd 197
Fauna 22
Feiertage 365
Ferdinand I. von Aragon, König von Neapel 57, 121, 147, 196, 199, 215, 277, 300, 308, 340, 346
Ferdinand I. s. Ferdinand IV. von Bourbon
Ferdinand II. von Aragon, König von Neapel 57, 61, 139, 156, 191
Ferdinand IV. von Bourbon, König von Neapel, als Ferdinand I. König beider Sizilien 60, 61, 317
Ferdinand VI. von Spanien 73
Feste und Veranstaltungen 365
Finoglia, Domenico 268, 270
Fitto, Raffaele 316
– Totò 316
Foggia 19, 22, 27, 47, 48, 49, 50, 51, 52, 53, 58, 63, **82**, 116, 131
Forgione, Francesco s. Padre Pio
Fortore 26
Fotografieren 367
Fracanzano, Francesco 279

Francavilla Fontana 301
Francesco d'Arezzo 334
Franz I. von Bourbon, König beider Sizilien 61, 169
Franz II. von Bourbon, König beider Sizilien 61
Franz von Assisi, hl. 121, 230
Friedrich 8
Friedrich I. Barbarossa, dt. König und Kaiser 26, 44, 182, 206
Friedrich I. von Aragon, König von Neapel 57, 329
Friedrich II., dt./sizil. König und Kaiser 8, 46, 48, 71, **73**, 83, 85, 86, 89, 92, 96, 104, 106, 107, 114, 132, 133, 147, 148, 155, 161, 168, 182, 183, 185, 187, 191, 197, 198, 201, 213, 230, 231, 241, 243, 261, 262, 264, 288, 291, 292, 300, 301, 329, 340
Friedrich von Antiochien 122
Friedrich von Baden 190
Friedrich von Österreich 53
Friedrich, Sohn Karls I. von Anjou 162
Führungen 367

Galatina 18, 25, **333**
Galatone 331
Gallípoli 25, 28, 58, **352**
Garibaldi, Giuseppe 61
Georg Castriota Skanderbeg 57, 147
Gian Galeazzo Sforza 281
Gian Girolamo Acquaviva von Conversano 58, 268
Giangaleazzo Sforza 215, 230
Giaquinto, Corrado **73**, 172, 183, 233
Ginosa 256
Gioa del Colle 22, 62, **261**

Giordano, Baumeister 122
Giordano, Umberto 84, 86
Giovanni Antonio del Balzo 57
Giovanni il Moro 93
Giovanni Zevallos, Herzog 282
Giovinazzo 173
Giulini, Carlo Maria 74
Giurdignano 38, 347
Gnathia 281
Goethe, Johann Wolfgang von 10
Goldener Schnitt 195
Gonzalo von Cordova 58
Goten 35
Gottfried von Andria 43, 198
Gottfried von Hauteville, Graf von Conversano 41, 268, 269, 294, 299, 312, 329
Gravina in Puglia 26, 51, 97, **243**
Gregor VII., Papst 41, 77
Gregor IX., Papst 50, 89, 99, 105, 147
Gregorovius, Ferdinand 8, 12, 116, 117, 190, 303, 306, 313
Griechen 13, 19, 20, 24, 26, **27**, 32, 34, 35, 37, 38, 41, 72, 75, 76, 81, 90, 95, 97, 98, 118, 120, 123, 126, 134, 141, 157, 184, 202, 207, 208, 211, 212, 216, 223, 227, 231, 241, 243, 257, 258, 259, 269, 277, 278, 279, 284, 287, 299, 303, 306, 311, 318, 323, 324, 327, 329, 331, 336, 337, 338, 339, 340, 346, 352, 353, 356
Grimoald von Bari 43, 213
Grotta dei Cervi 349
Grottaglie 61
Guglielmi, Rodolfo s. Rudolfo Valentino

377

Register

Hannibal, karthag. Feldherr 30, **74**, 88, 109, 118, 144, 145, 202, 288, 299, 303, 306
Hasdrubal, karthag. Feldherr 145
Hegesippos 346
Heinrich der Schwarze 170
Heinrich II., dt. König und Kaiser 38, 98, 128, 213
Heinrich III. dt. König und Kaiser 40, 81, 106, 139
Heinrich IV., dt. König und Kaiser 41
Heinrich VI., dt./sizil. König und Kaiser 44, 99, 114, 132, 147, 170, 182, 213, 224, 288, 292, 299
Heinrich VII., dt. König 73, 118
Heinrich von Monte Sant'Angelo 42
Heinrich, Sohn Friedrichs II. 51
Heinrich, Sohn Karls I. von Anjou 162
Helena, Gemahlin Manfreds 53, 161, 162
Heraklios, Kaiser 152
Herdonia 29, 31, **108**
Herebrecht 124
Hermann von Salza 153
Herodot 299
Herraed 124
Homer 29, 120
Honorius II., Papst 42
Honorius III., Papst 47, 73
Honorius IV., Papst 190
Honorius, Kaiser 152
Horaz 134, 185, 279, 288
Hotels 370
Hugo von Conversano 267
Humbert von Vienne 191
Humfred von Hauteville 41, 268, 299

Idrisi 44
Innocenz II., Papst 43
Innocenz III., Papst 46
Innocenz IV., Papst 51, 238
Ionisches Meer 20
Irene, Gemahlin Rogers 291, 292, 296
Irene, hl. 319
Isabella von Aragon 215, 230, 281
Isabella von Brienne und Jerusalem, 2. Gemahlin Friedrichs II. 48, 50, 51, 73, 83, 198, 199, 288, 292, 299
Isabella von England, 3. Gemahlin Friedrichs II. 83, 92, 198, 199
Isabella, Gemahlin Philipps von Anjou 162

Jagello, Anna 222
Jakob III. von Mallorca 55
Johann I. von Durazzo 132
Johann von Brienne 48, 202, 299
Johann von Procida 97
Johanna I. von Anjou, Königin von Neapel 54, 56, 99, 143, 156
Johannes Paul II., Papst 224
Johannes von Matera, hl. 255
Johannes von Salisbury 44
Johannes von Tarent (Giovanni di Taranto) 222
Jonatha, Bischof 340
Joseph Bonaparte, König von Neapel 60, 84
Julia, Nichte des Kaisers Augustus 139

Karl der Große, Kaiser 34
Karl I. von Anjou, König von Sizilien 54, **74**, 75, 84, 89, 94, 107, 124, 159, 162, 190, 227, 241, 269, 329, 353
Karl II. von Anjou, König von Sizilien 57, 90, 95, 124, 139, 190, 98, 224
Karl I. von Bourbon, König von Neapel 59, 177
Karl II. von Bourbon, König von Neapel 99
Karl III. von Anjou-Durazzo, König von Neapel 56
Karl V., Kaiser 148, 169, 295, 312, 314, 317, 329, 353
Kepler, Johannes 195
Kleomenes II. von Sparta 29, 305
Klima und Reisezeit 367
Koloman, König 42
Konrad II., dt. König und Kaiser 40, 98, 139
Konrad IV., dt. König 48, 51, 73, 75, 83, 97, 119, 155, 177, 182, 203, 238
Konrad von Caserta 190, 191, 208
Konrad von Querfurt 217
Konrad von Schwaben 122
Konrad, hl. 170
Konradin von Hohenburg, König von Sizilien 52, 53, 89, 162, 190
Konstantin, röm. Kaiser 85, 88
Konstantin II., oström. Kaiser 109
Konstantin, Bruder Zar Alexanders II. 224
Konstanze, Gemahlin Heinrichs VI. 44, 46, 132, 213, 243
Konstanze, Tochter Manfreds und Gemahlin Peters III. von Aragon 54
Kriminalität 368
Kulinarisches 64

Ladislaus von Anjou-Durazzo 56, 333

Register

Lago di Varano 135
Landulf II. von Capua-Benevent 36
Landwirtschaft 22
Langobarden 35, 211
Larducci, Giovann'Andrea 324, 325
Laterza 256
Lecce 19, 22, 25, 33, 45, **311**
– Campanile 322
– Chiesa del Carmine 323
– Kastell 314
– Palazzo dei Celestini 316
– Palazzo del Seminario 320
– Palazzo Vescovile 320
– Piazza del Duomo 319
– Piazza Sant'Oronzo 313
– Porta Rudiae 323
– Rudiae 29, 72, **323**
– San Giovanni Battista 323
– San Matteo 325
– Santa Chiara 324
– Santa Croce 314
– Santa Maria degli Angeli 317
– Santa Maria della Grazia 314
– Santa Teresa 322
– Santi Niccolò e Cataldo 317
Leo IX., Papst 41, 81, 121,
Leo von Siponto 128
Leonius von Tarent 248
Lesina 81
Lesina, Grafen von 139
Leuca 349
Levi, Carlo 245, 247, 255
Lillus von Barletta 238
Livius, Geschichtsschreiber 109
Livius Andronicus 27, 29, **75**
Locorotondo 272
Lorenzo Maiorano, Bischof 117, 123

Lothar I., Kaiser 36
Lothar III., dt. König und Kaiser 43, 44, 98, 121, 122, 198, 213, 230
Louis d'Armagnac 143
Luca Resta, Orazio de 262
Lucera 13, 25, 29, 30, 31, 33, 37, 48, 49, 50, 52, 53, 56, 58, **88,** 147, 162
– Dom Santa Maria Assunta 95
– Kastell 90
– Römisches Amphitheater 90
Lucius III., Papst 44
Ludwig II., Kaiser 36, 89, 123, 212, 245, 299
Ludwig II. von Anjou 56
Ludwig III. von Anjou 56
Ludwig VIII., frz. König 53
Ludwig XII., frz. König 57
Ludwig von Tarent 55
Ludwig von Thüringen 292
Ludwig, ungar. König 55, 143, 156
Lysippos von Sikyon 305

M. Minucius 30, 145
M. Pacuvius 29, **76,** 288
Mafia 11, 63
Maglie 337
Manduria 28, 30, **302**
Manfred, König von Sizilien 51, 52, 73, **75,** 83, 94, 97, 106, 118, 147, 148, 161, 162, 190, 290, 298, 300, 329, 340
Manfredonia 11, 22, 60, **118**
Manieri, Emanuele 325
Manieri, Mauro 323
Maraldo, Baumeister 122
Marcus Antonius 33
Margherita von Durazzo 56
Marhabal, karthag. Feldherr 30, 145
Maria del Balzo 191
Maria Theresia, Kaiserin von Österreich 106

Maria von Antiochien 122
Maria von Enghien 315, 333
Marina di Leuca 350
Markian, röm. Kaiser 152
Martina Franca 273
Martini Carissimo, Conte 300
Massafra 256
Masseria Torre Pinta 346
Masserien 370
Matera 36, **245**
– Castello Tramontano 255
– Chiesetta di Materdomini 249
– Kathedrale Madonna della Bruna 253
– Madonna delle Virtù 250
– Palazzo Lanfranchi (Museo Nazionale d'Arte) 255
– San Domenico 249
– San Francesco d'Assisi 252
– San Giovanni Battista 249
– San Nicola dei Greci 250
– San Pietro Barisano 250
– Santa Lucia alle Malve 251
– Santa Maria della Palomba 247
– Santa Maria della Valle 248
Mattinata 134
Mazzini, Giuseppe 172
Meister Romualdus 206
Meles von Bari 38, 98, 123, 145, 213
Melis von Stigliano 231
Menhire 338, 347
Mennea, Pietro 75
Meomartino (gen. Vardarelli), Gaetano 60
Mertens, Professor 109
Mesagne 43, 298

379

Register

Mesardonides, Katepan 38
Messapier **26,** 28, 29, 72, 281, 284, 287, 288, 289, 300, 302, 303, 304, 305, 311, 323, 329, 346, 348, 350, 353
Meyer, Prof. Gustav 290
Meyerbeer, Giacomo 232
Michael Scotus 94
Michael, Erzengel 34, 37, 120, 128, 133
Minerrus (Finarrus?), Bildhauer 231
Minervino Murge 60
Mola di Bari 276
Molfetta 22, 165, **169**
Monopoli 48, **277**
Monte Calvo 21
Monte Cornacchia 21
Monte Gargano 21, 22, 26, 34, 36, 38, 39, 81, 97, **112**
Monte Sannace 26, 262
Monte Sant'Angelo 12, 21, 34, 37, 45, 97, 116, **120**
– Kastell 121
– San Francesco 133
– San Pietro 129
– Santuario di San Michele 123
Montescaglioso 42, 97
Morelli, Domenico 243
Moro, Aldo 75
Morton, H. V. 14, 23
Mottola 258
Murat, Joachim 60
Murge 21, 25, 32, 177, **237**
Muro Leccese 338
Muslime 212

Napoleon Bonaparte, Kaiser der Franzosen 306
Nardò 25, **329**
Nicola Arpone, Bischof 283
Nicolaus von Trani 179
Nikolaus II., Papst 41
Nikolaus, Bildhauer 159
Nikolaus Pellegrinus, hl. 157, 158, 161

Nikolaus von Myra, hl. 216, 217, 219, 220, 221, 223
Noicattaro 26
Normannen 8, 13, 22, 24, 26, 34, **38,** 46, 71, 77, 81, 82, 83, 84, 89, 91, 97, 98, 101, 106, 107, 113, 118, 122, 123, 139, 177, 179, 184, 185, 198, 202, 213, 217, 223, 224, 226, 229, 287, 288, 294, 299, 300, 301, 303, 306, 307, 3308, 312, 314, 317, 325, 329, 330, 340, 342, 350, 353, 354
Notruf 368

Obert von Avranches 123
Oderisius von Benevent 100, 101
Ofanto 26, 202, 208
Öffnungszeiten 368
Ognissanti di Cuti 266
Oliveiro Carafa, Kardinal 185
Ordona 29
Oria 26, 36, 41, 43, 50, 53, **299**
Orontius, hl. 282, 326
Orsara di Puglia 104
Orsini, Familie 243, 244, 247, 274, 306, 312
– Ferdinando 244
– Gianantonio (Giovanni Antonio) 300, 302, 336
– Raimondello 274, 333, 336
Orsiolo II., Doge von Venedig 225
Ortensio Leo, Don 24
Ostuni 281
Otranto 26, 28, 33, 36, 43, 53, 58, 287, 292, **339**
Otto I. der Große, dt. König und Kaiser 34, 37, 106, 212
Otto II., dt. König und Kaiser 37, 89, 212, 247, 306

Otto III. 37, dt. König und Kaiser 121, 212
Otto IV., dt. Gegenkönig und Kaiser 46
Otto von Braunschweig 55
Otto von Freising 206, 213
Otto von Hohenburg 52, 89, 198
Otto, Markgraf 52
Ottonen 37

P. Cornelius Scipio 74
Padre Pio (Francesco Forgione) **76,** 112, 113, 133, 208
Paganus 129
Paisiello, Giovanni **76,** 308
Palma, Jacopo d. J. 278, 279
Palmieri, Giuseppe 324
Palo del Colle 240
Pandulf I. ›Eisenkopf‹ von Benevent-Capua 106
Pantaleon, Mosaikkünstler 340
Pantaleon, Stifter 126
Pantaleone, Meister 159
Parco Nazionale del Gargano 21
Paschalis II., Papst 117, 204, 223
Patù 350
Penna, Cesare 316, 322
Peregrinus, Bildhauer 227
Peschici 135
Peter I., Normannengraf 198
Peter III. von Aragon 54
Peterich, Eckart 299, 340
Petracone V. Caracciolo 274
Petrus Ruffo von Kalabrien 97
Petrus Venerabilis, Abt von Cluny 44
Petrus, hl. 346
Peuketier **26,** 28, 146, 173, 177, 184, 202, 211, 240, 243, 260, 262, 268, 270, 279

Register

Philipp I. von Anjou, Fürst von Tarent 159, 162, 296, 301
Philipp II. von Anjou 162, 301
Philipp II., span. König 300
Philipp III., span. König 315
Philipp V., span. König 59, 177
Philipp von Schwaben, dt. König 46
Philippa, Enkelin Friedrichs II. 122
Pierre d'Agincourt 95, 148, 162
Pio (Francesco Forgione), Padre **76,** 112, 113, 133, 208
Poggiardo 348
Polignano a Mare 276
Presicce 25, 351
Pulo 169
Putignano 271
Pyrrhos I., König von Epirus 29, **76,** 108, 109, 305
›Pyrrhos-Siege‹ 76, 108, 305

Quintus Fabius Maximus 303, 306
Quittungen 369

Raimondello Del Balzo Orsini 274, 333, 336
Raimund von Toulouse 42
Rainald von Urslingen 147
Rainulf von Alife 42, 98
Rauchverbot 369
Reichenau, Herman von 41
Reisedokumente 369
Reisende mit Handicap 369
Ribera, Jusepe 255
Riccardi, Gabriele 322
Richard Löwenherz, engl. König 45
Richard von Andria 149
Richard von Caserta 190
Richard von Lecce 314

Richard von Montefuscolo 190, 198, 203, 224
Richard von Montenero 97
Riedesel, Johann Hermann von 10, 13, 23, 155
Ritterorden 153
Robert Guiskard, Herzog von Apulien, Kalabrien und Sizilien 41, 42, 71, **77,** 81, 83, 103, 122, 145, 146, 155, 213, 268, 288, 298, 299, 306
Robert von Anjou 243
Robert von Montescaglioso 41
Rocca Vecchia 339
Rocchetta Sant'Antonio 22, 107
Rodelgrimus 129
Rodi Garganico 135
Roger Bursa, Herzog von Apulien, Kalabrien und Sizilien 42, 217, 237
Roger I., Graf von Sizilien 42
Roger II., König von Sizilien 42, 44, 98, 101, 198, 213, 221, 230, 288, 298, 299, 340
Roger von Andria 198
Roger, Sohn Tankreds von Lecce 296
Romano, Pasquale Domenico 61
Römer 8, 11, 19, 20, 24, 28, 29, **30,** 34, 38, 67, 72, 74, 75, 76, 82, 86, 88, 90, 94, 95, 97, 106, 107, 108, 109, 118, 121, 125, 134, 144, 145, 146, 152, 155, 166, 172, 173, 184, 185, 188, 196, 198, 202, 204, 208, 211, 237, 243, 245, 262, 268, 276, 279, 281, 288, 290, 292, 293, 298, 299, 303, 305, 306, 312, 313, 323, 325, 329, 339, 345, 349, 351, 353

Romuald I., Herzog der Langobarden 124
Romuald II., Herzog der Langobarden 124
Rosa Marina 281
Rosa, Carlo 220, 270
– Salvatore 255
Rota, Nino 276
Rudiae 29, 72, **323**
Rudolf von Habsburg, dt. König und Kaiser 54
Ruffo, Fabrizio 60, 263
Rumildi 124
Rutigliano 26, 267
Ruvo di Puglia 9, 17, 26, **184**

Sabinus, hl. 228, 229
Salapia 31, 143
Salent (Salento) 21, 25, 105, 287, 298, 329
Sammartino, Giuseppe 274
Samniten 26, 28, 29, 202
San Biagio, Grottenkirche 284
San Cataldo 338
San Cesario di Lecce 338
San Clemente a Casauria 115
San Giovanni Rotondo 113
San Leonardo di Siponto 105, **113,** 120
San Matteo in Lamis 112
San Nicola 139
San Paolo di Civitate 22, 81
San Severo 49, 82
San Vito 62, **276**
San Vito dei Normanni 284
Sannicandro di Bari 264
Sansovino, Andrea 127
Sant'Agata di Puglia 107
Santa Cesarea Terme 349
Santa Maria a Mare 139
Santa Maria degli Angeli 348
Santa Maria di Cerrate 326
Santa Maria di Monte d'Elio 135

381

Santa Maria di Pulsano 133
Santa Maria di Siponto **116**, 120, 131
Santafede, Fabrizio 96
Santuario della Madonna della Scala 258
Santuario di Santa Maria di Leuca 349
Sarazenen 24, **35**, 37, 38, 42, 49, 92, 89, 91, 103, 123, 133, 134, 145, 147, 155, 157, 202, 204, 208, 211, 212, 225, 228, 230, 232, 237, 238, 241, 243, 245, 260, 269, 273, 281, 288, 298, 299, 303, 306, 331, 351
Savoldo, Giovan Gerolamo 183, 184
Sawdan, Emir 212
Schulz, Arthur 13
Scusi, Dolmen 347
Serafini, Paolo 150
Serracapriola 82
Siegfried von Regensburg, Bischof 292
Sigismund I., poln. König 281
Simeone da Monte Sant'Angelo 124
Siponto 21, 33, 36, 51
Soleto 336
Solimena, Francesco 255
Specchia Miano 302
Sprache 24
Staufer 8, 26, 44, 45, **46**, 54, 73, 74, 75, 81, 83, 84, 86, 89, 91, 92, 96, 99, 102, 119, 147, 148, 155, 161, 162, 167, 177, 180, 182, 185, **190**, 198, 198, 201, 203, 208, 261, 262, 269, 288, 290, 299, 300, 307, 329, 3330, 340, 346
Stendhal (eig. Henry Beyle) 11
Stephan von Blois 223
Stomer, Matthias 233

Tankred von Conversano 44, 288
Tankred von Hauteville 40
Tankred von Lecce, König von Sizilien 44, 45, **77**, 213, 223, 243, 291, 292, 296, 312, 318
Tanucci, Bernardo 60
Tarantella 23
Tarantino, Giovanni M. 330
Tarent (Taranto) 10, 19, 27, 28, 29, 30, 33, 35, 36, 41, 43, 57, 58, 63, **304**
– Archäologisches Nationalmuseum 307
– Dom San Cataldo 308
– Kastell 308
– San Domenico Maggiore 310
Tavoliere 20, 48, 50, 86, 81, 143
Telefonieren 369
Templerorden 163
Terlizzi 182
Terra d'Otranto 41, 247, **287**
Terra di Bari 22, 53, 105, 143, 237
Theodor von Antiochia 94
Theophanu, Gemahlin Ottos II. 216
Tintoretto (Jacopo Robusti) 233
Tirenos 155
Torquato Tasso 106
Torre a Mare 276
Torre dell'Orso 339
Torre di Castiglione 270
Torre di Sfinale 135
Torre Miggiano 349
Totila, Gotenkönig 35, 281, 303, 312
Traian, röm. Kaiser 291
Tramontano, Giancarlo 256
Trani 12, 19, 45, 50, **155**
– Diözesanmuseum 161
– Erzbischöfliche Palais 162
– Fortino 164

– Kastell 161
– Kathedrale San Nicola Pellegrino 157
– Palazzo Antonacci-Telesio 164
– Palazzo di Giustizia 162
– San Domenico 166
– San Francesco 165
– San Giacomo 162
– Sant'Andrea 165
– Santa Maria del Carmine 164
– Santa Maria di Colonna 166
– Villa Comunale 166
Traversi, Gaspare 255
Tremiti-Inseln 20, **138**
Treter, Thomas 222
Tricarico 97
Tricase 349
Trinitapoli 143
Trinkgelder 369
Troia 24, 44, 45, 48, 51, 52, **97**, 116, 131
Trulli 59, 266, 271, 276

Ugento 351
Unterkunft 370
Urban II., Papst 204, 217, 223, 292
Urban III., Papst 44
Urban IV., Papst 53
Urban VI., Papst 56
Uroš III. Dečanski, Zar 223
Ursus, Bischof von Canosa-Bari 217

Vaccaro, Domenico Antonio 255
Valentinian, Kaiser 152
Valentino, Rudolfo 8, **77**
Valenzano 165, 266
Vaste 347
Venosa 13
Vergil 288, 292
Verkehrsmittel 370

Veronese (Paolo Caliari) 279
Via Appia 32, 243, 287, 295, 298, 313
Via Traiana 33, 97, 108, 109, 166, 173, 177, 182, 198, 208, 211, 281, 312
Vieste 134
Villaggi Turistici 370
Villanova 281
Vittorio Emanuele III., ital. König 63
Vivarini, Antonio 267
– Bartolomeo 222, 233
Vorsorge für den Krankheitsfall 371

Wacco, Gastald 183
Waimar II. von Salerno 36
Walter von Brienne 315, 329
Walter von Foggia 182
Wigfus 124
Wilhelm ›Eisenarm‹ von Hauteville 40
Wilhelm I., Normannenkönig 226
Wilhelm II. von Villehardouin 162
Wilhelm II., Bischof 98, 100
Wilhelm II., dt. Kaiser 180, 191
Wilhelm II., Normannenkönig 44, 45, 83, 84, 113, 238
Wilhelm von Apulien (Guglielmo da Puglia), Chronist 123
Winkelmann, Johann Joachim 10, 155
Wouthers, Petrus 233

Zacharias, Katepan 177
Zeitungen und Zeitschriften 371
Giuseppe Zimbalo (gen. Zingarello) **77,** 315, 316, 321, 322, 323, 325
Zisterzienser 97, 105, 139, 153, 170, 194, 269, 276
Zoll 365

Das Klima im Blick   atmosfair

Reisen bereichert und verbindet Menschen und Kulturen. Wer reist, erzeugt auch CO_2. Der Flugverkehr trägt mit einem Anteil von bis zu 10 % zur globalen Erwärmung bei. Wer das Klima schützen will, sollte sich für eine schonendere Reiseform (z. B. die Bahn) entscheiden – oder die Projekte von *atmosfair* unterstützen. *Atmosfair* ist eine gemeinnützige Klimaschutzorganisation. Die Idee: Flugpassagiere spenden einen kilometerabhängigen Beitrag für die von ihnen verursachten Emissionen und finanzieren damit Projekte in Entwicklungsländern, die dort den Ausstoß von Klimagasen verringern helfen. Dazu berechnet man mit dem Emissionsrechner auf *www.atmosfair.de,* wie viel CO_2 der Flug produziert und was es kostet, eine vergleichbare Menge Klimagase einzusparen (z. B. Berlin – London – Berlin 13 €). *Atmosfair* garantiert die sorgfältige Verwendung Ihres Beitrags. Klar – auch der DuMont Reiseverlag fliegt mit *atmosfair!*

Impressum

Umschlagvorderseite: Castel del Monte
Vordere Umschlagklappe: Brindisi, Santa Maria del Casale, Fresko
Vordere Umschlagklappe innen: Übersichtskarte Apulien
Vignette: Castel del Monte, Innenhof
Hintere Umschlagklappe: Trulli
Hintere Umschlagklappe innen: Cityplan Lecce
Umschlagrückseite: Lagekarte; Barletta, Kastell; Canosa di Puglia, San Sabino, Grundriss; San Leonardo di Siponto, Portal, linkes Kapitell

Über den Autor:
Dr. Ekkehart Rotter ist als Historiker für die Mainzer Akademie der Wissenschaften und der Literatur tätig. Er veröffentlichte zahlreiche Monographien, Aufsätze und Essays und verfasste bereits Reiseführer über Umbrien und die italienische Adria. Seine beiden DuMont Kunst-Reiseführer Abruzzen-Molise (zusammen mit Roger Willemsen) und Kalabrien-Basilikata wurden anlässlich der Frankfurter Buchmesse als »beste deutschsprachige Publikation über Italien« mit dem begehrten ENIT-Preis ausgezeichnet.

Bitte schreiben Sie uns, wenn sich etwas geändert hat!
Alle in diesem Buch enthaltenen Angaben wurden vom Autor nach bestem Wissen erstellt und von ihm und dem Verlag mit größtmöglicher Sorgfalt überprüft. Gleichwohl sind – wie wir im Sinne des Produkthaftungsrechts betonen müssen – inhaltliche Fehler nicht vollständig auszuschließen. Daher erfolgen die Angaben ohne jegliche Verpflichtung oder Garantie des Verlages oder des Autors. Beide übernehmen keinerlei Verantwortung und Haftung für etwaige inhaltliche Unstimmigkeiten. Wir bitten dafür um Verständnis und werden Korrekturhinweise gerne aufgreifen:
DuMont Reiseverlag, Postfach 31 51, 73751 Ostfildern
E-Mail: info@dumontreise.de

6., aktualisierte Auflage 2012
© DuMont Reiseverlag, Ostfildern
Alle Rechte vorbehalten
Grafisches Konzept: Ralf Groschwitz, Hamburg
Printed in Poland